营业商法学系列

商事权利论

基于营业自由与机会平等视角

肖海军 / 著

法律出版社
LAW PRESS · CHINA
北京

图书在版编目(CIP)数据

商事权利论：基于营业自由与机会平等视角 / 肖海军著. -- 北京：法律出版社，2022
ISBN 978 -7 -5197 -6862 -1

Ⅰ. ①商… Ⅱ. ①肖… Ⅲ. ①商法－研究－中国
Ⅳ. ①D923.994

中国版本图书馆 CIP 数据核字(2022)第 113189 号

商事权利论
——基于营业自由与机会平等视角
SHANGSHI QUANLI LUN
—JIYU YINGYE ZIYOU YU JIHUI PINGDENG SHIJIAO

肖海军 著

责任编辑 郑怡萍　蒋潆莹
装帧设计 鲍龙卉

出版发行 法律出版社
编辑统筹 法律教育出版分社
责任校对 王　丰
责任印制 刘晓伟
经　　销 新华书店

开本 710 毫米×1000 毫米　1/16
印张 31　**字数** 597 千
版本 2022 年 9 月第 1 版
印次 2022 年 9 月第 1 次印刷
印刷 唐山玺诚印务有限公司

地址：北京市丰台区莲花池西里 7 号(100073)
网址：www.lawpress.com.cn
投稿邮箱：info@lawpress.com.cn
举报盗版邮箱：jbwq@lawpress.com.cn

销售电话：010－83938349
客服电话：010－83938350
咨询电话：010－63939796

书号：ISBN 978－7－5197－6862－1　**定价**：98.00 元

凡购买本社图书，如有印装错误，我社负责退换。电话：010－83938349

作 者 简 介

肖海军 男，湖南双峰人，1965 年生。湘潭大学历史学学士（1986），武汉大学民商法学硕士（1999），湖南大学经济法学博士（2007），英国诺丁汉大学法学院访问学者（2007－2008），国家社会科学基金重大招标项目总课题主持人与首席专家；2009 年 12 月入选教育部“新世纪优秀人才支持计划”。现为湖南大学二级教授、博士生导师、法学院学术委员会主任；兼任中国商法学研究会常务理事、湖南省民商法研究会副会长、湖南大学商事法与投资法研究中心主任、湖南大学法学院民商事法律科学研究中心主任。主要从事民商法学、经济法学、法理学的教研工作。2001 年以来，出版《营业权论》、《营业准入制度研究》、《商法学》、《商会法律制度研究》、《企业法原论》、《国有股权代表人制度研究》、《公用事业垄断经营法律规制研究》等学术著作多部；主持和完成国家社会科学基金重大项目、重点项目、一般项目及省部级科研课题多项；在《中国法学》等期刊上发表法学论文 100 余篇。原创性地提出营业权理论并把其引入到民商法、经济法、法理学领域。《营业权论》一书于 2009 年 8 月获司法部“第三届全国法学教材与科研成果奖”。

总　　序

一、本系列之选题原由

民众幸福、社会进步和国家富强，作为法律和制度关注的永恒主题，它们相互联系、彼此影响和不断博弈，从来就是衡量执政者成就感和制度优越性的重要指标，这一切的实现均有赖于民生问题的解决。近代以来，从业选择自由和营业机会平等被视为民生领域革命最为重要的成果。就业和营业也是当今社会民生问题的两大主题。就业的充分和营业的发达作为最大的民生问题，更是体现经济发展、彰显社会和谐、展示国家富强的核心因子，商法就是以促进、调整、规范、保护、救济营业为基本功能的法律。西方近代民力之张扬和国力之勃兴，无不以营业之普及和财富之累积为基本前提。自15世纪以降，重商主义、自由贸易观支撑下的西方列强，以确保国民营业自由、鼓励民间投资创业、促进民营企业发展为通往民富国强的基本国策，因之，就有了商法在近代西方的繁荣、发达和完善；1776年亚当·斯密在《国富论》一书中更是论证了经济自由、营业自由、竞争自由为经济发展的逻辑起点和国家走向富强的价值基础。

对国人来说，商法纯粹为舶来之物。自近代以来，“自强”和“求富”作为国人关注的时代主题，无数仁人志士以及学界政坛、工商实业、行武教育等领域的杰出代表，因时而宜，振臂疾呼，其所倡所立之“民主救国”“改良救国”“学术救国”“实业救国”“军事救国”“教育救国”等救国、强国、富国主张，对一个半世纪以来我国的国策、政令和立法可谓影响深远，而“工商兴国”“实业救国”就是其中最具代表性的“富国”主张。考察中国和西方近代的社会转型、国运兴衰的历史就会发现，国家对民间营业所持的一贯性禁止或限制政策，是导致中国民间营业发展不充分和营业方式长期落后、造成中国近代积贫积弱的主要经济性和制度性原因。民间的经商、投资、开矿、办厂，在古代封建社会因被视为末业而颇受限制和屡遭禁止；直至近代，法律公开承认营业并预设制度鼓励之、促进之并保障之，则已经是迟至20世纪初以后的事；1904年，在晚清修律大背景下出台的《钦定大清商律》《公司注册试办章程》等形式意义上的商法规范，才使商法成为中华法律规范体系的组成部分。即便如此，由于诸多不用论证的原因，营业自由观念并没有成为我们这个文明古国普遍的核心价值观念，确保国民营业、鼓励投资创业、促进民企发展也未被吸纳为基本的经济国策。在此政策制度环境下，商事立法的严重滞后和商法研究的明显不足就成为既然事实。尽管自20世纪90年代以来,我国商事立法日新月异,商法研究也不断推陈出新,但因对商法之本质和功能理解的欠缺,对商事立法价值选择的错位,无论是商法理论研究,抑或商事立法或商事裁判,均存在一些源头性的知识缺陷和常识性的概念误区。

如从权利的视角来分析,自由营业本应为国民(民事主体)一项基本的权利。如从动态的角度来透视,市场竞争的过程实质就是一个营业机会分配、资本财富创造和增量利益分配的过程,而其中营业机会的分配则是一切市场交易和营业竞争的起点。市场竞争犹如体育比赛,起点的公平和规则的信守是确保竞赛公平和结果正义的必要条件。对所有决定投资和参与竞争的民事主体而言,营业初始机会的平等化和无差异分配,才是确保他们进行自由选择、平等竞争、公平交易和合理分配的基本前提;也只有存在实质意义上的营业机会平等,才有真正意义上的分配正义、经济发展和社会和谐,才可通过主体的自由投资、自由经营、自由交易,在平等竞争中形成健康、良好、公平、有序的经济结构和市场环境。

但在既有经济体制和市场背景下,国民(民事主体)正当的营业权益被不当限制或迭遭剥夺,与市场经济体制和商法追求的目的意义极不相符。如从国家宏观经济制度的价值取向和立法安排来分析,受传统国家本位主义营业观和部门既得利益影响,我国有不少立法文件对民间营业尚持限制、不信任甚至禁止态度,如对自然人进入某些营业领域或选择投资形式就有许多限制或禁止性规定。行政执法特别是行政决定、行政许可或行政审批中,也不时出现对一般民事主体的营业进入机会作不合理限制和对营业权益任意剥夺等情形。至于因地方保护主义形成的地区性行政垄断和市场封锁,对生产要素在国内的自由配置和全国统一大市场的形成尤其对外地资本、人才、技术的自由进入或退出,已事实上形成巨大的制度壁垒。更由于营业机会的平等享有长期未被视为一种独立的权利而载入《宪法》和国家基本法,亦即未被宣示为法定权利,故即使出现民事主体营业机会被不合理限制或不当剥夺等情形,因立法的空缺和规范的模糊,营业权益被不当限制或迭遭剥夺的民事主体也不能寻求有效的法律救济。再就市场竞争的微观态势来看,投资者进入营业领域以后,其营业机会、投资利益、经营权利、财产归属、交易所得等营业权益,还有可能不断受到其他投资者、经营者、合作者等民事主体的阻挠、侵占或损害。这些阻挠、侵占或损害,有些是属于纯粹营业机会方面的,有些是属于经营权能方面的,有些是属于投资利益分配方面的,有些则是涉及营业的转让、租赁、特许等营业变更事项,还有些则涉及国家对营业与财产的征收和国有化等。因之,投资者进入营业领域去寻找最大化商机的同时,其营业权益也存在被同业或异业竞争者、相对交易人、营业合作者以不同方式侵害的可能性。鉴于前列议题尚没有在现行民商事立法或司法上受到足够重视和有效应对,是以从学理上关注之、思考之、研究之、阐释之、建言之,乃研习商法学人之应然职责与时代使命焉!

二、本系列之研究意义

无疑，上述这种状况如再延续而得不到有效解决，所直接损害的是民间资本投资和营业的积极性，其结果会严重影响社会分配的公平、经济增长的持续和国家竞争优势的形成。可以这样说，营业初始机会的平等分配、动态商机的自由选择、营业微观权利的切实保护，对保障国民（民事主体）最基本的营业权能和市场利益、提高投资者的积极性、推进经济分配正义和社会走向和谐，具有初始、基础意义。基于此，以营业为视角来重新定位、解释、提炼、建构商法，揭示商法的内在本质，从经济宏观政策和法律微观制度两个层面来研究营业机会的平等分配和营业权利的有效保护，借以反思我国现行的宏观经济制度和微观商事制度的源头性缺陷，以期从制度形成原由和立法整体构架上矫正长期以来我国经济政策制定和商事制度安排中的价值错位，论证我国真正走向民富国强并维持其核心竞争力之法律安排的应然态度和实然路径，对我国深化市场经济体制改革，还原社会主义市场经济的本来面貌，以机会平等、营业自由、市场公平、分配合理来实现人们普遍期望的经济正义与社会和谐，无疑具有重大的理论创新价值和社会现实意义。

三、本系列之主要内容

本系列以营业为切点，以著者系统论述的营业权理论为分析工具，以已初步完成的营业权系列研究为基础，本着营业“原于自由，始于投资，形于经营，成于交易”这一事实逻辑，溯商法之源，循商法之实，穷商法之理，探商法之律。在大私法领域与大营业视角，通过重新定位、解释、提炼、建构商法，以期建立由著者所提“营业商法学”之基本理论构架和部门法理体系，最终成果包括《商法本体论》《商事主体论》《商事权利论》《商事登记论》《商事代理论》《商事责任论》六本系列论著。

目　　录

导论:商事权利的理论误区与立法缺失

一、为什么要研究商事权利

(一)主题思考的缘起与本书写作的原由

商事权利,即为本书正文另称的商权或商权利,笔者对此问题的关注与兴趣,源于2003年。是年,笔者应约组织编写《商法学》一书时,曾试图就商事权利进行阐述,但在编写过程中,遍查各种相关文献和资料,鲜有关于商事权利的一般性介绍和整体性著述,更别说详细论述和深入研究了。仅有的几本涉及商事权利的教材、专著或论文,也只是按照民事权利的逻辑与体系,把民事权利改成商事权利,如有学者就曾在一般商行为章节里阐述过商法上的物权行为、商法上的债权行为、商事交互计算等相当于商事权利的内容;[1]有些工具书或著作虽列举了商事权利救济法,但内容却只对仲裁法、民事责任、破产法予以介绍,商事权利只有存目功能,而无实质性内容;[2]有些论著涉及"商业主权论",所论"国家的、民族的商业在国内商业中占有主导地位,表现为直接的商业企业控制权和间接的市场控制权两大方面",虽与商事权利存在一定的关联性,但与私权意义的商事权利还不是一回事;[3]除极个别学者对商事权利做过初步定义和讨论外,[4]多数学者尽管已注意到诸如商事人格权[5]、企业财产权[6]、经营权[7]、

---

〔1〕 参见范健主编:《商法》,高等教育出版社、北京大学出版社2000年版,第41~42页。

〔2〕 参见江平主编:《商法全书》,中国广播电视出版社1995年版,第494~536页。

〔3〕 参见代雨东:《商业主权论》,中国财政经济出版社2002年版,第1~4页。

〔4〕 参见吕来明:《论商事权利体系》,载徐学鹿主编:《商法研究》(第2辑),人民法院出版社2000年版,第38~55页。

〔5〕 参见程合红:《商事人格权论》,中国人民大学出版社2002年版,第12~13页。

〔6〕 参见胡静林主编:《企业法人财产权》,经济科学出版社1995年版,第49~93页;刘诗白:《主体产权论》,经济科学出版社1998年版,第174~207页;柴振国:《企业法人财产权的反思与重构》,法律出版社2001年版,第53~54页。

〔7〕 参见佟柔、周威:《论国营企业经营权》,载《法学研究》1986年第3期;刘凯湘:《经营权》,法律出版社1987年版,第1~2页;佟柔、史际春:《我国全民所有制"两权分离"的财产权结构》,载《中国社会科学》1990年第3期;覃天云主编:《经营权论》,四川人民出版社1992年版,第128~195页。

商号权[8]、商誉权[9]、股东权[10]、股东表决权[11]、股东知情权[12]、票据权利[13]等个别商事权利的研究，但对商事权利尚缺乏全面性、系统性、整体性的介绍或阐释。笔者尽管对整体性商事权利当时有一定的认识，也有自己独特的想法，但毕竟因初涉商法，对商法基础理论和商事权利尚缺乏深度把握，在没有考虑成熟和建构周全的前提下，还不敢对商事权利章节部分贸然动笔，以免贻笑学界、业界。在此情形下，笔者不得不放弃该部分的写作，只就商法调整营业关系和商事权利的一般性特征，作了“存在于动态营运之中”“表现为财产权能的分离结构”等概括性描述。[14]

自此，笔者开始潜心于此领域的研究，为了弄清商事权利与一般民事权利的不同，更为了论证商事权利以及由此衍生的最大化利益之正当性、合理性、合法性和有效性，开始从研究商事权利的原生权利、基础权利、门槛权利、机会权利开始，于是就有了对营业自由、营业权利的系统思考和深入研究，并于2004年、2005年先后发表《论营业自由——商法价值的展开》[15]、《论营业权入宪——比较宪法视野下的营业权》等系列论文，[16]在国内较早地展开对营业自由、营业权利、营业准入、营业救济的全面、系统、深入研究；同时也形成关于商事权利的系统认识和整体理论建构。其间在撰写《企业法原论》一书中，笔者利用营业自由观和营业权理论，以自己认为较具解释力的商事权利结构性特征和层级性体系，对企业法的基本原理与制度构造，作出了同之前所有论著完全不同的诠释和解构，进而提出“原权利：营业权→企业出资人权利：资本权→经营主体权利：企业财产权→交易相对人权利：企业债权”这一全新的企业权利四重结构理论；[17]并认为商事权利这一结构性特征和层级性体系在企业为中心的权利架构中，能得到最集中的体现和展开。此后，在初步完成“营业自由→营业准入→营业救济”的整

---

[8] 参见徐学鹿：《浅论商号权》，载《北京商学院学报》1991年第1期；姚新华：《论商号权》，载《政法论坛》1994年第1期；张丽霞：《论商号和商号权》，载《法律科学（西北政法学院学报）》1996年第4期。

[9] 参见梁上上：《论商誉和商誉权》，载《法学研究》1993年第5期；朱姝、张少峰：《论商誉权的法律保护》，载《现代法学》1996年第1期；吴汉东：《论商誉权》，载《中国法学》2001年第3期。

[10] 参见刘俊海：《股份有限公司股东权的保护》，法律出版社1997年版，第11～78页。

[11] 参见梅慎实：《关于完善股东表决权机制的探讨》，载《中国工业经济》1996年第5期。

[12] 参见王燕莉：《论公司股东知情权的法律保护——兼议我国〈公司法〉的修改》，载《四川教育学院学报》2003年第1期。

[13] 参见赵威：《票据权利研究》，法律出版社1997年版，第52～59页。

[14] 参见肖海军主编：《商法学》，湖南大学出版社2004年版，第4～5页。

[15] 参见肖海军：《论营业自由——商法价值的展开》，载范健主编：《商事法律报告》（第1卷），中信出版社2004年版，第39～69页。

[16] 参见肖海军：《论营业权入宪——比较宪法视野下的营业权》，载《法律科学（西北政法学院学报）》2005年第2期。

[17] 参见肖海军：《企业法原论》，湖南大学出版社2006年版，第136～170页。

体性营业权利架构和系列研究后，[18]即着手对商事权利做更全面、深入、系统研究，着手撰写一部关于商事权利的书稿，只因多种原因所致，此计划一再被搁置和延期。

在此过程中，坊间却有学者抢了头彩，出版有多部涉及商事权利方面的论著，[19]商事权利的研究也开始受到学界、业者的重视，针对商事权利个别、专题领域的论著明显增多。看到如此多的研究成果问世，笔者曾经惶恐过，生怕自己的研究与既有文献有重复或交叉之处，即使存在英雄见同，也难免滥竽充数、以讹传讹，产生不必要的误会。为此，笔者几乎放弃了这一写作计划，这一搁笔，时间又匆匆过去了两三年。2017 年 3 月，随着《民法总则》（已失效）的通过，商法学界群策群力致力于《商法通则》的研究与论证，在下不才，应邀参加了多个论坛和沙龙，在广泛学习的同时，也深受刺激，总觉得商法学界在基础理论研究方面，尚过于表面和浮躁，未能为立法提供真正具有论证力、解释力和适用力的学理依据，特别在商事权利方面的研究，尚显得零、散、乱。在深读既有文献和大量论著后，笔者感觉对商事权利的解读、诠释、建构，似乎更符合事实逻辑，更具解释力和适用性，也更接近于整体性、系统性和体系性的架构。有了这份不自量力的自负和自信，余下的就是铆足攒劲，见之于伏案行动。当然，这仅仅只是自己的主观原因，更重要的原因，无疑还是商事权利议题在商法理论中的基础性和重要性。

（二）商事权利研究对商法理论与商事立法的基础意义

商事权利是商法理论与商事立法中不可回避或绕开的基本、基础问题，对其进行全面、具体、深入、系统研究，具有重要意义。

1. 商事权利能集中体现商法的私法属性。商法与民法同属私法，所调整的对象为私法领域中具私人、平等、平权属性的营业关系。私法的基本属性为权利本位，即以确认、保护、救济私权为主旨。受商法调整影响的主体，即已转换为商事主体的特殊民事主体，它与一般、普通民事主体不同，来到或进入营业领域，是来寻找最大化利益或实现更大财富追求欲念，而这一切又是以商事权利为表征集中体现出来。自然，商法保护的私权，与民法所保护的私权，已不是同一层面的问题，而是以营业领域为背景、以追求营利或财富最大化为目的之商事主体（商人）为中心展开的，只有充分体现对商人在营业中正当、合法权利的有效确认、保护和救济，商法才是具私权、私法、私益品格或使命的基本法；否则，商法如果试图迎合普通公众的一般需求或执政者的公共目标，则要么就沦为一般私法的民法，要么变异为具公法属性的经济法或行政法。

2. 商事权利是支撑商法独立的大厦基石。商法与民法、经济法、行政法、刑法等部

---

〔18〕 参见肖海军：《营业权论》，法律出版社 2007 年版，第 41 ~ 59 页；肖海军：《营业准入制度研究》，法律出版社 2008 年版，第 22 页以下；肖海军主编：《商法学》，法律出版社 2009 年版，第 3 ~ 127 页。

〔19〕 参见曾大鹏：《商事物权与商事债权制度研究：兼议商法通则立法》，中国法制出版社 2012 年版；陈醇：《权利结构理论：以商法为例》，法律出版社 2013 年版；吕来明：《商事权利论》，法律出版社 2016 年版。

门法相比，有许多的特殊性。这些特殊性共同支撑其作为部门法的独立性，但在所有支撑要素中，唯有商事权利才具有支撑商法大厦的基石作用。这是因为，从主体要素来看，实际上进入营业领域的主体，仍然是原来的民事主体。他们之所以转换为商事主体，是因为他们是来寻找最大利益和更多财富，而正是这种寻找最大利益和更多财富的自由、机会、资格、权能和所获得或实现的效益、利润、收入、利益，构成他们的基础权利、基本权利、主要权利、核心权利，并因这些权利和对应履行的义务、承受的风险、承担的责任，使其以新的角色、身份、地位而完全迥异于一般民事主体和公权力、准公权力主体，进而形成由商法调整的新型法律关系。笔者经多年研究、深度考察和系统比较后发现，商法与其他部门法最大的不同，在于权利基础与权利架构的不同，商事权利与一般民事权利、其他相关经济权利的重大差异，才是支撑商法部门法独立性最基础、最基本的要素。这些，将在后文的具体分析中得到更清楚的印证。

3. 商事权利乃诠释商法制度的一把钥匙。商法有许多重要的制度安排，如为什么必须尊重商人自治？为什么公司股东承担有限责任而不必对公司债务承担清偿责任？为什么会有保险制度？为什么保险法、海商法中设置有保险人、承运人的免责条款？为什么航空、海上、铁路运输中，均存在最高限额赔偿制度？公司治理中为什么是资本多数决而不是股东多数决？商事交易中为什么要奉行意思文义和权利外观规则？电子商务和网络交易为什么要遵循要件主义、严格程序、行为无因规则？等等。这些制度唯有从商人利润最高化和风险最低化、营利最大化与责任最小化的权利特质，才能得到正解。因此，透过商事权利的现象，才能追寻到商事制度的本质。

4. 商事权利为论证商事立法的学理基础。既然商法为确认、保护、救济营业之法，则商事立法之主旨当然应以鼓励投资、确保经营、促进交易为中心，而要吸引民事主体进入营业领域进行投资、经营、交易，就使他们觉得并切实感受到进入此领域能获得预期的最大利益和更多财富，商法就必须确保他们的自由、机会、资格、权能和所获得或实现的效益、利润、收入、利益。易言之，就必须确保进入营业领域的商事主体之商事权利。否则，从理性人、经济人的角度考量，如果他们经过一通折腾没有获得任何营利，或获得的利润或收益以种种借口或事由被他人、行政或司法剥夺，那他们又何必“为人作嫁裳”，白忙一回呢？自然，不能确保商人利益、保护商事权利、救济合法权益的商法，肯定是投资者、经营者、交易者很不喜欢的商法，以这样的商法来吸引投资、保护经营、促进交易，无异于空谈或梦呓。故商事立法，必应从确认、保护、救济商事权利始；好的商法，必然是确认、保护、救济商事权利做得好的商法；更好的商法，当然就是确认、保护、救济商事权利做得更好的商法了！

以上是笔者近二十年以来，执着于潜心深究商事权利的根本原因。

二、商事权利的研究、立法与司法现状分析

近代泰西商法,因立法、司法之原有功能和固有使命,就在于保护以投资者为原点、基点、中心的商事权利,无论学理上,还是立法、司法上,商法作为确认、宣示、保护、救济商事权利之法,乃当然之理、固然之事。故现今翻译过来的多数代表性的域外商法鸿篇巨制,如法国居荣的《法国商法》、德国卡纳里斯的《德国商法》、美国加奇的《商法》、日本近藤光男的《日本商法总则・商行为法》、意大利马里雅的《欧盟商法》等,并无对商事权利作专门或专题研究者。以下重点讨论我国商事权利的研究、立法与司法之现状。

(一)关于商事权利的研究现状

1. 代表性论著及涉及的主要领域

学界关注商事权利并对之有比较多的研究,是最近十年来的事情。这方面的研究成果,主要涉及期刊、学位论文和相关论著。就专题论文而言,以中国知网(https://www.cnki.net/)所收录的文献为例,截至2021年8月底,虽对商事权利中某一具体权利进行研究的期刊或学位论文,如涉及营业权、营业权利、营业自由、商事人格权、商业标记权、企业财产权、经营权、商号权、商誉权、信用权、业主权、股东权、合伙权、股东表决权、股东知情权、票据权利、破产债权、商事救济权等方面的专题性研究倒是不少,某些领域的研究,如商事人格权、商号权、商誉权、股权、股东知情权等方面的研究,已比较具体、深入;但以关键词、主题或篇名检索,则会发现,涉及"商事权利"的总体性、体系性、建构性的研究文献,除有限的几篇外,[20]尚明显不足。在著作方面,涉及对商事权利研究的文献,可分为如下两种情况:(1)商事权利方面的学术专著。近年来,学界、业界对商事权利,既有整体性的关注,也有专题性的研究。其中,整体性研究如前述曾大鹏的《商事物权与商事债权制度研究:兼议商法通则立法》、陈醇的《权利结构理论:以商法为例》、吕来明的《商事权利论》等。至于专题性研究,目前多数为涉及商事权利基础或专题方面的研究,基础方面的代表性论除笔者较早的《营业权论》外,尚有吴越的《经济宪法学导论:转型中国经济权利与权力之博弈》、钱宇丹的《中小企业营业权研究》、杨阳的《营业自由研究》等;专题性商事权利方面的代表性论著,涉及商事权利的多个领域,如出资人或投资主体权利方面,就涉及个体业主权、合伙权、股权、社员权等不同投资主体权利,其中涉及股权、股东知情权方面的论著最多;又如,商事人格性财产权方面就涉及商事人格权、商号权、商誉权、信用权等;营业标记权方面就涉及商标

---

〔20〕 参见李建华、麻锐:《论商事权利理论体系的构建》,载《吉林大学社会科学学报》2014年第5期;李建华、麻锐:《论商事权利研究范式》,载《社会科学战线》2014年第10期;王建文:《论我国商事权利的体系化构建》,载《当代法学》2021年第4期。

权、商业标记权、商业外观权等；商业秘密权方面涉及商业秘密权一般原理、商业秘密与竞业禁止、商业秘密的法律保护、商业秘密的损害救济、商业秘密的国别研究等。特别是随着信息服务、电子商务、网络交易、人工智能等新营业形态的兴起，在信息商法、电子商法、网络商法、智能商法等领域，学者研究关注点开始涉及信息财产权、域名权、虚拟财产权、数据财产权、智慧财产权等一系列新型商事权利。(2)商法基础理论、子部门法专题研究论著。如商法总论中涉及商事权利一般性阐述；公司法中对股权的讨论；证券法中涉及公众、证券投资者权益的保护；破产法中对破产债权人的保护；商业银行中对储蓄人存款的特别保护；票据法中有关票据权利的研究；保险法中对投保人或被保险人权益的保护；等等。相关论著后文将有涉及，在此不一一列举。

2. 既有理论对商事权利的研究范式与解释路径

目前学界、业界对商事权利的所有研究，均建立在传统民商二元领域、二元主体、二元行为进而形成的二元权利类型研究范式，即大多从民事与商事、民事主体与商事主体、民事行为与商事行为的二元对应视角，讨论商事权利的属性、定位及与民事权利之间的关系。受此影响，在解释商事权利的属性和特质时，涌现特殊民事权利〔21〕、商事主体独立权利〔22〕、经济权利〔23〕、商事主体人格权等不同阐释路径。〔24〕商事权利的重要性与基础性地位并未受到学界的应有重视，部分学者虽有讨论，更多是从商事主体的具体权利、利益角度作一般分析。尽管上述研究范式和解释路径，在定位商事权利属性、特质等方面，有一定妥当性和解释力，但限于传统民商二元理论与主体结构思维这一前提性局限，对商事权利之产生原由及实然事实，未能做到理论上的诠释证成、逻辑自洽和体系建构。

(二)关于商事权利的立法现状

商法乃保护营业之法，质言之，乃保护营业权利、商事权利之法，因为，“从最本质层次来说，商法是以权利为本位的法”，商事权利本为“商法的精髓”和“整个商法体系的核心”；〔25〕商法的私法属性决定贯彻商事权利本位原则，是“商法的应有之义，理应成为商法基础理论体系的核心范畴”；〔26〕更应成为商事立法的主旨与重心。我国商事

---

〔21〕 参见曾大鹏：《商事物权与商事债权制度研究：兼议商法通则立法》，中国法制出版社2012年版，第1～3页。

〔22〕 参见陈醇：《权利结构理论：以商法为例》，法律出版社2013年版，第262～283页；吕来明：《商事权利论》，法律出版社2016年版，第12～43页。

〔23〕 参见吴越：《经济宪法学导论：转型中国经济权利与权力之博弈》，法律出版社2007年版，第132～158页。

〔24〕 参见程合红：《商事人格权论》，中国人民大学出版社2002年版，第12～13页。

〔25〕 参见赵万一：《商法基本问题研究》，法律出版社2013年版，第53～54页。

〔26〕 参见李建华、麻锐：《论商事权利研究范式》，载《社会科学战线》2014年第10期。

立法虽基于民商“共域一体”,而无商事权利的一般概念或完整定义,但在相关法律文本中,仍然或隐或现地规定有商事权利或负载有宣示商事权利功能的规则或条款,如《民法典》第125条首次在物权、债权、知识产权之后,把“民事主体依法享有股权和其他投资性权利”单列为独立权利;又如《公司法》中关于股权的规定;再如,其他商事特别法对相关商事权利的规定;等等。

当然,受传统观念、意识形态、体制机制等各种因素的影响与制约,在对待商事立法的目的、功能上,长期以来,公权本位、管理中心一直成为商事立法中一种几近政治正确的惯性思维,商事权利在商事立法中的核心与中心地位,没有得到执政、决策、立法层的应有重视和必要关注,特别是投资主体的资本权利、经营主体的经营性财产权利、交易主体的预期所得等权利,立法文本或者规定不明,或者彰显不够,或者隐而不现。不仅如此,不少商事特别法的条款,仍以限制甚至否认、剥夺特定商事权利为主旨,如对当事人经自主约定条款之效力的否认等,使我国涉及商事权利方面的立法,尚存在明显的基础性、系统性、体系性缺陷和不足。这些既与商法的品性、特质、使命不符,也与我国市场经济的建设目的和发展趋势背离,更与优化营商环境的体制改革与制度完善目标冲突。

(三)关于商事权利的司法现状

商事裁判的主旨在于处理商事权益方面所发生的纷争,实则为通过分清责任而达到析权、确权、维权、济权的功能与目的。我国民事诉讼与商事仲裁近年来虽比较重视对商事权利的保护与救济,但长期以来因缺乏商事思维,特别是欠缺商事权利思维,尤其不尊重当事人之间的意思自治和经有效、正式法定程序公示的权利外观原则,商事司法审判或仲裁中,任意超出法条文义和合同、章程文本等有效记载,认定或判断营业当事人之权利归属,既不能起到确认、保护、救济商事权利的裁判功能,也不能有效实现司法或仲裁的定分止争目的,反而有害于商事权利。如在涉及股权转让纠纷类案中效力与权属的认定上,无论是司法机关,还是仲裁机构,均套用民法思维中的泛公平规则,以显失公平为由,裁定撤销权利义务实质分配不公平之股权转让合同。如在“山西金业煤焦化集团有限公司、张某某诉沁和投资有限公司等股权转让纠纷案”中,终审被最高人民法院(以下简称最高院)以“股权转让价格与股权的实际价值显著不符”“当事人之间的权利义务是不对等的”“不能体现股权转让真实对价”为由,否认“金海公司股权转让协议书”的股权转让效力;[27] 其他如阴阳或黑白合同、民间借贷、民间投资、房地产合作开发、拍卖、借名登记、股权代持等涉及营业、合同当事人权利确认或归属类案件,最高院发布有多个司法解释文本,明显可见释文对经当事人意思自治、正式有

---

〔27〕 参见最高人民法院民事判决书,(2011)民二终字第76号。

效登记确认之商事权利的效力或归属持漠视、怀疑、否认态度，集中反映了司法机关在商事权利意识上的整体性缺失。2019年11月最高人民法院《全国法院民商事审判工作会议纪要》（法〔2019〕254号，以下简称《九民会议纪要》）引言，提出要“通过穿透式审判思维，查明当事人的真实意思，探求真实法律关系”，明确否认已成商法甚至私法共识的“权利外观规则”。这更说明，深入研究并旗帜鲜明地普及商事权利意识，是何等重要、迫切！

（四）简要的总结与评价

综前所述，基于传统民商二元理论与制度框架，更由于长期轻视商事权利的基础研究，商事权利领域确实尚未形成切合营业事实真相、具内在逻辑自洽的整体性、系统性和体系性理论，导致在整个商法理论中商事权利的知识性空白、常识性误判和制度性缺失，就如学者所言，“整个商法体系并不以权利为语言，也不以概念体系为特征，而仅表现为一系列严谨的、务实的操作规范”；[28] 有学者更认为，我国商事权利理论研究极其薄弱甚至缺失，已成为商法基础理论研究最为明显的弱点和缺陷，严重阻碍商法学科的成熟以及商法独立法律部门的确立。[29] 尽管前述既有文献对商事权利也有一定涉及和研讨，但终因研究范式的局限和解释路径的错位，对商事权利的定位与解读尚存在如下明显局限：(1)未跳出传统民商二元理论与制度框架，割裂商事权利与民事权利之间的天然关系和联系纽带。(2)未从大私法的领域来审视商事权利的特殊性，未真正揭示商事权利的事实真相和内在逻辑。(3)未从营业自由观念和大营业视野来定位商事权利的属性和特质，不恰当地把商事权利定义为特定商事主体的专有权利，而从未从民事主体进入营业领域之身份、角色、地位、功能之转换角度，来界定商事权利的独特制度功能。(4)未从营业的实在形态、动态流程、时序阶段、递进环节，总结、概括、归纳出商事权利的存在形态和实然结构。(5)未从营利最大化、市场无限化与财富累积性、欲念扩张性的角度，揭示商事权利的内在演变规律和制度运行规则。(6)对商事权利的行使与转让、契合与集中、控制与扩张、保护与救济，缺乏顶层性、整体性、系统性的考量和设计。

三、商事权利的研究范式与解释路径

基于商事权利既有研究中的局限以及我国商事立法、商事裁判中权利观念的缺失，加强对商事权利基础理论的研究，既具必要性，更具紧迫性。而要对商事权利作全面、深入、系统研究，建构起能切合营业事实真相、具内在逻辑自洽的整体性、系统性和

---

〔28〕 马俊驹、梅夏英：《我国未来民法典中设置财产权总则编的理由和基本构想》，载《中国法学》2004年第4期。

〔29〕 参见李建华、麻锐：《论商事权利理论体系的构建》，载《吉林大学社会科学学报》2014年第5期。

体系性新型商事权利理论框架,就必须首先解决好商事权利的研究范式与解释路径这两个基础层面的问题。

(一)商事权利的研究范式

我国商事权利研究范式的薄弱与缺失,是严重影响和制约商事权利理论研究走向具体、深入并形成系统理论的主要原因。笔者认为,商事权利的研究范式应遵循两个基本原则,一是从权利的本质属性出发,还原商事权利的本来面目和实质内容;二是要超越既有的民商分立与民商合一惯性思维,从大私法领域与大营业视野,来审视商事权利的独特价值和基本属性。

在此基础上,商事权利的研究范式应本着以营业事实范式为基础,以营业定义范式和营业行为范式为补充的综合式研究范式,具有而言,就是遵循"事实逻辑→概念抽象→类型结构→运行机制"这一研究范式、框架结构和基本模型,基于商事权利的实然事实和内在逻辑,通过总结、概括、归纳、抽象出民事主体进入营业领域中身份、角色、地位、关系、功能的转换或变化,提炼出不同情形下商事权利的产生原由、本质特征和具体形式,进而建立起能切合营业事实真相、具有内在逻辑自洽的整体性、系统性和体系性新型商事权利框架结构。

(二)商事权利的解释路径

基于营业事实之上的权利抽象及行为类型的综合性研究范式,商事权利唯有沿着以下解释路径,才能真实反映商事权利的本质和特性。

1. 权利正当性解释路径,即解释商事权利产生的可能性和初始原点,包括商事权利为什么必然产生?为什么可能产生?在什么样的条件或环境才能产生?其产生的正当性、合理性、合法性、有效性基础是什么?基于何种事实、条件或行为实际产生?

2. 权利功能性解释路径,即应解释大私法领域中的商事权利究竟扮演什么样的角色和负载着什么样的独特功能?商事权利在私法领域是基于什么的需要(如营生、营利、营业之间的关系)而产生?商事权利在私法领域中是从哪一领域、阶段、环节开始和发生的?民事权利转换、升华为商事权利的条件是什么?商事权利在私法中的地位、功能、价值是什么?

3. 权利特殊性解释路径,即应解释大营业视野下商事权利与营业究竟是一种什么关系?为什么商事权利只能基于营业自由而产生?为什么只存在于营业领域?为什么只有优化营商环境才有实在意义的商事权利?

4. 权利逻辑性解释路径,即应解释商事权利的事实逻辑究竟是一种什么状态?商事权利的真实存在形态是什么?商事权利的实在形态、动态流程、时序阶段、递进环节是什么?商事权利存在形态和实然结构的具体形式是什么?商事权利以什么方式和规律实态运行或转换？

本书将遵循“事实逻辑→概念抽象→类型结构→运行机制”之研究范式，沿着权利正当性、功能性、特殊性、逻辑性解释路径，以期使商事权利正其本而清其源。

上编　本体论

→商事权利的本质属性

→商事权利的功能定位

→商事权利的主客要素

→商事权利的体系架构

第一章 商事权利的本质属性

商事权利，又称商权利，简称商权，究竟如何界定，本质属性是什么？国内学界尚无定论，既然商权属于权利范畴，要准确对其定义，并给出清晰的内涵和外延，还得从权利这一范畴入手，方可给出具解释力的回答。

第一节 商事权利的意义厘定

一、权利概念的正本清源

（一）权利的诸学说与众观点

权利与义务是法律的基础范畴和核心内容，法律就是通过分配或配置不同主体之间的权利与义务，来达到调整社会、指引行为、规范秩序的目的或愿景。“权利”一词虽古已有之，但作为近代法律术语使用、并赋予其特定内涵，则始于1864年美国人丁韪良主持翻译的《万国公法》。该书频繁地使用“权利”一词，是为权利作为法律概念之滥觞。[1] 而国人对权利之实质有深度了解并深研者，更是西学著作大量翻译并引入中国之后。

1. 西文著作对权利的各种定义

“权利”（right）一词在西文中，常常与正义、自由、意志、利益、能力等概念或范畴相关联，而在权利概念最先被抽象化的德国，又存所谓意志论与利益论之别。[2] 总体而

〔1〕 参见林来梵：《权利概念的移植交流史》，载《中外法学》2020年第2期。

〔2〕 参见朱育庆：《民法总论》，北京大学出版社2013年版，第485～488页。

言,西文著作中对权利的界定,存在自然权利论[3]、自由权利论[4]、契约权利论[5]、意志权利论[6]、利益权利论[7]、特权权利论[8]、可能权利论[9]、期望权利论[10]、资格权利论[11]、选择权利论[12]、法律权利论[13]、正义权利论[14]等代表性学说。尽管权利并无明确、统一的定义,但权利是一个与自由、意志、利益、正义具有高度关联性的法概念和法范畴,则是比较一致的看法。

2. 国内学者关于权利的代表性观点

受前述西文论著的影响,国内学者关于权利的界定,在20世纪90年代以前,就存在诸如资格说、主张说、自由说、利益说、法力说、可能说、规范说、选择说等不同观点;[15]2000年以来,尽管学界对权利的研究与解读,有很大进展和升华,但对权利定义依然没有统一的看法和基本的共识。除前述几种代表性观点外,比较有影响力、对权

[3] 参见[英]洛克:《政府论》(下篇),叶启芳、瞿菊农译,商务印书馆1964年版,第6页;[美]弗朗西斯·奥克利:《自然法、自然法则、自然权利》,王涛译,商务印书馆2015年版,第100~101页。

[4] 参见[英]霍布斯:《利维坦》,黎思复、黎廷弼译,商务印书馆1985年版,第163页;[法]孟德斯鸠:《论法的精神》(上册),张雁深译,商务印书馆1961年版,第154页;[英]约翰·密尔:《论自由》,许宝骙译,商务印书馆1959年版,第66页。

[5] 参见[法]卢梭:《论人与人之间不平等的起因和基础》,李常山译,商务印书馆1962年版,第132~133页;[法]卢梭:《社会契约论》,何兆武译,商务印书馆2003年版,第19页。

[6] 参见[德]康德:《法的形而上学原理——权利的科学》,沈叔平译,商务印书馆1991年版,第39~41页;[德]黑格尔:《法哲学原理》,范扬、张企泰译,商务印书馆1961年版,第10~11页;[德]费希特:《自然法权基础》,谢地坤、程志民译,商务印书馆2004年版,第117页、第150~151页。

[7] 参见[德]耶林:《为权利而斗争》,郑永流译,商务印书馆2018年版,第26页。

[8] 参见[美]霍菲尔德:《基本法律概念》,张书友译,中国法制出版社2009年版,第26~78页;[美]卡尔·威尔曼:《真正的权利》,刘振宇等译,商务印书馆2015年版,第34页。

[9] 参见[德]马克斯·韦伯:《论经济与社会中的法律》,张乃根译,中国大百科全书出版社1998年版,第99页。

[10] 参见[美]庞德:《通过法律的社会控制》,沈宗灵、董世忠译,商务印书馆1984年版,第42页,第46~48页。

[11] 参见[英]A. J. M. 米尔恩:《人的权利与人的多样性》,夏勇、张志铭译,中国大百科全书出版社1995年版,第111页。

[12] 参见[美]F. M. 卡母:《权利》,杜宴林、李子林译,载朱振等编译:《权利理论》,上海三联书店2020年版,第66页。

[13] 参见[英]哈特:《法律的概念》,张文显等译,中国大百科全书出版社1996年版,第81~83页。

[14] 参见[美]约翰·罗尔斯:《正义论》,何怀宏等译,中国社会科学出版社1988年版,第60~61页;[美]罗伯特·诺奇克:《无政府、国家与乌托邦》,何怀宏译,中国社会科学出版社1991年版,第156~159页;[美]罗纳德·德沃金:《认真对待权利》,信春鹰、吴玉章译,中国大百科全书出版社2000年版,第240页;[英]弗里德利希·冯·哈耶克:《法律、立法与自由》(第2、3卷),邓正来等译,中国大百科全书出版社2000年版,第181~187页;[美]富勒:《法律的道德性》,郑戈译,商务印书馆2005年版,第113~124页。

[15] 参见夏勇:《人权概念起源》,中国政法大学出版社1992年版,第40~44页;张文显:《法学基本范畴研究》,中国政法大学出版社1993年版,第73~81页。

利作出新解的学说如手段论[16]、行为范围论[17]、多元要素论等。其中,三要素论者认为,“法律权利是指社会主体享有的法律确认和保障、以某种正当利益为追求的行为自由”,包括“利益、权能和自由行为”三大要素;[18]或者认为“权利实质上就是意志、利益和行为的有机组合体”或“权利就是由自由意志支配的,以某种利益为目的的一定的行为自由”。[19] 五要素论者认为权利是利益、主张、资格、权能和自由的结合;[20]或者认为权利是利益、主张、资格、力量、自由等五要素的结合范畴,是“为道德、法律或习俗所认定为正当利益、主张、资格、力量或者自由”。[21]

不难看出,与西文代表性论著的主流观点十分相似,国内学者在论及权利时,观点虽异,但具共性的地方,是把权利与特定主体的自由、利益、资格、主张、行为等基本权能或选择自由联系或结合在一起。这说明,权利作为一种与主体的自由、利益、资格、主张、行为具内在、必然联系的法概念或法范畴,是有基本共识的。

3. 马克思主义经典著作关于权利的论断

对于权利,马克思、恩格斯在《关于新闻出版自由和公布省等级会议辩论情况的辩论》《德法年鉴》《德意志意识形态》《共产党宣言》《论犹太人问题》《资本论》《哥达纲领批判》《反杜林论》等著作中,有比较多的论述。这些经典的论断,无疑是我们厘定权利的指导思想和理论依据。与之前和之后的其他西方思想家、法学家、哲学家、经济学家、社会学家对权利的定义与看法不同,马克思、恩格斯不是从孤立、静态的角度,而是从动态、唯物史观的角度来看待权利问题,认为权利的本质是人与人之间利益冲突的产物;权利现象是具体的、历史的;权利理念体现着个体与整体的统一、权利与义务的统一;权利的最终目的是实现人类整体的解放和彻底的精神自由。[22]

马克思、恩格斯关于权利的重要经典论断包括:(1)权利的本质和核心问题是利益。如“人们为之奋斗的一切,都同他们的利益有关”。[23] 人权“无非是市民社会的成员的权利,就是说,无非是利己的人的权利、同其他人并同共同体分离开来的权利”。[24] (2)没有自由就没有权利,但绝对的自由也等于没有权利。如“没有一个人反对自由,如果有的话,最多也只是反对别人的自由。可见,各种自由向来就是存在的,

[16] 参见张文显主编:《法理学》,高等教育出版社 2018 年版,第 130 ~ 132 页。
[17] 参见舒国滢主编:《法理学导论》,北京大学出版社 2019 年版,第 49 页。
[18] 付子堂主编:《法理学进阶》,法律出版社 2010 年版,第 24 ~ 29 页。
[19] 程燎原、王人博:《权利论》,广西师范大学出版社 2014 年版,第 23 页、第 31 页。
[20] 参见夏勇:《人权概念起源》,中国政法大学出版社 1992 年版,第 42 ~ 44 页。
[21] 夏勇主编:《法理讲义:关于法律的道理与学问》(上),北京大学出版社 2010 年版,第 331 ~ 332 页。
[22] 参见韩冬雪:《论马克思主义的权利观》,载《吉林大学社会科学学报》2001 年第 1 期;张丽君:《马克思的权利思想》,载《政治学研究》2005 年第 4 期。
[23] 《马克思恩格斯全集》(第 1 卷),中共中央编译局译,人民出版社 1995 年版,第 187 页。
[24] 《马克思恩格斯全集》(第 3 卷),中共中央编译局译,人民出版社 2002 年版,第 182 ~ 185 页。

不过有时表现为特殊的特权,有时表现为普遍的权利而已”。[25] (3)权利的内容受制于生产力与生产关系,特别是所有权的性质直接取决于所有制形式。如“这种在一定条件下不受阻碍地利用偶然性的权利,迄今一直称为个人自由。——这些生存条件当然只是现存的生产力和交往形式”。[26] (4)权利是历史的产物,权利的内容和形式受制于一定的社会历史条件,只有用同一的历史、法律尺度丈量,才能给权利以准确定位。如“权利决不能超出社会的经济结构以及由经济结构制约的社会的文化发展”。[27] (5)权利是有阶级性的,对不同阶级而言,权利中的自由、平等、利益等内容是存在显著差异的。其中,“平等地剥削劳动力,是资本的首要的人权”。[28] (6)在私有制和商品经济社会里,财产权是最重要、主要、基础的权利。如“自由这一人权的实际应用就是私有财产这一人权”。[29] (7)权利的平等只是社会表象,不平等才是权利的实质。如“要避免所有这些弊病(不平等——笔者注),权利就不应当是平等的,而应当是不平等的”。[30] (8)权利与义务是统一的。如“没有无义务的权利,也没有无权利的义务”。[31] (9)真正融自由、平等、利益于一体的权利,只有在共产主义社会才能实现。即共产主义社会“将是这样一个联合体,在那里,每个人的自由发展是一切人的自由发展的条件”。[32]

从上述经典论述的整理和罗列中,不难发现,马克思主义视角下的权利,仍然还是一个与利益、自由、平等相关的法概念或法范畴,只是在马克思、恩格斯看来,这种内含利益、自由、平等的权利,是一种历史的、阶级的、相对的存在,是人与人之间社会关系、利益冲突的产物和形式,它受制于一定程度或类型的生产力与生产关系,并最终取决于不同国家或社会的所有制形式。

(二)权利的本质属性

综前所述,笔者认为,无论古今中外的哲人与智者如何对权利进行定义、界定或描述,权利始终离不开利益与自由这两大基础范畴和核心要素,故权利应定义为能满足社会主体需要、以自由与利益为核心要素构成的统一体或结合物。质言之,权利的本质属性应为主体可自主支配或选择的一种利益。权利的这一本质属性,内含着如下几层基本要义。

---

[25] 《马克思恩格斯全集》(第1卷),中共中央编译局译,人民出版社1995年版,第167页。
[26] 《马克思恩格斯选集》(第1卷),中共中央编译局译,人民出版社2012年版,第202页。
[27] 《马克思恩格斯选集》(第3卷),中共中央编译局译,人民出版社2012年版,第364页。
[28] [德]卡尔·马克思:《资本论》(第1卷),中共中央编译局译,人民出版社2004年版,第338页。
[29] 《马克思恩格斯全集》(第3卷),中共中央编译局译,人民出版社2002年版,第183~184页。
[30] 《马克思恩格斯选集》(第3卷),中共中央编译局译,人民出版社2012年版,第364页。
[31] 《马克思恩格斯选集》(第3卷),中共中央编译局译,人民出版社2012年版,第172页。
[32] 《马克思恩格斯选集》(第3卷),中共中央编译局译,人民出版社2012年版,第171页。

1. 可利益性，权利应为主体带来某种特定利益，这种利益必须是积极利益而非消极利益，是正利益而非负利益；是能满足主体一定的欲念与需求，而非给主体带来负担或责任。

2. 可支配性，可基于主体的意志作出享有或放弃、占有或让与、全部行使或部分行使、自力行使或他人代理、在行使过程中再放弃等不同决定，具有可自由支配的特性。

3. 可选择性，即权利应是特定主体基于自己的自我识别、自由意志、自主选择所得到的一种利益，此种利益具有自由性而非强制性。

4. 可获得性，即特定主体经自由选择并通过自己行为或请求他人为一定行为，就可获得的某种利益。如果一种虽被法律确认或宣示为权利或可带来利益的东西，特定主体无论怎么行为或作何努力，都不能实际享有或现实获得，则这仅仅只是权利能力或取得某一权能的资格，属法律权利能力之权能的范畴，与具体的权利不同。

5. 可救济性，即权利被侵犯或受损害时，可通过自力或他力、私力或公力得到相应恢复或一定补偿。

（三）权利的核心因子

第一，权利是由利益与自由两大核心因子构成。

权利的核心因子，一则为利益；二则为自由。唯其有利益，才可称之为权利，所谓无利益则无权利。〔33〕 这是因为无利益的权利，对主体而言，不能带来任何现实和期待的需求满足，对主体无任何实际意义和实质内容。虽然如此，仅有利益，如主体无法自由选择、占有、支配、使用、享用、处分，该利益也并不能给主体带来特定的需求满足和幸福效应，对主体而言也无任何意义和价值；无自由的利益对主体而言如镜中花、水中月，要么可望而不可即，要么有随时被取消、剥夺、侵害的可能，故无自由亦无权利。唯有利益与自由的充分结合和有机构成，特定主体可自由选择、支配的利益，才可称为权利。

第二，利益是权利之源。

关于利益，《牛津法律大辞典》中将其解释为个人或个人的集团寻求得到满足和保护的权利请求要求愿望或需求，即利益是由个人、集团或整个社会的、道德的、宗教的、政治的、经济的以及其他方面的观点而创造的。〔34〕 我国学者认为，所谓利益，就是“人们受客观规律制约的，为了满足生存和发展而产生的，对于一定对象的各种客观需求”。〔35〕

利益，通俗地讲，就是对主体有利的东西，在经济学上是一种给主体带来实际、真

---

〔33〕 参见漆多俊：《论权力》，载《法学研究》2001 年第 1 期。

〔34〕 参见［英］戴维·M. 沃克：《牛津法律大辞典》，李双元等译，法律出版社 2003 年版，第 773 页。

〔35〕 付子堂：《对利益问题的法律解释》，载《法学家》2001 年第 2 期。

切需求满足的物质性、价值性要素或范畴，它能通过对主体不同需求、欲念不同程度的满足，给特定主体带来可感觉、体会并能给予主观评价的幸福效应。质言之，利益的本质就在于"能满足人的需要"，且"即使对于不同人需要的满足程度不同也罢"；而"正是由于利益与人的需要这种必然的或者天然的联系"，才构成"需要就是利益的根源"。[36] 在法学上，利益通常表现为对主体有利或支撑主体生存、交往、发展的人身、人格、身份、声誉、社会评价、财产等要素或范畴。利益是权利之源，不能给主体带来利益的权利，不能被称为权利。

利益可按属性、领域、主体的不同做如下分类。(1)按所涉客体，利益可分为物质利益与精神利益。(2)按所涉领域，利益可分为政治利益、经济利益、文化利益、军事利益、外交利益。(3)按所涉主体，利益可分为国家利益、社会利益、集体利益、个体利益。(4)按所涉属性，利益可分为公共利益、共同利益、私人利益。(5)按所涉标的，利益可分为人身利益、财产利益。(6)按所涉地域，利益可分为国际利益、外国利益、本国利益、地区利益、地方利益。(7)按所涉利益的重要性，利益可分为基础利益与发展利益、普通利益与根本利益、一般利益与特殊利益、短期利益与长期利益。(8)按所涉法律依据，利益可分为公法利益与私法利益。其中私法利益，按照标的又可分为人身利益或财产利益；按照利益发生的领域又可分为民事利益与商事利益；等等。正因利益可划分如此多的类型，而不同利益在满足不同领域、主体、范围需求时，经不同的法律调整，就产生不同的权利类型。可见，利益的属性与类型，最终决定并制约着权利的属性与类型。以下所论商事权利，所涉利益就是营业领域中能满足私法主体需求的营业利益。

第三，自由是权利之魂。

自由(freedom 或 liberty)，自由在《布莱克法律词典》中列有二义，一为自主为一定行为或人身被解放的状态；二为政治权利。[37] 英国牛津大学哲学教授格林认为，自由是"从事值得去做或享受值得的事物的一种积极的力量或能力"；[38] 前述众多泰西法学名著大多涉及有关自由的定义与论述，"二战"中美国总统罗斯福提出表达、信仰、免于匮乏、免于恐惧等著名的"四大自由"；1945 年联合国《世界人权宣言》重申这四大自由的基本精神。[39] 自由可从正、反向意义进行分别定义。就正向而言，自由为主体可基于自我意识或独立意志选择为一定行为或不为一定行为的一种应然资格或可能性，包括自觉、自主、自愿、自治、自为等多个方面；而从反向来看，自由应为主体不受公权

---

〔36〕 张江河：《论利益与政治》，北京大学出版社 2002 年版，第 79 页。

〔37〕 See Bryan A. Garner, *Black's Law Dictionary 8th ed.*, Thomson Wost, 2004, p. 688.

〔38〕 参见[英]欧内斯特·巴克：《英国政治思想》，黄维新、胡待岗译，商务印书馆 1987 年版，第 21 页。

〔39〕 参见联合国人权事务高级专员办事处：《人权国际文件汇编》(第 1 卷)，联合国出版物 2002 年版，第 1 页。

力、他人不当或非法支配、控制、约束的自然或行为状态。因为,“在人与人的关系上,一个人所能遭受的最大不幸,就是看到自己受另一个人的任意支配”;[40] 如存在一人被另一个人、一部分人被另一部分人支配或控制的情形,就“要寻找出一种结合的形式,使它能以全部共同的力量来卫护和保障每个结合者的人身和财富,并且由于这一结合而使每一个与全体相联合的个人又只不过是在服从自己本人,并且仍然像以往一样地自由”,而“每个结合者及其自身的一切权利全部都转让给整个的集体”,这个集体就是主权者国家。[41] 故真正的自由,应是有法律确认清晰的边界,并有国家公权力作为切实保护的自由。

既然自由对特定主体自身而言,最核心的是对自己的身体、意识、意志、行为和利益的可选择性和可支配性,而对国家、社会和他人而言,就是免于被不当或非法的支配、控制、约束的一种自然状态。故根据特定主体可自主选择或支配,且不被已外力量或主体不当或不法支配、控制、约束的对象不同,可把自由做如下原始分类:(1)人身自由。即身体自由,为主体可自由支配或控制自己的身体,且免于被国家、社会和他人不当或非法支配、控制、约束的可选择状态。基于身体自由的人身自由,是一切自由的基本前提,没有人身自由,一切自由均无从谈起。(2)意识自由。即认识自由,为主体可通过自主意识,识别自身及行为的性质、意义、后果,并作出符合常识或理性的判断。认识自由即通常意义上的认识能力、意识能力之一部分;基于意识自由的认识自由,是人之自由区别于一般动物自然自由状态的标志,只有意识自由,人身自由才有社会意义。(3)意志自由。即选择自由,为主体基于认识自由的基础上,在对自身或行为有充分认知的前提下,对如何支配自己身体或外在动作,在自己未被外力或他人引诱、误导或强制、胁迫的情形下,自主选择支配自己身体或外在动作方式的一种状态。法律状态下的自由就是“意志对意志的支配,由理性对理性的支配所取代”。易言之,自由是“理性对理性的支配,而不是意志对意志的支配”,即“理性支配意志”。[42] 基于意志自由的选择自由,是主体从人身自由过渡并转换为行为自由的支撑条件。虽有人身自由或意识自由,但在受已外力量或他主体引诱、误导或强制、胁迫之下,该主体就没有选择自由,其作出的决定或实施的行为,就有可能违背其主观意志和原有愿望。故只有意志自由,意识自由才有法律意义。(4)行为自由。即行动自由,为主体经意志决定或选择下,为一定行为或不为一定行为的外在动作。行为自由是自由的结果性状态,是人身自由、意识自由、意志自由合乎事实逻辑的必然结果。但是,行为自由除受制约于人身自由、意识自由、意志自由等主体自身的主观条件外,还受制于主体行为时的外在

---

〔40〕 [法]卢梭:《论人与人之间不平等的起因和基础》,李常山译,商务印书馆1962年版,第132页。

〔41〕 [法]卢梭:《社会契约论》,何兆武译,商务印书馆1980年版,第23页。

〔42〕 [英]阿克顿:《自由与权力》,侯健、范亚峰译,商务印书馆2000年版,第12、308页。

客观约束性条件，如主体有处分自己财产的自由，但该财产处分行为一则受制于政策、法律设定的限制性条件；二则受制于特定相对人的反应与配合。行为自由才具有实在法调整或规范的意义。

自由之于权利，具有灵魂支撑意义，“在一个正义的法律制度所必须予以充分考虑的人的需要中，自由占有一个显要的位置”，这是因为“要求自由的欲望乃是人类根深蒂固的一种欲望”。[43] 故“自由是权利的前提和基础；法权利是已然的（为法所确认和保护的）自由”。[44] “实际上，正因为人是自由的，每个人才拥有两种否定性力量：一种是能够拒绝一切外在的强制性要求；另一种是能够抗拒一切诱惑。自由的这两种否定性力量，使我们每个人有一种积极的肯定性力量，那就是能够突破一切因果必然关系，独立于一切外在的强制性因素，而只从我们自身的纯粹理性即自由意志本身出发，给我们自己颁布那些普遍的道德法则，并坚守这些法则。”[45] 足见，无自由，就无权利；无充分的自由，就无充分的权利；无实质意义上的自由，就无实质意义上的权利。

第四，利益与自由的充分结合才可产生各种类型的原始权利。

自由除可划分为上述人身自由、意识自由、意志自由、行为自由等基础类型之外，如把自由与前述特定的利益进行彼此结合，就会衍生出许多混合型自由类型。如：(1)按照所涉客体，自由可分为物质自由与精神自由。(2)按所涉领域，自由可分为政治自由、经济自由、文化自由、思想自由、婚姻自由、家庭自由。(3)按所涉主体，自由可分为国家自由、群体自由、个体自由。(4)按所涉标的，自由可分为人身自由、财产自由。(5)按产生的法律依据，自由可分为公法自由与私法自由。其中私法自由，按标的又可分为人身自由或财产自由；按照发生领域又可分为民事自由与商事自由；财产自由按内容又可分为所有自由、契约自由、营业自由；等等。正因自由与利益通过彼此结合的衍生类型如此之多，而不同自由与利益的结合体和存在状态，在满足不同领域、主体、范围，并经不同法律调整后，就产生不同的原权利类型。可见，利益的属性、类型在融入自由这一灵魂元素并作充分、有机结合后，才有真正的现实幸福效应和实在法律生命，才可谓之主体可自由支配或自主选择的权利。

（四）权利的逻辑结构

把权利定义为主体可自由享有、选择或支配的利益，就不难发现，以利益为表、自由为魂的权利，存在一个由不同功能要素构成的内在稳定的逻辑结构，笔者把其概括为“主体资格 + 机会权能 + 可得利益 + 自由意志 + 外在行为 + 实际权益”结构。

---

〔43〕［美］E. 博登海默：《法理学：法律哲学与法律方法》，邓正来译，中国政法大学出版社 2017 年版，第 301 页。

〔44〕郭道晖：《法理学精义》，湖南人民出版社 2005 年版，第 62 页。

〔45〕黄裕生：《权利的形而上学》，商务印书馆 2019 年版，第 21 页。

1. 主体资格

权利应为特定主体的权利,“权利要求一个权利主体”;[46]同样,特定主体若取得或享有某一特定权利,需具备或取得某一特定的主体资格,这是权利构成的必备而不可或缺的要素。正是因为有权利主体的适格性,权利对特定主体才有特定的需求满足价值。

2. 机会权能

权利主体享有或取得权利是需要机会或条件的,特定主体虽具有或取得某一资格,但如自然、社会、制度、政策、立法、行政、司法或他人等因素的限制、禁止、阻却、剥夺、侵害,权利主体的实质权利就无转化为现实权利的可能性,故有了权利主体,还需自然、社会、制度、政策、立法、行政、司法或他人提供或创造一定的机会或条件,为权利主体实际享有或取得权利,提供必要机会和可能条件。机会权能衍生机会利益,是权利构成的门槛性要件。

3. 可得利益

权利的核心要素是利益,这种利益应为权利主体可得到的利益,这种可得利益可分现实利益和预期利益。(1)现实利益。亦为既有利益,即权利主体可现实占有、支配、控制或管领的当前利益,如人身中的人格利益;所有权中对物的即时占有、控制、使用等,均为现实利益。(2)预期利益。又为期待利益、未来利益,为将来某一条件成就、某一期限届满或某一事由出现而可获得的一种利益,债权就是一种预期利益;股权的红利分配权也是一种取决于公司是否存在经营收益的期待利益。

4. 自由意志

自由为权利的灵魂,而自由又是通过主体的意志因素具体反映出来。权利是否具有正当性、合理性、合法性,进行产生有效性,在于权利主体享有或取得的权利,是否符合内心的自主意识和内在的自由意志,如权利的标的和内容符合特定主体的自主意识和内在意志,则该权利就符合自然理性和正义标准,就具有道义或社会的正当性或合理性,从而在法律上就具备合法性或有效性的基础条件,该权利就具有为法律确认、固化并保护、救济的基本条件。

5. 外在行为

权利外在表征为行为选择,主体既可为一定行为,亦可不为一定行为。尽管从意思形成与意思表示的角度,主体外在行为的选择,是该主体自由意志决定的结果,但作为主体权利外在的可为他人识别的要素,乃外在显性行为,而非内在自由意志。无论是主体的作为,还是不作为,均可认定为权利的存在形态或行使方式。只不过在通常情况下,绝对、对世、消极的权利,在多数情形下,是不作为的存在形态或行使方式;而

[46]　参见[德]拉德布鲁赫:《法学导论》,米健译,法律出版社2012年版,第73页。

相对、对人、积极的权利,则更多是作为的存在形态或行使方式。以下讨论的商事权利或商权,在多数情形下,就是以作为的存在形态或行使方式出现。

6. 实际权益

利益既是权利的核心因子,更是权利的实质要素,主体的权利是否实际取得或最终实现,完全取决于该主体是否获得实际权益,无实际上的具体权益,权利对特定主体而言,就无实质意义。故实际权益恰恰又是判断和评价权利的结果性标准。

(五)权利的基本类型

权利可按不同标准作一般性的类型化划分。其中,基于主要划分标准的代表性类型有:

1. 应然权利、法定权利、实然权利

即按照权利的表现形式对权利所作的分类,应然权利、法定权利、实然权利是权利最基础、初级的分类,它决定权利的其他分类和形态。[47] (1)应然权利,即按照自然法理(天理)、人道伦理(伦理)、社会常理(世理),由主体(人)应当享有或拥有的权利。(2)法定权利,即由法律更确切地说为立法文本所确认的作为主体的人可以享有或拥有的权利。(3)实然权利,即作为主体的人在参与国家活动、社会交往、日常生活过程中所实际享有或拥有的权利。从权利的范围与内容来看,应然权利总是广于法定权利,法定权利一般大于实然权利;人类社会总的发展趋势是不断地揭示人类应然权利的范围,并逐渐把人的应然权利上升、确认或固化为法定权利,并创造条件尽可能让法定权利落实到不同个体或群体,以实现人类社会公平和法律制度正义。

2. 公权利与私权利

即在前述法定权利的基础上,按照权利产生的法律依据与基本属性对权利所作的分类。(1)公权利,又称公法权利或公民权利,即由公法所确认的、具一国国籍的公民在公法领域所享有的、一般相对于公权力而言或与公权力对应的一系列权利,如我国《宪法》规定的公民权利均为公权利。(2)私权利,又称私法权利或民事权利,即由私法所确认的、由民事主体(自然人、法人、非法人组织等)在私法领域所享有的权利。我国《民法典》、商事特别法和其他特别私法所确认的权利,都属于私权利。一般而言,私权利就是通常意义上的民事权利,但在大陆法系,私权利一般还可划分为普通民事权利、商事权利、其他私权利等。

3. 固有权利与派生权利

即在法定权利的语境中,按照权利的重要性和层级性对权利所作的分类。(1)固有权利,即在法定权利中,按照主体的固有属性和权利对主体的重要性程度,哪些对主

---

〔47〕 参见李步云:《论人权的三种存在形态》,载《法学研究》1991 年第 4 期。

体不可或缺的法定权利类型。质言之，那些与特定主体具与生俱来、不可或缺的权利。(2)派生权利，即以固有权利的存在为基本前提而产生，或由固有权利直接派生，或为实现或救济固有权利而创设的权利。

4. 原始权利与传来权利

即按照权利取得的方式或途径对权利所作的分类。(1)原始权利，又称原权利或第一手权利，即基于法律的规定由特定主体自由获得或经法定程序取得的初始权利。(2)传来权利，又称继权利、转权利或第二手权利，即基于法律规定或法律行为从原始权利人继受或受让而产生的权利。

5. 人身权利与财产权利

即按照权利对应的标的而对权利所作的分类。(1)人身权利，又称非财产性权利，系指特定主体依法享有的与人身、身份直接相关的权利类型。根据权利的标的与属性不同，人身权利又可分为人格权与身份权等。〔48〕(2)财产权利，即特定主体依法享有或拥有的以财产或财产衍生的特定利益标的所直接产生的相关权利类型。财产权利按标的或行使限制性条件的不同，可划分为如物权、债权、知识产权、继承权等传统意义的民事财产权利和发生在营业领域如股权、企业经营权、营业知情权等新型意义的商事财产权利。

6. 绝对权利与相对权利

此为依照权利的对抗效力而对权利所作的分类。〔49〕(1)绝对权利，又称对世权利，是权利主体所享有或拥有权利之效力及于或可对抗之外的所有人的权利类型。绝对权利包括绝大部分人身权、财产权中的物权、知识产权中的人身权利等。(2)相对权利，又称对人权利，是权利主体所享有或拥有权利之效力仅及于或只可对抗某特定人的权利类型。一般而言，民法中的债权即为典型的相对权利；商事权利系对民法中物权和债权进行改造而衍生的新型权利，多数为相对权利。

7. 现实权利与推定权利

即按照权利是否为现行法所确认或载明为标准对权利所作的分类。(1)现实权利，又称明示权利、公开权利，即为现行法所确认、载明或宣示的权利。(2)推定权利，又称默示权利、漏列权利，即现行法虽未作明确规定，但通过“法不禁止即自由”之原则推定主体应当或可以享有或行使的权利类型。〔50〕在私法领域，特别是营业领域，常常因为现行立法的滞后，现实的明示权利存在不周延性，赋予推定权利的正当性、合理性和有效性，就很有必要。

---

〔48〕　参见杨立新：《人身权法论》，人民法院出版社2002年版，第60～110页。

〔49〕　参见梁慧星：《民法总论》，法律出版社2011年版，第76页。

〔50〕　参见郭道晖：《论权利推定》，载《中国社会科学》1991年第4期。

8. 民事权利与商事权利

此即在权利被划分为公权利与私权利的基础上，按照权利所发生或产生的领域不同，对私权利所作的划分。(1)民事权利，即发生或产生于普通、一般、日常私法领域的权利类型。(2)商事权利，即产生于营业这一特殊私法领域的权利类型。以下论述，均以此切点作逻辑展开。

二、商事权利的法律蕴涵

(一)传统商事立法与商法理论中商事权利概念与范畴的缺失

在传统商法的概念范畴与理论体系中，商事权利是一个不被重视而基本空缺的领域。

就大陆法系而言，因学理与立法有民商分立与民商合一之别，商法进而商事权利的定位，存在明显的差异。在法、德、日等代表性民商分立法例国家或地区，商法、商事制度虽作为独立于民法、民事制度的另类存在，但商事权利的基础性、重要性、独立性地位，并未在立法和学理上得到体现，表现在立法上，商事权利并未如民事权利那样，在商法典中被明确记载或得到彰显。如在《法国商法典》中，虽有关于"商人的一般义务"方面的规定，但并无专门对应的商人权利或商事权利等概念，只有涉及诸如商行为、中间商、营业资产、商事公司时，才有关于商事物权、代理权、营业资产租赁权、股权等具体商事权利概念的出现。[51] 又如，《德国商法典》，也只有在涉及商号、代理商、中间商、商行为时，才有商号权、代理权、商事债权等概念的存在，明确表述商事权利的只有经理权和代办权。[52] 再如，《日本商法典》也如此，只有在涉及商号、代理商、商行为等规定时，才有商号权、代理权、特别债权等属于商事权利范畴的概念出现。[53] 在学理上，商事权利的法律定位、基础理论、体系建构也未得到学者足够的关注，既有翻译的几本具代表性域外商法论著，均没有系统涉及商事权利的概念、范畴、特质、形式、体系、结构等基本问题。如在法国，学者论及商法的特殊性时，商事权利并不是一个特别强调的标志性特征，与商事权利有关的权利，只是涉及商务组织中的股东、合伙人等出资人，或者商业营业资产、工业产权、有价证券等财产编章，才有出现；[54] 有学者在讨论法国商法时，曾提出过"商事产权"的概念，即"凡法律、条例规定把一个企业作为主体，企业一词应改为'企业者'"；企业者与企业的关系是"企业者把资本供企业使用"，他

---

〔51〕 参见《法国商法典》(上册)，罗结珍译，北京大学出版社 2015 年版，第 20 页以下。

〔52〕 参见《德国商法典》，杜景林、卢谌译，法律出版社 2010 年版，第 25 ~ 27 页。

〔53〕 参见《日本商法典》，王书江、殷建平译，中国法制出版社 2000 年版，第 5 页以下；《日本最新商法典译注》，刘成杰译注，柳经纬审校，中国政法大学出版社 2012 年版，第 26 页以下。

〔54〕 参见[法]伊夫·居荣：《法国商法》(第 1 卷)，罗结珍、赵海峰译，法律出版社 2004 年版，第 87 页以下。

们之间适用租赁关系，其中作为承租人之企业的相应权利称为“商事产权”。[55] 又如在德国，学者只在论及诸如商号、代理、商行为时，才有关于商号权、经理权、代办权、商事债权、商事物权、特别债权（如行纪权、运输代理权等）等属于商事权利范畴的概念或形式的存在。[56] 再如在日本，具商法典解释性质的相关论著，也是在阐释诸如商号、商业使用人、代理商、营业、商行为时，商号权、代办权、代理权、营业转让权、商事留置权等具体商事权利才被关注。[57] 可见，在大陆法系奉行民商分立的国家或地区，无论是立法还是学理，商事权利均未受到应有的重视和足够的关注。倒是晚近以来欧盟所颁发的具示范意义和指令效力的各种有关商法指令，对商事权利较为重视，给予了更多的关注，特别是有关不同国家或地区开业权的平等待遇与一体保护，几乎成为欧盟商法的一项基本原则。[58] 大陆法系选择民商合一法例的国家或地区，无论是立法还是学理，商事权利一般附属于民事权利，其独立价值更不能得到彰显。

至于英美法系国家或地区，原本就无民商之分，即使如宪法、民法等权利本位的法律，权利并不是一个被轻易定义的范畴，本着“无程序则无权利”“无救济更无权利”之普通法、衡平法规则，权利并不是用来宣示的概念，而是必须有切实的程序予以落实、保障和救济的特定利益。自然，商事权利也如其他宪法权利、普通民事权利一样，并不由立法予以具体定义或在学理上给出清晰答案，而是通过诸如合同法、侵权法等法律，在司法适用的保障或救济中实现的；[59] 特别是侵权法，在英美法系国家或地区的商事权利确认、保护和救济中，扮演着至关重要的角色。[60]

（二）商事权利界定的解释路径与代表性观点

如导论所述，在国内既有商法基础理论方面的论著中，商事权利也是一个被忽略、轻视甚至被扭曲的概念或范畴。一方面，商事权利的研究得不到商法学界和商法学人应有的重视，有关商事权利的概念、特质、功能、范围、形式、体系、结构、运行等问题，基本上尚是理论空白；另一方面，既有零星涉及商事权利的论著，对商事权利的定义、解读和建构，虽不乏真知灼见，但多数对商事权利概念界定、制度功能、体系结构的分析和论述，是不到位甚至是违反常识的。就既有文献涉及商事权利有关论述来看，大致

---

〔55〕 参见沈达明：《法国商法引论》，对外经济贸易大学出版社 2001 年版，第 328 页。

〔56〕 参见［德］C. W. 卡纳里斯：《德国商法》，杨继译，法律出版社 2006 年版，第 280 ~ 290、365 页以下。

〔57〕 参见［日］近藤光男：《日本商法总则 · 商行为法》，梁爽译，法律出版社 2016 年版，第 38 页以下。

〔58〕 参见［意］阿尔贝特 · 桑塔 · 马里雅：《欧盟商法》，单文华、蔡从燕译，北京大学出版社 2007 年版，第 7 页以下。

〔59〕 参见［美］斯蒂芬 · 加奇：《商法》，屈广清、陈小云译，中国政法出版社 2004 年版，第 69 页以下。

〔60〕 参见［美］小詹姆斯 · A. 亨德森等：《美国侵权法：实体与程序》，王竹等译，北京大学出版社 2014 年版，第 787 页以下；美国法律研究院：《侵权法重述第二版：条文部分》，许传玺等译，法律出版社 2012 年版，第 333 页以下；［美］爱伦 · M. 芭波里克选编：《侵权法重述纲要》，许传玺等译，法律出版社 2016 年版，第 404 页以下。

包括解释路径与具体界定两个层面的问题。

1. 商事权利的解释路径及理论困惑

受既有、传统民商二元领域、二元主体、二元行为进而形成的二元权利类型研究范式的惯性思维影响，现有文献对商事权利的解释、定义和界定，大多建立在民事与商事、民事主体与商事主体、民事行为与商事行为、民事权利与商事权利的二元构架基础上，商事权利也通常被解释或定义为与民事权利特立独行的另类权利类型或体系。受此影响，在定义、界定商事权利的属性和特质时，出现如下不同阐释路径：

(1)特殊民事权利解释路径，即把商事权利视为民事权利在商事领域的特殊表现和形式，由于民事权利存在物权与债权之说，故对应的商事权利也就表现为所谓的商事物权与商事债权。此种解释路径在商事权利研究初期比较常见；〔61〕近年也有学者针对商事物权或商事债权进行专门讨论；〔62〕或从商事权利与民事权利的独特性角度，把商事权利解释为民事权利中人格权、身份权、财产权的延伸和扩张。〔63〕

(2)商事主体独立权利解释路径，即从民事主体、民事权利的对应视角，认为商事权利是独立于民事权利的一种由商事主体专享、特殊的财产权利。如陈醇在《商法原理重述》《权利结构理论：以商法为例》等论著中，所提商事权利“集中”“集权或分权”“变压器”理论；〔64〕刘宏渭在《商法总则基本问题研究》中所提商事权利的独立性特征；〔65〕吕来明在《商事权利论》一书中认为，商事权利为商事主体而不能为民事主体享有的专属权利等观点，〔66〕均属此类。

(3)经济权利解释路径，即从经济权利的角度，来定位和解释商事权利，认为商事权利为一种特殊的经济权利；〔67〕经济法学界因混淆经济权利与商事权利之间的关系，未对一般经济权利与商事权利做必要区分，大多持这一解释路径，并把其解释为经济自由权、平等竞争权、企业财产权、经营自主权等具体权利内容。〔68〕

(4)商事主体人格利益附属路径，即从商事主体的人格利益或人格权角度，来定义

---

〔61〕 参见范健主编：《商法》，高等教育出版社、北京大学出版社2002年版，第52～53页。

〔62〕 参见曾大鹏：《商事物权与商事债权制度研究：兼议商法通则立法》，中国法制出版社2012年版，第1～3页。

〔63〕 参见许中缘：《商法的独特品格与我国民法典编纂》（下），人民出版社2017年版，第381～388页。

〔64〕 参见陈醇：《商法原理重述》，法律出版社2010年版，第29～104页。

〔65〕 参见刘宏渭：《商法总则基本问题研究》，华中科技大学出版社2013年版，第130～135页。

〔66〕 参见吕来明：《商事权利论》，法律出版社2016年版，第12～43页。

〔67〕 参见吴越：《经济宪法学导论：转型中国经济权利与权力之博弈》，法律出版社2007年版，第132～158页。

〔68〕 参见邱本：《经济法研究》（上卷），中国人民大学出版社2008年版，第212～223页；张守文：《经济法原理》，北京大学出版社2013年版，第176～177页；薛克鹏：《经济法基本范畴研究》，北京大学出版社2013年版，第266～272页；李昌麒主编：《经济法学》（第3版），法律出版社2016年版，第97～98页。

或讨论商事权利的特殊性，内容仅涉及商号权、商誉权、信用权、商业秘密权等有限的权利类型。[69]

(5)财产或利益解释路径，即从企业财产、经营财产或营业财产等角度，涉及企业、经营、商事方面的财产权内容，其权利大多与作为经营主体的企业有关，涉及的权利包括物权、债权、专利权、商标权、著作权、商号权、商誉权、商业秘密权等。[70]

前述多种商事权利的研究范式和解释路径，虽在定位商事权利的属性、特质等方面有一定的妥当性和解释力，但限于传统民商二元世界理论与二元主体结构思维这一前提性局限，对商事权利之产生原由及事实逻辑，未能从理论上予以客观真实的反映。如特殊民事权利解释路径，把商事权利看作一般、普通民事权利在营业领域的延伸或衍生，实际上是对民事主体进入营业领域之权利量变与质变的一种极其简单化、粗略化处理，根本没有触及商事权利的实质。商事主体独立权利解释路径，虽强调商事权利为商事主体之权利，但仍然把思维停留在民商二元世界里，无视民事主体在进入营业领域之前的元权利与原权利，且更多语境只论及企业等商事主体，而对作为投资主体、交易主体角色存在等更广泛范围的商事主体之权利，没有给予必要的关注和足够的重视。经济权利解释路径，则混淆了宪法意义上的经济权利、公法领域的经济权利、私法领域的经济权利以及经济权利、财产权利、商事权利之间的必要区别和相互关系，特别是混淆了私法属性的商事权利和某些具公法属性的经济权力之间的本质不同，存在明显的常识误区。商事主体人格利益附属路径虽对商事主体人格利益的财产化有一定的反映，但仅局限于商事人格权，无疑不足以揭示商事权利的全貌和丰富内容。财产或利益解释路径虽在一定程度上能解释商事权利产生的原由与客体，但对商事权利上的财产已是对民事权利上之财产作价值化、资本化、证券化、分离化、结构化改造与升华这一特质，没有给予深入研究和逻辑归纳，仍按一般财产的性质、内容、形式、结构，来看待商事权利客体，自然难以真实反映商事权利的内在特质和外在形式。

笔者认为，商事权利概念的构建，除应考虑权利保护制度的基本目的或功能、权利产生的依据及与民事权利保护体系的基本区分等因素外，[71]更应跳出既有、传统民商二元世界理论与二元主体结构的惯性思维，在大私法领域和大营业视野，遵循并沿着权利正当性、功能性、特殊性、逻辑性解释路径，从权利本身的特质与核心因子入手，才

---

〔69〕 参见程合红：《商事人格权论》，中国人民大学出版社2002年版，第55～115页；范健、王建文：《商法基础理论专题研究》，高等教育出版社2005年版，第229～309页。

〔70〕 参见王保树：《商法总论》，清华大学出版社2007年版，第183～199页；郑曙光、胡新建：《现代商法：理论基点与规范体系》，中国人民大学出版社2013年版，第189～213页；邹海林、张辉：《商法基础理论研究的新发展》，中国社会科学出版社2013年版，第177～185页；张民安：《商法总则制度研究》，法律出版社2007年版，第317页以下；徐强胜：《商法导论》，法律出版社2013年版，第275～287页。

〔71〕 参见吕来明：《商事权利论》，法律出版社2016年版，第13页。

能使商事权利正其本而清其源。

2. 商事权利的具体界定与代表性观点

受前述商事权利不同解释路径的影响，既有文献对商事权利的定义或界定，也出现较大的差异，代表性的观点如下：

（1）权利能力论。该论的解释路径为权利能力解释路径，即认为权利能力是指具备法律人格之社会存在体（自然人、法人、非法人组织等）依法享有权利和承担义务的资格，[72]进而把商事权利等同于商事权利能力，认为商事权利系指商事主体从事生产、经营的资格和权能。[73]

（2）特殊权利论。该论使用前述特殊民事权利的解释路径，认为商事权利是一种特殊的民事权利。如有学者认为，商事权利是商事主体从事工业生产、农业生产和商业服务活动的权利，它有着丰富的内涵，是商事主体最根本的权利；商事权利并非物权的简单延伸，与物权是完全不同的概念。[74] 有学者从权利的综合性、非物性、营利性、组织性角度，认为商事权利有别于传统民事权利体系的、以营利性为核心所构建的人格权与财产权，财产权是最基本的概念，商事权利为依各种营业功能领域划分的下位概念，总体属于民法中财产权利的延伸与衍生形式。[75]

（3）独立权利论。该论受商法独立于民法解释路径的影响，认为商事权利是一种完全独立于民事权利的新型权利。如有学者认为，商事权利是由商法所规范的主体享有或行使的必然与商主体一定营业行为相关联的私权之集合，其中，追求商业利益、财富增值的商品化权是最重要的商事权利；在商法层面，基于商人、商事法律关系的特殊性，对商事权利有特殊限制。[76]

（4）市场权利论。该论认为商事权利就是市场交易中的新生权利。如有学者从市场交易的角度，把商事权利界定为“市场交易中的权利，是市场主体的权利”。[77]

（5）特殊主体论。该论受前述特殊主体权利解释路径的影响，认为商事权利属于商事主体专属或专享的权利。如有学者认为，商事权利是“商事主体在追求商业利润过程中基于其经营属性专有的或虽非专有但依附于经营业务而形成的各项权利”，[78]或者认为“商事权利是商事主体及其投资人基于其自身属性专有的以及交易双方基于

[72] 参见张善斌：《权利能力论》，中国社会科学出版社2016年版，第220页。

[73] 参见李江敏：《商事权利能力问题研究》，载《山西大学学报（哲学社会科学版）》2006年第4期。

[74] 参见邢星：《论商事主体的商事权利》，载《广西社会科学》2006年第6期。

[75] 参见许中缘：《商法的独特品格与我国民法典编纂》（下），人民出版社2017年版，第381~388页。

[76] 参见李震东、张昊：《论商事权利的涵摄力与特别限制——兼谈商品化权的属性》，载《求索》2010年第5期。

[77] 参见徐学鹿：《商法总论》，人民法院出版社1999年版，第356页。

[78] 参见吕来明：《论商事权利体系》，载徐学鹿主编：《商法研究》（第2辑），人民法院出版社2000年版，第43页。

商事合同设定的权利”。[79] 也有学者以权利的目的或功能、产生的前提等为考量因素，认为商事权利是商主体在追求商业利润过程中，基于其经营属性专有的或虽非专有但依附于经营业务而形成的各项权利；或者是由商法所规范的，由商事主体享有或行使的必然与商事主体的一定营业行为相关联的私权集合。[80] 还有学者从权利义务对应角度，认为商事权利义务为“商事主体在从事商事交易活动过程中所享有的与商事营业活动相关的权利与义务集合”。[81]

(6)权利结构论。该论认为结构性是商事权利最显著的特征。如有学者虽未对商事权利作出确切定义，但认为商事权利不同于民事权利的地方集中表现为财产权的“集中”、权利的“结构”和权利的“变压”等特征。[82] 在此基础上，该论还认为，商事权利结构的变动权包括合成权、分解权和单纯结构变动权，且这些结构变动权还能不断地创造新的权利或新的功能。[83]

上述诸种代表性观点，虽在一定程度上反映商事权利的某些特征，但因总体受民商二元论惯性思维和解释路径的局限，这些界定商事权利的众多概念并未能全面反映其本质属性。如商事权利能力论者，就明显混淆了主体的权利能力与具体权利两个完全不同的法学范畴。特殊权利论虽然反映了商事权利作为特殊民事权利的关系属性，但对商事权利本质特性的总结、概括、归纳和界定则明显不能到位。独立权利论虽强调商事权利的独立性和异质性，但完全割裂其与一般民事权利之间的关系，无视商事权利总体上存在于大私法领域这一客观现实，是一种貌似强调商事权利、实则本末倒置的观点。市场权利论虽把商事权利还原到市场交易的真实场景，有助于从事实逻辑层面找到商事权利的实在特质，但市场主体过于泛化，且把商事权利只限制在交易层面或单一形式，无疑压缩了商事权利的有效范围。特殊主体论是目前解读商事权利的主流观点，其把商事权利定位于商事主体这一特定主体的关联性上，能比较有效地界定商事权利的主体范围和具体内容，但该论忽略了商事权利的正当性、合法性、有效性来源，并未厘清、解决商事权利的原始权源问题；况且完全把商事权利锁定于商事主体之上，实则把商事权利局限于商人特权这一传统二元主体框架之中，不具有足够的开放性或周延性。权利结构论虽触及商事权利的某些表象特征，如权利集中、权利分离、权利转换等现象，但未给出商事权利的准确定义，更未揭示商事权利的本质属性，其对商事权利全面性概括和整体性建构的意义仍十分有限。

基于以上分析，既有各种定义、界定、解读商事权利的代表性观点，并未给出反映

---

[79] 参见吕来明：《商事权利论》，法律出版社 2016 年版，第 15 页。

[80] 参见刘宏渭：《商法总则基本问题研究》，华中科技大学出版社 2013 年版，第 129 页。

[81] 参见赵旭东主编：《中国商事法律制度》，法律出版社 2019 年版，第 119 页。

[82] 参见陈醇：《权利结构理论——以商法为例》，法律出版社 2013 年版，第 4～7、266～283 页。

[83] 参见陈醇、江海：《论民事权利和商事权利的一体保护》，载《河南财经政法大学学报》2012 年第 3 期。

商事权利本质属性、客观真实和事实逻辑的圆满答案，故遵循前述适当研究范式和恰当解释路径，从权利的本质属性出发，对商事权利作出妥当定义，是深入研究商事权利进而作体系建构的必要前提。

（三）商事权利的基本内涵

笔者认为，商事权利，或称商权利，简称商权，系指民事主体进入营业领域之际和进入营业领域转换为商事主体之后，从事营利活动或实施营业行为过程中所享有的一系列可自主选择或任意支配的，能给特定主体带来最大化效益、利润、财富需求效用的一切机会、权能或利益。质言之，商事权利系民事主体进入营业领域前后、可自主支配或选择的、能满足其最大化财富需求效用的一种特殊利益。商事权利在我国近代最早觉醒的知识群体中，被普遍地称为商权，相对于商事主体的简化而言，又可表达为商权利，且与商主体、商行为等对应使用，则更显对仗工整。故在本书分析与论证过程中，商事权利、商权利、商权所表达的内涵和外延是一致的，其差别仅在于表达的词汇与形式。以下或为论证所需，或为表达顺畅，或为词义或语句对仗工整所宜，会在不同语境、情形、场合、章节分别使用商事权利、商权利、商权等用法，不再一一说明。

商事权利这一定义所表达的要素，包括如下几个方面：（1）商事权利主体为私法主体（民事主体）；（2）商事权利中最核心的组成因子和构成要素是能给私法主体带来最大化财富需求效用的一种特殊利益；（3）商事权利同一般权利一样，其灵魂是自由，即应是私法主体能自主支配或选择的一种最大化利益。根据前述权利的一般释义，从商事权利对应的特定主体、领域、利益、自由等支撑要素来综合考量，商事权利的具体含义，可做如下进一步解读。

1. 商事权利是一种特殊的私法利益。权利是由利益构成的，商事权利与民事权利一样，所涉利益是一种私法上的利益，总体上属于私益的范畴。商事权利这一利益上的私法属性，使其既与公法上表现为国家利益、公共利益的公权利存在显著不同，而且也与后述经济法涉及社会利益相关的经济权利区分开来。

2. 商事权利是一种可为特定私法主体带来最大化财富效用的私法利益。商事权利虽是一种私法利益，但与一般、普通民事权利不同，它是一种可给特定主体带来最大化财富效用的私法利益，即凡主体拥有此一权利，就可给该主体带来效益最大化、利润最大化、收入最大化、所得最大化等财富最大化效用。易言之，它是一种具有财产价值放大功能、可给特定主体带来未来财富增长和累计效用的特定私法利益。

3. 商事权利是一种能满足特定私法主体之营利最大化需求的私法利益。商事权利的权利主体是追求营利最大化或财富最大化效用的私法主体，这些主体有一个共同的特点，就是具有追求营利最大化或财富最大化的营利目的性。除此之外，这类私法主体的具体表现形式又集中体现在如下两个层面：（1）所有普通民事主体进入营业领域之前所平等享有的机会或资格权利。他们的权利主要表现为进入营业领域的机会选择和资格取得的自由，这种进入的机会与资格，对每一普通民事主体而言，既是平等的，也是自由的。只有所有民事主体无差异地拥有自由选择进入营业领域、参与追求以营利为目的的营业活动之机会或取得这样的资格，民事主体后续的营业活动或营业行为，才具有道义上的正当性、利益上的合理性、行为上的合法性和所得上的有效性，后续一系列权利才有社会关系基础和有效法律依据。(2)民事主体进入营业领域转换为商事主体后所专属享有的特殊权利。民事主体一般是通过投资、经营、交易等方式进入营业领域，因投资、经营、交易行为的实施，进而转换为以投资主体、经营主体、交易主体为具体形式的商事主体，并在新形成的各种投资关系、经营关系、交易关系中，依照法律规定或特别约定，享有专属投资主体、经营主体、交易主体所享有或拥有的各种特别权利。可见，商事权利指向的特殊私法利益，既包括初始状态的机会性、资格性利益，更包括实际营业关系中的特殊、专属具体利益。

4. 商事权利作为一种可带来最大化财富效用的私法利益只存在于营业过程之中。商事权利所指向的特殊私法利益，只能存在于营业过程之中。它包括如下几种情形：(1)营业进入阶段或环节。它既包括待进入营业领域的机会选择阶段或环节，也包括进入营业领域的资格取得阶段或环节。(2)营业进行阶段或环节。它既表现为投资、经营、交易等不同阶段、环节，也包括独资、合伙、合资、合作等不同方式或具体形式，还包括自行经营或委托经营等不同营运模式。(3)营业退出阶段或环节。如出资转让、企业解散、破产清算、注销登记等方式或形式。无论是营业进入，还是营业进行，抑或营业退出，均与非营业领域的一般、普通民事领域不同，它都存在通过创造价值、增加财富进而实现特定私法主体营利最大化需求或欲念的可能性。而要实现这种可能性，相关法律关系的构成、权利义务的分配就必须围绕着营利、财富、增值、利润最大化这一目的进行，相应地无论是权利主体，还是权利形式，或者权利内容，均应在量或质上发生显著的变化。该类已经变化、改造或创新的权利，当然也就不可用一般、普通民事权利来定位、归类或解释。

5. 商事权利是一种私法主体可自由选择、获得或支配的营利最大化私法利益。商事权利与一般权利一样，其灵魂应是自由，对特定私法主体来说，具有可自主选择、获得或支配的自由属性。一方面，在进入营业领域之前，所有民事主体的进入机会或资格取得是平等的，且是可自由选择或自主决定的，国家、社会、他人或政策、立法、行政、司法，既不可强制或胁迫，也不可作非法或不当剥夺、阻挠；另一方面，在进入营业领域之后，转换为商事主体的特定私法主体实际取得的某种特殊、专属利益，也是该主体可自由支配的，其既可自主行使，也可自愿放弃，还可通过委托或其他方式来实现。

6. 商事权利是一种私法主体可预期实现并受法律保护或救济的营利最大化私法利益。商事权利与其他任何权利一样，除具有可自由选择、获得或支配的属性外，作为一种法律确定的权利,还具有可实现并受法律保护或救济的特质。所有商事权利所指向、负载营利或财富最大化功能的特殊私法利益,既是一种在未来可预期实现的最大化利益,更是一种受法律确认、保护、救济的最大化利益。

足见,商事权利是一种存在或发生于营业领域或营业过程、能满足特定私法主体营利或财富最大化需求或欲念、并能为主体自由选择或支配的特殊营业利益。商事权利的这一特质和内涵,是之后商事权利理论展开的逻辑基点。

三、商事权利的本质特征

关于商事权利的本质和特征,既有文献有所涉及,如有学者认为商事权利最大的特征,是存在集权、分权、变动等结构性特征;[84]有学者认为商事权利具有商法规范的私权性、商事主体的专属性、权利与营业的关联性等主要特征;[85]有学者认为商事权利具有综合性、非物性、营利性、组织性等不同特征;[86]有学者认为商事权利属于私权范畴,是一种财产权,它具有经营属性专属、商事主体专有、财产利益客体、权利体系特殊等主要特征。[87] 这些总结或概括,在一定程度反映了商事权利本质或特征的某些方面。笔者认为,从内在特质和外在特性两个方面,商事权利的本质、特征才可得到更全面、整体、深入、具体的体现。

(一)商事权利的内在特质

商事权利内在特质,是由其内在本质所决定、支撑商事权利的独立性并与其他权利区分开来的独有属性,它包括如下几个方面:

1. 私权性

商事权利属于私权利的范畴。首先,商事权利是由私权主体而非公权主体所享有或拥有。即使是公权主体,如享有或拥有商事权利,也必须是以私权主体身份、角色、地位、关系、功能出现,如国家(政府)作为国家出资企业的出资人,就是以投资主体的私权主体身份出现的。其次,商事权利的产生、行使、转让、实现,均发生于私法领域。再次,商事权利所生利益,为典型之商事主体之私益,而非社会公益或国家利益。又次,商事权利之设立、变更、终止,均须遵循私法的理念、价值、原则、规则,依照私法的逻辑、准则、规范、程序进行,应基于自主、自决、自治、自律的自由原则,秉持独立、平等、诚信之原则来行使权利和履行义务、享有利益和负担责任、获得收益和承受风险。最后,商事权利的确认、保护、救济,主要以私法调整、确认、保护、救济之方式、途径与

---

〔84〕 参见陈醇:《权利结构理论——以商法为例》,法律出版社 2013 年版,第 4 ~ 7、266 ~ 283 页。

〔85〕 参见刘宏渭:《商法总则基本问题研究》,华中科技大学出版社 2013 年版,第 130 页。

〔86〕 参见许中缘:《商法的独特品格与我国民法典编纂》(下),人民出版社 2017 年版,第 381 ~ 385 页。

〔87〕 参见吕来明:《商事权利论》,法律出版社 2016 年版,第 15 ~ 23 页。

手段为主,经济法、行政法、刑法等公法调整、确认、保护、救济之方式、途径与手段虽也经常性地适用,但毕竟是一种补充方式、途径与手段。

2. 营业性

商事权利是进入营业领域之际或之后,民事主体或转换为商事主体的私法主体在特定营业关系中所享有或拥有的权利。它自始至终与营业相关联,具有典型的营业性特征,是一种营业权利。首先,商事权利发生于营业领域。这是商事权利与一般民事权利最显著的区别,所有商事权利均产生于民事主体进入营业领域前后,或发端于民事主体进入营业领域之前,或产生于民事主体进入营业领域之际,或伴生于商事主体在整个营业领域全过程之中。其次,所有商事权利均与营业相关,或在营业中产生。如营业自由权,对所有民事主体来说,就是一种机会性、资格性、预期性、选择性权利,这种权利为民事主体处分自己财产进入营业领域,提供了正当性、可能性、合法性和有效性;没有这一权利,民事主体进入营业领域就有可能遭到国家禁止、政策否认、法律限制、特权阻挠、他人侵害。再次,商事权利本质上就是一种营业权利。营业机会、投资权利、经营权利、交易权利、收益权利、所得权利、救济权利等,均围绕营业的进入、展开、收益、侵害等产生和实现。最后,商事权利之意义在于追求营业目的的实现。通过投资、经营、交易等营业活动,以实现最大效益、利润、收入、所得等营业目标和预期利益。

3. 财产性

商事权利是进入营业领域转换为商事主体的民事主体为追求营利、利润、效益、财富最大化过程中所产生的权利,它与财产具有内在、必然联系,是特定主体行使财产自由权中的营业自由权而衍生的一种新型、特殊财产权利。首先,商事权利的意义在于追求财产增长和实现财富累积,具有鲜明的财产增值目的。其次,商事权利的基础是财产,没有财产作本源和基础,商事权利即为无源之水、无本之木。再次,商事权利的起点是以民事主体处分财产进入营业领域这一原点开始,没有民事主体这一投资性财产处分形式,所有后续营业就不可能发生,当然也就不存在经营、交易和收益、所得等营业展开过程。最后,商事权利本质就是对财产权一种新型的处分方式,属于新型财产权范畴。如投资的本质就是民事主体把财产处分到营业领域、作为经营或交易的本金之法律处分行为;又如,企业的经营本质就对出资人出资构成的原始股本财产和经营交易中取得的后续增值财产占有、支配、处分等权利的行使;等等。

4. 增值性

商事权利发生于营业领域,它不同于一般日常生活领域中的财产权利,如当事人行使普通物权、一般债权,本身为了追求或实现财产或标的的使用价值或满足需求的特定功能,不一定具有营利的目的,而商事权利则负载着商事主体的营利最大化目的和功能,具有效益放大和财富增值效应,有明显的财产增值功能。如股权的股价或市值,随公司经营效益的增长而上升;又如公司财产权,其原始财产虽只限于股东出缴的资本,但随着公司开业和经营展开,公司实际财产或资产的价值会不断扩大或增长,并在经营过程中还会衍生出诸如商号、商标、商誉、信用、专利、商业秘密等一系列人格性财产权、营业标记权、工业产权等无形财产权。可见,商事权利是一种具有放大、扩张、增值效应的财产权利。

5. 潜在性

又称期待性或预期性,与绝大多数民事权利的既有性、现实性、支配性、控制性不同,商事权利更多情形下是一种具预期性、可能性、非支配性、非控制性、潜在性的财产权利,其所负载的利益或可获得的收益,需要基于将来一定条件、期限、程序的成就,才能实现或兑付。如民事权利中的自物权,就具有直接占有、支配、享有的现实权利特征;相对而言,商事权利是由传统民法中的债权衍生、发展而来,其实现一方面有待于相关义务人履行相应义务;另一方面还取决于法定、章定、约定其他各项条件的成就。如股权的实现,一方面取决于公司经营是否产生效益和存在可分配的利润;另一方面还须严格按照法律、公司章程规定的分配程序,由公司股东会作出分配决议,依照该决议实施分配后,才可实质获得预期的收益或利润。再如,票据权利中的付款请求权,须经承兑、付款程序和票据载明的远期付款日,才有可能兑现;又如,期货交易中期货的远期交付或合约期货指数的约期交割等,这些权利均具有预期性和潜在性。

6. 概括性

又称综合性,与民事权利一样,商事权利也是一个集合、概括、抽象的权利范畴,是所有私法主体在营业中所享有或拥有的各种特殊营业权利或财产权利的集合、概括和抽象。它由不同主体、不同领域、不同属性、不同类型的营业或财产权利所组成,具有一定的内在逻辑性、规律性和体系性的权利门类。

(二)商事权利的外在特性

商事权利的外在特性,即由内在本质所决定、外在表现出来、支撑商事权利的独立性并与其他权利区分开来的独有特征,包括以下几个方面:

1. 流动性

流动性是商事权利最具特质的外在属性,也是最显著的外在特征。(1)商事权利的原点是从原始财产流动开始的。民事主体把原所有、占有、支配、管领的财产,通过自己处分将其投入营业领域,自行或委托他人经营或交易,本身就是一种财产流动的表现。(2)商事权利在一定意义上讲,具有民事债权的一些本质特征。如投资行为就具有某些物的买卖特性,经营或交易中对具动产属性的原材料采购、产品经销、商品买卖、商业服务等,本身就具有债权的外在特征,而债权的本质属性即为流动性。(3)商事权利流动性集中表现在财产的所有与占有、占有与使用、支配与所得、原始权利与末端权利、目的权利与终极权利之间的分离和流动。如一般企业意义上所有权与经营权的分离、股权与公司财产权之间的分离与流动等，均乃商人为追求终极效益、利润、收入、所得的最大化，以“不求所有，但求所用；不求所用，但求所利；不求所利，但求所得”之新理念和新思维，彻底从传统民法物权的直接所有、占有、控制、支配等固有理念或保守思维中解放出来，追求物、财产或债在流动、营运、经营、交易中的价值实现和财富增长。(4)流动性为商事权利的核心并贯穿至整个营业之中。商事权利是一种在营业中产生并实现的财产性权利，变更或流动系最显著的特征，这种变更或流动，既表现为同一形态、性质、类型的商事权利在不同主体之间的变更、流动或转移，如股权转让、营业转让、经销权转让等；也包括不同形态、性质、类型的商事权利之变动或互换，如债权转股权、股权与资产的置换等；还包括同一形态、性质、类型的商事权利派生、衍生出不同的新型权利，如企业成立之后，就会在原始出资财产的基础上，衍生出人格性财产权、营业标记权、工业产权、商业秘密权等系列新型财产权利。

2. 结构性

商事权利具有明显的结构性特征，并集中反映在如下几个方面：(1)不同主体之间商事权利具结构性特征。如从普通民事主体到投资主体、经营主体、交易主体之间，就呈现不同主体权利的差异性和结构性。如股东股权与公司法人财产权之间，就形成一种伴生、依存、制约的权利结构和关系构架。(2)不同营业形态、阶段、层级、环节所产生的商事权利，也呈明显的结构性特征。如营业进入阶段中民事主体的营业自由权、投资阶段中投资主体的资本权利、经营阶段中的营业财产权、交易阶段中的营业或商事债权等，就呈现明显的形态性、阶段性、层级性、环节性、递进性等结构特征。(3)不同主体在同一营业形态、阶段、层级、环节中形成的差异性商事权利更具交叉或混合结构特征。如在营业中最核心的经营环节，就会同时产生出资人的资本权利、企业的经营性财产权、企业高管的受托代理权、劳动者的劳动债权、企业交易中形成的营业或商事债权等，它们之间就形成一种关系契约或合同网络的商事权利结构。

3. 层级性

商事权利是一种带有明显外在层级特征的财产权利，且集中表现在如下几个方面：(1)营业的层级性和阶段性决定着对应商事权利的层级性。如前述商事主体在不同营业形态、阶段、环节所表现的权利，就呈现明显的层级性特征。(2)不同主体商事权利的相互关系具有层级性。如股东股权与公司法人财产权之间，就呈现出一种既相互伴生、依赖依存，又相对独立、制约制衡的二重层级关系；又如股东与股东之间，既存在基于出资协议形成的契约关系，又存在基于公司章程、股东(大)会决议而形成的非董事股东与董事股东之间的委托经营关系，并由此衍生出一系列层级性的商事权利。(3)同一主体本身权利的展开具有层级性。如以企业为例，就产生以企业为中心的多层、多重契约和由此产生的一系列层级性商事权利，有学者称之为多重的关系性契约及衍生的系列权利。[88] 如第一层投资契约与投资性商事权利,即出资人之间的原始性投资协议和企业章程所产生的一系列投资性、原始性商事权利;又如第二层委托经营契约与经营性商事权利,即企业与经营者、劳动者之间的委托聘用、劳动合同等经营性关系性契约和由此产生的一系列商事权利;再如,第三层交易契约和交易性商事权利,即基于产品代理、行纪买卖、经销授权等在企业与服务商、代理商、销售商、行纪商、经销商之间形成的委托代理关系契约和由此产生的交易性商事权利。(4)同一主体在不同营业与市场领域的商事权利呈现明显的层级性特征。如同一自然人,作为出资人,因投资方式、对象、领域的不同,在企业、证券、理财、借贷等不同投资形式或领域所享有的商事权利,就带有明显的层级性;又如,同一公司在多层次资本市场、证券市场、金融市场、货币市场中所扮演的角色或地位存在明显的差异性,也表现出鲜明的层级性。

4. 递进性

商事权利因与营业相关或存在于营业领域之中,而营业的时序性、逐次性、渐进性,也就决定商事权利的产生、存在、展开、变更、终止具有明显的递进性特点。(1)商事权利的展开具有明显的递进性。如民事主体进入营业领域从事营业活动,一般是从进入、投资、经营、交易等呈明显的时序规律,依次逐步展开的,所对应的权利也依次表现为民事主体的营业自由权和该民事主体转换为投资主体、经营主体、交易主体等商事主体身份时所对应享有的投资性权利(资本权利)、经营性权利(营业财产权)、交易性权利(商事债权)等,这种权利的产生、变更、终止,就具有明显的时序性和递进性。(2)同一主体的商事权利在产生、行使、实现中,也呈现明显的递进性。以股权为例,股权可分为公司参与权、选择管理者权、资产收益权三大核心权利。其中公司参与权为第一位序权利,包括股东(大)会出席权、表决权、质询权、监督权、知情权等;选择管理者权则包括选举权与被选举权、罢免提案权等;资产收益权则包括按资分红权、红利分配请求权、红利分配诉讼权、异议股东回购请求权、公司司法解散请求权、公司剩余财产分配权等。股权中这三项最核心的权利之间有明显的时序、递进规律,如股东一般是参与公司重要决策在先,选择管理者次之,获得资产收益权虽最重要,但却排在最后。这是因为股东收益权的实现,必须通过公司取得经营成果并使该经营成果在完成交易后,公司有独立收益,且这种收益大于成本、支出、风险的情况下,股东才可通过公司分配程序,获得投资利润或收入。(3)每一具体商事权利的产生、享有、行使、实现也具明显的递进性。再以股权为例,股权中某一核心权利中各子权利、派生权利的产生、享有、行使、实现,也具明显的递进性。如股东资产收益权中就存在或派生出按资分红权、红利分配请求权、红利分配诉讼权、异议股东回购请求权、公司司法解散请求权、公

〔88〕 参见[美]Lan R. 麦克尼尔:《新社会契约论》,雷喜宁、潘勤译,中国政法大学出版社 2004 年版,第 10~32 页。

司剩余财产分配权等许多子权利或次权利，这些权利中又以按资分红权最为核心和基础，如其得不到有效的行使或实现，才会产生红利分配请求权、红利分配诉讼权等问题；如通过请求权行使依然得不到实现，则股东则可依次或选择性地行使异议股东回购请求权、公司司法解散请求权、公司剩余财产分配权等。股东在享有或行使前述不同资产收益权时，前一时序权利与后一时序权利不可任意颠倒或选择。如股东不可在未行使红利分配请求权或诉讼权的先置程序前提下，就径行向公司提起退股、回购、解散公司、分配公司财产之请求权或诉讼权。

5. 程序性

商事权利具有明显的程序性特征，并集中表现为：(1)商事权利产生的程序性。商事权利的产生或取得，需经一定程序方可得到确认，如资本权利的取得，需经财产处分、实际投资、文义确认等基本程序；又如经销权的取得，更需经申请、授权、签约、履约等一系列程序。(2)商事权利享有或行使的程序性。如营业自由权，虽属机会权、资格权、选择权范畴，但除部分可通过自由选择方式取得或行使外，对营业自由权的实际行使，往往需要如营业申请、商事登记甚至营业许可等一定的程序性要件。至于企业营业财产权、经营权的享有或行使，更需借助企业的内设机构、治理机制、职务代理等法定、章定、授权程序，才可由特定自然人予以落实。(3)商事权利变更的程序性。如合伙权、股权等资本权利的转让，个体、企业财产或营业的转让，企业对经营事项的变更，等等；无论涉及权利主体的变更，还是权利内容的调整，均需通过一定程序的确认或公示，才能生效，进而对抗第三人。(4)商事权利实现的程序性。如股权中的红利分配权，往往需要借助于公司股东(大)会分配决议和具体公司财务会计，按法定或约定程序，才可实际享有或实现；又如股东知情权的实现，就需股东依程序申请行使，或由公司依程序作适当披露，才可实现；等等。(5)商事权利终止的程序性。如企业权利的终止，就需通过诸如解散、清算、注销登记等特定程序的完成，才可完成主体终止进而间接产生权利终止的法律效力。

6. 相对性

商事权利各子权利构成中，除营业自由权之外，多数权利具有民事债权的相对性特征，主要表现为：(1)商事权利本身属性的对人性。商事权利中的多数权利是由民法中的物权、债权通过特定主体作原始投资处分至营业领域而衍生的新型权利，具有明显的相对性，即对人性，是一种对抗特定相对人，且需相对人作为或不作为才可实现的相对性权利。(2)不同商事权利之间的关联性。某一特定主体商事权利的享有、行使或实现，需依赖于另一商事权利的运行，不同商事权利之间存在关联性。如股权的享有与实现，就需借助于公司内设机构和治理机制，通过公司法人财产权的行使与营运，才可实现。(3)同一主体不同商事权利之间的独立性。在实际营业中，同一民事主体可以不同身份出现在营业领域之中，并对应取得或享有不同的商事权利，由于不同商事权利对应的相对义务人不同，故该主体所实际取得或享有的商事权利之间，具有相对的独立性，彼此之间不存在效力冲突和债权债务的连带性，只有当某一权利对应的债务发生清偿不能时，不同商事权利之间发生债务清偿上的连带关系。以某特定自然人为例，如以投资主体分别进行独资经营、合伙经营、合资入股等，则该自然人则会同时取得个体业主、合伙人、股东三个不同投资主体即商事主体的身份或角色，并分别享有业主权、合伙权、股权，如在独资经营、合伙经营、公司经营正常营运，且该自然人也不存在债务纠纷的情形下，该自然人所享有的业主权、合伙权、股权等不同资本权利，是相互独立的，彼此之间效力并不存在冲突，它们各自在特定投资法律关系或经营法律关系中，对应不同的权利义务内容。即使发生因该自然人债务清偿不能引起不同资本权利的变现或变更，也应按各自的投资关系和权利内容，依法定或约定程序，并本着营业维持、企业维持和双重优先、多重优先的清偿规则，对不同资本权利做分类对待与处理。

总之，“从最本质层次来说，商法是以权利为本位的法。权利是整个商法体系的核心。商法体系的许多组成部分都是由权利派生出来，并受权利的决定和影响，权利在商法体系中起关键性和主导性作用”。[89] 商事权利作为私法主体可自由选择或支配、满足其营利或财富最大化需求或欲念一种特殊私法利益，所具有的前述基本内涵、内在特质、外在特性，是以下对其深度研讨、递次展开、体系建构的概念原点与范畴基础。

第二节 商事权利的源流考察

同任何权利是历史的产物一样，商事权利并非自古以来就存在的权利，特别是对一般私权主体而言，商事权利在近代以前只是一种身份特权，而非具普遍意义的平等私权。正如马克思在《政治经济学批判》序言中所言，“法的关系正像国家的形式一样，既不能从它们本身来理解，也不能从所谓人类精神的一般发展来理解，相反，它们根源于物质的生活关系，这种物质的生活关系的总和，黑格尔按照18世纪的英国人和法国人的先例，概括为‘市民社会’”；[90] 故现今的商事权利，更是一种对应于市民社会的私法权利。在一定意义上讲，权利并非来自造物主或自然，也非来自逻辑或法律，“权利来自人类经验，特别是不正义的经验”；“我们从历史的错误中学到，为了避免重蹈过去的不正义，以权利为基础的体系以及某些基本权利（如表达自由、宗教自由、法律平等保护、正当法律程序与参与民主）至关重要”，“我们将权利建立在灾难、错误以及人类

[89] 参见赵万一：《商法基本问题研究》，法律出版社2013年版，第53～54页。
[90] 《马克思恩格斯选集》（第2卷），中共中央编译局译，人民出版社2012年版，第2页。

独有的从错误中学习以免再次犯错的能力之上”,“一言以蔽之,权利来自不义”。[91] 商事权利的演进历史,同所有其他权利的演进历史一样,并非一种自然的、神授的权利,而是人类在物质资料生产过程中,出于营生的需要,为追求更多财富以满足自己幸福生活的需求,在与身份、等级、专制、特权等营业机会垄断者和既得利益者的斗争中逐步取得的。笔者经考察发现,作为私法意义的商事权利或商权,它经历了“具身份、垄断属性的商事特权→具平等、平权特质的商事私权→具民生、民权功能的商事人权”这三大不同历史阶段,商权的属性、功能、地位、作用、价值、意义也随经济发展和社会进步,在不断发生变化。

一、具身份、垄断属性的商事特权

经济发展与财富增长是人类社会存在和发展的基础,而对财富的不断追求与创造又成为推动人类社会不断前进的原动力。人作为一个独立的生物存在体,同时也是社会利益格局中的独立利益单元。主体为求得生理上最大满足而必然产生占有更多生活资料和支配更多物质财富的欲望。在正常情况下,主体的这种欲望可通过如下途径得以实现:(1)主体通过劳作或劳动从自然界直接索取。如捕鱼、打猎、种田、采摘、掘矿、采油等劳作;通过让渡自己的劳动,如奴隶让渡自己的全部劳动而获得主人给予赖以生存的食物,行业帮工贡献出自己的手工手艺、现代工厂雇员让渡自己的劳动等,均属此种。(2)主体借助已有财产或特定技能从营业中获得。如在商品交易和营业活动中,通过财富增值以实现对更多物质生活资料的控制和支配。应该说,受生产力低下、商品交易不发达、家族制国家政治体制、社会等级特权结构等因素制约,劳动对大多数人而言是一种义务、责任、负担甚至压迫,而营业更只是少数人或国家才享有的特权,故无论是劳动,还是营业,均不是一种现代意义上的权利。

(一)西方视角:从特许制、行业许可下的营业限制与商业垄断

在古罗马,商品经济虽比较发达,也有事实上的营业存在,但由于生产力水平低下和生产范围限制,只有发达的债法以规范和调整商品贸易,营业以及营业条款是从属于债法和结社法,其中债法调整个体的商事交易活动,结社法调整团体的营业活动。《十二铜表法》就规定:“成员彼此之间有缔结契约的权利,只要他们不把它用来破坏任何涉及社会秩序的法令。”[92]《优利亚结社法》规定除设立宗教团体外,设立其他社团,须经皇帝或元老院的批准。[93] 除以个人名义进行商品交易之外,以团体形式从事营业

---

〔91〕 参见[美]艾伦·德肖维茨:《你的权利从哪里来?》,黄煜文译,北京大学出版社2014年版,第7~8页。

〔92〕 《十二铜表法》,陈筠等译。转引自周一良、吴于廑主编:《世界通史资料选辑》(上古部分),商务印书馆1962年版,第344页。

〔93〕 参见周枏:《罗马法原论》,商务印书馆1994年版,第294页。

活动则须有特许令,营业在古罗马事实上被视为一种特权。

在中世纪的欧洲,商业贸易、手工业经营作为一种经济特权,一方面只属于占有土地、生产资料、劳动工具的封建领主、贵族、诸侯、君主以及宗族首领、宗教寺院道观等特殊个体或群体;另一方面,在商业公会、手工业行会组织的许可制保护下,营业仅属商会、行会内部成员的特权,无论商业贸易,还是手工业生产,均"不允许有来自外部或起自内部的竞争",商会、行会之外的个体、群体、地区或国家,在特定地区、城市、行业的商业、贸易、生产、经营是被禁止的。除一般商业特权之外,诸如高利贷为代表的信贷权、货币发行与汇兑权等商业特权或经济特权,均属于极少数具有特定身份、角色、阶层、等级的个体或群体享有,其他绝大多数平民阶层、普通百姓,均被排斥在这一商业或经济特权之外。[94] 马克思、恩格斯在《德意志意识形态》中就指出"封建时代的所有制的主要形式,一方面是土地所有制和束缚于土地所有制的农奴劳动,另一方面是拥有少量资本并支配着帮工劳动的自身劳动";这样,"在城市中与这种土地占有的封建结构相适应的是同业公会所有制,即手工业的封建组织",它们几乎垄断了城市的手工业生产与经营,进而"在城市里产生了一种和农村等级制相似的等级制"。[95]

对普通民众、绝大多数农奴和底层百姓来说,商业活动的营利动机不仅为基督教教义所根本反对,而且在世俗法中,从事营利活动,特别是以结社形式从事营利活动,必须获得国王和领主的特别许可。中世纪(公元8—10世纪)的采邑制,以土地为纽带构建起来的领主与附庸之间的关系,犹如一张巨大的特权之网,钳制着附属于土地上的农民,商业等行为更受到封建庄园主的严格限制。就社会声望而言,商人的社会地位相当低微,"在封建领主的大厅里,商人乃是嘲笑、侮弄,甚至憎恨的对象。那时候的许多流行抒情歌曲,既歌唱骑士的骁勇善战和偷情通奸,也歌唱他们如何掳掠商人"。[96]

10世纪以后,随着西欧城市的兴起,由从领主辖地逃亡出来"获得自由的农奴重新建立起来的"众多工商业城市,虽使手工业、商业的独立经营成为可能,城市也因之成为封建社会简单商品生产的基地,但由于"对保护财产、增加各成员的生产资料和防卫手段的关心"而产生的协会组织或各种"联盟",所追求的是对本行业的垄断地位和保障手工业的生存,行会组织以及城市自治政府对逃入城市的农民违禁开业的禁止、追究和罚款,有效地阻却了社会其他阶层对本行业的渗透和参与。[97] 同时,行会组织对不同作坊的匠师与帮工数量、生产时间、产品数量与质量的明确规定,也有效地防止了行会内部的竞争。与手工业发展相比较,商业由于本身的流动性所受到的限制要少得

---

〔94〕 参见李守庸、彭敦文:《特权论》,湖北人民出版社2003年版,第70~85页。

〔95〕《马克思恩格斯选集》(第2卷),中共中央编译局译,人民出版社2012年版,第150页。

〔96〕[美]泰格、[美]利维:《法律与资本主义的兴起》,纪琨译,学林出版社1996年版,第4页。

〔97〕《马克思恩格斯选集》(第1卷),中共中央编译局译,人民出版社2012年版,第185~186页。

多,但商人在贩卖货物的过程中,则常常被封建贵族利用特权在各种商路和河道上遍设的关卡所阻碍。如14世纪,单西欧的罗亚尔河上就有关卡74处,加隆纳河有70处,过往商人被课以的税目有过桥税、摆渡税、车子税、轮子税等几十种。中世纪的西欧封建割据和领主、国王、教皇的权力倾轧又使工商业的自由贸易雪上加霜。此外,海盗、领主对商贩的武装侵扰更使商贩的安全朝不保夕。在这种情况下,一种以保障商人生命财产的联盟——商人公会(基尔特)得以成立。但如同行会组织一样,商人公会成立后出于保护商人既得利益的需要,其活动目的已转向巩固在批发贸易中的垄断地位,通过监督市场以消弭商人的自由竞争。不仅如此,为了取得这种垄断权,各城市商会之间进行彼此排斥、互相限制的斗争,如巴黎和里昂商会为争夺塞纳河的贸易权,相互间的敌视持续了几个世纪。又如12世纪初,由佛兰德南部17个城市联合组建的汉萨同盟,[98]长期控制着欧洲北部地位的贸易,它通过对挪威实施贸易封锁(1284年),对佛兰德尔进行禁运(1360年)、对丹麦诉诸战争(1370年),不惜一切手段在北海地区建立和保护着商业垄断权。

15世纪最后30年和16世纪最初10年间,在英国红白玫瑰战争中留下的时代产儿——新贵族,遵循"货币是一切权力的权力"的强盗逻辑规则,[99]利用暴力、退佃等方法,强迫农民离开土地;此外,都铎王朝又通过禁止流浪的法令强迫农民受雇于牧场主。在这场"羊吃人"的圈地运动中,农民"都有使用公共牧场的机会","希望自由、平等和同样使用一切物品"的选择权利被粗暴地剥夺。[100] 在对外贸易上,英国封建统治者不仅垄断了对外贸易的特许权,而且还直接参与外贸公司的经营,与商人争利。从16世纪开始,英国国王特许英国商人设立贸易公司,完全控制了海外贸易。如1554年建立的莫斯科公司垄断了俄国、中亚、波斯一带的贸易;1579年成立的东方公司专营波罗的海沿岸贸易;1581年特许的勒凡特公司掌管地中海的垄断经营权;1588年特许成立的几内亚公司垄断了非洲黄金与黑奴贸易;1600年特许的东印度公司对好望角以东国际贸易的独占。这些贸易公司的设立均旨在以特许的形式保护少数大商人和贵族的垄断利益,而女王伊丽莎白本人就是许多特许公司的最大股东。

在法国,国家为了增加收入,特意出卖世袭匠师的特许证,以期有效地控制工商业。尽管1489—1515年,法国王室颁令批准恢复设立或重设定期集市和地方集市,禁止在商路和河道上设卡,统一道路税和市场税的征收,但主旨则为通过倍征国税,以保持国家充分的财源。

至于宗教的限制则不止于有形制度,更多为观念上的歧视和唾弃。按《新约全

---

〔98〕"汉萨"(Hanse),意为商人公会。

〔99〕[德]卡尔·马克思:《资本论》(第1卷),中共中央编译局译,人民出版社2004年版,第825页。

〔100〕1549年罗伯特·凯特起义檄文。转引自朱寰主编:《世界中古史》,吉林人民出版社1981年版,第497页。

书·马可福音》所载基督教教义,"有钱财的人进上帝的国是何等的难啊""依靠钱财的人进神的国是何等的难啊";[101] 追求利润对基督教教义来讲是一件十分可耻的事情,教会法不但谴责追逐"无耻的"利润;在9世纪还明确禁止放贷收息(特别是高利贷)。由于"教会自始至终把商业利润当作是对拯救灵魂的一种威胁","商人很少能使上帝高兴,甚至永远都不能使上帝愉悦","因此,任何基督徒都不应该是商人,如果他希望成为商人,那么他应该被逐出教会"。[102]

在公司出现的最初阶段,设立公司无疑只是王室与富商等少数人享有的特权,特别是王室参股的大公司,几乎垄断对外或海外贸易中最赚钱的领域,严重压缩普通商人的营业机会与营利空间,由此产生"大公司的垄断激起的抗议风暴"。[103] 正如马克思所指出的,股份公司"还在资产阶级社会初期就以拥有特权和垄断权的大商业公司的形式出现"。[104] 足见,仅就公司设立而言,它本身就是少数商人、权贵的特权,更是垄断商业或贸易的一种工具。

(二)中国古代:国家商业垄断与专卖制度下对民间营业的禁止

1. 明令禁绝的"重农抑商"国策

在中国古代,农业是本业,工商业特别是商业是末业,长期以来受历代统治者的管制和限禁,除少数地区和短暂时期对工商业有适度鼓励外,古代绝大部分时期官府在立法上对手工业和商业持一种明令禁绝的态度。早在夏代,政府就设有专门管理工商业的管吏。至商代,工官直接掌握青铜器、陶器、纺织品之制造与生产。西周时期,工官负责"百工"管理,"百工"为官营手工厂的工匠,地位与臣妾并列;在商业上,"凡市入,则胥执鞭度守门,市之群吏,市肆、展成、奠贾、上旌于思次,以令市";[105] 对于交易的商品则另有14条禁令,商品价格则由"贾师"定夺。由于夏、商、周三代均实行"工商食官"政策,自由工商业的发展十分有限,民间工商业只是在春秋战国时期才有一定程度的发展,虽有如齐国"通齐国之鱼盐于东莱,使关市几而不征"的促商政策;[106] 晋国"轻关易道,通商宽农"的便商政策;[107] 郑国"尔无我叛,我无强贾,毋或匄夺。尔有利市宝贿,我勿与知"的宽商政策等,[108] 但大多好景不长。总体上看,民间工商业在先秦

---

[101] 中国基督教协会编印:《新、旧约全书》,南京爱德印刷有限公司1991年版,第57页。

[102] Henri Pirenne, *Economic and Social History of Medieval Europe*, Harcourt Brace Jovanovich, 1937, p. 28, 48 – 49.

[103] 参见[法]费尔南·布罗代尔:《十五至十八世纪的物质文明、经济和资本主义》,顾良、施康强译,商务印书馆2017年版,第546页。

[104] 《马克思恩格斯选集》(第2卷),中共中央编译局译,人民出版社2012年版,第708页。

[105] 《周礼·地官·司市》。

[106] 《国语·齐语·桓公霸诸侯》。

[107] 《国语·晋语四·文公修内政纳襄王》。

[108] 《左传·昭公十六年》。

时代始终处于一种萌芽或地下状态。秦代对商业更是采取公开禁止态度,规定“百姓居田舍者毋敢酤酒,田啬夫、部佐谨禁御之,有不从令者有罪”。[109] 汉代更使抑商政策法律化,内容包括高度歧视商人、禁止商贾为吏、商贾不得占田、没收商贾资产等多个方面。[110] 唐代对工商业管理趋于制度化,《唐律疏议·擅兴》对“兴造不言上待报”条律就解释为“诸有所兴造,应言上而不言上,应待报而不待报,各计庸,坐赃论减一等”;对“非法兴造”条文则规定,“诸非法兴造及杂徭役,十庸以上,坐赃论”;[111] 更加大了对手工业的管制力度。只因唐代地方割据政权的兴起,对商业的禁绝和对商人的鄙视不如秦汉时期坚定,诸如禁止商人担任公职之规定也有所松弛。至宋代,对民间工商贸易的管制与前代相比虽大为宽松,但宋代“榷场贸易”制度、[112]“市易法”制度以及对榷场、集市之外民间、走私贸易的禁止,民间商业经营的自由度终究十分有限。元代对手工业有匠籍制度,对商业有牙行、保人、行人等制度,均由官府授权对市场交易进行管制,更有“诸物价以钞为则,每月一次申报”的物价申报制度,[113] 强化了政府对市场的控制。明代沿袭元代以匠籍管理手工业作坊制度,在商业上则通过店历、路引、审编铺户等制度,进一步加强对商人的控制和盘剥。清代“重农抑商”政策更为明确、具体,盐业法令、矿业法令、纺织业令等均以追求官营垄断、禁绝民间经营为主旨;在商业上,虽有康熙、雍正时期的“恤商”政策,但在牙行、公行等制度的钳制下,商人的自由经商总是处于一种非法状态。

2. 历史悠久的“工商食官”传统

对民间自由营业的限制还来自中国古代具有典型意义的官营制度,自夏商周实行“工商食官”政策以来,[114] 国家、官府直接经营工商业,并以之为充实国库的一种重要手段,此一国策几乎被历代统治者所仿效,进而形成历史悠久、特殊鲜明、自成体系的工商食官、官作、官办传统。如夏商时代,就初步形成政府占有工商业者并进行垄断经营达到“工商食官”制度,官秩的序列中就设有“百工”负责手工业的生产与管理。[115] 周代已形成比较完整的负责手工业生产、经营的“工官”系统,如《周礼》就记载“国有六职,百工与居一焉”“或坐而论道,或作而行之,或审曲面执,以饬五材,以辨民器,或通四方之珍异以资之,或饬力以长地财,或治丝麻以成之”“审曲面执,以饬五材,以辨

[109] 《秦律十八种·田律》,载《睡虎地秦墓竹简》,文物出版社 1978 年版,第 30 页。

[110] 参见徐世虹主编:《中国法制通史》(第 2 卷),法律出版社 1999 年版,第 450～454 页。

[111] (唐)长孙无忌:《唐律疏议》,刘俊文点校,法律出版社 1999 年版,第 339～340 页。

[112] 榷场是宋代在边境地区和重要城市如淮水流域设立的官办贸易场所,以垄断边境和海外贸易。市易法即设立常平市易司、务等官方机构,以直接管理集市贸易。

[113] 《元典章》卷二六、《物价·月申诸物价直》。

[114] 《国语·晋语·文公修内政纳襄王》。

[115] 《尚书·康浩》。

民器,谓之百工”;[116] 又如,《礼记》也记载有“天子之六工:曰土工、金工、石工、木工、兽工、草工,典制六材”。[117] 秦代,国家制定《工律》《均工律》《工人程》《效律》等专门的法规,来管理官营手工业。[118] 汉代自武帝时起,强化对工商业的直接控制,除“天子与公卿议,更钱造币以澹用,而摧浮淫并兼之徒”,[119] 把铸钱业收归中央垄断经营外,还经营或控制着比较庞大的手工业作坊,专设工官、铜官、铁官等以管理手工业诸行业,产品涉及铁、漆、陶、铜、器的制造及盐、丝的生产。[120] 唐代对官营手工业设有专门管理机构,建立起更为庞大、完善的生产制造体系,其中涉及日用手工业品属少府管理与经营,即“少府监之职,掌百工位巧之政令,总中尚、左尚、右尚、织染、掌冶五署之官属,庀其工徒,谨其缮作;少监为之贰。凡天子之服御,百官之仪制,展采备物,率其属以供焉”;[121] 军用品制造与营运由军器监负责,即“掌缮甲弩,以时输武库”;土木营建、工程建筑、材料加工等由将作监掌管,即掌“百工等监”“凡外营缮、大事则听制敕,小事则须省符”“掌官吏粮料、俸食,假使必由之”。[122] 宋代官营手工业规模十分庞大,诸如制瓷、坑冶、铸钱、兵器制造、纺织等均形成比较完整的管理和生产体系;[123] 特别是制瓷业发展非常迅猛,官家瓷窑和民办瓷窑更是星罗棋布,其中官窑还分为中央官窑和地方官窑两种;[124] 著名的官窑有越窑、定窑、钧窑、汝窑、耀州窑、磁州窑、建窑、吉州窑、景德镇窑等,这些官窑烧造规模之大,可谓空前。[125] 元代官府的手工业管理、制造、经营更加细密、严格,不仅对各种手工业制作有严格的技术标准和管理规范,更分为工部系统和将作院系统,其中日常手工业品、工程建造等统辖于工部,即工部“掌天下营造百工之政令”“凡城池之修浚,土木之缮葺,材物之给受,工匠之程式,铨注局院司匠之官,悉以任之”;[126] 而各种手工业奢侈品、工艺品的制造则由将作院管理和经营,即将作院“掌成造金玉珠翠犀象宝贝冠佩器皿,织造刺绣段匹纱罗,异样百色造作”。[127] 明代官办官营制度仍在不断强化,如明代有规模十分惊人的官办官营手工业,包括营造、军器和军装制造、织造、窑冶、烧造、船舶修造、器用制造等多个门类,其中就有完整的官窑

---

[116] 《周礼·冬官·考工记·总叙》。

[117] 《礼记·曲礼下》。

[118] 参见徐世虹主编:《中国法制通史》(第2卷),法律出版社1999年版,第109~112页。

[119] (汉)司马迁:《史记·平准书》。

[120] 参见李恒全:《试述汉代官营手工业中的商品生产》,载《东南文化》2002年第1期。

[121] (唐)李林甫等:《唐六典·少府监》。

[122] (宋)欧阳修等:《新唐书·志·百官三》。

[123] 参见徐东升:《宋代官营手工业定额管理制度述论》,载《厦门大学学报(哲学社会科学版)》2002年第2期。

[124] 参见韦璇:《从汝窑的兴衰看宋代官窑制度的形成》,载《开封大学学报》2016年第2期。

[125] 参见刘涛:《宋代官窑的经济话题》,载《史学月刊》1999年第1期。

[126] 《元史·志·百官一》。

[127] 《元史·志·百官四》。

建制，并按烧制种类分为官瓷窑、官陶窑、建筑陶瓷官窑三类；[128] 明代的官窑瓷器业更达到古代艺术与规模的顶峰；[129] 官府还几乎垄断了金、银、铜、铅、铁等矿业的开采、经营和买卖，遵化铁厂为明官营铁厂之最，年产铁达 20 余万斤；[130] 明律禁止民间开采，如《问刑条例》中"盗田野谷麦条例"规定，"凡盗掘金银、铜锡、水银等项矿砂，每金砂一斤，折钞二十贯；银砂一斤，折钞四贯；铜、锡、水银等砂一斤，折钞一贯，俱比照盗无人看守物，准窃盗论"；[131] 明之官府织造业，有中央在北京、南京设立的内外四大织染局，更有省地设的 22 个织染局。[132] 清代官营手工业范围与规模虽因废除匠籍制度，较明有所缩小，但在兵器生产、钱币铸造、织造、瓷窑、矿业、漕运、盐井等领域，仍有相当势力，特别如矿业、盐井等几为官营垄断。[133]

3. 源远流长的"国家专卖"制度

对民间营业自由的限制最其典型意义的还有古代中国具一贯性的专卖制度。专卖是一种由国家垄断或国家特许经营并对交易过程予以严格监督的工商管理制度。早在春秋时期，齐桓公问政管子"何以为国"时，管子就提出"唯官山海"和"谨正盐策"的专卖专营之策。[134] 自秦代禁止私人酤酒之制作俑以后，专卖制度在中国可谓源远流长、盛久不衰。汉武帝天汉三年（公元前 98 年），"初榷酒酤""县官自酤榷卖酒，小民不复得酤也"，[135] 专卖之法正式定为国制；武帝时实现盐、铁专卖，遍设盐官、铁官，《汉书·地理志》记载，全国有 48 郡处设置铁官，43 处设有盐官；[136] 另有"大农之诸官尽笼天下之货物，贵即卖之，贱则买之"，[137] 尽收天下之利。唐代专卖范围则扩及盐、铁、茶、酒甚至于粮食。以盐业专卖为例，唐肃宗乾元元年（公元 758 年），度支郎中第五琦"寻兼中丞，为盐铁使"，推行"民产、官收、官运、官销"的盐业专卖制度，"于是始大盐法，就山海井灶，收榷其盐，立监院官吏。其旧业户洎浮人欲以盐为业者，免其杂役，隶盐铁使"。[138] 宋代专卖制度则更加缜密、具体，史载"宋自削平诸国，天下盐利皆归县官。官鬻、通商，随州郡所宜，然亦变革不常，而尤重私贩之禁"；[139] "禁榷""盐引"等专卖制

---

[128] 参见朱裕平：《明代官窑建制三则》，载《上海工艺美术》2015 年第 1 期。

[129] 参见陆明华：《明弘治景德镇官窑瓷业的衰落》，载《景德镇陶瓷》1986 年第 2 期。

[130] 参见刘叔鹤：《宋元明时代矿业统计》，载《统计研究》1986 年第 3 期。

[131] 《大明律》，怀效锋点校，法律出版社 1999 年版，第 411 页。

[132] 参见彭泽益：《从明代官营织造的经营方式看江南丝织业生产的性质》，载《历史研究》1963 年第 2 期。

[133] 参见张晋藩主编：《中国法制通史》（第 8 卷），法律出版社 1999 年版，第 143 页以下。

[134] 参见《管子·海王》。

[135] 《汉书·武帝记》，颜师古注。

[136] 参见罗庆康：《汉代专卖制度研究》，中国文史出版社 1991 年版，第 39 页以下。

[137] （汉）司马迁：《史记·平准书》。

[138] 《旧唐书·食货志下》。

[139] 《宋史·志·食货下三》。

度也趋于法律化、制度化，禁榷对象除传统的盐、铁、茶、酒之外，又有矾、香药、石炭（煤）、醋等，其中盐、茶属于全部专卖，从生产到销售实行“官卖”或“民营官卖”，其他则属于部分专卖，其购买和销售均须在国家直接控制下进行；[140] 如关于盐的专卖，就包括“官卖”和“通商”两种形式，前者由“官运官销”，后者则实行“官批商销”，其中商销又分为“扑买”（官府控制下的商人包买包卖）、“分销”（官府核批下的商人代销）、“入中”（由官府介绍商人到指定地点销售）等形式。[141] 南宋初年，徽宗又创“盐引”之法，“盐引”分为“短引”与“长引”，商人如买“短引”只能在本路内销售，只有买“长引”才可把盐运往外地，对盐业买卖之控制相当严格。关于榷茶立法，宋代先后出台“贴射法”[142]“三税法”“茶引法”以禁茶叶私营。宋代榷酒之法为历代之最，各地酒务、酒场、酒度，或由官府经营，或由军队经营，或由官员私人经营，或由民间向官府承买经营，均在官府控制之下。[143] 宋代专卖还及于舶来品，史载“太宗时，置榷署于京师，诏诸蕃香药宝货至广州、交阯、两浙、泉州，非出官库者，无得私相贸易”“太平兴国初，私与蕃国人贸易者，计直满百钱以上论罪，十五贯以上黥面流海岛，过此送阙下”。[144] 元代专卖范围在宋代基础上又有扩大趋势，史载“元初，以酒醋、盐税、河泊、金、银、铁冶六色，取课于民”“太宗庚寅年，始行盐法，每盐一引重四百斤，其价银一十两”；除此 6 项之外，尚有茶、药材等商品，其措施之严密、钳制之强度，远胜于宋代，“凡伪造盐引者皆斩，籍其家产，付告人充赏”。[145] 明代专卖制度包括牙行专卖、盐茶专卖、海禁与外贸专卖等几部分，其中以盐茶专卖最具代表性。以盐法为例，不仅置盐局，设立盐官管理盐业，而且官府在产盐区设立官办盐场，如洪武初年的《盐行条例》规定犯私盐者绞，有军器者斩，《大明律》的《户律》篇设盐法专条共 12 款，另外以“盐临势要中盐”“阻坏盐法”等法条强化监盐官吏对盐官的管理，盐业专卖在明代达到了极盛。[146] 茶叶专卖除专设茶马司主管征茶易马事务之外，还加大对私茶的处罚力度，如《大明律》之“私茶”专条规定，“凡犯私茶者，同私盐法论罪”“如将已批验截角退引，入山影射照茶者，以私茶论”；[147] 永乐六年（1408 年）所颁诏令则更甚，“各关把关头目军士，务设法巡捕，不许透漏缴匹布销私茶青纸出境。若有仍前私贩，拿获到官，将犯人与把关头目，各凌迟处

---

[140] 参见李恩琪：《宋朝国家专卖盐价浅析》，载《价格月刊》1988 年第 4 期。

[141] 《宋史・志・食货下三》。

[142] “贴射法”即官府计算当时十三茶场买卖本息的总数，官府不再预支园户本钱，让商人直接同园户交易，茶叶按当地市价出售，收入扣除本钱后所得利润全部纳入官府，是为“贴射”。

[143] 参见张晋藩、郭成伟主编：《中国法制通史》（第 5 卷），法律出版社 1999 年版，第 345 ~ 346 页。

[144] 《宋史・志・食货下八》。

[145] 《元史・志・食货二・盐法》。

[146] 《大明律卷八・户律五・课程・盐法》，参见《大明律》，怀效锋点校，法律出版社 1999 年版，第 77 ~ 79 页。

[147] 《大明律卷八・户律五・课程・茶法》，《大明律》，怀效锋点校，法律出版社 1999 年版，第 80 页。

死,家迁化外,货物入官。有能自首免罪”,[148]私贩茶叶之处罚程度竟与谋反罪同。与前朝相比,清代专卖制度在形式上更加灵活,就盐业专卖而言,就有官督官办、官运商销、商运商销、商运民销、民运民销、商督民销、商督商销等7种形式,其中以“引岸法”中的官督商销最为普遍,即在官府的监督下,由商人负责盐的贩运;如《大清律例》规定,对不纳税领取官方行票而贩卖食盐,或越境(盐引规定的岸境)销售包盐者,均以“犯私盐罪”论处,处刑杖100、徒3年;若带有军器者,则流2000里,充盐徒;若拒捕者,无论是否有伤,则拟斩罪;涉及私盐的引领牙人、窝藏寄顿者,杖90、徒2年半;挑担驮载者、买食者,杖80、徒2年。[149] 此外,有清一代,对民间开矿始终持禁止态度,矿业开采均以官办或官督商办为主;清代专卖制度最有特色的是外贸“公行”制度,“公行”本为从事外贸活动的商人组织,其主旨是避免洋商之间的相互竞争,垄断对外贸易,但经清政府承认并授权,“公行”则成为外商与官府的中介,从而取得对外贸易事务、外商代理甚至外贸交涉事务中介的垄断权,此制又因世袭而成为世业,“公行”也成为排斥民间对外贸易、垄断国家外贸事务的一种特权制度。

二、具平等、平权特质的商事私权

(一)近代具私法属性的商事权利源于利益抗争与政治革命

梅因在《古代法》一书中指出,现今“所有进步社会的运动,到此处为止,是一个‘从身份到契约’的运动”;这是因为,“在无数的事例中,旧的法律是在人出生时就不可改变地确定了一个人的社会地位,现代法律则允许他用协议的方法来为其自己创设社会地位”。[150] 同样,近代营业由身份、垄断的商业特权走向平等、平权的商事私权,是商品经济、契约精神、产业革命的结果。而这一过程,又是一个漫长并充满激烈、艰难、曲折的利益抗争和权利革命过程。只因“权利是经验与历史——尤其是极端的邪恶——所教会我们的更好选择,而这些选择是如此重要,以至于应该教导公民将它们确立为权利,同时别让权利屈从于善变的多数决之下”;故“权利必须由人类基于经验发明而出,特别是我们长久以来从自己创造的恶行中产生的集体经验”;并且,“权利必须在彼此竞争的观念市场中得到拥护”。也就是说,权利来自人类的经验与斗争。[151] 诚如耶林所言,“奴隶制和农奴制的废除、土地财产自由、经营自由、信仰自由,如此等等,所有这一切,须经最激烈的、常常是持续几百年的斗争才能赢得;在法律走过的这条路上,

---

[148] 《明会典·户部二十四课程·茶课》。

[149] 《大清律例·户律·课程·盐法》,参见《大清律例》,田涛、郑秦点校,法律出版社1999年版,第250页。

[150] 参见[英]梅因:《古代法》,沈景一译,商务印书馆1959年版,第97、172页。

[151] 参见[美]艾伦·德肖维茨:《你的权利从哪里来?》,黄煜文译,北京大学出版社2014年版,第69、73页。

不难见血流成河,到处是被蹂躏的法律"。[152] 近代西方资产阶级革命和中国近代商权运动史一再证明,近代具私法属性的商事权利,来自商人与民众联合起来的长期斗争和持续革命。

18世纪产业革命前后,随着自由贸易和新兴制造业的兴起,封建行会、商会、特许令的颁发所导致商人特权阶层的出现和少数商人对营业的垄断,已受到商界和产业界的广泛批评与一再抨击。"早在1700年前,商界就不断咒骂垄断",到18世纪,公司的垄断特别是大公司的垄断,已经"惹得怨声载道",如1701年法国南特市的商人代表台斯卡卓在他的一份报告中就直截了当地说,"专营公司的垄断对贸易是有害的""公司的疲沓和无能与一般人的能干和勤快恰成对照";又1704年6月3日里昂商人代表尼古拉·台斯那瑞也指出"所有的专营公司对扩展贸易弊大于利,而对国家来说,贸易掌握在全体臣民的手中比被少数人独占更为有利";甚至1699年一份代表专营公司利益的官方报告也认为,不应"剥夺普通百姓的贸易自由,在一个国家里,不应该存在专营特权",应如英国一样,"凡在英国公司能够经商的地方,冒险商或其他未经登记的商人也能经商";正是在商人们的呼吁与抗争下,1681年12月20日和1682年1月20日,法国大臣柯尔贝尔不得不下令,宣布印度贸易自由、法属东印度公司仅保留货物运输和仓储业务。[153] 由于对营业自由的抗争导致了资产阶级革命,而资产阶级革命最为直接的成果是"帮助创造了一个崭新的、全国的、统一的市场","这种市场不仅使货物能够在地区间以更自由方式与更低廉的成本来交易,而且使土地、人民与观念也发生了改变";"他们对于这些旧制度的推翻意味着一种新影响与建立他们自己之社会的新机会",[154] 而这种新影响和新机会就是从业自由、营业自由作为国民的基本权利和自由,被载入宪法、民法典、商法典等法律文本,成为法定权利。

产业革命、商品经济、营业交易、资本市场从18世纪开始已深刻影响近代社会的秩序构建和人们的日常生活。特别是以营业自由为核心的经济人权革命、以工业化为核心的产业革命、以新兴制造业为主力军的资产阶级民主革命,彻底打破了中世纪商会、行会、贵族、国家对营业的垄断和特权,传统商人与普通世俗人之间的身份、地位、法律、职业、利益篱笆,被新的观念、价值、法律、制度、行为所摧毁。民事主体自由进入营业领域从事商事活动,不仅是一种应然的、法定的权利,而且也成为越来越经常、普遍的事实。商事主体区别于普通民事主体的身份标签、特权地位已不复存在。故近代以来,至少从18世纪末至19世初以来,独立于民事主体之外、居社会特权阶层地位的

---

[152] 参见[德]耶林:《为权利而斗争》,郑永流译,商务印书馆2018年版,第8页。

[153] 参见[法]费尔南·布罗代尔:《十五至十八世纪的物质文明、经济和资本主义》,顾良、施康强译,商务印书馆2017年版,第546页。

[154] [意]契波拉:《欧洲经济史·工业革命篇》,夏伯嘉译,台北,远流出版事业股份有限公司1989年版,第219~220页。转引自何勤华、魏琼主编:《西方商法史》,北京大学出版社2007年版,第282页。

职业商人,已完全退出了历史舞台,代之而起的是普通民事主体自由进入营业领域而催生的营业行为普遍化和民事活动泛商化等社会新气象。实际上,1804 年《法国民法典》颁布时,独立、自由、平等、公平、有偿、诚信等商事理念、价值、规范、规则,大量被载入民法典,或者成为普通民事主体均可平等享有的权利和自由,或者成为共同遵守的基本准则;与此同时,1807 年颁行的《法国商法典》,更以是否实施商行为、而非以商人身份作为适用商法的基本条件,即无论是一般民事主体,还是商事主体,只要实施商行为,即应适用商法。法国人权宣言、民法典、商法典等一系列革命性、颠覆性新法的颁行、宣示和实施,意味着中世纪具法律特权和制度篱笆的商人待遇例外主义宣告终结。由于"个人的所有与活动的自由"这一原则的确立,商人与非商人(如农民)之间的商业、贸易和营业垄断壁垒被打破,"以市场为中心而形成交换的契约关系,逐渐浸透于全体当事人的全部生活中"。[155] 作为普通民事主体人人可享有的自由权利,营业已再不是国家、官府和商人阶层的特权,而是所有国民作为普通民事主体人人可享有的自由权利。由于营业已成为所有民事主体可自由选择的权利与职业,商人与一般民事主体在权利义务、司法管辖、法律适用上的实质性差异或已不复存在,或在逐步消除,"反映了商业界作为单独的一个社会阶层的地位的丧失,商人作为中世纪社会图景且具独立、身份、特权特征的商人阶层已不复存在,他们已与从事商业交易的一般公众融为一体",按照中世纪传统"建立在商人构成单独一个社会阶层的概念的基础上"的商法,[156]也就丧失其独立的主体支撑和现实的社会基础,商事权利更趋向平等化、平权化、平民化。

(二)近代欧美:从对营业自由的抗争到营业自由的入宪

商品的生产和交换是商业社会形态中获取财富的基础手段。无论对商人还是普通人而言,他们一旦进入营业领域,从事以营利为目的的投资、经营或交易活动,个人就"脱离了享有古代公民权或可特式自由权的农民—武士的世界,他逐渐进入'商业和技艺'——的交易性世界,他与其他社会成员及其产品的关系与交往,变得日益复杂和多样化,从而改变和促进了他的人格的更多方面"。[157] 易言之,作为社会个体一旦进入了营业领域,就必然要受市场交易中人格独立、意志自由、地位平等的影响和约束,进而自觉或不自觉地成为一个独立、自由、平等的人,自觉或不自觉地遵循并践行独立、自由、平等的理念或价值。近代从对营业自由的抗争到营业自由的入宪,一再说明,对营利最大化的追求和营业自由权的抗争,才是导致近代资产阶级式的商业革命、

[155] [日]我妻荣:《债权在近代法中的优越地位》,王书江、张雷译,中国大百科全书出版社 1999 年版,第 182~185 页。

[156] [英]施米托夫:《国际贸易法文选》,赵秀文译,中国大百科全书出版社 1993 年版,第 113 页。

[157] [美]波考克:《德行·商业和历史》,冯克利译,生活·读书·新知三联书店 2012 年版,第 73 页。

人权革命和政治革命的原动力。

在中世纪末期，商人阶层是一个“精于识别自己的利益并且毫无顾忌地追求自身利益的极端自私的聪明的”群体，[158]他们就是通过商品的交换、各种投机与钻营，以及在经营中的精打细算，使其财富迅速地增长。这种财富不断积累的结果，使他们比起那些自认为高人一等、以封建等级特权制度维护的贵族要有钱得多；此外，“圈地运动”、商业冒险、海外殖民，使他们不断增加自己的资本，而且他们越是“增加自己的资本”，越是“把中世纪遗留下来的一切阶级都排挤到后面去”。[159] 然而，以商人为代表的新兴资产阶级在政治上的地位却十分低下。在英国，资产阶级所在的下院（众议院）无法左右国王和上院（贵族院）的行为，国王或者绕过下院，或者对下院的主张和要求不予理睬，或者干脆解散国会，下院的征税和法案通过权形同虚设。在法国，资产阶级属于第三等级，处于封建王权的权力边缘阵营。更为重要的是，商品生产和交换形成的资本主义生产方式——一种表现为“庞大的商品堆积”、以单个商品作为财富元素形式的生产方式，[160]要求这种生产、交换更加独立、自由，因为商品生产、交换能否正常的前提是商品的所有者、监护人必须“彼此承认对方是私有者”，并且每一方必须基于自由、自愿“通过双方共同一致的意志行为”，使一方意志符合另一方的意志，才能让渡、交换自己的商品，[161]实现商品生产与交换的初衷。对于商品生产者、劳动者而言，只有当他不再束缚于土地，不再隶属或从属于他人的时候，才能支配自身。其次，他要成为劳动力或商品的自由出卖者，能把他的劳动与商品带到任何可以找到市场的地方去交易，他就“必须摆脱行会的控制，摆却行会关于学徒和帮工的制度以及关于劳动的约束性规定”。[162] 然而当时的国王、贵族和宗教顽固派却极力维护封建制度，封建统治者极力保护行会制度，采用特许经营，授予特权专利，以达到维护封建贵族和国教僧侣在政治、经济上的既得权力。这些均侵犯了新生资产阶级的根本利益，压制和阻挠了资本主义工商业的发展。

源于商品生产与交换过程中对独立人格、平等身份和自由意志的追求和渴望，以契约自由、营业自由为基本形式表现出来的商人精神，使以商品生产者和交换者为代表的新兴资产阶级深信，“契约是社会基础，因为契约作为私人立法，就应当主要规定订约人相互之间的权利与义务。彼此的需要应主要经由自由协议予以满足”。[163] 早在1215年，英国《自由大宪章》第41条就呈请：“除战时与余等敌对之国家之人民外，

---

[158] ［德］拉德布鲁赫：《法学导论》，米健、朱林译，中国大百科全书出版社1997年版，第72页。

[159] 《马克思恩格斯选集》（第1卷），中共中央编译局译，人民出版社2012年版，第402页。

[160] ［德］卡尔·马克思：《资本论》（第1卷），中共中央编译局译，人民出版社2004年版，第47页。

[161] ［德］卡尔·马克思：《资本论》（第1卷），中共中央编译局译，人民出版社2004年版，第103页。

[162] ［德］卡尔·马克思：《资本论》（第1卷），中共中央编译局译，人民出版社2004年版，第822页。

[163] ［美］泰格、［美］利维：《法律与资本主义的兴起》，纪琨译，学林出版社1996年版，第230页。

一切商人,倘能遵照旧时之公正习惯,皆可免除苛捐杂税,安全经由水道和旱道,出入英格兰,或在英格兰全境逗留或耽搁以经营商业。"[164] 这是早期资产阶级组成部分之一商人对营业自由的直接诉求和明确抗争。近代意义的资产阶级民主革命,本质就是为实现以制造业主、贸易商人为代表的新兴资产阶级财产自由、契约自由、营业自由之欲念和追求的商业革命、产业革命、民主革命、政治革命。正如恩格斯在《反杜林论》中所述,"在封建的中世纪的内部孕育了这样一个阶级,这个阶级在它进一步的发展中,注定成为现代平等要求的代表者,这就是资产阶级。资产阶级本身最初是一个封建等级,当15世纪末海上航路的伟大发现为它开辟了一个新的更广阔的活动场所时,它使封建社会内部的主要靠手工业进行的工业和产品交换发展到比较高的水平","手工业生产不再能满足日益增长的需要;在最先进的国家的主要工业部门里,手工业生产为工场手工业代替了"。然而,"社会的政治结构决不是紧跟着社会经济生活条件的这种剧烈的变革立即发生相应的改变。当社会日益成为资产阶级社会的时候,国家制度仍然是封建的","在经济关系要求自由和平等权利的地方,政治制度却每一步都以行会束缚和各种特权同它对抗。地方特权、差别关税以及各种各样的特别法令,不仅在贸易方面打击外国人或殖民地居民,而且还时常打击本国的各类国民;行会特权处处和时时都一再阻挡着工场手工业发展的道路。无论在哪里,道路都不是自由通行的,对资产阶级竞争者来说机会都不是平等的,而自由通行和机会平等是首要的和愈益迫切的要求"。在此情形下,为追求交易自由、雇佣自由、营业自由,摆脱商会行会的限制和封建体制桎梏,就成为资产阶级不得不选择的行动,从而直接引发并推动着随后的革命。正是由于社会的经济进步,更由于商人阶层这种对平等、自由的渴望,"一旦把摆脱封建桎梏和通过消除封建不平等来确立权利平等的要求提上日程,这种要求就必定迅速地扩大其范围",且"这种要求就很自然地获得了普遍的、超出个别国家范围的性质,而自由和平等也很自然地被宣布为人权"。[165] 正源于此,一场以争取人身自由、契约自由、营业自由为内容的商业革命、政治革命和人权革命,即资产阶级革命由此产生。可见,资产阶级以追求自由、平等为核心的人权革命只是表象,而通过商业革命、政治斗争和人权运动,实现其追求的财产自由、契约自由、营业自由才是实质。

抗争和革命的实质在于这些商业资本家、工业资本家等新权贵,"不仅要排挤行会的手工业师傅,而且要排挤占有财富源泉的封建主。从这方面来说,他们的兴起是战胜了封建势力及其令人愤恨的特权的结果,也是战胜了行会及其对生产的自由发展和人对人的自由剥削所加的束缚的结果"。[166] 1640年英国资产阶级革命和1879年法国

〔164〕 参见姜士林、陈玮主编:《世界宪法大全》(上),中国广播电视出版社1989年版,第1125页。
〔165〕 《马克思恩格斯选集》(第3卷),中共中央编译局译,人民出版社2012年版,第481~483页。
〔166〕 [德]卡尔·马克思:《资本论》(第1卷),中共中央编译局译,人民出版社2004年版,第822页。

资产阶级民主革命在经济上所抗争和追求的目标就是如此。如1628年英国资产阶级革命前夕的《权利请愿书》则直陈:“凡自由人除经其同侪之合法裁判,或依国法外,皆不得加以拘捕、监禁,或剥夺其管业权,各项自由及自由习惯。”[167] 1640年9月《伦敦市民关于召开国会的请愿书》就严厉痛斥:“由于无数的专买权、特许证和特权,伦敦和王国其他地区的商业日落千丈。”[168] 1640年11月6日,英国国会反对派领袖之一约翰·汉姆在众议院发表演讲,怒斥专买权使“商业集中在少数人手里”,“非法剥夺了许多人的自由”,导致“商品质量降低”,“物价不断上涨”,痛斥“专买权象洪水泛滥一样,有百害而无一利”。[169] 1641年12月1日送呈国王的《大抗议书》第41条,抗议国王和枢密院对人们之“自由管业、财产”的拘束和限制。[170] 尽管这种反抗、斗争的历程反反复复,但均以消除封建特许权、专卖权,执行重商主义政策,允许贸易自由为诉求主张,反映了资产阶级对营业自由抗争的执着。随后美国《独立宣言》和法国《人权宣言》相继宣告追求幸福的自由和营业自由等原则,如1776年美国《独立宣言》宣称:“我们认为这些真理是不言而喻的:人人生而平等,他们都从他们的‘造物者’那边被赋予某些不可转让(有译为‘若干不可剥夺’者——笔者注)的权利,其中包括生命权、自由权和追求幸福的权利。”[171] 又如1789年法国《人权宣言》宣告,“任何政治结合的目的都在于保存人的自然的和不可动摇的权利,这些权利就是自由、财产、安全和反抗压迫”;并且“财产是神圣不可侵犯的权利,除非当合法认定的公共需要所显然必需时,且在公平而预先赔偿的条件下,任何人的财产不得受到剥夺”。1791年《法国宪法》更把“一切公民,除德行上和才能上的差别外,都得无差别地担任各种职业和职务”列为宪法保障下的自然权利和公民权利。[172] 包含营业自由在内的选择职业自由入宪,是近代资产阶级民主革命一项重要成果。随后各资本主义新兴国家的宪法、民法典、商法典,竞相载入财产自由、契约自由、营业自由等原则,并在具体制度上对营业自由权予以具体的落实,使营业自由权成为一项不容置疑的基本权利。以营业自由权为基点和核心的商事

---

[167] [英]加丁纳选编:《1625—1660年清教徒革命宪法文件》,端木正译,牛津大学出版社1951年版,第66~67页。转引自蒋相泽主编:《世界通史资料选辑·近代部分》(上),商务印书馆1964年版,第5页;姜士林、陈玮主编:《世界宪法大全》(上),中国广播电视出版社1989年版,第1128页。

[168] [苏]希里托夫编:《近代史参考资料》,朱建谟译,莫斯科出版社1959年版,第14~15页。转引自蒋相泽主编:《世界通史资料选辑·近代部分》(上),商务印书馆1964年版,第6页。

[169] [苏]希里托夫编:《近代史参考资料》,朱建谟译,莫斯科出版社1959年版,第15~16页。转引自蒋相泽主编:《世界通史资料选辑·近代部分》(上),商务印书馆1964年版,第8页。

[170] [英]加丁纳选编:《1625—1660年清教徒革命宪法文件》,端木正译,牛津大学出版社1951年版,第228~229页。转引自蒋相泽主编:《世界通史资料选辑·近代部分》(上),商务印书馆1964年版,第11页。

[171] 参见《外国法制史》编写组:《外国法制史资料选编》,北京大学出版社1982年版,第440页。

[172] 参见姜士林、陈玮主编:《世界宪法大全》(上),中国广播电视出版社1989年版,第755页。

权利,也由此步入具平等、平权特质的商事私权时代。

(三)近代中国:从"工商立国"、"开放民利"到"人民应享有营业之自由"

1. 改良与革命:从"许民经商"、"通商惠工"到"营业自由"入宪

就近代中国而言,解除禁锢,允许民间资本开矿办厂,是明末以来民间涌动的一股暗潮。明末江南工商业者反税吏、矿监的斗争,以及清中叶在全国普遍存在的违禁采矿现象,均说明民间工商业者对自由开矿、办厂、经商的渴望,只是这种正当、合理的要求无法被当时的统治者接受而已。鸦片战争前后,有人已开始认识到民营工商业的积极作用,并为其主张进行呐喊。如魏源就主张政府应允许商人自行办厂采矿,"凡有益于民用者,皆可于此造之","沿海商民有自愿仿设厂局以造船械,或自用、或出售听之"。[173] 鸦片战争以后,西方列强用坚船利炮打开了他们试图用通商、谈判不能打开的由公行垄断和政府管制的中国市场之后,在不平等条约的背景下,中国被迫向世界开放。但是居庙堂之高的清统治者并没有觉察到西方列强强大的真正内因,对民间资本力量的漠视和国内市场的抑制,致使国内传统农业、手工业、商业在洋商冲击下走向凋敝。部分仁人志士和有见地的觉醒者,认识到了西方富强之源在于实业发达和人民富足,意识到"工商之业不振,则中国终不可以富,不可以强"。[174] 以至于曾在香港接触过西方文化影响的太平天国后期领导人洪仁玕,也把兴办铁路、轮船、银行,及允许并鼓励民间私人办厂、开采矿产,写入《资政新编》之中。[175] 特别是洋务运动之后,一系列近代新式工业的举办,唤起了国内民间资本的投资、营业热情。1861—1894 年之间,作为近代中国民族工商业的起步阶段,一大批官办、民办近代工商企业得以设立。然而,统治者一直认为民间开矿、办厂属聚众衅事,更兼机器流入民间,于朝廷十分不利,于是对民间资本设立工商企业,特别是民间开矿办厂持一种公开禁绝的态度。如 1895 年(光绪二十一年)直隶通州一武举人李福明开办一个每天能磨成细面二百担的机器磨坊,竟被御史参奏,结果以"私开机器磨坊"罪名受到刑罚。[176] 类似于李福明私开机器磨坊、私设工厂、私自开矿随时都有禁绝、判刑的可能。而当时旧的封建衙门制度、苛捐杂税、官办垄断经营以及洋商凭借不平条约的不对称竞争,使民族工商业发展空间十分有限。于是"凡通商口岸,内省腹地,其应兴铁路、轮舟、开矿、种植、纺织、制造之处,一体准民间开设,无所禁止。或集股,或自办,悉听其便。全以商贾之道行之,

---

[173] 参见魏源全集编辑委员会:《魏源全集》(4),岳麓书社 2004 年版,第 39、41 页。

[174] (清)薛福成:《庸盦海外文编·论公司不举之病》,载《中国近代思想家文库·薛福成卷》,马忠文、任青编,中国人民大学出版社 2014 年版,第 318 页。

[175] 《资政新编》在"法法类"部有"凡金、银、铜、铁、锡、煤、盐、琥珀、蚝壳、琉璃、美石等货,有民探出者准其禀报,爵为总领,准其招民采取。""有能造精奇利便者,将其自售"等条文。转引自龚书铎主编:《中国通史参考资料(近代部分)》(下),中华书局 1980 年版,第 177~178 页。

[176] 参见朱寿朋编:《光绪朝东华录》,中华书局 1958 年版,第 3553 页。

绝不拘以官场体统”,[177] 几乎成为当时民间和民族工商业者的一种共同愿望。这种愿望在1898年百日维新中得到集中反映。

早在1895年,康有为就在《公车上书》中痛陈各省对工商业进行“厉禁”,而“徒使洋货流行,而禁吾民制造,是自蹙其国也”;[178] 1898年6月15日,康有为又在《条陈商务折》中为商人申诉“行规不与官通,则官可任意遏抑;体制又与官隔,则胥吏可籍端欺凌”;[179] 为此,他要求光绪皇帝下谕设立商部(同年7月5日,光绪皇帝发布的“训农通商”上谕设立农工商总局),各省设立商务局,鼓励、保护和发展农工商业,允许私人开矿设厂。在当时,康有为此折可谓是“争取民间自由开业设厂”这一主张的最直接的表达;1898年7月份康有为所上的《请裁撤厘金片》更痛陈:“若夫内地害商之政,莫甚于厘金一事,天下商人久困苦之”;“遂至积弊日深,害民日甚,卡厂日增,密如织网,吏役日多,托为巢穴,每省厘卡百数,吏役数千”;更兼“胥役咆哮恐吓,锁拿逼辱”,致使“小民畏累,皆如数而偿,得赃放行,饱其私囊,否则船货充没,锁禁交加,或且鬻卖子女,以偿罚款,如斯之类,殆难悉数”;基于此,康有为直请“似此弊政,病国害民,岂皇上爱戴元元,通商惠工之意?宜决裁之,以嘉惠商民”。[180] 厘金裁撤之目的,在于减轻商贾的税负,创建统一的国内市场,为商业自由创造条件。尽管戊戌变法有关工商业自由的举措因百日维新的流产而夭折,但在资产阶级维新改良人士的推动下,清政府通过皇帝的诏书和上谕,在中国历史上对工商业自由营业所作的短暂、正式表态,意味着中国自古以来视工商业为末业、对民间营业禁止的政治态度有了根本性动摇。时隔3年,1901年1月,慈禧太后在西安拾起了曾被自己打倒的“变法”大旗,玩起了“变通政治、力图自强”新政。“新政”中有关财政和工商业的政策调整,实系对戊戌变法中维新派政策诉请的部分追认。1903年3月,清政府成立商部,在敕商部成立的上谕中,清政府不得不承认,“通商惠工,为古今经国之要政。自积习相沿,视工商为末务”,致使“国计民生,日益贫弱”;强调设立商部之目的在于“总期扫除官习,联络一气,不得有丝毫隔阂,致启弊端”,以期“保护维持尤应不遗余力,庶几商务振兴,蒸蒸日上,阜民财而培邦本”。[181] 同年9月清廷进而严令各级官员,应“一律认真恤商持平,力除留难延各项积弊,以顺商情,而搁维财政。倘有不肖官吏仍前需索刁难,著随时严查参办,勿稍徇纵”。[182] 随后在大清修律的推动下,有关调整工商业营业和商事活动的《大清商律》

---

〔177〕(清)郑观应:《盛世危言》,辛俊玲评注,华夏出版社2002年版,第312页。

〔178〕参见汤志钧编:《康有为政论集》,中华书局1981年版,第124页。

〔179〕参见汤志钧编:《康有为政论集》,中华书局1981年版,第326页。

〔180〕参见汤志钧编:《康有为政论集》,中华书局1981年版,第357~359页。

〔181〕参见怀效锋主编:《清末法制变革史料》(下卷),中国政法大学出版社2010年版,第501页。

〔182〕《清德宗景皇帝实录》卷五二一。转引自怀效锋主编:《清末法制变革史料》(下卷),中国政法大学出版社2010年版,第501页。

(1904年)、《公司注册试办章程》(1904年)、《破产律》(1905年)、《银行注册章程》(1908年)、《大小轮船公司注册给照章程》(1910年)等具有近代意义的商事法律规范相继颁发或起草,以经商、办厂、制器、造船等为主要内容的营业自由权,在执政者的法律层面上有了正式的地位。

如果说近代资产阶级维新派和清政府视赋予民间工商业者以营业自由权仅仅停留在维护现存制度秩序和利益格局前提下一种有限的变法措施,那么以孙中山先生为代表的新兴工商业资产阶级革命派,则更明确地把工商自由营业视为革命奋斗的直接目标。早在1894年,孙中山在《上李鸿章书》就认为"欧洲富强之本,不尽在于船坚炮利、垒固兵强,而在于人能尽其才,地能尽其利,物能尽其用,货能畅其流——此四事者,富强之大经,治国之大本也",〔183〕正式提出以"地能尽其利"为主旨的农业富国论、以"物能尽其用"为主旨的工业富国论、以"货能畅其流"为主旨的商业富国论主张。1905年10月孙中山在《〈民报〉发刊词》第一次把救国与建国主张提炼为"民族、民权、民生"三大主义;其中民生主义即在于发展实业、节制资本、平均地权。1912年3月11日南京临时政府参议院通过的《中华民国临时约法》第2章"人民"第6条第3项规定:"人民有保有财产及营业之自由。"〔184〕这是中国历史上第一次在宪法性文件中对营业权及营业自由作出规定,这一立法成果标志着中国近代从"工商立国""开放民利"的政治主张到"营业自由"入宪历程的草成,意味着营业自由已不仅仅是资产阶级工商业者的特殊权利和个体诉求,而属三民主义中民生主义范畴,应为全体国民所享有的基本权利,它标志着近代中国从民间对营业自由的抗争到营业权入宪这一政治进程的初成。

2. 商人与商界:从"竞商利"到"卫商权"

在"治国以富强为本,而求强以致富为先"的"工商救国""实业救国"等振兴富强之策的影响和推动下,〔185〕一种"言商利""兴商事"的观念和思潮,逐渐在部分具世界、开放眼光的知识阶层达成共识,并逐渐由"竞商利"之利益观过渡到"卫商权"这一新的权利观,直接促成清季商人和学界新商权观的形成,〔186〕并进而发展到争立商法、广结商社的商人自觉性维权运动。

近代首次明确提出商权概念的是著名报人、政论家汪康年,他在1896年发表的《商战论》一文中,明确指出吾国"前则以官剥商,而商困;今则以官侵商,而商愈困",进而呼吁"今日欲振商务,必自设商部始,必自裁厘并征始"和"使商人便利,使商人有

---

〔183〕《孙中山选集》(第1卷),中华书局1981年版,第8页。

〔184〕参见姜士林、陈玮主编:《世界宪法大全》(上),中国广播电视出版社1989年版,第19页。

〔185〕(清)马建忠:《富民说》,载《马建忠集》,王梦珂点校,中华书局2013年版,第7页。

〔186〕参见张松:《从竞商利到卫商权:商战语境中清季商人商权观之嬗变》,载《求索》2017年第8期。

权”。[187] 与汪同时期的另一知名报人汪大钧更把“商权”宣示、确认、保护提高到立“商律”的高度，1898 年他在《工商学报》创刊号上著文，认为中国商界之所以出现“国势既损，商政不修，受人欺侮，讼多不直”等境况，乃“以不知商律故也”，故“欲兴工艺，非设学堂不可；欲兴商务，非设商会公司不可。而尤必讲明商律，以一其耳目，齐其心志，周知外事，以熟其趋避，明其消长。更使知黄种皆同类，中国为一家，同业如一身，上下相维，而后可钩心斗角，争胜于地球五洲之上”。[188] 1908 年，创刊不久的《万国商业月报》在其“社论”中又首倡“官与商要合势分权”，认为“官有官权，商有商权，分道扬镳，天演之定例，不得侵，亦不得夺也”，特别是“公司之制，实业之兴，是商界固有之权也，官不得越界而干涉之”。[189] 自此，中国近代朴素的商权观，得以正式形成。

由于商人自我意识觉醒，新的商权意识兴起，以新式商人为主体、以商会为基本组织形式的商人群体，在 19 世纪末 20 世纪初，以收矿权[190]、争厂权[191]、申股权[192]、保路权[193]、结社权[194]、立法权[195]、卫治权等为主要内容，[196]展开了一个又一个、一波继一波的争商利、维商权运动。

总之，无论是西方欧美，还是我国近代，具平等、平权意义的商事私权，是通过商民的激烈斗争而艰难地取得的。

三、具民生、民权功能的商事人权

人类进入到现当代，尤其是“二战”以后，营业不仅决定某一特定国家或地区的国民财富分配总量、份额和收入状况、比例，而且在国际上也直接影响不同国家或地区及国民之间的财富占有或收入分配的均衡。因之，营业不仅影响本国国民的生存权、发展权和追求幸福等权利，而且也制约不同国家或地区之间国民贫富差距和生存发展的

---

[187] 参见（清）汪康年：《汪康年文集》（上册），汪林茂编校，浙江古籍出版社 2011 年版，第 32～38 页。

[188] 参见汪大钧：《工商学报缘起》，载《工商学报》1898 年第 1 期。

[189] 参见《论官与商宜合势分权》，载《万国商业月报》1908 年第 6 期。

[190] 参见乔志强：《辛亥革命前的收回矿权运动》，载《近代史研究》1981 年第 3 期；李玉：《从“深闭固拒”到“依法力争”——晚清山东矿权交涉的两个片段》，载《江苏社会科学》2008 年第 4 期。

[191] 参见杨在军：《晚清公司与公司治理》，商务印书馆 2006 年版，第 262 页。

[192] 参见王强：《商权、财政与党争——中国银行“民六则例风波”述论》，载《江苏社会科学》2007 年第 2 期；李彤：《近代中国公司法中股东权制度研究》，法律出版社 2010 年版，第 34～81 页。

[193] 参见《中国近代史》编写组：《中国近代史》，中华书局 1983 年版，第 346～349 页。

[194] 参见肖海军：《商会法律制度研究》，中国人民大学出版社 2010 年版，第 38～40 页；郑成林：《1927—1936 年国民政府与商会关系述论》，载《近代史研究》2003 年第 3 期；朱英：《维护国权与商权：天津商会抗议日本领事干涉会长选举》，载《史学月刊》2015 年第 12 期。

[195] 参见帅天龙：《二十世纪中国商法学之大势》，载《中外法学》1997 年第 4 期。

[196] 参见张莉：《抗战时期日、英两国对租界商权和治权的争夺——以 1939 年天津事件为中心的考察》，载《湖北师范大学学报（哲学社会科学版）》2018 年第 3 期。

基础条件。纵观人类社会和世界经济发展历史，不难发现，对一国而言，凡营业普及和经济繁荣，该国国民就能从社会财富总量增长中同步受惠，所得收入或享有幸福也就有相应甚至明显的提高；就国际关系和全球视野而言，凡营业发达和经济上行的国家或地区，相应地从国际贸易和全球财富分配中要占有更多的份额，进而出现国内居民的富人与穷人之间、国际上富国与穷国之间的显著差别。足见，营业普及与发达与否，已不再是只涉及参与营业的商事主体之间的纯粹营利或财富最大化问题，而是关涉普遍民生、基本民权的人权保护与实现问题，故营业中所生商权，也就发展并升华至具民生、民权功能的商事人权新阶段。

第一，商权的原生功能就是通过营业更好地解决民生问题。

其一，民生问题就是财富或财产的创造、占有或分配问题。

正如马克思、恩格斯在《德意志意识形态》一书中开宗明义所指出的那样，"全部人类历史的第一个前提无疑是有生命的个人的存在"，因此，"第一个需要确认的事实就是这些个人的肉体组织以及由此产生的个人对其他自然的关系"。也就是说，对作为"个体的肉体组织"即"现实的个人"和作为群体的人类社会而言，其存在和发展最基本的"现实前提"，"是他们的活动和他们的物质生活条件，包括他们已有的和由他们自己的活动创造出来的物质生活条件"。[197] 这就是我们通常所说的，物质生活资料的生产是个体生存和人类社会存在的基础和前提。如用经济或法律术语来表达，物质生活资料在经济学上则表现为主体的需求，在法律上则表现为财产及权益。换言之，即主体的生存与发展，首先必须解决物质生活资料，而物质生活资料的需求又外在表现为一定的物（不动产或动产）或非物（如精神层面）等具体属性或数量的财产或财富，故物质生活资料的需求在法律上实质就表现为财产的需求。对特定主体而言，其来到这个世界，就必须面对生存、生活、生计，即所谓的营生问题，个体的活动，在某种意义上讲，除了认识、意识等精神层面的追求外，就是通过获取更多的物质财富，即拥有财富或财产的多少或份额，以解决生存、生活、生计等营生问题。而单一、具体的个体营生问题，汇集到社会群体或国家层面，就成为具普遍、抽象意义的社会民生和国民经济问题。足见，无论个体营生问题，还是社会民生、国民经济问题，本质上均离不开满足个体、社会、国家需求的物质生活资料即财富或财产。因此，财产及财产衍生的权利问题，才是解决个体营生、社会民生、国民经济的前提和基础。

不仅如此，对单一个体而言，财富或财产占有或分配的绝对数量和相对份额，不仅决定其生活质量和幸福程度，而且也决定其在社会或国家中的尊严和地位。对社会、国家而言，财富或财产在不同主体、阶层、地域之间占有或分配的绝对数量和相对份额，决定特定社会或国家的收入均衡与贫富差距。对国际或全球而言，财富或财产在

[197] 《马克思恩格斯选集》（第1卷），中共中央编译局译，人民出版社2012年版，第146页。

不同国家、地区、洲别之间占有或分配的绝对数量和相对份额，决定特定国家或地区穷富位序和国际均衡。总之，财富或财产占有或分配的绝对数量和相对份额，是法律所要关注的基础和核心问题。

其二，商权中营业资格、机会的占有或分配是解决民生问题的基础与核心。

在人类目前所有获取财富或财产的方式中，不外乎原始（初始）取得或继受（传来）取得两种基本方式，其中只有原始（初始）取得才具有创造财富或财产的功能，而继受（传来）取得只能实现财富或财产的流传，并不具有创造价值、财富或财产的功能。在创造财富或财产各种原始（初始）取得方式中，劳动和营业又是目前最主要的方式，虽然无论是古典经济学，还是马克思主义经济学，均认为所有财富均源于土地与自然，所有新增价值均系劳动创造，而且纯粹的劳动尽管也可创造一定的价值，如直接向大自然索取财富的原始采摘、渔猎等，但其效益十分低下，且严重受制于大自然既有条件。劳动只有与一定的劳动资料（生产工具和劳动对象）即生产资料结合，才可迅速放大价值创造效益。而营业则是一种把资本（生产资料）、劳动、土地、技术、管理等众多生产要素结合在一起的生产活动或经营行为，其财富创造和财产增值的效应比单一、纯粹劳动的价值创造效益要大得多。故自人类步入文明社会以来，已融合劳动、资本、土地、技术、管理等众多生产要素的营业，就成为个体、社会、国家价值创造、财富增长、经济发展的主导方式。

营业既然为价值创造、财富增长、经济发展的主要或主导方式，则意味着财富或财产占有或分配实质就是营业机会的占有或分配，这是因为，谁具有营业的资格或条件，或者说谁占有或取得营业的机会，就有可能通过营业而取得非营业者所不能占有或取得的更多收入或所得，就有可能通过营业取得、占有、分配到更多的财富或财产，进而通过对财富或财产的享用、处分，获取更多的满足和幸福。足见，无论就单一个体，还是社会或国家，或者是国际全球视野而言，财富或财产在不同主体、社会、阶层、国家之间的占有或分配，实质就是关于营业资格、机会的占有或分配。质言之，就是对以营业资格、机会为核心或起点的商权的占有或分配。

综上，完全可以这样说，商权中营业资格、机会的占有或分配，才是解决不同主体、社会、阶层、国家之间增进财富占有或分配的基础和核心问题，商权的原生功能就是通过促进营业更好地解决民生问题。

第二，自由营业是实现普遍人权最基本的前提条件。

人活着的价值、尊严和幸福，一则来自人身自由（免于劳役）；二则来自意志自由（免于强制或免于恐惧）；三则来自财产自由（免于匮乏）。其中，财产自由又是实现主体物质生活资料需求的基础和前提条件，财产自由包括所有自由、契约自由、营业自由等基本形式。在财产自由中，所有自由是基础条件，契约自由是核心要件，营业自由是保障要件，只有特定主体在既定财产所有的基础上，通过契约自由处分自己的财产进入营业领域,才可放大财富效应,创造更多的价值,进而满足该主体更多、更大、更高、更广的需求。可见,承认并尊重进而赋予任一个体在营业上以自由机会或平等资格,才是确保并实现普遍、基本人权的基础或前提条件。

其一,唯自由营业个体才可通过自主选择或自我努力更好地改变财富分配状况与经济地位。

自从人类社会产生以来,财富占有分配和经济地位的不平等现象,就是所有哲学者、法律人和政治家关注的焦点,正如马克思在《哥达纲领批判》一文所指出的那样,从人类社会的历史发展角度看,权利本质上"是不平等的"。[198] 而要克服或改变这一境况,人类历史上曾经探索或尝试过许多不同的法律或制度方案,其中最具代表性的是结果均等化和机会公平化两大路径。前者是通过国家暴力或公权强力的干预,以期追求或达到结果上财富或财产占有、分配平等或均等;后者则是通过承认、尊重或赋予不同个体、阶层、群体以营业初始资格或机会的自由或平等,由其通过自由选择和自我努力来实现各自的最大化需求或幸福。

其二,只有经济自由、营业自由,社会个体才有充分的人身自由和政治自由。

在商品经济和市场社会里,经济自由、营业自由具有基础性和重要性。因为如果个体、群体没有或"放弃了经济事务中的自由,而离开这种自由,就绝对不会存在已往的那种个人的和政治的自由",而且,实践已一再证明,没有"经济自由",就"不值得拥有"已经获得的政治自由。在人们能真正获得自由之前,必须打破"物质匮乏的专制",解除"经济制度的束缚",否则,那些"允诺给我们通往自由的道路"说不定就是"一条通往奴役的大路"。[199] 故唯有经济自由与平等竞争,才能解决人类个体幸福和社会发展问题。特别是对社会底层和穷人而言,基于经济自由和营业自由,通过自由选择与平等竞争而致富,更具正当性和必要性。这是因为,"在竞争的社会里,穷人的机会比富人的机会所受到的限制要多得多,这一事实丝毫也不影响另一事实的存在,那就是在这种社会里的穷人比在另一不同类型的社会里拥有很大的物质享受的人要自由得多。虽然在竞争制度下,穷人致富的可能性比拥有遗产的人致富的可能性要小得多,但前者不但是可能致富,而且他只有在竞争制度之下,才能够单靠自由而不靠有势力者的恩惠获得成功,只有在竞争制度下,才没有任何人能够阻挠他谋求致富的努力"。[200]

其三,只有充分的营业自由才有实质意义的财富占有公平和经济分配平等。

到目前为止,人类社会财富占有或分配不公平的原因虽然很多,但机会分配的不

---

[198] 《马克思恩格斯选集》(第3卷),中共中央编译局译,人民出版社2012年版,第364页。

[199] [英]哈耶克:《通往奴役之路》,王明毅、冯兴元等译,中国社会科学出版社1997年版,第20、30~31页。

[200] [英]哈耶克:《通往奴役之路》,王明毅、冯兴元等译,中国社会科学出版社1997年版,第100页。

公特别是营业机会分配的不公是主因,自然解决人类社会财富占有或分配不公,最有效、最积极、最可行的路径,是机会分配的自由化、平等化政策,特别是营业机会分配的自由化、平等化政策。正如著名经济学家弗里德曼在比较计划(命令)型经济体与市场(自由)型经济体中自愿交换、个体努力的积极效果时所认为的那样,“私下自愿交换的存在可以使一个命令经济体免于崩溃,勉强运行下去,甚至还能有所进步”,“相反,一个主要以自愿交换为特征的经济体,内在地具有促进经济繁荣和人类自由的潜质”。可见,“除非自愿交换成为组织的首要原则,否则没有哪个社会可以得到繁荣和自由”,因此,“自愿交换”是“繁荣和自由的必要条件”,[201] 也是实现社会财富占有或分配公平的基础和必要条件。

其四,只有通过营业机会的公平分配才能有效解决社会财富占有或分配的不公。

由于营业具有放大财富效应、增加价值创造的特定功能,对社会个体或所有交易者而言,其既有的静态财富占有或分配的不平等状态,应通过动态的营业机会占有或分配政策,以营造各种改变既有利序格局,才有可能得到有效的解决。也就是说,“政府所采取的一切强制性行动,都必须由一稳定且持续的法律框架加以明确的规定,而正是这种框架能够使个人在制定计划时保有一定程度的信心,而且还能够尽可能地减少人为的不确定性”;[202] 又“由于正当行为规则所能够影响的只是人们努力获得成功的机遇,所以修正或改进这些规则的目的就应当是尽可能地增进或改进不确定的任何人所具有的这种机遇”。易言之,在自由经济与竞争社会里,“法律的目的应当是平等地改进所有人的机遇”。[203] 基于机会及机会分配的初始性、原生性、根本性和基础性,自然衡量社会公平和经济正义的尺度之一,就是一切国家的政策、法律应把社会所有的权利资源、利益机会、权力地位和领导性职位“平等地对所有人开放”,“也必须所有人都能进入的”;即一个公平而正义的社会应当遵循“所以社会价值——自由和机会、收入和财富、自尊的基础——都要平等地分配,除非对其中的一种价值或所有价值的一种不平等分配合乎每个人的利益”。[204]

第三,唯有近代商权才有近代人权。

近代人权最核心的权利要素是独立、自由、平等,而这一切在近代之前的等级特权社会里,只存在于有限的商品经济领域。正如马克思在《资本论》中所论述的那样,商品交换中形成的权利关系是一种“具有契约形式的(无论这种契约是不是用法律固定

---

[201] 参见[美]米尔顿·弗里德曼、[美]罗丝·弗里德曼:《自由选择》,张琦译,机械工业出版社2019年版,第13页。

[202] [英]F. A. 哈耶克:《自由秩序原理》,邓正来译,生活·读书·新知三联书店1997年版,第282页。

[203] [英]F. A. 哈耶克:《法律、立法与自由》(第2、3卷),邓正来、张守东、李静冰译,中国大百科全书出版社2000年版,第220~221页。

[204] [美]约翰·罗尔斯:《正义论》,何怀宏等译,中国社会科学出版社1988年版,第60~62页。

下来的)法律的关系”,“是一种反映着经济关系的意志关系”,“这种法的关系或意志关系的内容是由这种经济关系本身决定的”。[205] 在《哥达纲领批判》中,马克思又进一步指出,“经济关系产生出法权(权利——笔者注)关系”,“权利决不能超出社会的经济结构以及由经济结构所制约的社会的文化发展”。[206] 商品交换中不同商品所有者、交换者的身份独立、意志自由、地位平等,是支撑并成就商品交换能否进行和有效完成的基础条件。特别是自由与平等,犹如一对孪生兄弟,自商品交换产生的那一天开始,就一直与商品交换、营业活动伴随始终。

关于自由,马克思在《论犹太人问题》一文中就明确指出,在商品经济社会里,“这种自由首先宣布了人权是‘任意地享用和处理自己的财产、自己的收入即自己的劳动和勤奋所得的果实’”。[207] 关于平等,马克思在《资本论》中揭示“商品是天生的平等派和昔尼克派(崇尚自然——笔者注),它随时准备不仅用自己的灵魂而且用自己的肉体取换取任何别的商品,哪怕这个商品生得比马立托奈斯还丑”。[208] 正是商品交换和营业领域,具有自由和平等的内在要求,而当这种要求反映在法律上、政治上,则直接表现为以自由、平等为核心要素的近代人权。诚如恩格斯在《反杜林论》中所详述的那样,正因“在封建的中世纪的内部孕育”的新式商人和资产阶级,“在经济关系要求自由和平等权利”,且“自由通行和机会平等是首要的和愈益迫切的要求”的情形下,才在他们主导的商业革命、人权运动和政治宪制成功之后,使“自由和平等也很自然地被宣布为人权”。[209] 足见,追求以独立、自由、平等为核心内容的商权,才是近代人权之滥觞。

第四,商权本身就是一种当代经济人权。

自1918年《被剥削劳动人民权利宣言》宣告劳动者权利、[210] 1919年《德意志帝国宪法》(以下简称《魏玛宪法》)把国民的“经济自由”和“工商业之自由”载入宪法之后,[211] 商权作为现当代基本经济人权,已成为国际普遍共识。

其一,商事中的财产权是重要的人权。

商权本身就是财产权在营业领域的延伸、发展和创新,属财产权的特殊形式。现代基本人权包括人身权与财产权,特别在私法领域、商品交换和现代市场社会里,财产权本身就是最重要、基础的人权。诚如马克思所言,“自由这一人权的实际应用就是私有财产这一人权”,即“私有财产这一人权是任意地、与他人无关地、不受社会影响地享

---

[205] [德]卡尔·马克思:《资本论》(第1卷),中共中央编译局译,人民出版社2004年版,第103页。

[206] 《马克思恩格斯全集》(第3卷),中共中央编译局译,人民出版社2002年版,第364页。

[207] 《马克思恩格斯全集》(第3卷),中共中央编译局译,人民出版社2002年版,第184页。

[208] [德]卡尔·马克思:《资本论》(第1卷),中共中央编译局译,人民出版社2004年版,第104页。

[209] 《马克思恩格斯选集》(第3卷),中共中央编译局译,人民出版社2012年版,第481~483页。

[210] 参见姜士林、陈玮主编:《世界宪法大全》(上),中国广播电视出版社1989年版,第1037页。

[211] 参见《外国法制史》编写组:《外国法制史资料选编》,北京大学出版社1982年版,第695~703页。

用和处理自己的财产的权利”。[212] 财产权作为基本人权,不仅被各种人权宣言和宪法文本所确认,也为联合国人权宣言、国际公约所宣示。如 1689 年英国《权利法案》、1776 年美国的《独立宣言》、1789 年法国《人权宣言》均把财产权宣示为基本人权;又如 1948 年《世界人权宣言》第 17 条明确宣示“人人得有单独的财产所有权以及同他人合有的所有权”和“任何人的财产不得任意剥夺”等。[213]

其二,商权具有生存权的价值意义。

人来到这个世上,在某种意义上就是为了生存、生计、生活,故求生就成为人类社会活动的主题,生存权也因对人类社会具有普遍意义,而成为一种基本人权;故生产、经营对个体生存和社会存在均具基础意义和初始价值。关于生存权的意义,《世界人权宣言》第 25 条第 1 款第 1 项明确规定,“人人有权享受为维持他本人和家属的健康和福利所需的生活水准,包括食物、衣着、住房、医疗和必要的社会服务;在遭到失业、疾病、残废、守寡、衰老或在其他不能控制的情况下丧失谋生能力时,有权享受保障”;[214] 又如,1966 年《公民权利和政治权利国际公约》第 1 条更开宗明义地宣称,“所有人民都有自决权。他们凭这种权利自由决定他们的政治地位,并自由谋求他们的经济、社会和文化的发展”“所有人民得为他们自己的目的自由处置他们的天然财富和资源,而不损害根据基于互利原则的国际经济合作和国际法而产生的任何义务。在任何情况下不得剥夺一个人民自己的生存手段”“缔约各国,包括那些负责管理非自治领土和托管领土的国家,应在符合联合国宪章规定的条件下,促进自决权的实现,并尊重这种权利”。[215] 营业是一种主体追求更多财富或财产以满足更高生活需求的营利活动,对社会个体而言,营业不仅可解决生存问题,还可显著改善自己的生存条件和生活境况;对具集体意义的特定群体、国家或地区而言,营业既可解决生存机遇,也可迅速提高国民的整体生存条件和生活状况。特别对处于社会底层的穷人、边缘、贫困个体、阶层或群体,自主择业或投资经营,不仅可解决自身或家庭的基本生存或生活困境,还可通过财产增进和财富累计,为更好或更高层次的生存创造条件。足见,诸如个体经营、家庭手工、零售商业、城乡摊贩等小规模营业形式,对处社会底层的穷人、边缘、贫困个体、阶层或群体而言,则具典型的生存权意义。

---

[212] 《马克思恩格斯全集》(第 3 卷),中共中央编译局译,人民出版社 2002 年版,第 183 ~ 184 页。

[213] 参见联合国人权事务高级专员办事处:《人权国际文件汇编》(第 1 卷),联合国出版物 2002 年版,第 4 页。

[214] 参见联合国人权事务高级专员办事处:《人权国际文件汇编》(第 1 卷),联合国出版物 2002 年版,第 6 页。

[215] 参见联合国人权事务高级专员办事处:《人权国际文件汇编》(第 1 卷),联合国出版物 2002 年版,第 18 ~ 20 页。

其三,商权是一种重要的个体或集体发展权。

商权的基本功能是通过赋予私法主体追求更多财富以满足更好的营生需求和更美好幸福生活的权利,从一定意义上,它与受教育权、工作权、劳动(就业)权等基本人权一样,是主体取得进一步发展的资格和机会,是一种典型意义的机会性、发展性人权。对于个体的发展权,如《世界人权宣言》第 23 条第 1 款第 1 项规定,“人人有权工作、自由选择职业、享受公正和合适的工作条件并享受免于失业的保障”;[216] 又如,1966 年《经济、社会、文化权利国际公约》第 6 条第 1 款就明确规定“缔约各国承认工作权,包括人人应有机会凭其自由选择和接受的工作来谋生的权利,并将采取适当步骤来保障这一权利”。[217] 虽然商权与严格意义的工作权不同,但对于社会普通成员、底层穷人、边缘群体而言,处分财产投入营业领域,从事投资、经营或交易活动,具有劳动与营业的双重意义。一方面,通过营业可直接解决这些人的就业、工作问题,从而可大大缓解日益严重的社会就业压力;另一方面,在营业中,这些普通成员、底层穷人、边缘群体可以通过投资、经营或交易活动创造、增进和积累财富,从而可显著改善自己的个人生活境况和社会经济地位。足见,营业对他们而言,彰显着发展权的法律意义与制度价值。

总之,商事权利作为一种存在或发生于营业领域或营业过程、能满足特定私法主体营利或财富最大化需求或欲念、并能为主体自由选择或支配的特殊营业利益,具有私权性、营业性、财产性、增值性、潜在性、概括性等内在特质和流动性、结构性、层级性、递进性、程序性、相对性等外在特性,它作为受一定历史条件和经济发展制约的特定私法权利,经历了“具身份、垄断属性的商事特权→具平等、平权特质的商事私权→具民生、民权功能的商事人权”这三大不同历史阶段。商事权利的这些本质属性,是后文分析商事权利的基本出发点。

---

[216] 参见联合国人权事务高级专员办事处:《人权国际文件汇编》(第 1 卷),联合国出版物 2002 年版,第 6 页。

[217] 参见联合国人权事务高级专员办事处:《人权国际文件汇编》(第 1 卷),联合国出版物 2002 年版,第 9 ~ 10 页。

第二章　商事权利的功能定位

商事权利究竟是一种什么样的权利,除通过前述本质属性作一般性界定外,还需把其放在一个更大的公法或私法权域,从基本人权、国家权利(力)、民事权利等不同视角,作综合、纵深考察,才可得到更全面、整体、精准的答案。本章所论商权与人权、商权与国权、商权与民权之间的关系,就是为了解决商事权利的基本功能与法律定位问题。

第一节　商权与人权

第一章已论及,商权在现当代已发展到具民生、民权功能的商事人权新阶段,但商权究竟在基本人权体系中居于何种地位,扮演着哪些角色,怎样发挥着特殊功能,则需作进一步考察。

一、人权的基本内涵与历史发展

(一)人权的基本内涵

关于人权,无论是国际还是国内,并无统一的固定概念和具共识的标准内涵。在定义人权时,代表性学说主要有:(1)自然权利说。该说认为人权即人作为自然、理性人所享有的权利。在西方,人权被定义或解释为"人们主张应当有或者有时明文规定的权利。这些权利在法律上得到确认并受到保护,以此确保个体在人格和精神、道德以及其他方面的独立得到最全面、最自由发展。它们被认为是人作为有理性、意志自由的动物固有的权利,而非某个实在法授予的,也不是实在法所能剥夺或削减的"。[1](2)应然权利说。该说认为人权即作为人应当享有的权利,即人权是"人依据其自身的本性所应当享有的权利",[2]是"人皆有之"的权利或"人之所以为人而应当享有的权

〔1〕［英］戴维·M. 沃克:《牛津法律大辞典》,李双元等译,法律出版社2003年版,第537~538页。

〔2〕参见李步云主编:《人权法学》,高等教育出版社2005年版,第10页。

利”;[3]或者认为人权的本义是指“每个人都享有或都应该享有的权利”;[4]或者从人权的科学性与价值性角度,认为“人权是一定时代作为人所应当具有的、以人的自然属性为基础、社会属性为本质的人的权利”;[5]或者认为人权是“一个人仅仅因为是人就应当享有的权利”。[6] (3)法定权利说。该说认为人权即由法律特别是宪法确认的人所享有的最基本的权利。此说又分基本权利说和公民权利说。基本权利说认为人权系指宪法所确认的基本权利,指“那些对人和公民不可或缺的、不可取代的、不可转让的、持久稳定的、具有母体性和普遍性的权利”,而“法律意义上的人权指的就是宪法制度保障的基本权利”;[7]公民权利说认为人权就是公民权利,即宪法上的公民权利与政治权利,[8]并未把营业自由权纳入经济宪法性人权的范畴。

无论持何种观点,泛义上的人权,一般来讲,就是指人的权利。人权中的人,既可是个体的自然人,也可是一定抽象意义上的人民、市民、公民、国民等,还可是一定人之集合表现出来的法人、非法人组织,更可是民族、种族、集体、国家等群体。由于人权在当代已经在一定程度被泛化,试图准确地界定人权,是一件难以做到的事情。但从人权的对抗性、普遍性、一般性、重要性、基本性等主要特点出发,人权的范围应是那些旨在支撑人之人格独立和基本尊严而由现行法所确认的最重要、最基本的权利。仅就这一点而言,学界与业界之间的分歧尚不是很大。基于此,以涉人权的大致边界与主要范围,可把人权界定为支撑作为主体的人之人格独立、意志自由、平等地位、发展尊严而由现行法所确认的那些最重要、最基本的权利。

(二)人权的历史发展

同任何权利一样,人权也是历史的产物。关于人权的历史发展和具体进程,20 世纪 70 年代,西方著名法学家卡雷尔·瓦萨克提出著名的“三代人权”说,即把人权的内容和重心划分为第一代消极人权、第二代积极人权、第三代连带人权三个历史发展阶段。其中,第一代消极人权,主要特征为反抗、对抗国家、专制、特权而提出,主旨在于反抗国家、公权、专制、特权的压迫,实现免于国家公权力的不当干预和非法剥夺,集中体现自由资本主义、工商业者的发展需要。第二代积极人权,即要求国家采取积极行动以保障自然人或公民权利的实现,故为积极人权。第三代连带人权,是以实现民族自决权、发展权、和平权、环境权、人类共同财产权等涉及特定国家、国际关系的人权,它与特定的“人民”、“国家”和“民族”相关,是一种具有“集体性质”且具“连带关系”

[3] 参见郭道晖:《法理学精义》,湖南人民出版社 2005 年版,第 112 页。
[4] 参见夏勇:《人权概念起源:权利的历史哲学》,中国社会科学出版社 2007 年版,第 3 页。
[5] 参见卓泽渊:《法理学》,法律出版社 2016 年版,第 147 页。
[6] 参见白桂梅主编:《人权法学》(第 2 版),北京大学出版社 2015 年版,第 1 页。
[7] 参见张文显主编:《法理学》,高等教育出版社 2018 年版,第 346 页。
[8] 参见张扩振:《经济宪法初论》,中国政法大学出版社 2017 年版,第 140 ~ 152 页。

的连带人权或社会连带人权。[9]

国内学者有从理论流派出发，把人权划分为古典人权论、社会人权论、多元人权论等不同阶段；[10]有从观念出发，把人权历史演变分为前近代人权（以正义为基础的人权观念）、近代人权（以自由为核心的第一代人权）、现代人权（以平等为核心的第二代人权）、当代人权（以博爱为核心的第三代人权）四个阶段；[11]绝大部分论著目前是按照瓦萨克的"三代人权"说，且只涉及近代以来的三代或三阶段人权。笔者认为，人权是近代商业文明、政治文明、法律文明、制度文明等综合影响和作用的特定产物，自近代以来，它经历如下几个阶段：

1. 第一阶段：以个体自由权为中心的第一代消极人权

在第一代人权阶段，又称近代人权运动，其主要任务和核心使命是反抗封建专制、等级特权、罪刑擅断、垄断利益、君主暴政；它始于1215年的《大宪章》，以1776年美国《独立宣言》和1789年法国大革命后的《人权宣言》发表为标志，所涉及的人权内容主要为个人基本的人身自由、财产自由和公民政治自由等方面的自由权利。1215年英国《大宪章》请愿运动，新兴商人、贵族和平民组成的阵营，就以反对任意刑讯和监禁、国王横征暴敛，争取人身自由、财产自由、征税权为抗争目标；1689年洛克在《政府论》中就比较早地把人权阐释为生命权、健康权、自由权、财产权；[12]1689年英国《权利法案》首次在法律上宣告并确认请愿、表达、选举、财产等基本人权；[13]1776年美国《独立宣言》宣告人人"享有生命权、自由权和追求幸福的权利"；[14]1789年法国《人权宣言》宣告人人享有的权利是"自由、财产、安全和反抗压迫"。[15] 特别是"人权宣言第一次给实证法注入了个人权利可以对抗作为一个整体的国家这一观念"，[16]具有划时代意义，它直接推动第一代人权相继被载入欧洲大陆各国的宪法。

2. 第二阶段：以经济、社会、文化权利为中心的第二代积极人权

19世纪末至20世纪初，是古典自由理念、体系、秩序下的旧资本主义世界总危机时期。欧洲各国劳资矛盾、社会矛盾、民族矛盾、国际矛盾空前激烈，以个体自由为中

---

〔9〕 参见夏勇：《人权概念起源》，中国政法大学出版社1992年版，第159～164页；郭道晖：《法理学精义》，湖南人民出版社2005年版，第112页。

〔10〕 参见白桂梅主编：《人权法学》（第2版），北京大学出版社2015年版，第42～51页。

〔11〕 参见龚向和主编：《人权法学》，北京大学出版社2019年版，第32～39页。

〔12〕 参见［英］洛克：《政府论》（下篇），叶启芳、瞿菊农译，商务印书馆1964年版，第6页。

〔13〕 参见《外国法制史》编写组：《外国法制史资料选编》（上册），北京大学出版社1982年版，第321～322页。

〔14〕 参见《外国法制史》编写组：《外国法制史资料选编》（下册），北京大学出版社1982年版，第440页。

〔15〕 参见姜士林、陈玮主编：《世界宪法大全》（上），中国广播电视出版社1989年版，第755页。

〔16〕 参见［德］格奥尔格·耶里内克：《〈人权与公民权利宣言〉：现代宪法史论》，李锦辉译，商务印书馆2012年版，第2页。

心的第一代人权思想、理论与体系,被掌握绝大多数财富的资产阶级所滥用,已不能圆满地解决当时的社会问题和国家危机,寻求一种更符合人类本性和时代发展需要的人权思想、理论与体系,以应对新的社会和时代挑战,就成为人权运动新的历史契机。以1917年俄国十月革命为起点,以联合国《经济、社会和文化权利国际公约》的通过为标志,主要涉及经济、社会和文化权利的第二代积极人权得以登场。1918年《被剥削劳动人民权利宣言》站在劳动者的角度,强调劳动者应当享有经济上的平等权,正式把劳动者的权利规定为普遍性人权。如该宣言宣布"全部土地为全民财产,并根据土地平等使用的原则,把土地无偿地拨给劳动者使用""一切全国性的森林、矿藏和水流,以及全部耕畜、农具、示范农场和农业企业均宣布为国有财产""保证劳动者对剥削者的统治""为了消灭社会上的寄生阶层并组织经济,实行普遍劳动义务制";等等。〔17〕

1919年《魏玛宪法》最先以宪法形式确认了一系列经济和社会权利,包括财产所有权、劳动权、工作权、经济自由权、著作权等知识产权、社会保障权等,进而被后世称为"经济人权"。如该法第111条规定"一切德国人民,在联邦内享迁徙自由之权,无论何人,得随意居留或居住于联邦内各地,并有取得不动产及自由营生之权。惟根据联邦法律,始得限制以上之规定",这是关于公民自由营生、自由择业、自由创业、自由营业之最为全面、明确的规定。此外,在《魏玛宪法》第5章"经济生活"中,对财产自由、契约自由、交易自由、营业自由等经济自由权、工商业自由权,作了更具体的规定,如该法第151条规定"经济生活之组织,应与公平之原则及人类生存维持之目的相适应。在此范围内,各人之经济自由,应予保障""工商业之自由,应依联邦法律之规定,予以保障"。该法第152条规定"经济关系,应依照法律规定,为契约自由之原则所支配"。〔18〕这些规定均是对公民、国民经济自由、工商业自由、契约自由等营业自由权的公开宣示、确认和保护。

"二战"以后,特别是"二战"之后新建立起来的联合国等国际组织,在国际人权事业的促进、推广、维护上,成绩斐然。如1948年《世界人权宣言》,对具普遍性的人权作了全面的宣示、规定和列举;但该宣言所列举的人权主要还是针对"二战"之前肆意侵犯、践踏人类基本人权的各种情形,绝大多数人权尚属于第一代人权的范畴。1966年《经济、社会、文化权利国际公约》(以下简称《经社文公约》),对涉及人类具普遍意义的经济、社会、文化权利,作了全面规定,并相应规定了各缔约国政府的基本义务和具一定强制力的实施监督机制。1966年《公民权利和政治权利国际公约》(以下简称《民权公约》),则综合了《世界人权宣言》和《经社文公约》的内容,对涉及自然人之民事权

〔17〕 参见姜士林、陈玮主编:《世界宪法大全》(上),中国广播电视出版社1989年版,第1037页。

〔18〕 参见《外国法制史》编写组:《外国法制史资料选编》(下册),北京大学出版社1982年版,第695~703页。

利和公民的政治权利,作了比较全面、具体、细致的规定,并对如何实施和保障机制,作出具实施性、执行力和可监督性的规定。人权理论与实践全面进入以经济、社会、文化权利为中心的第二代积极人权时期。

3. 第三阶段:以集体人权为重要特征的第三代连带人权

20 世纪 60 年代,以殖民地、原住民的独立、自决为起点的特定民族、群体的集体人权,开始受到国际和各国的重视,人权开始进入以集体人权为重要特征的第三代连带人权阶段。这可从联合国大会通过的一系列宣言、公约、原则得到集中体现,如 1960 年《给予殖民地国家和人民独立宣言》和“自然资源的永久主权”决议、1965 年《消除一切形式种族歧视国际公约》、1975 年《残废者权利宣言》、1979 年《消除对妇女一切形式歧视公约》、1989 年《土著和部落人民公约》、1989 年《儿童权利公约》、1990 年《囚犯待遇基本原则》、1991 年《联合国老年人原则》;等等。此外,1969 年《社会进步和发展宣言》和 1986 年《发展权利宣言》,引入新的个体与集体发展权概念;特别是 1993 年《维也纳宣言和行动纲领》和 2000 年《联合国千年宣言》,重申自由、平等、团结、容忍、尊重大自然、共同承担责任等人类的基本价值观和人权基本原则。[19] 第三代人权的基本特征是人权与特定的民族、国家、地区以及妇女、儿童、老年人、残疾人、罪犯等特殊群体相关联,具有集体特殊属性和社会身份关系的连带性,属于典型的社会连带人权。其主要内容有殖民地和被压迫民族、人民的集体人权,涉及民族自决权、发展权、各国对其自然资源享有的充分主权或自主权等。[20] 此外,诸如和平权、发展权、环境权等新兴人权作为集体人权,也得到国际上的普遍公认。[21]

4. 第四阶段:以信息、网络、智能为载体的第四代数字人权

进入 21 世纪,特别是随着互联网、移动通信、云计算、大数据、卫星全球定位、智能技术等新兴高科技信息技术的涌现和发展,个体、群体、集体、国家的个人隐私、内部信息、商业秘密、重要机密,已完全暴露在网络之下或通过破解技术为公众所知。此外,以美国为代表的网络、信息、计算、数字技术强国,更是利用技术优势和霸权思维,任意监听或窃取个人、企业和他国的信息,肆意干涉或侵犯他国网络、信息、数字主权。隐私、信息、数字等权利从来也没有遇到如此重要甚至颠覆性的挑战,继而也就成为信息与网络时代最重要的人权。[22] 个人或集体隐私权(秘密权)、信息权、数据权等新兴人权受到各国的高度重视和切实保护,如美国的《联邦电子通讯隐私法》《儿童网络隐私

---

〔19〕 参见联合国人权事务高级专员办事处:《人权国际文件汇编》(第 1 卷),联合国出版物 2002 年版,第 66 页。

〔20〕 参见付子堂主编:《法理学进阶》,法律出版社 2010 年版,第 84 ~ 87 页。

〔21〕 参见张文显主编:《法理学》,高等教育出版社 2018 年版,第 351 ~ 353 页。

〔22〕 参见苏令银:《隐私权:信息与网络时代的重要人权》,载《社会》2002 年第 5 期。

保护法》和欧洲议会颁布的《信息与表达自由宣言》等。[23] 我国《民法典》第111条也明确把“自然人的个人信息”列入法律的保护客体,禁止任何组织或者个人“非法收集、使用、加工、传输”或者“非法买卖、提供或者公开”他人个人信息。而如何解决好互联网自由与个人或集体隐私权(秘密权)、信息权、数据权之间的冲突,[24]也成为全球融通、信息社会、智网时代人权保护的新课题。自2013年以来,联合国大会通过了多个《关于数字时代的隐私权的决议》;[25]《欧洲人权公约》第8条明确规定“人人享有私生活和家庭生活、住所和通信受尊重的权利”;[26]欧洲人权法院的相关司法判决,也旨在寻求信息自由与隐私权之间的平衡。[27] 这些均说明,隐私权(秘密权)、信息权、数据权等新兴普遍人权,更被国际公约、国家联盟、地区组织所关注,一种以信息、网络、智能技术化数字为载体,以个人或集体隐私权(秘密权)、信息权、数据权为主要形式的新的第四代数字人权正在兴起。

二、商权本身的人权属性

从某种意义上讲,商权就是人权,即商权本身具有人权的基本属性,它表现为两个层面。

(一)商权与人权的一般关系

1. 人权的普遍性与商权的特殊性

通常来讲,人权系指所有人所享有的平等而普遍的权利。从权利根据上看,人权是一种道德权利;从权利主体和内容上看,人权是一种普遍权利;从权利概念产生的社会历史过程上看,人权是一种道德权利。[28] 故“作为最低限度普遍道德权利的人权”,“一定要是普遍道德权利”,[29]即人权在一定意义更多是指对一般人具有普遍意义的权利,因而人权具有普遍性。相对而言,商权则具有特殊性,是在私法营业领域才出现、存在并由特定的私法主体才享有的权利。初看起来,两者似乎没有关系。但是,如从近代人权与商权的发生学意义和相互关系来看,商权从近代之前的身份特权,转为

〔23〕 参见任帅军:《互联网时代的新型人权价值》,载《广州大学学报(社会科学版)》2018年第3期。

〔24〕 参见孙南翔:《论互联网自由的人权属性及其适用》,载《法律科学》2017年第3期。

〔25〕 参见毛雨、黄志雄:《互联网监管政策的国际人权法问题探析》,载《郑州大学学报(哲学社会科学版)》2020年第1期。

〔26〕 参见[英]克莱尔·奥维、[英]罗宾·怀特:《欧洲人权法:原则与判例》,何志鹏、孙璐译,北京大学出版社2006年版,第618页。

〔27〕 参见王四新:《欧洲人权法院判例法中的信息自由》,载《南京大学学报(哲学·人文科学·社会科学版)》2008年第6期。

〔28〕 参见夏勇:《人权概念起源:权利的历史哲学》,中国社会科学出版社2007年版,第139~140页。

〔29〕 参见[英]A. J. M. 米尔恩:《人的权利与人的多样性》,夏勇、张志铭译,中国大百科全书出版社1995年版,第153页。

近代以来具平等、平权属性的私权，已褪去之前的身份、特权和垄断属性，成为一种所有民事主体人人可享有或行使、以增进财富和实现幸福的权利。不仅如此，商权作为财产权在营业领域的延伸、发展和创新，又是财产权利的衍生新形式，本质上仍然属于财产权利的范畴，变化的只是传统财产权利的形式和内容。而财产权又是近代人权的主要形式和内容，财产自由是与人身自由、安全具同样价值和功能的人权内容。足见，商权与人权之间的关系，是一种特殊人权与普遍人权的关系。

2. 人权的抽象性与商权的具体性

人权具有广泛性，而且在泛义解读的情况下，人权容易被简化为人应当具有的权利这一十分抽象的概念，故无论就人权的不同发展阶段而言，如以自由权为中心的第一代人权，以经济、社会、文化权利为主要内容的第二代人权，以集体人权为重心的第三代人权，以隐私、信息、数据为载体形式的第四代人权；还是就人权的具体内容而言，如人权无非涉及人身、财产、政治、经济、社会、文化、集体、群体等抽象领域，人权无论如何穷尽，总是以比较抽象的形式或内容表现出来。相对来说，商权则是一种较为具体的权利，它源于商品交换，存在于营业领域，发生于营利性活动之中，是私权主体为享有和行使人身自由或财产自由权过程中具体化的结果和创新。以财产自由为例，正是因为财产自由包括所有自由、契约自由、营业自由等具体形式，作为抽象的人在具体以自然人这一私权主体角色或身份行使财产自由时，首先基于财产所有自由，通过自由处分为原点，进而在契约自由支撑下，把财产所有权或其他支配权以契约方式处分至营业领域，衍生或新生出一系列新的具体权利和实在利益。可见，人权是一抽象的权利概念，而商权虽总体属于人权的基本范畴，但更是一种具体的人权形式，为具体人权范畴。

3. 人权的一般性与商权的特定性

人权因对应人的需求层次，是有层级区分的。人权具有一般性，只是因为人权是作为一般主体意义的人为了安全地生存、持续地生息、有尊严地生活而应当无差异地享有的基本权利。这些权利更是从一般、基础、重要层面来考量和设计，带有支撑性和根本性；没有这些权利，人将不复为人，或者即使勉强为人，也不能有尊严地活着。而商权则为特定意义上的权利，更多是作为私权主体意义的人为了更舒适地生存、更稳定地生息、更有尊严地生活，是人在满足基本人权之后在私法领域追求更高层次满足、更幸福生活需求的一种更高级的特定人权。如人没有一定财产就没有起码的生存基础和生活尊严，就财产权对一般意义上的人而言，就属于一般人权；但当主体有一定财产的前提下，为追求更高级、更舒适、更幸福的生活，把财产投入营业领域，在营业中拥有因财产投入而转换、衍生、创新的一系列权利，就属于更高意义的特定人权。

可见，相对于普遍、抽象、一般意义的泛义人权而言，商权是在私权意义上人为追求更高级、更舒适、更幸福生存、生息、生活的过程中，在营业领域表现或实现的特殊、具体、特定人权。

（二）作为特殊、具体、特定人权的商权

第一，作为财产权衍生和创新形式的商权本身就是人权的重要内容。

在近代以自由权为中心的第一代人权体系里，财产自由本身就是人权的主要形式和核心内容，虽有学者明确反对把私有财产所有权视为自然人权利或人权，包括杰斐逊将“追求幸福的权利”列为“造物主赋予所有人的某些不可让渡的权利中的一种”的看法，[30] 但财产权特别是财产自由，作为第一代人权的主要形式或核心内容，几乎已成为共识。而商权本身就是财产权在营业领域的延伸、衍生、发展和创新形式，是一种更为具体的新型财产权。即使在当代的欧美，投资的财产权、投资形成的股权和公众公司的股权，均属人权的具体形式，受到法律严格的保护。[31]

第二，商权的行使是近代经济人权的重要形式。

商权不仅是一种具体的经济人权，而且也是实现经济人权的重要保障。经济权利已被联合国《经社文公约》明确列为基本人权；为使世界普遍人权能在各国得以实施并落实，联合国计划开发署制定的《2000 年人类发展报告》，重点从“可提供性”（availability）、“可获得性”（accessibility）、“可接受性”（acceptability）、“可调适性”（adaptability）4 项最关键的指标上，试图寻求以人权指标来衡量经济、社会、文化权利在各国具体落实进展情况。[32] 作为特殊、具体、特定人权属性的商权，不仅完全具备可提供性、可获得性、可接受性、可调适性等基本条件，而且商权的行使和实现，对权利主体而言，可增进财富，提高生活幸福指数和社会地位；对社会、国家而言，可解决经济增长，同步提高国民收入和社会福利水平；对他人而言，商权的行使和扩展，必然带来营业普及和发达，可增加劳动力和市场需求，进而促进充分就业和刺激消费。

第三，商权更属个人和集体的发展权范畴。

发展权是重要的个体与集体人权。联合国《社会进步和发展宣言》第 5 条明确规定，社会进步和发展要求“鼓励创造性的主动精神”，特别应“保证人口中处于不利地位或边缘地位的那部分人对社会和经济的进步享有平等的机会，以求实现一个有效的完整社会”。[33] 《发展权利宣言》序言和第 1 条更宣示，“发展是经济、社会、文化和政治的全面进程，其目的是在全体人民和所有个人积极、自由和有意义地参与发展及其带

---

〔30〕［英］A. J. M. 米尔恩：《人的权利与人的多样性》，夏勇、张志铭译，中国大百科全书出版社 1995 年版，第 180 ~ 181 页。

〔31〕See Stephen Bottomley & David Kinley, *Commercial Law and Human Rights*, Dartmouth Publishing Company, 2003, p. 1 – 24, 161 – 186.

〔32〕参见孙萌：《经济、社会和文化权利的可诉性》，知识产权出版社 2011 年版，第 56 ~ 65 页。

〔33〕参见联合国人权事务高级专员办事处：《人权国际文件汇编》（第 1 卷），联合国出版物 2002 年版，第 415 ~ 416 页。

来的利益的公平分配的基础上,不断改善全体人民和所有个人的福利”“人是发展进程的主体”“发展政策应使人成为发展的主要参与者和受益者”“发展权利是一项不可剥夺的人权,发展机会均等是国家和组成国家的个人一项特有权利”“每个人和所有各国人民均有权参与、促进并享受经济、社会、文化和政治发展,在这种发展中,所有人权和基本自由都能获得充分实现”。[34] 商权是一种典型意义的发展权,这是因为,商权的目的和动机是权利人为获取更多的财富或财产,以更好地改善自己的生活境况、提高自己的社会地位、享受更多的幸福。作为权利个体而言,通过投资、经营和交易,在营业中把资本、劳力、土地、知识(技术)、管理等各种生产要素的积极性和价值潜能充分调动起来,创造出更多的价值,商权人可使自己原有固定、静态财产明显增加或显著增值,通过拥有更多的财富或财产,以达到追求或实现自己更高需求、生活、幸福满足的目的。对特定社会群体或国家地区而言,其发展机会也更多体现在群体中特殊个体的商事私权和作为集体的商事主体上。也就是说,对处于社会底层、边缘、弱势群体的特定个体来讲,要比较好地改变自己贫穷、窘困、不济的生活境况,除劳动就业外,营业更是最为有效的方式和手段。而只要有营业,就必然衍生和产生商权问题。对特定国家或地区而言,要比较快地改变贫穷落后的面貌,就必须取得平等或至少公平的发展机会,特别在工业化以来的现代社会,发展只有通过营业才能实现。当今全球所有发达、富裕国家或地区,无一不是营业普及、发达的国家或地区。同样,只要有营业,就必然涉及领域或管辖下居民的商权确认、保护和救济问题。可见,无论是个体发展权,还是集体发展权,或者国家发展权,最终都不过是具体私权主体商权的广泛享有、充分行使和有效实现问题。

三、商权的人权促进与保护功能

商权不仅本身是一种特殊、具体、特定人权,而且商权的确认普及、充分行使和有效实现,还能更好地促进和保障其他人权。

(一)商权对抽象人权的促进与实现

商权与营业、商业、市场、交易具有内在的关系属性。一方面,在高度商品化的社会,人类永不满足地对生产、发展的需要产生、促进着商业贸易和经营活动,或者说商业活动的目的就是满足人的生存和发展,即人权的需要;另一方面,商业越发达,就越能满足人的需要,就越能提高人权的享有水平。特别是在市场经济社会里,其私权、独立、自由、平等的内在属性和自主性、平等性、法制性、竞争性、开放性等外在特征,才可促使所有人最终普遍地从被奴役、被压榨的境地解放出来,获得平等自由的发展机会,

[34] 参见联合国人权事务高级专员办事处:《人权国际文件汇编》(第1卷),联合国出版物2002年版,第431~432页。

并实现对资源的优化配置，极大地激发自由、平等、财产等基本人权的申张和发展。同时，市场经济的不断发展，客观上又要求国家必须尊重和保障人权，只有作为交易单位的个体之独立、自由、平等等私权得到切实、充分、有效的实现或保障，市场经济才有稳定、持续发展的基础。足见，营业活动、市场经济中的私权、独立、自由、平等、竞争、信用、法治、开放，与人权特别是经济人权中的自由、平等，具有高度的契合性，它们之间是一种相互促进、彼此支撑的关系。[35]

近代人权运动在一定意义上是商品经济和市场交易中形成的私权、独立、自由、平等等理念直接推动的产物。这些由商品生产和市场交换所形成的新理念、新权利，自然也就直接确认为以自由权为中心的第一代人权，故诸如人格独立、私权神圣、财产自由等具体人权形式，均与营业、商业、市场、交易具有直接的逻辑关系。从本质上讲，第一代人权就是商权的转型、泛化与升华。而且，正是因为商权意识的觉醒和商权在社会的普及，才促使作为普通私权主体的人们认识到自身生命价值、人格独立、地位平等的应然性、基础性和重要性，生命价值、人身安全、人身自由、人格独立、地位平等等才被确认为近代人权。可见，商权是近代人权之源，商权在近代人权的产生、确认、促进、保护方面，扮演着原生权源与内在推力的角色。

在人权的发展、演进过程中，商权也始终起着积极的促进、助推和保障功能，如第二代人权中的经济权利、第三代人权中的发展权利、正在兴起的第四代人权中的信息权利，有些本身就是商权发展的普及形式，有些是商权演进的直接结果，有些则完全有赖于商权的行使和实现。

总之，无论是从近代人权的起源，还是人权的不断发展和演进，商权均发挥着原生力、原权利、原动力、原推力的作用。

（二）商权对具体人权的促进与实现

1. 商权与财权

在以自由权为核心因子的第一代人权中，财产自由是最主要的人权形式。这不但因为财产自由是人身自由的前提和基础，正如马克思所指出的那样，“自由这一人权的实际应用就是私有财产这一人权”；[36]而且，财产自由是实现个体自由的保障性条件，诚如布坎南所言，“个人自由与私有财产之间”存在一种内在关系，即“财产是自由的保证”，特别是在市场经济社会里，“竞争性结构的最低限度要求，旨在保证个人的自由具

---

〔35〕　参见李玉杰、孙佳颖：《市场经济背景下的人权及其法律保护》，南开大学出版社2015年版，第10～19页。

〔36〕　《马克思恩格斯全集》（第3卷），中共中央编译局译，人民出版社2002年版，第183页。

有重要的经济价值”。[37]

但是，确认财产自由和财产权利为基本人权，真正价值与核心功能不在于财产的固有形式和静态价值，而在于财产投入营业领域所创造的增量价值和衍生的动态形式。作为有产阶级的资产阶级和新贵族，之所以在夺取封建政权后急于把财产自由宣布为基本人权，真正目的在于通过确定财产自由，为其以营业方式获取更多财富创造法权依据。诚如马克思在《资本论》所揭示的那样，通过自由地处分财产进行生产与经营，通过契约自由与劳动者自由订立劳动契约，转换为雇佣自由，进行取得“平等地剥削劳动力”的权利，才是“资本的首要的人权”。[38] 故在某种意义上讲，作为基本人权的财产自由或财产权利，其核心要素和最有价值的部分，是财产权进入营业领域而延伸、衍生、创新的商权。仅就这一点而言，无论是人类为争取商权而跨入人权文明门槛的近代，还是市场发达、全球融通的现代，均没有根本性改变。因之，无论是联合国《世界人权宣言》第17条，还是联合国《发展权利公约》和其他国际公约，或者各国宪法文本，财产权及衍生的经济自由、营业自由、工商自由、贸易自由均被确定、宣示或视为当代最基本的人权。如1952年《欧洲人权公约第一议定书》第1条第1款规定，“每个自然人或法人都被授予和平地享用其财产的资格。除非为了公共利益并且符合法律以及国际法一般原则规定的各项条件，任何人都不应当被剥夺其财产”；而根据欧洲人权委员会及人权法院的认定，此议定书中的财产，既包括静态的财产，也包括经营中的动态财产及所得，如公司股份、商业信誉、专利、执照及各种经营权或经营许可证书等。[39] 足见，商权不仅是财权的核心内容，通过财产投入营业而延伸、衍生、创新的商权，还具有彰显、创造、增进、扩张财权的现实、法律与制度效应。

2. 商权与生存权

人的生存是第一位的，生存权无疑是一种基本人权。商权对生存权而言，具有基础和支撑意义。一方面，营业是营生的重要和高级形式，通过营业解决营生问题，是生存权实现的重要途径和方式；另一方面，因营业具有创造价值、增进财富的效益功能，通过营业可有效地改善特定主体的生存状况，进而促进生存权向更高层级和境界提升、发展。

以我国农村居民的生存和发展为例，对普通农民而言，财产权及财产权衍生的自主投资、自我经营等权利的保护，事关“农民的自由尊严、家庭幸福和社会的和谐稳定”，是农民基本生存权、事业发展权、追求幸福权、福利保障权等具体经济人权的集中

---

〔37〕 参见［美］查尔斯·K．罗利编：《财产权与民主的限度》，刘晓峰译，商务印书馆2007年版，第27～76页。

〔38〕 ［德］卡尔·马克思：《资本论》（第1卷），中共中央编译局译，人民出版社2004年版，第338页。

〔39〕 参见［英］克莱尔·奥维、［英］罗宾·怀特：《欧洲人权法：原则与判例》，何志鹏、孙璐译，北京大学出版社2006年版，第630～631、414～418页。

表现。[40] 因之,鼓励农民自由择业和自主经营,是确保普通农民解决生存生计进而脱贫致富、走上小康的必由之路。

再以城市个体或摊贩经营为例,他们当中的绝大多数是处于中低收入的社会底层或边缘群体,且往往因个人禀赋限制而在自主择业、工作权、就业权方面居于明显不利地位,而选择个体经营或摊贩经营,既是解决有效择业的无奈之举,更是解决生存生计最有效可行的方式。事实上,诸如小作坊、小摊贩、流动贩卖等小规模经营,发挥着解决城乡就业、保障底层民生的重要功能。[41] 因而,如何在有限容忍和适度管制中寻求平衡,以找到对城市摊贩的有效治理路径,不仅涉及城市弱势群体的生存需要和基本权利,而且也是有效地解决部分中低收入阶层的就业,进而关系与此相关的普遍民生问题。[42]

足见,营业对不同个体或群体的人权意义虽存在差异,但仅就农林牧渔、手工业者、小商小贩、地摊经济、小规模经济、微型企业而言,营业集就业于一体,作为底层民众与弱势群体解决营生的主要手段和路径依赖,商权就是他们的营生权、谋生权,也就是实质意义的生存权。

3. 商权与经济权利、发展权利

经济权利、发展权利作为一种重要的个体或集体人权,需要一定条件才有落实的可能,两者之间具有高度的关联性和依存性。其中,营业的普及与发达,又是这些权利最重要也是最主要的支撑条件。关于经济权利,联合国《经社文公约》主要列举有工作与自由择业权(第6条)、工作条件与机会权(第7条)、工会权(第8条)、享受社会保障权(第9条)等。[43] 关于发展权,联合国《社会进步和发展宣言》第7条明确规定,“国民收入和财富的迅速扩大及其在所有社会成员之间的平等分配是所有社会进步的根本问题”“发展中国家为了能够增加国民收入和促进社会发展,必须通过取得优惠的贸易条件和销售它们的产品的公平而有利的价格以及其他办法来改善它们在国际贸易中的地位”。[44] 又联合国《发展权利宣言》第2条、第8条规定,“人应成为发展权利的积极参与者和受益者”“国家有权利和义务制定适当的国家发展政策,其目的是在全体人民和所有个人积极、自由和有意义地参与发展及其带来的利益的公平分配的基础上,不断改善全体人民和所有个人的福利”“各国应在国家一级采取一切必要措施实现

---

〔40〕 参见张英洪等:《北京市城市化中农民财产权利研究》,社会科学文献出版社2019年版,第3~28页。

〔41〕 参见王萍:《食品小作坊小摊贩:保障民生功不可没》,载《中国人大》2012年第3期。

〔42〕 参见吕来明等:《城市流动摊贩:权利保护与治理机制研究》,法律出版社2013年版,第221~226页。

〔43〕 参见联合国人权事务高级专员办事处:《人权国际文件汇编》(第1卷),联合国出版物2002年版,第10~11页。

〔44〕 参见联合国人权事务高级专员办事处:《人权国际文件汇编》(第1卷),联合国出版物2002年版,第416页。

发展权利,并确保除其他事项外所有人在获得基本资源、教育、保健服务、粮食、住房、就业、收入公平分配等方面机会均等”“各国应鼓励民众在各个领域的参与,这是发展和充分实现所有人权的重要因素”。[45] 联合国《社会进步和发展宣言》《发展权利宣言》虽是不具法律约束力的文件,但却清楚地载明“每个个人和所有人民”享有发展的权利,“人是发展的中心主体,人应成为发展权利的积极参与者和受益者”,此种“积极、自由和有意义地参与发展”,被视为一个伞状概念和纲领性的人权。[46] 而如果把这两个宣言和《经社文公约》联系起来则会发现,发展权利在某种意义上,本质上又是通过经济、社会、文化等权利得以实现的。无论是《社会进步和发展宣言》所称的发展中国家“所有社会成员之间的平等分配”“增加国民收入”“改善它们在国际贸易中的地位”;还是《发展权利宣言》所强调的“全体人民和所有个人积极、自由和有意义地参与发展及其带来的利益的公平分配”,均需有具体、切实、可行的条件支撑和路径依赖。其中最重要的就是营业的普及、发达和商权的确认、保护。这是因为,营业活动、市场交易中的多数商事权利,不仅具有基础人权的属性,如营业活动、市场经济中对财产权及衍生商权的保护,交易对象的自由选择,从业权、工作权、投资所得的确认等,均为基础人权、经济人权中最核心的内容和具体的形式;[47] 而且,对财产权延伸、衍生、创新的商权进行法律确认、切实保护和有效救济,必然刺激该国的投资、经营和交易,进而促进营业的普及、发达,相应带来本国居民择业权、工作权、就业权的实现,也递次推进劳动权、劳动保障权、福利权的同步提高。具体表现在以下方面:

(1)商权可有效落实择业权。自由择业权是《经社文公约》第6条所确认的基本经济人权,也是《发展权利宣言》要求“全体人民和所有个人积极、自由和有意义地参与发展”的基本途径。自由择业的方式包括就业、劳动、营业等,其中营业是一个投入与产出、成本与收益、利润与风险、利益与责任并存的事业或职业,它既需一定的财产投入,还需一定时间、劳动、智慧、技术、管理等其他要素投入;它可给权利主体带来最大化收益或财富,是一种更积极、更进取且更具挑战性、风险性的职业。故选择营业并享有商权,就意味着能有效落实特定主体的自由择业权。

(2)商权可明显促进工作权。《经社文公约》第6条规定,国家有义务履行提供工作权利的义务,缔约国应制定和执行一项政策,以便“刺激经济增长和发展,提高生活

---

〔45〕 参见联合国人权事务高级专员办事处:《人权国际文件汇编》(第1卷),联合国出版物2002年版,第433~434页。

〔46〕 参见[挪]艾德等:《经济、社会和文化的权利》,黄列译,中国社会科学出版社2003年版,第136~144页。

〔47〕 参见李玉杰、孙佳颖:《市场经济背景下的人权及其法律保护》,南开大学出版社2015年版,第264~273页。

水平，满足人的需要，并克服失业和就业不足”。[48] 而要比较彻底、圆满解决工作权利和充分就业问题，刺激或促进营业并使之达到普及、发达程度，就是必要且最有效的支撑性、保障性要件。故商权的行使和保护，是实现经济、社会权利的保障，更是促进以工作权为基本内容的经济权利的重要条件。

（3）商权可显著增进就业权。自由择业权和工作权，是通过就业权得以具体实现的。联合国《社会进步和发展宣言》第6条明确规定，“社会发展要求保证人人有工作的权利和就业的自由”“要求社会一切成员参加生产性的和有益于社会的劳动”。[49] 如前所述，商权确认、保护、救济下的普及与发达之营业，就具有显著地增进就业权的制度功能。一方面，行使商权、选择营业本身就是一种特殊的就业方式；另一方面，商权的扩张、营业的发达，必然带来经济增长和社会繁荣，进而间接地增加劳动需求，创造就业岗位，可在更高层面上更好地解决就业问题。尤其在我国失业人口多元化、职业选择摊贩化、摊贩经营普及化、摊贩群体弱势化的新型工业化、城市化背景下，将既存的城镇摊贩经营视为一种“非正规就业”进行对待，[50] 充分尊重和发挥摊贩经济在“非正规就业”中的“就业海绵”效应，[51] 无疑应是我国城市公共政策制定、街区治理模式选择与基本人权保护之间协调推进中需要重点考量的因素和切入要点。

（4）商权可相应改善劳动权。劳动权既是宪法意义上的基本权利，更是一种具普遍、平等意义的基本人权，劳动的含义比就业权更为广泛。但是，同所有其他权利一样，劳动并非自古就与权利结合在一起，劳动上升为权利是人类历史发展和社会进步的结果。其中，生产力发展是劳动成为权利的经济背景；日益强化和普遍化的权利意识是其政治背景；自由主义精神是其人文背景。[52] 劳动成为权利恰恰是营业社会化、规模化、企业化、普及化的衍生产物。首先，劳动权是财产自由直接演化的副产物。劳动权的本质就是选择劳动的自由，是劳动力买卖自由，这一自由只有在契约自由条件下才可实现。而契约自由恰恰是财产自由的核心内容，与营业自由具有同等价值。如马克思在《资本论》中所述，“劳动力的买和卖是在流通领域或商品交换领域的界限以内进行的，这个领域确实是天赋人权的真正伊甸园。那里占统治地位的只是自由、平等、所有权和边沁（功利或利益——笔者注）”。[53] 其次，劳动之所以成为权利，是营业社会化的直接结果。在传统以家庭为基本生产经营单位的前工业社会，每一个社会成

---

[48] 参见孙萌：《经济、社会和文化权利的可诉性》，知识产权出版社2011年版，第48～49页。

[49] 参见联合国人权事务高级专员办事处：《人权国际文件汇编》（第1卷），联合国出版物2002年版，第415～416页。

[50] 参见王洛忠等：《城市街头摊贩：非正规就业与公共政策回应》，载《新视野》2006年第2期。

[51] 参见文娟：《摊贩经济与城市非正规就业问题探析》，载《中国经贸导刊》2013年第14期。

[52] 参见熊惠平：《“穷人经济学”的权利解读》，浙江大学出版社2012年版，第263～265页。

[53] ［德］卡尔·马克思：《资本论》（第1卷），中共中央编译局译，人民出版社2004年版，第204～205页。

员的活动中心是家庭，只有家庭事业之项，而无就业之说；所谓“君子劳心，小人劳力”之王制，[54]“劳心者治人，劳力者治于人”之礼序，[55]均意味着劳动不仅不是一种权利，反而是一种负担，甚至劳役更是一种惩罚。只有到了近代，随着营业社会化、生产工厂化和经营企业化，社会才裂分为营业与就业、资方与劳方，对未进入营业领域而有劳动能力的劳动者而言，唯有通过就业，才可解决生存、生计、生活问题，此时劳动、就业，才真正成为一种基本权利和普遍人权。最后，营业可明显增进劳动机会，改善劳动条件，提高劳动待遇。没有高度发达的营业，也就没有充分的就业和劳动者的劳动权益。由此，在某种意义上讲，以营业权为基础的商事权利，与受教育权、居住权、就业权一样，对居于社会底层或边缘阶层而言，均是具生存权、发展权属性的基础性经济人权范畴。

(5)商权可同步提高福利权。福利权既是基本经济权利，更是一种国际普遍人权。联合国《社会进步和发展宣言》第8条规定：“每个国家的政府的首要任务和根本的责任在于确保其人民的社会进步和福利。”[56]在福利权的实现与保障上，商权具有重要的促进与支撑意义。一方面，对特定主体来说，商权的行使与实现，可直接增加收入和财富，直接提高该个体的生活水平和福利待遇；另一方面，就全社会和国家整体来说，商权的兴盛和发达，须以增进投资、经营、交易为先决条件，这必然带来经济总量和社会财富的同步增长，在国家适度再分配政策和社会多次交易下，可实现国民收入与增量财富在不同社会主体之间的分配、转移与调整，从而达到社会总体福利水平的相应或同步提高。

可见，对解决了温饱问题、试图追求更多财富的特定主体而言，营利性投资、经营、交易，就已不再是纯粹的谋营生、求生存问题，而是实现更大理想追求和更高幸福生活的一种发展权。总之，商权不仅本身具有基本人权的属性，而且商权的普及、行使和实现，对其他基本人权，特别是个体的自由权利、经济权利以及个体或集体的发展权利，具有积极促进作用和主导支撑功能。从人类福利角度上讲，无论从社会意义，还是从伦理意义，追求幸福、“过得幸福”、达至“幸福生活状态”，应是人之行动和奋斗的“终极目的”。因之，从“意志到利益和福利”的基本人权和经济权利之演变路径，[57]可以发现，商事权利作为一种特定私权主体追求幸福的积极权利，比纯粹、抽象意义的一般性、消极性人身人权和财产人权，更具进取意义。

---

〔54〕《左传·襄公九年》。

〔55〕《孟子·滕文公章句上》。

〔56〕参见联合国人权事务高级专员办事处：《人权国际文件汇编》(第1卷)，联合国出版物2002年版，第416页。

〔57〕参见谭安奎：《自然权利的遗产：福利权问题与现代政治秩序》，商务印书馆2018年版，第15页、第112~168页。

第二节　商权与国权

商事权利是一种私法权利，与具公权属性的国家权利（力）即国权究竟是一种什么关系，很少有文献论及。本节将在商权与国权的对应视角来讨论这一问题。

一、国权的一般分析

（一）国权的界定

国权是近代以前特别是近代文献使用比较频繁的一个简化词汇，且大多是在国权与民权〔58〕、国权与君权〔59〕、国权与主权〔60〕、国权与人权〔61〕等对应范畴、词汇或语境中使用，现代汉语词典中未予收入。“国权”一词，大多是从如下几种情形或语境下使用：(1)古代之国家权柄，即国家、国君或政府的权力。如《管子·山权数》有曰“筴丰则三权皆在君，此之谓国权”。又如《汉书·五行志中之下》记有“襄公时，天下诸侯之大夫皆执国权，君不能制”。再如《宋书·恩倖传序》载有“权幸之徒，慴惮宗戚，欲使幼主孤立，永窃国权”。(2)近代之国家主权。如五四运动的口号为“外争国权，内惩国贼”等。〔62〕(3)国家主权、国家公权、国家利益之统称。如1923年《中华民国宪法》第5章所规定的“国权”。〔63〕

本书使用的国权，系特指国家权利或国家权力的简称，它实际上包括两个范畴与三层含义，两个范畴即系指国家权利或国家权力；三层含义则是从国家权利与国家权力之下，又存在不同的具体、特定含义。国家权利，包括国家主权与国家利益；国家权力，即国家公权力。

（二）国权的类型

受前述国权两个范畴与三层含义的制约，简化使用的国权，实际上包括以下3种完全不同的法律概念、法律范畴和法律制度：

---

〔58〕参见胡建：《“平等”视角下的人权、民权与国权》，载《江苏行政学院学报》2004年第4期；陈海忠：《从民利到国权：论1904—1909年的潮汕铁路风波》，载《太平洋学报》2008年第10期。

〔59〕参见张海清：《君权、国权与民权之间的变奏：以康梁为中心的考察》，载《贵州社会科学》2010年第5期；王艳勤：《国权与民权调和：梁启超的自由主义民权观》，载《求索》2011年第10期。

〔60〕参见陈廷湘：《1920年前后两次争国权运动的异样形态及形成原因》，载《近代史研究》2005年第2期。

〔61〕参见仪坤秀：《人权与国权的辩证法》，载《毛泽东思想研究》1995年第3期；阎小骏：《论国权与人权的关系》，载《太平洋学报》2000年第1期。

〔62〕参见匡互生：《五四运动纪实》，载《新文学史料》1979年第3期。

〔63〕参见姜士林、陈玮主编：《世界宪法大全》（上），中国广播电视出版社1989年版，第29～30页。

1. 主权

国家主权之简称,即作为主权集合体的国家所享有的最高权力和特定利益,它又包括国际法上的国家主权和私法上的国家特定利益。其中国际法上的国家主权,即作为主权者国家所固有的国内最高权力和国际上的独立地位。作为国际法主权者与独立人格者的国家,根据1949年联合国《国家权利义务宣言草案》,除在国际法上享有独立权、平等权、自卫权、管辖权等基本权利外;作为特定国际法主体,还享有国家继承权和管辖豁免权等。[64] 本书所论国家主权,主要为与商权对应的国家经济主权。

2. 治权

国家权力之简称,为国家通过特定国家机关实现特定执政者意志或目标的政治统治力、军事控制力、经济管理力和法律支配力。国家权力是与公民权利相对应的法概念与法范畴,应遵循法无赋权则无权力或法无授权不可行权之原则。[65] 以下所论国家权力,主要是围绕商权有关的国家经济管理权,简称经济治权。

3. 国利

国家利益之简称,系指公法上或私法上的国家特定利益,为以国家名义所享有的、具整体性的特定权利或特殊利益。在私法上,国家利益与公共利益具有关联性,公共利益包括国家利益和社会利益,国家利益则指国家在整体上具有的政治、经济和安全利益。[66] 如下所论国家利益,专指私法上的国家特定利益,主要表现为国家所有权、国家股权等。

二、商权与主权

商权与主权的关系,集中表现为国家经济主权与国民商事权利之间的关系。

(一)国家经济主权的界定

国家主权是一个抽象的集合概念,既包括国家在政治上的独立自主,也包括特定国家在经济、文化、军事、科技、市场方面的独立自主,具体表现为政治主权、经济主权、军事主权、文化主权、市场主权,甚至还包括环境主权、信息主权等多方面内容;[67] 经济主权是国家主权的具体内容和一个方面。

关于经济主权,政治学、经济学、管理学、社会学、历史学界虽有比较广泛的研讨,但法学界更多是在国际法或国际经济法领域或语境中,对之有所涉及。其中,代表性

---

〔64〕 参见邵津主编:《国际法》,北京大学出版社2008年版,第39~63页。

〔65〕 参见蔡定剑:《国家权力界限论》,载《中国法学》1991年第2期。

〔66〕 参见王铁、董文军:《论国家利益》,载《吉林大学社会科学学报》2008年第3期。

〔67〕 参见杨泽伟:《国际法析论》,中国人民大学出版社2003年版,第104~117页。

学说或观点有自然资源永久主权论（国家对自然资源的永久主权）〔68〕、具体经济领域主权论（国家主权在经济领域的具体表现）〔69〕、国内外经济事务独立权（国家对国内、对外一切经济事务独立决策之权力）〔70〕、国家主权与经济事务组合论（国家主权与经济事务的结合，表现为对经济事务的独立处理权）〔71〕、国际经济活动独立主体资格论（国家在国际经济活动中作为独立主体资格之地位）〔72〕、国家经济管辖权论（国家对其管辖范围的财富、资源、经济活动享有的最高权力）〔73〕、国家主权经济权能论等。〔74〕也有学者认为国家经济主权是国家主权在经济领域的表现，表现为对内最高权和对外独立权。其中，广义概念为国家在国际经济活动中，有选择国家经济制度和参与、协调国际经济秩序等重大经济问题的最高决策权；狭义概念仅指国家对自然资源的永久主权。〔75〕也有学者从商业主权的角度来解读经济主权，认为国家主权是国家独立自主地处理自己的内外事务、管理自己国家的权力；商业主权是指国家商业或者民族商业对商品流通、国内市场的主导权或控制权，或者说是国家的、民族的商业主导权或控制能力，它具体表现为国家的、民族的商业在国内商业中处于主导地位和在国际市场中占有必要的市场份额。〔76〕当然还有学者从国家经济安全〔77〕、国家利益或超国家利益〔78〕、国际组织或国际机制等不同角度，〔79〕定义或界定国家经济主权。

笔者认为，经济主权是国家主权在经济领域的具体表现，是国家主权不可分割的重要组成部分，它集中表现为一国在经济资源占有、经济制度选择、经济事务决策、经济安全维护、经济活动开展等方面的最高权、独立性、自主权、平等权。由于国家主权分为对外和对内两个方面，因此，国家经济主权也具体表现为对内的最高权、自主权和对外的独立权、平等权两个方面。

1. 国家经济主权对内的最高权、自主权

国家经济主权对内集中表现为最高权以及由该最高权衍生的可自主决定该国内

〔68〕参见姚梅镇：《国际投资法》，武汉大学出版社1985年版，第27页；余劲松、吴志攀主编：《国际经济法》，北京大学出版社、高等教育出版社2003年版，第22页；魏森：《论遗传资源的法律保护——以国家经济主权为视角》，载《云南社会科学》2008年第1期。

〔69〕参见曾华群：《国际经济法导论》，法律出版社1997年版，第162页。

〔70〕参见陈安主编：《国际经济法专论》（上编），高等教育出版社2002年版，第265页。

〔71〕参见孟国碧：《经济全球化时代的经济主权研究》，吉林人民出版社2002年版，第44页。

〔72〕参见杨紫烜主编：《国际经济法新论——国际协调论》，北京大学出版社2000年版，第103页。

〔73〕参见刘颖、邓瑞平：《国际经济法》，中信出版社2003年版，第34页。

〔74〕参见杨明东：《基于市场产权的国家经济主权权能研究》，知识产权出版社2013年版，第32～40页。

〔75〕参见徐泉：《国家经济主权论》，人民出版社2006年版，第5～12页。

〔76〕参见代雨东：《商业主权论》，中国财政经济出版社2002年版，第108～109页。

〔77〕参见马方方：《对外开放战略视域下中国国家经济主权安全探讨》，载《和平与发展》2011年第5期。

〔78〕参见左海聪、宋阳：《超越“国家利益”：对经济主权概念的反思与重塑》，载《学术界》2013年第4期。

〔79〕参见宋阳：《国际机制强化国家经济主权》，载《安徽大学学报（哲学社会科学版）》2013年第5期。

部经济事务方面，并排除他国干涉的权利。它包括如下两个方面：(1)经济领域的最高权，如自然资源的永久主权与占有权、经济事务最高管辖权和最终审判权、经济安全的维护权等。(2)由经济领域最高权衍生的经济事务自主决定权，如经济制度选择权、经济事务立法权、经济战略决定权、经济资源开发权等。

2. 国家经济主权对外的独立权、平等权

国家经济主权对外主要表现为该国在国际经济事务或对外贸易方面的独立权和独立权衍生的平等权、自主权。所谓独立即为互不隶属；所谓平等，如1945年《联合国宪章》序言和第2条所确认，国家不分大小，应尊重"主权平等之原则"。[80] 具体而言，包括以下3个方面：(1)国家在国际经济活动中的独立权，如国家的独立主体资格权、独立生存权、独立发展权等。(2)国家在国际经济活动中的平等权，如国家的地位平等权、平等参与权、平等待遇权、对等制裁权等。(3)国家在国际经济活动中的自主权，如国家的关税自主权、进出口限禁权、自主缔约权、国家经济安全利益自卫权等。

(二)经济主权与国民商权之间的效应关系

国家经济主权与国民商权之间，存在着既共同依存、相互支撑又彼此制约、互为影响的复杂关系，这种关系可从相互之间的效应关系得到诠释。

1. 经济主权对国民商权的效应关系

国家经济主权对国民商权的依存、支撑与制约、影响关系，集中表现在正向、积极与反向、消极两个方面。

(1)国家经济主权对国民商权的正向、积极效应关系。国家经济主权的独立及有效行使，对国民商权能起到正向而积极的维持、服务、促进、保护作用。具体表现如下：

首先，国家经济主权的独立，是支撑国民商权和平、正常、自由、平等发展的基础条件。近代主权国家、民族国家，取代传统封建王国，国家经济主权和经济利益的独立，特别是自然资源所有权和关税权独立，为各近代早期民族国家、主权国家的海外贸易、对外殖民创造了条件。近代以来，欧洲各国商权之所以普及、发达，皆因国家经济主权意识的兴起，独立关税与国家利益的支撑，使15—17世纪各国纷纷奉行重商主义政策，鼓励国民对外贸易、殖民，借以增加国家收入，提高国家经济实力。至现当代，特别是"二战"后于1947年《关税与贸易总协定》以及1995年后世界贸易组织等多边国际经贸组织的建立，虽以奉行"促进国际贸易自由化"为主旨，但均以尊重国家经济主权为基本原则。[81] 其中"公平竞争原则"赋予不同缔约方国民或居民以公平竞争权，均以主权国家或独立关税区为基本单元，授予东道国或独立关税区以公共秩序保留、损害

---

〔80〕《联合国宪章》第2条，载联合国官网：https://www.un.org/zh/sections/un-charter/chapter-i/index.html，2019年12月9日最后访问。

〔81〕参见张军旗：《WTO体制下国家主权与国家利益的维护》，载《上海财经大学学报》2005年第1期。

国内特定产业、反倾销、反补贴等事由，启动特别举措以保护国内相关产业或特定商民的基本竞争权利和营业利益，皆以维护或保护境内国民或居民基本商权为要义。

其次，国家经济主权应以服务国民自由、平等地享有或行使商事权利为基本功能或宗旨。如1945年《联合国宪章》序言就明确“重申基本人权，人格尊严与价值”，各国主权之行使和联合国之成立，旨在“促成大自由中之社会进步及较善之民生”；[82]又如，1992年联合国秘书长加利在安理会所作题为《和平纲领》的报告中，就认为“绝对的、排他的主权时代已经过去”，进而呼吁会员国特别是5个常任理事国应重新定义主权，把国家主权用于促进、建立、维持与缔造国际和平，以确保“社会进步与民生幸福”；[83]1999年联合国秘书长安南在第55届联合国人权委员会上更明确提出，“国家主权，就其根本意义而言”，应“被普遍认为是服务于它们的人民的工具，而不是相反”；[84]1999年，安南更在《经济学人》周刊著文《两个主权概念》，进一步强化这种“主权为民”的新主权观。[85] 不仅如此，联合国《世界人权宣言》《经社文公约》《民权公约》《社会进步和发展宣言》《发展权利宣言》等世界性、国际性人权宣言、公约，均在具体宣示、列举国际基本人权的同时，赋予主权国家对国内普遍人权或基本民权的确认、改善、保障义务，且建立起可监督或追诉的实施机制。足见，国家经济主权，不是一种高悬于国民之上的虚拟抽象，而是一种应为该国国民、商民权利服务的主权实在体。

再次，在国际投资、贸易和全球性经济活动中，国家经济主权是维护本国国民商权的基石和保障。在国际贸易和全球经济活动中，国与国之间因资源禀赋、生产要素、产业结构和营业成本的差异，会严重影响不同国家或地区商民、企业之间的竞争力和市场利益。在此情形下，除遵循一般市场竞争规则之外，竞争不利一方利用国家经济主权作屏障，启动特别保护措施，被认为是维护本国国民商权最主要也是最后一道法律防线。在这方面，美国可以说是世界上利用经济主权对本国国民商权进行特别保护，并进而实施域外长臂管辖最为成功的国家。如1974年《美国贸易法》中的201条款，赋予美国国际贸易委员会（USITC）对进口或增加进口至美国的他国产品，是否对美国国内产业造成严重损害或严重损害威胁，启动特别调查并作出裁定，并实施必要的应对保障措施直至制裁；[86]又如，源于1962年《美国贸易扩展法》并经1974年《美国贸

---

〔82〕《联合国宪章》序言，载联合国官网：https://www.un.org/zh/sections/un－charter/preamble/index.html，2019年12月9日最后访问。

〔83〕See Gene M. Lyonsetc ed., *Beyond Westphalia? State Sovereignty and International Intervention*, The Johns Hopkins University Press, 1995, p.2. 转引自杨泽伟：《国际法上的国家主权与国际干涉》，载《法学研究》2001年第4期。

〔84〕参见陈鲁直：《冷战后联合国秘书长面临的新挑战》，载《国际问题研究》2000年第4期。

〔85〕参见［加纳］安南：《两个主权概念》，曹世华译，载《经济学人》（英文）1999年9月18日。转引自强世功：《两种主权观》，载《法制日报》2010年11月17日，第5版。

〔86〕参见张丽英：《从美国启动201条款谈保障措施制度》，载《政法论坛》2002年第4期。

易法》、1979 年《美国贸易协定法》、1984 年《美国贸易与关税法》、1988 年《美国综合贸易与竞争法》不断修改、完善的 301 条款,包括一般 301 条款、特别 301 条款(关于知识产权)和超级 301 条款(关于贸易自由化),更授权国际贸易委员会对外国立法或行政上违反协定、损害美国利益的行为,启动特别调查、审查直至制裁等单边行动的立法授权条款等,[87]其实质均是为了保护美国本国国内的相关产业、国民和企业的特殊商业与竞争利益。美国这些单方举措,虽被国际上一再批评甚至谴责为单边主义、贸易保护主义或经济贸易霸权主义,但实质就是以国家经济主权达到维护本国商权和商利的目的。除美国之外,欧洲、日本等发达市场经济体,也屡屡借助于国家联盟区域协调和国家经济主权,来保护本地区或本国的弱势产业或特定商民、企业利益。可见,经济主权已成为当代国家维护、保护本国商业利益和国民商权的重要方式和举措之一。

最后,国家之间、国家与国际组织之间有效合作和彼此互动是促进和推动本国国民商权发展、成长、拓展的主要制度基础。20 世纪中叶以来,以联合国国际贸易法委员会、世界贸易组织、国际货币基金组织、世界银行、国际商会、世界知识产权组织以及其他区域性国际经济贸易组织为代表的国际经济组织,在加强主权国家之间的经济合作和全球贸易自由化上,发挥着明显的促进作用。不仅如此,不同地区、国家之间的区域性或双边经贸协定和合作机制,也在有效地推动各国商民在营业领域的合作和共赢,进而在不断增加商利过程中,释放和实现着商权,使其产生更多、更大、更广的权利效应。

(2)国家经济主权对国民商权的反向、消极效应关系。国家经济主权的沦丧及不当行使,对国民商权会起到反向而消极的制约、限制、阻挠、破坏作用。具体表现如下:

首先,国家经济主权的沦丧必然带来国民商权的不张。以中国近代半殖民经济的发展历史为证,由于国家经济主权被一系列不平等条约所确认的租界治外法权、关税协商、外资自由设厂经商等分割或蚕食,尤其是英国人赫德窃居晚清海关总税务司一职长达半个世纪之久(1861—1911 年),更是史上奇闻。[88] 正因中国近代国家主权特别是经济主权的部分沦丧,且清政府奉行对本国国民经商设厂开矿的禁绝政策,导致我国矿权、厂权、股权、路权、法权、社权、治权等商权,在炮舰政策的支持与不平等条约的庇护下被外商整体霸占或垄断,国民商权一直不张,不仅使我国商民长期在外商欺凌的夹缝中艰难地煎熬,而且也使我国错失紧跟 19 世纪中叶第二次工业革命步伐的机会。正因如此,才有 19 世纪末 20 世纪初,我国商民持续进行的以收矿权、争厂权、申股权、保路权、订法权、结社权、卫治权为主要内容的争商利、维商权运动。

---

〔87〕 参见杨国华:《美国贸易法“301 条款”研究》,法律出版社 1998 年版,第 36 ~ 57 页。

〔88〕 参见陈诗启:《从总税务司职位的争夺看中国近代海关的作用》,载《历史研究》1991 年第 2 期;吕铁贞:《晚清海关外籍总税务司的法律地位》,载《中州学刊》2014 年第 5 期。

其次,国家经济主权的定位不当必然影响国民商权的国内定位。国家经济主权是为国民商权服务,而不是用于剥夺国民商权。如国家经济主权的控制者,试图以经济主权为名,行经济集权和营业专权之实,则必然视国内商民为鱼肉,行禁绝、限制、压榨、剥夺之策。近代晚清"宁赠友邦,不予家奴"之反动卖国经济、营业、民生政策,即为典型。主权在执政者手中,被作为维护少数统治者和经济垄断者的私器,在国内经济资源和营业领域因不平等条约维护已向所有外国、外资、外商全面、一体开放的情况,直接影响中国近代民营经济和民生产业的命运,使吾国商权不张、吾民商利不兴。

再次,国家经济主权的不当行使必然危及国民商权的生存环境。国家经济主权属于公器的范畴,它只有为民服务、为民申权、为民创利,方为应有之义。否则,经济主权如不当滥用,仅为维护少数执政者和垄断利益者的特权或利益,则不仅不能起到维护国民商权的功能效应,反而会损及国民商权、伤及商民的根本或长远利益。如适度的关税自主权或进出口管制权,能起到对国内商民、商权、商利一定的保护作用,[89]但如妄定关税、滥施管制,擅定不当的高关税或低关税、进出口限禁管制,或者明显增大国内企业的经营成本,或者因维护既有垄断者的特权利益而不利于国内市场开放和公平竞争,或者直接减损国民的普遍福利,最终必然会损伤或降低国内商民的竞争力。[90]可见,国家经济主权的不当或不合目的行使,对商民、商权、商利甚至全体国民的消极后果,是极其严重的。

最后,国家之间、国家与国际组织的冲突或交恶必然影响或阻断国民商权拓展的国际市场空间。国家经济主权的价值错位和不当行使,不仅会显著降低该国商民的市场竞争力,进而也同步损伤国家的整体竞争力;而且也因严重影响与他国、国际组织之间的正常经贸关系,从而恶化该国在国际上的外交环境和营商环境,进而引发国际交恶下的各种贸易战、金融战、技术战、资源战等。如情况严重,还可能使该国商民、企业被整体排斥在国际主流的经贸领域、产业链条与市场循环之外,导致该国经济、营业、市场的孤立化和内卷化,进而严重压缩本国国民商权的市场空间或最大化利益。我国1978年改革开放前后的经验和教训,已印证了这一点。

2. 国民商权对经济主权的效应关系

与前述对应的是,国民商权对经济主权的依存、支撑与制约、影响关系,也集中表现在正向、积极与反向、消极两个方面。

(1)国民商权对经济主权的正向、积极效应关系。国民商权的独立、张扬及有效行使,对国家经济主权能起到正向而积极的支撑、巩固、联动、维护作用。具体表现如下:

首先,本国国民商权的独立是国家经济主权对外独立的经济基础。在国际关系和

---

〔89〕 参见尤宪迅:《试述关税减让与保护国内产业的立法问题》,载《法学》1996年第10期。

〔90〕 参见张燕、谢建国:《中国的关税减让与国内工业行业的生产效率》,载《国际经贸探索》2013年第8期。

经济竞争中,某国的经济主权,初看起来为国家经济上的抽象独立权、平等权和自主权,而从实质和具体层面来看,则完全取决于该国商民、商权、商利是否完全独立、平等、自主。只有该国的投资、经营、交易之控制权掌握在该国商民、资本、企业手中,则该国经济上才可谓完全独立、平等、自主;否则,只要该国的投资、经营或交易某一环节之商权被外商、外资、外企所掌握或控制,则该国经济上不可谓之独立、平等、自主,其经济主权也就残缺不全。如美国对外资准入和外资安全审查制度,就具有典型性和示范性,特别是2007年《美国外国投资与国家安全法案》进一步扩大了对外国投资安全审查的范围,[91]进而确保涉及国家经济安全的领域、产业、企业,免受外商、外资、外企干预、控制或受其影响,以国内商权的独立与安全,确保国家经济主权的独立与安全。

其次,本国国民对境内经济体、市场的占比率、控制度决定该国经济主权的对外依赖度。商权的享有、行使与实现,归根结底要集中到商民、资本、企业的控制权,谁掌握或控制一国境内的资本、企业、产业或市场,谁就实质上掌握或控制该国的经济主导权,进而影响该国经济主权的依存度和独立性。故一国境内的资本、企业、产业或市场,是否为本国商民、资本、企业所掌握或控制,对该国经济主权的独立性具有直接、实质性影响。

再次,本国国民商权的兴盛与发达集中反映该国经济主权对人权保护和经济政策公平化状况。商权作为私权,本身属于人权中财产权的延伸、衍生和创新形式;同时,商权对处利益边缘状态的个体而言,还是实现发展权的重要方式和手段。因之,赋予商权,实际上就是赋予国民特别是居于社会底层或弱势群体的边缘个体或群体,有通过自由选择和努力追求以改变目前贫困、实现幸福的机会和可能。自由而平等地享有商权,实质就是一种营业机会上的公平。但是,商权的享有与实现,一则取决于主体自身的财产条件和主观意愿;二则决定于所在主权国家的立法、行政、司法的价值取向和基本态度,如该国民间、民资、民企能享有营业自由,则国民之商权必然普及、兴盛和发达,就说明该主权国家对经济人权和经济政策公平化比较到位。

最后,本国国民商权的享有与行使状况直接支撑并决定该国经济主权的对外竞争力。在国际经济和全球贸易关系中,主权国家的整体竞争力,虽外在表现为经济增长、发达程度和贫富指数等经济数据,但核心层面则为该国商民、资本、企业的竞争力,如《财富》杂志一年一度发布的世界企业500强,就是各国核心竞争力的重要表征指数。自美国著名经济学家迈克尔·波特创立竞争力经济学以来,国家和企业的实质竞争力和核心竞争力就成为评价国家力量的重要指标,这就是国家或企业的竞争优势,其中,“国家是企业最基本的竞争优势,因为它能创造并保持企业的竞争条件。国家不但影

---

〔91〕 参见邵沙平、王小承:《美国外资并购国家安全审查制度探析》,载《法学家》2008年第3期。

响企业所做的战略,也是创造并延续生产与技术发展的核心”。[92] 作为主权国家,其本身并非国际经贸活动的直接参与者和竞争者,真正的直接参与者和前台竞争者是该国国民、资本和企业,企业才是反映该国核心乃至整体竞争力的“晴雨表”。而企业的成长和壮大,又是商权享有、行使、实现合乎逻辑的结果。近代以来的工业、经济、社会发展史已证明,只有商权自由、普及、发达的国家,才能真正激发该国商民、资本、企业的最大营业或创新潜能,才能实质性地调动该国所有生产要素的积极性,进而提高该国的核心和整体竞争力。

(2)国民商权对经济主权的反向、消极效应关系。国民商权衰微不张或行使不当,会损害甚至危及国家经济主权。具体表现如下:

首先,国民商权的不独立、不自由、不平等必然影响国家经济主权对外的独立、自由、平等。国家经济主权的独立、自主、平等地位不是抽象的,而是由国内经济的独立自主决定的,即由管辖境内的商民、资本、企业之独立、自由、平等所支撑和决定的,没有国民商权的独立,也难以支撑该国对外经济主权的独立。在18世纪中叶至19世纪中叶百年余间的第一、二次工业革命时期,由于清政府禁止国民营业和经商设厂,我国国民商权始终被封建政权所压抑和限制,导致国民商权长期依附并受制于政权、集权和强权之下,难以成为可自由、平等享有的普遍权利,商民的社会地位低微并备受歧视、欺凌和剥夺。国民商权的不独立、不自由、不平等,致使我国民间资本长期处于被压抑状态,资金投向不能自由进入工商业领域,有限的资金大多投向土地买卖,进一步助推本已十分严重的土地兼并;更因长期的禁海、禁商政策,缺乏与域外商民、资本的必要交流和互联互通,造成我国商民长期与工业国度的隔绝和世界大势的漠视,进而使我国错失及时跟进第一、二次工业革命的契机。即使在外资、外商、外企已借助不平等条约大规模进入中国之后,清政府对外闭关锁国和对内禁限工商的政策仍没改变。在此情形下,外资、外商、外企进入中国境内开矿、办厂、造器、修路,而国人又因官府限禁而不得进入。正因如此,国民商权不张不立,但凡具营利空间的绝大部分工商业领域、产业、部门,无一不被外资、外商、外企所占有、控制或垄断,即使有部分华商入股也占比甚微。这也是晚清至民国时期国家为什么难以实现经济主权的独立、平等和自主的重要原因。

其次,国民对境内经济体、市场的依附和被控制状况决定该国经济主权对外依附和被控制状况。如在我国近代,在绝大多数决定国计民生的领域、产业、企业,均被外商、外资、外企所掌控或垄断情形下,晚清政权既失去对国内经济体的控制力,也无对外的独立经济主权可言;民国时期虽有一定改观,但基本格局并无大的变化。1949年以后,我国一直比较重视和强调对国计民生的重要领域、产业、企业的控制力与经济安

---

〔92〕[美]迈克尔·波特:《国家竞争优势》,李明轩、邱如美译,华夏出版社2002年版,第65页。

全,但在20世纪80年代以来的引进外资中,特别是在中外合资、中外合作企业中,由于没有遵循企业治理、决策、控制的资本逻辑,在股权比例设置、企业内部决策权配置,把品牌使用、产品开发、技术决定、对外销售等企业的核心决定权限,不适当地通过合同或协定等形式让渡给外方,导致外方以技术、资本控制我国绝大多数中外合资、中外合作企业的核心权力,进而导致我国多数中外合资、合作领域、产业、企业之控制权的丧失,最直接的结果是中外合资、合作领域、产业、企业绝大多数品牌、产品、技术、销售之权被外资方控制,中国大量本土知名品牌出现集体性消失,[93]进而被外资方母公司附属化和子公司化。典型的例证如中资方第一汽车集团在一汽大众占股60%以上,居然不能主导该企业的产品转型和技术转让等经营事务权,[94]这已严重制约我国相关领域、产业、企业的自主创新和自我更新能力,影响我国经济发展的质量、结构和安全。

再次,国民商权不张或式微必然导致民众长期贫困与民间持续凋敝,并严重制约该国经济发展、商业繁荣和财富的公平均衡分配。国民商权的不张或式微,则意味着该国国民进入营业领域追求更多财富的活动被限制或禁止,在既得财富分配或利益格局下,处于社会底层或边缘地位的普通民众,则难以通过营业活动,以更有效的方式获取更多财富以改变处于不利或不公的财富占有状况和利益归属格局。在此情形下,普通民众就难以根本改善长期的贫困状况,民间社会也难以通过营业扭转持续的凋敝现象。不仅如此,国民商权的不张或式微,必然导致市场交易和财富流通概率的减少或频率的降低,既有资源占有、财富分配的不公平、不均衡利序格局,就难以被打破,资源、财富及衍生的一系列资格、职位、地位等也难以轻易改变,社会不同阶层之间的合理流动与有效转换就难以实现,如此社会矛盾就不能通过营业方式即发展方式得以适度缓和,最终诱发社会冲突和国家破裂,甚至危及国家政权和主权。

最后,国民商权意识遭压抑、缺失或错位必然直接制约或影响该国经济主权的对外竞争力。国民商权意识缺失或错位,一则原于文化,二则因于体制;在更多情况下,文化方面的因素影响更为持续些,而体制方面因素的影响则更为直接些。当国民商权意识被具集权性或垄断性的体制(包括政策、立法、行政、司法等诸方面)限制或禁止而处于抑制状态时,民众之商权意识,要么处于泯没、缺失状态,如根本就缺乏最起码的投资、经营、交易等进取意识,或没有必要的竞争、金融、风险观念;要么处于变型的错位状态,如在合法、正当途径难以获得营业机会或更多财富的情形下,部分人就只有选择通过寻租、贿赂、强力、欺诈等非法或不当方式,来获取营业机会或牟取不当利益等。如此一来,该国就很难形成自由、平等、有序、正当等公平有效的市场交易关系和营业

[93] 参见贾昌荣:《谁卡住了本土品牌的“脖子”?——破解合资企业的品牌遏制方略》,载《中国中小企业》2004年第3期。

[94] 参见王禁:《一汽大众股权调整何不考虑让德国大众“以技术换股权”》,载《证券日报》2014年10月14日,C3版。

竞争秩序，也就难以形成有进取精神并有责任感的商民、资本、企业直至形成具真正竞争力的领域、产业、部门，该国就难言有核心竞争力，其在国际交往和全球贸易中就必然处于不利地位，自然也难以塑造并维护独立的经济主权。

总之，国权立，则商权立；国权张，则商权张；国权兴，则商权兴；国权衰，则商权亦衰。国运兴，则商运亦盛；国运衰微，商运终不可独善其身！同样，商权兴，则国权必兴；商权弱，则国权必弱；商权废，则国权亦必然式微。足见，尊重、确认、维护国民商权，乃振兴国权、巩固主权的内在要义。

三、商权与治权

治权，又称统治权或管理权，一般含义为国家决策管理社会公共事务的权力，是近代政治、法律、外交文献出现频率比较高的一个汉语专业词汇。与前述国家主权相对应，主权一般表现为对内的最高权和对外的独立权，而治权则具体表现为该国家对内事务的统治、控制、管辖、管理的权力。主权与治权之间存在内在的关联性，一方面，主权的存在是治权存在的前提，主权高于治权，主权决定治权，无独立主权则无独立治权；另一方面，治权服务主权，治权为主权实现的具体途径或方式，治权在主权范围内可获得一定的独立性，但治权的无限扩张会挑战、损害主权，甚至上升或异化为另一独立主权。以下所论治权，系指国家主权范围内的统治权或管理权。

（一）国家治权的法律内涵

治权作为国家决策管理社会公共事务的权力，属于公权力的范畴，故国家治权之要义，一为权力，二为公权。而商权与治权的关系，即为权利与权力、私权与公权的对应关系。

1. 权利与权力的内在逻辑

权力（power），是一个对应权利的法学、政治学、社会学范畴，对其界定，学界有强制力说（主体影响或支配他主体或特定物的强制力）[95]、影响力说（主体对另一主体所造成的希望或预定影响的能力，[96]或者“某些人对他人产生预期效果的能力”）[97]、变更关系说（意味着权威和上级与下级之间的一种关系，[98]或者一个人或许多人的行为使另一个人或其他许多人的行为发生改变的一种关系）[99]、法律支配力说（一种组织性的支配力，如制定、维持、运用法律的之支配力）、[100]控制力说（主体通过消极制裁或

---

[95] See Max Weber, *Economy and Society*（Vol. Ⅲ）, Bedminister Press, 1968, p. 926.

[96] See Dennis H. Wrong, *Power: It's Forms, Bases and Uses*, Oxford University Press, 1979, p. 2.

[97] 参见［英］伯特兰・罗素：《权力论》，吴友三译，商务印书馆2012年版，第26页。

[98] 参见［奥］凯尔森：《法与国家的一般理论》，沈宗灵译，中国大百科全书出版社1996年版，第213页。

[99] See R. H. Tawney, *Equality*, Allen and Unwin, 1931, p. 229.

[100] 参见谢瑞智：《宪法词典》，文笙书局1979年版，第61页。

实施制裁的威胁对他主体加以控制或将意志强加于他人的有效手段）等不同解读；[101] 更多学者是从权力的公共或社会属性，把其界定为一种强制性的控制力、支配力或影响力，即权力作为一种特定社会关系，系指特定主体运用拥有的资源促使、命令或强迫他主体按其指定意志和价值标准作为或不作为，进而对他主体发生强制性的影响力、控制力之关系状态；[102] 或者系指社会关系中的特定影响力，由一方主体所拥有的对他主体的强制性支配能力，进而使他主体服从其意志。[103] 权力具有社会性、公共性、强制性、支配性、排他性、扩张性、非对称性、法定性、不可随意放弃性等多方面的特征；[104] 或者说，权力本义就是对个体意义而言，在于人的能力或潜能；在反映特定法律关系时，“权力是某些人对他人产生预期效果的能力”，具有任意性、有效性、潜在性、单向性或非对称性、效果性等基本特性；与之对应的是“人的权利”和“公民自由权”。[105] 笔者认为，权力应从管辖性、从属性、非对称性角度进行界定，才能揭示其本质属性，即权力系指在具管辖性、从属性、非对称性社会关系中，一方主体享有或拥有通过单方作为或不作为对相对他方主体产生强制性影响力、控制力、支配力的资格或权能。

学界对权利与权力之间关系，有比较广泛、深入的讨论，综其要点，主要包括：（1）权利是权力之源。从权力产生与来源来看，应是先有个体的自由，才有公共的权力；权力应是权利自由契合的结果和形式，故无权利授权则无权力。（2）权力的功能是保护权利而非限制权利。从权力的功能来看，权力是为权利而产生、设立、行使，权力应为权利服务，并自始至终承担保护、救济权利之义务和职责。（3）权力的非法、不当行使必然限制、侵害权利。任何权力均具有扩张、集中、专擅、滥用的特质或惯性，权力的非法、不当行使，必然会限制、损伤、侵害权利。故“自由是一个稀有和脆弱的被培育出来的东西”，“对自由最大的威胁是权力的集中”，“为了保护我们的自由，政府是必要的；通过政府这一工具我们可以行使我们的自由；然而，由于权力集中在当权者的手中，它也是自由的威胁。即使使用这权力的人们开始是出于良好的动机，即使他们没有被他们使用的权力所腐蚀，权力将吸引同时又形成不同类型的人”。[106] （4）应张扬权利以限制、制约权力。为防止权力的非法、不当行使进而限制、损伤、侵害权利，就必须对权力作必要的限制与制衡。其基本路径有二，一为对权力本身进行分权、分设，以权力制衡权力，这是因为“一切有权力的人都容易滥用权力，这是万古不易的一条经

---

〔101〕 参见[美]彼得·M. 布劳：《社会生活中的交换与权力》，李国武译，商务印书馆 2012 年版，第 189 页。

〔102〕 参见郭道晖：《法理学精义》，湖南人民出版社 2005 年版，第 148 页。

〔103〕 参见段凡：《权力与权利：共置和构建》，人民出版社 2016 年版，第 4 页。

〔104〕 参见袁祖社：《权力与自由：市民社会的人学考察》，中国社会科学出版社 2003 年版，第 176～177 页；段凡：《权力与权利：共置和构建》，人民出版社 2016 年版，第 4～6 页。

〔105〕 参见[美]丹尼斯·朗：《权力论》，陆震纶、郑明哲译，中国社会科学出版社 2003 年版，第 1～21 页。

〔106〕 [美]米尔顿·弗里德曼：《资本主义与自由》，张瑞玉译，商务印书馆 2004 年版，第 5 页。

验”,而“有权力的人使用权力一直到遇有界限的地方才休止”这一权力运行规则,决定“要防止滥用权力,就必须以权力约束权力”;[107]二为以权利限制、制约权力,如设计权力为权利授予的制度与组织机制,使权利主体保持对权力者的委托权、撤销权、罢免权、申诉权、监督权等。商权为权利,治权为权力,故商民商权与国家治权总体应遵循权利与权力的内在逻辑关系和运行法则。

2. 公权与治权的法律界定

从学理与规范意义上讲,权力具有公共性或准公共性,有公权力与私权力之分,其中,公权力因权力的多元化和社会化趋向所然,又可分为国家公权力、社会公权力和国际公权力等。[108] 而私权力则为基于私权利契合或集中而形成的一种对共同体内部整体性事务或准公共性共同事务之管理性、控制性、支配性权力,其中,共同体内部整体性事务的管理性权力,如公司、社团内部法定代表人或经理人的管理权力等;准公共性共同事务的管理性权力,如商会对所有成员的管理、约束权力等。无论从学理、规范定义,还是从权力设立的目的与功能,国家治权属公权力,且属公权力中国家公权力范畴。

公权与私权的关系,是法学研究的核心概念与基础命题,相关论述已汗牛充栋。它们之间的关系,举其要点,可概括为:(1)私权应为公权之源。公权的产生、设立是私权契合、集中、委托、授权的产物、结果与形式。国家权力源于社会个体的委托和民众集体的推举,正如恩格斯在《反杜林论》中所言,国家只不过“是整个社会的正式代表,是社会在一个有形的组织中的集中表现”而已。[109] (2)公权之功能在于服务、保护私权。公权设立之目的、功能在于服务、保护、救济私权,而非相反地用于限制、欺压、剥夺私权;更不可公器私用,利用公权剥夺部分人的私权以满足或实现另一部分私权或私利。特别对国家公权力而言,政府和公权力的“主要作用必须是保护我们的自由以免受到来自大门外的敌人以及来自我们同胞们的侵犯;保护法律和秩序,保证私人契约的履行,扶植竞争市场”。[110] (3)公权的非法行使或不当滥用必然会大规模限制、侵害、剥夺私权。作为权力的一种,公权存在扩张、集权、专擅、滥用等一般权力的固有特质或惯性,且公权因有公共机关作支撑、以公共利益为名义,特别是国家公权力,更以国家强力、暴力作后盾,它遵循“权力导致腐败,绝对权力导致绝对腐败”的基本法则,[111]一旦在集权情形下被任意滥用,则必然产生大规模限制、侵害、损伤、剥夺私权的严重后果。(4)应以私权限制、制约公权。为防止公权滥用、公器私用,如前所述,应以

---

[107] [法]孟德斯鸠:《论法的精神》(上册),张雁深译,商务印书馆1961年版,第154页。

[108] 参见郭道晖:《权力的多元化与社会化》,载《法学研究》2001年第1期。

[109] 《马克思恩格斯选集》(第3卷),中共中央编译局译,人民出版社2012年版,第668页。

[110] [美]米尔顿·弗里德曼:《资本主义与自由》,张瑞玉译,商务印书馆2004年版,第5页。

[111] [英]阿克顿:《自由与权力》,侯健、范亚峰译,商务印书馆2000年版,第342页。

公权限制、制衡公权，特别对国家公权力，为保证政府既能对自由进行有效、有利的保护，又能避免政府对自由的威胁或伤害，就必须遵循“政府的职责范围必须具有限度”和“政府的权力必须分散”这两大基本原则，即所谓的权力法定和分权制衡原则。[112]此外，还应以私权限制、抗衡公权，赋予私权以撤销、申诉、控告、监督公权或公权机关之必要权利，把公权纳入法律的控制与规范之内。商权属于私权，国家治权归类公权，商权与治权自然应遵循私权与公权的功能定位与互动关系。

（二）商权与治权的效应关系

1. 治权对商权的效应关系

治权对商权的效应关系取决于国家特别是作为国家政权、治权的执政者对国民商权的价值取向和基本态度，以及由此确定的基本经济制度、奉行的主要营业政策和选择的主导发展模式。“除劳动者的经济权力外，其他一切经济权力，归根结底都是能够决定（如果必要的话用武力决定）谁可以在某块土地上立足并有所投进的有所汲取的权力”，“政府的经济权力，则部分依靠自身的武力，部分依靠别国政府对条约和国际法的尊重”，“就现代大公司而言，所有权和权力也绝不是一定联系在一起的”。[113] 由于国家治权表现在立法、行政、司法等多个方面，其中首先表现在立法层面对特定国家经济制度、营业政策和发展模式的决策、选择与确定；其次才是政府职能定位和司法模式选择问题。其中，就营业进入环节而言，它集中表现在如下两个方面：[114]

就正向、积极层面而言，如国家确认多元所有制的基本经济制度，奉行自由、平等、竞争、开放的营业政策，选择市场、社会、民间主导的发展模式，就会遵循自由、平等的价值取向和开放竞争的基本原则，对民间、民资、民企进入营业领域持鼓励、促进、保护态度。在此前提下，再辅之服务型政府和救济性司法，则该国国民商权必可自由选择和行使，并进至普及而发达。

就反向、消极层面而言，如国家确认一元所有制的基本经济制度，奉行限制、差异、垄断、封闭的营业政策，选择政府或国企主导的发展模式，就会沿着“所有制本位或国家利益、权贵私益本位秩序理念→安全优先的价值取向→封闭、垄断、特许的基本原则”之路径，对民间、民资、民企进入营业领域持排斥、限制甚至禁止的态度。在此基本前提下，如再以管制型政府的变相限制、截留或剥夺式监管举措，或者在追责性司法定位下只重于对限制、侵害、剥夺商权的违责追诉，而忽视对商权主体应有的补偿救济，则该国国民既不可有独立、自由、平等之商权；即使法律上宣示有之，也不得自主选择和难以自由行使，商权在该国必然式微而不张。

---

〔112〕 参见［美］米尔顿·弗里德曼：《资本主义与自由》，张瑞玉译，商务印书馆2004年版，第5~10页。

〔113〕 ［英］伯特兰·罗素：《权力论》，吴友三译，商务印书馆2012年版，第88~100、104页。

〔114〕 参见肖海军：《营业准入制度研究》，法律出版社2008年版，第132~175页。

2. 商权对治权的效应关系

商权对治权的效应关系，则取决于商权在该国的法律地位或发展状况，它集中表现为：

一方面，从正向、积极效应而言，如果国民能享有自由、平等的营业进入机会，就说明国民商权在该国具有基础地位，国民就可通过独立、自由、平等的营业进入机会，参与市场竞争，从而在营业中创造财富、增加收入，进而整体性地增加国家财富和国民收入，巩固并有效地为行使国家治权提供更雄厚的物质基础。况且，普及、发达、健康、积极的国民商权及其有效行使，也可在一定程度上限制或防范国家治权的滥用，诚如“对于专断权力的危险非常敏感的 19 世纪，有一个避免这种危险的得意方法，那就是竞争”，[115] 制约国家经济治权的无限膨胀和不当滥用，最有效的治理应是尊重、确认、保护国民最广泛的商权。不仅如此，在商权自由、开放、普及、发达的国度，国民之间的关系是建立在法律、契约、信用基础之上，公力的非法不当干预被抑制在有效的法律范围之外，外力、强力、暴力、私力等非法不当侵害会得到法律、契约、信誉的有效遏制，商民会普遍有自觉、自主、自治、自律的法律意识、契约精神和诚实信用，在此情形下，在国家治权的实现过程中，商权无疑是一种积极的建设和维护力量。

另一方面，从反向、消极效应来看，如果商民不能享有自由、平等的营业进入机会，就说明国民商权在该国没有起码的社会地位，国民就难以通过独立、自由、平等的营业进入机会，参与市场竞争，就不能通过营业途径创造更多财富、获得更多收入；自然，由民间、民资、民企直接创造的财富或增加的收入比例就会大大下降，进而整体性地使国家财富和国民收入的锐减，相应地也必然影响和制约国家行使或实现治权的财产基础和物质条件。不仅如此，在商权不自由、开放、普及、发达的国度，国民之间的关系不是建立在法律、契约、信用基础之上，而是被经济事务、社会交往、市场交易或由国家公权力治权特别是严格的行政许可制所统辖或管制，或在私力与公力、私权与公权结盟的情形下以非法不当干预或控制的形式出现，外力、强力、暴力、私力等非法不当侵害就难以得到法律、契约、信誉的有效遏制；特别是在严格行政许可制下，为寻求在营业领域的法外特权或例外照顾，必然衍生商民选择各种公开或隐秘的权力“寻租”或强力干预方式，去牟取通过正常、合法、公开途径根本不可或难以尽快获得的各种营业机会或经营特权，其结果不仅严重扰乱或扭曲正常的市场秩序和交易法则，更会以叠加或累积方式损害商业道德和败坏社会风气。如此，国民会普遍性地不再信仰法律或契约，甚至也无信誉可言，国民会普遍性地缺乏自觉、自主、自治、自律的法律意识、契约精神和诚实信用，在此情形下，必然破坏国家治权的权威，危及国家治权的信誉，从长远、根本来看，没有自由、平等、普及、发达的商权，或者商权在私权膨胀与公权滥用结盟下走

---

〔115〕［英］伯特兰・罗素：《权力论》，吴友三译，商务印书馆 2012 年版，第 172 页。

向扭曲变形,对国家治权而言,均是一种消极的破坏或毁灭力量。

足见,秉持自由、平等的经济自由价值观念,选择开放、竞争的营业准入政策,给所有国民以自由、平等、合法、公开的营业进入机会,切实尊重、确认、保护、救济国民商权,使该国商权普及之、发达之,是有效行使国家治权,进而实现国家长治久安的必由之路。

四、商权与国利

(一)国利的属性、范围与边界

1. 国家利益的界定

国利,即国家利益之简称。国家利益虽是一个经常出现的词汇和概念,但对其具体属性、范围和边界,学界和业界并无明确的定义或界定。

国家利益首先是作为国家之间的国际政治利益被提出,在域外学者看来,国家利益或被认定是"政治的实质";[116]或被定义为安全的需要,即"在重要关头,国家最终所关心的并不是权力,而是安全";[117]或从系统论角度,被界定为国家作为行为系统支撑其生存和正常运作的客观需要,这些需要一部分来自系统内部,其余部分来自外部环境因素。[118] 我国学者论及国家利益时,最先也是从国际关系、国际政治的角度切入,如有学者把其定义为"一切满足民族国家全体人民物质和精神需要的东西"。其中,在物质上,国家的需要表现为安全和发展;在精神上,国家的需要表现为国际社会的尊重和承认;[119]有学者把国家利益定义为"国家需求认定的各种客观对象的总和",它包括国家领土、国家安全、国家主权、国家发展、国家稳定、国家尊严6个方面。[120]

除此之外,国家利益还出现在诸如国际私法、宪法或行政法、诉讼法等不同语境中,如从国际私法角度,国家利益是法律选择和规则适用一个重要原则或连接点;[121]在宪法或行政法上,国家利益一般与民族国家之法律共同体关联;在经济法中,国家利益经常与公共利益、社会利益或社会公共利益并列,作为提起或启动反垄断[122]、反倾销[123]、反补贴等调查与审查的重要事由;在诉讼法上,保护国家和社会公共利益,是启

[116] 参见[美]汉斯·J. 摩根索:《国家间政治》,徐昕等译,中国人民公安出版社1990年版,第13页。

[117] 参见[美]肯尼思·沃尔兹:《国际政治理论》序言,胡少华、王红缨译,中国人民公安出版社1992年版,第2页。

[118] 参见[美]莫顿·卡普兰:《国际政治的系统和过程》,薄智跃译,上海人民出版社2008年版,第193～196页。

[119] 参见阎学通:《中国国家利益分析》,天津人民出版社1996年版,第10～11页。

[120] 参见洪兵:《国家利益论》,军事科学出版社1999年版,第11、15～20页。

[121] 参见孙建:《法律适用中的国家利益》,载《政法论坛》2011年第6期。

[122] 参见刘继峰:《反垄断法益分析方法的建构及其运用》,载《中国法学》2013年第6期。

[123] 参见凌慧明:《WTO反倾销法的宏观分析——以国家利益为视角》,载《法学评论》2003年第4期。

动民事督促起诉[124]、行使国家公诉权[125]、提起公益诉讼的重要目的。当然,国家利益也经常在私法语境上出现,只不过具体内涵和范围,既有文献并未有清晰的界定,如有学者认为,私法上的国家利益是公共权力介入私人关系的一个纽带或桥梁,其中,第一层含义强调的是一种抽象层面的统治秩序,相当于社会公共利益、公共秩序;第二层含义即为具体层面上国家代表全国人民作为一种民事主体所具体享有的民事权利,它与集体利益、个人利益并存。[126] 也有学者认为,国家利益是指国家在整体上的政治、经济和安全利益。[127] 可见,因理论视野和学科背景的巨大差异,既有文献对国家利益的讨论与界定并不十分清晰。

笔者认为,国家利益应从国家这一特殊主权主体的法律地位、特定职能和基本需求等几个方面作全面、综合考察,才可作出比较清晰的厘定。(1)从国家作为主权主体的法律地位来看,国家具有对内地位的最高性和对外关系的独立性,其无疑涉及的是一种对内的最高利益和对外的独立利益;其中,对内的最高利益又是构成国家对外独立利益的基础,这些独立利益最重要的是主权要素的独立与安全,如领土完整、国土安全、资源主权等,它们既为对外独立利益,又为国内最高利益。(2)从国家特定社会公共职能来看,国家所涉利益应以支撑或满足国家统一、民族共处、公共治理、社会管理和大众服务为基本条件,凡符合或吻合国家公共社会职能这一要件的利益,即可归于国家利益的范畴;否则,就容易导致国家名义下国家利益的泛化甚至异化。(3)从国家特殊基本需求来看,国家利益应系满足前述国家作为主权主体和履行社会公共职能这一特殊需要、需求的利益。基于此,国家利益应定义为满足主权国家独立、生存、发展并支撑其履行社会公共职能需要的最高、根本、整体、基础利益。

2. 国家利益的特征

国家利益与社会利益、公共利益、集体利益等其他相关利益,虽有一定关联或交叉,但存在显著区别。有些涉及地区、地方或个体利益,虽看起来与国家利益无关,但如该利益涉及全民、整体或长远的地区、地方、个体利益,则又与国家利益有关。一般而言,国家利益具有如下显著特征:(1)主权性。国家利益属于主权体利益,是以主权体名义占有或享有的特殊利益。(2)最高性。即效力的最高性,国家利益是所有利益中效力最高的,其他所有类型的利益,均不可与国家利益发生冲突或损害、危及国家利益。(3)根本性。国家利益是一种根本性利益,涉及国家主权的独立、完整和国家的统

---

[124] 参见傅国云:《论民事督促起诉——对国家利益、公共利益监管权的监督》,载《浙江大学学报(人文社会科学版)》2008 年第 1 期。

[125] 参见吴启才等:《论构建完整的公诉权——以国家利益、社会公共利益完整性为视角》,载《政治与法律》2008 年第 4 期。

[126] 参见刘鑫:《私法视角下的国家利益》,载《行政与法》2003 年第 9 期。

[127] 参见王轶、董文军:《论国家利益》,载《吉林大学社会科学学报》2008 年第 3 期。

一、安全、发展等根本性利益。(4)长期性。国家利益是一种长期利益,关涉该国家管辖范围内居民的代际利益和长远利益。(5)整体性。国家利益非局部利益,是关涉全体居民、不同地区所有人的一种整体利益。(6)公共性。国家利益为满足或支撑国家公共治理或管理职能需要的一种公共性利益。(7)综合性。国家利益包括主权、安全、政治、经济、文化等多个方面,是一种综合利益。

3. 国家利益的范围

依照国家利益所具有的主权性、最高性、根本性、长期性、整体性、公共性、综合性等基本特征,诸如领土完整、主权独立、国家安全、政权稳定、民族和谐、社会安定、经济稳定、金融安全、粮食安全、市场秩序、国家道统、意识形态等利益,均可归入国家利益范围。它具体可分为:(1)国家主权利益。如领土完整、主权独立、国家尊严等。(2)国家安全利益。如国防安全、经济安全、金融安全、粮食安全、网络安全、信息安全等。(3)国家政治利益。如政权稳定、民族和谐、社会安定等。(4)国家经济利益。如国家财产、国家税收、经济稳定、物价均衡、货币信用、市场秩序等。(5)国家文化利益。如国家道统、民族信仰、意识形态、语言文字等。

需要特别说明的是,在各种类型的国家利益中,国家经济利益中的国家财产,既可以满足国家公共职能的形式出现,如国土资源的永久主权、外交资产、国防资产、国家基础设施、国家机关财产等;也可以投入营业领域的经营性国有资产等形式出现,如国家投资设立的国有企业、国家持股的国有股权等。前者的国家利益属性,应无太多的争议与分歧;后者由国家投资设立的国有企业、国家持股的国有股权等经营性国有资产或国有资本权益,本身就属于一种特殊商权,属于国家或公产商权的范畴,是否属严格意义上的国家利益,学界、业界尚存争议。

(二)商权与国利的效应关系

商权与国利存在一定效应关系,并表现为国利对商权的效应关系和商权对国利的效应关系。

1. 国利对商权的效应关系

国利对商权的效应关系,一则受制于国家利益的制度功能定位;二则取决于国家利益的界定与范围,并具体表现在以下两个方面。

(1)从正向、积极效应来考察,首先,如国家利益的制度功能定位于为商权、民富服务,则适度、优质的国家利益能为国民商权的实现提供必要的支持和保障。如完善、便捷、平价的交通、通信等国家公共基础设施,能为国民营业、创业进而享有、行使、实现商权,提供便利、支撑条件。其次,有限、清晰的国家利益可为国民商权的享有、行使、实现预留必要的营业空间。如国家投资、国企经营的范围严格限制在非竞争性自然垄断型公用事业领域、公共基础设施和公共产品门类,或者严格限制国资、国企在竞争性领域的投资范围,可为民间、民资、民企预留或释放出广泛的营业或营利空间,自然有利于国民商权的发展和实现。再次,国家适度让利可有效减轻商民的负担或降低营运成本,进而促进商权的普及与发达。如国家通过适度的减税、降费、返利、补贴等财政优惠政策,就可大大减轻营业中投资、经营、交易的公共负担或税费成本,自然有利于商权中利益的分享。最后,借助于国家利益以维护本国国民的商权和商利。如在美国,只有在对内存在征收、反垄断和对外涉及国家安全时,才赋予国家利益以特殊地位,就国内而言,国家只有在国家征收或启动反垄断调查时,才有国家利益的存在;在对外关系上,"美国外交决策者毫不隐讳地谈美国的国家利益,将它视为美国外交决策的根本依据和美国对外关系的行为基础",最具有代表性的制度就是《美国贸易法》301条款,从最初被用于不自由、不公平贸易的"报复性"措施,到1988年《美国综合贸易与竞争法》对《美国贸易法》301条款修改以来,用于不顾贸易协议而任意采取贸易保护主义的单边行动,[128]均集中体现美国打击贸易、竞争对手,有效维护或保护国家主权经济利益和本国投资者、企业营业竞争私利的基本国策。

(2)从反向、消极效应来分析:首先,如国家利益的制度功能定位于为限制或剥夺商权、抑制民富,则国家利益与国民商权的关系就是一种彼此消长的零和关系。如以国家权力或名义建设的交通、通信等公共基础设施,就不是为国民营业、创业提供便利条件或支撑平台,而是纯粹用于获取国家财政收入,则国利与商权就如不对称的市场交易关系。其次,无限、模糊的国家利益会严重压缩国民商权的必要营业、营利空间。由于国家利益的边界实质就是商事权利的边界,如国家投资、国企经营的范围无限扩张到所有竞争性营业领域,即通常所说的国进民退,则民间、民资、民企所能选择的营业或营利空间将十分有限,甚至完全丧失,在此情形下,国民商权的享有、行使、发展和实现,也就无从谈起。苏联时期绝对的国有制与1979年之前中国的计划经济时代,即为例证。再次,国家与商民争利必然显著增加商民负担或提高营运成本,严重损害商民的利益,进而危及商权、制约其市场竞争力。如国家不适当的增税、提费等财政收缩政策,会大大增加商民和企业的税费成本,明显减损商权的利益分享。最后,国家利益的无限深入或借国家利益之名损害、侵犯商民利益,甚至利用国家权力牟取个人私利,要么导致商权的直接衰败,要么引发商民的集体反抗;而无论哪一种情形出现,均是对国家与商民的双输。正因如此,近代以来,防止国家权力任意攫取利益或作为牟取私利的工具,一直是政治革命和经济变革的主要议题。如在美国,《权利法案》的一个重要立法主旨就是限制公权或利用公权在"经济上以权谋私",即"《权利法案》的制宪者们的另一项重要目标,就是要确保受人民委托行使权力的官员们在处理政府日常事务

---

[128]　参见杨国华:《美国贸易法"301条款"研究》,法律出版社1998年版,第1~35页。

时，不会违背人民利益的意愿搞以权谋私”。[129]

2. 商权对国利的效应关系

商权对国利的效应关系，一则取决于商权的取得方式；二则受制于商权的普及与发达程度。

（1）从正向、积极效应来看：首先，商权的取得如是自由、平等、公开、竞争的，则商民、商权在增进国利上，必然发挥着积极的建设、推动作用。其次，商权作为国利之源，意味着商权的张扬可带来营业的增长。典型的如营业的增长可明显增加国家税收。再次，商利的动态变化反映一国的竞争力状况，进而支撑并维持着该国的长期利益。综观历史，特别是近代以来的经济社会发展史和国家富强变迁史，尚无一例有利商富民而国不富强者，故尊商、重商、恤商、利商，也就成为近代以来各发达市场经济国家奉行的基本国策；自然，是否利于投资者、经营者、交易者，是否确保他们获得预期的最大化效益或利润，就成为判断各国制度优劣和营商环境好坏的主要标准。最后，商权的正当、有效行使，能起到维护甚至巩固国利的作用。如国民商权能实现和平、公开、合法地主导某国经济，则该国经济安全就有足够保障。

（2）从反向、消极效应而言：首先，商权如通过非法或不当方式取得，则此类商民、商权对国利就是一种破坏性力量。其次，在商权不张、式微情形下，因营业凋敝必然导致国利也相应减少。如在商权没有切实保障下，就无营业的普及与繁荣，而无营业则无征税对象，作为国利之源的税收也必然会对应减损。再次，在商利不能得到有效保障或增长的情况下，国家核心竞争力和国利的持续维护，也就没有坚实的经济基础。如世界500强企业的国别构成就能体现该国营业利益在国家与民间之间的分配状况；作为国家经济地位变迁的“晴雨表”，世界500强企业上榜单可比较客观地反映一国商民、资本、企业的实然地位与竞争力主体角色；以2010年以来《财富》杂志世界500强国别构成为例，美国、中国、日本、德国等主权国家所占比例一直高居该榜前列，但除中国之外，其他国家居于500强的绝大多数为民资企业，而中国则多为国资背景的企业。[130] 这说明，我国市场竞争力的来源，尚以国力或国利的聚集为主要方式，民力或商利的自主、持续竞争力仍处于比较弱势的状态。最后，商权的非法或不当行使，会明显损害国利。

总之，商权与国利的关系，实质就是一个商利与国利、民富与国富的关系。它们之间既存在相互促进的效应，也存在此消彼长的关系。基于国利的公共性和商权的私益性，且一切国利均源于私权的集合和私利的汇聚，如无兴盛的商权、商利之源，则无持

---

[129] [美]阿希尔·阿玛尔、[美]莱斯·亚当斯：《美国〈权利法案〉公民指南》，崔博译，北京大学出版社2016年版，第64页。

[130] 参见张明等：《中国、金砖四国与G7国的大公司动态效率比较研究》，载《经济体制改革》2013年第4期。

续的民利、民富之基,更无长久的国利、国富之实。故让利于商、藏富于民,乃确保国家富强与社会繁荣的正然之道。

第三节　商权与民权

商权与民权的关系,即商权作为一种特殊私权,与同属私权的部分经济权利、民事权利、财产权利,究竟是一种什么关系,是进一步认识商权独特功能不可回避的又一重要议题。

一、商事权利与经济权利

(一)经济权利的多重解读

经济权利是一个含义比较模糊、边界不甚清晰的概念,可从经济自由、经济利益、宪法、经济法、人权等不同角度作出不同界定;[131]但一般而言,经济权利可从以下 3 个方面进行定义。

1. 基本人权的角度

经济权利为联合国《经社文公约》中的基本经济人权。经济权利属于第二代人权范畴,如有学者认为"公民的经济权利制约着公民的人身权、政治权利、社会权利和文化权利的实现",其内容可划分职业自由权、营业自由权、经济迁徙自由权、经济结社自由权、经济平等权等内容,并可析分为个体经济权利和企业经济权利等。[132] 有学者认为,人权意义上的经济权利是指"以个体的生存和尊严为价值目标,并在此目标下所保障的相关经济性权利",它具体包括经济自由权、经济平等权、财产权、工作权、适当生活水准权等。[133]

2. 宪法公民基本权利的角度

宪法公民基本权利的角度把其界定为公民基本经济权利。如有学者认为,经济权利主要指"宪法所保障的有关经济活动或经济利益的权利,是公民实现其他权利的物质上的保障,主要包括择业自由、营业自由和迁徙自由等内容"。[134] 有学者认为,经济权利即为经济自由,为"经济活动的主体具有独立自主的身份、地位、资格,可以依照自

---

〔131〕 参见王方玉:《经济权利的多维透视》,知识产权出版社 2009 年版,第 6 ~ 19 页。

〔132〕 参见吴越:《经济宪法学导论:转型中国经济权利与权力之博弈》,法律出版社 2007 年版,第 116 ~ 170 页。

〔133〕 参见王方玉:《人权视野下的经济权利研究》,北京大学出版社 2015 年版,第 17、147 ~ 170 页。

〔134〕 参见林来梵:《从宪法规范到规范宪法》,法律出版社 2001 年版,第 119 页。

己的意愿进行经济活动,并承担相应的后果”,它包括财产权和经济活动自由两大块内容。[135] 有学者认为,经济权利是由传统具自由权性质的经济自由(如选择职业自由、营业自由、合同自由、居住和迁徙自由以及财产权等有关经济活动的自由和权利)发展而来的新型权利,主要包括劳动权、财产权、社会保障权等。[136] 还有学者认为,经济权利为宪法上确认为基本权利的“权利束”,泛指与经济活动相关的基本权利,从宪法解释学视角来看,包括财产权、劳动自由、契约自由、营业自由等。[137]

3. 经济法理论或学科的角度

从经济法理论或学科视角,经济权利往往被界定为经济法权利。如有学者认为“经济权利(力)是指经济法律关系主体依经济法享有的权利”,或者为“经济法赋予并保证经济法律关系主体实现自身经济利益或行使经济管理职权的可能性”,它包括经济权利与经济权力两种形态。[138] 有学者把经济权利看作经济法律调整的与经济法律关系方面的应然权利,并划分综合性经济法权利(包括剩余权、经济安全权等)、微观经济法权利(包括内物权、所用权、企业内部法权利、资本权、劳动力权、消费者权利、公平竞争权等)、宏观经济法权利(包括宏观调控权等)。[139] 有学者把经济法权利定义为由经济法调整对象所确认的经济法方面的权力(利),并类分为市场竞争权或竞争监管权(市场竞争监管权、产品质量监管权、食品安全监管权、消费者权益监管权)与宏观调控权(计划权、财政权、金融调控权、产业调控权)两大体系。[140] 有学者从政府干预法与政府参与法的角度,把经济权利分为经济法权利与经济法权力,其中经济法权利为社会成员享有的权利,在政府干预法中为社会经济秩序权,在政府参与法中为社会(国有)财产所有权;经济法权力,在政府干预法中为政府干预权,在政府参与法中为政府参与权;进而把经济法权利细分为消费者权、竞争权、信息资产权、市场规制权、宏观调控权、政府参与权 6 种基本权利。[141] 还有学者认,为经济法权利就其实质而言,为经济法保护的私法主体的正当要求,是经济法主体为追求自身利益的一种正当要求,作为与经济利益、经济活动有关的权利,不仅包括民法上的财产权等经济性权利,而且包括经济法上的公平竞争权、劳动报酬权等经济性权利,如经营者权利、消费者权利、劳动者权利、投资者权利、纳税人权利、社会团体权利等几方面。[142]

---

[135] 参见韩大元:《宪法学》,高等教育出版社 2006 年版,第 263 页。

[136] 参见刘育喆、王锴:《论经济权利的宪法保障》,载《长白学刊》2004 年第 2 期。

[137] 参见翟国强:《经济权利保障的宪法逻辑》,载《中国社会科学》2019 年第 12 期。

[138] 参见王保树主编:《经济法原理》,社会科学文献出版社 1999 年版,第 106 ~ 107 页。

[139] 参见陈乃新主编:《经济法权利研究》,中国检察出版社 2007 年版,第 3 页以下。

[140] 参见邱本:《经济法的权利本位论》,中国社会科学出版社 2013 年版,第 135 ~ 238 页。

[141] 参见韩志红、宁立志等:《经济法权研究》,武汉大学出版社 2012 年版,第 12 ~ 40 页。

[142] 参见范水兰:《经济法权利研究》,法律出版社 2014 年版,第 54 ~ 58、212 ~ 249 页。

(二)经济权利的一般内涵

由于学界、业界对经济权利解读的学科、语境、情形大相径庭,所得出关于经济权利之定义、内涵和范围,也就存在明显差异。笔者认为,经济权利是一个在哲学、经济学、管理学、社会学、历史学、法学中已被泛化的概念,作为法学上的经济权利,应从如下几个层面作出清晰的界定或划分,才具一定针对性和解释力。

1. 第一层面:抽象意义的泛义经济权利

即作为抽象意义的社会主体在一定法律关系中所享有的与经济或经济事务有关的权能或利益。在这一抽象法律关系语境或权利特质蕴涵中,经济权利又包括如下几层含义:(1)经济权利为权利,而非权力。前述经济法学科中,笼统地以经济法权利概括或定义经济权利,把其中属于国家经济管理方面的经济权力或经济职权也纳入经济权利范畴,是不适当的。(2)经济权利应与经济或经济事务相关。经济权利为与人身权利、政治权利、文化权利等权利相对应的权利范畴,并集中表现为一定且可确定或计算的经济利益。(3)经济权利是一种法律上的权利。经济权利须通过国家特定法律宣示并确认、且可实现的法定权利。制度经济学将产权析分为"经济权利"与"法律权利",其中,经济权利是"(人们追求的)最终目标",为个人通过交易直接地或间接地期望消费物品、商品或资产的价值的能力;而法律权利则为"政府承认和执行的那部分权利",是"达到最终目标的手段和途径";法律权利虽会增强经济权利,但不是经济权利存在的充分必要条件,它需要第三方(政府或司法机关)的裁决和执行才能予以确认或实现。[143] 这一定义对界定经济权利虽有一定参考意义,但实际上,制度经济学所称经济权利,仅仅只是一般意义上的经济利益,而只有法律化的经济利益,才是法律上的经济权利;经济权利须为特定法律关系中主体在经济上所享有的权利。

2. 第二层面:中观意义的普遍经济人权

即由《联合国宪章》或国际人权公约所确定的基本人权中与经济有关的权利。如《世界人权宣言》所确认或列举的财产与契约自由(第 17 条)、工作权(第 23 条)、休息权(第 24 条)、适当生活标准权(第 25 条)等基本人权;又如《经社文公约》所确认和罗列的天然财富和资源自由处置权等(第 1 条)、工作与自由择业权(第 6 条)、工作条件与机会权(第 7 条)、工会权(第 8 条)、享受社会保障权(第 9 条)、适度生活标准权和免于饥饿权(第 11 条)等经济人权。

3. 第三层面:具体意义的基本经济权利

即由特别国家具体部门法所确认、宣示或列举的法定基本经济权利。它包括如下两个层面:(1)宪法上所确认、宣示或列举的公民基本经济权利。如我国《宪法》所确

---

[143] 参见[以]约拉姆·巴泽尔:《产权的经济分析》,费方域等译,格致出版社 2017 年版,第 3~4 页。

认、宣示或列举的财产权(第12条、第13条)、自主经营权(第16条、第17条、第18条)、劳动权(第42条)、休息权(第43条)、退休权和社会福利保障权(第44条)、获得国家和社会物质帮助权(第45条)等。(2)具体普通部门法所确认、宣示或列举的主要经济权利。如民法上的经济权利、商法上的经济权利、经济法上的经济权利等。

(三)商事权利与经济权利的关系

从以上对经济权利三层含义析分中,可以看出,商事权利应属于商法上的经济权利范畴。

1. 商事权利属于经济权利的范畴

首先,由于商事权利是主体在逐利过程中所产生或衍生的权利,该权利与经济存在着必然关联性,故商事权利属于广义或泛义经济权利的范畴,它不可脱离广义或泛义经济权利而孤立存在。其次,商事权利属于权利范畴,隐含公权力或私权力的经济权力,不属于商事权利的范畴。如经济法权利中的经济职权、国家市场监管权、国家宏观调控权等,就不属于商事权利。

2. 商事权利属于私法上的经济权利

首先,商事权利属于私法属性的经济权利,它与具公法属性的经济权利有本质区分。这一权利属性决定商事权利总体属于私法权利、民事权利的范畴。自然,具公法属性的权利如国家权利、社会权利等,就不属于商事权利。其次,商事权利是一种具平等、平权关系的经济权利,不具平等或平权属性的经济权利,不属于商事权利。如行政法、经济法上相对于行政权的当事人权利,虽含有经济内容,但不属于商事权利,而应为行政相对人的权利范畴。如行政执法知情权、申诉权、复议申请权、行政诉权等。

3. 商事权利属于商法上的经济权利

首先,商事权利属于特定营业关系中由营业当事人所享有的权利。商事权利是由民事主体进入营业领域直接产生、衍生或创新的权利,它与下述一般私法类、民事性经济权利,有显著区分,如财产的动产或不动产物权,若不进入交易领域,通过交易而增值,只是静止占有、使用,则属普通民事意义上的物权;但如主体把物权用于营利性出租或经营,追求物之使用、处分上的增值和收益最大化,由此产生的一系列权利,则为商事权利。其次,商事权利是一种平等、平权型的私法性经济权利,而非泛义上市场经济关系中所产生的经济权利,也非经济法所涉社会关系意义上的经济权利。特别是经济法所调整的经济法律关系中,部分权利属于商事权利范畴,部分权利并非私法意义上的商事权利,如有学者从民众经济权利演化的角度,把经济权利分为个人财产权和公共财产权两大形式,其中个人财产权包括交易权、创业权、竞争权、创新权、组织权、收益权等；公共财产权包括区分权、自治权、委托权、参与权、知情权、评价权、监督权等。[144] 其中，市场经济关系或经济法律关系中由营业参与者或营业当事人所平等一体享有的自由竞争权、自主经营权等，当然属于商事权利；但如劳动者权利、消费者权利、社会保障权利等，就不属于商事权利。最后，商事权利属于商法调整的经济权利。虽然基于营业的广泛性和复杂性，这一领域同时受公法或私法所调整，且同为民法、商法、经济法所关注，然而只有商法规范意义上的权利，才可归类于商事权利。尽管实质意义上的商法调整，在规范上表现为普通营业关系中的民商共治、特别营业关系中的商法专治、公共营业关系中的公私合治等不同形式，但调整平等、平权营业关系的商法规范属性，仍然是基础。因之，凡普通商法、特别商法、公共商法上所确认、宣示、列举的营业参与者或营业当事人之权利，均应归属于商事权利。

二、商事权利与民事权利

在讨论或界定商事权利时，商事权利与民事权利之间的相互关系及异同辨析，是一个不能回避的问题。商事权利与民事权利之间的关系，如前文所列，学界、业界有特殊权利说、独立权利说、民事权利说等代表性学说和观点。笔者认为，如从私法意义上讲，商事权利属私法权利，无疑应归于广义民事权利范畴，无论商事权利为特殊民事权利，还是泛义上的民事权利，均不存疑。尽管如此，在私法背景下，民商毕竟存在明显的分工。民法作为私法一般法，重在确认、宣示、保护、救济私法一般性权利；而商法则为私法特别法，专司调整营业或营业关系，旨在确认、宣示、保护、救济民事主体进入营业领域前后的特殊性权利。而这一特殊性权利，就说明它与一般民事权利事实上存有明显区别，也意味着不能通过民法一般性调整或确认，达到宣示、保护、救济的目的和功能。故无论从特殊权利说视野，还是从独立权利说角度，分析并识别商事权利与一般民事权利之间的差异，比较其异同，对深度认识商事权利，仍具理论与实践意义。笔者认为，任何权利的构成，不外乎权利主体、权利内容、权利标的这 3 个方面，以下具体论述之。

（一）权利主体方面的差异

商事权利与一般民事权利在权利主体方面的差异或不同之处，集中表现在如下两个方面，一为权利主体的身份属性；二为权利主体之间的平等，两者之间的差异，还是十分明显的。

1. 权利主体的身份属性

商事权利主体与一般民事权利主体虽均属私法主体，且商事权利主体，本质也属

[144] 参见方竹兰：《民众经济权利演化论》，中国财政经济出版社 2014 年版，第 56～64 页。

民事主体范畴,其表现形式也是一般抽象意义上的自然人、法人、非法人组织等典型形态。但与民事权利主体身份属性的一般性、抽象性、概括性相比,商事权利主体的身份属性,则具鲜明的特殊性、特定性、类型性,具体表现为特定的商个人、商法人、非法人商事组织等具体类型,并以投资主体、经营主体、交易主体等不同营业参与者或职业从业者的身份出现。这说明此时民事主体的一般私法身份已发生了质的变化,已由非营业的一般私法领域,进入营业领域,转换为以投资主体、经营主体、交易主体为具体形式的商事主体,商事权利即为具有特定营业背景且在营业领域、营业关系中的商事主体所享有的特殊权利,这种权利就具有特定的身份、角色、地位、关系、功能属性。很显然,未进入特定营业领域、参与特定营业关系、转换为特定商事主体身份或角色的一般民事主体,则不可以享有或行使这一特殊权利。如没有投资入股公司的自然人,显然就不可享有或行使股权,这应为当然之理、应有之义。

2. 权利主体的平等差异

从抽象的人格与权利能力意义上讲,民事主体法律地位虽一律平等,且在相同条件与情形下,同样类型主体之权利能力,也应具平等性。但在实际权利上,主体之间的权利是存在差异的,在这一点,商事权利与一般民事权利是基本相同、一致的。尽管如此,这种差异性,对一般民事主体而言仅仅是一种例外,主体之间一般民事权利的享有或行使,则只有数量或形式上的差异,而不存在性质或属性上的不同。如对所有民事主体而言,均可依法定或约定享有或实际行使人身权利和财产权利,其中人身权利则包括人格权(生命、健康、身体、姓名或名称、肖像或形象、名誉、隐私、信息、婚姻自主等方面的权利)和身份权(亲权、家属、配偶、监护、继承、荣誉等方面的权利);财产权利则包括物权、债权、知识产权、财产继承权等。对前述人身权利或财产权利,属性相同的一般民事主体(同属自然人、法人、非法人组织,自然人中同属已满18岁的成年人),其享有或行使的一般民事权利之性质、属性、类型是基本相同的,表现出明显的平等性,除债权之外,存在差异的只是数量或形式问题。

但商事权利则明显不同,除营业进入环节所有民事主体均可一体无差异地均享的营业自由权之外,绝大多数商事权利,在不同主体之间表现出显著差异性;而且某些权利,当某特定主体享有或行使之后,另一主体则非但不可享有或行使,而恰恰是实现该项商事权利的制约性条件。如股权与公司法人财产权,显然只能由不同主体来分别享有或行使,股权只可由特定股东来享有或行使;而公司法人财产权只可由公司来行使;又如,经营者如授予某经销公司以独家代理销售权,则不仅经营者不可再行授权其他公司销售该公司的产品或推销其服务,而且该经营者自己也不能任意违反独家经销授权,把产品或服务推销到独家经销合同约定的地区,等等。商事权利之所以在不同主体之间表现为显著差异性,原因在于商事权利多数是由民事债权转换、改造、衍生、变型而来,其中就带有债权的一些原始属性,而债权关系双方当事人之间债权债务的相对性和差异性,就成为商事权利在不同主体差异性的源头性因素。

(二)权利内容方面的差异

权利内容是权利的核心,商事权利与一般民事权利之间内容的差异性,集中又表现在内容重心和内容展开这两个方面。

1. 权利内容的重心

一般民事权利内容包括人身权利与财产权利两大板块,其中人身权利是基础,财产权利是保障,两者同等重要,难分伯仲。但商事权利内容的重心则明显不同,首先,商事权利明显侧重于财产权利,并以财产权利为中心。其次,商事权利已不再是一般民事财产权利的移植或换位,而是对一般民事财产权利进行了改造、革新、变型、升华,是一种变革、转换后的新型财产权,已非一般民事权利的原型。如股权虽源于股东的原始所有权(如物)或支配权(如专有技术),但出资入股之后,股权就已经不再是对原始财产的所有权或支配权,而是对出资财产折算、转换而来的出资比例、持股份额所享有的一系列权利,具有传统物权、债权、社员权等多重属性,但又不是纯粹意义上的传统物权、债权、社员权,故用传统物权、债权、社员权之理论对之进行定性或解释,无疑就有削新足而适旧履之嫌。最后,商事权利尽管也涉及诸如自然人人格、法人人格等人身权问题,但却基于营利最大化需要,把涉及人格要素等权利内容予以财产化,如法人资格、商号、商誉、信用等商事人格权,就带明显的财产属性,已不再是纯粹的人格权,而是一种经商品化改造、融入财产内容的人格性财产权。

2. 权利内容的展开

对一般民事权利而言,包括人身权利和财产权利,权利内容的展开,是按照人格权、身份权、物权、债权、知识产权、财产继承权等一系列不同属性、类型的权利,作平行或扇形展开,权利内容具有明显的平行性特征。由于平行性权利不存在彼此之间的同一性、同质性或同位性,不同属性或类型权利之间并不存在相互的矛盾或冲突。故对同一民事主体而言,可同时、并列、平行地享有人格权、身份权、物权、债权、知识产权、财产继承权等不同权利。

但对商事权利而言,权利内容是按照营业的不同形态、层级、阶段、环节,并按照实际营业中的时序、位序作先后递进展开,因而表现为明显的时序性、位次性、层级性等结构性特征。这是因为,在实际营业和商品生产交换中,"不仅商品的所有权常常被分割,而且形成组织的资产的所有权也可以被分割。像企业这样的组织,在其内部和边缘的实物运作,通常都涉及许多商品及相应的许多属性。几个人共享这些属性的所有权,每个人只单独拥有或与其他人共有这些属性的一部分。股东拥有这些属性的一部分,而肯定不是完全拥有这些属性”。[145] 其中最具典型意义的,是营业按照“原于自由,始于投资,形于经营,成于交易”这一事实逻辑依次展开,故民事主体基于营业自由权之平等机会享有和资格自由取得,在进入营业领域之后,权利则呈现出“原生权利之营业自由权→基于投资而产生的资本权→基于经营而产生的营业财产权→基于交易而产生的商事债权”这一时序性、位序性、层级性等结构性特征。不仅如此,即使是同一位序或属性的权利,如股权为代表性的资本权利,也具有内容递进展开的结构性特征。

(三)权利标的方面的差异

、权利标的是制约权利特质和内容的重要因素,商事权利与一般民事权利标的方面的差异,主要表现为标的范围和标的特性两个方面。

1. 权利标的范围

就一般民事权利而言,因权利涉及人身权利和财产权利,故权利标的既涉及人身(利益),又包括财产(利益)。但对商事权利来讲,因权利内容的重心主要为财产权利,故权利标的集中于财产(利益)。

2. 权利标的特质

一般民事权利标的,仅就财产而言,权利标的一般系指有体物(物权)、具体请求给付行为(债权)、无形财产(知识产权)等具体、特定的财产或行为,权利标的具有明显的具体性、有形性、实体性。而商事权利虽基于财产,但又不限于财产,这是因为商事权利所涉对象和内容,为“一个预期性的术语,是个体直接消费某一资产服务的能力,或通过交换间接消费这种服务的能力”;它与未来相关,它与财产尚不能画等号,这是因为今天拥有的财产权利,仅仅只是未来变动或增值的经济权利的一部分,而追求“个体最大化(约束条件是个体安全)的对象是经济权利(商事权利——笔者注)的价值”。[146] 对商事权利标的来讲,除部分商事权利如企业法人等经营主体财产权之权利标的,可指向具体、特定财产,具有一定的具体性之外,在绝大多数情形下,商事权利的标的并不系指具体、特定的财产,而是指向抽象、不特定的财产性价值,如机会、资本、商号、商誉、信用、标记、信息、商业秘密、指数、利率、汇率、虚拟财产等抽象意义上的资本、价值、无形财产,权利标的具有抽象性、无形性、虚拟性。权利标的产生的明显差异,进而决定一般民事财产权利,侧重于追求或实现财产的实体归属或占有控制;而商事权利则更在意追求或实现财产的市场价值和利润收益的最大化增长。两者的主旨差异,决定其内在的立法理念和外在的制度形式均存在明显不同。

---

[145] 参见[以]约拉姆·巴泽尔:《产权的经济分析》,费方域等译,格致出版社 2017 年版,第 6 ~7 页。

[146] 参见[美]约拉姆·巴泽尔:《国家理论——经济权利、法律权利与国家范围》,钱勇、曾咏梅译,上海财经大学出版社 2006 年版,第 22 页。

如前所述,可列表1予以更清晰的说明。

表1　一般民事权利与特殊商事权利的差异性比较

权利要素/权利形式		一般民事权利	特殊商事权利
权利主体	身份属性	一般性、抽象性、概括性	特殊性、特定性、类型性
	相互关系	权利主体之间的平等性	权利主体之间的差异性
	表现形式	自然人、法人、非法人组织	投资主体、经营主体、交易主体
权利内容	内容重心	人身权利与财产权利并重	侧重于财产权利
	展开方式	具同一性、同质性、同位性等平行性特征,呈扇形方式展开	具时序性、位次性、层级性等结构性特征,呈递进方式展开
	表现形式	人身权(人格权、身份权) 财产权(物权、债权) 兼具人身与财产属性的综合性权利(知识产权、财产继承权)	原生权利(营业自由权)→投资主体权利(资本权)→经营主体权利(营业财产权)→交易主体权利(商事债权)
权利标的	基本范围	人身(利益)或财产(利益)	主要或集中于财产(利益)
	主要特质	具体性、有形性、实体性	抽象性、无形性、虚拟性
	表现形式	人身(利益):人格或身份(利益) 财产(利益):具体的物、给付行为、智力成果等实体性财产	人格、身份的价值化与财产化 抽象的机会、资本、信息、无形财产、虚拟数据等价值化财产

三、商事权利与财产权利

(一)财产权利的法律内涵

财产权利作为法学中经常出现但含义也常被泛化的概念和范畴,通常在以下3个层面的视角或语境中使用。

1. 作为普遍人权的财产权

如前所述,财产权作为第一代人权中的主要形式,居于重要地位。人权意义上的财产权,核心内容为财产自由。财产权作为一项基本人权,也是经济和社会权利的核心内容,一方面,从狭义上讲,"只要求(私人)财产制度受到法律保护,既得财产权不受任意干涉";另一方面,从一般财产权看,它有助于每个人体面的生活标准且有尊严地活着,因而与保障社会权利并不矛盾。故财产权在历史上与自然人、公民的自由相关联,而近代以来,"又常常是在经济和社会权利的语境下为人们所探讨",并视为"经济和社会权利"的核心内容。根据《世界人权宣言》第17条、《民权公约》第26条、《经社文公约》第6条、1952年《欧洲人权公约》中《第一议定书》、《美洲人权公约》第21条、

《非洲人权和民族权宪章》第 14 条等一系列国际人权公约的有关规定，国家有尊重自然人和公民个人财产权的义务，不得干涉个人的财产权。这一义务同时也禁止国家任意干涉个人财产权，禁止国家使个人承担不合理的重负。[147]

2. 作为基本权利的财产权

财产权利在宪法意义上，更多是从私权与公权、公民与国家的对应视角，被定义为公民的私有财产权或个人财产权。[148] 宪法意义上的财产权，一般具有如下几重基本功能：(1)公民私有财产权具有基础意义。在现代宪治秩序下，财产权与生命权、自由权被认为是构成现代公民最基本的三大权利体系。[149] (2)公民私有财产权具有鲜明的价值功能。公民财产权对维护现代宪治理念和宪法秩序，具有自由、人权、法治等多方面的价值功能。(3)公民财产权的保护是市场经济体制的法权基础。公民财产权是社会资本的源泉，与社会结构性资本、知识型资本均构成对应关系，确认与保护公民财产权，有助于社会资本的积累，进而促进经济的持续增长。[150]

3. 作为民事权利的财产权

在私法上，财产权属民事权利虽无疑义，但财产权在两大法系的地位与界定，仍存有明显差异。在英美法系，财产权利一般系指人与人基于社会资源(一般为物)的使用收益等形成的法律关系(人与物之间的关系)。[151] 在大陆法系，虽有财产权神圣的理念，但并无统一的财产权概念，如在法国，虽总体上把民事权利分为财产权利与非财产权利，但也仅把财产权利界定为“可用金钱估价的权利”，其范围包括物权、债权、知识产权等。[152] 德国在对民事权利进分类时，财产权被细分为对物支配权、无体财产权、债权、参与管理权、形成权、物权取得权、归属权和期待权等权利类型，独立的财产权概念并未凸显。[153]

就我国而言，学者虽存在民事权利二分法、三分法或多分法等主张，但对财产权并无统一定义与分类。如持二分法观点的学者，把民事权利直接分为财产权与人身权，

---

[147] 参见[挪]艾德等：《经济、社会和文化的权利》，黄列译，中国社会科学出版社 2003 年版，第 219～231 页。

[148] 参见何真、唐清利：《财产权与宪法的演进》，山东人民出版社 2006 年版，第 28～33 页。

[149] 参见韩大元、王建学：《基本权利与宪法判例》，中国人民大学出版社 2013 年版，第 253～258 页。

[150] 参见刘灿等：《完善社会主义市场经济体制与公民财产权利研究》，经济科学出版社 2014 年版，第190～208 页。

[151] 参见[英]F. H. 劳森、[英]B. 拉登：《财产法》，施天涛等译，中国大百科全书出版社 1998 年版，第 1～10 页；赵廉慧：《财产权的概念——从契约的视角分析》，知识产权出版社 2005 年版，第 2 页。

[152] 参见[法]雅克·盖斯旦、[法]吉勒·古博：《法国民法总论》，陈鹏等译，法律出版社 2004 年版，第161～165 页。

[153] 参见[德]卡尔·拉伦茨：《德国民法通论》(上册)，王晓晔等译，法律出版社 2003 年版，第 284～297 页。

其中财产权为以直接实现财产利益的权利，包括物权、债权、准物权，但又把知识产权、继承权、社员权归于综合性权利。[154] 持三分法论者，则把民事权利分为财产权、非财产权和兼有财产与非财产属性的权利，其中财产权为可与权利人的人格、身份相分离而具有财产价值的权利，包括物权、债权、知识产权等，继承权、社员权等为具兼有属性的权利；[155]或者把民事权利分为财产权、人身权与综合性权利三大类，其中财产权为以财产利益为直接内容的权利，主要包括物权与债权，知识产权与继承权则为综合性权利。[156] 多数学者是按我国民法规范分类，也无统一的财产权概念。[157] 我国台湾地区学者，一般是按权利标的，把民事权利分为财产权与非财产权，其中财产权为具有经济利益的权利，包括物权、债权、无体财产权（又称智慧财产权，如著作权、专利权、商标权等）。[158]

虽然如此，为讨论主题所限，本节所论财产权利，仅限于在私法、民权视角下，作为私权属性或民事权利主要类型之一的财产权利；在我国，《宪法》《民法典》对财产权均有明确规定。(1)《宪法》所确认、宣示或列举的财产权。主要为财产所有权与财产自主经营权两大类型，其中，财产所有权包括公共财产所有权（第 12 条）、公民私有财产权和继承权（第 13 条）；财产自主经营权则包括国有企业自主经营权（第 16 条）、集体经济组织自主经营权（第 17 条）、其他企业自主经营权（第 18 条）等；此外，《宪法》第 6 ~ 11 条对公有制（全民所有制、集体所有制）与非公有制作了原则性规定，也属于财产权的制度基础范畴。(2)《民法典》所确认、宣示或列举的财产权。我国《民法典》第 1 编总则第 5 章，对民事权利有原则性规定与列举，且第 113 条明确规定“民事主体的财产权利受法律平等保护”，其中属于财产权利范畴的具体民事权利有物权（第 114 ~ 116 条）、债权（第 118 ~ 122 条）、知识产权（第 123 条）、财产继承权（第 124 条）、股权及其他投资性权利（第 125 条）、其他财产性权利（第 126 条）等。

（二）商事权利与财产权利的关系

商事权利是一种财产性权利，决定其与财产权利具有实质性的内在关联性。

1. 财产权利是商事权利的基础形式。首先，商事权利是以追逐财富增值和利润最大为原始动机，具有鲜明的财产目的性。其次，财产是民事主体进入营业领域的物质基础和前提条件，没有一定的财产，就无实质意义的营业活动和营业行为，也无后续的商事权利。再次，从权利的承继性和延续性来说，应是先有财产权利，然后才有商事权

---

[154] 参见龙卫球：《民法总论》，中国法制出版社 2002 年版，第 123 ~ 124 页。

[155] 参见梁慧星：《民法总则》，法律出版社 2011 年版，第 71 ~ 72 页。

[156] 参见王利明：《民法总则研究》，中国人民大学出版社 2018 年版，第 405 ~ 420 页。

[157] 参见朱庆育：《民法总论》，北京大学出版社 2013 年版，第 491 ~ 497 页。

[158] 参见王泽鉴：《民法总则》，中国政法大学出版社 2001 年版，第 85 页。

利。只有当民事主体享有一定的财产权利时，才存在利用、经营、处分财产，把其作为营业基础的问题。故没有财产本权利，就无投资、经营、交易财产而延伸、衍生、创新的商事权利。最后，商事权利的逻辑起点是民事主体处分财产或财产权利进入营业领域这一投资行为节点。故在一定意义上讲，商事权利是财产权利的合理延伸和后续扩张。

2. 商事权利是财产权利的发展创新，具体表现在：

（1）商事权利主要是一种财产权利。首先，如前所述，商事权利的原始形式，是特定财产权利，商事权利源于财产权利。其次，商事权利虽也包括如人格权等人身属性的权利，但出于营利目的和营业需要，即使如字号、企业名称、商人信誉、营业秘密等原属人格要素或人格利益的特殊客体，也被商业化、价值化，进而财产化、资本化甚至证券化、数据化，因此，商事权利是一种生产要素实质财产化、资本化、证券化、数据化的权利。

（2）商事权利是财产权能的分离形式。首先，商事权利是财产权利进入营业领域后，因自然处分或法律处分而发生实质性变化。如货币形式的财产购买原材料，再进行加工生产成半成品、成品或特种服务，再把产品或服务出售，回笼货币资产，这一过程，财产无论在物理与化学、时间与空间、性质与数量、内容和形式上，均已不是原有的静态财产，而是始终处在变化中的财产。其次，商事权利是财产权利进入营业领域后，各种原有权能的分离行使。如不动产、货币形式的各种财产，在进入营业领域后，其占有、使用、收益、处分等不同权能，可能由不同主体分别行使，其中投资者一般主要行使收益权；经营者主要行使占有权、使用权；交易者则集中行使处分权等，它们按发起或投资协议、企业章程、委托合同、信托契约、经销授权等契合形式或制度架构，依各自的权利与义务、利益与风险、义务与责任，分别行使财产权利进入营业领域后之部分权能。最后，商事权利是财产权利进入营业领域后的价值化形式。财产在进入营业领域之后，本着营利最大化需要，财产在价值化、货币化后，历经财产、价值资本化，财产、价值、资本证券化，财产、价值、资本、证券数据化等多重价值化、抽象化法律制度转换后，原有财产的内在属性、外在形式、具体实物，与财产延伸、衍生、创新的属性、价值或形式，已部分、整体甚至彻底分离，在多数情形下，商事权利标的已不再指向原有、实物甚有形财产，而是通过财产价值化、资本化、证券化、数据化多重转化而新产生的货币、资本、证券、数据等抽象形式。

（3）商事权利是一种发展和创新的财产权利。首先，商事权利是财产权利在营业领域的延伸形式。如股东不同出资形式的财产，集中并契合形成的公司财产权，实际上是股东原有单一不同属性财产权在公司的一种合理转移与延伸。其次，商事权利是财产权利在营业领域的衍生形式。如企业出资人通过投资合同或发起协议，以商事结社行为派生企业这一新的主体，进而衍生出企业财产权。不仅如此，企业在经营存续期间,因企业名称、市场信誉、经营方法或技艺等,又衍生出诸如商号、商誉、商业秘密等人格要素或人格利益的财产化权利,进而形成商号权、商誉权、商业秘密权等人格性财产权等。最后,商事权利是财产权利在营业领域的创新形式。如在财产价值化和资本化权利转换机制下,公司出资人以出资财产价值化、资本化转换而形成的股权,就属于一种传统财产权利根本没有的新型财产权利;又如在财产投入营业领域之后,通过技术开发和经营累积形成的新技术、商业标记、管理方法、经营模式、产品配方等,并进而形成以知识创新、技术创新、经营创新为基本内容或载体的工业产权,就是一种不属于原始出资财产,而是在营业中完全创新的新型权利。

正因商事权利与财产权利所具有的这种内在逻辑关联,故在未严格区分公私法域和民商部门的英美法系,商事权利就包含在财产权利之中,对财产权利、财产自由及财产自由延伸、发展、衍生、创新的一系列权利进行严格保护,[159]实质就是对商事权利的严格保护。

---

[159] 参见王铁雄:《财产权利平衡论——美国财产法理念之变迁路径》,中国法制出版社2007年版,第450~456页。

第三章　商事权利的主客要素

权利主体与客体的特殊性是支撑商事权利独特性的基础条件，要全面、深入、客观、具体认识商事权利的独特性，就必须深研商事权利的主体与客体要素。

第一节　商事权利的主体形态

同任何权利一样，“权利要求一个权利主体”。[1] 商事权利是特定民事主体的权利，这些特定民事主体究竟是何种法律属性与实然状态，边界范围与表现形式又作何认定，则需作全面、具体、深入、系统分析。

一、商事权利主体的一般分析

（一）商事权利主体的界定与范围

1. 商事权利主体界定的二重视角

商事权利主体，泛指商事权利的享有者、拥有者或归属者。学者在界定商事权利主体时，一般是从如下两种路径予以解释或认定。（1）商事法律关系解释路径。该路径是从商事法律关系的主体、客体、内容之一般构成要素或要件，把商事权利主体解释为商事法律关系的参与者、商事权利归属者和商事义务承担者。如有学者就从商事权利与义务的角度，认为“商事权利义务的主体是商事主体”。[2] （2）具体商事权利归属解释路径。该路径本着商事权利应为特殊主体之权利的解释路径，认为商事权利属于商事主体专属或专享的权利，把商事权利主体界定为商事主体。[3] 可见，无论持何种解释路径，既有文献均倾向于认为，商事权利的主体，应为商事主体，而非商事主体的民事主体，或者说虽然参与了商事法律关系，但并非传统商法理论或立法意义上的商事主体，均不是商事权利的主体归属者。

---

〔1〕 参见［德］拉德布鲁赫：《法学导论》，米健译，法律出版社2012年版，第73页。

〔2〕 参见赵旭东主编：《中国商事法律制度》，法律出版社2019年版，第118～119页。

〔3〕 参见刘宏渭：《商法总则基本问题研究》，华中科技大学出版社2013年版，第129页。

传统商法理论和既有研究文献的上述解释路径和判断标准,显然是建立在民商二元世界、主体、行为的理论与立法框架之下,有其固有、明显的缺陷,最具典型的例证,如一般民事主体不享有初始性、门槛性、机会性、基础性的商事权利,那他们又如何有权处分自己的财产进入营业领域呢?进入营业领域后所延伸、派生、衍生或创新的商事权利,又如何保证其正当性、合法性和有效性呢?这说明,传统理论和既有文献只把商事权利主体局限于商事主体之特定身份论的观点,仍然属于近代以前中世纪商人法之身份、特权论的延续,以近代以来营业已彻底平等、平民、平权化的私法领域和营业视野观之,已不合时宜和不切实际。

笔者认为,进入营业领域、从事以营利为目的之营业活动,追求更多财富以满足自己更高生活或幸福的需要,是一国国民的基本权利和所有民事主体的应然权利;而商事权利为民事主体进入营业领域之前、之际、之后所享有的能支撑或实现其财富、营利最大化需要的一系列权利之总称,这就决定享有、行使、实现商事权利的主体,已绝对不再限于具有特定商人身份的商事主体,而是有权或意欲处分自己财产进入营业领域、从事营业活动或实施营业行为的所有民事主体。基于此,商事权利的主体应界定为有权或意欲处分自己财产进入营业领域、从事营业活动或实施营业行为的特定民事主体。

2. 商事权利主体范围的法律边界

受前述商事权利主体解释与界定路径的制约,传统商法理论和既有研究文献,均比较一致地把商事权利主体局限或压缩在商事主体这一特定身份主体范围之内。虽有学者把商事权利主体的范围分为商事主体(基于其经营属性特有的权利)、其他商事主体或非商事主体(基于对商事主体投资而融资或享有的权利)、交易双方(基于营业活动而产生的某种具体的商事权利)3 种类型,[4]但把投资主体界定为非商事主体,仍然明显带有民商二元主体的痕迹,不仅严重压缩了商事主体的类型范围,也明显限制了商事权利的主体边界。

笔者认为,如从私法领域和营业视野来看待商事权利是民事权利在营业中所延伸、产生、衍生、创新的特殊权利,从前述商事权利的定义与商事权利主体的界定中就会发现,商事权利的主体范围,并不仅仅局限于特定商事主体,而是应扩展至有权进入或意欲进入营业领域、从事营业活动或实施营业行为的所有民事主体。

(二)商事权利主体的阶段性特征

前述商事权利的阶段性或结构性特征,决定商事权利主体的认定与归属,也呈鲜明的阶段性或结构性特征,它集中表现在进入营业领域之前、之际、之后及退出等几种

---

〔4〕 参见吕来明:《商事权利论》,法律出版社 2016 年版,第 22 页。

状态或几个阶段。

1. 进入营业领域之前的普通民事主体

营业虽为所有民事主体的应然权利，但在民事主体尚没有进入营业领域之前，其所享有或拥有的处分财产进入营业领域之营业自由选择权和投资决定权，仍处于营业权利能力的权能待定状态，此时营业自由选择权或投资决策权，尚只是一种资格性、机会性、门槛性、基础性的期待性权利。尽管如此，不能因主体尚未实际行使该项权利，法律就不承认甚至变相剥夺国民（宪法上）或民事主体（私法上）的该项权利。这是因为，人们要寻找或实现财富的最大化，就必须借助于市场，并通过处分自己的财产作为原始投资，进入营业领域。对营业来讲，效益、营利、财富最大化只有在市场机制中才有实现的可能性，而“交易的基本自由”在市场机制中恰恰具有“中心意义”，“市场所起的作用不仅取决于市场能做什么，而且取决于市场被允许做什么”。〔5〕 在营利或财富最大化动机的驱使下，“在一个市场制度中，人们作出响应——如承担一项工作”，也就是说，人们究竟是选择进入市场还是不进入市场，进入市场是选择营利性投资、经营、交易，还是进行普通的消费性交易，“仅仅是因为（市场）提供的好处是有吸引力的，从而仅仅是因为人们自愿作出这个选择”，故“自由企业、自由契约和职业选择”等对人们选择营业或进入市场而言，具有基础意义。〔6〕 可见，无论从个体的营业决策，还是从宏观的市场经济角度，其前提和核心的基础条件是平等与自由，而主体的平等性与自由性、人的独立性与物的依赖性等二重属性，其内在的平等与自由以及对人的独立性要求，又是人权上平等、自由产生和发展的必然要求与客观基础，它本身对现代人权的促进、发展具有积极的正向效应。〔7〕 正因参与营业、进入市场的平等机会权与自由选择权对所有国民（私法上的民事主体）如此重要，对所有普通民事主体而言，无论其是否实际行使或实现该项自由，基于营业自由的基础性意义，法律均应平等而无差异地承认之、确认之并创造条件促进其享有之，至于特定主体是否实际行使之或实现之，则完全取决于具体民事主体自身的财产条件和主观欲念。

2. 进入营业领域之际的角色转换或衍生主体

由于营业表现为投资、经营、交易等具体形态，并呈现出“原于自由，始于投资，形于经营，成于交易”这一明显的位序性、递进性、阶段性特征，意欲进入营业领域、从事营利活动的民事主体，均须通过处分其财产作为原始投资，才可实质地行使营业自由权并进入营业领域，故决意处分财产而进入营业领域的投资行为，才是选择营业和进

---

〔5〕 参见［印］阿马蒂亚·森：《以自由看待发展》，任赜、于真译，中国人民大学出版社 2002 年版，第 115～119 页。

〔6〕 参见［美］查尔斯·林德布洛姆：《政治与市场》，王逸舟译，上海三联书店、人民出版社 1994 年版，第 59～60 页、第 239 页。

〔7〕 参见王建均：《市场经济与人权》，社会科学文献出版社 2006 年版，第 52～90 页。

入市场的起点。不仅如此，投资行为的实施，导致民事主体进入营业领域之际的角色转换或衍生主体这两种主体情形发生重大变化。

(1)民事主体转换为投资主体。特定民事主体一旦实施了投资行为，就实质地进入了营业领域，无论其选择什么角色、采取什么方式，本身的角色、地位、关系、功能，均不以自己的意志为转移发生实质性变化，即该民事主体由普通民事领域的财产权主体转换为营业领域的投资主体，亦即由普通民事主体角色转换为第一重商事主体角色，并享有因投资行为转换为投资主体所享有的投资权利或资本权利。

(2)投资主体的契合、结社行为衍生出企业主体。民事主体实施投资行为进入营业领域之后，不仅使其自身角色转换为投资主体，而且，如选择合伙、合资、合作等方式经营，则基于投资主体的出资契约、发起协议，还会衍生出合伙企业、公司企业、合作社企业等新生主体，此主体因投资主体发起签署而成立，并因登记而具对世效力，进而成为商事权利的衍生归属主体。

3. 进入营业领域之后的商事主体

民事主体通过投资行为，并完成各种法定或约定的相关程序或手续进入营业领域之后，因实施投资、经营、交易行为，而相应地转换为投资主体、经营主体、交易主体等具体实然形式的商事主体，进而享有、行使、实现法定、章定或约定的各项具体商事权利。无疑，民事主体进入营业领域之后转换为具体的商事主体，是商事权利的主要归属者。

4. 退出营业领域之后的身份丧失或主体消灭

营业自由既包括投资、进入、开业的自由，也包括经营、交易的自由，更包括歇业、停业、退出的自由。如营业当事人选择歇业、停业或退出营业领域，除须依法、遵约完成各项必要的程序外，还必然产生诸如某些主体的商事主体身份丧失或特定主体消灭等主体性法律效果，如商自然人之特定商事主体角色、身份、地位的丧失，企业作为衍生主体因注销在法律上归于消灭等。尽管某些主体商人身份的丧失或主体资格的消灭，在法律上宣告其不再具有商事主体资格，但并不意味着其附属或原有的商事权利也归于消灭，而应按照法律、章程或约定，由相关主体享有或继受。如个体工商户或个人独资企业注销后，只是宣告某特定自然人不再具有商事主体的角色、身份、地位，但该自然人对个体工商户或个人独资企业在营业中形成的各种财产、权益以及债务，并未因此丧失；又如企业作为衍生商事主体因注销，虽该企业之主体资格在法律上归于消灭，但企业在存续期间所占有、支配、管领、增加的各种财产、权益以及相应债务，在进行必要清算后，如仍有剩余，则应按照法律、章程或约定的规定，分配或归属于企业的出资人，即投资主体。

(三)商事权利主体的表现形态

在人本主义、人文主义的法律框架下，权利是一个与人、人类、人类社会不可分离的法概念和法范畴,故在通常情况下,权利一般系指主体为个体的人或群体的社会组织的权利。尽管商事权利主体与一般权利主体一样,也遇到来自新理念、新技术、新业态等诸方面的挑战,如随着自然环境、生态伦理、生命本位主义等现代法理思潮的兴起,部分学者提出动物特别是高等动物亦有权利的动物权利观或生命体权利观等论点;[8]又如,随着智能机器人、生物机器人的出现、应用和普及,机器人"权利主体论"也悄然兴起。[9] 但就目前而言,商事权利主体尚只局限于人及人相关的社会组织等类型,就其表现或存在形式来看,主要包括原生和实然两种状态。

1. 原生形态

商事权利主体的原生形态,即进入营业领域前后、以抽象形式的民事主体表现出来的权利主体形态,主要包括自然人及家庭户、社会组织(法人组织或非法人组织)、国家3种典型形式。

2. 实然形态

商事权利主体的实然形态,即进入营业领域之后、以抽象民事主体形式转换为具体商事主体的权利主体形态,主要包括投资主体、经营主体、交易主体3种典型形式。

二、商事权利主体的原生形态

商事权利主体的原生形态,系指进入营业领域前后、以抽象形式的民事主体表现出来的商事权利主体形态,它与一般民事主体的抽象形式并无本质的不同,基本形式包括自然人、社会组织或超社会组织的国家,正如拉德布鲁赫所言,"现今所有的人(menschen,即生物人——笔者注)都有资格成为权利主体(只可作为权利客体的人,即奴隶,如今已不复存在),但不仅是单个的人可以成为权利主体,而且多个人的联合、团体,也可成为权利主体"。[10] 也就是说,作为商事权利主体原生形态的私法主体——民事主体,存在形式不仅包括作为个体的自然人及家庭户,也包括作为组织或团体的社会组织(包括法人组织和非法人组织),在特殊情形下,还包括国家。

(一)商事权利的原始主体:自然人及家庭户

个体的人是当然的权利主体,但作为生物、生命意义上的自然人个体,并非一开始就是完全、独立、自由、平等的主体。在古代罗马,不具自由权的奴隶虽为生物意义上的自然人,但却不是权利主体,而只是奴隶主或债权人的权利客体;此外,家族权、家长

---

〔8〕 参见[美]汤姆·雷根:《动物权利研究》,李曦译,北京大学出版2010年版,第29页以下;[澳]彼得·辛格、[美]汤姆·雷根:《动物权利与人类义务》,曾建平、代峰译,北京大学出版社2010年版,第115~149页;常纪文:《"动物权利"的法律保护》,载《法学研究》2009年第4期。

〔9〕 参见周详:《智能机器人"权利主体论"之提倡》,载《法学》2019年第10期。

〔10〕 参见[德]拉德布鲁赫:《法学导论》,米健译,法律出版社2012年版,第73页。

权下的其他家属成员（如妻子、子女等），虽为主体，但也不享有完全的权利。欧洲中世纪，世俗社会的人一方面被宗教神权、封建领主所统治，教民、农奴没有绝对的人身自由和完整的世俗权利；另一方面，由于城市行会、商业公会的封闭与垄断，商人作为独立于一般世俗阶层的职业共同体，享有普通世俗人不能拥有的商业特权。在中国古代，普通人、世俗人在君权、族权、家庭、夫权的礼序伦理关系中，被锁定为臣民、族民、家属、妇人等特殊身份，居于人格不独立、身份不自由、地位不平等的序差社会结构之中，无法彰显人之主体地位，更遑论权利主体了！故近代以前，作为具生命意义的自然人个体，就连私法主体的身份与地位都难以确定，更不要说权利以及商事权利主体了。

中世纪晚期，特别是近代以来，历经科学启蒙与宗教改革、商业（工业、产业）革命、废奴运动、人权与政治革命等多次人的解放运动，人从神权、奴隶、身份（家庭、职业、商人、等级、特权）中解放出来，还原人之生物人、世俗人、自由人、普通人的本来面貌；尤其是随着商业革命的兴起与普及，独立、自由、平等之契约观念与平民、平等、平权之民法精神的深入人心，私法上的人更加纯粹化、抽象化、一般化，传统具有身份、依附、等级属性的伦理人、社会人，被抽象为生物人、理性人，并以自然人之通称出现。〔11〕 自然人作为褪出各种身份、地位、关系属性的抽象、理性人，是一个具独立、自由、平等地位或形象的私法主体，既自由地享有各种平等的民事权利，也自由地享有进入营业领域及由此产生、衍生、创新的各种商事权利。故自然人及家庭户既是最原始的民事权利主体，又是原生形态和原始形式的商事权利主体。

自然人及家庭户作为原生形态和原始形式的商事权利主体，又称商自然人或商个人，其存在形态集中表现在如下几个方面：

1. 自然人及家庭户作为投资性权利主体

如具有完全行为能力的自然人通过实施投资行为而成为投资主体，当然为投资性权利的主体；又如，自然人（包括限制行为能力人和无行为能力人）通过继受方式（继承、受赠、受让等）取得股东、合伙人等企业出资人资格或身份，也必然享有股权、合伙权等资本类权利；再如家庭户以集体经济组织成员名义所享有投资性权利。

2. 自然人及家庭户作为经营性权利主体

如自然人通过登记注册或在豁免登记的情形下，直接投资以个体形式进行经营，则依法享有商自然人、个体工商户或经营户所享有一系列营业财产权和自主经营权等；又如自然人以家庭户、独资企业形式投资经营，则比照商自然人、个体工商户或经营户，在营业中享有一系列营业财产权和自主经营权。

---

〔11〕 参见王春梅：《民事主体的历史嬗变与当代建构》，人民出版社 2011 年版，第 90 ~ 107 页。

3. 自然人及家庭户作为交易性权利主体

如自然人以个体、家庭、独资企业等形式，参与商品买卖、代理、经销、行纪、运输等营利类交易，依法、依约享有一系列因交易所生商事债权。

(二)商事权利的衍生主体：企业

企业的本质是社会组织，是人、财、物的结合与契合，企业最初本不是主体，只是自然人或家庭户营业的平台、手段、方式和财产集中的一种特殊形式，本身只是自然人或家庭户营业开展的工具和商事权利的客体；但随着企业经营体的稳定、持续，以企业名义产生的营业活动或营业关系已越来越多、越来越普遍，企业才为出资人所依赖，并被交易相对人所信赖，进而充当独立主体角色；而随着近代商事登记的注册、公示制度定型，企业也跃升为独立于出资人、交易相对人、内部管理人的新型主体。企业从权利客体逐渐转型、升华、拟制、确定为权利主体的过程，[12]充分说明：(1)企业是自然人投资行为的衍生产物；(2)企业是自然人商事结社而成立的组织体；(3)企业是自然人投资、营业的契合体；(4)企业是人、财、物和各种营业要素、生产要素的集合体；(5)企业是自然人从事营业的经营体；(6)企业是经登记、注册、公示、新生的独立民事主体。与自然人不同，企业这一新型主体，具有衍生性、派生性、间接性、组织性、拟制性等特征，其中衍生性、组织性和拟制性说明，最初的企业是自然人投资衍生、结社、拟制的主体；而随着企业在营业的主导性地位加强，企业也成为新的投资主体。现今的企业已是自然人、企业和其他非企业组织投资衍生、结社、拟制的主体。无论社会、营业如何变迁或升级，企业之衍生性、组织性与拟制性等本质特征，是不能也不可改变的。在我国计划经济时代，企业作为国家计划管理对象，并不具有独立主体地位，改革开放和市场经济建设中，一个重要主题就是恢复企业，特别是国有企业从客体不断转型为主体的过程，[13]直至1986年《民法通则》(已失效)和1988年《全民所有制工业企业法》(已被修改)的通过，企业之主体地位在法律上被确认，人们已不再视企业为权利客体了。

企业作为衍生的商事权利主体，其权利主体角色，集中表现在如下几种情形：

1. 作为经营性权利主体的企业

与自然人首先是作为投资主体角色、身份、地位出现不同，企业首先是作为经营主体(经营体)的角色和功能出现的。这是因为，企业是出资人契合与结社的衍生产物，相对于出资人而言，所承载的主要使命和核心功能，是营运出资人出资形成的营业资产，并通过经营生成特定产品或商业服务，以创造价值进而通过经营收益的分配，实现出资人投资收益或利润最大化的预期。故企业首先是经营主体，依法享有对企业财产的占有、支配、管领、处分等主要内容的营业财产权和自主经营权。

---

〔12〕 参见叶林：《企业的商法意义及“企业进入商法”的新趋势》，载《中国法学》2012年第4期。

〔13〕 参见孙宪忠：《“企业是国家所有权的客体”质疑》，载《中国社会科学院研究生院学报》1986年第5期。

2. 作为转投资权利主体的企业

经营主体虽是企业的第一重、原始角色或身份，但企业一经登记注册，即为独立的民事主体，并因取得营业执照而成为当然的商事主体，企业作为独立私法主体的角色、身份、地位，决定它有权对其占有、支配、管领的财产（包括出资人出资形成的原始资本和经营中新增的衍生财产）享有依法（主要为内部治理决策）独立处分的权利。这种独立处分的权利就包括把这些财产作为出资，以合伙、合资、合作等形式，新设企业、参与他企业或持有他公司股份，进而成为他企业（包括全资或控股的子企业或公司、其他一般的企业或公司）的出资人。[14] 只是与一般自然人投资主体不同的是，由于企业财产经营所得的终极利益归属者始终是企业出资人，而非企业本身，故企业投资的财产虽名义上为企业占有、支配、管领，但企业并非终极的所有人或权利人，其投资带有明显的间接性和再转属性，故企业之投资行为又称企业转投资行为，企业也因之又成为转投资主体，并相应地享有投资主体的一系列投资性权利。

3. 作为交易性权利主体的企业

作为经营主体的企业，不仅可成为转投资主体，还可成为交易主体，在其成为交易主体时，当然就拥有基于交易而产生的各种商事债权。

（三）商事权利的特殊主体：国家与非营利组织

在传统商法理论框架里，国家或非营利组织一般不被纳入商事主体的范畴，更不要说是商事权利主体了。在既有研究文献中，除极个别学者对之有所涉及，[15] 且基本是持否认或限制态度，鲜有学者对其进行具针对性的探讨和研究。笔者认为，国家与非营利组织的公共性、公权性、公益性，决定其与具私益逐利性和最大化特质的营业活动，存在明显的利益冲突。故为防止公权与私益之间的混淆和冲突，更为了防止借公权以牟取私益的公权私用和不当竞争行为，绝大多数国家或地区的法律均禁止国家或非营利组织直接从事营业活动或经营行为。但法律禁止或限制国家或非营利组织直接从事营业活动或经营行为，并非意味着其不得从事任何具营利属性的营业活动，限禁范围仅仅只是以国家或非营利组织名义直接从事营业活动或经营行为，但在下列情形下，国家或非营利组织的营业活动是法律允许或在受法律严格限制的条件下进行。

1. 国家或非营利组织作为投资性权利主体

一般而言，在符合法律规定条件或程序的情形下，国家或非营利组织可作为营利性投资主体，如国家设立国家出资企业或持有非国有企业股份，非营利组织投资设立

---

〔14〕 参见李飞：《法解释论视角下的公司转投资行为》，载《法学》2007 年第 11 期。

〔15〕 参见徐炳、尹兰天：《国家机关及其工作人员可否从事营利活动?》，载《法学》1984 年第 10 期；吕来明、刘娜：《非营利组织经营活动的法律调整》，载《环球法律评论》2005 年第 6 期；金锦萍：《论非营利法人从事商事活动的现实及其特殊规则》，载《法律科学（西北政法大学学报）》2007 年第 5 期。

法人出资企业或持有其他企业、公司的股份等。此外,根据证券法、国债法和其他金融法、货币法的规定,国家或非营利组织还可通过公开市场,购买股票、基金、国债、期货以及其他金融产品等。在上述投资活动中,国家或非营利组织以营利性投资主体,而非以直接经营主体的角色、身份、地位出现,依法依约享有投资主体所应有的一系列商事权利。

2. 国家或非营利组织作为特殊情形下的经营或交易主体

如国家作为特殊主体,或出于国家利益,或基于公共目的,或为了公益需要,会有限制性地经营一些特殊的产业、部门或事项,如我国古代的盐、铁、茶、丝、油等国家专营或专卖;又如我国现行的盐业、烟草、军工、电视等领域的国家专营或专卖。国家在这些特殊产业、部门或事项实施专营或专卖,具有公有、公用、公益等公共特征,并具有专有、排他、垄断等非竞争属性,属于笔者所提公共商法的调整范围。虽然如此,毕竟其基础法律关系仍属商法关系,故国家在特殊专营或专卖法律关系中,自然也就享有一系列特殊的垄断性商事权利。至于这一权利所产生的积极或消极效应,对国民商权、市场竞争、普遍福利是否有利或有害,则是另一个需要深入讨论的问题。

三、商事权利主体的实然形态

如前所述,商事权利主体的实然形态,为具抽象属性的民事主体在进入具体营业领域之后,因特定营业领域、场景或关系而转换为具体商事主体的权利主体形态。民事主体在依法享有财产自由的前提下,通过对财产的自由处分,把其投入到营业领域,就会因营业领域、场景或关系的不同,转换为具不同营业角色的商事主体。特别是近代以来,随着财产自由、财产权的结构或意识形态的颠覆式革命和根本变化,“发生在1688年革命之后的二十多年里”,财产被视为自由、人格的基础,作为主体、抽象的人,不仅转型为“自由人”,而且也因为参与各种营业关系而成为实在的“市场人”。[16] 而这一变化又因主体所选择的营业具体形式如投资、经营、交易所存在的差异,分别表现为投资主体、经营主体、交易主体3种典型形式,并相应地享有对应领域、场景或关系的一系列不同商事权利。

(一)投资主体

1. 投资主体的一般界定

投资主体,又称“投资人”“投资者”,在特殊情形下还可表述为“出资者”或“出资人”等,作为投资法律关系的参与人与权利义务的承受者,系指以营利为目的,依法独立处分自己所有、支配、管领的财产(有形或无形、动产或不动、物品或资金)或权益,投

〔16〕 参见[美]波考克:《德行·商业和历史》,冯克利译,生活·读书·新知三联书店2012年版,第77~108页。

入营业领域以获取最大化回报,或通过继受方式取得前述同样法律效果或法律地位的民事主体。投资主体是民事主体进入营业领域的第一重商事主体角色和身份,是转换为其他商事主体角色和身份的基础条件。

2. 投资主体的取得方式

投资主体的取得主要有原始取得与继受取得两种方式。(1)原始取得。又称投资取得或直接取得,是通过特定民事主体的具体投资行为取得投资主体资格的方式,绝大部分投资主体是通过此种方式取得的。(2)继受取得。又称传来取得或间接取得,是通过继承、受赠、受让等方式从原投资主体处取得投资主体资格的方式。其中又以出资权利继承、资本权受让方式最为常见。

3. 投资主体的具体形式

投资主体可按不同标准或属性,进行如下具体分类:(1)按投资主体的原生形式与自然属性,可分为自然人投资主体、家庭投资主体、社会组织类投资主体、国家投资主体等。(2)按投资主体的人格属性,可分为个体投资主体、法人投资主体、非法人组织类投资主体。(3)按投资主体的投资对象与标的,可分为物品投资主体、企业投资主体、证券投资主体、货币投资主体等。(4)按投资主体对应的企业类型,可分为企业主(个人独资企业的出资人)、合伙人、股东、社员(合作社企业的出资人)、其他企业出资人等。(5)按投资主体的层级形式,可分为原投资主体、转投资主体。(6)按投资主体的职业形式,可分为一般投资主体、机构投资主体、投资基金等。(7)按投资主体的权利形式,可分为物权式投资主体、股权式投资主体、债权式投资主体、项目式投资主体等。(8)按投资主体的过程环节,可分为直接投资主体、间接投资主体等。

4. 投资主体的主要权利

由于投资主体具体类型和表现形式有很大差异性,因而不同投资主体的具体权利属性、范围、类型有很大不同,主要内容可概括如下:(1)原始财产方面的所有权、支配权或占有权。如物权、知识产权出资人对原有不动产、知识产权的所有权、专有权。(2)由出资财产转换而来的投资性权利。包括后文所述的业主权、合伙权、股权、社员权和其他资本性或投资性权利等。(3)剩余财产分配权。如企业解散清算中,企业出资人就享有依法律、章程、约定对企业剩余财产或按出资比例或按均等份额分配的权利。(4)其他法律、章程、约定所载属于投资主体专有的权利。

(二)经营主体

1. 经营主体的一般界定

经营主体相对于前述投资主体、后述交易主体而言,系指对已投入营业领域的财产或资金进行组织、经营、管理,并通过特定营运过程生产出具体产品或提供特定商业服务的商事主体形式。经营主体是民事进入营业领域后转换为商事主体又一种重要表现形式。

2. 经营主体的取得方式

与投资主体资格的取得方式不同，经营主体因须从事具体的生产、经营、管理活动，法律有比较严格的要求，如需要登记、许可等必要法定程序。一般而言，经营主体资格的取得方式包括：(1)自由取得。又称投资取得，对豁免登记类的经营主体，只需当事人投入必要的财产进行自主经营，即可取得经营主体资格，如部分个体工商户、个体摊贩、小规模经营者、家庭经营者、农林牧渔经营者等。(2)登记取得。又称注册取得，如部分个体工商户、所有企业类经营主体，均须通过登记注册，领取营业执照，方可取得经营主体的资格。(3)许可取得。又称审批取得，如对金融、食品、药品等特殊经营主体，除须通过登记注册取得一般经营资格外，还须依法定条件或程序申请取得经营许可证，方可取得特别经营主体资格。(4)继受取得。即通过特别合同的形式，取得特定经营主体的资格，如通过承包、租赁、信托、托管、招标等特别合同或程序，依法取得承包、租赁、信托、托管、特许经营者资格。

3. 经营主体的具体形式

经营主体可按不同标准或特定视角，表现为如下具体形式：(1)按经营主体的原生形态，可分为自然人个体经营主体、家庭经营主体、企业经营主体和国家经营主体。(2)按经营主体的组织形式，可分为自然人个体经营主体、社会组织类经营主体(企业、非企业、国家)。(3)按经营主体的人格属性，可分为个体经营者(商个人)、合伙经营体(商合伙)、法人经营体(商法人)。(4)按经营主体的功能形式，可分为自营经营主体、他营经营主体(包括企业经营主体、承包经营主体、租赁经营主体、信托经营主体、托管经营主体、其他受托经营主体等)。(5)按经营主体的职能形式，可分为生产制造商、特定服务商等。(6)按经营主体的业务形式，可分为一般经营主体、特殊经营主体等。

4. 经营主体的主要权利

受主体属性与类型差异的制约，不同形态的经营主体在权利属性、范围或类型上，有很大不同；一般情形下，经营主体的主要权利包括如下：(1)营业财产权，包括企业转投资权等。(2)人格性财产权。(3)营业标记权。(4)工业产权。(5)信息财产权。(6)其他经营性权利。

(三)交易主体

1. 交易主体的一般界定

营业视角下的交易主体，是特指或专指进入营业领域参与营业交易，居于营业的最后阶段和末端环节，具有独立实现产品或服务等营业交易标的物价值或增值的财富或效益转换功能，以从事营业交易为基本职业的商事主体类型。交易主体是民事主体进入营业领域之后比较常见的商事主体转换形式，且在多数情形下，交易主体是以经营主体的名义或与经营主体合一的形式存在，只有特定情形下，交易主体与经营主体才是分离的。

2. 交易主体的取得方式

由于交易主体在多数情形下是以经营主体的名义或与经营主体合一的形式存在，故前述经营主体资格的取得方式，也是交易主体资格的取得方式，即自由、登记、许可、约定等主要取得方式。需要说明的是，在交易主体与经营主体相对分离的情形下，特别交易主体资格的取得，更多是通过商业特许合同，以特别授权的形式取得特定交易主体资格，典型的如总代理、独家代理、经销权的取得等。

3. 交易主体的具体形式

同前述投资主体、经营主体一样，交易主体也可从不同角度进行类型划分，诸如原生形态的自然人个体、家庭、企业、国家等；人格属性的自然人、法人、非法人组织等。其中，最具代表性的交易主体形式有：(1)按交易主体的营销形式，可分为批发商、零售商等；(2)按交易主体的功能形式，可分为代理商、经销商、专卖商等；(3)按交易主体的业态形式，可分为传统实体店、网络虚拟店等。

4. 交易主体的主要权利

由于交易主体的营业活动，在多数情形下是通过缔结或履行合同等形式进行的，故对交易主体而言，其商事权利主要表现为商事债权。包括：(1)一般商事债权；(2)营业知情权；(3)劳动债权；(4)其他商事债权。

第二节　商事权利的客体类型

一、商事权利客体的一般分析

(一)商事权利客体的学理界定

1. 关于权利客体的诸学说与代表性观点

在私法领域，权利虽是一个经常被提及的概念或范畴，但权利客体却是一个被长期忽视甚至被遗忘的角落。在大陆法系，一般是在讨论法律关系时才论及客体问题，故只有法律关系客体之说，并无统一的权利客体概念。

在域外立法上，《法国民法典》并无权利客体之规定，该法只有第16－1条第2款有关于人身或人身之部分非“财产权利之标的”之表述；[17]《德国民法典》只有物和给

---

〔17〕 参见《法国民法典》，罗结珍译，北京大学出版社2010年版，第3页。

付义务的规定，也无明确的权利客体概念；[18] 在日本，尽管学者建议引入权利客体概念，并列有物、给付行为分别作为物权、债权之客体，[19] 但《日本民法典》2017 年修正案并未采纳，仍延续第 1 编总则第 4 章关于物的规定。[20] 明确规定权利客体的只有《俄罗斯民法典》第 128 条，即“民事权利的客体包括：物，其中包括金钱和有价证券；其他财产，其中包括财产权利；工作和服务；信息；智力活动成果，其中包括智力活动成果的专属权（知识产权）；非物质利益”。[21] 在学理上，法国将民事权利认为是权利主体与客体的关系，即表现为权利主体支配标的物，或者要求他人信守或履行特定义务的能力，这种权利请求的标的或对象即为客体；[22] 在德国，权利客体通常被认为是“权利所指向的对象”；[23] 只有俄罗斯学者在论及“民事法律关系客体”时，明确提出权利客体概念，并解释为“民法主体活动的对象”，进而认为民事权利客体范畴与民事法律关系客体概念是相同的。[24]

在我国，无论是大陆学者，[25] 还是台湾地区学者，[26] 主流观点对权利客体、权利标的、权利对象并不加以区分，甚至把权利客体与权利对象、权利标的、权利内容、权利目的相混淆。在定义或解释权利客体时，又存在法律关系与权利要素两种代表性路径。（1）法律关系客体论。该论明显受苏俄民事法律关系客体思维的影响，即从法律关系客体路径来定义或解释权利客体，如有学者认为民事法律关系客体，即民事权利义务共同指向的对象，它与权利义务的标的是同一概念，包括人身利益、财产利益（有形财产、无形财产）、行为等；[27] 或包括物、有价证券、智力成果，其他客体等。[28] （2）权利要素客体论。该论更多受法德民事权利观念的影响，即从权利构成要素路径来定义或解释权利客体。学者认为，权利客体为受法律保护特定利益之本体，亦称权利的标的

---

〔18〕 参见《德国民法典》，陈卫佐译注，法律出版社 2010 年版，第 30～36、85～97 页。

〔19〕 参见［日］加藤雅信等：《日本民法典修正案Ⅰ》，朱晔、张挺译，北京大学出版社 2017 年版，第 23 页。

〔20〕 参见《日本民法典》，刘士国等译，中国法制出版社 2018 年版，第 13 页。

〔21〕 参见《俄罗斯联邦民法典》，黄道秀译，北京大学出版社 2007 年版，第 86 页。

〔22〕 参见［法］雅克·盖斯旦、［法］吉勒·古博：《法国民法总论》，陈鹏等译，法律出版社 2004 年版，第 141～143 页。

〔23〕 参见［德］卡尔·拉伦茨：《德国民法通论》（上册），王晓晔等译，法律出版社 2003 年版，第 280 页。

〔24〕 参见［俄］E. A. 苏哈诺夫主编：《俄罗斯民法》（第 1 册），黄道秀译，中国政法大学出版社 2011 年版，第 272 页。

〔25〕 参见梁慧星：《民法总则》，法律出版社 2011 年版，第 149 页；王利明：《民法总则研究》，中国人民大学出版社 2018 年版，第 146～157 页；龙卫球：《民法总论》，中国法制出版社 2002 年版，第 122 页。

〔26〕 参见郑玉波：《民法总则》，台北，三民书局 1996 年版，第 191 页；胡长清：《中国民法总论》，中国政法大学出版社 1997 年版，第 151 页；史尚宽：《债法总论》，中国政法大学出版社 2000 年版，第 231 页；王泽鉴：《民法总则》，中国政法大学出版社 2001 年版，第 205 页。

〔27〕 参见佟柔主编：《民法原理》，法律出版社 1986 年版，第 35 页。

〔28〕 参见魏振瀛主编：《民法》，北京大学出版社、高等教育出版社 2017 年版，第 131～148 页。

或权利的对象,[29]它包括有体物、自然力、行为、智力成果、人格利益、权利等。[30]

2002年以来,随着全国人大重启民法典立法工作,权利客体开始被学界、业界关注,多部民法典学者建议稿列有权利客体或民事法律关系客体,[31]特别是2015年我国正式启动民法典编纂工程之后,权利客体更成讨论热点。在具体定义权利客体时,涌现出如下代表性观点:(1)标的论。如有学者认为,权利客体作为主体支配的标的,包括物、智力成果、非物质利益三大部分。[32] (2)对象论。如有学者认为"客体是民事权利支配的对象";[33]或认为民事权利客体主要系指界定民事权利义务所指向对象的范围。[34] (3)标的或对象论。如有学者认为,权利客体又称权利的标的或权利对象,包括物、行为、人身利益、智力成果等。[35] (4)利益论。如有学者认为,权利客体是主体的自由意志和利益的交汇点,是主体利益的具体化,是立法者通过授予主体法律上的权利予以保护的利益的具体化,包括第一层次和第二层次的权利客体,其中第一层次权利客体为有体物、无体物、人格利益和身份利益等。[36] (5)纯物论。如有学者从哲学主客关系、民法权利思维模式、权利和法律关系的区分角度,认为只有物才能部分符合客体的要求。[37] (6)义务人行为论。如有学者认为,权利客体语境应限于权利本身,统一的权利客体概念应是"义务人的行为"。[38]

除对权利客体有不同解读外,又因权利客体与物、标的(或标的物)、对象等概念存在关联性,主流观点虽对权利客体与权利标的、权利对象不加区分,只是在称谓上客体是相对于物权,标的更多是相对于债权,而标的物则系指客体或标的所指向的具体对象,但仍有部分学者认为,它们是完全不同的概念或范畴。如有学者认为,由于权利涉及发生和实现两个层面,权利客体是在权利发生的层面上解决权利设立在何种基础之上的问题,而权利标的则是在权利实现的层面上解决权利的行使对象问题;权利客体是权利设立的基础,权利的标的是权利行为的对象,权利的内容则是权利主体自由意

---

〔29〕 参见梁慧星:《民法总则》,法律出版社2011年版,第149页。

〔30〕 参见于海涌:《中国民法典草案立法建议(提交稿)》,法律出版社2016年版,第48页。

〔31〕 参见梁慧星主编:《中国民法典草案建议稿》,法律出版社2013年版,第22~24页;王利明主编:《中国民法典学者建议稿及立法理由·总则编》,法律出版社2005年版,第241页;徐国栋主编:《绿色民法典草案》,社会科学文献出版社2004年版,第6页以下;杨立新:《中华人民共和国民法总则(草案)建议稿》,载《河南财经政法大学学报》2015年第2期。

〔32〕 参见温世扬:《民法总则中"权利客体"的立法考量——以特别"物"为重点》,载《法学》2016年第4期。

〔33〕 参见徐国栋主编:《绿色民法典草案》,社会科学文献出版社2004年版,第6页。

〔34〕 参见杨立新:《民法总则》,法律出版社2013年版,第36页;杨立新:《我国民事权利客体立法的检讨与展望》,载《法商研究》2015年第4期。

〔35〕 参见龙卫球:《民法总论》,中国法制出版社2002年版,第122页。

〔36〕 参见方新军:《权利客体的概念及层次》,载《法学研究》2010年第2期。

〔37〕 参见梅夏英:《民法权利客体制度的体系价值及当代反思》,载《法学家》2016年第6期。

〔38〕 参见曹相见:《权利客体的概念构造与理论统一》,载《法学论坛》2017年第5期。

志的行使方式。[39] 也有学者认为,权利客体与权利对象乃抽象与具体关系,即权利客体是一个抽象的范畴,系指体现在各种权利对象上的人格利益或财产利益,而权利对象则是一个相对具体的范畴,包括物、行为、信息等承载各种财产利益或人格利益的载体。[40] 还有学者认为,权利具有规范和事实的二元属性,权利客体的功能是表征权利的规范性,权利对象的功能是表征权利的事实性。[41]

正因学界、业界对权利客体存在定义、解释、界定上的明显差异和重大分歧,无法形成共识,故表现在立法上,无论是 1986 年的《民法通则》(已失效),还是 2017 年的《民法总则》(已失效),均只有民事权利的原则性规定,而无权利客体的抽象概括和具体列举,《民法典》只是在涉及物权(第 115 条)、知识产权(第 123 条)时,才有关于具体权利客体的表述。

2. 权利客体的本义内涵

尽管我国《民法典》在民事权利章节,未对权利客体作为抽象概括和具体列举,回避了学界、业界的论争与分歧,但权利客体的基础性、重要性和不可或缺性,对其进行准确界定或厘清,仍具重要的理论意义和实践价值。

笔者认为,权利客体应从权利内容的逻辑关系和本身的构成要素中去寻找答案。既然权利是一种可自由选择或支配的利益,是主体内在意志与外在需求的结合,权利的核心因子又为利益与自由,那么作为主体对应范畴的客体,也就是作为权利客体的事物或属性,首先,本身理应是,且必须是权利要素的核心构成因子。其次,它必须具备客观性、独立性、效应性之基本特性,具体表现在以下方面。(1)客观性。客体作为满足主体需求的某种属性,必须是客观存在的事物或属性。(2)独立性。客体必须脱离主体自身而独立存在,凡属主体自身的事物或属性,如人的身体、器官等因与主体不可分离,是主体的一部分,自然不能作为权利客体。(3)效应性。客体必须能给主体的需求或欲念带来满足感或幸福感,它必须是能满足主体需求或欲念的某种事物或属性。基于权利的内在逻辑关系和核心构成因子,对照客体应具备的基本特性,本身是权利要素的核心因子并符合客观性、独立性、效应性三大特性,而能作为权利客体的事物或属性,只有特定利益。因此,特定利益才是权利的真正客体,如在民事权利中,人身利益(包括人格利益或身份利益)基于人身权(人格权或身份权);物基于物权;给付基于债权;智力或创新成果基于知识产权等,均是构成民事权利的核心因子,并具备客体的基本特性。

尽管学界、业界对权利客体的解释所持观点各异,但无论持何主张,无论是奉行民

〔39〕 参见方新军:《权利客体论》,中国政法大学出版社 2012 年版,第 171 页。

〔40〕 参见刘德良:《民法学上权利客体与权利对象的区分及其意义》,载《暨南学报(哲学社会科学版)》2014 年第 9 期。

〔41〕 参见曹相见:《权利客体的概念构造与理论统一》,载《法学论坛》2017 年第 5 期。

事权利客体的解释路径，还是基于民事法律关系客体的阐释思路，其具体形式均包括人身利益（人格利益或身份利益）、物（物上利益）、给付行为（给付利益）、智力成果（知识创新利益）等，而这些对特定权利主体来说，均体现为特定利益。足见，权利客体究竟是法律关系之客体，或者为权利之客体；无论是权利的标的、对象，还是与标的、对象存在根本不同的概念或范畴，均不是基础性、根本性的，最为重要的应是权利客体的本义、内涵和功能。权利客体的本义是一种特定利益；内涵是对应权利主体的事物、范畴或属性；功能是表现为特定利益的事物或属性，能满足权利主体的需求或欲念。

3. 商事权利客体的恰当定义

基于对权利客体的前述本义、内涵和功能，商事权利客体可定义为能满足民事主体进入营业领域实现营利或财富最大化需求或欲念的特定营业利益。质言之，商事权利客体就是一种特定营业利益。从商事权利客体这一定义中，可以看出：(1)商事权利客体的本义是一种特定营业利益；(2)商事权利客体的内涵是对应民事主体或由民事主体转换、衍生的商事主体之特定事物、范畴或属性；(3)商事权利客体的功能应是表现为特定营业利益的事物、范畴或属性，能满足作为权利主体的民事主体或由民事主体转换、衍生的商事主体之实现营利或财富最大化需求或欲念。

（二）商事权利客体的基本特征

营业领域与非营业的普通民事领域之不同之处在于，进入该领域的民事主体或转换、衍生的商事主体，不是为了追求某一具体、完整的权利，而是为了寻找或实现最大化的利润或财富。也就是说，进入营业领域的主体，已完全不在乎权利的严谨逻辑和优雅体系，[42]而更关注哪一种负载着特定利益的权利形式能给其带来最大化的效益、利润、收入或财富。以物权为例，对一般民事主体而言，其更在意该物的归属与权利的确认，但对以物作为出资形式并转换为商事主体的投资主体而言，该物被投入营业领域之后，究竟是由谁占有、控制、支配、营运、处分、交易，他并不十分关心，他所关心并刻意关注的，是哪一种物的占有、控制、支配、营运、处分、交易方式，能给其带来最大化的效益、利润、收入或财富，只要能带来最大化需求或效用，他就会选择这种，哪怕这种方式具有巨大、潜在的风险，也绝不犹豫。进入营业领域的民事主体或转换、衍生的商事主体的这种"不求所有，但求所用""不求所用，但求所利"的进取、冒险精神和开放、豁达理念，是一般民事主体完全不能想象和企及的。正因如此，发生在营业领域的投资、经营、交易，无论权利形式，还是权利客体，进而交易的标的，均一再突破传统民法，同时也一再革新既有商法的理念、制度和规则，不断锐意进取、推陈出新、持续创新。典型的如交易标的物从"有体"到"无体"的演变，特别是诸如股权、知识产权、信托财产

---

〔42〕参见［德］K. 茨威格特、［德］H. 克茨：《比较法总论》，潘汉典等译，法律出版社 2003 年版，第 219 ~ 220 页。

权、矿业权、排污权、网络虚拟财产、信息财产权等新型交易标的或权利形式出现，对传统私法特别是传统商法，构成了巨大的挑战。〔43〕 与一般民事权利客体具体性相比，商事权利客体呈现出以下抽象性特征：

1. 机会的价值化

机会具有一定时序性、空间性、有利性的可能性范畴，掌握机会或抓住机会的人，往往会赢得一定的先机，居于某些有利条件，获得某些意外收益。在经济学上，机会因其存在不确定性、时效性、主观性等特征，并具有可选择和可利用的可能性，在信息不对称条件下，信息优势者利用相对信息优势所提供的机会，就能获得相对于信息劣势方不能获得的经济净收益，从而产生机会利益。〔44〕 机会及利用机会衍生或增进利益，是信息不对称条件下社会交往和私法领域常见的经济现象，因而努力获得各种对己有利的机会，也就是成为理性人、经济人的自觉行为。在一般民事领域，机会虽也会为某些民事主体创造对己有利的条件，如一般缔约也会存在机会利益的损失；但日常生活、消费领域的利益空间毕竟十分有限，机会尚不具有巨大的潜在价值和利益张性。但在营业领域则完全不一样，在一定意义上讲，营业的过程，就是一个不断发现、利用并创造机会的过程，谁最先发现、利用并创造了营业机会，谁就可获得别人不能获得的巨大商机，而巨大的商机又常常带来巨大的利益回报和最大化收益。因此，争取甚至争夺对己更为有利的商机，就成为民事主体进入营业领域之前、之际、之后的一种持续性行为。各种营业机会也因可产生巨大的商业利益，而演变成为商业机会，进而使商机价值化。对商人而言，没有什么东西比赋予、分配、获得商机更重要；自然，谋求营业机会的自由、平等享有，要求商业机会的公平、有序分配，几乎成为所有进入营业领域的私法主体之共同诉求。正因营业机会、商业机会具有巨大的潜在利益和增值空间，并进而被价值化、财产化，故机会以及机会衍生的机会利益，就成为商事权利最主要的客体，且重要性居于所有客体的首位。

2. 人格的财产化

人格是支撑主体存在、独立并在社会上有尊严、体面地活着而与特定人身不可分离的非财产要素。人格本无价值，但却是人有价值地生存、发展的基础与前提；人格虽无确定的价值，但却无法用具体的财产价值予以衡量。在一般民事领域，除非存在人格侵权引发的财产赔偿责任等情形，人格是一个不具有直接财产利益或具体价值内容的人身利益范畴，但这一情形与规则，在营业领域却被改变或颠覆。进入营业领域特别是经营、交易类主体的人格，已不再是普通的民事主体人格，而是内含市场影响、品牌效应、商业信誉、履约能力、产品或服务知名度、核心竞争力等因素的商事人格；普通

---

〔43〕 参见周亮：《新型商事交易标的物的商法调整》，法律出版社2016年版，第19～59页。

〔44〕 参见金伯富：《机会利益：一个新的理论视角》，载《中国社会科学》2000年第2期。

民事主体的姓名或名称、名誉、信誉、隐私等，在营业领域也转换或升华为商号、商誉、信用、商业秘密，并具有巨大的营销广告、市场扩张和财富放大效应。商号、商誉、信用、商业秘密等商事主体的人格要素，不仅是支撑商事主体开展营业的人格基础，而且本身随着商事主体业务的开拓和商品、服务的影响而具有巨大的财产价值。不仅如此，良好的商号、商誉、信用、商业秘密不仅可迅速增进商事主体的效益和财富，而相应地不良的商号、商誉、信用，或者商号、商誉、信用遭他人贬损或诋毁，或者商业秘密被非法、不当泄露，商事主体就会蒙受巨大损失，甚至直接引发破产或退出市场。在此情形下，无论是商号、商誉、信用，还是商业秘密，均已被财产化，不仅被视为无形资产的一部分，而且具有可评估、可计算、可确定的具体价值内涵，〔45〕如中国资产评估协会《资产评估执业准则——无形资产》(中评协〔2017〕37 号)第 13、14 条把无形资产区分为可辨认无形资产和不可辨认无形资产、单项无形资产和无形资产组合等类型。其中，可辨认无形资产包括专利权、商标权、著作权、专有技术、销售网络、客户关系、特许经营权、合同权益、域名等；不可辨认无形资产如商誉等。可见，人格的财产化，与其说是进入营业领域的私法主体之主观所为，还不如说是追求营利最大化的市场客观情势所然。为适应商事人格财产化的需要，不仅要对商事人格作为传统人格要素进行侵权法保护，而且又须适应营业需要，使商号、商誉、信用、商业秘密等人格要素或人格利益，能直接进入市场，作为交换、转让、变现的新型标的物，于是就产生诸如商号、商誉、信用、商业秘密的许可使用、转让以及衍生的违约、侵权等问题。由此，财产化的商事人格也就成为人格性财产权的重要权利客体。

人格财产化，既已成为营业中的普遍问题，自然也成为包括《民法典》在内的现代私法不能回避的问题。〔46〕我国《民法典》除第 993、1012、1013 条对民事主体的姓名、名称、肖像等许可使用有原则性规定外，第 1014、1029 条对侵害民事主体姓名权或名称权，或者对民事主体信用评价不当等侵害人格利益的行为，均有具体规定。至于对已转换、升华为商号、商誉、信用、商业秘密等财产化商事人格进行保护和救济，则为市场经济的常识和惯例；自 1883 年《保护工业产权巴黎公约》(以下简称《巴黎公约》)把包括厂商名称等商事人格要素列入工业产权保护范围以来，商号、商誉、信用、商业秘密作为财产化的工业产权予以保护，更成国际共识。

3. 财产的资本化

财产是营业的基础，民事主体处分其财产进入营业领域后，除自行经营外，出于营利最大化和风险最小化考量，一般会选择企业特别是公司形式进行经营，该民事主体也因之转换为公司的出资人，其财产的实际占有权、营运权、处分权依法让渡于公司。

---

〔45〕 参见程合红：《商事人格权论》，中国人民大学出版社 2002 年版，第 116～168 页。

〔46〕 参见姜福晓：《人格权财产化和财产权人格化理论困境的剖析与破解》，载《法学家》2016 年第 2 期。

该出资人则依法律、章程或特别约定，享有由出资财产价值化、货币化转换而来的比例或份额权利，即股权。股权作为一种财产价值化、货币化、比例化、份额化权利，与传统财产权最大的不同是，它不再对应具体的财产，而是对应抽象的资本，即以出资人出资财产价值与公司注册资本之比例为参照，以所持资本份额为基本单位，享有相应的权利，是一种典型的资本权利。出资人进入营业领域之后这一由财产转换为资本的过程，即为财产资本化过程。[47] 财产资本化不仅发生于公司经营，而且还广泛存在于所有营业领域和经营交易环节，举凡合伙经营、证券交易、基金投资、资产信托、融资租赁、票据流通、商业保险等，均有财产资本化的过程。财产资本化是财产之抽象价值与具体形式的适度分离，是对传统有形财产的一种颠覆式改造和革新，它创造了财产新的占有与收益形式，使财产的创造价值和增值潜能得到充分的发挥，进而更有利于实现投资者的最大化需求。财产资本化，更使资本成为游离于实物财产而独立存在的价值形式，资本也因之成为财产对价的新型财产形式或类型，进而成为投资主体的直接权利客体。

4. 资本的证券化

追求效益、利润、收益、财富最大化是营业的本质，而最大化的实现，既取决于交易的规模与利润，也受制于交易的效力与频率。在交易规模或可得利润恒定的情况下，如提高单位交易的效率和频率，增加交易的次数，也可实现营利的最大化，甚至还可更快、更好地实现最大化。而交易效率与频率的提高，又与交易标的物的纯粹、抽象程度成正比，相对于具体、有形的实物财产，抽象的股份、更抽象的证券、纯粹抽象的等价物货币，其纯粹、抽象程度一个比一个高。自然，相对于实物财产，股份的交易要更为纯粹；而相对于股份，不记名的股票（股份的证券化）交易就更纯粹、抽象些；而对于股票、债券等资本证券，汇票等货币证券的交易效力更高；至于货币的交易，即货币的汇兑或汇率的交易，是最为纯粹与抽象的交易，交易效力或频率自然也就最高。正因交易标的物的纯粹、抽象程度，对交易效率与频率的提高具有至关重要的制约力，因此，为提高交易效力或频率，进而实现更高层级或当量的最大化，把财产、资本作成类似于货币的证券（准纸币的等价流通物），乃不二选择的营业捷径。基于此，在财产、资本证券化理念的驱使下，进入营业领域转换为商人的营业玩家，会尽一切努力或可能，把能证券化的财产、资本及相应权利，都予以证券化，[48] 于是诸如货单、提单、仓单、提货单等财产或物品证券，股票、债券、基金、期货或指数及各种衍生资本证券，汇票、支票、本票、可转让银行存单等货币证券，保险单、融资租赁券等其他证券和资产证券化形式，相应

---

〔47〕 参见肖海军：《国有股权法律制度研究》，中国人民公安大学出版社 2001 年版，第 28～29 页。

〔48〕 参见李尚公、沈春晖：《资产证券化的法律问题分析》，载《法学研究》2000 年第 4 期；覃天云、申海恩：《论资产证券化的有价证券制度基础》，载《中国法学》2005 年第 2 期。

而生，且不断创新。如此，财产、资本证券化，几乎渗透到营业的各个领域，贯穿至每一投资、经营、交易环节。具特定价值且可迅速易手的证券，成为营业交易的新宠，进而转为新的权利客体，并跻身商事权利客体的高端。

5. 产品的货币化

货币作为一种等价物，本身就是一种特殊商品，[49]是一种高级的抽象财产形式。现代商业银行的诞生和纸币发行权的垄断，加速了货币财富的转换和向银行集中的效率、程度。由于银行通过放贷、存储和结算，具有再造货币的特定功能，完全突破以往民间借贷、金银汇兑、钱货交易的资金流转与财富转移模式，以银行为中枢，以货币为因子，使公司融资、证券交易、商业保险、信托投资、期货流通、存储放贷、利率汇率等，各种资产、资金互为融通、汇为一体，现代金融业由此勃兴。金融业的崛起，使所有财产、资本、证券等均以货币化的金融产品形式出现，[50]产品与服务的货币化进程明显加快，金融产品不仅因其最为纯粹和抽象而可产生最高交易效率，也伴随最大风险。在此情形下，货币化的金融产品，不仅迅速成为权利新贵，且也跃升至商事权利客体的顶端。

6. 知识的商品化

营业领域是一个巨大的逐利场，在市场供求关系和价格因素的作用下，进入此领域的私法主体，均为追求、寻找、实现最大化而来，为逐利就必然产生激烈竞争。为在竞争中取得更为有利的地位，获得更多的利润，在排除非法、不当和违反公序良俗的情形下，参与营业的主体，在投入、规模、效率均存在恒定、有限状态下，生产技术和经营方法的创新，则是获取超额或垄断利润的唯一路径。故就如同逐利是商人的天性一样，创新也是商人与生俱来的一种特质。但是，创新也是一种新型的投资，它需要巨大的前期投入和长期的经验、技艺积累，如创新成果、商业智慧、独门绝技被他人随意仿制、剽窃、侵害，则不仅前期投入和长期积累得不到必要的回报，而且也会严重挫伤技术或商业创新者的积极性和执着力，进而败坏市场竞争环境和社会进取风尚。因此，为保护商人们的创新成果，在他们的强烈要求和推动下，在营业竞争中创新的技术和长期累计的经营秘密，作为生产、商业中的新型财产和权利，被法律确认并保护，以技术发明创新、商业标记和长期积累的商业秘密为载体的工业产权由此产生。1236 年，英王亨利三世向波尔多一市民制作的各种新型色布颁发 15 年的特许专营权，成为现代专利制度的滥觞。1474 年，威尼斯共和国制定世界首部专利法。[51] 专利制度本质就是授予并保护商业创新的经营垄断权，如林肯所言“专利制度就是给天才之火，浇上

---

〔49〕 参见谢志华：《货币商品论》，载《会计研究》1995 年第 9 期。

〔50〕 参见谢平、石午光：《金融产品货币化的理论探索》，载《国际金融研究》2016 年第 2 期。

〔51〕 参见汤宗舜编：《专利法教程》，法律出版社 1988 年版，第 3 ~ 8 页。

利益之油”,如此,才可持续刺激、促进、推动营业和商业的创新,并进而催生瓦特发明蒸汽机为契机的工业革命。商业、工业、经营的创新成果被确认为一种新型财产,并获得法律特别的保护,商业、工业、经营创新者和营业竞争者由此可获得超额、垄断利润,进一步加速了知识的财产化、商品化进程,[52]彻底改变了继往知识不具营利性的历史传统,创新的知识、技术、成果、方案、技艺具有可价值化的属性,并也成为新的交易标的和商事权利客体。足见,近代工业产权直至知识产权制度的发展,只是营业中知识商品化实质推动的结果,是正当营业竞争的副产品。

7. 信息的数据化

信息在营业中具有基础、特殊地位,营业交易实质就是信息的占有、决策和交易,营业信息本身就具有增值的商业属性。一方面,在信息不对称条件下,谁处于信息优势方,谁就将在营业交易和市场竞争居于更为有利的地位,从而获得更多的收益和利润,故尽一切手段搜寻、收集、占有、利用营业信息,几乎伴随着营业活动的始终。另一方面,基于营业信息的前提性、基础性、重要性,在商人的推动和持续的技术、制度创新下,营业信息借助于会计账簿、计算机技术、互联网络、云计算、人工智能等制度或技术手段被数据化。数据也成为财产、财富的一种转换或表现形式,并具可价值化和可交易的特性,进而成为新的商事权利客体。

8. 价值的虚拟化

商人出于财产或抽象交易便利迅捷的需要,特别是为达到谋求最大化效益或财富目的,不仅把一切可能的生产要素、市场资源、营业环节财产化、价值化、资本化、证券化、货币化,还不断创新交易标的和业态形式,把各种已财产化、价值化、资本化、证券化、货币化的要素、资源、环节进一步虚拟化,使之完全脱离现实存在的商业拟制,进行而通过这种虚拟交易标的的拟制交易,获取更大的效益与利润。营业中的这一现象就是价值的虚拟化过程,它集中表现为:(1)价值的货币化。前述财产资本化,财产、资本证券化,财产、资本、证券货币化,最终使所有生产要素、市场资源、营业环节均通过证券化与货币化,转换为虚拟的资本或金融产品。(2)金融指数化。完全突破传统的实物、实在、实体交易标的,把交易标的转换、衍生、创造为各种现实世界中根本不存在的虚拟金融产品或金融产品指数。如各种期权指数、权证指数、证券指数、期货及期货指数、利率及利率指数、汇率及汇率指数、各种衍生金融产品指数等金融指数,这些金融指数交易既存在无限的营利空间,也带来了巨大的市场风险。(3)网络数据化。在计算机技术、互联网络、云计算、移动通信、人工智能等新技术的支撑下,利用电子商务新业态、网络交易新平台、大数据与云计算等新手段,创新各种以网络数据形式出现且与实际存在物毫无对应或关联的虚拟标的,如网络域名、网络虚拟财产、网络账号、电子

[52] 参见孟昭信:《论知识商品化》,载《河北学刊》1985年第5期。

票证、虚拟货币(比特币等)、网络银行、各种电子或网络支付工具、各种即时移动结算形式、各种网络虚拟信息等。价值的虚拟化由于具有迅捷、巨大的收益与财富效应,致使信息时代、智网时代的商民对之趋之若鹜,并成为人们普遍接受的标的物形式,价值虚拟化的货币产品、金融指数、虚拟财产,也顺势成为新的权利客体,并成为未来商事权利的主要客体。

从前述学界、业界和立法的各种关于民事权利客体的表述看,尽管观点分歧、主张各异,但在概括、描述、列举民事权利客体范围时,均在一再突破传统民法关于人身利益、物、给付行为的内涵和边界,最典型的就是把物解释为有体物或无体物(如有价证券),把财产类分为有体(形)财产或无体(形)财产(如知识产权、虚拟财产等),尽管这种划分已完全颠覆甚至明显违背传统民法概念的严谨性、内容的逻辑性或体系的完整性;但即使如此,也在所不惜,究其原因,在于前述营业形态的不断变化,带来商事权利客体的持续创新,进而冲击和挑战民法既有权利类型的封闭体系和权利客体的保守理念,使传统民法理论与立法不得不一再调整、改变原有概念或范畴的内涵及外延,以适应营业的创新和时代的演进。这恰恰说明,包括民法权利客体理论和我国《民法典》关于新型权利客体的列举,并非传统民法理论的创新,而恰恰只是现代民法商法化的直接结果和集中表现。

(三)商事权利客体的主要类型

从私法领域与营业视野角度,商事权利客体包括如下主要类型:

1. 私法一般权利客体

商事权利虽发生于营业领域,但营业领域也属私法领域,作为特殊私法权利的商事权利,无疑须以私法权利的一般客体作基础,才有后续的转换、衍生和创新,故商事权利客体应当包括私法中的一般权利客体,如人身利益、物、给付等。

2. 商法特殊权利客体

商事权利虽总体上属私权范畴,作为一般民事权利在营业领域的发展,它既有原生民事权利的延伸部分,但更多是出于最大化营利需要,根据不同营业情形或业态,对原有民事权利所作的变革、改造,进而衍生、创新出一系列新的权利形态或类型,而这些新型商事权利形态或类型,又是建立在新型、特殊权利客体的基础之上,这些权利客体就是商法所确认、规范、保护、救济的特殊权利客体。

二、商事权利的一般客体

商事权利的一般客体是基于进入营业领域的民事主体人身利益或投入营业领域的原始财产而形成的特定利益,它是一般民事权利客体在营业领域的延伸,属一般民事权利客体范畴。虽然如此,由于无论是民事主体进入营业领域已实际转换为商事主体,还是原始财产投入营业领域转化为营业财产,该主体原有的人身权利或财产权利仍然存在,而且在营业过程中还是开展营业的人身基础和财产基础,故进入营业领域的主体、财产之原有民事权利仍然存在并延续,相应地,该一般权利客体也同样存在并延续。对应于进入营业领域主体或财产方面的原有权利,商事权利一般客体包括人身利益、财产利益(物上利益、给付利益)、兼具人身或财产属性的综合利益。

(一)人身利益

人身利益为与主体人格、身份不可分离、而无直接财产内容的特定利益范畴,人身利益是人身权的权利客体。民事主体进入营业领域虽转换为商事主体,但其原始、基础的民事主体身份和地位仍然存在,特别是自然人,不因转换为特定投资主体、经营主体或交易主体,其自然人民事主体资格就随之或相应丧失。虽然主体的人身利益绝大部分可能与营业无关,如生命、健康、身体器官、肖像、声音等,但有些则与营业存在一定的关联性,如自然人姓名、企业的名称等;也有一些人身利益会对营业产生一定影响,如自然人的名誉、声誉、信用等。这些人身利益有时又与后述的商事人格利益,存在一定的关联或重叠。可见,尽管一般人身利益总体上属于一般人身权利客体的范畴,但对商事权利仍具关联性和影响力,是商事权利客体的前提和基础。一般来说,人身利益又可分为人格利益和身份利益。

1. 人格利益

即与特定主体的人身不可分离、支撑该主体资格独立或人格独立的特定利益。在学理上,它一般包括生命、身体、健康、姓名、名称、肖像、名誉、隐私、信用等方面的人格利益。在立法上,我国《民法典》总则编第110条和人格权编第990条规定,人格利益包括生命、身体、健康、姓名、名称、肖像、名誉、荣誉、隐私以及自然人基于人身自由、人格尊严产生的其他人格权益。人格利益是人格权的客体。

2. 身份利益

身份利益是基于主体的某种特定身份而产生的人身利益。通论认为,身份利益包括基于配偶、亲权、亲属(监护、继承)、署名(如著作权、发明权、专利权、商标权等知识产权中的署名)等身份而产生的特定人身利益。在立法上,我国《民法典》总则编对基于监护、婚姻家庭关系等产生的人身利益作了原则性规定,婚姻家庭编、继承编对具体身份利益有更为明确的规定。身份利益是身份权的客体。

人身利益虽分为人格利益和身份利益,但人格利益对商事权利的影响更为直接些,而身份利益对商事权利的影响更多是财产分割等间接影响。

(二)财产利益

财产利益是具有直接价值内容且能给主体带来、产生或满足物质方面需求效用的特定利益。财产利益按对应财产权利的属性不同,可分为物上利益和给付利益。

1. 物上利益

又称物或标的物，为具有直接价值内容且能给主体带来、产生或满足物质方面需求效用的特定物品和其他物质财富。物在学理上可作多种分类，我国《民法典》总则编第115条规定，物包括不动产、动产以及法律规定的其他权利。基于物能直接产生物上利益，物或物上利益，是属绝对权、对世权范畴之物权的客体。

2. 给付利益

又称给付行为或履约行为，即能给主体带来、产生或满足财产方面需求效用的特定作为或不作为。给付行为发生于特定债的法律关系中，它的实施或完成，能给特定相对主体带来或满足财产方面的利益，即给付利益。给付利益是属相对权、对人权范畴之债权的客体，给付利益又包括合同之债与非合同之债。

物上利益和给付利益虽为一般民事财产权利的客体，但与商事权利客体具直接的关联性，其中物上利益是商事权利产生的物质基础，而给付利益则是绝大部分商事权利客体产生的逻辑起点，许多商事权利客体实际上就是给付利益在营业领域的延伸、发展、衍生、创新。

（三）兼具人身或财产属性的综合利益

兼具人身或财产属性的综合利益为既与主体人身不可分离，又具直接财产内容的特定利益，一般认为财产继承、智力成果、社员权益、成员权益等属于此类。

鉴于商事权利的一般客体，民法对此有具体、深入、系统研究和讨论，在此不再赘述。

三、商事权利的特殊客体

商事权利的特殊客体，是出于最大化营利需要、根据不同营业情形或业态，为民事主体进入营业领域过程中所产生、衍生、创新一系列特殊的利益。这些特殊利益产生于营业之中，为营业所特有，既是商事权利的主要客体，也是商事权利的特殊客体，是商事权利区别于一般民事权利的标志之一。它主要包括商业机会、商事人格、资本权益、有价证券、金融产品、工业产权、虚拟数据、营业信息、其他价值化或抽象化的新型财产利益形式等类型。

（一）商业机会

1. 商业机会的界定

机会即为一种未来有利发展的可能性，“机会”一词在《现代汉语词典》被解释为“恰好的时候”或“时机”，后被引申为“机遇”或“好的境遇”，亦即具有时间性的有利情况。[53] 在哲学上，机会是与时间、空间、运动等条件相联系的一种变化可能性；在经济学上，机会更多的是与机会选择或机会成本联系在一起，机会常常是指生产者、经营者、消费者在供给与需求的一种可选择性和基于此一选择而产生的成本、费用或利益、效益；在社会学上，“机会”一词更多的是指人们发展的条件和可能性。就法学而言，“机会”一词有多种含义，一则是指从事某一法律活动或实施某一法律行为好的时机、机遇、境况等；二则系指主体能否平等、公平地获得从事某一活动、实施某一行为、获得某一权利或利益的一种资格；三则是指主体通过参与一定社会活动或实施一定行为而获得某种权利或利益的可能性。笔者认为，机会在法律上应定义为：在既定条件和境遇下，在同一时间节点与空间范围内，主体能平等、无差异、公平地获得从事某一活动、实施某一行为、获得某一权利或利益的一种资格，以及基于此一资格而产生的一切有利或发展的可能性。

抓紧或把握一定的机会，就可产生特定利益，此种利益即为机会利益。在人与人之间的经济利益既存在冲突又存在一致的世界里，人们的确都面对着许多获取经济利益的机会，机会利益的直接释义原指“抓住机会而活动的利益”。从经济学上，机会利益通常被定义为“在不对称信息的条件下，拥有信息优势的经济主体利用其信息优势所提供的经济机会而获得的经济净收益”。[54] 在营业中，商业机会因可给私法主体带来未来、潜在的发展利益，故在商事权利中居于初始、首要、基础的重要地位。民事主体之所以要选择进入营业领域，也正是看到了某些难得的商机可带来巨大的潜在利益，才不惜冒各种风险，决然处分其财产，投入市场和面对竞争。在一定意义上讲，营业活动和市场竞争实质就是对商业机会的争夺，本质上就是一种争胜行为，即是一个抢占消费者、争取商业机会的过程。[55]

机会对特定个体而言，是发展的门槛；就社会而言，机会或机会利益的无差异分配是构建和谐社会的逻辑起点；于国家立法设计与制度安排而言，法律所关注的命题就是公平与正义，而任何社会普遍性的公平与正义，其基点均为初始机会利益的公平分配。足见，在一定意义上讲，机会就是一种利益，且是最原始、最初级、最基础、最具源头性、最具根本性同时也是最为重要的一种特殊利益。不仅如此，由于机会的获得就意味着一定资格和利益的可能性，机会还可产生巨大的后续利益和发展可能性，故机会的分配实质就是一个国家在政策、法律、制度层面对初始利益的分配，由机会以及机会分配而产生的权利或利益就是特定主体的初始机会利益。需要特别说明的是，基于机会及初始机会分配而产生的机会利益，与经济学把机会利益界定为“在不对称信息

[53] 参见中国社会科学院语言研究所词典编辑室编：《现代汉语词典》，商务印书馆2012年版，第596页。
[54] 参见金伯富：《机会利益论：兼析其在金融体系中的应用》，复旦大学出版社2000年版，第24页。
[55] 参见王磊：《商业机会获得反不正当竞争法保护的问题探析》，载《电子知识产权》2015年第Z1期。

条件下利用相对信息优势所提供的机会而获得的经济净收益”[56]和法学特别是私法上有关合同法、侵权法领域把机会利益定义为“基于主体之间合同、信用或信赖而产生的期待利益”不同,[57]本书所提机会以及由该机会而产生的机会利益,是一种基于特定法律上的资格或可能性而产生的初始利益,它决定一个国家或地区特定时期自然人、法人或非法人组织法律地位、权利范围、发展路径、利益格局的基础性条件,是制度正义、分配正义和社会正义的逻辑起点。

所有权利平等的起点是机会的平等,机会平等意味着,社会所有的利益、职业、前途向所有的人平等开放,“只要他的才能足以胜任,他自己认为值得,人人都有权追求任何社会地位而不应受到随意的干涉。一个人所拥有的机会之多寡,不应该取决于出身、国籍、肤色、性别、宗教信仰等毫不相干的特征,只应取决于他自己的能力”;机会平等之所以意义重大,“正是因为人与人在遗传基因和文化背景等方面的特征各不相同,由此希望追求各自能力所及的事业”。[58] 机会平等在营业领域就表现为商业机会的平等。而前述机会的价值化说明,享有平等的商业机会不仅是民事主体自由、平等进入营业领域的初始、必要、基础条件,更是商民享有、行使、实现营业自由权的重要客体。

所谓商业机会,又称营业机会或市场机会,有学者从权利的角度,把商业机会解释为抽象的参与权或经营资格,并把其分为商业在时间上的可能性、市场参与机会(某一主体享有特定的从事经营活动资格,如营业权、公平交易权、商号权等)、商业机遇(获得商业利益或实现商业交易的可能性)3 个层面。[59] 笔者认为,作为营业自由权客体的商业机会,系指能给进入营业领域的私法主体带来未来、潜在营利或财富最大化效应的各种可能性条件、机遇或环境,它集中表现为有利于投资者、经营者、交易者实现最大化营利目的的各种初始条件或营商环境。

2. 商业机会的类型

商业机会可依不同标准作如下划分:

(1)抽象营业机会与具体商业机会。按照商业机会内容的特定性,商业机会可划分为抽象营业机会与具体商业机会。其中,抽象营业机会系所有私法主体均可自由、平等选择、行使或实现的一种商业上的机会利益,主要表现为营业进入机会、市场进入机会、平等竞争机会、自由交易机会等。具体商业机会系私法主体在具体、实际的营业

---

[56] 参见金伯富:《机会利益:一个新的理论视角》,载《中国社会科学》2000 年第 2 期。

[57] 参见涂咏松:《信赖利益损害之机会损失分析》,载《华东政法大学学报》2009 年第 4 期;刘凯湘、薛启明:《交易获利机会损失的侵权损害赔偿》,载《社会科学》2012 年第 3 期。

[58] 参见[美]米尔顿·弗里德曼、[美]罗丝·弗里德曼:《自由选择》,张琦译,机械工业出版社 2019 年版,第 132 页。

[59] 参见吕来明:《论商业机会的法律保护》,载《中国法学》2006 年第 5 期。

条件或环境中可自由、平等选择、行使或实现的一种商业上的机会利益，主要表现为投资机会、经营机会、交易机会、融资机会、信贷机会、招投标机会、上市机会、进出口机会、国际贸易机会等。

(2)初始营业机会与后续竞争机会。按照商业机会产生的时序性，商业机会可划分为初始营业机会与后续竞争机会。其中，初始营业机会系指所有私法主体进入营业领域的条件、机遇或环境，初始营业机会是最初始、基础的商业机会，是其他所有商事权利客体产生和发展的基础。这是因为，如果私法主体没有进入营业领域的机会或可能性，自然也就没有后续的投资、经营或交易，也就谈不上任何商事权利。后续竞争机会系指私法主体进入营业领域之后所面临的各种市场参与、竞争或交易条件、机遇或环境，后续竞争机会包括的范围极为广泛，它包括所有的营业过程、市场环节和交易场景。

(二)商事人格

1. 商事人格的界定

商事人格系指能给特定私法主体带来最大化营利或财富效应，且与特定商事主体之人格要素不可分离的一种特殊人格利益。商事人格具有人格性、财产性、营业性等基本特征。在界定或认定商事人格时，应处理好如下几层关系：(1)商事人格利益与一般人格利益。人格利益的财产化是商事权利客体的标志性特征之一。一般人格权虽也以人格利益为权利客体，但一般人格利益并不具有直接财产内容，是一种没有被财产化的纯粹人格利益；而作为商事权利客体的商事人格，则已是财产化的人格利益，它具有直接的财产内容或可带来潜在的财产利益。(2)商事人格与人格性财产或人格物。商事人格中的人格利益，与学者讨论的具人格利益的财产或人格物不同，其中，具有人格利益属性的财产本身就是财产，只是该财产具有一定的人格属性，它可分为具有人格象征意义的财产、寄托特定人情感的财产、源于特定人身体的财产和源于特定人智慧的知识产权四大类。[60] 而人格物本身是物，只是具有某些人格属性而已，人格物虽为物，但不一定是财产，部分属于新型、独立物权范畴，如冷冻人体胚胎则仍应以传统人格权保护为主，或适用“人格物”的双重利益保护。[61] (3)商事人格与人格要素的商品化。人格要素的商品化即为具识别功能的人格符号要素通过商业使用或许可他人商业使用所产生的利益；[62] 典型的如自然人姓名的商业使用与许可他人商业使用所产生的利益。[63] 商事人格利益一方面表现为自然人的一部分人格因素如姓名、肖像

---

〔60〕 参见易继明、周琼：《论具有人格利益的财产》，载《法学研究》2008 年第 1 期。

〔61〕 参见冷传莉：《“人格物”的司法困境与理论突围》，载《中国法学》2018 年第 5 期。

〔62〕 参见谢晓尧：《商品化权：人格符号的利益扩张与衡平》，载《法商研究》2005 年第 3 期。

〔63〕 参见陈思维：《人格要素作为财产权利客体的可能性分析》，载《理论观察》2014 年第 8 期。

等的商业利用,即所谓的人格要素商品化或商事化;另一方面表现为从事商事活动的自然人和法人(如公司等)所拥有的商号(商业名称)、产生的商誉或商业信用、创新或积累而形成的商业秘密等人格性财产利益。它们与普通的名称、名誉、信用以及生活秘密等人格因素具有很大的差别,本身就是一种财产形式或具有极大的财产价值。[64]通论认为,人格要素的商品化属于广义商事人格的范畴,但如从严格意义的商事人格应与特定商事主体之人格要素不可分离的特质来分析,商事人格应限于进入营业领域转换为商事主体之特定人格要素,而不包括一般意义上的人格要素商品化情形,人格要素的商品化应属于人格要素之商品化权的权利客体,不应纳入商事人格的狭义范畴。

2. 商事人格的类型

一般而言,以商事人格之基本特质为认定标准,可纳入商事人格范围的人格利益主要包括商号、商誉、商业信用、商业秘密等类型或形态。这些特殊人格利益,均符合人格性、财产性、营业性等基本特质。(1)人格性。商号、商誉、商业信用、商业秘密不仅本身属于商事主体的人格要素,如商号为商事主体的名称,商誉属于商事主体的名誉或声誉,商业信用则为商事主体的信用范畴,至于商业秘密则已不限于自然人、法人或非法人组织的隐私或秘密范畴,而是含有商业利益的特殊经营方法、技术秘方或内部营业信息等,已完全超出一般隐私或秘密的范畴。(2)财产性。商事人格本身就是一种无形财产形式。如有学者就把商号、商标、产地名称归于经营标记类无形财产,把商誉、商业信用、商业秘密归于经营性资信类无形财产。[65] (3)营业性。商事人格是私法主体进入营业中的特殊人格要素。商事人格是人格性财产权的客体。

(三)资本权益

1. 资本权益的界定

资本权益是基于私法主体的出资而产生,能给投资主体带来比投入资金或财产更大潜在效益或财富的特定价值化利益形式。资本权益是财产资本化的具体形式,既是财产资本化一种转换形式,更是投资主体享有资本权利的直接客体。法学上的资本与经济学上的资本,尤其与马克思在《资本论》中所讨论的资本,尚不是同一概念或范畴。法学上的资本属一种财产被价值化、资本化的财产范畴,为以价值化的资本形态存在的新型财产形式;而经济学和《资本论》中所讨论的资本则是一种执行增值功能的投入要素和价值形式。[66] 虽然如此,但作为价值化、货币化的财产新型形式,法学上的资本与经济学上的资本又存在必然的联系。资本权益具有如下含义和特质。

---

〔64〕 参见程合红:《商事人格权刍议》,载《中国法学》2000 年第 5 期。

〔65〕 参见吴汉东:《无形财产权基本问题研究》,中国人民大学出版社 2013 年版,第 60 ~ 65 页。

〔66〕 参见魏民:《论资本范畴的一般性与特殊性》,载《马克思主义研究》2000 年第 4 期。

(1)资本的原始形式是一般财产。资本的前身是一般财产,只因营利、交换需要并因投入营业领域而衍生为价值化形式的资本。正如马克思所说,"商品流通是资本的起点。商品生产和发达的商品流通,即贸易,是资本产生的历史前提"。[67] 在马歇尔那里,资本是与土地、劳动一起构成生产和营业必备的三类或三大要素。[68] 故资本的前身既是一种原始财产形式,更是一种具体生产要素。

(2)资本是财产价值化、资本化的表现形式。作为一种价值化、资本化的抽象财产形式,资本是一种纯粹货币化的价值存在形态,它扮演着一种以增值为主要目的或功能的投入价值,"资本作为自行增值的价值",[69]"对于一切能动资本家来说,无论他们是用自有的资本还是用借用的资本执行职能,资本本身总是表现为这种会直接自行增殖的价值"。[70]

(3)资本是财产价值化、资本化的货币化形式。在财产资本化之后,资本已脱离财产的有形物体和具体形态,被确定为一定货币单位的一种抽象价值形式。在马克思看来,资本是一种可带来剩余价值的价值,其最初形式表现为具体财产形式的货币,即"货币"作为商品流通过程的"最后产物",是"资本的最初的表现形式"。[71]

总之,资本权益是作为投资的原始财产投入营业领域之价值化、资本化、货币化的抽象转换形式和存在形态,是对民事领域普通财产所作的最一般或最初级形式的抽象化,被转换为资本形式的财产,无论作为一种新的价值化、货币化符号或财产单元,还是作为投入营业中的原始生产要素和"自行增殖的价值",它本质上只是一种财产转换的新型价值和特殊形式。

2. 资本权益的类型

资本权益可按不同标准作不同分类,但从法律上,按投资主体投资的形式和所形成的法律关系不同,可分为股权式资本权益和债权式资本权益。

(1)股权式资本权益。投资主体是以企业出资人的角色或地位出现,并以所投资的份额或比例分享利益,且须承担投资本金不可返回风险的资本权益。它包括以独资、合伙、合资、合作等出资形式分别形成的业主权益、合伙权益、股权或股份、合作社份额、其他出资权益等。

(2)债权式资本权益。投资主体非以企业出资人的角色或地位出现,而是基于特定投资合同或合约并以法定、约定或市场利率分享利益,且不承担投资本金不可返回风险的资本权益。债权式资本权益的实际类型、品种、情形比较多,比较典型的有银行

[67] [德]卡尔·马克思:《资本论》(第1卷),中共中央编译局译,人民出版社2004年版,第171页。
[68] 参见[英]马歇尔:《经济学原理》,朱志泰、陈良璧译,商务印书馆2019年版,第181页。
[69] [德]卡尔·马克思:《资本论》(第2卷),中共中央编译局译,人民出版社2004年版,第121页。
[70] [德]卡尔·马克思:《资本论》(第3卷),中共中央编译局译,人民出版社2004年版,第440~441页。
[71] [德]卡尔·马克思:《资本论》(第1卷),中共中央编译局译,人民出版社2004年版,第171~172页。

存款、债券（国债或企业债）投资、银行理财、信托理财、保险投资、基金投资、民间借贷、民间合作、项目合作、非企业合伙经营等多种投资形式所形成的资本权益。

（四）有价证券

1. 有价证券的界定

有价证券，又称有价权证或有价票证，系指以特定货币标有或载明券面金额或权益比例，用于证明持有人或该证券指定的特定主体与发行者、相关义务人存在特定财产法律关系，进而拥有特定权利的法律凭证。有价证券是财产、资本证券化的具体形式。证券本身没有价值，它只有纸质印刷成本，甚至电子证券还不需要印制成本。证券之所以有价，在于证券所载事项体现了证券持有人或权利人与发行人、相关义务人存在一种特殊的具有给付性质的法律关系，如此，有价证券才具有实在的价值，并因价值纯粹和权利抽象而具可交易、可流转属性。故有价证券实质是一种特定财产或权利经价值化、资本化、证券化之后的准货币形式，因而具有仅次于货币的支付、贮藏、流通、汇兑、融资功能。有价证券是商事权利的重要客体，特别是涉及资本、证券、金融类权利中，有价证券无疑是最主要的权利客体。

2. 有价证券的类型

广义上的有价证券可从各个角度或按不同标准进行分类，如按是否记名可分为记名证券或无记名证券；按存在形式可分为纸质证券与非纸质证券（包括记账式证券、电子证券等）；按证券所载明的法律关系，可分为物品证券、资本证券、货币证券和其他衍生证券等。[72] 狭义有价证券仅指资本证券。以下从广义有价证券的角度分述之。

（1）物品证券，又称物权证券、商品证券，为设定一定物权、持券人享有商品所有权或使用权的有价证券，如提单、提货单、仓单、运货单、栈单等。

（2）资本证券，为狭义上的证券，系确认或载明持券人与发行人之间存在投资关系、持券人据此享有投资性权利的有价证券，如出资凭证或股票、债券、基金券和各种衍生资本证券等。

（3）货币证券，又称票据，为确认或载明持券人与发行人或相关义务人之间存在一定货币支付关系，且据此取得货币给付请求权的有价证券，如商业票据和银行票据。其中，银行票据包括汇票、本票、支票等。

（4）其他证券，即具有一定转让、交易或给付功能的其他证券或前述证券的各种衍生形式，如银行大额可转让存单、具存款投资收益功能的保险单、资产证券后的证券、各种期权证等。

---

〔72〕 参见周友苏主编：《证券法新论》，法律出版社2020年版，第2～3页。

(五)金融产品

1. 金融产品的界定

金融产品,又称金融资产、金融工具,狭义上称作有价证券,系指载明一定金额并以一定货币为计量、结算、汇兑或支付单位,具交易、流通属性的各种载体。金融产品除传统形式的货币、黄金、外汇、有价证券外,还包括货币电子化形式的新型电子类金融产品。[73] 由于"货币是一种以信用为价值基础,不当然依赖于特定物质形式的财产形态",是"法律直接拟制并以国家信用作为价值基础的独立财产形式",[74]故金融产品本质上是一种货币财产形式,为金融财产权(资本、证券、基金、票据、保险、信托等)或货币财产权(存贷款、电子货币、货币票据、货币汇率、货币指数等)的权利客体,更是各种金融交易的直接标的。金融产品为财产、资本、证券价值化进而货币化的衍生产物和具体形式,是金融领域商事权利的重要客体。

2. 金融产品的类型

金融产品可有多种分类,范围有广狭之分。狭义的金融产品是除前述有价证券之外的金融交易标的,但因现代商业银行、金融货币已渗透到营业中的每一领域、角落和环节,故传统有价证券也被货币化,而成为典型意义的金融产品。金融产品包括如下类型:

(1)货币产品,即直接以货币为交易的标的物所产生的金融权益,包括本币、外币的存款、贷款、划拨、结算等。

(2)期货期权,即以某种未来一定时期交付或交割的大宗标准商品、金融产品或合约指数为交易标的物所产生或衍生的金融权益。期货期权包括商品期货、金融期货、期货期权、期货指数以及各种衍生的期货证券或金融产品。

(3)黄金外汇,即以黄金或外汇为交易标的所产生的金融权益,如黄金、汇兑、汇率、利率、国际融资所产生的各种金融权益。

(4)其他金融产品,即以其他金融手段进行交易或通过各种金融衍生工具所产生的金融权益,如各种银行理财、信托产品、保险产品、各种金融衍生产品、各种电子或网络金融活动等所产生的金融权益。

(六)工业产权

1. 工业产权的界定

工业产权又称智力成果,系指在营业中通过创造发明或长期积累形成的显著标记、经营技艺、独特秘方等可用于工业制造或商业使用的一系列智力成果。工业产权

---

[73] 参见杨立新、王竹:《论货币的权利客体属性及其法律规制》,载《中州学刊》2008年第4期。

[74] 参见刘少军、王一轲:《货币财产(权)论》,中国政法大学出版社2009年版,第71~74页。

原本就是一种在营业中形成并受法律特别保护的商业产权,它的权利形式是在特定地区和一定期限内享有的专有权和商业垄断权,只是后来因保护对象与范围扩展至非营业领域,才成为现代知识产权的一部分。工业产权作为一种营业中的创新或衍生物,本身既是权利形式,也是商事权利的重要客体。只因当代知识产权的保护范围已扩展至非营业领域,工业产权不仅作为商事权利的客体,也作为一般民事权利的客体而广泛存在。传统工业产权特别是知识产权制度所保护的对象,在现代知识产权理论与立法构架中,既保护智力成果,也保护非智力成果;既保护创造性的智力成果,也保护非创造性的智力成果;既保护一般劳动创新成果,也保护投资经营中的创新成果。〔75〕然而,即使当代作为知识产权一部分的工业产权,如该被保护的智力成果不推广至工业制造或商业应用,则不具保护的实质意义。故工业产权本质上仍属商业产权或营业产权。

2. 工业产权的类型

关于工业产权的类型,《巴黎公约》的保护范围包括发明专利、实用新型、工业品外观设计、商标、服务标记、厂商名称、产地标记或原产地名称以及制止不正当竞争等。如《巴黎公约》第1条第2、3项规定,"工业产权的保护对象有专利、实用新型、外观设计、商标、服务标记、厂商名称、货源标记或原产地名称和制止不正当竞争",并"应作最广义的理解,不仅应适用于工业和商业本身,而且也应同样适用于农业和采掘业,适用于一切制成品或天然产品,例如,酒类、谷物、烟叶、水果、牲畜、矿产品、矿泉水、啤酒、花卉和谷类的粉"。

在我国,属工业产权保护范围的主要为专利、商标、货源标记、原产地名称等;厂商名称即企业名称,受商事人格的保护;制止不正当竞争等属反不正当竞争范畴。

(七)虚拟数据

1. 虚拟数据的界定

虚拟数据系指在营业中通过数字、电子、网络等形式对交易标的作高度抽象或虚拟所产生的特定数据化权益。虚拟数据是前述财产、资本、证券、货币等数据化的一种特殊形式,更是财产、资本、证券、货币借助于会计语言、数字形式,在计算机工具、互联网络、移动通信平台、云计算等新技术支撑下所形成的高度抽象化的一种虚拟财产或权益形式,特别在智能网络时代,在大数据、智能机器人的助推下,财产、资本、证券、货币的虚拟化形式更为普遍和多元。由于虚拟数据本身为有价值的拟制产物,具有价值性,是电商、网络、智能时代营业新业态形式下的新型交易标的,更是电商、网络、智能时代商事权利的新兴客体。

---

〔75〕 参见龙文懋:《知识产权权利客体析疑》,载《政法论坛》2005年第5期。

2. 虚拟数据的类型

虚拟数据有各种表现和存在形态，最主要类型包括如下：

(1)各种指数。如各种形式的股票指数、证券指数、权证指数、期货指数、利率指数、汇率指数等。

(2)虚拟财产。虚拟财产为在网络环境下，模拟现实事物并以数字化形式存在的，既相对独立又具独占性的信息资源，如网络虚拟物(网络游戏中的虚拟物、虚拟货币、注册通信号码或通信地址)、虚拟无形财产(域名、网络账号、各种 IP 地址等)、虚拟集合财产等。[76] 对虚拟财产的属性，学界虽存有网络服务提供商专属性服务行为说[77]、数据财产说[78]等不同观点，但作为一种价值化且具交易性、流转性的新生标的，无疑应是新型商事权利的客体。

(3)虚拟资本，虚拟资本是相对于实体资产或实体财产的一个经济学或法学概念，系指“具有资本的形式，却没有资本的内容”的资本证券化形式，包括各种虚拟化的股票、债券、商业票据和其他可转让的金融产品或工具。[79]

(4)域名账号。在电子商务和网络环境下，特定域名、账号因具一定的商业价值和增值功能，而成为可交易或转移的标的，进而成为新兴商事权利的客体。特别是作为互联网用户在网络中的名称或地址的域名，[80]因具巨大商业价值，进而成为新兴域名权的客体。[81] 又如网络账号，它由账号本身和账号密码组成，具延伸性、虚拟性和相对独立性，并因本身的特殊性和账号下的虚拟财产而具一定的财产属性，[82]使之成为又一新兴商事权利的客体。

(5)其他具交易性的虚拟数据。

(八)营业信息

1. 营业信息的界定

信息是一种负载各种人类知识和社会生活内容并通过一定媒介或媒体传播的基本因子和符号单元。在现代信息技术语境里，信息是特指音讯、消息、通信系统传输和处理的对象；在社会学上，信息则泛指人类社会传播的一切内容，人们正是通过获得、识别自然界和社会的不同信息得以区别不同事物，从而认识和改造世界；在经济学上，信息是提供生产或消费决策的有效数据。现代信息理论的奠基人香农认为“信息是用

---

[76] 参见林旭霞：《虚拟财产权研究》，法律出版社 2010 年版，第 46～61 页。

[77] 参见刘明：《网络虚拟财产权权利客体研究》，载《社会科学研究》2015 年第 2 期。

[78] 参见吴亚光：《论数据财产权成立的权利客体基础》，载《图书馆建设》2020 年第 4 期。

[79] 参见刘骏民：《从虚拟资本到虚拟经济》，知识产权出版社 2020 年版，第 36～53 页。

[80] 参见蒋剑鸣：《互联网域名与商标冲突研究》，中国人民公安大学出版社 2011 年版，第 4 页。

[81] 参见王立梅：《域名的私法保护与权利客体理论的发展》，载《中国政法大学学报》2015 年第 1 期。

[82] 参见杨晨宇：《网络账号的法律属性及保护探析》，载《行政与法》2014 年第 1 期。

来消除随机不确定性的东西”;[83]控制论创始人维纳认为“信息这个名称的内容就是我们对外界进行调节并使我们的调节为外界所了解时而与外界交换来的东西”;[84]我国有学者把信息分为自然信息与文化信息(社会信息)。[85]信息是人类知识体系中的元概念和社会交往中的基本粒子,具客观性、非物性、可复制、可加工、不可绝对交割、经济价值等多重本质属性,并因独立存在、具财产价值、可交换等特点,而成为当代一种新型的财产形式。[86]特别在营业领域中,信息作为可交换、有意义的内容,本身具财产属性,作为利益化和价值化的信息资源、信息产品、信息商品、信息资产等,为“可交换的信息价值和相应利益”,被商人视为当然的新型财产。[87]

营业信息是信息在营业领域的具体表现形式,是一种负载营业基本动态和市场交易内容,并通过一定媒介或媒体传播,可给特定私法主体带来最大化营利或财富效应的基本因子和符号单元。营业信息不仅本身具有财产属性和商业价值,而且营业信息的获得、占有、利用,更是各种商事决策和权利行使的依据,故营业信息在商事权利的取得、行使和实现中,具有至关重要的意义,是传统民事权利客体中没有,但对新兴商事权利具有基础性的一种客体。[88]我国《民法典》总则编以开放式、授权式的立法分别确认个人信息与数据,赋予信息、数据等以正式法律地位,[89]无疑为信息类新型商事权利的合法化奠定了客体基础,也预留了必要的法律空间。营业信息因具有财产属性与决策依据的双重属性,是信息财产权和营业知情权的重要客体。

2. 营业信息的类型

营业信息所涉范围比较广泛,种类繁多,主要包括:

(1)一般市场信息。如市场的供求信息、交易信息、价格信息等。

(2)商事主体信息。如2014年《企业信息公示暂行条例》,就对企业类信息公示的内容,作了比较全面的规定。其中,企业在经营中应当公示的信息主要包括有:第一,市场监督管理部门履行职责过程中产生的企业信息,如注册登记、备案信息;动产抵押登记信息;股权出质登记信息;行政处罚信息;其他依法应当公示的信息;等等。第二,其他政府部门在履行职责过程中产生的企业信息,如行政许可准予、变更、延续信息;

---

[83] See C. E. Shannon, *A Mathematical Theory of Communication*, 27 Bell System Technical Journal 379 (1948).

[84] 参见[美]N. 维纳:《人有人的用处——控制论和社会》,陈步译,商务印书馆1978年版,第9页。

[85] 参见黎鸣:《论信息》,载《中国社会科学》1984年第4期。

[86] 参见李晓辉:《信息权利研究》,知识产权出版社2006年版,第17~19页。

[87] 参见高富平:《信息财产:数字内容产业的法律基础》,法律出版社2009年版,第28~29页;陆小华:《信息财产权:民法视角中的新财富保护模式》,法律出版社2009年版,第73~81页。

[88] 参见刁胜先:《论信息的民事权利客体地位》,载《行政与法》2010年第9期。

[89] 参见冯源:《〈民法总则〉中新兴权利客体“个人信息”与“数据”的区分》,载《华中科技大学学报(社会科学版)》2018年第3期。

行政处罚信息;其他依法应当公示的信息。第三,企业年度报告,如企业通信地址、邮政编码、联系电话、电子邮箱等信息;企业开业、歇业、清算等存续状态信息;企业投资设立企业、购买股权信息;企业为有限责任公司或者股份有限公司的,其股东或者发起人认缴和实缴的出资额、出资时间、出资方式等信息;有限责任公司股东股权转让等股权变更信息;企业网站以及从事网络经营的网店的名称、网址等信息;企业从业人数、资产总额、负债总额、对外提供保证担保、所有者权益合计、营业总收入、主营业务收入、利润总额、净利润、纳税总额信息。第四,企业要素、经营与变动信息,如有限责任公司股东或者股份有限公司发起人认缴和实缴的出资额、出资时间、出资方式等信息;有限责任公司股东股权转让等股权变更信息;行政许可取得、变更、延续信息;知识产权出质登记信息;受到行政处罚的信息;其他依法应当公示的信息。除此之外,2007 年《商业银行信息披露办法》、2008 年《供水、供气、供热等公用事业单位信息公开实施办法》(建城〔2008〕213 号,已失效)、2009 年《期货公司信息公示管理规定》(〔2009〕28 号)等部门规章,对商业银行、公用企业、期货公司等特殊类企业的信息公示或披露,也有比较具体的规定。

(3)公开市场信息。公开市场信息即在资本、证券、金融、货币、外汇等公开市场,负有信息公开或披露义务的主体所公开的各种营业信息。以我国证券市场公开信息为例,根据《证券法》(2019 年修订)第 5 章的规定,应当公开披露的证券信息,包括发行(首次)信息披露和持续(后续)信息披露两大类,其中,发行(首次)信息披露的内容主要包括招股说明书等;持续(后续)信息披露的内容主要包括上市公告书、定期报告(包括年度报告、中期报告、季度报告)、临时报告、上市公司收购公告等。

(4)其他营业信息。对投资者、交易相对人决策具有重要影响的其他营业信息。

(九)其他价值化、抽象化的财产或权利

如商业特许经营权、公用事业特许经营权等纯粹化或抽象化的特别权益。总之,财产最原始的形态是实物,这也是财产权最原始、基础的客体,故在农业经济和小商品经济时代,体现传统民法的财产权利主要是物权(土地或商品);但随着市场交易和营业活动的开展,财产的表现形式也在不断地变化和创新,诸如生产要素、市场资源、财产权利、金融货币、创新知识、营业信息、资信人格等,均因被财产化、价值化、资本化、证券化、货币化,进而被数据化,甚至虚拟化,商人在不断发展、创新财产表现形式或存在形态的同时,也不断、持续地使财产或财产权益的表现形式或存在形态更加抽象化,进而成为新的商事权利客体(如工业、市场经济时代的资本或技术;信息、数字经济时代的信息或数据等)。

第四章 商事权利的体系架构

商事权利是否有独特的逻辑体系和基本架构，长期以来学界、业界并未有清晰认识和明确答案；而要求得正解，唯有把商事权利置于真实营业状态之中，本着营业"原于自由，始于投资，形于经营，成于交易"之事实逻辑与递进结构，才可识其真容，究其至理。

第一节 商事权利的逻辑体系

财产权能的分离行使，不断创新进而颠覆传统财产权利的模式与架构，不追求甚至不惜牺牲权利"体系上的优雅"，以最大限度地满足、实现效益或财富最大化，[1]固然是商事权利的最大特质；但也因如此，商事权利的内在逻辑及外在体系，竟成学界、业界关注甚少的议题。在商法学界，主流观点认为商事权利不存在内在逻辑性和外在体系性，自然也就没有必要，甚至没有兴趣去深究这一问题。多数学者基于商事法律关系与民事法律关系"二者的共性"，为"避免重复"，对包括商事权利在内的"商事法律关系的其他要素都省略不论"，往往套用民事权利理论解释商事权利。[2] 少数学者虽有涉及，但不是在权利之前冠以"商事"，就是限于商事人格权[3]、商事物权[4]、商事债权[5]、商事留置权等少数权利的零星研究。[6]只有极少数几篇文献对商事权利

---

〔1〕 参见施天涛：《商法学》，法律出版社 2020 年版，第 5 页。

〔2〕 参见寇志新主编：《商法学》，法律出版社 1996 年版，第 36 页；张楚：《论我国商法规范的二元结构及其价值缺陷》，载《中国法学》1999 年第 2 期。

〔3〕 参见程合红：《商事人格权论——人格权的经济利益内涵及其实现与保护》，中国人民大学出版社 2002 年版，第 12 ~ 13 页；范健、王建文：《商法论》，高等教育出版社 2003 年版，第 440 ~ 542 页。

〔4〕 参见范健主编：《商法》，高等教育出版社、北京大学出版社 2002 年版，第 52 ~ 53 页；王全弟、魏永：《侵害商事物权的责任初探》，载《上海商学院学报》2014 年第 1 期。

〔5〕 参见曾大鹏：《商事物权与商事债权制度研究：兼议商法通则立法》，中国法制出版社 2012 年版，第 3 页以下；虞政平、陈辛迪：《商事债权融资对债权让与通知制度的冲击》，载《政法论丛》2019 年第 3 期。

〔6〕 参见孟强：《论我国〈物权法〉上的商事留置权》，载《政治与法律》2008 年第 10 期；曾大鹏：《商事留置权的法律构造》，载《法学》2010 年第 2 期；熊丙万：《论商事留置权》，载《法学家》2011 年第 4 期。

的逻辑体系做过较为具体、深入的探讨、研究或概括，[7]但其解释仍缺乏逻辑自洽性和体系完整性。在民法学界，有学者虽欣赏、肯定商法中财产及财产权的自由性和开放性，但却认为“整个商法体系并不以权利为语言，也不以概念体系为特征，而仅表现为一系列严谨的、务实的操作规范”。[8] 有学者评述商事权利研究中存在这种忽视甚至回避的现状，“与其说是避免重复和没有必要，不如说是一种无奈”。[9] 尽管有学者主张应高度重视商事权利研究范式的引入，努力创设商事权利理论，[10]并提出构建基于商事权利类型体系为逻辑基础的理论体系；[11]但却未有后续实际行动。足见，商事权利是否存有内在的逻辑关系，外在体系又如何建构，尚是一个未竟的学术与实践议题。

一、商事权利的存在形态与内在逻辑

（一）游离于非体系性与体系性之间的商事权利存在形态

商事权利作为私法主体进入营业领域延续、衍生、发展、创新的系列权利，既存在不具体系性的一面，也存在具有体系性的另一面，是一种游离于非体系性与体系性之间的新型权利存在形态。

1. 商事权利系对原始财产及附属权利之体系性与完整性的解构或析分

如仅从传统民法权利理论、逻辑、体系、构架来考察，进入营业领域转换为商人的民事主体，已不再在乎原有财产及权利的归属和完整，而只关注该财产或权利是否能给其带来最大化营利和财富效应，其所秉持“不求所有，但求所用”“不求所用，但求所利”之自由、灵活原则和豁达、开放态度，决定商人已不汲汲于追求权利体系的内在逻辑和外在完整，而更注重财产及权利所产生的实际效益。如此，自从民事主体决意处分其所有、占有、支配、管领的财产，将其作为原始投资进入营业领域时开始，就已不再把主要心思和多数精力放在对原始财产及既有权利的刻意呵护上，而是想方设法创造条件、瞄准商机，尽一切可能，用最有效的方法或手段，发挥该财产或权利的最大营利和财富效应。故对已转换为商人的私法主体而言，哪一种财产或权利占有、使用、营运、处分方式能带来最小风险而又能满足最大效益，商人就会毅然决然选择那一种形式。与民事权利的体系性与完整性存在明显差异的是，商事权利往往是对原有财产或权利体系的解构或析分。易言之，商事权利是以破坏甚至牺牲原有财产或权利的体系

---

〔7〕 参见刘宏渭：《商法总则基本问题研究》，华中科技大学出版社2013年版，第130～147页；吕来明：《商事权利论》，法律出版社2016年版，第23～31页。

〔8〕 马俊驹、梅夏英：《我国未来民法典中设置财产权总则编的理由和基本构想》，载《中国法学》2004年第4期。

〔9〕 陈醇：《权利结构理论：以商法为例》，法律出版社2013年版，第264～265页。

〔10〕 参见李建华、麻锐：《论商事权利研究范式》，载《社会科学战线》2014年第10期。

〔11〕 参见李建华、麻锐：《论商事权利理论体系的构建》，载《吉林大学社会科学学报》2014年第5期。

性与完整性为手段或代价而展开的，在前述财产价值化、资本化、证券化、货币化、数据化等多重权利转换与创新中，最初投入营业领域的原始财产被解构得七零八乱，所附属权利也被析分得面目全非。具体表现如下：

(1)财产权利中不同权能的分离行使。财产中所有、占有、使用、收益、处分等不同权能的分离行使，如股东出资的原始财产及所有权，在公司成立后，被契合并裂变或析分为股东股权与公司法人财产权等二重财产权利结构等。

(2)财产权利中权利客体与财产本身相分离。如财产资本化后，资本化的出资比例或股份作为新的权利客体，已完全脱离原有财产而独立、抽象地存在，股权的权利客体已不再指向具体财产，而是资本化的抽象出资比例或股份。

(3)财产权利中权利(受益)主体与义务(责任)主体相分离。与一般民事权利主体对应着义务主体、权利主体应负对应义务不同，在许多商事权利中，权利主体是与义务主体相分离的，如在公司财产构造中，股东享有股权，对公司债务并不负有清偿责任；又如在保险、信托法律关系中，被保险人、受益人为权利主体，但并非义务主体，义务主体为投保人、委托人。这种权利(受益)主体与义务(责任)主体完全分离的现象，在商事权利架构中，可以说比比皆是。

然而就是通过“残缺的所有权与厂商”这一财产制度安排，〔12〕甚至如英国商民对公司财产权架构中“所有权和控制权的完全分离”之几近痴迷的执着，〔13〕才使“某种商品的所有权被多人所分割，而不是仅仅归一人所有”，“某人拥有这一商品的某种属性后，他就能比较容易地白白使用归别人所有的那些属性”；〔14〕如此，才最终成就投资主体营利与财富最大化的需求和欲念。可见，如从最初投入营业领域之原始财产及附属权利的体系性与完整性角度来考察，商事权利无疑是不具体系性的，不仅不具有一般民事权利那样的体系性，恰恰是对原始财产及附属权利之体系性与完整性的解构或析分展开的。

2. 商事权利对新型财产及附属权利之体系性与完整性的重构或契合

马克思在《哥达纲领批判》中曾提到，“权利，就它的本性来讲，只在于使用同一尺度；但是不同等的个人(而如果他们不是不同等的，他们就不成其为不同的个人)要用同一尺度去计量，就只有从同一个角度去看待他们，从一个特定的方面去对待他

---

〔12〕［南］斯韦托扎尔·平乔维奇：《产权经济学——一种关于比较体制的理论》，蒋琳琦译，经济科学出版社1999年版，第73页。

〔13〕参见［加］布莱恩·R. 柴芬斯：《所有权与控制权：英国公司演变史》，林少伟、李磊译，法律出版社2019年版，第1页。

〔14〕［美］Y. 巴泽尔：《产权的经济分析》，费方域、段毅才译，上海三联书店、上海人民出版社1997年版，第132页。

们”。[15] 毫无疑问，商事权利既然是一种对传统民事权利突破、超越、颠覆的新权利，就不能以民事权利的体系标准对之进行衡量和评价，而应从营业领域这一产生商事权利的原环境中去寻找、发现和概括。

从商事权利设置的目的、动机、功能、效应角度来分析则不难看出，商事权利在营业领域，围绕营利目的和营业行为，本身有产生的内在需要和外在依据，其设立、确认、行使、实现又会按其功能与效应有规律、合乎逻辑地展开，并在解构、析分原始财产及附属权利体系性、完整性的基础上，构建或契合适应营利和营业需要的新型财产形式和权利体系。通过考察和分析会惊人地发现，商事权利尽管表面凌乱繁杂，缺乏传统民事权利那样完整、严谨、优雅的逻辑体系，但却在权利目的、动机、功能、效应等方面显示出高度的一致性和彼此的协调性。

（1）权利设置目的的一致性。所有商事权利的设置，无论以什么名义，无论什么属性，也无论处于何种情形或关系，均是围绕进入营业领域的私法主体之营利目的而进行，带有鲜明的营利目的性。而目的的一致性，决定了权利内在逻辑与理由的一致性，进而影响所有类型权利理念、价值、原则、规则的一致性。例如，股权与被保险人权利，虽是一组没有关联的权利，但如从权利设置的目的意义来考察，则两者在寻求成本、风险的转移与最小，进而实现营利与财富的最大这一点上，却是高度的一致。

（2）权利确认动机的一致性。某种商事权利为什么作这样的安排，权利人的权利与相对人的义务或责任之所以如此配置，其确认的基本动机只有一个，就是满足或实现权利人效益或效率、利益或利润、收益或收入的最大化，或在另一角度达到或维持风险或损失、义务或责任、成本或支出的最小化。在权利确认的动机方面，所有商事权利是一致的、统一的、协调的。例如，商事登记信息公示与证券信息披露这两项制度，虽不在同一个制度场景、平台、环节、情形下，他们之间似乎也没有关联性，但如从交易相对人的知情权角度，基于信息劣势方的营业信息获得权，而赋予营业信息产生源或优势方之信息公开、披露义务，两者确认的动机又是完全一致的，而此类权利则可归纳、概括、抽象为营业知情权。

（3）权利负载功能的一致性。不同商事权利虽负载着不同营业关系的具体功能，但如从宏观、总体、通盘意义上讲，任何商事权利的设置、安排、确认、保护与救济，均负载维持或保障投资者、经营者、交易者实现营利或财富最大化的需求和欲念。如某项权利不负载此一基本功能，而是相反，则该权利就不是商事权利，或者不应称之为商事权利。例如，基于投资而形成的投资性或资本权利，其共同特征与负载功能，就是实现投资者利润、回报、收益的最大化，如当事人通过投资合同或委托契约，对投资主体利润、回报、收益方式、比例、形式、期限、金额、损益负担有明确约定，在发生纠纷或争议

---

〔15〕《马克思恩格斯选集》（第3卷），中共中央编译局译，人民出版社2012年版，第364页。

时,商事裁判对其中表达营利或财富最大化需求和欲念之条款效力予以否认,只按照或比照民间借款合同处理之,则实际等于否认此类商事权利的存在。

(4)权利产生效应的一致性。不同商事权利尽管名称、客体、内容、对象可能存在巨大的差异,但在商事权利均可产生明显的最大化效益或财富效益这一点上,却是一致的、协调的。如商号、商誉、信用、商业秘密等属于不同的商事人格要素,这些特殊客体支撑的人格性财产权就具有明显的营利与财富效应,均属于人格性财产权的范畴;又如专利、商标、技术秘密等,同为工业产权,也具有营利与财富的增值和放大效应。人格性财产权与工业产权虽不存在同一体系之内在关联性,但如从营业中的经营环节来分析,则会发现他们同属经营主体、经营环节中衍生、创新的新型权利,属于经营性财产权的范畴。

可见,如从私法领域和营业视野来考察,商事权利作为原始财产投入营业领域后所延伸、发展、衍生、创新的新型权利,已具有完全跳出传统、一般民事权利范畴或模式的自身特质、内在逻辑和外在体系,从这一意义上,商事权利又是一种建立在营业事实逻辑上的权利体系重构。

(二)商事权利体系的内在逻辑

商事权利既然是一种已超越、革新甚至颠覆传统、一般民事权利的新权利体系,作为建立在营业事实逻辑基础上的重构性新型权利体系,支撑其外在体系的内在逻辑包括以下几个方面。

1. 人性逻辑

所谓人性,是人作为生物体和社会体所具有的天性、德性、理性之本性。天性即人之生物性;德性即人之伦理性或社会性;理性即人之经济性。人因其天性,需要吃穿住行,就有营生的需求和性爱、繁殖的本能或欲念;因其德性,就有伦理、家庭、礼序、社会的需求;因其理性,就有权衡利弊、趋利避害的常识。特别是理性使人成为经济人,具有天然的最大化本能和意识。而营业恰恰是人之理性即营利最大化行为在社会关系中的自由释放和无限扩张,商事权利就是人之理性在营业领域合乎逻辑的一种法律表达,其权利构成、内容、类型、集群、体系也必然受人之理性的影响与制约。如独资业主、合伙人、股东、合作社社员虽同属出资人,但其资本权益和对应的义务、责任、风险范围则有明显差异。基于人的理性,人的权利越广泛、完整、充分,就意味着所享有或归属的利益也越大,相应地其承担的义务、责任、风险也应越大。正是基于人之理性逻辑而对不同投资主体在资本权利方面所作的差异性安排,不同投资者就会基于自己的禀赋优势和个人偏好,去理性选择合适的投资形式和权利类型。

2. 营利逻辑

与一般民事领域的普通营生不同,民事主体处分财产进入营业领域从事投资、经营、交易活动是为了谋求营利最大化，故不仅一切商事权利的设置、确认、功能、效应均围绕商事主体之营利最大化这一目的进行，所有权利的要素、架构、内容也以满足营业主体的最大化需求为目标，并以这种最大化需求作合乎逻辑的制度性安排。股东、商号权人、技术创新者、被保险人、信托受益人之权利的要素、架构、内容安排，就充分体现了这些主体的最大化需求。

3. 营业逻辑

营业活动具有一定的规律性，并本着"原于自由"的道义基础与"始于投资，形于经营，成于交易"的事实逻辑，呈现"投资→经营→交易"这一明显的时序性、递进性、阶段性结构特征。而且，商事权利就是沿着这一营业的事实递进逻辑，呈规律性、结构性、体系性地展开。例如，营业始于民事主体的投资，以投资为原点和起点，就必然产生投资性权利；随后营业进入经营阶段，也自然延伸、发展、衍生、创新各种经营性权利；最后营业推进到交易环节，也顺理成章地演变或衍生出各种交易性权利。商事权利这种明显的营业时序性、递进性、阶段性结构与特征，只存在于生产、经营、交易环节的营业领域，是处于生活、消费环节的一般民事领域所不具备或不存在的，或者即使偶尔、短暂出现或存在，也没有如此常态和显著。

4. 权利逻辑

权利本身具有一定的发展和演进逻辑，一方面，权利总是本着"应然权利→法定权利→实然权利"这一普遍性规律不断由理想状态转换为现实状态；另一方面，权利在行使或实现过程中，因受各种因素影响或制约而发生变化或调整，并总体遵循"原权利（本权利）→衍生与派生权利→发展或创新权利→变型或异化权利"这一基本轨迹，动态运行或不断发展。商事权利作为营业中产生的一种特殊私权，必然要受营业中的各种因素影响或制约，这些影响因素既包括投资、经营、交易等形式方面，也包括各种营业主体、生产要素、市场资源、营商环境等要素方面，这些复杂、多元要素综合影响、作用、制约营业过程，必然使原生性财产及附属权利发生从内容到形式上的各种变化，且又总体遵循权利的基本逻辑和运行轨迹，并呈明显的递进性、结构性体系特征。

（三）商事权利体系的一般表达

受前述内在逻辑的支撑和制约，商事权利表现出与一般民事权利完全不同的体系和结构。在前述各种内在逻辑支撑中，其中人性、营利逻辑直接制约商事权利的本质，而营业、权利逻辑则直接推动并促进商事权利体系与结构的形成。因之，商事权利也就本着营业事实逻辑和权利运行逻辑，并以具体层面的权利体系和抽象层面的权利体系两种形式表现出来。

二、抽象层面的商事权利体系

抽象层面的商事权利体系，是受权利本然属性和内在逻辑影响和制约，并遵循权利运行、演变规律而呈现出来的体系性特征。它包括如下两大典型的体系性结构。

(一)转换性商事权利体系

权利按存在形态可分为应然、法定、实然三种状态,商事权利作为具体权利的重要类型,无疑也受一般权利特质的制约,可划分为应然权利、法定权利、实然权利三种形态,并呈现出按"应然性商事权利→法定性商事权利→实然性商事权利"这一基本逻辑和规律的转换性体系特征。

1. 应然性商事权利

应然性商事权利,即基于民事主体或进入营业领域转换后的商事主体之独立、自由、平等身份与地位而应当享有的各种商事权利类型之概称。应然性商事权利具有应然性、正当性、伦理性、原生性、初始性、基础性特征,是所有商事权利的内在性、正当性、原始性逻辑基础,没有应然性商事权利,后续的法定性、实然性商事权利就没有伦理、道义基础,从而丧失权利的正当性依据。在整个商事权利的庞大、复杂体系中,各种权利虽存在很大差异,但均属主体的应然权利,只是尚有相当部分权利因法律未作规定或未予明确宣示,而未转换为法定权利而已。特别是诸如民事主体进入营业领域之营业自由权,进入营业领域切换为商事主体的平等竞争权,股东的参与权、红利分配权、诉讼权等,均属于应然权利,即使法律没有规定,也属主体应当享有的权利。

2. 法定性商事权利

法定性商事权利,即基于法律明确规定、宣示或确认的各种商事权利类型之概称。法定性商事权利,是应然性商事权利转换并确认为法定权利的表现,具体形式就是法律规定或司法确认。如营业自由权本为所有私法主体的应然权利,但在近代以前,受身份、等级、特权阶层与封建专制的垄断和阻挠,其并非世俗市民人人可自由享有的平等权利。只因英国《权利法案》、美国《独立宣言》、法国《人权宣言》明确宣示及载入宪法,营业自由权才成法定权利。又如股东知情权,本为股东之应然权利,但因我国 1993 年《公司法》(已失效)对此未有明确规定,股东此项诉请大多得不到司法机关的支持;2005 年修订后的《公司法》(已失效)对此有明确规定后,股东此项应然性权利就明确为法定权利。

3. 实然性商事权利

实然性商事权利,即私法主体在营业中实际享有、行使或实现的商事权利类型之概称。某些商事权利虽为应然权利,且在法律上也有明确规定,但或受主观因素影响,如特定私法主体的主观意愿或属性;或受制于客观因素,如商事权利的具体行使或实现,需要一定的初始条件或必要程序,商事权利并非人人能实际享有、行使或实现。如营业自由权虽为所有民事主体的应然权利,现今世界上绝大多数国家或地区的宪法或基本法对此都确认或宣示其为法定权利,但实际上能具体享有、行使或实现该项权利的私法主体，仍属少数。这是因为，一方面，绝大部分民事主体并未主动、积极地去行使或实现该项权利；另一方面，营业须有一定的财产基础或程序性条件，部分私法主体尚达不到法律规定或实际营业的条件或要求，而无法进入营业领域。再如，股权中的红利分配权，虽为应然权利并已法定化，但该权利的实现条件是出资或持股所在公司存在可分配的利润，如因经营效益不佳，该项权利就难以实际到位，进而成为一项实然的权利。

总体而言，商事权利总是沿着"应然性商事权利→法定性商事权利→实然性商事权利"这一基本逻辑与发展轨迹转换着。由此，国家政策、法律应秉持鼓励、支持、促进营业之核心理念和基本政策，创造自由宽松环境和更多优惠条件，把尽量多的应然性商事权利确认为法定性商事权利，进而让更多法定性商事权利落实为国民（私法主体）的实然性商事权利。

（二）演进性商事权利体系

遵循前述"原权利（本权利）→衍生与派生权利→发展或创新权利→变型或异化权利"这一权利运行或发展的基本轨迹，商事权利也明显呈现"原生性商事权利→转型性商事权利→衍生性商事权利→创新性商事权利→变异性商事权利"这一演进性体系特征。

1. 原生性商事权利

原生性商事权利。即民事主体进入营业领域前后就其投入的出资财产所享有的一系列原始性权利之概称。如《公司法》规定股东可以实物、土地使用权、现金、知识产权和其他可转让的权利等财产形式进行出资，在公司正式成立之前，出资人对该出资的原始财产就享有该财产或权利属性所决定的各种原生性权利，如物权、知识产权、可转让的债权等；再如，在公司正式成立之后，股东出资的前述财产就转移至公司，由公司所有、占有、支配、控制、管领，公司依法取得原由出资人享有的由原始财产构成的公司资本（财产）之物权、知识产权、可转让的债权等，也为原生性商事权利。原生性商事权利实质属于原有财产及附属民事权利在营业领域的延伸，本质上仍然属于传统、原有民事权利的范畴，但权利行使主体、方式、程序，则与一般财产权利已存在显著的区别，典型的如公司财产的处分，则应依公司内部意思机构和治理规则，通过特定程序以公司法人意思的形式来行使，它已不再由出资人独立、自行、单一的决定或处分。故原生性商事权利虽为财产性民事权利在营业领域的延伸，但已发展为一种基础性、财产性商事权利。

2. 转型性商事权利

转型性商事权利，即民事主体进入营业领域之后因财产价值化、资本化、证券化、货币化、数据化、虚拟化之后，对已脱离原有具体标的物转型的新客体所享有一系列新型商事权利之概称。典型的如股权，即股东对因出资财产价值化、资本化转型的出资比例或持股份额所享有的权利，该权利客体已不再是出资的原始财产，而是由出资财产经价值化、资本化转型的出资份额或股份；又如卖方基于实体合同从买方处获得以汇票形式结算的汇票，则卖方的核心权利也转型为以票据为客体的票据权利，即货币请求权，该权利的请求对象，已不再限于买方，而是所有票据法律关系中的出票人、背书人、保证人、承兑人、付款人等。在商事权利体系中，因财产价值化、资本化、证券化、货币化、数据化、虚拟化已常态化，转型性权利就成为商事权利中最重要的一种权利类型。

3. 衍生性商事权利

衍生性商事权利主要包括企业营业财产权和人格性财产权两大类型。

（1）企业营业财产权。企业是基于投资主体因选择合伙、合资、合作等出资方式，通过出资契约或发起协议契合、结社的衍生主体。从一定程度讲，企业虽是民事主体投资衍生的新型主体和商事主体自由结社的产物，但该主体一经登记注册，即为独立主体，就享有独立商事主体所应享有的一系列权利。故所有以企业名义或附属于企业的商事权利，均具有明显的衍生特征。

（2）人格性财产权。营业须以特定主体的名义进行，特别是如企业，须有可识别的特定名称，并以该企业名称从事对外经营活动。自然人商人和企业商人在开展营业过程中，又因使用的字号、名称以及因产品、服务、履约产生的各种用户口碑、良好评价、社会信用等，并积累一定的经营方法、技术秘密、独特配方等，就必然产生诸如商号、商誉、信用、商业秘密等衍生形式的人格性利益与人格性资产，从而基于商号、商誉、信用、商业秘密等衍生出诸如商号权、商誉权、信用权、商业秘密权等人格性财产权。由于人格性财产权纯粹基于商事主体的营业活动，并依附于人格要素而衍生，故这类权利也为衍生性商事权利。衍生性商事权利是传统民事权利所没有的新型权利，它既不同于传统的纯粹人格权，也不同于其他无形财产权，而是基于特定商事主体的人格要素和长期经营积累起来的一种人格财产化的新型商事权利。

4. 创新性商事权利

创新是几乎与营业伴生甚至同义的永恒主题，故营业又有创业之称。商事主体在营业中经创新进而形成的一系列商事权利，即为创新性商事权利。创新性商事权利主要包括业态创新、技术创新、方法创新等，进而形成新型业态类创新性商事权利、新型技术类创新性商事权利、经营方法类创新性商事权利等不同类型。

（1）新型业态类创新性商事权利，即商事主体在创新营业领域、营业形态、营业事项过程中所产生的新型商事权利。如公司、证券、银行、票据、保险、期货、信托、基金、海商、电商、网商、空商、天商、移动支付、智能机器人等新业态，全是商事主体创新的产物，而伴随新业态、新形式、新关系，就必然对应出现新的商事权利。

（2）新型技术类创新性商事权利，又称工业产权、商业产权或技术产权，即商事主体在营业中对产品或服务的技术、方法、标记等作出创新所派生的一系列商事权利。工业产权本质上属于技术创新类商事权利范畴。

（3）经营方法类创新性商事权利，即商人基于长期经营形成的管理经验、特殊工艺、流程诀窍、技术秘密、独特配方、客户资料等形成的有特殊商业价值的商事权利。如商业秘密权等。

5. 变异性商事权利

商事权利也存在变型、异化的可能和情形，商事权利因特定主体契合、集中或扩张而致原有商事权利发生质变或异化而形成的新型权利或权力。例如，股东权利经股东（大）会契合或集中形成的公司团体性、管理性或控制性权力；董事会基于法定、章定和股东（大）会授权而产生的对公司之决策权、管领权和代理权；大股东基于公司资本多数决形成的对公司的控股权或控制权；上市公司收购完成后对目标公司的控制权；占市场支配地位的公司之垄断经营权；公用事业特许经营权人的准公共性管理权等。

三、具体层面的商事权利体系

具体层面的商事权利体系，又称事实层面的商事权利体系，为基于营业本身存在“投资→经营→交易”之明显的时序性、递进性、阶段性结构特征而表现出来的商事权利体系类型。营业明显表现为投资、经营、交易这三种形态、三个阶段、三大环节，如果加上进入营业领域之前，营业可由民事主体平等、自由选择的待定、潜在状态，则营业之时序、环节、阶段就可进一步表述为“原于自由，始于投资，形于经营，成于交易”。鉴于进入营业领域之前的商事权利更多是一种机会性权利，故商事权利也就对应表现为机会性、投资性、经营性、交易性之体系特征。

（一）机会性商事权利

机会性商事权利为基于民事主体独立、自由、平等地位而享有可选择把握商机、进入营业领域的一系列权利之概称。机会性商事权利是一种资格性、门槛性、初始性权利，它是所有后续商事权利产生和发展的正当性、合法性和有效性基础。机会性商事权利又表现为如下两种形态：

1. 概括意义的营业自由权

概括意义的营业自由权，即民事主体可根据自己的主观意愿、禀赋和外在营商环境、商机，自主决定是否选择进入营业领域从事营业活动的一系列权利之概称。它包括营业机会的平等享有、营业资格的自由取得、营业事项的自主选择等方面。

2. 具体意义的平等竞争权

具体意义的平等竞争权，即民事主体可自由、平等地参与市场与其他同业投资者、经营者、交易者进行合作、交易、竞争的一系列权利之概称。它是概括性营业自由权的具体形式和直接表达。

（二）投资性商事权利

投资性商事权利为基于投资而由特定投资主体所享有的专有商事权利之概称。投资性商事权利是最初级、最重要、最基础的商事权利。长期以来，此种权利不仅为传统民法理论和立法所误读，也为商法理论与立法所忽略。投资性商事权利因投资主体的角色、地位、功能、关系不同，可分为企业出资人权利与其他投资性权利两大类。

1. 企业出资人权利

企业出资人权利，即基于企业的对应视角，而由企业出资人对出资及出资财产转化而来的资本化客体所享有的专有权利，包括独资业主权、合伙权、股权、合作社社员权和其他企业出资人权利等。

2. 其他投资性权利

其他投资性权利，即企业出资人之外的其他投资主体对投资形成的权益依法所享有的一系列权利之概称，包括股票之外的有价证券、国债、期货、银行、信托、货币、黄金、保险等传统形式或电商、网络、智能等新型形式方面投资所形成的一系列权利。

（三）经营性商事权利

经营性商事权利为营业进入经营环节、由经营主体所享有的一系列原生、转换、衍生、创新的商事权利之概称。需要说明的是，经营性商事权利与学者通常意义上所论及的经营权，不是同一概念，经营性商事权利是从营业中经营层面、状态、阶段、环节，对经营主体享有权利所作的分类，而经营权仅指与所有权相对应的一个政策性用语，是一个很不严谨的法律概念。〔16〕 经营性商事权利是商事权利中最广泛、复杂、丰富的权利类型，它可分为概括与具体两个层面。

1. 概括意义的经营性商事权利

概括意义的经营性商事权利，即在营业经营环节中所产生或发展的前述抽象层面商事权利中的原生性财产权、衍生性财产权、创新性财产权、变异性财产权等。

2. 具体意义的经营性商事权利

具体意义的经营性商事权利，即经营主体在经营期间或环节所享有的营业财产权、经营自主权、人格性财产权、标记性财产权、工业产权以及在营业变动、转让中的一系列权利等。

---

〔16〕 参见佟柔、周威：《论国营企业经营权》，载《法学研究》1986 年第 3 期；王忠、姜德源：《论国家所有权、行政权与企业经营权的分离》，载《法学研究》1988 年第 2 期；熊继宁：《走出企业“法人财产权”认识的误区——兼评“法人所有权”和“企业经营权”》，载《中国法学》1995 年第 2 期。

(四)交易性商事权利

交易性商事权利为商事主体进入交易环节或交易主体基于商事合同所产生的一系列商事权利之概称。交易性商事权利为最原始的商事权利形式,也是传统商法理论与立法中所确认和保护的商事权利。交易性商事权利为基于商事合同而形成的合同之债,它本质上属于商事债权的范畴,是一般合同之债在营业领域的拓展与创新。

鉴于商事权利类型是后文所述商事权利架构和结构的重要内容,故具体内容见后文,在此不再赘述。

如前所述,可得出如下结论:相对于传统、既有已成严谨、完整、优雅体系的民事权利,商事权利恰恰是在解构、析分、破坏甚至颠覆一般民事权利特别是原始财产及附属权利的基础上展开的;自然,相对于传统、一般民事权利,它是不成体系的。但如从私法领域、营业视野观之,则不难发现,商事权利的产生、设置、确认、行使、实现,总是围绕营利目的,根据营业需要,一切以效益与财富最大化为考量因素和取舍主旨。一方面,本着权利自身的内在逻辑和运行规律,沿着"应然性商事权利→法定性商事权利→实然性商事权利"这一基本发展和转换轨迹,商事权利表现为抽象层面的"原生性商事权利→转型性商事权利→衍生性商事权利→创新性商事权利→变异性商事权利"之形态演进性体系特征;另一方面,基于营业"原于自由,始于投资,形于经营,成于交易"之时序性、递进性、阶段性结构特征,商事权利又明显呈现出"机会性商事权利→投资性商事权利→经营性商事权利→交易性商事权利"之事实递进性体系特质。足见,商事权利并非没有体系性,而是一种突破、颠覆、超越传统民事权利体系的创新型权利体系。

第二节　商事权利的基本架构

一、商事权利基本架构的支撑要素

(一)商事权利基本架构的理论分歧与代表性观点

如同商事权利体系不受重视一样,商事权利的基本架构也是一个被学界、业界忽略或回避的问题。既有文献涉及这方面的零星研究,大多是从商事权利的分类角度,有一些与商事权利架构的关联性探讨。代表性观点与主张有:

1. 商事人格权架构

该论主要涉及商事人格权方面的讨论,如商事人格权论者所论及的商事权利主要包括商号权、商誉权、信用权、商业秘密权等几个方面;[17]或者把商事权利分为商事财产权和商事人格权,并进一步分为基本商事权利和具体商事权利。[18]

2. 商事行为架构

该论主要是从商行为角度,涉及一些商事权利的类型化问题。如有学者从商行为的角度,把商事权利划分为实现营利的权利、代理权、商事留置权、商事保证权、商事债权等不同类型。[19] 有学者从商行为涉及的领域、产业、行业角度,把商事权利分为工业生产权、农业生产权、商业服务权三类。[20]

3. 商事营业资产架构

该论主要是从营业财产的角度,涉及营业财产权的类型化划分。如有学者把涉及商事营业资产的商事权利析分为商事营业资产所有权、商事营业资产债权、商事营业资产抵押权、商事营业资产租赁权等。[21] 有学者从商事营业资产权的角度,把商事权利分为商事资产的所有权、转让权、营业权等。[22] 有学者从商事营业、商业名称的角度,涉及营业资产的转让权、租赁权、商业名称权等内容或类型等。[23] 还有学者认为,商事权利主要表现为企业主的财产权、企业经营权、企业控制权、企业内部管理权等几个方面。[24]

4. 制度功能架构

该论主要从制度功能的角度,对商事权利作类型化处理。如较早对商事权利有全面、系统思考的吕来明教授,认为商事权利是属于经营体或经济体的权利,是一种商事组织的权利,进而从保护商事组织财产利益的功能角度,把商事权利划分为资格权利、商业信用权利、商业机会权利(商号权、商业秘密权、公平交易权)、直接财产权利四种不同类型或不同层级;[25]之后他又以商法保护商事主体(主要为企业)不同层次财产利益的功能为标准,把商事权利划分为投资人权利(股权、合伙份额权、合作社成员权)、商事主体设立时自始取得的权利(营业权、商号权、商业信用权、商誉权、商业机会权、商业秘密权等)、商事主体基于具体的营业活动取得的权利(基于商事合同设定的

---

[17] 参见程合红:《商事人格权论——人格权的经济利益内涵及其实现与保护》,中国人民大学出版社2002年版,第12~13页。

[18] 参见王建文:《论我国商事权利的体系化构建》,载《当代法学》2021年第4期。

[19] 参见王保树:《商法总论》,清华大学出版社2007年版,第244~259页。

[20] 参见邢星:《论商事主体的商事权利》,载《广西社会科学》2006年第6期。

[21] 参见张民安:《商法总则制度研究》,法律出版社2007年版,第334~402页。

[22] 参见徐强胜:《商法导论》,法律出版社2013年版,第275~287页。

[23] 参见叶林、黎建飞主编:《商法学原理与案例教程》,中国人民大学出版社2006年版,第114~123、149~153页。

[24] 参见李建伟、李晓明:《刑事诉讼中的企业家民商事权利保护》,载《人民司法》2019年第19期。

[25] 参见吕来明:《论商事权利体系》,载徐学鹿主编:《商法研究》第2辑,人民法院出版社2000年版。

权利)三个方面或层次。[26] 也有学者以企业为典型,从保护商事组织财产利益的功能这一角度,把商事权利具体分为商业资格权利(营业权)、商业信用权利(商誉权)、商业机会权利(商号权、商业秘密权、公平交易权)、直接财产权利(物权、债权、知识产权)这四个层次。[27] 还有学者从满足权利、商法一般原则、商事主体需求的角度,认为商事权利应包括商事人格权、营业权、营业受益权、营业受保障权等几个方面。[28]

5. 民事权利架构

该论从民事权利的既有理论与分类,认为商事权利应从民商合一角度重构民事权利体系,建立商事人格权、商事身份权、商事财产权(团体财产权)三大权利支柱。[29]

6. 层级结构性架构

该论主要是从权利的层级理论,对商事权利类型化进行思考。如有学者认为,"商事权利义务必须通过'层次化来实现体系化',即商事权利义务体系应当是一种纵向的体系",即逐级形成商事权利义务(第一层次)→基本商事权利义务(第二层次)→具体商事权利义务(第三层次)。[30] 有学者认为应从"从下而上"的"金字塔"体系结构来看待商事权利。具体而言,商事权利主要包括集权理论、分权理论、财产权计量理论、传统权利理论四大部分,[31]其虽未对商事权利给出确切的定义,但对商事权利不同于一般民事权利的各种现象给出了总体性的概括和表述。该观点认为,商事权利不同于民事权利的地方,表现为财产权的"集中"、权利的"结构"和权利的"变压"特征上,其中,财产权的"集中"又表现为由一般性财产权变为资本性财产权、由一般权利质变为权力化权利;权利的"结构"则包括权利合成现象(如资本的集中与财产权的集中)、权利的分解现象(如金融衍生产品中原始债权与增值债权的分离)、权利的单纯结构变动现象(如企业内部权利结构的变化)等;权利的"变压"则认为商法权利(特别是财产权)主要包括数量、结构和流动性三个基本问题,商法的企业、证券、金融等制度性工具,犹如权利的"变压器",通过制度安排或立法技术像变压器一样,通过权利的合成、分解和单纯结构变动来改变商法权利的流量、结构和流动性。[32]

7. 商事立法架构

该论主要从立法层级的角度,提出按立法层级对商事权利进行划分。如有学者认

---

[26] 参见吕来明:《商事权利论》,法律出版社 2016 年版,第 23 ~ 31 页。

[27] 参见刘宏渭:《商法总则基本问题研究》,华中科技大学出版社 2013 年版,第 130 ~ 147 页。

[28] 参见李建华、麻锐:《论商事权利理论体系的构建》,载《吉林大学社会科学学报》2014 年第 5 期。

[29] 参见许中缘:《商法的独特品格与我国民法典编纂》(下),人民出版社 2017 年版,第 405 ~ 414、580 ~ 629 页。

[30] 参见孙健成、黎桦:《我国民商法部门内的权利互动现象》,载《武汉工程大学学报》2010 年第 6 期。

[31] 参见陈醇:《商法原理重述》,法律出版社 2010 年版,第 29 ~ 60、391 ~ 401 页。

[32] 参见陈醇:《权利结构理论:以商法为例》,法律出版社 2013 年版,第 4 ~ 7、266 ~ 283 页。

为应由子部门商法构建最低层次或级别的商事权利→较高层次或级别的基本商事权利→最高层次或级别的统一商事权利这一“自下而上”的结构，并从商法通则的立法角度，把商事权利划分为商业名称权、商事信用权、商事营业权、商业秘密权、公平交易权五部分。[33]

上述各种理论、观点或主张，在解释商事权利以及划分商事权利类型方面有不少创新性见解，特别是功能论和结构论，在阐述商事权利特征和对商事权利所作的分类，能在某种程度上反映商事权利的部分外在事实和内在逻辑关系，具有一定的解释力。但是，由于功能论只把商事权利局限于商事主体的狭小范围，仅从商事主体本身权利作平面展开，并未反映营业领域的递进性结构与不同商事主体的功能性差异这一营业事实逻辑关系；而结构论虽部分地揭示了商事权利的结构性特征，但更多只及于商事权利的运行角度，对商事权利本身因营业事实逻辑所具有的时序性、递进性、阶段性等结构性特征，并未有具体、深入的描述和全面、系统的分析。可以说，既有文献和研究成果，对商事权利基本架构的诠释和概括，既不符合营业的事实逻辑，也未揭示商事权利的内在关系，尚不具有足够的解释力。

（二）商事权利的递进性特征与结构性支撑要素

第一，支撑商事权利基本架构的要素是营业本身。

商事权利是私法主体从一般民事领域跨入特殊营业领域过程中延伸、转换、衍生、创新的一系列新兴、新式、新型权利，对其定位、归类、架构，自然应从影响、制约、决定该权利产生、变化、发展的营业要素考察开始。这是因为：一方面，权利是法律关系的基本要素和核心内容，自然应从依托的具体法律关系入手，才有原义与正解；另一方面，权利的核心因子是利益，利益虽对主体而言具有一定的主观性，但又随特定领域、关系、环境等客体事实而对应变化，权利中的利益属性、内容、结构，也只有还原到权利所处的事实逻辑关系中，才可得到妥当、合理的解释。故分析商事权利的基本架构，就必须把商事权利还原至权利产生的客观、真实营业领域、关系、环境之中，才可找到符合营业事实逻辑的答案。

第二，营业事实递进关系才是支撑商事权利基本架构的逻辑基础。

如前所述，以时序、递进、阶段为主要表现形式的结构性，是商事权利区别于一般民事权利的最显著特征。结构性是商事权利的外在特征，更是商事权利的基本属性，而这一显著特征，是因营业本身所具有的时序性、递进性、阶段性等特征所决定的。前述营业“原于自由，始于投资，形于经营，成于交易”的时序性、递进性、阶段性等结构性特征，受不同营业时序、环节、阶段的制约与影响，不同营业时序、环节、阶段必有与之

---

〔33〕 参见赵旭东等：《中国商事法律制度》，法律出版社 2019 年版，第 130～132 页。

对应的不同营业形态、营业关系、营业主体、营业权利。恰恰是营业本身和营业决定下的商事权利之结构性特征，才是决定商事权利基本架构的制约因素，而这一结构性特征和制约因素，最终又是营业本身的时序性、递进性、阶段性等结构性特征所决定的。很显然，支撑商事权利基本架构的逻辑基础，是具时序性、递进性、阶段性等结构性特征的营业事实逻辑递进关系。易言之，实际存在的营业事实递进关系才是支撑商事权利基本架构的逻辑基础。

第三，从企业权利四重结构看商事权利的基本架构。

沿着前述基本思路，笔者早在2006年《企业法原论》一书中，依据所提营业自由观和营业权理论，本着商事权利的结构性特征和层级性体系，以营业事实逻辑关系为研究进路，把以企业为中心的权利体系，提炼、总结、概括为"原权利：营业权→企业出资人权利：资本权利→营业主体权利：企业财产权→交易相对人权利：企业债权"之全新的企业权利四重结构；[34]并基于企业商人在现代营业领域和市场经济中的主导性地位，认为企业权利四重结构应是对当代商事权利结构性特征的最好诠释，也是商事权利最初级形式的基本架构。或者说，商事权利的结构性特征和层级性体系，在以企业为中心的权利架构中，能得到最集中的体现和展开。著者认为，企业权利四重结构，能比较有效地解释商事权利基本架构存在的内在必然性和事实逻辑关系。

（三）商事权利的多重层级架构

基于前述分析，笔者认为，商事权利基本架构依据具结构性特征的营业之内在必然性和事实逻辑关系，可划分为不同商事权利的初级递进架构、同级商事权利之横向契合架构、同一商事权利之纵向功能架构三大层级架构。以下分述之。

二、商事权利四重结构：不同商事权利的初级递进架构

（一）不同商事权利初级递进架构的基本内涵

不同商事权利初级递进架构，即受营业"原于自由，始于投资，形于经营，成于交易"之时序性、递进性、阶段性等结构性特征影响或决定，因对应不同营业时序、环节、阶段所形成的具初始属性的不同类型商事权利层级递进结构。因受营业特质的影响与制约，商事权利初次递进架构具有时序性、层级性、递次性、结构性、初级性等明显特征。（1）时序性。该类商事权利架构具有明显的沿着营业"进入→投资→经营→交易"本有的时间推进顺序，作先后排序。（2）层级性。本着营业"进入→投资→经营→交易"之不同阶段的层级属性，机会性权利、投资性权利、经营性权利、交易性权利等不同类型的商事权利及形成的基本架构，表现出明显的层次关系。（3）递次性。机会性权

---

〔34〕 参见肖海军：《企业法原论》，湖南大学出版社2006年版，第136～170页。

利、投资性权利、经营性权利、交易性权利等不同类型商事权利架构具有明显的依次递进和演进逻辑关系。(4)结构性。因不同类型的商事权利对应的是实际中客观存在的营业事实逻辑关系,它们之间是一种相对独立、互不隶属又彼此关联、互为依存的关系,具明显的结构性特征。(5)初级性。对应于营业事实逻辑关系的不同类型商事权利所形成的基本架构,是商事权利体系中最初级、最基础的权利架构,它决定并影响后述的同级商事权利横向契合架构、同一商事权利的纵向功能架构等其他次级商事权利架构。具体权利架构和递进关系,如图1所示。

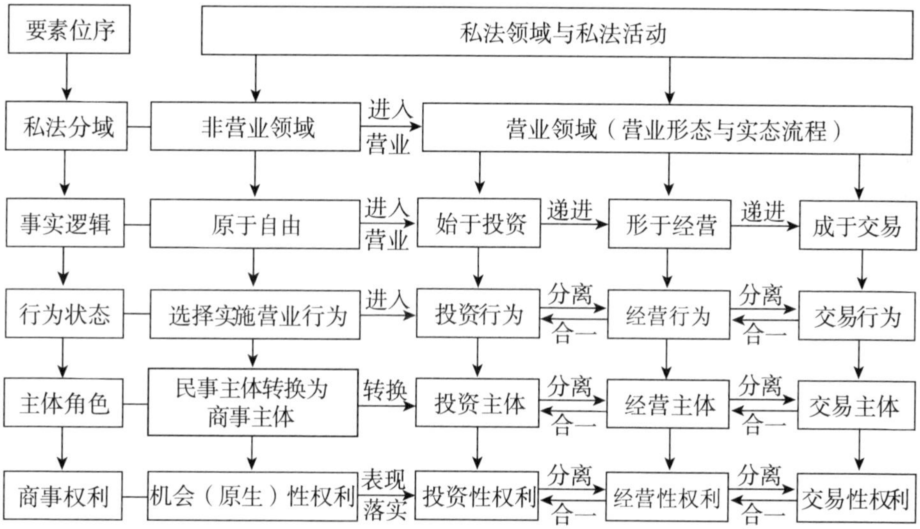

图1　商事权利产生的事实逻辑与实然形态

(二)不同商事权利初级递进架构的具体内容

本着营业"原于自由,始于投资,形于经营,成于交易"之时序性、递进性、阶段性等结构性特征,遵循实际、客观的营业事实逻辑关系,不同商事权利初级递进架构的形成与演进,可作如下描述:(1)在进入营业之前,"原于自由"的营业尚处于可自由选择阶段,其对应的营业形态、营业关系尚处于待定的潜伏状态,对应的主体为一般民事主体,机会性权利即为原生状态或形式的营业自由权。(2)在进入营业之后,又因营业是以民事主体处分财产作为营业投资开始的,故营业"始于投资",其最初的营业形态、营业关系为投资形态、投资关系,自然对应的商事主体为投资主体,商事权利则为以资本权利为表现形式的投资性权利。(3)之后随着营业的展开,就产生对投入营业领域的财产或资产之经营问题,于是营业便合乎逻辑地推进到经营时序、环节、阶段,即所谓"形于经营"。在此状态下,营业形态、营业关系则集中表现为经营形态、经营关系,对应的商事主体也相应地表现为经营主体,由此对应的商事权利则集中表现为以营业财产权为核心的经营性权利。(4)最后,当经营形成产品或服务等特定营业成果后,就需要交易实现营业成果的价值化、效益化、收入化、利润化、财富化,营业必然要通过交易形式来完成,即所谓“成于交易”。在营业交易时序、环节、阶段,对应的营业形态、营业关系即为交易形态、交易关系,相应的商事主体也表现为交易主体,商事权利也递次表现为以商事债权为具体形式的交易性权利。

(三)四重结构是不同商事权利初级递进架构的最直观表达

通过以上描述和分析,原于营业的特性和需要,商事权利初级递进架构表现为“民事主体之机会(原生)性权利:营业自由权→投资主体之投资性权利:资本权→经营主体之经营性权利:营业财产权→交易主体之交易性权利:商事债权”这一明显的四重递进结构。可以说,“机会(原生)性的营业自由权→投资性的资本权→经营性的营业财产权→交易性的商事债权”之权利四重结构,是不同商事权利初级递进架构的最直观表达。

三、商事权利平行结构:同级商事权利的横向契合架构

(一)同级商事权利横向契合架构的基本内涵

同级商事权利横向契合架构,即在前述“机会(原生)性的营业自由权→投资性的资本权→经营性的营业财产权→交易性的商事债权”之商事权利初级四重递进结构的基础上,由同一层级或类型的商事权利基于不同契合形式所产生或形成并呈横向平行展开的权利架构。

(二)同级商事权利横向契合架构的具体内容

以前述商事权利初级四重递进架构为基础,可分别对同一层级或类型商事权利的横向、平行契合架构,作如下概括性阐述:

1. 机会(原生)性营业自由权的横向、平行契合架构

作为机会性、选择性、进入性的商事权利,该层级、阶段、状态的商事权利,更多是以自由决定权或选择权等抽象形式表现出来,故营业自由包括营业进入决策自由、投资自由、商事结社自由、营业事项选择自由、开业自由、公平竞争自由等多个方面。[35]

2. 投资性资本权的横向、平行契合架构

虽同为投资性权利,但因不同投资主体基于不同出资方式和对应的投资契约形式不同,其在特定投资关系中的地位及所享有的权利义务也存在明显的差异。如个体或独资业主权、合伙份额权、股权、合作社社员权、农村集体经济组织成员权、其他非企业

---

〔35〕 参见肖海军:《论营业自由——商法价值的展开》,载范健主编:《商事法律报告》(第1卷),中信出版社2004年版,第56~59页;肖海军:《营业权论》,法律出版社2007年版,第161~166页。

出资人之投资性权利等,即为同层级、同类型、同阶段之资本权横向、平行契合架构。

3. 经营性营业财产权的横向、平行契合架构

在经营层级、状态、阶段或环节,作为经营主体的权利,既有基于出资财产的原财产权利,也有包括基于商号、商誉、信用、商业秘密所衍生的人格性财产权,还包括基于技术与方法创新形成的工业产权、营业标记权、其他非专利技术方法或秘密权等。除此之外,还因经营方式的选择或契合,如基于委托、承包、租赁、信托、托管、代工等特别契约,形成委托经营权、承包经营权、租赁经营权、信托经营权、托管经营权、代工经营权等不同类型的营业财产权横向、平行契合权利架构。

4. 交易性商事债权的横向、平行契合架构

在交易层级、状态、阶段或环节,交易主体的权利,在多数情形下是通过具体商事合同表现为商事债权。商事债权又存在一般性商事债权和特殊性商事债权。一般性商事债权即在整个营业领域或所有营业环节具有普遍影响力的商事债权,如营业知情权、劳动债权等;特殊性商事债权即在特定商事交易场合或环节所产生的商事债权,如公司债权、证券债权、保险债权、银行债权、期货债权、运输债权、物流债权、行纪债权、信托债权、票据债权、接管债权、重整债权、清算债权、破产债权等。

如把商事权利初级递进架构与同级商事权利横向契合架构结合起来考察分析,如图 2 所示,就可更为清楚地看出商事权利的体系架构与家族图谱。

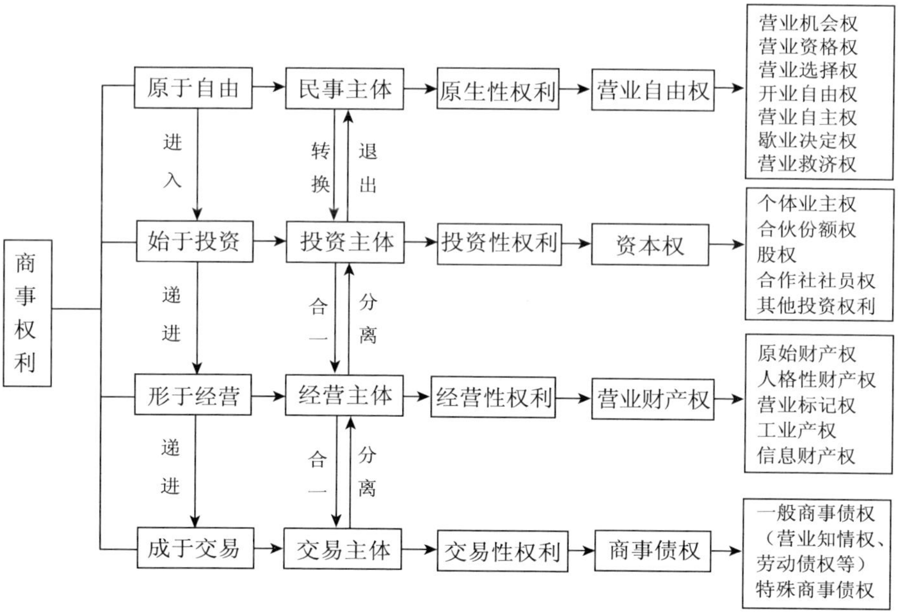

图 2 商事权利的体系架构与家族图谱

四、商事权利纵深结构：同一商事权利的纵向功能架构

（一）同一商事权利纵向功能架构的基本内涵

同一商事权利的纵向功能架构，即在前述同级商事权利横向契合架构的基础上，同一类型或种类的商事权利在具体享有、行使、实现过程中，因不同营业情形、时序、阶段、环节的影响与制约，所延伸、转换、衍生、创新的一系列呈现纵深发展特征的商事权利架构。

（二）同一商事权利纵向功能架构的具体内容

同一商事权利的纵向功能架构内容十分庞杂，包括同一主体商事权利、同一标的物之上的商事权利、同一制度平台之上的商事权利、同一种类的商事权利以及同一具体的商事权利之纵向功能架构等多种形式。以下仅以股权与公司法人财产权为例作简要分析。如股权作为公司出资人的权利，其最基本的权利包括资产收益、参与重大决策和选择管理者等权利，即所谓的股利分配权、公司决策参与权、公司管理者选择权等，但股权在具体行使或实现过程中，又产生出席股东（大）会权、表决权、提案权、知情权（查阅权）、转让权、增资认购权、监督权、剩余财产分配权等股权本权利；还因股权的请求实现或遭受侵害派生出异议股东回购权、公司决议效力请求权、损害赔偿请求权、公司代表诉讼权、公司司法解散请求权等一系列衍生或派生的权利。对于公司法人财产权，如从财产范围来分析，既包括公司对原始出资财产的权利，也包括对经营中增值财产的权利；从财产权利行使的方式上看，既包括对公司所有、占有、支配、管领的财产进行直接经营、处分的权利，也涵盖公司财产通过委托、承包、租赁、信托、托管、代工等形式交由其他主体经营而产生的经营性债权，还涉及把公司财产作为出资，新设企业或公司、参与或持有他企业或公司的股份所产生的转投资类资本权利。至于公司法人财产权在具体的经营过程中所衍生、创新的权利，则更为丰富和复杂。综上，可以看出，因营业的递进性特征，决定商事权利的结构性特征，进而影响、制约商事权利的基本架构。关于商事权利基本架构下的具体结构与实质内容，后文将以“机会（原生）性的营业自由权→投资性的资本权→经营性的营业财产权→交易性的商事债权”之商事权利四重结构为分析框架，作具体阐释。

中编　结 构 论

→原生性权利:营业权

→投资性权利:资本权

→经营性权利:营业财产权

→交易性权利:商事债权

第五章　原生性权利:营业权

民事主体为什么可以处分其财产进入营业领域,其正当性、道义性基础何在? 内在的权源依据和法理逻辑是什么? 学界、业界一直未能提出具解释力、说服力的理论支撑和学理阐释。本着前述营业“原于自由,始于投资,形于经营,成于交易”的事实逻辑与递进关系,笔者认为,“原于自由”而产生的营业权,或者说营业自由权,就是这样一种商事权利依据和法理内在逻辑。

第一节　营业权的法律蕴涵

一、营业权概念的意义厘定

(一)营业权的界定

营业权,又称营业自由权,系指民事主体基于独立的资格、自由的意愿、平等的机会,可自主地选择特定营业领域从事营利活动而不受国家法律不合理限制和其他主体干预的权利。[1]

主体的生存是经济发展与财富增长的前提,是人类社会存在和发展的基础。追求幸福是人不可剥夺的应然权利,追求幸福的方式可多种多样,但就经济生活而言,获取更多的物质生活资料、不断增进财富以提高自己的消费水平和改善自己的生存环境,是作为理性的人实现幸福所必然选择的一种方式。财富的获取与幸福的享有,作为主体的一种独立、自觉行为,在排除战争、违法、犯罪等非法、不当获利方式的情形下,可以通过以下两大重要途径:一是利用自己的劳动潜能,去创造财富;二是利用自己的财产通过营业活动以实现财产的增值,不断增进财富。从权利的角度来分析,前者这种主体基于自己的劳动技能而享有的从事某一特定职业和参加劳动、选择工作的权利,即为劳动权或就业权;后者这种主体基于平等主体资格独立地从事以营利为目的之营

---

〔1〕 参见肖海军:《论营业权入宪——比较宪法视野下的营业权》,载《法律科学(西北政法学院学报)》2005年第2期;肖海军:《营业权论》,法律出版社2007年版,第41页。

业活动的权利，笔者称为营业权或营业自由权。

营业的实质是主体通过对财产的使用和经营，使其进入生产与流通即营业领域，通过财产的生产要素化、价值化、商品化和资本化，从而在财产之物质功能、化学结构、地理位置或使用价值的不断变换以及在不同主体之间的交换流通中不断增值。故营业是一种可以带来财富增长、资本增值并实现不同主体不同利益、价值诉求的一种营利性活动，是一种可以给主体带来期待财产利益并实现一定经济权利，进而决定其最终社会地位的一种自利性经济行为。同时，又因营业本身可不断地从财产价值形式的动态转换中总体增进社会财富和满足不同社会主体的不同利益诉求，因而营业又是一种具有社会利他性的经济活动。

虽然，从纯粹经济效益角度，国家形式的战争和个体形式的犯罪，同样可以获取巨大的利益或财富；但是，战争、犯罪、侵权等属于人类非正义、不合法的逐利行为，不仅不能增加财产、创造财富，反而会因暴力或强力严重毁坏财产和大量浪费财富，是一种明显无道、不义、非法的行为，是在伦理上应受谴责、观念应予否认、法律上应予禁止的反人类、反社会行为。自然，法律的"道德要旨"应当是鼓励基于"诚实、守信和爱"并通过劳动、营业、竞争去"降低成本"，获取正当、合法利益，并同时应禁止抢劫、盗窃等"纯粹强制财富转让"；只有这样，人们才会"断然放弃胁迫"，进而"能促进物品的自愿交换"，如此人类才能在和平、和睦的情形下实现效益最大与财富"双赢"。[2] 很明显，与纯粹的劳动相比，营业可产生更大的财富效益；而与战争、犯罪等非正义、不合法逐利行为相比，营业则既具有明显的效益性，更具利他性、积极性、建设性，因而具有道义性和正当性。营业这一既具正当性又具效益性，既具利己性又有利他性的行为属性，是主体从事营业活动、享有营业权利使之能取得合乎社会伦理要求和法律正式确认，而被视为正当性、应然性、原始性权利的基础条件。[3] 主体之间在自由意愿和行为能力许可的条件下，无差异地享有进入营业领域，自主地选择特定营业事项，自由地从事以营利为目的之营业活动的基本权利，就是人权权利体系中最基本的权利之一——营业权。

（二）营业权的由来

1. 从营业自由理念到营业实体权利

在由中古以前具身份、等级属性之商业特权，到近代以降具平等、平权特质之商事私权的演进过程中，营业自由是自 1215 年英国大宪章运动以来一直就存在、并不断强化的一种商法理念、权利范畴。如在法国，早在 1776 年 2 月杜尔哥（Turgot）法令就明

---

〔2〕 参见［美］理查德 · A. 波斯纳：《法律的经济分析》，蒋兆康译，中国大百科全书出版社 1997 年版，第 289、340 页。

〔3〕 参见肖海军：《营业权论》，法律出版社 2007 年版，第 29 ~ 35 页。

确规定,任何人,无论是法国人还是外国人,“均有权在法国尤其是巴黎从事各种商事活动,均有权在法国自由从事各种艺术或手工业活动,均有权与他人联合在一起来自由从事这些活动”。作为法律理念、世俗观念的营业自由,早在18世纪末的法国大革命以前就已形成,并因17—18世纪相继载入英国《权利法案》、美国《独立宣言》和法国《人权宣言》,而成为一项宪法性权利和基本原则。至19世纪末,达罗兹(Dalloz)出版社《法律汇编》明确规定“法律不再强迫那些将要从事商事活动的人预先向行政机关申请并获得它们的批准;法律也不再要求他们提供自己具有从商资格的证明”[4];“自由进入商业职业”“工商自由原则”早在1791年3月17日就被法国大革命第2号法律确定为宪法的基本原则,1973年12月27日的《罗瓦耶法》第1条再次重申“经营自由与意愿立业是商业与手工业活动的基础”。由此,“经营自由”具有宪法价值,“商业自由原则”和商业“平等原则”作为宪法原则,被毫不犹豫地适用于商法,自然,商法无疑应以“工商自由”原则为主导。除非因公共秩序的理由或因战时经济管制需要引起的例外情形,或因不恰当地给予“新行会”的优惠之外,任何民事主体“进入商界”并不需要经过任何行政批准,既不存在“挑选”,也不存在数额的限制。[5]

自由虽为权利灵魂,但纯粹而无实质利益的营业自由尚不一定是法律上宣示或确认的权利。作为专有权利术语的营业权,在法律文本和司法文件中首次出现,源于德国最高法院的一项判决。早在19世纪末,《德国商法典》就明确规定,经营“营业”的人,即为商人,应受商法的特别保护;[6]且设立和经营的营业属于《德国民法典》第823条第1款所列“其他权利”(绝对权)的范畴;又《德国民法典》第826条规定,法律保护营业活动免受故意的、有悖善良风俗的侵害行为的侵害,保护其免受某些违法侵害行为如不正当竞争的损害。[7] 而这一抽象权利转化为具体权利并得到司法切实保护的,则是从1904年2月27日德国最高法院的一项涉及实用新型案的判例开始的。[8] 该份判决根据《德国民法典》第823条第1款之规定,进而认为“一个已经建立的营业或者企业构成一种权利,这一种权利本身可能受到侵犯”;“因为一个已经建立的独立的企业并不意味着商人们可以随心所欲地实现其自由意思,但是其自由意思确实已经在实际上得以体现,所以可以安全地推定(商人)对企业有一种权利。”[9]当然,此种营业

---

〔4〕 V. Paul Didier, *Droit Commercial*, Presses Universitaires De France, p. 244. 转引自张民安:《商法总则制度研究》,法律出版社2007年版,第44页。

〔5〕 参见[法]伊夫·居荣:《法国商法》(第1卷),罗结珍、赵海峰译,法律出版社2004年版,第20、35、866页。

〔6〕 参见[德]C. W. 卡纳里斯:《德国商法》,杨继译,法律出版社2006年版,第30~59页。

〔7〕 参见[德]迪特尔·梅迪库斯:《德国民法总论》,邵建东译,法律出版社2001年版,第63页。

〔8〕 参见[德]马克西米利安·福克斯:《侵权行为法》,齐晓琨译,法律出版社2006年版,第69~78页。

〔9〕 [德]克雷斯蒂安·冯·巴尔:《欧洲比较侵权法》(上卷),张新宝译,法律出版社2004年版,第67页。

权实际上是一种具体的经营性权利以及由此产生的信用利益或其他纯粹经济利益。故在德国，营业权通常是在界定侵害企业经营性财产或权益时使用，并被解释为"在商事经营往来中，以不法和过错的方式给他人造成损失的人，负有赔偿的义务"。[10] 从一定意义上，"经营权"或"经营管理权"与西方公司法上的"所有权与控制权"分离理论中的"控制权"是同一概念，[11] 属于后述的营业财产权或企业财产权范畴。正因如此，国内部分学者在解释营业权时，大多受德国此一司法判例的影响，把其解释为企业的经营权。

在日本，营业有时"是指商人为营业的目的而进行的活动（主观意义的营业）"，也有时"是指商人为了一定的营利目的而运用全部有组织的财产（客观意义的营业）"；营业自由尽管"并不一定是绝对的，其营业的种类和方法受到法律种种的限制"，但其作为宪法和私法所确认的一项基本原则，已是法律和学理上的共识或常识。[12]

2. 营业自由、营业权引入我国的源流考察

作为商法理念和世俗观念的营业自由传入中国，是 19 世纪末 20 世纪初的事情。有学者考证，近代第一次将"营业"与"自由"合用的是《中华民国鄂州临时约法》第 11 条关于"人民自由营业"之规定；[13] 特别是自《中华民国临时约法》第 6 条规定"人民有保有财产及营业之自由"后，"营业自由"作为一项宪法主要原则和人民基本权利，相继载入 1914 年《中华民国约法》第 5 条第 2 款、1923 年《中华民国宪法》第 9 条、1931 年《中华民国训政时期约法》第 37 条、1936 年《中华民国宪法》第 145 条等近代宪法性文件。[14] "营业自由"作为一项宪法性基本原则和国民之基本权利，已开始深入人心，并成为民初一个比较时尚和常用的概念。如作为民初省宪运动的代表性成果《湖南省宪法》第 14 条、[15]《浙江省宪法》第 15 条，[16] 均规定有"人民有营业之自由权"或"省民有营业自由权"等。

在营业自由被引入我国法律文本的同时，营业权也被我国学者所重视。就笔者所查阅或掌握的文献来看，较早提起"营业权"一词的是民初胡霖先生所著《商律总论》一书。该书把营业权定位于商法上之人格权范畴，认为商法上之人格权包括商号权、营业权等，其中，"营业权者，经营商业之权，即商人之行动权与人格权并立者也。方今营

---

[10] [德]马克西米利安·福克斯：《侵权行为法》，齐晓琨译，法律出版社 2006 年版，第 70 页。

[11] 参见[德]K. 茨威格特、[德]H. 克茨：《比较法总论》，潘汉典等译，法律出版社 2003 年版，第 476 页。

[12] 参见[日]龙田节编：《商法略说》，谢次昌译，甘肃人民出版社 1985 年版，第 22～23 页。

[13] 参见刘为勇：《"营业自由"：一个不应被忘却的宪法性语词》，载《东方法学》2013 年第 3 期。

[14] 参见姜士林、陈玮主编：《世界宪法大全》（上），中国广播电视出版社 1989 年版，第 19～50 页。

[15] 参见陈建平：《湖南省宪研究》，法律出版社 2009 年版，第 323 页。

[16] 参见林孝文：《浙江省宪研究》，法律出版社 2009 年版，第 317 页。

业之自由已为法律所认许,非由中古之必入同业组合而后可以营业”。[17] 随后营业自由、营业权等术语为民国时期部分商法论著所采用。不仅如此,由于营业自由在民初被相继载入宪法文本,营业自由、营业权作为一项宪法性权利或原则,也成为民国时期宪法学论著中经常出现和论及的理念、概念和术语。如著名宪法学者张知本在《宪法论》论及营业自由之重要性时,就指出“如营业不能自由,则个人不能发展自己之财力,以行其交易上之自由竞争,势必使工商业无显著之进步”;[18] 又如王世杰、钱端升合著《比较宪法》中,亦述及“营业自由”乃“承认人民得以自由经营任何职业之谓”。[19]

1949 年以降,随着我国以社会主义公有制为主体的经济结构体制的建立,加上受所有制和计划经济的影响,对社会主义经济形式作片面理解,私人、私有、私营的应有功能和合法地位被忽略甚至遭否认,其政策与法律空间被严重压缩,建立在民间、民资、民企基础上的营业自由与营业权也自然失去了对应的经济基础和社会土壤,在 1956 年之后逐渐地消失在我国的政策、法律文本中,仅研究文献中尚偶尔可见到一些踪影。

根据笔者的考察,“营业自由”一词在 20 世纪 50—70 年代的研究文献中,大多是用来表示对资产阶级“营业自由”理念或思想的批判。[20] 此后,在相当长的时期,研究文献中的“营业自由”仅限于介绍或评价辛亥革命及域外法例,鲜有从法学特别是从商法角度论及“营业自由”的。改革开放以后,谢次昌所译日本学者龙田节《商法略说》一书,“营业自由”一词再次在法学界被提及和唤醒;[21] 期刊论文中比较早地提及“商事主体的营业自由”,为钱玉林教授的《商法的价值、功能及其定位——兼与史际春、陈岳琴商榷》一文;[22] 而明确冠名“营业自由”的文献是笔者的《论营业自由——商法价值的展开》一文;[23] 随后,才有题名内含“营业自由”的会议论文和期刊论文出现。[24]

而“营业权”一词,最早出现于 1960 年 11 月《世界文学》报道的《美国电影制片人的“新手法”摄制“郎兴”色情影片》,该报道使用“在英国引起众多影片发行商竞相争

〔17〕 胡霖编述:《商律总论》,上海文汇图书局 1914 年版,第 42 页。

〔18〕 张知本:《宪法论》,上海法学编译社 1933 年版,第 216 页。

〔19〕 王世杰、钱端升:《比较宪法》,中国政法大学出版社 1997 年版,第 77 页。

〔20〕 参见张晋藩:《剖析“中华民国临时约法”,吸取历史的经验和教训》,载《法学研究》1962 年第 1 期。

〔21〕 参见[日]龙田节编:《商法略说》,谢次昌译,甘肃人民出版社 1985 年版,第 22 ~ 23 页。

〔22〕 参见钱玉林:《商法的价值、功能及其定位——兼与史际春、陈岳琴商榷》,载《中国法学》2001 年第 5 期。

〔23〕 参见肖海军:《论营业自由——商法价值的展开》,载范健主编:《商事法律报告》(第 1 卷),中信出版社 2004 年版,第 39 ~ 69 页。

〔24〕 参见张翔:《商业登记与营业自由——商业登记的功能、技术及其价值基础分析》,载《政治与法律》2008 年第 2 期。

夺营业权”之词。此处“营业权”实为电影的“发行权”或“放映权”。[25] 随后，“营业权”一词大多出现于相关历史研究文献中，如有学者在讨论帝国主义国家和亚非拉国家的经济关系时，提到前殖民地“宗主国的居留营业权”，[26]此处的营业权即为具国民待遇的投资权、从商权或经营权；又如有学者在介绍美日争夺印度尼西亚石油开采和经营权时，就提到有合同中约定“把生产分成制合同中规定的营业权和5%股份转让给洛杉矶联合石油公司”，[27]此处营业权也为石油公司的开采权或经营权；还有学者在回顾五四运动期间《共产党宣言》所列第2章十大政纲时，提出“用国家资本，组织一国家银行，有垄断一切营业的权”，[28]此处的营业权应为从事营利活动之权，等等。最早冠名“营业权”的文献，为《关于收回福州大东电报公司营业权和川淡水线的斗争》一文，[29]但题名和文中的营业权实际上为福州大东电报公司的经营权与控制权。法学界较早论及营业权时，是把营业权视为“从事特种职业及特种营业权”之公民权或政治权利提出。[30]

20世纪90年代中期以后，江平、王保树、赵中孚、谢怀栻等诸位先生，率先把营业概念或营业自由理念重新引入商法等部门法，[31]谢怀栻先生甚至把营业自由阐述为“开业自由、停业自由、交易自由”等内容。[32] 尽管自20世纪80年代末起，学者们从竞争公平的视角，[33]注意到市场主体竞争起点、交易机会平等的重要性与基础性，有学者

---

〔25〕 参见《世界文艺动态》，载《世界文学》1960年第11期。

〔26〕 严耀群：《略论帝国主义国家和亚非拉国家的经济关系》，载《国际问题研究》1965年第2期。

〔27〕 参见蔡仁龙：《美日争夺印度尼西亚石油日益剧烈》，载《南洋问题资料》1974年第4期。

〔28〕 参见杨荣华：《〈共产党宣言〉在中国出版六十周年》，载《安徽师大学报（哲学社会科学版）》1980年第2期。

〔29〕 参见林木桂：《关于收回福州大东电报公司营业权和川淡水线的斗争》，载《党史研究与教学》1984年第2期。

〔30〕 参见张令杰：《谈剥夺政治权利》，载《法学研究》1981年第6期。

〔31〕 参见江平主编：《法人制度论》，中国政法大学出版社1994年版，第165页；王保树主编：《中国商事法》，人民法院出版社1996年版，第4、54～63页；赵中孚主编：《商法总论》，中国人民大学出版社1999年版，第5页；谢怀栻：《外国民商法精要》，法律出版社2002年版，第223～226页。

〔32〕 谢怀栻：《外国民商法精要》，法律出版社2014年版，第258页。

〔33〕 参见易培强：《公平竞争——社会主义商品经济新秩序的一个主要特征》，载《社会科学辑刊》1988年第6期；王德云：《创造公平竞争条件 深化外贸体制改革》，载《国际贸易》1989年第2期。

甚至从经营权〔34〕、公平竞争权〔35〕、开业权〔36〕、从业权等角度,〔37〕认识到市场、营业、经营中存在一种基础性的自由和权利,认识到营业自由的重要性和营业权在商事权利中的基础性。有学者甚至把营业权定位为商事资格权,认为营业权是“商事主体为追求商业利润,自主从事相关工作及对外业务,非依法律特别规定不受他人干涉或限制的权利”,是商事主体作为其获取利润的资格或手段的权利。〔38〕但明确把营业自由、营业权或营业自由权作为民事主体原生性权利和商法中最基础的初始性权利,并将之定位为商事权利最基础的概念与范畴,则始于笔者的《论营业自由》和《论营业权入宪》两文。〔39〕之后,营业自由、营业权等理念或概念,作为商事立法的主要范畴和商事主体的基本权利,开始为学界所认可,并达成一定共识,特别是《企业法原论》一书对营业权内容的系统阐述,〔40〕被国内同仁直接借鉴。〔41〕

但是,营业自由至今尚未出现在任何有关政策、法律、行政法规等国家级正式规范文本之中;地方规范文本只有2018年2月《关于哈尔滨市2017年度法治政府建设情况的报告》,该报告第8部分提到“就行政机关负责人出庭应诉、营业自由与有限政府等主题,组织开展市政府常务会前学法”,这是1949年以来“营业自由”一词首次出现在中国官方规范性文件中,但含义仍然比较模糊。相对而言,“营业权”一词虽偶尔出现在有关部门规章等规范文本中,但在大多数情形下,均系指经营权。如1987年《关于企业自备电厂供电营业权问题的批复》(〔87〕水电电生字第62号),其中所称“供电营业权”,即为“供电经营权”,这也是迄今为止唯一冠名营业权的政府规章。其他几个内

---

〔34〕参见佟柔主编:《民法原理》(第2版),法律出版社1986年版,第162~166页;刘凯湘编著:《经营权》,法律出版社1987年版,第1~2页;佟柔、史际春:《我国全民所有制“两权分离”的财产权结构》,载《中国社会科学》1990年第3期;覃天云主编:《经营权论》,四川人民出版社1992年版,第128~195页。

〔35〕参见胡小红:《论正当竞争权》,载《当代法学》2000年第1期;周少华、高鸿:《行政诉讼中的公平竞争权及相关问题研究》,载《法学评论》2004年第6期;唐兆凡、曹前有:《公平竞争权与科斯定律的潜在前提——论公平竞争权的应然性及其本质属性》,载《现代法学》2005年第2期;王显勇:《公平竞争权论》,人民法院出版社2007年版,第100~103页;李友根:《经营者公平竞争权初论——基于判例的整理与研究》,载《南京大学学报(哲学·人文科学·社会科学版)》2009年第4期;王红霞、李国海:《“竞争权”驳论——兼论竞争法的利益保护观》,载《法学评论》2012年第4期。

〔36〕参见葛顺奇:《多边投资框架:关于准入与开业的控制模式》,载《当代财经》2003年第5期;陈晓星:《公民的开业权及其法律保护》,载《法商研究》2004年第2期。

〔37〕参见金立达:《“的哥”从业权不容非法剥夺》,载《社会与公益》2010年第6期。

〔38〕参见吕来明:《论商事权利体系》,载徐学鹿主编:《商法研究》(第2辑),人民法院出版社2000年版,第46~49页。

〔39〕参见肖海军:《论营业自由——商法价值的展开》,载范健主编:《商事法律报告》(第1卷),中信出版社2004年版,第39~69页;肖海军:《论营业权入宪——比较宪法视野下的营业权》,载《法律科学(西北政法学院学报)》2005年第2期。

〔40〕参见肖海军:《企业法原论》,湖南大学出版社2006年版,第136~147页。

〔41〕参见康雷闪:《从商人资格的认定标准看商人的基本权利》,载《经营管理者》2010年第18期。

含营业权的文件,均为商务部发布的反倾销公告,如《关于对原产于日本、韩国、美国和台湾地区的进口苯酚反倾销调查的终裁决定》(2004 年第 2 号)、《关于原产于日本、韩国、新加坡和台湾地区的进口双酚 A 反倾销调查的初裁决定》(2007 年第 24 号)、《关于原产于日本、韩国、新加坡和台湾地区的进口双酚 A 反倾销调查的终裁决定》(2007 年第 68 号)等,该 3 份公告均提到"营业权折旧"或"营业权费用"的分摊、摊销等问题,该营业权问题也为"经营权"问题。又如上海证券交易所于 2018 年发布的《上市公司行业信息披露指引》所附《上市公司行业信息披露指引第十二号——服装》第 20 条第 5 项在解释"加盟"时,内含"以合同的形式授予加盟店经销权或营业权"的表述,此营业权亦为经营权之意。在地方性法规、政府规章中,只有《贵阳市道路货物运输管理办法》(1999 年,已失效)第 9 条规定有"城市微型货运出租车实行营业权有偿使用",此处营业权实为营运权,也是经营权的意思。

可见,营业自由理念和营业权概念、范畴虽已在学界达成初步共识,但要为国家决策、立法、行政、司法部门所广泛接受,进而转化为基本国策与法定权利,尚需作进一步努力。

(三)营业权的释义

尽管营业自由理念与营业权概念已被学界所肯定、接受和认同,但学者在解读或讨论营业权时,出于不同理解,对其有多种解释,代表性观点如资格权论〔42〕、名为资格权利实为经营自主权论〔43〕、经营权论〔44〕、商法赋权论〔45〕、营业财产权论〔46〕、从业权论等。〔47〕

上述代表性观点,无疑有一定的合理性和解释力,但囿于对营业自由和以营业自由为核心内容的营业权之产生背景、制度功能和基础地位了解得不全面,对营业权的定位和解读自然就出现不应有的偏差。笔者认为,准确界定营业权,除应从前述商事权利的历史演变和商事权利的制度功能等宏观视野作一般性定位外,还应从如下几个具体方面,认识到营业权的重要性。

1. 营业权是一种基本经济人权。营业权是作为个体的国民(民事主体)追求获得

---

〔42〕 参见吕来明:《商事权利论》,法律出版社 2016 年版,第 88 ~ 111 页。

〔43〕 参见刘宏渭:《商法总则基本问题研究》,华中科技大学出版社 2013 年版,第 137 页。

〔44〕 参见杨阳:《营业自由研究》,法律出版社 2017 年版,第 32 页;樊涛:《我国营业权制度的评析与重构》,载《甘肃社会科学》2008 年第 4 期;钱宇丹:《中小企业营业权研究》,中国社会科学出版社 2016 年版,第 13 页。

〔45〕 参见李建华、麻锐:《论商事权利理论体系的构建》,载《吉林大学社会科学学报》2014 年第 5 期。

〔46〕 参见朱晓峰:《论德国法上的营业权规则及其对我国的启示》,载《政治与法律》2016 年第 6 期。

〔47〕 参见崔月琴、刘秀秀:《自由职业者的从业选择与从业方式探析——以社会变迁中个人与组织关系为视角》,载《南京大学学报(哲学·人文科学·社会科学版)》2008 年第 6 期。

更多财富满足其幸福需求的基本人权,属于基本人权(生存权、发展权)的范畴。

2. 营业权是一种宪法性权利。营业权属于平民、平等、平权属性的商事私权,是一种反对、对抗、抗衡身份、等级、专制、垄断商业特权或经济特权的宪法性权利。近代营业自由或营业权入宪的历史,证明营业权不是一种简单或具体的商事权利,而是一种对一国公民(国民或民事主体)的生存、发展具有根本意义的基本权利,属于公民或自然人宪法基本权利的范畴。

3. 营业权是一种机会性权利。营业权的核心是营业自由,且又集中表现在民事主体对商业机会、市场机会、投资机会、经营机会、交易机会、竞争机会等营业机会的自由享有、把握、选择、支配、行使、实现,只有营业机会方面的自由,后续实在的商事权利才有可能产生、行使或实现。

4. 营业权是一种初始性权利。营业权在所有商事权利体系中,是最初始的权利,它应在具体商事权利还没有产生、享有、行使之前,就应被民事主体平等而无差异地享有。即使主体没有实际行使或实现,这种权利处于一种期待、潜在或休眠状态,也不能否认或取消国民(民事主体)这一应然的初始权利,因为没有以营业自由为核心的营业权,所有民事主体就无机会或资格进入营业领域,即使偶尔进入,也因无正当、道义、正义基础,而缺乏合法性、合理性、有效性,其进入的权利或进入后获得的利益就得不到法律的确认和保护。

5. 营业权是一种门槛性权利。营业权是民事主体从一般民事领域跨入营业领域的一种门槛性权利,没有此权利,民事主体就没有自由处分财产进入营业领域的自由,其处分的部分财产进入营业领域后,就无合法性或有效性,政府就可随时没收其投入营业领域的财产(1978 年以前私人营业属于投机倒把行为,其投入的营业财产政府可随时没收),或者任意取缔其经营、交易行为,如非法经营行为的取缔或查处等。足见,无营业权这一门槛性权利作依据,即使民事主体侥幸通过各种手段(公开的挂靠、寻租或秘密的地下经济等)进入营业领域或取得营业资格,其权利或利益也不具有合法性、确定性、稳定性和持续性。

6. 营业权是一种基础性权利。营业权是所有商事权利产生、发展的逻辑起点和构建基点,所有商事权利均建立在以营业自由为核心的营业权之基础或基点之上。故无营业自由权,就无商权。

基于以上分析,不难看出,营业权绝不是一种一般意义的具体商事权利,而是一种具抽象意义、起支撑功能、居基础地位、有集合内涵的机会性、初始性、门槛性的原生型商事权利。它首先是一种核心型经济人权;其次是一种宪法性基本权利;最后才是基础性原生商权。

二、营业权的基本内涵与类型化分析

（一）营业权的权利主体

基于前述营业权的抽象性、机会性、原生性、初始性、门槛性、基础性以及在经济人权、宪法权利、商事私权中的特殊地位，笔者认为，营业权的权利主体可作如下理解：

1. 作为基本经济人权之营业权的权利主体

营业权作为人追求更多财富实现幸福之基本经济人权，其权利主体无疑是抽象的人。这抽象的人既可是单一的自然人个体，也可是具集合、群体属性的国家、民族、地区、特殊形式的集体等。一般而言，营业权主要是自然人个体之生存权、发展权，但相对于富裕、发达国家、民族、地区、特殊集体而言，贫穷、落后国家、民族、地区、特殊集体也有通过营业形式求生存和发展的权利。因此，在某些特殊情形下，具集合意义的国家、民族、地区、特殊集体也是营业权的权利主体，但它往往存在于国际经济贸易关系语境中。

2. 作为宪法基本权利之营业权的权利主体

营业权作为一种宪法性权利，决定权利主体应是国家对应的与该国家具有一定国籍关系的公民或国民。近代以来，营业权首先是一国公民或国民一项最基本的权利。但随着国际经济、投资、贸易自由化，特别是在联合国国际贸易法委员会和 WTO 等国际经贸组织的推动下，国民待遇原则作为一项基本的国际法原则，得到绝大多数国家或地区的承认，故除非基于国家安全或国内公共秩序保留，不具有本国国籍的外国人或无国籍人，在前述法定排除情形外，应与本国国民一样，享有平等的营业权。

3. 作为原生基础商权之营业权的权利主体

营业权作为一项原生基础商权，属于私权的范畴，权利主体应为私法主体，又因营业权属于一种机会性、初始性、门槛性的原生型商事权利，它应在私法主体尚没有进入营业领域之先或之前就应当然地、无条件地享有。因此，从权利的抽象性、应然性、原生性来看，商事私权意义的营业权之权利主体，应为所有具抽象营业权利能力的民事主体，它既包括原生的自然人，也包括由自然人投资、结社衍生的社会组织（法人组织或非法人组织）。至于民事主体通过行使营业自由权已进入营业领域，则该主体已转换为商事主体，所享有的商事权利就已不再是抽象意义的营业自由权，而是具体意义的商事权利了。这也是为什么笔者认为若把商事权利限定于具体意义的商事主体，会严重压缩商事权利的应然空间之基本原由。

足见，从基本经济人权抽象意义上的人，到宪法基本权利概括意义上的公民或国民，再到私法原生商权意义上的一般民事主体，营业权的权利主体最终在私法领域由抽象的人、概括意义上的公民转换为具体私法意义上的民事主体，即原生形态的自然人和衍生形态的社会组织（主要为企业）。国家虽也可作为特殊情形下的营业权主体，但限于国权与商权的效应关系，国家之营业领域、范围、形式方面的权利，应受到法律的严格限定。

（二）营业权的基本内容

营业权作为民事主体享有的从事以营利为目的之营业活动的基本权利，就国家与民事主体的关系而言，营业权首先意味着国家在营业准入方面向民事主体进行无差异的全面开放；就权利本身的内容来看，营业权是由一系列具体的权能集合而成的概括性权利，基本内容包括营业机会的平等享有、营业资格的自由取得、营业领域的自愿选择、营业事项的自主设定、营业方式的自我决定、营业权利的独立行使、营业救济的自力主张等几个方面。

1. 营业机会的平等享有

营业机会的平等享有，即民事主体在国家把营业领域面向全体民事主体进行无差异、无歧视性开放的前提下，依法享有平等地进入营业领域的机会。这种营业进入的机会，首先，体现在国家对市场的广泛而全面的开放上，除少数特殊行业和不宜通过市场配置资源的极个别营业领域，国家对民事主体开放的营业领域须具有普遍性、广泛性。其次，国家对营业进入机会开放和制度配置的对象必须具有一体性和平等性，国家不能通过法律或其他政策措施对不同民事主体的营业准入条件或机会进行有差别的限制或歧视，即营业进入机会的平等享有。最后，民事主体之间具体享有的营业进入机会必须是无差异的，不同民事主体只能依据国家制度或法律设定的统一适用标准或条件获得营业进入资格，以公平地、均等地享有从事营业、进入市场的机会。民事主体只能根据自身是否符合法律设定的条件而实际地去把握或实现其营业进入机会，而不可干预、限制或侵害其他民事主体对营业进入机会的平等享有和把握，国家亦不可在民事主体依法平等享有营业进入机会时，对某些特定民事主体给予法外优惠，而对另一些主体却设定不合理的限制条件，即民事主体的营业进入机会应当是无差异的、平等的。营业进入机会的平等享有是营业权中最为基础的部分，是下述其他营业权能得以合乎逻辑地存在、正当行使和实际享有的前提条件。因此，营业进入机会的平等享有是营业权中的门槛性权利。

2. 营业资格的自由取得

营业资格的自由取得，即民事主体在国家已全面开放营业领域的前提下，可自愿地依照国家法律规定的普适性条件，自由地决定是否进入营业领域从事营利性活动，并依法定程序取得合法从事营业活动的主体资格。营业资格的自由取得实质是民事主体可以自由地进入营业领域，根据法定条件和程序自由地取得从事营业活动的商事主体资格。营业资格的自由取得具体包括以下内容：(1)民事主体可自由地决定是否进入国家开放和法律许可的营业领域，开展营利性活动，从事营业之决定权应完全基于主体的自愿；(2)主体基于意思自治以独立意思表示营业意愿，经自由申请或事实营业以取得营业主体资格；(3)主体可自由地选择独资、合伙、合资或合作等投资形式，设立法律规定的企业形式以开展营业；(4)国家应当在对营业领域进行广泛、全面开放的前提下，对民事主体设立企业或取得其他商事主体资格提供制度上和程序上的便利，不能在法定条件和程序之外另行进行限制，或对某些、个别民事主体予以限制或禁止。营业资格的自由取得为民事主体不可剥夺的应然商事权利，该权利是营业权由应有权、机会权、期待权转换为实在权、现实权、具体权的关键，民事主体如不能自由地取得营业资格，就不能以投资主体、经营主体(企业)、交易主体或其他商事主体的名义进入市场、参与竞争，其平等享有的营业机会就无法变为现实的具体权利和可实现的实际利益。故在营业权诸权能中，营业资格的自由取得对营业权由机会性、期待性权利转变为实在、具体权利具有实质意义。

3. 营业领域的自愿选择

营业领域的自愿选择，即民事主体可根据市场竞争的状况、资源配置的具体结构和不同营业领域可期待的利润空间，自愿地选择某一特定行业或产品、服务类型作为自己的营业领域。营业领域的自愿选择是民事主体在获取营业资格过程中以及进行具体经营活动所应当享有的对营业领域的选择权和基于选择确定下的特定营业领域的从业权。这一权能具体又包括以下几个方面：(1)民事主体可自愿地进入某特定行业或产业领域开展营业，即营业进入权与开业权；(2)基于市场变化和竞争比较优势，民事主体自愿地从原主营的特定行业或产业领域中退出，即营业退出权与歇业权；(3)基于不同行业或产业的比较效益，民事主体自愿地从已选定的特定行业或产业领域转向另一行业或产业领域，即营业领域变更权；(4)民事主体可同时或先后选择多个行业或产业领域开展营业，即兼业经营或混业经营权。营业领域的自愿选择是营业权中实质权能的重要构成部分，主体只有在营业中可自愿地选择认为能给其带来期待利润和投资回报的行业或产业，该营业才有实际意义。否则，如主体的营业领域只锁定在国家限定或第一次选择所固定的行业或产业领域，其营利性目的就难以实现，故营业机会的平等享有须有营业领域的选择自由作保障，才有真正的权利价值。

4. 营业事项的自主设定

营业事项的自主设定，即民事主体在自愿选择的营业领域内，自主地根据自己的比较优势和最大化营利目标任意设定一定的营业事项作为自己主要经营活动的范围。与营业领域的自愿选择相对应，营业事项的设定是主体在营业领域确定之后对营业事项和营业范围的细化，这一权能包括：(1)主体可通过营业登记、合伙协议、企业章程等形式，自主地对主营业事项之范围作明确限定或不作限定；(2)主体可自主地通过必要的法律程序对原设定的主营业事项进行撤销或变更；(3)主体如愿意在自主设定的主营业事项之外承担营业性财产责任，法律应认定此行为的法律效力；(4)主体在未对主营业事项作限定的条件下,法律应推定该主体具有从事选择营业领域所有事项的营业能力,得自主地开展所选择营业领域的所有营业事项,并对营业结果承担财产责任。营业事项的自主选择是社会分工与市场竞争对主体的必然要求,民事主体如不对主营业事项进行划定并使交易特定化,其营业目的就难以实现,同时交易安全也难以保障,实际的营业权能就可能因营业能力的不确定而泛化。因此,营业事项的自主设定不唯是营业权能特定化的关键,也是确保交易安全、实现交易效益所必需。

5. 营业方式的自我决定

营业方式的自我决定,即已取得营业资格的民事主体可根据自身的营业条件、财产状况和经营业务的性质,决定采取适当的经营方式以管理营业事务,这种自我决定的营业方式既可以是自己亲自经营,也可以是委托经营、信托经营,还可以是租赁经营、承包经营或营业的出租、转让等。营业方式的自我决定这一权能之具体内涵包括:(1)民事主体可自我决定以独资、合伙、合资或合作等方式,以个体或设定特定企业作为自己的经营形式;(2)主体可自我决定营业事务的单业或兼业经营方式;(3)主体可自我决定将营业事务进行自营或授予他人进行经营。营业方式的自我决定是营业目标实现的必要保障。

6. 营业权利的独立行使

营业权利的独立行使,即营业主体有权对营业过程中的具体投资、经营、交易等事项独立地作出决策而不受其他主体干涉或国家不适当限制。营业权利的独立行使与现行学界广泛使用的企业自治权或经营权(又称经营自主权)之内容基本相同,它是已取得营业资格的商事主体——企业或商个人所享有的能自主地决定投资、经营、交易方面事务的权利。如经营管理方面的独立决策。独立决策作为营业权能的主体部分,具体内容包括:(1)营业财产使用与处分权;(2)后续投资决策权;(3)内部机构设置与变更权;(4)内部经营性人事任免权;(5)内部利益分配决定权;(6)内部规范与制度的制定权;(7)营业事务(生产经营、产品与劳务定价等事务)的决策权;(8)独立缔约权与公平交易权;(9)营业终止与歇业(解散、兼并等)决定权;(10)其他营业性事务的管理与决策权。营业权利的独立行使,是一种具体的营业权能,是取得一定法律形式的营业资格之后,由特定商事主体在投资、经营、交易方面所享有的一系列具体权利的集合,是营业权的核心,也是民事主体实现营利目标的基本手段。

7. 营业救济的自力主张

营业救济的自力主张,即民事主体对国家不合理地垄断营业机会、对获得营业资格作不正当的限制,他人对营业权的具体权能进行非法干预和侵害时,有权依照宪法或法律,请求国家特定机关或通过修改现行法律等途径予以有效地救济。营业侵权与一般民事侵权不同,它可分为两种情况:(1)在营业机会开放不充分或不公平情形下,营业权实质被国家公权力垄断,此种营业权的受限制或被剥夺只能通过对法定营业权的争取来实现，即通过修订现行法律或宪制诉讼以扩大向民间开放营业领域的范围。(2)在营业机会已面向全体民事主体平等开放的条件下，营业侵权的实质是国家行政机关或其他民事主体对某一民事主体法定的营业权之具体权能限制或剥夺，此时，权利主体可通过行政程序或诉讼程序，请求特定国家机关予以保护。营业请求救济权是营业权能中最为重要的保护性权利，它是营业权得以落实并免受国家限制和其他主体非法侵害、分割的救济性、派生性权利。

(三)营业权的类型化分析

1. 营业权的权能分类

为了便于讨论和对营业权之性质作进一步分析，根据前面所述营业权的具体权能及内涵，可把营业权之权能作一定归类。

(1)根据营业权能的性质，营业权可划分为营业机会权、营业资格权与营业自治权。其中营业机会的平等享有、营业领域的自愿选择属营业机会权，营业资格的自由取得则属营业资格权，营业事项的自主设定、营业方式的自我决定、营业权利的独立行使则属营业自治权。

(2)根据营业权能归属主体特定化程度的不同，营业权可划分为抽象营业权与具体营业权。其中所有民事主体无差异地享有的营业权能为抽象营业权，如营业机会平等享有权、营业资格自由取得权、营业领域自愿选择权等即为抽象营业权；而只为已取得营业资格的民事主体才能获得的营业权利则为具体营业权，如营业事项的自主设定权、营业方式的自我决定权、营业权利的独立决策权等。

(3)根据营业权产生位序的不同，营业权可划分为营业原权利、营业派生权利和营业救济性权利。其中营业机会平等享有权、营业资格自由取得权、营业领域自愿选择权为营业机会性权利，属原权利，它是一切具体营业权利产生的源泉和根据；而营业事项的自主设定权、营业方式的自我决定权、营业权利的独立决策权是民事主体基于营业机会权并通过取得营业资格和选择特定营业领域之后才派生的一系列营业性权利；至于营业救济请求权则属营业救济性权利范畴。

通过以上分析，不难看出，营业权是一种具有广泛包容性、高度概括性的原生性商事权利，属基础性人权的范畴，是人权体系中的重要构成部分。它与现行学界所讨论的企业自治权、经营权、开业权、公平交易权等权利概念不同，具有原始性、基础性、概括性和高度的包容性。其中企业自治权即企业对内部经营管理事项独立地、自主地进行决策或决定而不受国家非法干预或其他主体侵犯的权利，其实质为营业权能中营业独立决策权的一部分；同样经营权的实质也是企业自治权在经营事务方面的具体化；基于开业权，有学者认为，开业权是指公民依法单独或与他人共同投资设立经济组织、从事营利性活动不受干涉和限制的权利,[48]其内容也应属于营业权中的开业自由或开业权之一部分。存在争议的是公平交易权,有学者认为公平交易权为自然人有权公平地准入市场且自主地选择交易对象并与之在平等、自愿的基础上进行交易的资格和权利。[49] 在语境意义上,公平交易权更多的是从经济学、经济法学的角度来定义,如消费者的公平交易权、经营者的平等竞争权等。显然,从公平交易权的内涵来看,如只从营利性活动来分析,它应属营业权中营业机会权之范畴。可见,营业权所涵盖内容之丰富和范围之广泛是公平交易权所远远不能比拟的。

2. 营业权的位序分类

营业权的主要内容是以营业自由为基本因素、以营业机会为抽象形式由主体所享有的权利,可按民事主体进入营业领域的时序、形态、阶段、环节所享有的机会性权利内容,将营业权划分为营业进入自由权、营业投资自由权、营业经营自由权、营业交易自由权、营业竞争自由权、营业财产自由权、营业变动自由权、营业退出自由权、营业救济自由权等具体类型。具体内容因后文有涉及,在此不再细述。

三、营业自由——营业权的灵魂与核心

从营业权能的内容及具体要素分析中,不难发现,营业自由在营业权能体系中居于核心地位。营业权是以营业自由为基本元素、以机会性利益为具体表现形式所凝结成的私法权利,且营业自由的内容又包括营业决策自由、营业选择自由、营业进入自由、投资自由、商事结社自由、经营自由、交易自由、竞争自由、开业自由、歇业自由、营业变动自由、营业退出自由、营业救济自由等多个方面。自由作为权利的灵魂和核心推之于营业权的逻辑结构,就可以看出营业自由在营业权能体系中属于灵魂支撑与核心价值的地位。[50]

(一)营业自由是构建营业权的逻辑起点

1. 营业自由本身就是一种权利形态。从价值判断的角度来分析,营业自由本身是一种权利。此种权利在民事主体决意进入营业领域转换为商事主体之后,各种以潜在方式存在的营业自由权能就变为现实的营业权利,这些权利包括由营业机会选择自由转化而来的营业进入自主权,由投资自由转化而来的投资决策权,由商事结社自由转化而来的企业设立申请权,由选择营业目的事业范围自由转化而来的商事目的经营事项的选择决定权,由开业自由转化而来的开业权和合法经营权,由交易自由转化而来

---

〔48〕 参见陈晓星:《公民的开业权及其法律保护》,载《法商研究》2004 年第 2 期。

〔49〕 参见邱本:《自由竞争与秩序调控》,中国政法大学出版社 2001 年版,第 364 页。

〔50〕 参见肖海军:《论营业自由——商法价值的展开》,载范健主编:《商事法律报告》(第 1 卷),中信出版社 2004 年版,第 39 ~ 70 页。

的公平交易权，由营业权利独立行使自由转化来的内部营业自治权，由歇业自由转化而来的企业解散、合并、分立决定权等等。可见，营业自由从潜在权利转化为实在权利，由应然权利载明为法定权利，是营业权最原始、最基本的形态。

2. 在营业自由的框架内，可派生出一系列商事权利。营业权作为原始性、基础性的商事权利，具有派生、扩展商事权利的效用。由于营业自由具有丰富的内涵，因而由其派生的商事权利也就十分广泛。具体表现为：因营业资格的自由取得而派生的商事人格权，即当民事主体因行使营业自由权获得商事主体资格，则必然享有商事人格权（如商号权或企业名称权、商誉权等）；因投资自由而派生的投资人对企业的一系列资本权利和其他投资性权利，如个人独资企业投资人对企业财产的所有权、经营权、支配权和无限责任等，合伙人对合伙企业财产的共有权、内部共同管理权、对外平等代理权、利益共享权以及连带责任等，股东对公司企业享有的股权（自益权与共益权），债券持有人对企业的还本付息请求权等；由商事结社自由派生出来的企业财产权；由营业目的事项选择自由、开业自由、营业权利独立行使等派生而来的企业经营权等；由交易自由派生出来的一系列商事债权，如商事代理权、公司债权、破产债权、票据权利、海事请求权、保险合同权利等。这样，由营业自由派生、扩展的商事权利，构成一个庞大的商事权利体系。

（二）营业自由是实现私法主体利益最大化的基点

市场经济是一个以个体利益为本位建立起来的利益社会，民事主体以及因投资行为而转换或衍生的商事主体，本身就是一个独立的利益单元。在市场社会里，原生形式的民事主体以及转换、衍生之各种形式的商事主体，是“以个人主义的典型商人为形象”，[51]效益最大化是实施营业行为的终极目标。利益源于两个方面：一则源于主体对己身既有利益的支配；二则来自对己身之外利益的索取和拓展。前者表现出来的既有利益毕竟十分有限，而唯有后者这种可拓展的潜在利益才具无限发展的可能性。故利益最大化更多的是指这种可获得、可追求、可拓展的可能性，这种可能性就是私法主体可以自主决定、自主选择的一种自由空间和自由权能。正如哈耶克所言，“由于正当行为规则所能够影响的只是人们努力获得成功的机遇，所以修正或改进规则的目的也就应当是尽可能地增进或改进不确定的任何人所具有的这种机遇”。因此，“法律的目的应当是平等地改进所有人的机遇”。[52] 易言之，“在自由的社会中，普遍利益主要在

〔51〕［德］拉德布鲁赫：《法学导论》，米健、朱林译，中国大百科全书出版社1997年版，第72页。

〔52〕［英］弗里德利希·冯·哈耶克：《法律、立法与自由》（第2、3卷），邓正来等译，中国大百科全书出版社2000年版，第220～221页。

于促进个人追求未知的个人目的。”[53] 潜在利益、预期最大利益不来自法律对既有财富或利益的确认和保护，而是对主体可追求更大利益、实现更大财富之自由资格和自由权能的授予。

营业自由所具有的潜在与可无限发展、扩张的利益属性，决定营业自由的初始配置平等，对保证私法主体获得预期利益的最大化具有基础性意义。(1)营业自由为每一个民事主体进入营业领域提供了可能性，使民事主体在营业领域追求潜在的最大利益有了切实的资格条件和权能保障。(2)营业自由的平等授予和无差异分配，意味着市场向一切民事主体无差异开放，它创造了真正意义、原始意义上的市场机会平等，这对保障公正交易关系和市场秩序的建立具有十分重要的意义。而公正的交易关系和市场秩序本身又是私法主体实现预期利益最大化不可或缺的条件。(3)营业自由使主体选择最合适的营业领域和营业方式以实现财富的增值成为可能，从而可以极大地激发民事主体的投资积极性，故营业自由是利益增进的内动力。(4)营业自由作为潜在的利益，具有交换价值。民事主体在交易过程中彼此对自由的尊重和价值的让渡，其本身是市场交易和利益实现的一种重要方式。

(三)营业自由反映了营业权的本质特征

营业自由的本质是为主体提供可预期的发展空间，自由不仅是主体追求自身独立利益的一种外在表达，也为这种利益追求的实现提供了可能。营业自由赋予主体的更多不是一种现实享有或占有的实际利益，而是一种平等的资格、机会和权利，使其去拓展自己的利益、增进自己的财富、发展自己的事业，是一种典型意义的机会权利与潜在利益。如果没有营业自由，个体利益与社会财富就会处于凝固状态，当事人地位、交易关系构建、利益分配归属、通过交易实现利益调整或再分配就无可能性，此时民事主体或转换、衍生的商事主体所追求的营业效益最大化也只能流于空谈。可见，营业自由价值对交易效益最大这一目标价值的实现提供了权源保障。首先，营业自由价值观的确定，为普通民事主体参与营业活动提供了市场进入机会，从而为动摇以至于打破封建特权、行业垄断、计划体制对民事主体进入营业领域的限制，为民事主体参与营业活动提供了可能。它不但可极大地调动民事主体投资的积极性，而且因市场初始准入条件的无差异，对构建公正、开放、竞争、有序的市场交易秩序具有决定性意义。因为自由的行使要求主体必须自觉，在正常交易过程中，“只要不与强制性法律相悖，商人就可以依据自身力量和需要，用约定的交易条款形式设定他的法律关系”。[54] 其次，营业自由价值对于构建整个商事制度具有指导意义。以营业自由为基点，为了保障商人

---

〔53〕［英］弗里德利希·冯·哈耶克：《法律、立法与自由》(第2、3卷)，邓正来等译，中国大百科全书出版社2000年版，第2页。

〔54〕［德］拉德布鲁赫：《法学导论》，米健、朱林译，中国大百科全书出版社1997年版，第74页。

的这种资格和权利，商事制度设计和规范制定就须在自由理念和利益本位的构架中进行，商事主体登记制度、商业账簿制度、公司资本制度、营业目的范围的确定、经营管理权的内部自治、证券市场中的自律性监管、商事主体之间的契约自由以及永续营业事项的决定等领域与环节，法律规范模式的选择，均涉及营业自由的域与度，营业自由价值对商事基本制度的确定起着导向作用。以营业自由为导向的商事制度创设，虽很少使用强制性、禁止性规范，而更多地授予商事主体以"自由"和"权利"，它在于调动主体的积极性和自觉性，但就是这种"包含着很少的强制性和禁止性的规范，而具有许多'自由'和'授权'规范，却可以增强权威性的强制力"。[55] 最后，营业自由是民商事主体相互之间建立公平、合理交易关系之必要条件。营业自由的核心是对民商事主体意思自治的尊重和保护，它既体现在主体对营业自由权的决策和处分上，也表现在投资自主、商事结社自由、契约自愿、企业内部管理自治等多个方面，集中反映了以自由选择为基点、以意思自治为要素、以当事人交易中形成的合意为形式这一新型营业关系的本质。由于营业关系充分地照顾和吸纳了当事人的自由意志，故基于营业自由形成的合同机制、投资关系、交易成果等制度所获得的利益，才能充分满足当事人的需求，这种权利义务的配置、利益责任的归属，才称得上公平合理。因此，营业自由是公平、合理、正义之市场交易关系的主导因子，是支撑营业权的灵魂，是营业权能中的核心要素。

第二节 营业权的正当基础

营业权作为民事主体应当享有的具财产权性质的私权利，其内在的逻辑依据源于人性的内在需求、市场经济的必然要求、民主政治的制度支撑和特定商业文化的外在表现。

一、人之自利理性所使然：营业权的人性基础

第一，追求幸福最大化乃人之理性所使然。

达尔文的生物进化论和现代生物基因学的研究证明，任何生物均具有趋利避害的本能，这是生物求得生存所必须具有的一种潜能和本性，即生物的自利性，这种自利性源于生物对生存、舒适和生命连续的追求而产生的各种欲望。作为万物之灵的人，其自利性自不待言。然而，人之自利性与一般生物（包括人之外的高等动物）所具有的消

---

〔55〕［德］马克斯·韦伯：《论经济与社会中的法律》，张乃根译，中国大百科全书出版社 1998 年版，第 160 页。

极的自利性不同,人能以自己有意识的行为采取自觉、积极的行动不断改善自己的生存状况,以满足其无限的欲望,这种人所特有的自觉与积极的自利属性即人之自利理性。人的自然属性也就是人们通常所说的"人性",主要内容是天性、德性和理性。首先,人人都希望自己的生命不被随意剥夺,身心健康不受恣意侵害,人身自由不受任意限制;人人都希望自己的衣食住行得到保障与不断改善,这是人的天性与本能。其次,人又是一种伦理动物,都希望能够生活在一个正义、人道、宽容和相互友爱并具有一定伦理秩序与道德规范的社会里。最后,人还是一种理性动物,能够认识世界并可能动地改造世界使自己更加安全、舒适和幸福。人的这些天性、德性和理性得到实现,就是法律对人权保障的根本目的、价值和意义所在,是人之权利存在和发展的内在根据。〔56〕同任何生物体一样,人之自利理性的原动力来自人作为生物体基于生理属性所产生的各种欲念和对最大化幸福的追求。人之幸福依赖于生理上的满足和精神上的慰藉,其实现可概括为人身自由、政治自主、经济自立和精神自足或自觉,反映在权利诉求和利益属性上则为人身自由权、政治自由权、经济自由权和思想文化自由权。其中营业权即为人之自利理性在财产上和经济上之内在需求的必然反映。

第二,营业权是人类实现幸福最大化最积极、有效的法律路径。

众所周知,人之欲念与幸福的诉求能否得到满足或实现,在很大程度上取决于其对社会财富的绝对控制份额和相对支配比例,财富拥有量和支配比例不仅决定该主体在社会的实际地位,还制约着其预定欲望的满足程度。因之,追求对更多财富的占有就成为人类行为的主要动机,为利益或财产而活几乎就成了人类行为的基本目标。正如马克思所说的那样,"人们为之奋斗的一切,都同他们的利益有关"。〔57〕可以这样说,"人的社会生活是个人通过利用主要在与别人交易的过程中所存在的机会和力量,达到生命的扩张,也就是通过这些机会和力量的比例配合而得到的经济生命。"〔58〕然而,就财产的静态形式和具体分布来看,财产的绝对量在一定时期和一定地域总是有限的、恒定的,这种财富相对的有限性总是与各种欲念主导下的人对财富的无限追求形成矛盾,且永恒地存在于人类社会。个人暴力或战争行为就是以强力、武力等非和平、非道义手段来解决既定财富存量与个人无限财富分配欲念之间矛盾的一种极端表现。除此之外,把财产投入营业领域,使财产在生产、变换等流通环节中增值,是人之自利理性更具建设意义的财富追求方式。因为,营业财产的营运既可满足主体追求更多财富的欲念,又可以和平、正义方式实现不同主体在财产流转和价值交换过程中的互利。况且,使用和平或非和平的方式对既有静态财产进行分配,人们所获得的财产

〔56〕 参见李步云:《论人权的本原》,载《政法论坛》2004 年第 2 期。

〔57〕 《马克思恩格斯全集》(第 1 卷),中共中央编译局译,人民出版社 1995 年版,第 187 页。

〔58〕 [美]约瀚·R. 康芒斯:《资本主义的法律基础》,寿勉成译,商务印书馆 2003 年版,第 50 页。

份额无论是绝对量还是相对比例总是有限的。而如把财产投入营业领域，通过资本、劳力、技术、管理等各种生产要素的组合，可显著产生单一生产要素所无法取得的更大、更高效益，其获得的财产增值和财富不断累积的可能、机会则是无限的。

可见，营业机会在初始阶段的无差异分配和个体营业资格的自由取得，所解决的是人们对未来财产的期待占有和支配问题，是一种可期待、可实现的机会权利，此种权利恰恰可满足主体对财富无限追求的欲念，同时又可以缓解既有财富与财富分配的矛盾。事实上，财产在营业领域的不断增值，既满足了营业主体对财富累积的欲念，并通过财富的累积使生理属性和精神层面的各种欲望也得到部分满足；同时营业又使整个社会既有财富得以增加，能不断化解财富分配中的各种矛盾。不仅如此，有了营业，在逐利的驱使下，就必然产生市场竞争，而竞争又反过来进一步推动人们创造财富的积极性，从而刺激社会财富的累积效应。因此，自由、平等的营业进入和营业衍生的竞争，才是“获致繁荣和保证繁荣的手段。只有竞争才能使作为消费的人们从经济发展中受到实惠。它保证随着生产力的提高而俱来的种种利益，终于归人们享受”。[59]

由此可见，营业权的创设与确认，正是为了解决社会财富与人之自利欲望的矛盾而设置的一种积极有效的财富追求方式，以及配置的新型权利类型与制度范式，它是人之自利属性理性化的结果。正因如此，自从有了营业权及法律保护，人类的无限欲望才有可能在不断创造、累积财富的前提下得到持续的满足，社会也因之不断进步与发展。

二、市场自由配置生产要素的必然要求：营业权的经济基础

第一，市场竞争是人类最有效的生产组织方式与财富获得方式。

在目前为止的各种人类生产和财富追求方式中，自由营业和平等竞争的市场模式应是最有效的方式。由于“社会组织的基本问题是如何协调许多人的经济活动”，“从基本上说，仅有两种方法来协调千百万人的经济活动。一个方法是包括使用强制手段的中央指挥——军队和现代极权主义国家的方法，另一个是个人自愿的结合——市场的方法”。其中“通过自愿的结合进行协调”而“进行经济交易的双方都可以从中获利，只要交易双方是自愿的而且不带欺骗性的。”[60]正是因为有了近代以来竞争的资本主义和市场经济的出现，人类的生产效益和社会的财富累积，才出现几何数字式的快速增长，而市场经济的灵魂和核心，就是自由、平等的竞争。市场竞争就是基于人的最大化理性，通过尊重个人意愿和自由选择，以价格调节机制为基本手段来影响供求关系，在厂商生产效益最大化和消费者幸福满足最大化的双重作用下，自发地刺激社会投

---

〔59〕［德］路德维希·艾哈德：《来自竞争的繁荣》，祝世康、穆家骥译，商务印书馆1983年版，第11页。

〔60〕［美］米尔顿·弗里德曼：《资本主义与自由》，张瑞玉译，商务印书馆2004年版，第16~17页。

资、生产供给、需求满足和经济增长，从而实现市场交易个体收益最大化与社会财富增长的同步化，它具有比自然经济、计划经济、统制经济明显的优越性。

第二，平等与自由是市场经济的核心因子和基本逻辑。

在构成权利的各种元素中，平等与自由是最为重要、不可空缺的活动因子。平等与自由的理念与需求，除源于主体平等与自由的天性即生物性之外，在社会交往中则直接源于商品交换中形成的市场机制与契约理念。正是因为商品存在和市场交换，平等与自由等朴素的契约观才能起到启蒙思想、唤起革命和促进制度创新、社会变革的巨大作用。这是因为，在商品生产中，“社会分工则使独立的商品生产者互相对立，他们不承认任何别的权威，只承认竞争的权威，只承认他们互相利益的压力加在他们身上的强制，正如在动物界中一切反对一切的战争多少是一切物种的生存条件一样”。[61] 平等与自由不仅是商品交换得以进行的基本条件，更是市场经济的基本理念，而且还是一种反对、对抗封建专制、等级特权的制度利器和基本人权，正如恩格斯在《反杜林论》中所揭示的那样，工商业者、资产阶级对商品生产、市场交易、对外贸易中自由、平等的迫切需要和持续抗争，“自由和平等”才“很自然地被宣布为人权”。[62]

第三，营业权不过是市场经济中平等竞争与交易自由诉求的权利转换。

市场经济是商品经济放大和高度发展的产物。商品作为天生的平等派，要求商品交易双方的交换应在平等、自由、互利的基础上进行。这种平等既包括交易主体的地位平等，也包括双方选择交易伙伴、作出交易决策的机会平等。而自由则意味着市场交易主体在交易前和交易中可根据自主的意思决定交易事务。市场是营业活动的基本场所，市场经济是以价格调整作为基础手段自由配置生产要素和主导财富分配的经济形态。以价格手段为初始调节方式构建起来的市场调节机制，要求参与市场交易的主体（厂商、消费者）应自觉地根据价格信号来调整自己的供给和需求。而要实现价格机制对市场供求关系的灵敏调整，使社会有限的经济资源和生产要素合理地配置到不同的生产部门和厂商手里，并满足以消费者为代表的社会最大化需求，必须首先要求国家充分尊重所有参与市场交易的主体在市场进入机会的平等性和面对价格机制进行独立理性决策的自由性。故市场领域的全面开放、交易机会的均等共享、供求决策的独立自主、生产要素的自由组合、营业领域的进退自如，就成为保障市场自由配置生产要素的必要条件。只要有商品交易和市场调节的经济领域，就要求市场的营业机会应向全部市场主体平等地开放，就必须保障所有的市场主体均有进退市场的自由。营业权中的营业机会平等享有和营业资格的自由取得，就源于商品交易和市场机制对机会平等、交易自由的需求。可见，营业权只不过是市场主体之交易利益诉求在法律权

---

〔61〕［德］卡尔·马克思：《资本论》（第1卷），中共中央编译局译，人民出版社2004年版，第412页。

〔62〕《马克思恩格斯选集》（第1卷），中共中央编译局译，人民出版社2012年版，第483页。

利的最直接转换形式而已。

市场价格机制的自发调整要求市场主体充分尊重各自的自由竞争机会和竞争权利，自觉维护自由竞争关系和公平竞争秩序。营业权作为一种私权，要求市场主体在进入营业竞争领域时，应对其他民事主体的平等交易机会和自由竞争权利予以充分尊重，不得使用垄断或不正当竞争的手段排斥、压制、侵害其他民事主体自由地进入营业领域，同时也不得强迫其他市场主体与自己进行交易。

三、公共权力适度边界以外的自由领地：营业权的宪制基础

第一，法不禁止即自由是营业权产生的自然逻辑。

现代政治是民主与法治政治，其实质是法律调整下公共权力与个体权利之间的相互分域与彼此互动，其必须遵循的基本原则是：(1)凡人民(在法律上为公民)经法律授予给政府行使的权力，则为政府公共权力的边界，政府对法定边界以外的权力不得行使；否则属于越权，对政府公共权力机关而言，权力法定与越权无效是必须遵守的基本规则。(2)对公民而言，基于人民主权原则，凡人民未经由法律授予政府行使的权力或法律未作明文禁止的行为，均为公民权利和自由的领地，即法不禁止则为自由的原则。

第二，现代政治与经济分域治理是营业权的制度基础。

除此之外，现代法治宪制社会还是实行政治与经济职能分途的社会，即为全体国民利益服务的公共性政治事务之权力执掌于国家，追求个体利益之经济事务则归属于民间，而其他事务则交由社会公共团体自治。其中政府的基本职能在于受托为全体人民管理公共事务，为全体人民谋取最大利益以提供公共秩序方面的保障。在民主法治的制度框架里，政府的权力边界是比较清楚的，政府公共权力边界以外，凡涉及营业领域的具体事务，政府应让利于民，使民间自治和个体自由有合理范围和适度空间，而营业权就存在民间自治和个体自由范围、空间之内的经济事务领域，在公权力法定的前提下，营业权由全体国民平等地享有和行使，则为当然之理。

四、“工商兴国”与“藏富于民”主导下的利益观：营业权的文化基础

(一)工商兴国、藏富于民乃立国、强国之基

国家的强大和社会的进步从来就是以国民的富足和安康为基础。古代中国凡王朝或官府执行“与民休养生息”“无为而治”“恤民抚商”等自由、开放政策，则此时国家就繁荣昌盛，社会就安定和谐，历史上几次有代表性的盛世、大治、中兴无不与此相关。在近代西方，重商主义理念主导下的西欧诸国，国家鼓励国民经商并殖民海外，原因在于统治阶级深知唯有恤民、利民并富民，国家才能长治久安，国力才能真正强大。尤其到了近代，国与国之间的竞争，已由军事领域转向经济领域，一国的生产力和国民财富的存量直接决定一国的经济力量，并支撑着一国核心竞争力。故工商兴国、藏富于民

之强国理念被各国执政者普遍接受,开放国内市场、鼓励民间投资工商业、保护工商投资者的营业利益,成为近代各国竞相仿效的立法主题与政策措施。

（二）营业权乃富民、强民之法律利器

就常识而言,工商兴国的核心是工商富民与藏富于民,因为只有一国国民普遍富有并具市场竞争力,国家之经济竞争力才有切实保障,而富民、强民之文化理念唯有赋予国民以营业自由,在立法上确认营业权,才能对该国国民之投资积极性和普遍营业有持续的推动。诚如1895年严复在《原强》中所呼吁的那样:“夫所谓富强云者,质而言之,不外利民云尔。然政欲利民,必自民各能自利始;民各能自利,又必自皆得自由始;欲听其皆得自由,尤必自其各能自治始。”〔63〕如前所述,近代西方诸国工商业者从对营业自由的抗争到营业权入宪的历史,充分说明正是有了工商富民、开放强民这一商业文化作铺垫,营业权的法律化和制度化才被认为是顺理成章的。

第三节 营业权的特质属性

一、营业权的内在特质

营业权是一种基于营业机会利益和营业选择自由结合的原生性商事权利,具有自由性、机会性、资格性、选择性、平等性、发展性等内在特质。

第一,营业权是属私权性质的原生性商事权利。

营业权的演化历史表明,营业权是一种原生性私权。这是因为:(1)从权利主体来看,营业权的主体只能是自然人,营业权首先是自然人应当享有的民事权利和商事权利;其次法人型企业(公司企业和非公司法人企业)作为现代市场经济的主要商事主体,同时也是营业权的重要权利主体。(2)从权利标的来分析,营业权的标的是各种营业进入机会和动态营运中的财产处分,营业权的实质就是主体在营业过程中对各种营业进入机会和动态营运中财产、价值和财富处分所享有的一系列权利,是一种营业机会权和动态财产权。(3)从权利行使的目的来分析,营业权的权利主体所追求的不是财产的静态占有和现有价值的持有,而是通过把财产投入生产、流通等营业领域,通过特定营业行为使人力、资本、技术、管理等生产要素有机结合,使财产的物质形态、使用价值、地理位置、内在功能发生变化,从而实现投入财产价值最大化、利润最大化的营利目标,亦即通过营业财产的营运而最终占有、支配更多的财富和价值,满足自己对幸福最大化的追求和财产尽量多的支配,权利行使的目标具有明显的私益性质。(4)从

〔63〕 转引自龚书铎主编:《中国通史参考资料(近代部分)》(下),中华书局1980年版,第92页。

权利的内容来看,与单纯的传统物权或债权相比较,营业权更多地体现在对未来商机的把握和运用,它不以具体财产(物或财产价值)的占有为固有形态,而是在营业机会的享有和营业资格的取得过程中,追求财产在动态营运中的增值,是一种机会性权利和期待性权利。(5)从权利的实现方式来分析,营业权的实现有赖于权利主体的自主和自愿,特别是在不同主体享有均等营业机会的条件下,权利主体是否实际进入营业领域,一则有赖于其是否愿意从事营业活动;二则取决于其是否通过自己积极的自主行为取得了商事主体资格。营业权这一潜在的可能性权利须基于主体的自主、自愿和意思自治才能转换为实有权利和现实利益,且营业权的实际行使也主要或直接涉及或影响主体的私益,权利的实现方式具有私法权利的自治性特征。(6)从权利本位关系来分析,营业权体现了典型的私权本位中心主义,即就国家与权利主体的关系而言,营业权体现为国家对营业领域的全面开放;而就权利主体之间的关系而言,营业权则体现为不同权利主体对营业机会的平等享有和营业权能的相互独立与彼此尊重,营业权的构架均以权利主体的最大化利益为本位而展开。

第二,营业权属以增值为目的的期待性财产权利。

营业权是财产自由在营业领域的具体表现,属以增值为目的的期待性财产权利。在人权权利体系中,财产权属于主体在生产、交换、分配、消费过程中形成的以财产或财产性利益为标的的权利。财产自由既是一种基本民事权利,更是近代基本人权的核心内容。英国著名大法官威廉·布莱克斯通在其不朽之作《英国法释义》中就明确把"人身安全、个人自由和私有财产权"视为个人三项最首要的绝对权利;[64] 1866年美国国会推动的《自由人联合会法案》更把"个人自由"、"人身安全"和"财产权"确定为公民最基本的权利。[65] 个人甚至可以"拥有武器"进行终极的"自我保护",来保护这些绝对的权利。

财产权从静态体现为财产归属于特定主体,即主体对财产权的排他性占有、控制等所有关系或占有关系;从动态来看则集中表现为财产自由,即对财产之价值、使用价值进行处分的自由。财产自由的表现形态有三种:(1)所有权处分自由,即直接按财产的使用价值或物理属性进行使用和处分,如食用大米、观看电视、把住房用于自己居住等自由。(2)契约自由,即通过缔结合同或契约,把财产之权利转渡他人的自由。(3)营业自由,即把财产投入营业领域,使之在流动中不断增值的自由。

可见,营业权的实质是财产自由权行使的第三种典型形式。这是因为:(1)营业权的核心是营业自由,而营业的实质是主体对财产投入营业领域所进行的法律上与事实

---

〔64〕 参见[英]威廉·布莱克斯通:《英国法释义》(第1卷),游云庭、缪苗译,上海人民出版社2006年版,第141~142页。

〔65〕 参见[美]阿希尔·阿玛尔、[美]莱斯·亚当斯:《美国〈权利法案〉公民指南》,崔博译,北京大学出版社2016年版,第209页。

上的处分,核心是对已有财产的自由处分。故营业权首先表现为民事主体以营业方式处分自有财产在机会上的平等性和意思上的自由性。(2)营业权的实现有赖于主体对财产进入营业领域的实质处分。一方面,主体在实质进入营业领域之前,营业权尚属抽象的机会性权利,其实现有赖于营业资格的获得,而在客观上获取营业资格又须有财产作为前提条件,缺乏作为营业核心要素的财产,营业权只能永远处在机会和可期待状态,而不可转变为现实、具体的营业权能。另一方面,营业权的实现有赖于主体在财产方面的自治意思和自由意志,它又取决于主体营利目标的积极追求和财产的实际处分,没有主体把财产投入营业领域这一财产处分行为的发生,主体的营业权也不能转换成积极、现实的营业权利。可见,营业权的平等享有和实际获得,均建立在财产自由权行使的基础上。(3)营业权标的是各种营业进入机会和动态运营中的财产。营业的主要内容即为主体自由地利用各种平等、有效的商机,对其管领的营业财产的持续处分。

第三,营业权是与就业权具等值意义的民生权利。

在经济社会关系和市场交易秩序的构建中,个体作为一个独立的利益单元,在分配关系和利益格局的形成过程中具有原始意义,利益归属的份额直接决定其在整个社会中的地位和自身幸福的享有。故个体对自身利益目标的追求构成了经济发展与社会进步的原动力,而个体在利益追求过程中因利益份额归属上的差异而形成的利益格局,又是整个社会经济关系形成的基础。任何个体利益均可分为既有利益与增量利益,相对于需求、欲念的无限性,既有的存量利益永远是有限的,而只有期待的增量利益才可一定程度上满足主体无限的需求、欲念。而如前文所述,所有期待的增量利益,无非源于劳动创造或营业所得。故"如营业不能自由,则个人不能发展自己财力,以行其交易上之自由竞争,势必使工商业无显著之进步"。[66] 自然,就个体的幸福和财富最大化的终极目标来观察,营业权与就业权具有等值意义,共同构成从业自由和从业权利体系。

综上,从权利的领域来看,营业权是一种典型的具私权性质的原生性商事权利;从权利的本质和核心要素来看,营业权是民事主体财产权中财产自由在营业领域的展开和扩张;从权利对主体的意义来讲,营业权又是一种与就业权或劳动权具等值意义的个体经济权利和社会民生权利。可见,营业权是一种由民事主体应当享有的具典型私权性质的财产权利。

二、营业权的基本属性

(一)营业权的应然性

从权利的性质来看,营业自由是民事主体以追求幸福、实现财富增值、提高个人生

---

〔66〕 张知本:《宪法论》,法学编译社1933年版,第217页。

活质量为目的所应当享有的、不可剥夺的权利,它是人权中自由权利的重要内容,是人之所以为人所应当享有的权利。故即使法律对此未作规定,从人性所具追求功利的理性角度来看待,人对自身预期利益目标的设定和追求是人自身生存和发展所必需,是人通过劳动、营业等多种手段以实现生存、发展的内在要求在权利上的表达和法律上的反映。就个人而言,以劳动直接谋取物质资料之权,为劳动权、职业选择权或就业权;而以营业手段使财产增值而间接获取更多的物质生活资料和财富之权,则为营业权或营业自由权,此种权利与就业权一样,具有与生俱来、不可剥夺的属性。营业权作为民事主体追求幸福的最大化而应当享有的权利,无疑属于应然权利的范畴。这是因为,"为了促进普遍的繁荣,经济竞争是达到这个目标的唯一可能的途径。那么,经济政策势必同时用来加强各种传统的人类基本自由"。因而,自由竞争作为一项"基本经济权利","首先必须考虑到每一个公民有按照自己的经济条件、个人愿望和个人价值而生活的自由",即"消费者的自由和工作的自由必须让每个公民懂得,这是任何人不得侵犯的基本权利。侵犯了这两种自由,应当算是一种反社会的暴行"。〔67〕

(二)营业权的原生性

营业权在商事权利体系中是一种最原始、最基础的原生性权利,它属第一位序性质的权利。这是因为,没有营业自由,其他一切商事权利均无从谈起。主体没有营业自由,就没有实质、完整意义的财产自由,其财产及财产派生的各种权利就不具有合法性,就更谈不上稳定性。营业自由本身就是一种权利形态。此种权利在民事主体决意进入营业领域转换为商事主体之后,各种以潜在方式存在的营业自由权能就变为现实的商事权利,营业自由从潜在权利转化为实在权利,由应然权利载明为法定权利,是商事权利最原始、最基础的原生形态。因之,从权利位序来看,营业自由是一种最原始、最基础的原生性权利,是催生、衍生、派生其他商事权利的初始权源。

(三)营业权的基础性

营业权在商权体系中是一种基础性权利,这是因为:(1)营业权是商事权利得以形成的基点。营业权的存在是一切商事权利得以产生和存在的前提。如营业机会平等权制约着其他商事权利的存在。在哈耶克看来,在自由社会里,"经济竞赛的基本原理认为:在经济竞赛中,正义者只可能是参与者的行为而不可能是竞赛的结果",即社会正义实则是一个"捍卫那个大大增进了每个人满足自己需求之机会的过程"。易言之,即"机会平等"。〔68〕 故在营业领域,没有营业机会或者说没有平等的商业机会,就没有

---

〔67〕 [德]路德维希·艾哈德:《来自竞争的繁荣》,祝世康、穆家骥译,商务印书馆 1983 年版,第 15~16 页。

〔68〕 [英]弗里德利希·冯·哈耶克:《法律、立法与自由》(第 2、3 卷),邓正来等译,中国大百科全书出版社 2000 年版,第 127~128 页。

后续公平竞争和市场交易的可能。对特定投资主体而言,如果没有营业机会平等权的原始配置,其投资形成的业主支配权、合伙份额权或股权也就没有存在的可能。(2)营业权的基本状况反映一国国民的经济地位和社会境况。营业权的残缺和营业权被国家或少数人垄断,只能说明该国社会开放的欠缺和社会财富配置的不公,也必然影响或制约该国国民在政治、社会上的实际地位。(3)营业权的内容是划分商事权利的基准。如前所述,在营业自由权的框架内可派生一系列商事权利。营业自由权作为原始性、基础性商事权利,具有催生、衍生、派生、扩展商事权利的效用。(4)营业权的充分行使是人类在经济上得以彻底解放的标志。如果说民主政治的核心是政治自由,那么市场经济则是以营业自由为核心价值建立起来的、营业权能得以充分行使的经济形态,没有营业权的充分行使,市场经济就没有权利基础。因为"经济安排在促进自由社会方面起着双重作用。一方面,经济安排中的自由本身在广泛的意义上可以被理解是自由的一个组成部分,所以经济自由本身是一个目的。其次,经济自由也是达到政治自由的一个不可缺少的手段"。[69] (5)营业权体现了市民对国家给予个体发展机会和开放市场的最低要求。营业是主体的自觉行为,是市民依靠自身财产、智慧、才能求得生存、发展、幸福之基本诉求在权利上的表达,是个体发展和市场开放的起点。因之,没有营业自由,没有法律对营业权的保护,所谓的个体幸福、市场繁荣与经济发展均是不可想象的。

(四)营业权的潜在性

营业权与其他现实性商事权利不同,它赋予私法主体的是一种潜在的资格、权能和利益,它只给予主体依自愿进入营业领域、进行营业活动的一种可能性,而这种可能性能否转化为现实权利和实际利益,一则取决于主体自身的意思和财产状况;二则取决于法律预设的限制和营业准入条件。只有主体自己决意营业及财产状况为营业提供了现实基础,并达到法律设定或营业准入的条件,则营业自由就可转化为商事主体的实在权利和现实利益。因此,营业自由是一种可带来潜在利益最大化的商事权利。营业的起点在于投资,即财产的投入,而投资及衍生的各种营业活动,作为人类在转变和交易活动中花费时间和精力创造出来的所有资本形式,都是为了发展出可以在未来增加收益的当前工具和资产,[70] 进而获取潜在、预期的最大化回报。从权利内容来看,与纯粹的传统物权或债权相比较,营业权更多地体现在对未来商机的把握和运用,它不以具体财产(物或财产价值)的占有为固有形态,而是在营业机会的享有和营业资格的取得过程中,追求财产在动态营运中的增值。

---

〔69〕 [美]米尔顿·弗里德曼:《资本主义与自由》,张瑞玉译,商务印书馆2004年版,第11页。

〔70〕 参见[美]A.奥斯特罗姆:《流行的狂热抑或基本概念》,龙虎译,载曹荣湘选编:《走出囚徒困境——社会资本与制度分析》,上海三联书店2003年版,第25页。

（五）营业权的集合性

营业权不仅是一种具体的权能，还是多个与营业相关的权利和具体权能的集合，是由民事主体所享有的，以营业机会平等享有权、营业资格自由取得权、营业领域的自愿选择权等营业机会性权利为原始、抽象形态，以民事主体取得营业资格之后所派生的营业事项自主设定权、营业方式自我决定权、营业权利行使独立决策权等具体营业权能为基本内容，以营业侵权救济请求权为保障手段所构成的一组有机的权能体系。

第四节　营业权的基础意义

一、营业权在法律权利理论上的基础意义

营业权是对现有人权和法学理论的丰富与发展，特别是对既有法律权利理论和私法权利体系的创新与发展，具有如下基础意义：

其一，营业权作为基本经济人权的重要内容，其兼具个体生存权和发展权的双重属性，长期被国内学者所忽略，更为国家立法所漠视。从学理上引入营业权理念，可从理论上丰富现有人权的内容，使人权权利体系更为合理、完整。

其二，营业权的独立性和基础性，使其载入宪法并明示为国民的基本权利已十分必要。近代营业自由或营业权入宪的历史表明，把营业权载入宪法，使公民权利与民事权利统一，使资源、机会面向全体国民平等、全面开放，是经济人权作为基本人权被法律化的重要标志，是国家对以营业权为代表的经济人权的承认并予以保护的法源起点，是国家在经济政策和经济制度设计方面作出重大调整的转折点。营业权这一概念的厘定，对推动宪法中有关权利类型化研究和权利保障性制度创新，促进下一轮以营业权入宪为重要内容的宪法修改或解释，具有理论指导意义。

其三，营业准入制度的厘定，有助于划定政府公权力的边界。尽管营业的自由“并不一定是绝对的，其营业的种类和方法受到种种的限制”，但作为一项基本的宪法或私法原则，营业自由得到近代绝大多数国家或地区的确认和保护。〔71〕因此，营业自由和营业权也就成为划分市场经济领域公权与私权的重要标准和法律尺度。我国现行有关经济和营业事务的行政许可和严格审批制度，有相当部分是对国民应然性营业权的不当限制和变相剥夺，而营业权理念的主导，将意味着我国管理本位型经济行政立法观念的重大转变和国家控制型经济管理制度的全面改革成为必然。

其四，营业权作为基础性、原生性商事权利，集中表达了私法中主体对财产自由的

〔71〕　参见［日］龙田节编：《商法略说》，谢次昌译，甘肃人民出版社1985年版，第23页。

内在要求。创设或确认营业权并对其进行类型化研究,无疑对民商事立法,如以营业机会平等观、民事主体自由转换为商事主体、以营业自由为基点以交易效益为目标价值观来指导商事制度的设计,具有重要的参考价值。

其五,以营业自由为核心的营业权观的确立,有助于从经济法的视角重新考量国家投资行为和政府经济行为的性质和效用。如限定国家经营范围,选择政府对民间营业的适当管制或调控方式,营业权就具有直接的理论和实践指导意义。

二、营业权对商事权利的基础意义

营业权及核心因子营业自由,作为一项机会性、资格性、门槛性、基础性的原生商事权利,为民事主体进入营业领域从事实质性营业活动,奠定了正当性、道义性、合理性基础,更为民事主体进入营业领域后转换为商事主体进而实施营利性投资、经营、交易行为提供了合法性、有效性权源依据,从而为尊重、鼓励、促进、确认、维持、保护、救济国民(民事主体)营业创造了法律环境。因此,从一定意义讲,后续的资本权、营业财产权、商事债权,不过是国民(民事主体)具体、实际享有、行使、实现营业权的必然逻辑和实然结果。

第六章　投资性权利:资本权

本着营业"原于自由,始于投资,形于经营,成于交易"的事实逻辑与递进关系,民事主体基于"原于自由"依法实际享有或行使营业自由权之后,其决意进入营业领域的逻辑起点和权利基点为投资行为,即处分所有、占有、支配、管领的财产或权利作为投入营业领域的原始资本,进而实质性地从事营业活动、开展生产经营、实施商事交易,此所谓营业中的"始于投资"。通过"始于投资"之投资行为,民事主体实质性地进入营业领域,其角色、身份也由一般民事主体转换为以投资主体为具体形式的商事主体,进而对应地依据在投资法律关系中的角色、身份、地位、功能,享有相应的权利、利益、收益,此投资性权利即为资本权。

第一节　资本权的一般分析

一、资本权的界定

(一)资本权的定义

资本权,又称资本权利、投资权利、出资权利,或称投资人权利、出资人权利、投资性权利,系指投资主体基于处分所有、占有、支配、管领的财产或财产性权利作为投入营业领域的原始资本,依据在投资法律关系中的角色、身份、地位、功能,所享有一系列相应的权利、利益、收益之概称。资本权是因投资财产资本化而产生、形成或衍生的一系列权利,权利主体为投资主体;权利产生依据为投资行为及基于投资行为形成的投资法律关系;权利客体为投资财产经价值化、资本化转换而形成的抽象资本或资本类权益。

学界、业界虽较早对投资所生权利有所关注,但受马克思《资本论》中对"资本来到世间,从头到脚,每个毛孔都滴着血和肮脏的东西"[1]批判的影响,加之混淆了政治层面的资本伦理性、经济层面的资本要素性和法律层面的资本财产性之间的不同概念,

---

〔1〕［德］卡尔·马克思:《资本论》(第1卷),中共中央编译局译,人民出版社2004年版,第871页。

因而在法律上视资本为学术禁区或研究畏途,不能从财产价值化、资本化的角度,还原资本的本义,对因投资转换为资本所享有的权利不能抱科学态度与平常心态去正视和讨论。1993 年我国《公司法》(已失效)通过后,以股权为代表的资本权益问题,开始被学界、业界所关注。法学界较早认识到资本的重要性并把之引入到商法领域的是江平先生,其于 1997 年发表的《现代企业的核心是资本企业》一文,首次提出“现代企业的核心是资本企业”,认为“股份化就是资本权利化和资本权利人格化”;〔2〕之后才有学者开始关注与资本有关的权利。如有学者从公司资本的权属讨论公司资本的所有权静态归属关系。〔3〕有学者甚至明确提出资本权概念,认为资本权即为资本的权利化形态,系指投资者因将其所有或持有的资产价值化后直接投入企业或通过资本市场间接转化后投入企业所形成的,以获取增量利益为目的并与其他投资者对企业资产协同支配的一种经济发展权;〔4〕但该处资本权仅指企业出资人的投资收益权。学者在讨论资本权时,大致是从以下几个视角切入:(1)资本权利视角。如有学者关注有关资本财产权利〔5〕、权利资本等问题。〔6〕(2)资本权益视角。如有学者从经营者知识资本权益与报酬计划〔7〕、劳动力资本权益,〔8〕民营资本权益等角度,〔9〕讨论与资本权有关的权益问题。(3)投资权利视角。如有学者从公司投资权利归属〔10〕、我国境外投资权利救济等角度,〔11〕讨论涉及资本权的内容。(4)投资者权利视角。如有学者从外国投资者权利性质的认定〔12〕、私募股权基金投资人权利的角度,〔13〕界定特殊资本权的内容或范围。(5)出资人权利视角。如有学者从国有资本出资人权利〔14〕、社会服务机构出

---

〔2〕江平:《现代企业的核心是资本企业》,载《中国法学》1997 年第 6 期。

〔3〕参见严名平:《公司资本权属探讨》,载《湖湘论坛》1999 年第 2 期。

〔4〕参见王显勇:《资本权论——一种经济法的分析路径》,载《湘潭大学社会科学学报》2001 年第 4 期。

〔5〕参见何立胜:《论资本财产权利制度的创新与变迁》,载《河南师范大学学报(哲学社会科学版)》2003 年第 1 期。

〔6〕参见陈培秀:《“权利资本”初论——“人的发展经济学”有待回答的一个论题》,载《改革与战略》2009 年第 2 期。

〔7〕参见张延波:《经营者知识资本权益研究》,载《会计研究》2002 年第 7 期。

〔8〕参见鲁荣寰、王婷:《社会主义应当实现劳动力资本权益》,载《理论探讨》2003 年第 2 期。

〔9〕参见邓聿文:《整合不能损及民营资本权益》,载《经济研究参考》2009 年第 6 期。

〔10〕参见桑保军:《对公司投资权利归属制度的再探索》,载《兰州商学院学报》2009 年第 5 期。

〔11〕参见张万洪、张玲:《论我国境外投资权利救济路径的选择——基于“密松项目”的个案研究》,载《上海对外经贸大学学报》2016 年第 3 期。

〔12〕参见葛辰:《投资者权利性质的解构与国际投资协定的革新》,载《江西社会科学》2018 年第 1 期。

〔13〕参见侯利宏:《私募股权投资中投资人几个特殊权利在中国法下的运用》,载《西南政法大学学报》2013 年第 2 期;李潇潇:《私募股权基金投资人权利保护问题研究》,载《中国商贸》2013 年第 19 期。

〔14〕参见吴晓晖:《三层架构国有资本运营模式下的出资人及其权利配置》,载《法学》2008 年第 6 期。

资人权利等角度,[15]讨论企业出资人的资本权问题。

上述所涉观点、视角或文献,虽均论及与资本权相关的某些问题实质,但明确把资本权作为一种投资性权利,并使之适用于所有投资形式、领域和关系,是笔者在《企业法原论》一书所提的资本权利和投资人权利;[16]随后这一概念被国内学者接受并采纳,但其论及的投资人权利范围尚局限于股权、合伙人份额权、合作社成员权等。[17]

（二）资本权的内涵

为避免概念误读和理解偏差,有必要对资本权的特定内涵作一梳理,使之正其本、清其源。

1.资本权是基于投资而产生、形成或衍生的商事权利。其中的投资,一般词义解释是"为达到一定目的而投入资金"。[18] 在法律上,投资系指特定民事主体通过处分其所有、占有、支配、管领的财产,作为进入营业领域的原始财产和经营基础之法律行为,故投资或投资行为具有双重属性。一方面,在一般民事领域,投资是特定民事主体实质行使财产权利的一种比较典型形式,即所谓的决定财产自然归属状态与法律权利状态的财产处分行为,它无疑属一般民事行为的范畴;另一方面,这种处分与一般的自然享有、消费或权利让渡不同,它被权利主体处分并投入营业领域,并作为从事营利活动的原始财产和经营基础,这种处分和投入具有投资的性质,无疑又属商事行为范畴,且是商事行为最原始、最初级、最基础的形态。足见,投资是兼具民事财产处分行为和商事投资行为双重属性的私法行为,是一般民事主体从一般私法领域跨越到营业领域的"分水岭",更是营业活动的起点和商事行为的基点。资本权就原于此一具双重属性的投资,并因投资而产生、形成或衍生一系列完全不同于一般普通财产权的新型权利。

2.资本权的权利主体为处分财产并将财产投入营业领域的投资主体,系投资主体专有的权利。所谓投资主体即处分其财产进入营业领域,从事以营利为目的的活动的特定民事主体,与投资或投资行为的双重性对应,投资主体也具双重属性。一方面,在一般民事领域,投资主体是出资财产或财产性权利的所有者、占有者、支配者或管领者,它与一般财产权人一样,属于财产权利主体即一般民事主体范畴;另一方面,该民事主体通过处分其所有、占有、支配、管领的财产或财产性权利进入营业领域之后,成为投资主体,该投资主体的角色、身份、地位、功能、关系已完全不同于其原来的一般民事主体,即已实质地通过商事化转换为以投资主体为具体形式的商事主体。足见,投

〔15〕 参见刘利君:《论社会服务机构出资人权利》,载《北京航空航天大学学报(社会科学版)》2020年第1期。

〔16〕 参见肖海军:《企业法原论》,湖南大学出版社2006年版,第147~153页。

〔17〕 参见吕来明:《商事权利论》,法律出版社2016年版,第44~48页。

〔18〕 中国社会科学院语言研究所词典编辑室编:《现代汉语词典》,商务印书馆2012年版,第1314页。

资主体角色、身份、地位、功能、关系的双重性,决定其既属一般民事主体范畴,也属商事主体范畴,而且还是商事主体最原始、最初级、最基础的形式,更是民事主体进入营业领域转换为商事主体的第一重角色、身份。只是受传统民商二元主体、行为、权利构架的影响,主流民商法学者,均认为股东、合伙人等投资主体,不是商事主体,从而错误地把投资主体基于投资所产生、形成或衍生一系列新型财产性权利,排斥在商事权利的范围之外。个别学者虽认识到投资人权利属于商事权利,但也还是把投资主体定位于"可以是已经存在的商事主体,也可以不是商事主体"。[19] 足见,资本权实乃已转换为商事主体角色、身份的投资主体所专有的权利,它理所应当属于商事权利的范畴。

3. 资本权的权利依据为投资及基于投资行为形成的投资法律关系。投资主体之所以享有特殊内容与形式的资本权,在于基于投资而形成的一种完全不同于传统、先前一般民事财产所有关系或债权关系的新型财产法律关系,这一关系即为投资法律关系。正是这种因投资而产生、形成或衍生的投资法律关系,使出资财产或财产性权利的原所有者、占有者、支配者或管领者之法律角色、身份、地位、功能、关系发生重大变化。首先,出资财产或财产性权利的原所有者、占有者、支配者或管领者,在投资或出资行为完成后,已不再是该出资财产或财产性权利的所有者、占有者、支配者或管领者;其次,投资与传统物权出让或债权实现不同,投资主体仍然保留基于该投资财产或出资财产而产生的某一部分权利;再次,该投资主体在行使该部分权利时,权利客体、标的、对象,均与之前原始财产权利有显著的变化和差异;最后,该基于投资或出资而产生、形成或衍生的新型权利,内容、形式、方式、类型等均发生不同于以往的重大变化。总之,因投资而产生前述权利诸要素或各方面的变化,均由新形成的投资法律关系所然。这种新型投资法律关系总体又可分为企业类投资关系和非企业类投资关系两大类。

4. 资本权的权利客体为投资财产价值化、资本化形式的资本或资本类权益。民事主体一旦跨入营业领域,其投入的原始财产则处于动态的营运之中,特别是进入经营状态或环节后,无论该财产的物理形态、化学结构、地理位置,还是占有、支配、控制、管领的主体及权利状态,均会随时发生变化。作为一般民事主体转换形式的投资主体,一方面,已无法且也不在乎,当然也无必要再对该原始投入财产再行或径行直接占有、支配、控制、管领。对投资主体而言,该投入财产归谁所有,转入何人之手,受谁支配或控制,具体表现形式或营运状态如何已不是最重要的,最具实质意义的是究竟哪一种经营方式或法律架构能带来最大利益。另一方面,既然投入了财产或权利,就应得到必要的回报和收益,哪取得这些回报或收益的权利依据、客体、标的、对象又是什么呢?显然已不再是投入的原始财产,而是该投入财产已价值化、资本化的资本、资本证券或

---

〔19〕　吕来明:《商事权利论》,法律出版社2016年版,第48页。

其他资本权益。

资本通义解释为经营工商业的本钱,现代汉语的释义为“用来生产或经营以求牟利的生产资料和货币”。[20] 资本具有多重解释和含义:(1)在政治意义上,资本是一种逐利的工具与手段。如马克思所言,“资本作为自行增殖的价值”,[21]更多是指一种追求剩余价值的价值,此含义带有伦理价值的批判性。(2)在经济意义上,资本更多是一种投入营运且作为成本的生产要素。例如在《资本论》里,资本虽带有强烈的阶级色彩,但马克思在论及货币资本投入商品生产过程时,仍将资本作为生产要素来看待,并把其分为不变资本和可变资本,其中货币资本是“转变为生产资料即原料、辅助材料、劳动资料的那部分资本,在生产过程中并不改变自己的价值量”,即不变资本;相反,“转变为劳动力的那部分资本,在生产过程中改变自己的价值”,“它再生产自身的等价物和一个超过这个等价物而形成的余额,剩余价值”,这部分资本为可变资本。[22] 又如,在马歇尔那里,“资本是指为了生产物质货物,和为了获取通常被算作收入一部分的利益而储备的一切设备”,“资本是财富的主要资料,与其将它看作是满足欲望的直接源泉,不如将它看作是生产的一个要素”。[23] 再如,《21世纪资本论》作者皮凯蒂也认为,“资本指的是能够划分所有权、可在市场中交换的非人力资产的总和,不仅包括所有形式的不动产(含居民住宅),还包括公司和政府机构所使用的金融资本和专业资本(厂房、基础设施、机器、专利等)”,且资本从最初的现金资本,逐渐向土地、建筑、机器、企业、股票、专利权、牲畜、黄金和自然资源等各种有形或无形资本发展和变迁。[24] (3)在法律意义上,资本为出资财产或投资财产,是营业、生产、经营的本钱,系指投入营业领域的原始财产或财产性权利经价值化、货币化、比例化之后的一种投资财产或资产的抽象表达,是财产价值化与资本化的抽象形式。马克思认为,“如果撇开商品流通的物质内容,撇开各种使用价值的交换,只考察这一过程所造成的经济形式,我们就会发现,货币是这一过程的最后产物。商品流通的这个最后产物是资本的最初表现形式”。“资本在历史上起初到处是以货币形式,作为货币财产,作为商人资本和高利贷资本,与地产相对立”;而“现在每一个新资本最初级仍然是作为货币出现在舞台上,也就是出现在市场上——商品市场、劳动市场或货币市场上,经过一定的过程,这个货币就转化为资本”。[25] 可见,即使在《资本论》中,资本也存在作为获利工具、生产要素、货币财产之政治、经济、法律三层含义。因此,绝对地以政治上的资本来审视其在经

〔20〕 中国社会科学院语言研究所词典编辑室编:《现代汉语词典》,商务印书馆2012年版,第1720页。

〔21〕 [德]卡尔·马克思:《资本论》(第2卷),中共中央编译局译,人民出版社2004年版,第121页。

〔22〕 [德]卡尔·马克思:《资本论》(第1卷),中共中央编译局译,人民出版社2004年版,第243页。

〔23〕 参见[英]马歇尔:《经济学原理》,朱志泰、陈良璧译,商务印书馆2019年版,第181页。

〔24〕 参见[法]托马斯·皮凯蒂:《21世纪资本论》,巴曙松等译,中信出版社2014年版,第46、113页。

〔25〕 [德]卡尔·马克思:《资本论》(第1卷),中共中央编译局译,人民出版社2004年版,第171~172页。

济、法律上的内涵,并不是一种客观、科学、严谨的学术态度。

由于资本在法律意义上系指出资形式的财产和该财产经价值化、资本化转换的抽象份额、比例,如独资、合伙份额、出资比例或股份、社员份额等,故作为财产形式的资本,一般是在如下语境下使用:(1)企业资本,即由企业出资人出资财产构成的原始财产之总和或概称,它通常表述为企业注册资本。(2)出资人持有的资本份额,即出资人出资财产价值与公司原始财产(注册资本)价值之比例的资本化抽象表达,它通常表述为资本份额,此时的资本相当于一个权利计量单位或财产价值符号。正因如此,资本与财产、资产、资金等具体表达财产形式的概念具有显著的区别,且功能也明显不同。资本更多为投入财产或生产要素的价值化表述;资产则为营业或企业用于从事生产经营活动、为投资者带来未来经济利益的所有经济资源,它与资本的关系为"资产 = 资本 + 其他积累 + 负债";而资金,广义上虽与"资产"接近,但狭义通常特指营业或企业中的可流动、使用或营运且以货币形式表现的财产量。无疑,作为资本权的客体与标的,资本既不是处在动态营运中的原始投入财产,也不特指营业或企业中的具体资产或流动资金,而是由投资主体之出资财产价值化、资本化转换而来的资本份额或价值比例,它是一种以资本份额或价值比例为抽象形式、以资本为计量单位的新型财产。

总之,因投资所产生、形成或衍生的一系列新型财产权利,在传统民事权利体系中已找不到对应的权利范围或归属类型。在投资财产进入营业领域之后,又因价值化与资本化而使权利客体完全脱离原有财产之实体、形式、内容、类型。鉴于这类权利均具有以资本为表述或计算单位、以投资或出资比例为分享权利依据的共同特征,故把这类基于投资而产生、形成或衍生,且以价值抽象化的资本为权利客体、计量单位、请求对象的权利,统称为资本权或资本权利,更能揭示该类权利的实质。

(三)资本权的属性

通过资本权之内涵的解读,不难发现,资本权具有财产性、营业性、资本性、期待性、风险性、商事性等基本属性。

1. 财产性

资本权是一种典型意义的财产权,资本是由出资财产转化而来的私法权利,是财产权利形成、转换、衍生的新权利形式,仍属财产权范畴。

2. 营业性

资本权产生于营业之中,是因投资这一营业最初状态或第一环节所产生、转换或衍生的权利。故资本权不可能发生于一般民事领域,只可存在于营业状态、阶段或环节,是一种营业中产生的新型私法权利。

3. 资本性

资本权是投资主体以抽象资本为客体、以资本份额或比例为计量单位的权利类型,权利要素自始至终离不开资本这一抽象形式和核心要素,是一种典型意义的资本性权利。

4. 增值性

资本权是一种具无限增值和最大化效益的权利。一方面,对投资主体而言,其投资目的就是获取最大化营利;另一方面,投入营业领域的财产通过经营和交易,与劳力、技术、管理等其他生产要素结合,能产生巨大效益,可给投资主体带来最大化收益。故资本权是一种能给投资主体带来明显增值或财富效应的新型财产权利。

5. 期待性

遵循“无效益无利润”和“无利润不分配”之基本原则,资本权之巨大增值和财富效应,仅仅只是一种未来的可能性,其实现须视未来财产营运、企业经营、市场交易的效益而定,是一种典型的期待性权利。

6. 风险性

投资是一种利润与风险并存的私法行为,由于经营和市场受制于各种主客观因素,具有很大的不确定性,这种不确定性就是一种风险,它既包括市场风险,也包括法律(如权利瑕疵)风险,还包括自然风险或道德风险,甚至还会出现各种风险的叠加。特别如企业出资人,其风险就是出资人投入企业的资本(本金)可能因企业经营不佳而血本无归。不仅如此,独资企业、合伙企业等出资人还须对企业债务承担无限或连带清偿责任。证券、期货、货币等公开投资市场中的金融风险就更大。足见,资本权是一种具有巨大风险性的财产权利。

基于以上分析,属投资主体专有的资本权,是一种典型意义的商事权利,且是营业中最原始、最初级、最基础形式的商事权利。

二、资本权的证成

资本权是否具有正当性,进而是否能成就其合法性和有效性,既是个敏感的法律话题,也是一个严肃的现实问题,更是一个严谨的学术命题。在既有文献的讨论中,这一问题几乎被不恰当地回避。笔者认为,要引入资本权这一概念,并建立以资本权为核心的投资性权利保护之价值体系、法律体系和制度体系,就必须解决资本权的正当性问题。资本权的正当性,在于商人之逐利目的、资本之增值属性、营业之支撑要素、投资之分离形态、权利之核心利益、民生之内在需要所使然。

1. 商人之逐利目的是资本权的人性基础。投资之所以必然会且也必须要凝结成投资性权利,进而成为投资主体应当享有的资本权,原于理性人的自利本性和投资人的逐利目的。

（1）理性人的自利本性。作为人之理性表现出来的自利本性，是作为生物人、伦理人、社会人之自然人所必然具备的一种天性，这种与生俱来的理性决定任何人在思考问题、作出决策、表示意思、选择行为、处理事务、对外交往中，除极少数例外情形（如基于伦理、国家等特殊利益作出牺牲自己而成全亲人、维护国家利益）外，人们总是按是否对己有利的标准，通过权衡利弊、估算得失，按照趋利避害、扬长避短、避重就轻的原则来决定自己的内在实质意思和外部行为模式。特别是理性人作为经济人，在各种涉及经济、物质、财产利益的社会活动或市场交往中，除非受己外力量或因素的干预，总是会以最大化利益为基本准则来处理、应对任何问题，这就是民间所说“无利不起早，百事利当先”的浅显道理。理性人的自利本性决定人们选择投资，当然是为了寻找一种比投资更大的利益，此所谓“天下熙熙，皆为利来；天下攘攘，皆为利往”。[26] 否则，不为利益或不为了实现最大化利益，就轻易或贸然投资，反倒是一种非理性行为。

（2）投资人的逐利目的。投资是一种逐利的私法行为，它与无偿的慈善捐助、公益的政府投资具有本质的不同，投资主体之所以要选择处分财产、投入营业领域，既非如慈善捐助不求任何回报，也非如政府投资为实现公益目的，而是为了追求或寻找最大化投资利益。在某种意义上讲，投资人之所以选择投资，就是为了追求一种投资收益和因收益而产生的一系列权利，即资本收益权。而设置资本收益权，实质就是肯定、尊重、鼓励、促进投资，故为“资本将来所有权”和“永久产权”的普通法规则，“法律没有对基金（投资——笔者注）产生的收益种类进行限制。换句话说，源于基金所产生的收益享有权，不论通过什么方式，只要它是不违背法律、不违反道德、不违反公共政策，均可从一人手中转移到另一人手中”。[27]

足见，资本权的确立，只不过是体现理性人的自利本性，进而满足投资人的逐利目的而已。

2. 资本之增值属性是资本权的经济基础。从前述资本的三层含义中可以看出，财产是资本的本质，增值是资本的天性，要素是资本的功能，逐利是资本的目的。

（1）资本的本质是价值化的财产。资本是一种财产价值化、资本化的抽象表达，是财产为适应营业、商业发展的新型存在形式。在 17 世纪之前，财产是与物，特别是有体物不可分离的有形物质形式，土地、房屋等不动产和制品、商品是财产最直观的表达和存在。但 17 世纪之后，“‘财产’在变成经济学概念之前是一个司法概念；它是指一个人正当拥有的东西、一个人可以正当主张权利的东西”；“proprium”、“property”和“propriety”这些词“既用来指权利，也用来指物，既用来指很多事物，也用来指很多生活

---

〔26〕（汉）司马迁：《史记·货殖列传》。

〔27〕［英］F. H. 劳森、［英］B. 拉登：《财产法》，施天涛等译，中国大百科全书出版社 1998 年版，第 174 页。

或生产资料”。[28] 特别是企业、公司等新兴营业主体和新型财产制度成型之后，以资本、证券、货币等形式存在的财产则成为财产特别是营业中财产的主导形式；而在知识、信息、网络、智能时代，财产更以智力成果、商业信息、网络数据、虚拟物等全新形式涌现。资本作为财产价值化、资本化、份额化、比例化的产物，本身具有财产价值，更是一种新型财产形式。故资本作为投资财产的衍生产物和转换形式，投资行为实质是投资主体的一种财产流转或让渡行为，又因不具有无偿性或公益性，投资主体理应得到相应的对价补偿。而资本权恰恰就是这种对价补偿的法律化和权利化。

（2）资本的功能是一种营业、生产、市场要素。现代经济学通论认为，资本、劳力、技术、管理是决定生产正常进行的最重要、基础的四大要素。无论在马克思政治经济学的特定语境中，还是在古典经济学、新古典经济学的理论体系里，或者在现代制度经济学、公共经济学、信息经济学的新话语下，资本均是不可或缺的要素。按照经济学中的“要素→功能→贡献→收益”之分配原则，资本取得利润，与劳力获得工资、技术收取费用、管理领取薪金具有同等的分配意义，不同的只是分配比例与份额大小而已。故赋予投资主体以投资份额分享经营、交易利润之权，只不过是资本作为营业、生产、市场要素投入之合理回报的法律化和权利化而已。

（3）资本的天性是一种“自行增殖的价值”。“资本作为自行增殖的价值”，特别是追求剩余价值的价值，[29] 是马克思《资本论》中一再论及、强调的一种观点，这不仅是一种客观事实，更是资本的本质属性。但是，资本的逐利性，特别是资本追逐更大、更多、更高剩余价值的属性，不是资本独有的属性，而是所有投入营业、生产、市场中各种要素的基本属性，它与劳动者追求更高工资、技术追求更高许可或使用费用、经理人或经营者追求更高薪金并无实质性不同，都属理性人之自利本性和经济人最大化利益所使然。可见，赋予投资主体以投入财产转换而来的资本要素之应得权利，与尊重、确认、保护劳动工资权、技术转让权、经理报酬权一样，具同等或同质的道义性、正当性、重要性和基础性。

（4）资本的目的是实现更大的利益。资本的增值性决定投入资本目的的逐利性。投资主体投入资本的目的，无非是追求或实现资本营运中的最大化利益。而且，既然资本要素与其他营业、生产、市场要素一样，均具有增值性和逐利性，那作为资本拥有者的投资主体享有相应的权利，就属当然之理、应有之义。

3. 营业之支撑要素是资本权的功能基础。

营业乃营利为目的之事业，自然离不开资本，资本的核心功能就是为营业提供财产基础。

---

〔28〕［美］波考克：《德行、商业和历史》，冯克利译，生活·读书·新知三联书店 2012 年版，第 86 页。

〔29〕参见［德］卡尔·马克思：《资本论》（第 2 卷），中共中央编译局译，人民出版社 2004 年版，第 121 页。

(1)没有资本就没有营业。营业的实质是对投入财产的营运、经营、管理或处分,任何营业均须有一定的财产作为前提条件和营运基础,而资本只不过是投入财产的价值化或资本化形式。故完全可以说,没有资本也就没有财产的投入,实质营业就无前提条件和物质基础,任何营业均无法开展。既然资本是营业开展的前提性条件和基础性要素,就应尊重这种必要投入的应有价值和固有权利,就应给予它的主人——投资主体以法律上的地位和相应的权利,这样才能鼓励、促进、引导他们把财产投入营业领域。如此,营业才可在有更多财产的基础上,得到更大规模的拓展。

(2)没有资本权益就无营业要素效用。资本既然作为营业开始、开展、开拓的初始条件和基础要素,与劳力、技术、管理等处于同样要素地位,假如仅仅只给劳力、技术、管理等要素主体以分享经营之权,而不给投入资本的主体以分配之利,单纯从表面上看,似乎营业仍可继续,劳动可继续创造,技术可持续更新,经理可维持管理;但如再深入考察,就会发现,这只能是一个伪命题。因为如没有营业的初始资本投入,劳力如何与生产资料、劳动对象结合,又何来劳动的创造效应?如无足够的物质投入和硬件条件,技术又如何凭空更新,即使最先进、奇妙的科学构想和技术方案,也得有起码的物质条件和实验平台,如无最初投入的资本作经营本钱,经理的经营、管理对象又从何而生?总之,同没有资本就没有营业一样,如不赋予投入资本的主体以分享经营成果或交易利润的权利,在私法领域,除非政府,就根本无人去投资,自然也不存在劳力、技术、管理等要素效用问题。在此情形下,整体社会也不存在以营利为目的的营业问题。足见,赋予投入资本的主体以应有权利,恰恰是对劳力、技术、管理等其他营业要素主体权利的尊重和维护。

(3)没有资本回报就无社会财富效应。营业是一种可以放大财富效应的社会经济活动,没有营业就无社会财富的创造和流动,也就没有社会成员通过社会交往和市场交易形成的同步财富效应。由于资本是营业的支撑因素,给予资本以分享利益之权或剥夺资本以分配盈利之权,必然会产生两种完全不同的社会财富效应。而人类既有经济活动史和社会运动史之实践已充分证明,剥夺资本投入者的应得利益或分配权利,唯一只可能是抑制个人财产流动、减少既有财富投入营业领域,其结果不仅不能创造或分配更多财富,反而会挫伤财富追求者的积极性和创造性而使社会财富创造或增进显著减少,甚至停止。

4. 投资之分离形态是资本权的独立基础。

营业不仅“始于投资”,更重要的是在实态营业中存在“投资与经营”“投资与交易”“经营与交易”之间既合一、又分离现象,而正是营业中这种投资、经营、交易之间的合一、分离形态,才使资本权独立于传统一般笼统意义上的商事权利而成就为独立类型的商事权利。投资存在股权式与债权式两大类型,而这两大类型的投资法律关系中,均存在“投资与经营”“投资与交易”的既合一、又分离现象,其中尤以“投资与经营”的合一、分离最为普遍与常见。

(1)股权式投资关系中的“投资与经营”分离现象。股权式投资关系集中表现为企业出资人与企业的关系,而在企业经营中,“投资与经营”基本处于分离状态,它主要表现为:(1)在个人独资企业经营状态下,投资与经营表现为既合一,又分离的现象。也就是说,在一般情形下,个人独资企业的投资与经营状态、主体是合一的,但在企业存续期间同时存在企业主债务、企业债务,且又适用双重优先清偿原则时,则个人独资企业的投资与经营状态、主体又是分离的。(2)在个人合伙企业经营状态下,投资与经营表现为有合一、有分离的现象。也就是说,在一般情形下,合伙人与合伙企业是处于分离状态,只有在债务清偿时,普通合伙人与合伙企业债务才是合一的。(3)在公司企业(法人型企业)经营状态下,投资与经营表现为个别合一和普遍分离。也就是说,只有在一人公司、大股东控制公司等极少数情形下,才存在投资与经营状态、主体的合一现象,在多数情形下,投资与经营状态、主体是分离的。

(2)债权式投资关系中的“投资与经营”分离现象。在债权式投资关系中,投资主体是作为纯粹投资者的角色与身份出现,它通过特别投资契约与经营主体形成投资法律关系,投资与经营在营业形态、主体方面是完全处于分离状态。

正因营业中普遍存在投资、经营、交易之间的分离现象,赋予投资形态、阶段、环节的主体以独立权利,实乃适应营业中不同形态、主体分离的客观、独立需要。

5. 权利之核心利益是资本权的法律基础。

权利与义务对应、利益与责任协调、效益与风险适度,是法律调整方法与制度模式的最显著特征,也是法律规范与道德、宗教、政策和其他社会规范调整方法与模式的最大差异。推之于投资关系,赋予投入资本主体之应得利益和分配权利,乃法律权利的要义所在。

(1)权利与义务的对应。在投资关系中,投入财产的投资主体实质已履行投资或出资义务,本着权利义务对应性、一致性、对称性原则,如只要求投资主体承担出资义务而不赋予其应有权利,则必然违反法律最基本的原则和精神。

(2)利益与责任的协调。权利的核心要素为应得利益,而利益又与所要承担的责任相对应和协调,投资主体在已投入财产进入营业领域的情形下,在法律上应推定其已实质承担必要的出资责任,如法律不予其必要补偿或权利,显然违反法律逻辑的内在自洽和法律关系的实质平衡,特别是投资关系作为一种由债延伸的特定法律关系,明显有悖债的相对性和利益与责任的统一性。

(3)效益与风险的适度。人类社会和营业活动存在许多不确定性,这种不确定性就代表着各种风险,投入资本进入营业领域,是否能够收回本金带有不确定性,即投资风险。投资主体把自己的财产或权利投入营业领域,实质就是一种风险行为,这种风险行为如得不到足够的回报和利润,或者这种回报或利润得不到法律切实的保护,人们必然会丧失投资的积极性,社会就没有人愿意从事这样的风险创业。故从效益应与风险适度这一原则出发,赋予投资主体以必要的权利,实属必要之举。

6. 民生之内在需要是资本权的现实基础。不断改善和提高民生福利是人类社会活动和市场经济行为所追求的终极目的,在这一目的行为中,资本扮演着基础地位。

(1)资本是投资主体牺牲其累计财产之当期消费的一种代价或付出。投入营业的财产,具有两重属性,一方面,这些财产是特定主体依法取得和长期积累的成果,它们或者是财产主体前期劳动所得的储存,或者是长期省吃俭用的积蓄,或者是依法经营所得的积累,以及其他依法所得的累积。如归根溯源,人类所有财产与财富都是通过劳动从自然界中索取所得,故投资财产本身具有正当性或合法性。另一方面,投入营业的财产本身是主体可"即时消费"或"当期消费"的财产,而投资是相对于"当期消费"的"未来消费",本质上是"一种对当期消费的延迟行为"。[30] 易言之,作为"跨时消费"的投资,就是投资主体为寻找或实现未来消费效用的最大化,而把财产投入营业领域,进而推迟对该部分财产当期消费的行为。足见,资本是以投资主体牺牲投入财产的当期消费为代价或付出而形成的特殊利益。

(2)以资本为基础的营业是改善和提高民生福利的主导方式。营业是人类社会到目前为止创造价值和获取财富最有效的方式,也是改善和提高民生福利的主导方式。如前所述,营业的物质基础是资本,没有资本的支撑,就无实质的营业。在私法领域,没有民资的支撑,也就没有民企的营业。资本,特别是民间资本是推动营业,进而改善和提高民生福利的主要支撑力量。

(3)以资本促进就业是解决中低收入阶层分配均衡的有效路径。营业与就业是当代民生的两大主题,营业关系经济增长,就业涉及劳动者生存与福利,而解决就业问题则须以解决经济增长为前提,唯有在经济增长的条件下,才可实现充分就业。而经济增长只不过是营业普及与发达的直观反映,恰恰需要以资本作支撑和铺垫,没有资本的投入与推动,也就无法支撑或成就营业发达和经济增长,自然也不能促进充分就业。故以资本促进就业、通过投资来带动就业、鼓励民间投资以创造就业,就成为当今世界不同制度背景下的国家或地区共同选择的解决中低收入阶层分配均衡问题的最有效路径。

总之,资本权是财产权在营业投资形态、阶段、环节行使过程中转换和衍生而来。资本权的形成与演进,使原有财产权发生一系列变化,"即数人共享一物——同时共享使用权或由使用权派生出来的收益权,或者同时享受使用权或收益权",如租赁、租用、信托或委托经营等;然而,"无论这种权益的分割是基于租赁或寄托或限定授予土地契据,物的实际利用者均只能在一段时间内拥有该物",故"广义上说,前者(使用者——

〔30〕 刘红忠主编:《投资学》,高等教育出版社2015年版,第3~4页。

笔者注）只拥有收益，而后者（投入者——笔者注）却拥有资本”，“无论何时将财产给谁占有一段时间，都必须为他或其后的占有财产的人提供某些保护方法。换言之，占有者只有享有收益权（包括在那一时期内对实物财产的实际利用），并且不得损及资本。在该收益期限届满时，应在人力所能及的范围内完整地将资本予以移转给他人”。[31] 从本质上讲，资本权即为资本投入的收益权，在法律上赋予投资主体以应得利益和分配权利，实乃满足商人之逐利目的、切合资本之增值属性、维持营业之支撑要素、适应投资之分离形态、反映权利之核心利益、促进民生之内在需要的当然、应有、必要之举。

三、资本权的特征

资本具有垫支性、流动性、增值性、预期性、社会性等多重特质，受此影响，以资本为权利客体和基本单元的资本权，除前述客体、标的、对象的资本性外，还表现出如下特征：

（一）权利单元的资本性

资本权是以投资主体为权利主体，以投资主体对投入财产价值化、资本化转换形式的资本为基本单位的权利类型。具有典型的单位资本特征。（1）投资主体权利的标的为具有显著增值功能的价值形态，其实质是一种资本化的财产。（2）以合伙份额、股份等形式的资本单位是计量投资主体权利的基本依据，投资主体在企业和其他投资关系中实际地位和所得利益的份额，直接与以资本单位表现出来的投资份额有关。（3）以资本单位表现的投资份额，使投资主体转让投资权利成为可能，同时使投资主体之权利实现获得多重保障。（4）由资本单位抽象、细化而成的各种投资权利，如表决权等，成为投资主体行使投资权利和构建企业内部权力体系的基础。正因资本单位在计算投资主体权利和平衡不同投资主体利益关系方面的基础性作用，故称投资主体的权利为资本权或资本权利。

（二）权利目的的增值性

资本作为一种追求增值和自行增值的价值形式，决定并制约着资本权的增值目的性。资本权的增值目的性集中表现在：（1）资本权是以寻求投入财产的最大化增值为目的的一种特殊权利，它既以实现投资主体的最大化增值为初始目的，也制约着整体营业过程中追求效益最大化目的，更是所有营业活动和环节的终极目的。（2）资本权的核心是追求营业中创造最大的价值、增量效益并对其占有。[32] （3）资本权在营业退

---

〔31〕［英］F. H. 劳森、［英］B. 拉登：《财产法》，施天涛等译，中国大百科全书出版1998年版，第135～137页。

〔32〕参见王显勇：《资本权论——一种经济法的分析路径》，载《湘潭大学社会科学学报》2001年第4期。

出后,仍然保持着对剩余财产分配的最大化权利。例如企业清算后,如财产仍有剩余,则出资人享有依企业章程、合伙协议或依出资份额比例分配的权利。

(三)权利形态的流动性

流动是资本的本质属性,财产价值化、资本化的初衷,就在于超越具体财产、物质形式或使用价值的制约,以更抽象或纯粹的价值或资本形式,促进或加速交易的进行和财富的流通。因之,资本权的存在形态是流动、流通、流转,资本权只有不断流转才有存在的价值,并在流转中持续增值或实现增值。故出让权或称流转权是资本权中最重要的权利,如股权,流转权既是重要的内容,更是实现的主要形式。

(四)权利实现的期待性

投资主体实现权利所要达到的目的不在于对投入原有出资财产的支配和控制,而在于追求出资财产的增值,获取比出资财产价值更大的价值。而这种更大的价值只有通过企业或其他形式的营运才能实现。故资本权的实现,有赖于企业或其他资本营运形式的经营业绩,只有企业或其他资本营运形式在经营状况良好的情况下,投资主体的投资预期利益才能转换为现实利益。可见,资本权是一种取决于企业或其他资本营运形式经营状况好坏的期待性权利。

(五)权利内容的复合性

资本权的内容十分复杂。在投资主体的权利体系中,投资受益权属目的性权利,而其他如企业参与、重大决策和选择经营管理者等权利,为实现投资受益之目的所需,为技术性的权利手段与方法。此外,有些仅为实现特定出资人之自益目的且可单独行使的权利,如投资受益权、剩余财产分配请求权等,为自益性质的权利;而某些既为实现特定出资人之自益目的又涉及其他出资人共同利益且必须由所有出资人共同行使才具法律效力的权利,如表决权等,就为共益性质的权利。此外,在权利的实际行使中,不同性质的出资人权利往往相互交叉或重叠。

(六)权利位序的后位性

投资为获利机会与风险责任并存的商事行为,资本权乃具有一定风险的财产权利。(1)企业或其他资本营运形式只有在创造利润的情况下才可启动对投资主体的分配,如企业发生亏损,则不得对出资人进行分配。(2)在企业或其他资本营运形式利益分配时,资本权分配应居于最后时序或处于最后位序。以企业出资人权利为例,如遇企业既存在债务(包括企业经营债务、劳动债务、企业相对交易人债务、国家税费债务等),又存在出资人受益分配请求时,企业应无条件优先用企业营业财产、所得和利润清偿企业的债务,只有在企业债务得到清偿的前提下,才可对出资人分配利润。(3)在营业退出时或退出后,资本权分配也居于最后时序或处于最后位序。如企业解散或破产清算时,出资人利益分配权和剩余财产分配请求权均应后于企业所有债权人。

(七)权利类型的多样性

由于不同投资主体的法律地位不同,所对应的权利也就有明显差异,例如在企业出资人权利中,独资企业投资人(企业主)权利就具有广泛性和完整性,而合伙投资人(合伙人)权利就具有共同性和平等性,至于公司企业出资人(股东)权利则具有单元性和规范性。此外,一些特殊类企业(如国有企业)出资人的权利,与一般类企业相比较,差异更为明显。又如在债权式投资法律关系中,投资主体的权利就与股权式企业出资人权利存在很大差异。

四、资本权的意义

(一)资本权的本体意义

营业"始于投资"的事实逻辑与递进关系,决定资本权在整个商事权利体系中,其重要性仅次于营业权,且是民事主体实质性行使营业自由权之后,跨入营业领域后第一时序和位序的实体性商事权利,故在商事权利体系中,居于极其重要的基础地位。

1.资本权的目的性

资本权在整个商事权利体系中是一种目的性权利,在一定意义上讲,民事主体之所以要选择进入营业领域,就是为了追求投入财产的增值,即资本的增值。而且,营业中经营的目的、交易无不以实现投资主体的收益、利润最大化为主要目的。不仅如此,整个营业的开始、进行、拓展,也无不以实现资本权之增值为主要甚至唯一目的。可以说,资本权的目的性制约整个商事权利的目的。

2.资本权的本位性

资本权在整个商事权利中,具有本位意义。首先,以资本为本位决定整个商事权利的利益结构。例如,整个商事权利中的利益归属和利益分配,均受制于投资主体的权利,在一定意义上讲,整个商事权利中的利益归属和利益分配均是为了实现投资主体的资本权益。其次,以资本为本位决定整个商事权利的体系结构。以公司内部治理结构和权利配置为例,其就是以股东权利为本位的资本多数决,构建起公司内部的权利与权利、权利与权力关系,以及公司内在的授权与行权、行权与控权之权利结构。其三,以资本为本位决定整个商事权利的制度结构。商法制度表面上纷繁复杂,但其内在逻辑均是围绕或受制于第一位阶的资本权。

3.资本权的独立性

资本权在整个商事权利体系中,除个体、独资或家庭经营等极少数情形外,与经营、交易形态、阶段、环节的权利是独立存在的,是一种独立的权利。资本权的独立性,是营业中投资与经营、投资与交易之间存在既合一、又分离之内在规律所决定的。在传统民事权利体系框架内,没有资本权的独立位置。资本权的独立性,使其脱离于传统民事权利的体系框架,作为一种完全不同于传统民事权利的新型权利,进而形成为一种独立的商事权利。

4. 资本权的基础性

资本权属于民事主体进入营业领域之后转换为商事主体在投资形态、阶段、环节所享有的特殊权利,无论在时序或位序上,还是从本位上,均在商事权利位阶中居于初级位次和基础地位,是商事权利体系中一种基础性权利,决定并制约着营业在经营、交易形态、阶段、环节中的其他商事权利。

5. 资本权的主导性

自商业产生以来,投入财产的主人,即资本所有者,在我国古代又称老板或东家,一直就主导着传统的买卖或贸易;自近代以来,制造业、大工业出资人(马克思《资本论》中的资本家)主导整个商业革命、产业革命、工业革命以及衍生的制度革命;而自19世纪末至当代,金融资本及衍生的权利又主导20世纪以来的经济结构和营业体系。早在1916年,列宁就揭示19世纪末20世纪初"生产的集中;从集中生长起来的垄断;银行和工业日益融合或者说长合在一起"形成的金融资本与金融寡头现象,[33]金融资本开始通过"参与制"方式在各企业、产业、部门得以展现。特别是20世纪70年代以来,以金融资本的崛起为标志,资本成为公司、资本、证券、金融、货币市场的主导力量,居于投资领域的食物链顶端。尽管21世纪计算、信息、网络、智能技术的发展,在一定程度上对资本权为本位、中心的商事权利体系有所冲击,但资本权,特别是金融资本权,仍然主导着营业领域和商业世界。

6. 资本权的贯通性

资本权贯通于营业的各个领域、不同环节和每一角落,是一种在营业过程中具有贯通性的权利。这是因为,资本法益凭借其独有的社会属性和自然属性,不仅当之无愧地成为商事实体制度和商法学研究的逻辑起点;[34]而且更因资本权的基础性、渗透性而成为商事权利中无处不在、无时不有的一种贯通性权利。故尊重、确认、保护、救济投资主体的权利即资本权,应为商法的第一要务。

7. 资本权的终极性

商事权利形成、产生、发展是为了投资主体的权利,商事权利的终结也归于投资主体的权利,投资主体之资本权益在整个商事权利体系中,既具目的性,更具终极性。故围绕资本权的商事权利体系及制度体系,才是终极性的。

---

〔33〕 参见《列宁选集》(第2卷),中共中央编译局译,人民出版社2012年版,第613页。

〔34〕 参见胡平仁、肖飞云:《资本法益:商法学的逻辑起点》,载《湘潭大学学报(哲学社会科学版)》2014年第2期。

（二）《民法典》第125条的标志意义

资本权在商事权利体系中的重要地位，决定资本权理应成为我国私法权利架构中的重要分支或类型。但受各种因素影响，资本权及与之有关的资本性、投资性权利在我国长期缺位，得不到政策肯定、法律确认和制度保护。在1949年中华人民共和国成立伊始，因《中国人民政治协商会议共同纲领》（已失效）第26条对国营经济、合作社经济、农民和手工业者的个体经济、私人资本主义经济和国家资本主义经济等各种社会经济成分之合法地位的确认，又第30条规定"凡有利于国计民生的私营经济事业，人民政府应鼓励其经营的积极性，并扶助其发展"，故对因私人投资所产生的资本权益，法律给予明确保护。如1950年《私营企业暂行条例》（已失效）第4条、第8条、第25条对合伙人及公司股东的出资，企业的财产和营业，独资、合伙、公司企业的盈余分配等，有比较具体的规定。只是随着1956年社会主义工商业改造运动的完成，民间、私人、社会投资渐次退出社会经济舞台和营业市场领域，涉及投资主体方面的权利也就不再被政策、法律和其他规范文本所提及，资本及资本权遂成被批判或谴责的对象。

改革开放首先认识到投资主体资本权重要性的是1979年《中外合资经营企业法》（已失效），该法第4条、第7条对外国合营者的投资及分配所得（分得的净利润）有明确规定。随后1986年《外资企业法》（已失效）第4条、1988年《中外合作经营企业法》（已失效）第22条，均有类似规定；但此一时期确认享有分配利润等资本权益的投资主体，尚仅限于境外投资者，境内居民因仍属政策不允许、法律所禁止或限制的范围，自然不属资本权主体范围。如1982年《宪法》（已失效）第13条虽确认"国家保护公民的合法的收入、储蓄、房屋和其他合法财产的所有权""国家依照法律规定保护公民的私有财产的继承权"等私有财产保护的一般性原则；但基于投资形成的资本权或资本权益，是否属于该私有财产的范畴，从基本立法到一般规范，在相当长时期仍是不明确或空缺的。如1986年《民法通则》（已失效）第75条关于公民个人财产范围的规定，也只"包括公民的合法收入、房屋、储蓄、生活用品、文物、图书资料、林木、牲畜和法律允许公民所有的生产资料以及其他合法财产"，并没有具体列明投资收益；最高人民法院1988年《关于贯彻执行〈中华人民共和国民法通则〉若干问题的意见（试行）》[法（办）发〔1988〕6号，已失效]第43条，也只涉及夫妻关系存续期间从事个体经营或承包经营的收入和债务责任问题，并未把其提升到出资人权利的视角。

我国官方规范文本较早涉及投资权益的，是1988年《私营企业暂行条例》（已失效），该条例第2条、第3条、第6条、第20条、第38条、第39条所列私营企业之独资、合伙、有限责任公司等企业之税后利润分配所得的一般性原则，再次确认民间、私人投资中以分配利润为核心的资本权益。1993年《公司法》（已失效）第4条第1款更规定"公司股东作为出资者按投入公司的资本额享有所有者的资产受益、重大决策和选择管理者等权利”,以股权为代表形式的资本权得到法律的正式确认。随后1997年《合伙企业法》(已失效)、1999年《个人独资企业法》,对合伙人、个人独资企业投资人的投资权益,均有一般性、原则性规定。最高人民法院2003年《关于适用〈中华人民共和国婚姻法〉若干问题的解释(二)》(法释〔2003〕19号,法释〔2017〕6号修正,已失效)第11条第1项明确把“一方以个人财产投资取得的收益”列入婚姻关系存续期间之“其他应当归共同所有的财产”范围;第15—18条更把“股票、债券、投资基金份额等有价证券以及未上市股份有限公司股份”以及公司、合伙企业、独资企业的出资等,作为“夫妻双方分割共同财产”的对象,并确定份额比例的资本单位为基本分配参照依据。2007年《物权法》(已失效)虽在第55条、第67条对国家、集体和私人出资人权益有原则性规定,包括2008年《企业国有资产法》关于国家出资企业出资人权益的规定,但均是从物权的角度所作的附属性立法。

2017年3月15日全国人大通过的《民法总则》(已失效)第125条规定“民事主体依法享有股权和其他投资性权利”,首次在国家基本法层面对股权等投资性权利作出明确规定。该规定在我国立法,特别是商事权利立法史上具有划时代意义。(1)首次明确资本类权利以正式、合法的地位。首次把股权等投资类权利单列出来,使投资主体之资本性权利取得私法基本法的地位。(2)首次赋予资本类权利以独立财产权利地位。投资性权利独立于之前的物权、债权、知识产权等财产权利,特别是不同于2007年把股权等投资类权利作为一种特殊的物权,将其规定在物权法里。(3)首次以投资性权利全面概括一系列资本类权利。该条明确概括性地提出投资性权利这一新的概念,使之与原《民法总则》第125条之前的各种民事权利区分开来,同时也不同于第126条之其他民事权利的概括性拾遗规定,表明投资性权利的独立性和重要性。(4)首次在国家基本法里对以股权为代表的投资性权利作出概括性规定。虽然《公司法》等法律早就对股权等资本类权利有明确规定,但《民法典》属国家基本法,不同于《公司法》等一般法律。作为私法基本法、一般法的《民法典》载明股权等投资性权利,具有更明确的宣示意义,它表明我国已把尊重、确认、保护、救济投资主体的资本权益放在前所未有之基础、重要地位。2020年5月28日随着《民法典》的通过,该条款也正式定格为《民法典》第125条。《民法典》第125条的出台,标志我国缺失甚至消失已久的资本权已在国家基本法中获得正式名称和合法地位,也意味着笔者2006年以来所倡导的以企业出资人权利为中心的资本权利之主张,得到国家最高立法层面的认可,并被载入国家基本法,从而为尊重、确认、鼓励、促进投资特别是民间、社会投资,进而为切实保护、救济投资主体的资本权利提供了基本法依据,创造具确定性的营商法治环境。

五、资本权的类型

关于资本权的分类,有学者按资本投向企业形态的不同,把其分为股权、出资权等两类;[35]有学者依投资营业主体的组织形态不同,把投资人权利分为股权、合伙企业份额权、合作社成员权等。[36] 笔者认为,这些分类,均只涉及股权式投资主体即企业出资人的权利,而不能适用于债权式投资主体的权利。

投资可按不同类型或标准进行分类,如在投资学理上,按回收期限,投资可分为短期投资(如现金、应收款项、存货、短期有价证券等)和长期投资(如固定资产、无形资产、对外长期投资等);按投资行为的介入程度,可分为直接投资(如企业内部直接投资和对外直接投资)和间接投资(如购买特定投资对象发行的股票、债券、基金等);按投资的方向不同,可分为对内投资和对外投资;按照投资的直接对象,可为不动产、股票、债券、贵金属、基金、银行短期理财产品、信托、钱币古董的收藏、民间借贷;按照投资主体不同,可分为政府投资、企业投资、个人投资和联合投资;按照投资形态,可分为有形资产投资和无形资产投资等。[37]

在法学上,一般是按投资主体在特定投资法律关系中的角色和地位,把投资分为股权式投资(企业出资人)与债权式投资(纯粹投资人),相应地,也就对应股权式投资主体权利与债权式投资主体权利。此外,按照投资主体的经营方式,投资主体又可分为纯粹投资人和兼营性出资人;按照投资主体的形式,投资主体还可为个体投资人、企业出资人、国家出资人、混合性投资人等,不同投资主体也对应不同权利。由于受法律关系定性的影响,股权式投资所对应的企业出资人权利与债权式投资所对应的纯粹投资人权利,能比较清晰地反映不同投资法律关系中投资主体的角色、身份、地位、功能和关系,以下资本权的类型化分析主要以此分类为基础展开。

(一)股权式投资人权利

股权式投资人权利,又称企业出资人权利,即在股权式投资法律关系中,投资主体与投资对象之间的关系是一种基于对企业出资而形成企业出资人与企业的关系,投资主体是以企业出资人的角色、身份出现。由于出资人选择的出资方式存在独资、合伙、合资(股)、合作和其他方式,对应的企业类型也存在个体经营或独资企业、合伙企业、公司企业、合作社企业和其他企业之别,因而出资人的角色、身份、地位也就存在独资业主、合伙人、股东、社员和其他企业出资人等差异,自然对应的资本权就有独资业主权、合伙份额权、股权、社员权和其他企业出资人权利等不同类型。

(二)债权式投资人权利

债权式投资人权利,又称纯粹投资人权利,即在债权式投资法律关系中,投资主体

---

〔35〕 参见王显勇:《资本权论——一种经济法的分析路径》,载《湘潭大学社会科学学报》2001 年第 4 期。

〔36〕 参见吕来明:《商事权利论》,法律出版社 2016 年版,第 46 页。

〔37〕 参见郎荣燊、裘国根主编:《投资学》,中国人民大学出版社 2017 年版,第 3 ~ 5 页;汪昌云等编著:《投资学》,中国人民大学出版社 2017 年版,第 2 ~ 5 页。

与投资相对人之间是基于特定投资契约而形成的投资债权债务关系,该投资主体是以纯粹投资人的角色、身份、地位、功能、关系出现。纯粹投资人的权利,按照投资的对象,又可分为买卖型(包括买卖黄金、房屋、期货、基金、外汇等)、借贷型、代理型、信托型、存储型、保险型、票据型等不同类型,分别按照不同投资契约和交易模式,对应不同的投资性权利。

第二节　股权式投资人权利

一、股权式投资人权利的一般分析

(一)股权式投资人的法律地位

股权式投资人,即企业出资人,是指以认缴、交付等方式把其所有、占有、管领或独立支配的财产或财产权利投入企业构成企业原始资本的民事主体。[38] 作为企业出资人,既可为自然人,也可为法人或非法人组织,在特殊情况下还可是国家。投资人在不同企业的称谓也有一定差异,如在个体经营或个人独资企业,投资人为个体业主或企业主;在合伙企业里,投资人一般被称为合伙人;在公司企业里,投资人通常被称为股东或持股人;在公司型基金中,基金投资人更多地称为基金持有人。此外,在国有企业、集体企业,投资人一般被称为国有或集体资产所有人、国家或集体机构投资者,2008 年《企业国有资产法》出台以后一般被称国家出资人或集体出资人;在股份合作企业或合作社企业里,投资人或被称为持股人,或被称为社员;在各种集体经济组织里,一般被称为集体经济成员。至于在外商投资企业里,我国《中外合资经营企业法》(已失效)、《中外合作经营企业法》(已失效)和《外资企业法》(已失效)一般使用中外合营者、中外合作者、外国投资者等称呼来表示投资人;2019 年《外商投资法》通过后,统称为外国投资者。

企业出资人在企业法律关系中占有重要的法律地位。(1)企业出资人是享有营业自由权的民事主体。对企业的出资或以其他形式对企业进行投资,是民事主体行使营业自由权,对其财产进行处分用于营业的具体表现。(2)企业出资人既是企业设立时企业原始资本的所有人或支配者,同时也是企业营业财产的终极所有者或支配者。在企业解散或破产时,企业出资人有权取得对企业剩余财产的分配权。(3)企业出资人是成立后的企业之内部机构的当然成员,享有对企业内部事务的参与、管理和监督等一系列经营性权利。(4)企业出资人是企业经营的受益人与企业利益的最终归属者,

---

〔38〕　参见肖海军:《企业法原论》,湖南大学出版社 2006 年版,第 147 页。

故企业经营应以投资人的利益为本位,以保护企业出资人利益最大化目标的实现为根本出发点。

（二）企业出资人与企业的法律关系

第一,从主体的法律属性来分析,企业出资人与企业是两个相对独立的商事主体。企业出资人是平等地享有并实质地行使了营业自由权的投资主体,它是民事主体进入营业领域转换为商事主体的具体化。而企业则为依法设立,并经登记取得营业资格的商事主体,是企业出资人经契合、结社而形成的衍生主体。除个人独资企业外,在企业存续期间,企业出资人与企业是两个主体、人格、财产与责任不能重叠、彼此独立或相对独立的商事主体。

第二,从企业产生与构成之原因事实来分析,企业出资人是企业有机构成之基本元素的所有者与支配者,企业是企业出资人通过设立行为契合的结果或结社的产物。企业出资人是企业的创立者,企业出资人出资的目的在于追求出资财产增值的最大化,而选择以设立企业的方式进行经营,只不过是因为企业组织形式的营业比以自然人形式的营业更能降低交易成本、更能抗御市场风险,因而也更加富有效率。企业作为不同生产要素契合的产物,其中企业出资人是使企业基本元素和一切生产要素得以契合的发起者、参与者和设立者。因此,企业出资人与企业的法律关系,首先应当是一种创立与被创立、产生与被产生的法律关系。

第三,从企业营业意思的形成与经营行为的决定来分析,企业出资人与企业之间的关系是一种营业性事务的参与与被参与、控制与被控制的关系。企业出资人为企业内部治理机构的当然成员,是企业内部经营事务的参与人与控制者。企业出资人在企业法与企业章程确定的组织与制度框架下,通过特定的治理机构,依据法定或章定的议事程序和表决规则,直接表达其经营意愿和自治意思,或者推举自己信赖的人进入企业经营决策机构,最终影响、促成、控制各种营业事务与企业经营决策事项等议案的形成。故企业营业意思的形成与经营行为的决定,是不同企业出资人在企业内部治理机制作用下相互博弈的结果。

第四,从企业经营成果和增量利益的分配来分析,企业经营的成果应当归属于企业出资人,企业出资人则以企业为具体请求对象。企业之经营收益,在扣除各种成本、国家税费后,为可分配利润,依照章程或协议,在缴纳各种公积金或基金后,按法定、章定分配的份额或程序,直接分配给企业出资人。

第五,从企业财产的最终归属来分析,企业出资人是企业财产的终极权利者。在企业存续期间,企业财产虽归属企业所有、占有、支配或管领;但企业在终止或退出营业领域或市场时,须经清算,在清算中,如企业清算财产仍有剩余,与非营利组织不同,剩余财产应依法律、章程或有关协议,或者按出资比例,或按照约定比例,或按均等份额,分配给企业出资人。这说明,企业财产的原始权利者是企业出资人,终极权利者仍然是企业出资人。

(三)企业出资人权利的性质

企业出资人权利是指企业出资人在企业成立后依其出资形式和出资份额所享有的投资受益、企业参与、重大决策和选择经营管理者等一系列权利的概称。企业出资人权利为投资人因投入资本而在企业经营中所享有的权利,为典型的具私权性质、资本权属性的商事权利。其中,投资受益权即对投资所产生资本利润的分享权和红利的比例分配权,在经济学上则被习惯性称为剩余索取权,有学者称之为增量利益的分配权。[39] 企业参与、重大决策和选择经营管理者的权利,实际上是通过企业出资人出席企业的各种会议、行使各种决议的表决权得以实现的,其目的是影响企业经营目标和控制企业经营管理机构,又可称为企业经营控制权。此外,为了维持出资人的利益不因经营者滥用权力而受损,企业出资人必须经常地对经营管理者进行监督,因之,营业监督权也应是企业出资人最为重要的权利。故投资受益权、经营控制权与营业监督权,是企业出资人权利中最为重要的内容。

(四)企业出资人权利的类型化分析

企业出资人权利可按不同标准,作类型化分析,其中,最重要的分类包括:

1. 企业出资人权利的法律形态

(1)自益权。凡特定出资人仅为实现从企业获取财产利益之自益目的且可单独行使的一系列权利,为出资人之自益权。企业出资人自益权的具体类型包括:投资利润分配请求权、企业红利分配请求权、企业新增投资的认购权、投资份额转让请求权、投资份额优先购买权、企业剩余财产分配请求权等。

(2)共益权。共益权,即基于出资人参与企业决策、经营、管理、监督或控制企业的需要,既为实现特定出资人之自益目的又涉及其他出资人利益且必须由所有出资人共同行使才具有法律效力的一系列权利。共益权的具体内容包括:会议出席权、表决权、代表诉讼提起权、各种会议召集权或请求召集权、决议提案权、决议事项质询权、违法或不当决议的无效宣告或撤销请求权、营业知情权、监督检查权、人事提名权、内部任职的选举权与被选举权、企业解散请求权等。

2. 不同类型企业出资人权利的具体分析

(1)业主权。又称独资业主权或企业主的权利,为个体经营者或个人独资企业出资人对其投资经营或独资设立的企业所享有的一系列权利。

---

〔39〕 陈乃新:《经济法是增量利益生产和分配法——对经济法本质的另一种理解》,载《法商研究(中南政法学院学报)》2000年第2期。

(2)合伙权。又称合伙份额权或合伙人权利,为合伙企业出资人对其投资设立的合伙企业所享有的一系列权利。

(3)股权。又称股东权,为公司企业出资人对投资设立的公司所享有的一系列权利。

(4)社员权。又称合作社社员权,为兼具劳动者、出资人、合作者多重角色或身份的合作社内部成员,依法律或合作社章程在合作社企业内部所享有的一系列权利的总称。

(5)成员权。又称集体经济组织内部成员权,即集体经济组织内部成员依法或内部章程在集体经济组织所享有一系列权利之总称。

关于业主权、合伙权、股权、社员权、成员权的具体形式与内容,后文将作具体阐述。

二、业主权

(一)业主权的一般分析

1.业主权的界定

业主权,即企业主的权利或独资业主权,为个体经营者或个人独资企业的出资人对其投资经营或独资设立的企业所享有的一系列权利。业主权是在个体、独资投资经营法律关系中,由独资者基于独立出资所享有的一种特殊的资本权利。

2.业主权的特征

业主权为基于独资法律关系而形成的资本权利,具有如下特征:(1)特定自然人是唯一的独立出资人。全部经营资本是由一个自然人独立出资构成。(2)出资人选择自行经营模式。自然人出资人既是唯一出资人,又是具体的经营者或交易者。(3)出资人与经营者混同。在营业的投资、经营、交易环节中,投资主体、经营主体、交易主体因独立投资、自行经营与交易,投资主体与经营主体、交易主体实质性的重叠和合一。(4)资本权与经营权合一。在独资法律关系中,独资者或企业主因营业中投资、经营、交易形态、主体的重叠与合一,使独资者或企业主的投资性资本权与经营中的经营权二者发生高度的重合,独资者或企业主既享有资本权,又拥有对营业中所有财产的独立经营权。(5)财产所有权与经营控制权的统一。在独资法律关系中,投入营业中的财产只是改变了营业用途和使用功能,但并没有转移或改变财产的权利主体,该财产的权利主体仍属独资者或企业主。故独资者或企业主既是原始财产的权利主体,更是营运中营业财产的权利主体,营业财产的权利主体与控制主体高度统一。(6)投资利益与经营风险的归一。在独资法律关系中,独资者或企业主既独享投资、经营或交易带来的所有效益、收益和利益,同时也承担所有经营、交易带来的各种风险,并承担无限责任。业主权既是一般民事财产权利的延续,又是该原始财产投入营业领域后营业财产权的发展和创新,其形式和内涵远比一般财产权要丰富、复杂得多。

3. 业主权的类型

独资法律关系因经营形式的不同,独资者或企业主在不同类型的独资经营关系法律中仍具有明显的差异性。根据我国《宪法》《民法典》《个人独资企业法》《农村土地承包法》《个体工商户条例》等法律、行政法规的规定,独资经营尚存在个体经营、家庭经营、企业经营三种典型形式,相应地,业主权也具体表现为个体工商户权利、家庭经营户权利、个人独资企业主权利三种类型,其中尤以个体工商户权利、个人独资企业主权利最为典型。

(二)个体工商户权利

1. 个体工商户的界定

个体工商户,又叫个体工商经营户,是指在法律或行政法规允许范围内,经依法核准登记以个人名义独立投资,并自行从事工商业经营活动的自然人。我国《民法典》第54条、《个体工商户条例》第2条规定,有经营能力的自然人,从事工商业经营,可经依法登记为个体工商户;个体工商户可以起字号;个体工商户可以个人经营,也可以家庭经营。个体工商户是自然人投资、营业的主要形式,更是商事主体的重要类型,在营业领域和商事活动中,占有重要的地位,是我国目前数量最多的投资主体或经营主体。

2. 个体工商户权利的主要内容

根据《民法典》《个体工商户条例》等法律、行政法规的规定,个体工商户既享有因投资而转换、衍生的一系列资本权,又享有因自行经营而拥有的营业财产绝对控制权与自主经营权,进而综合具有下列权利:(1)平等进入权。个体工商户享有与其他商事主体同样的平等准入、公平待遇。(2)主营业事项自由选择。除法律、行政法规禁止的领域或事项外,个体工商户可自由选择属意的主业,开展营业活动。(3)营业财产权。自然人个体对个体工商户经营的财产及产生的营业收益,具有排他性的法定所有权或支配权。(4)商号专有权。个体工商户可以为经营的厂店起字号,经依法登记,享有对商号或字号的专用权。(5)劳动雇工权。个体工商户可以根据经营需要招用从业人员。(6)平等、公允接受政府服务与法律保护权。(7)平等融资权。个体工商户可以凭营业执照及税务登记证明,依法在银行或者其他金融机构开立账户,申请贷款。金融机构应当改进和完善金融服务,为个体工商户申请贷款提供便利。(8)自治性社团参与权。个体工商户可自愿加入个体劳动者协会。(9)收益利润独享权,即独享因个体经营所产生的全部收益和利润。(10)其他法律、行政法规确定的权利。

当然,个体工商户除应当享有前述一系列权利外,还须承担一系列法定或约定的投资义务、经营风险、债务责任,具体内容在此不再细述。

（三）个人独资企业主权利

1. 个人独资企业主的界定

个人独资企业主，又称个人独资企业出资人，即为独立出资、独自发起设立个人独资企业并自行经营的自然人；而个人独资企业，又称单一业主制企业，为一个自然人投资设立、不具有独立法人资格、特定自然人投资者对企业债务负无限清偿责任的企业。根据我国《个人独资企业法》第2条规定，个人独资企业是指依法在中国境内设立，由一个自然人投资，财产为投资人个人所有，投资人以其个人财产对企业债务承担无限责任的经营实体。

2. 个人独资企业主权利的主要内容

在所有企业中，企业主作为个人独资企业的出资人，所涉权利最为广泛和完整，享有对投资设立的企业及财产的所有权和绝对支配权，既包括由投资者所享有的全部资本权利，也包括对独资企业的所有经营性权利，如企业营业财产的所有权、企业营业财产的管理权、企业营业财产的处分权、企业内部机构的设置权、企业内部人事任命与聘用权、企业经营事务的决定权、企业经营方式的决定权、企业歇业的决定权、企业营业的转让权、企业收益的所有权等。

具体而言，个人独资企业主的权利主要包括：（1）对个人独资企业财产的所有权或支配权。独资企业虽为主体，但本身不具有独立人格，其资本是企业投资者全部财产中用于经营的那部分财产。故独资企业的所有财产及经营所得，均属自然人投资者所有或受其支配。（2）对独资企业的独立经营管理权。如享有对企业生产的资金决策权、指挥权、管理权等。（3）委托特定自然人进行代理经营之权利。对个人独资企业的经营，投资人既可自行经营或管理，也可委托他人管理。如《个人独资企业法》第19条之规定。在个人独资企业事务管理和营业执行中，通过委托合同建立营业事务执行、管理关系后，受托人的地位即为经理人，虽然该企业的法定代表人并无变化，但该受托人具有职业经理人的内部管理权与外部代理权。[40]（4）个人独资企业营业转让权。个人独资企业主可通过登记或合同等形式，把企业财产、营业执照、特定资质、企业商号及其他企业财产、权益一体转让于新的自然人投资者。[41] 个人独资企业转让后，转让之前经营期间所欠债务，原投资人应当与现投资人承担补充连带责任；转让之后所生债务则应由受让的现投资人承担；[42] 并应参照是否完成营业转让或变更登记为要件。（5）个人独资企业的解散、清算和注销申请权。如《个人独资企业法》第26条、第

〔40〕 参见李伯侨、杨捷：《论个人独资企业的事务管理》，载《广东社会科学》2001年第4期。

〔41〕 参见秦康美、王奇：《个人独资企业营业转让法律问题探析》，载《福建论坛（人文社会科学版）》2009年第3期。

〔42〕 参见何建：《论个人独资企业债务承担》，载《行政与法》2012年第8期。

27 条、第 32 条之规定。(6)企业剩余财产的所有权和其他财产权利。个人独资企业经清算后,其剩余财产和相关权利,应归属于该个人独资企业主或登记的家庭成员。

个人独资企业主除享有前述系列资本权和经营权之外,还应承担营业中的所有投资义务、经营或交易风险、债务责任,在此不再详论。

三、合伙权

(一)合伙人与合伙权的界定

1. 合伙人的界定与类型

合伙人,又称合伙企业出资人,即处分自己的财产或财产权利投入合伙企业作为原始营业财产、依照法律或合伙协议享有权利并承担相应义务或责任的特定自然人、法人或非法人组织。从合伙人的定义中,可以看出:(1)合伙人是典型的投资主体,属于投资主体范畴。(2)合伙人是合伙企业的出资人,属于企业出资人范畴。(3)合伙人与合伙企业的关系,是一种有合一、有分离的相对独立关系,即在合伙企业存续期间,合伙人作为投资主体,合伙企业作为经营主体,两者是相对独立的两个不同商事主体,他们各自享有相对独立的资本权和经营权;但在合伙企业解散、清算、注销时,因合伙债务的连带性和合伙企业人格的非完全独立性,普通合伙人与合伙企业之间人格、财产、债务、责任具有连带性。

关于合伙人的范围与类型,在既有《民法典》《合伙企业法》和相关法律、学理的立法与理论框架中,主要类型有:(1)自然人合伙人与非自然人合伙人。其中,法人合伙人、非法人组织合伙人,即为非自然人合伙人。(2)普通合伙人与有限合伙人。其中,普通合伙人对合伙企业债务承担连带清偿责任;有限合伙人则仅以其出资额为限对合伙企业承担出资义务,不对合伙企业债务承担清偿责任。(3)显名合伙人与隐名合伙人。一般而言,隐名合伙人在多数情形下为有限合伙人,但也可为普通合伙人。由于不同类型合伙人的身份、地位、关系存在差异,其所享有的合伙权也存在相应的差异。

2. 合伙权的特征与分类

合伙权,又称合伙人权利或合伙份额权,即作为合伙企业出资人的合伙人基于其出资而依法或依约在合伙收益、合伙经营或合伙监督等方面所享有的一系列权利之概称。合伙权作为合伙出资转换、衍生、创新的一种新型商事权利,具有如下基本特征:(1)资本性。合伙权是以合伙出资为客体所形成、转换、衍生、创新的资本性权益,属资本权范畴。(2)按份性。合伙权是以合伙出资转换形成的出资比例或合伙份额所享有的权利,特别是在合伙收益上,一般采取按照合伙出资份额来分享盈利或利润。(3)共有性。合伙权虽带有资本性、份额性等一般性特征,但因合伙财产所具有的按份共有属性,又使合伙权带有某些共有属性,即合伙财产属于全体合伙人共同占有、共同管理、共同经营,合伙人直接参与合伙事务的经营管理。(4)非完全独立性。合伙权的权利主体、客体、内容,与合伙企业的权利主体、客体、内容,虽在合伙企业存续期间具有一定的独立性,但又不完全独立,他们之间因合伙人和合伙企业的人格、财产、意思、责任之间存在关联性,不如股东与公司之间的关系,表现出诸多非独立性特征。(5)连带性。合伙人不仅依法或按约享有共同参与、共同经营、共享盈利等一系列资本权益与经营权利,而且应依法或按约承担投资、经营或交易中的共同风险和连带责任。

不同类型的合伙人因身份、地位、关系的不同,其所享有的合伙权存在较大差异。其中,尤以普通合伙人与有限合伙人之间的权利差异比较明显。以下分述之。

(二)普通合伙人权利

1. 普通合伙人

普通合伙人为向合伙企业出资、享有合伙经营收益,并对合伙企业债务负连带清偿责任的出资人。根据《合伙企业法》第14条、第15条、第61条、第62条规定,设立普通合伙企业,应当有2个以上合伙人,如合伙人为自然人的,应当具有完全民事行为能力;有限合伙企业应由2个以上50个以下合伙人设立,其中,至少应当有1个普通合伙人,但法律另有规定的除外。

2. 普通合伙人权利的主要内容

普通合伙人权利,即为对合伙企业债务承担连带责任的普通合伙人所享有的一系列权利之概称。合伙财产的共有性和合伙债务责任的连带性,决定了合伙权在不同普通合伙人之间行使的共同性和平等性。普通合伙人之合伙权范围,既包括纯粹由合伙出资转换、衍生、创新的一系列资本权利,也包括基于合伙人共同参与企业或执行合伙事务而对合伙企业享有的参与权、管理权、执行权、监督权等一系列经营权利。具体内容包括合伙财产的共有权、合伙经营的共同参与权、合伙事务的共同决策权、参加合伙人会议并行使表决权、合伙人会议召开的提议权、合伙营业知情权、合伙份额转让或受让权、合伙退出权、合伙歇业决定权、合伙利润与红利分配请求权、合伙剩余财产分配请求权、营业监督权等。其中最重要的权利包括:(1)合伙财产共同经营管理权。如《合伙企业法》第20条、第26条等之规定,普通合伙企业的财产由全体合伙人依法共同管理和使用,合伙人对合伙企业有同等参与、管理、经营的权利。[43] (2)执行合伙事务的委托权与被委托权。如《合伙企业法》第26条之规定。(3)合伙事务共同决定权。为了保障全体合伙人的正当权利和合法利益,防止合伙事务执行人滥用合伙事务执行权,我国《合伙企业法》规定,下列合伙事务必须由全体合伙人一致同意或经合伙人会议形成有效决议后,方可办理:第一,一般性重要事务。如第31条之规定。第二,关联

〔43〕 参见李新:《论合伙企业财产的处分》,载《经济论坛》2006年第8期。

交易。如第 32 条第 1 款之规定。第三,合伙企业内部分配及比例、债务分担之方案。如第 33 条第 1 款之规定。第四,增加合伙投资以扩大规模或弥补亏损方案。如第 34 条之规定。第五,年度分配与亏损分担方案。(4)有条件转让合伙份额权。基于合伙组织的人合性,在合伙企业存续期间,普通合伙人一般不能任意转让合伙份额。但在符合以下条件的情况下,普通合伙人可转让其合伙份额:第一,经其他合伙人一致同意,普通合伙人可对外转让其合伙份额。如《合伙企业法》第 22 条第 1 款之规定。第二,普通合伙人之间的转让应当通知其他合伙人。如《合伙企业法》第 22 条第 2 款之规定。(5)优先购买、受让转让合伙份额权。如《合伙企业法》第 23 条之规定。(6)法定退伙权。如《合伙企业法》第 45 条、第 46 条之规定。(7)利润分配权。如《合伙企业法》第 33 条之规定。(8)合伙份额有条件继承权。如《合伙企业法》第 50 条之规定。(9)合伙剩余财产分配权。如《合伙企业法》第 89 条之规定。

虽然如此,合伙企业财产的拟制性、集合性、抽象性、相对独立性等基本特征,以及合伙企业非法人组织的相对团体人格属性所制约的外在意思、行为的共同性,在合伙企业财产的经营、管理、处分上集中表现为主体上的相对独立性、管理上的意思共同性和责任上的无限连带性等鲜明特点。因此,在合伙企业财产的经营与管理过程中,还应遵循共同经营管理、清算前不分割、合伙企业财产不任意出质等基本原则,且合伙经营事务可选择共同执行与委托执行等不同方式。故普通合伙人又可分为执行事务合伙人和不执行事务合伙人,他们之间的权利又存在一定的差异。

3. 执行事务合伙人的特殊权利

执行事务合伙人除享有前述所有普通合伙人共同享有的权利之外,因其被推举为执行合伙事务的决策者、管理者和经营者,还具有如下特殊权利:

(1)受托执行合伙事务专属权。受托执行合伙事务的合伙人,享有对该合伙企业经营事务的专属决策权、管理权和执行权。如《合伙企业法》第 27 条第 1 款规定,依照规定委托一个或数个合伙人执行合伙事务的,其他合伙人不再执行合伙事务。

(2)执行合伙事务报酬请求权。如《合伙企业法》第 67 条规定,有限合伙企业由普通合伙人执行合伙事务;执行事务合伙人可以要求在合伙协议中确定执行事务的报酬及报酬提取方式。

(3)组织清算权。如《合伙企业法》第 86 条第 1 款、第 2 款规定,合伙企业解散,应当由清算人进行清算。清算人由全体合伙人担任;经全体合伙人过半数同意,可以自合伙企业解散事由出现后 15 日内指定一个或者数个合伙人,或者委托第三人,担任清算人。

4. 不执行事务合伙人的营业监督权

合伙事务是合伙企业的共同事务,事务的执行情况涉及所有合伙人的共同利益,每个合伙人都有权去关心合伙企业的利益,[44]尤其对于不执行合伙事务的合伙人,更需要法律赋予一些特殊权利,以消除因营业信息不对称带来的不利地位。基于此,《合伙企业法》第27条规定,不执行合伙事务的合伙人有权监督执行事务合伙人执行合伙事务的情况。为了充分保护不执行事务合伙人的正当权利和合法利益,我国《合伙企业法》为不执行事务合伙人,设置了如下一系列权利。(1)查阅账簿权。监督权作为一种制约合伙事务执行权的重要权利,在多数情况下是通过诸如检查合伙企业事务的执行情况、查阅会计账簿等财务资料之具体权利来实现的。[45] 了解合伙企业事务的执行情况作为法律赋予合伙人一项不可侵犯的权利,也是行使营业监督权并使之落实的重要手段。[46] 故查阅账簿权就成为营业监督权中最重要的权利。如第28条第2款之规定。(2)决议表决权。如第30条之规定。(3)异议提出权。如第29条第1款之规定。(4)撤销委托权。如第29条第2款之规定。(5)赔偿请求权。

(三)有限合伙人权利

1. 有限合伙人

有限合伙人的权利源于其对合伙企业的出资。根据《合伙企业法》第64条、第65条、第66条规定,有限合伙人的出资应符合如下要求:(1)出资方式。有限合伙人可以用货币、实物、知识产权、土地使用权或者其他财产权利作价出资;不得以劳务出资。(2)出资义务。有限合伙人应当按照合伙协议的约定按期足额缴纳出资;未按期足额缴纳的,应当承担补缴义务,并对其他合伙人承担违约责任。(3)出资份额。有限合伙企业登记事项中应当载明有限合伙人的姓名或者名称及认缴的出资数额。

2. 有限合伙人权利的主要内容

有限合伙人权利,即仅以其出资额为限对合伙企业承担出资义务,对合伙企业债务不承担连带责任的有限合伙人所享有的一系列权利之概称。与前述普通合伙人权利相对应,有限合伙人权利仅以其出资额为限分享合伙企业经营所得利润,并以该出资额为限承担有限风险,权利具有典型的资本权特征。主要权利内容包括如下:(1)合伙事务参与权。关于有限合伙企业营业事务的执行,我国《合伙企业法》2006年修改案,借鉴美国等域外法例,以“默认规则”推定将经营决策权集中赋予普通合伙人,有限合伙人无合伙事务执行权。[47] 如《合伙企业法》第67条、第68条之规定。(2)合伙经营利润分配权。如《合伙企业法》第69条之规定。(3)竞业竞争权。如《合伙企业法》

---

〔44〕 参见朱少平主编:《〈中华人民共和国合伙企业法〉释义及实用指南》,中国民主法制出版社2006年版,第148页。

〔45〕 参见姚海放:《新合伙企业法精解与运用》,中国法制出版社2007年版,第83页。

〔46〕 参见刘璐:《新合伙企业法疑难释解与案例评析》,中国工商出版社2007年版,第155页。

〔47〕 参见何新容:《合伙人的有限责任——以美国有限责任合伙为范本》,法律出版社2013年版,第86页。

第70条、第71条之规定。(4)合伙份额出资转让权。《合伙企业法》第72条、第73条之规定。(5)法定退伙权。基于合伙出资不可返回原则,在一般情形下,有限合伙人不具有退伙权而只享有合伙份额转让权;但根据《合伙企业法》第78条、第79条、第81条规定,有限合伙人存在当然退伙之法定情形,应当予以退伙处理。此外,作为有限合伙人的自然人在有限合伙企业存续期间丧失民事行为能力的,其他合伙人不得因此要求其退伙。(6)合伙份额继承权。如《合伙企业法》第80条之规定。(7)有条件转为普通合伙人权。如《合伙企业法》第82条、第83条、第84条之规定。(8)合伙份额处分权。如《合伙企业法》第74条之规定。(9)剩余财产分配权。

四、股权

(一)股权的法律属性

股权,又称股东权或公司出资人权利,系指作为公司出资人的股东基于对公司的出资份额或持有股份比例所享有的资产收益、参与重大决策和选择管理者等系列权利之概称。股权属典型意义的资本权,但关于股权的属性,学界、业界曾有过较大分歧,出现过观点大相径庭的论争。

1. 关于股权法律定性的两种思路

关于股权的权利属性,既往学界、业界主要以所有权与非所有权两种思路进行探讨。

持所有权思路的学者们强调的是出资财产的保值、增值,所关注的是出资人的利益。他们从西方公司企业财产契合于股东之财产所有权,股东控制公司企业这一基本逻辑出发,认为股权是股东对其财产所有权的一种行使形式,是股东之财产所有权的一种表现形式。因之,股权所有权论者,或从公司财产的共有属性,认为股东对公司之财产享有共有权;〔48〕或从股份制企业所有权二重结构出发,认为公司享有财产所有权,股东对公司享有所有权即股东所有权;〔49〕或从企业经营权是建立在所有权之上的限定物权出发,强调企业法人经营权的独立性以及对所有权的制约性,认为股东权是一种受到一定限制的所有权;〔50〕或从“投资者拥有企业,企业拥有财产”这一产权结构的设计出发,认为“股权在整体上代表着全体投资者对企业这一财产集合体的所有权”;〔51〕

〔48〕 参见杨紫烜:《论公司财产权和股东财产权的性质》,载《中国法学》1996年第2期;余能斌、李国庆:《国有企业产权法律性质辨析》,载《中国法学》1994年第5期。

〔49〕 参见王利明:《论股份制企业所有权二重结构——与郭锋同志商榷》,载《中国法学》1989年第1期;韩松:《全民所有制企业经营机制转换与产权完善》,载《法律科学(西北政法学院学报)》1992年(S1)。

〔50〕 参见覃天云:《经营权与企业法人产权辩析》,载《中国法学》1991年第2期。

〔51〕 王卫国:《关于建立现代企业制度两个问题的法律思考》,载《求是》2000年第4期。

或从公司享有经营所有权的对应视角，论证股权是“投资人的终极所有权”。[52] 股权所有权论者，普遍认为股权虽是股东对财产所有权的一种行使方式和处分形式，但股东不并丧失投资于公司的资产所有权，股东保持对公司事务的参与和控制，依法享有对公司的控制权，从所有权的权能分离学说方面来分析，似乎言之成理。

与所有权思路不同，股权非所有权论者从现代公司之独立主体、团体人格属性和企业法人财产权这一理论视角，强调建立独立的企业（公司）法人财产权（所有权）的重要性，首先把公司企业法人财产权界定为公司法人所有权，然后从公司法人与股东两个独立的对应主体去分析股权的非所有权性质。但因学者们对股东股权之非所有权分析的侧重点不同，导致对股权理解的巨大分歧，众多关于股权的学说或观点也就纷纷出现、递此登场，代表性观点如债权说[53]、所有权债权化说[54]、社员权说[55]、公司法人所有权有机构成部分说[56]、特定身份性财产权说[57]、综合性权利说[58]、独树一帜民事权利说等。[59] 与前述以所有权思路解释股权相比，股权非所有权论者在界定股权之权利属性时，十分强调公司企业这一微观经济形式的市场主体地位，从强调公司法人财产所有权，进而强调国企公司制改革后股份制企业的独立主体地位，使其摆脱政府（出资人）的行政干预，这种解释无疑有现实的改革背景作依托。

2. 股权法律属性的认定

在各种有关股权的学说或观点中，很显然传统所有权理论无法圆满地解释股权。其一，所有权与股权之客体无法竞合。所有权之客体只能是物，而出资人出资的多元属性以及公司经营中物的市场交换与价值转移，使股权的标的不能被传统所有权的客体所吸纳。故以所有权理论解释股权，理论上难以自圆其说。其二，股份作为资本单位，是一种无体财产，不是所有权意义上的物。其三，公司财产是股东出资财产的集合，不能成为股东所有权的客体。股权作为适应公司制需要的一种新型财产权利形

---

〔52〕 杨震、王妍：《公司法新论》，黑龙江人民出版社 1999 年版，第 45 页。

〔53〕 参见郭锋：《股份制企业所有权问题的探讨》，载《中国法学》1988 年第 3 期。

〔54〕 参见王利明：《国家所有权研究》，中国人民大学出版社 1991 年版，第 211 ~ 215 页。

〔55〕 参见葛云松：《股权、公司财产权性质问题研究》，载梁慧星主编：《民商法论丛》第 11 卷，法律出版社 1999 年版，第 1 ~ 66 页；康德琯：《股权性质论辨》，载《政法论坛》1994 年第 1 期；高永周、蒋人杰：《浅析股权法律性质——以团体法为视角》，载《法学杂志》2010 年第 12 期。

〔56〕 参见漆多俊：《论股权》，载《现代法学》1993 年第 4 期。

〔57〕 参见曾言：《浅论股权的法律属性》，载《江汉大学学报（社会科学版）》2008 年第 3 期。

〔58〕 参见段葳、曹胜亮：《论股东的股权与公司的法人财产权》，载《经济研究导刊》2010 年第 34 期。

〔59〕 参见孔祥俊：《论现代公司的产权结构（上）——兼评我国公司法对公司产权的规定》，载《政法论坛》1994 年第 3 期；江平、孔祥俊：《论股权》，载《中国法学》1994 年第 1 期；左羽、书生：《公司法人所有权和股东的权利——兼与江平、孔祥俊同志〈论股权〉一文商榷》，载《中国法学》1994 年第 3 期；石少侠：《股权问题研析》，载《吉林大学社会科学学报》1994 年第 4 期；钱明星：《论公司财产与公司财产所有权、股东股权》，载《中国人民大学学报》1998 年第 2 期。

态,其定性不宜囿于传统的民事权利,而应把视野拓宽至财产资本化与公司这一现代商事制度,从公司法人财产权与公司独立人格属性的对应视角认识股权本身的资本性、独立性与特殊性,即股权是股东出资财产资本化后转换的一种新型资本权利形态。股权具有以下特征:(1)股权的产生和发展历史说明股权是一种与公司法人财产权对应的财产权利。(2)股权是股东处分其出资财产而对价取得的一种资本权利。(3)股权是一种以资本为权利客体的无体财产权利。(4)股权是一种具有流通性的财产权利。(5)股权的内容具有综合性与集合性。

综上所述,从股权的几大特征来看,股权作为公司制度下派生出来的一种新型财产权利,具有传统民法中所有权、债权所不能全部包容的内涵,也不能为社员权所概括。股权的资本属性与流通属性,更重要的是股权的无体属性,使股权虽与公司法人财产权不无联系,且在某种情况确有从属的一面;但实际上股权已成为与公司财产权相制衡的财产权利,已脱离了公司法人财产权的从属地位,具有相对独立性。股权的特征以及权利内涵均表明,股权是"公司法所赋予股东的一项十分重要的独立权利"。〔60〕 股权是一种新型的资本权,不能也无须在所有权、债权、社员权等传统民事权利框架里对其加以定性与界定,股权是一种与公司法人财产权相对应的独立权利形态。此一权利形态可以界定为:股权是股东因出资而对价取得的、依法定或公司章程规定的规则和程序参与公司事务并在公司中分享利润、依法可转让的财产权利;它是一种以收益权为核心、请求权为手段、转让权为保障的无体财产权利;是传统民法、商法发展到现代市场经济阶段,适应公司财产制度而出现的一种具资本权属性的新型财产权利形态。它与公司法人财产权共同构成现代公司产权的基础。〔61〕

3. 股权与公司法人财产权的基本关系

通过以上分析不难发现,股东股权与公司法人财产权作为现代公司产权制度的两大支柱,为公司取得独立法人资格参与市场竞争以及股东以最低市场风险取得最大经济利益所必需。其基本关系可作如下表述:(1)股权与公司法人财产权的伴生关系。(2)股权与公司法人财产权的互为依存关系。(3)股权与公司法人财产权的相互制衡关系。〔62〕

(二)股权的重要类型

1. 股权的学理分类

关于股权的学理分类,学界主要基于股东权、股权两种角度或思路。(1)股东权或股东权利角度。一般着重从股东之资格权角度对股权进行分类,或者把股东权分为自

---

〔60〕 雷兴虎、冯果:《论股东的股权与公司的法人财产权》,载《法学评论》1997 年第 2 期。

〔61〕 参见肖海军:《国有股权代表人制度研究》,中国检察出版社 2015 年版,第 69 ~ 79 页。

〔62〕 参见肖海军:《国有股权法律制度研究》,中国人民公安大学出版社 2001 年版,第 35 ~ 37 页。

益权与共益权、固有权与非固有权、单独股东权与少数股东权、一般股东权与特别股东权、法定股东权与章定股东权等;[63]或者从股东权利的一般性与特殊性角度,把股东权利分为一般内容和中小股东的特别权利,其中股东权利的一般内容包括股份分配请求权、剩余财产分配请求权、股权(股份)转让权、新增股本认缴(新股认购)优先权、参加股东(大)会的权利、选举权与被选举权、表决权、直接诉讼提起权、其他权利等;中小股东的特别权利包括股东(大)会召集请求权和自行召集权、知情权、提案权、累积投票权、异议股东股份回购请求权、代表诉讼提起权等。[64] (2)股权角度。该分类侧重于从股份、出资比例及股权资本性角度,或者把股权分为自益权与共益权、固有权利与非固有权利、单独股权与少数股权、一般股东权与特别股东权;[65]或者把股权分为自益权与共益权、固有权利与非固有权利、一般股东权与特别股东权、财产性权利与管理性权力等;[66]或者把股权划分为自益权与共益权、单独股权与少数股权、比例股权与非比例股权、普通股权与特别股权等。[67]

从前述公司出资人权利分类的代表性观点来看,无论是称股东权,还是称股权,其本质和内容并无大的区别。笔者认为,公司出资人权利的依据应基于出资,而非基于股东的身份,股东获得身份的前提是其履行或承诺履行出资义务;公司出资人权利的资本性、比例性、综合性、复合性、流转性决定称股权比股东权,要更能体现公司出资人权利的本质属性。而且,在从前述学者的通论式分类中,把股权分为自益股权与共益股权、固有股权与非固有股权、单独股权与少数股权、普通股权与特别股权已达成基本共识。

2. 股权的立法分类

股权是现代公司法关注的核心和焦点问题,但绝大多数国家或地区公司法对股权并无系统的分类,有关股权的类型和内容,大多分散在公司法的不同部分或章节。我国《公司法》关于股权的规定则采用总则概括性规定与分则分散具体规定相结合的模式:(1)总则概括性规定。如《公司法》总则部分第 4 条,就规定"公司股东依法享有资产收益、参与重大决策和选择管理者等权利",实际上就把股权分为资产收益权、参与重大决策权、选择管理者权三大类型。此外,第 20 条第 1、2 款和第 21 条、第 22 条,实际上也赋予股东以损害赔偿诉权、公司决议效力诉权。(2)分则分散具体规定。股权更为具体的分类和内容,大多规定在不同章节中,如知情权(第 33 条、第 97 条)、红利

---

〔63〕 参见刘俊海:《股份有限公司股东权的保护》,法律出版社 2004 年版,第 53 ~ 57 页;刘俊海:《现代公司法》(上),法律出版社 2015 年版,第 274 ~ 277 页。

〔64〕 参见朱慈蕴:《公司法原论》,清华大学出版社 2011 年版,第 247 ~ 256 页。

〔65〕 参见赵旭东主编:《公司法学》,高等教育出版社 2003 年版,第 281 ~ 283 页。

〔66〕 参见邓峰:《普通公司法》,中国人民大学出版社 2009 年版,第 360 ~ 362 页。

〔67〕 参见施天涛:《公司法论》,法律出版社 2018 年版,第 257 ~ 259 页。

分配权(第34条、第166条)、新增资本优先认缴权(第34条)、出席股东(大)会会议权(第41条、第102条)、表决权(第42条、第103条)、累积投票权(第105条)、建议权或质询权(第97条)、股权或股份转让权(第71条、第137条)、股权优先购买权(第71条第3款)、异议股东回购请求权(第74条、第142条第1款第4项)、提请召开股东(大)会权(第39条第2款、第100条第3项)、召集召开或主持临时股东(大)会权(第40条第3款、第101条第2款)、提案权(第102条第2款)、股东代表诉讼权(第151条)、股东损害赔偿诉权(第152条)、公司司法解散诉权(第182条)等。总体而言,我国《公司法》是按权利的制度功能,把股权分为收益性股权、参与性股权与救济性股权三大类型。

(三)股权的主要内容

笔者认为,在前述分类的基础上,对各类股权的主要内容,可作如下一般性阐述。

1. 自益性股权与共益性股权

(1)自益性股权,即股东为实现股权本身的资本权益而享有的一系列权利。它主要包括股利分配请求权、剩余财产分配请求权、增资或新股认购请求权、股权或股份转换请求权、股权或股份转让权、股票或出资证明书交付请求权、异议股东回购请求权、股东名义变更请求权以及各种自益诉权等。

(2)共益性股权,即股东为实现公司利益或全体股东利益进而也间接实现股东自身资本权益而享有或行使的一系列权利。它主要包括参加或出席股东(大)会权、提案权、提请召开股东(大)会请求权、自行召集股东(大)会权、表决权(累计投票权)、选举权与被选举权、建议权或质询权、知情权或查阅权、各种共益诉权(公司设立无效诉权、公司决议无效与撤销诉权、公司股份发行无效或撤销诉权、公司高管损害公司利益代表诉权、公司司法解散诉权)等。

2. 固有股权与非固有股权

(1)固有股权,即非有法律特别规定或经股东个别同意,公司章程与股东(大)会决议不可任意剥夺的股权。股权中绝大部分权利属于固有股权。

(2)非固有股权,即在法律无特别规定或未经股东个别同意情形下,公司章程与股东(大)会决议可予剥夺或限制的股权。如优先股、存在利益冲突的股东之表决权,即为非固有股权。

3. 单独股权与少数股权

(1)单独股权,即股东基于其出资比例或持有股份,无须其他股东配合或借助公司机关而可直接行使的权利。前述自益性股权一般为单独股权。此外,出席股东(大)会会议权、表决权、建议权或质询权、知情权或查阅权、公司决议效力诉权、有限责任公司股东代表诉权等部分共益性股权,亦为单独股权。

(2)少数股权,即股东的出资比例或持有股份须达到一定数额标准,或者须得到其他股东配合或借助公司机关才可行使的权利。少数股权的设置,一方面是为了赋予中小股东抗衡、制约、监督大股东的手段和机会;另一方面也是为了防止中小股东滥用股权,不当地干扰或阻挠公司的正常经营管理。如前述提请召开股东(大)会权、召集召开或主持临时股东(大)会权、提案权、股份有限公司股东代表诉讼权、公司司法解散诉权等部分共益性股权,均为少数股权。

4. 普通股权与特别股权

(1)普通股权,即普通股东所享有的权利。绝大部分股权为普通股权,只要履行出资义务或持有股份的股东就可享有一系列股权。如股利分配请求权、剩余财产分配请求权、增资或新股认购请求权、股权或股份转让权、表决权以及各种诉权等,均属于普通股权。

(2)特别股权,即为具有特别身份的股东才享有的权利。特别股权又分为两大类:一类为基本特别股而产生的特别股权,如基于优先股而产生的优先分配权;另一类为基于股东特定身份或地位而享有的特殊权利,例如,我国《公司法》所规定的中小股东所享有的特殊权利,如股东(大)会召集请求权和自行召集权、知情权、提案权、累积投票权、异议股东股份回购请求权、代表诉讼提起权等。

5. 收益性股权、参与性股权与救济性股权

(1)收益性股权,即我国《公司法》第 4 条所规定的"资产收益"类权利,是股东基于股权的资本权益属性而直接享有的以收益、红利、剩余财产分配为基本内容的权利。如股利分配请求权(包括现金分配选择权)、[68]剩余财产分配请求权、增资或新股认购请求权、股权或股份转让权、异议股东回购请求权等。

(2)参与性股权,又称参与经营权或内部自治权,即我国《公司法》第 4 条所规定的"参与重大决策和选择管理者"等权利,是基于股权主体为股东(大)会当然成员之资格而享有的参与或影响公司决策、经营、管理的一系列权利。前述共益股权中的参加或出席股东(大)会权、提案权、提请召开股东(大)会请求权、自行召集股东(大)会权、表决权(累计投票权)、选举权与被选举权、建议权或质询权、知情权或查阅权等,均为参与性股权。

(3)救济性股权,即当股权中的收益性权利或参与性权利难以行使、不能实现或遭受侵害时,股东依法提起请求或诉讼进行私力或公力救济的权利。如前述的各种自益诉权或共益诉权等。

鉴于股权的具体内容,相关论著已有深入、系统研究,在此不再详说。

---

〔68〕 参见林凯:《现金选择权的权利主体研究》,清华大学出版社 2019 年版,第 13 ~ 15 页。

五、社员权

(一)社员权的界定

1. 合作社企业

合作社企业系指两个以上的社员为互助需要而实现共同的利益目标,依照章程共同出资、共同劳动、共享盈利、共担风险并经登记设立,财产属于全体社员集体所有的营利性社团法人。2006 年《农民专业合作社法》系我国第一部关于合作社企业的法律,该法第 2 条规定,农民专业合作社是指"在农村家庭承包经营基础上,农产品的生产经营者或者农业生产经营服务的提供者、利用者,自愿联合、民主管理的互助性经济组织"。就学理而言,学术界对合作社企业的界定目前存在社团法人说、[69] 集体经济组织说等代表性观点。[70] 合作社企业作为企业,首先应是一种营利性组织;其次,合作社企业具有独立的法人资格;再次,合作社企业构成的基本要素是社员,应属社团法人的范畴;最后,合作社企业之设立目的,具有明显的互助性,其财产属全体社员集体所有。故合作社企业是一种以社员权为本位带有互助性质的商法人组织。正如列宁在《论合作社》中所论,"合作社在资本主义国家条件下是集体的资本主义机构","合作社企业"是"私人资本主义企业"同"彻底的社会主义类型的企业"的连接或结合,它兼具私人企业与集体企业的双重属性;"在国家资本主义条件下","合作企业首先是私人企业,其次是集体企业。"[71]

合作社企业作为集体所有制企业和商法人的一种特殊形式,具有如下法律特征:(1)以经济互助为目的而设立。(2)社员自愿入社并具开放性。(3)社员必须出资入股。[72] (4)企业财产为全体社员集体所有。(5)共同劳动与民主管理。(6)利益共享与自负盈亏。

2. 合作社社员

合作社企业的基本成员是社员,凡承认合作社章程并缴付出资的人均可自愿申请成为合作社社员。社员可自由退股,社员退股应向合作社董事会或理事会提出书面申请,经董事会或理事会同意,即可办理退股手续。按社员的性质或地位,我国《农民专业合作社法》把合作社社员分为个体社员、团体社员和职工社员三种形式;但从组织形态来看,因职工社员也属个体社员范畴,故学理上,合作社社员一般分为个体社员和集体社员(成员社)。

---

〔69〕 参见江平主编:《法人制度论》,中国政法大学出版社 1994 年版,第 45 页。

〔70〕 参见杨坚白主编:《合作经济学概论》,中国社会科学出版社 1989 年版,第 91 ~ 93 页;马俊驹主编:《现代企业法律制度研究》,法律出版社 2000 年版,第 359 页。

〔71〕 《列宁选集》(第 4 卷),中共中央编译局译,人民出版社 2012 年版,第 772 页。

〔72〕 参见郑景元:《合作社商人法律制度研究》,清华大学出版社 2019 年版,第 32 ~ 62 页。

3. 合作社社员权

社员权，又称合作社企业社员权或合作社成员权，即合作社企业的内部社员基于其入社或出资，依照法律或章程在合作社企业内部所享有的受益、分配、参与、受助等一系列权利的概称。社员权原泛指社团组织内部成员的专有权利，后因合作社企业或合作经济组织的兴起，一般专指合作组织的内部社员权。由于合作社社员可分个体社员和集体社员，与之对应，社员权也可分为个体社员权和集体社员权。

社员权的法律属性集中表现为私益性、资格性、资本性、互助性等多个方面。(1)社员权是一种私益权。社员从合作社企业所获取的各种利益，均为私人利益，属于私法权益，故社员权总体属于私法权利范畴。(2)社员权是一种资格权。作为社员的权利，首先必须入社或出资，取得特定合作社的成员资格或身份，方可获得只属于合作社企业内部成员才享有的一系列权利；非合作社企业内部成员，自然不能享有该种权利。(3)社员权是一种资本权。社员权具有一定的出资、入股、分红、获利的特质，且其出资形式既可是财产，也可是劳力。尽管社员权的受益或分配，与前述公司股东之股权严格以出资比例或所持股份为本位有明显不同，有时甚至对按资分配还有明确的限制，但自愿入社、出资入股、依章分红比较接近资本权的分配依据和分配原则，是一种准资本性权利。(4)社员权是一种互助权。合作社尽管作为一种特殊形式的企业，在营业中也追求营利或利润最大化，但基于合作社的合作和互助性质，其内部收益的分配，既不完全按资分配，也不进行按劳分配，而是按资分配、按劳分配、照顾分配的充分结合和彼此权衡，甚至有时对于出资、劳动少但生活困难、家境贫困的社员，基于合作互助、共同致富的企业设立目的，可能要给予照顾性的多分、多得。

(二)社员权的特征

社员权如仅从社员与合作社企业之间的关系看，虽总体属于合作社企业出资人权利的范畴，具有一定的资本权属性，但与前述纯粹以出资受益、分配为主旨或本位的业主权、合伙权、股权相比较，社员权又具有如下显著特征：

1. 身份权与资格权的统一

社员权具有明显的私益性、身份性，特别是成员的特定身份与资格之双重性。[73]首先，特定社员在入社之前，具有一定的身份属性，如我国农民专业合作社，入社的个体一般应是农民、本村的农民、从事农业专业的农民，或具有集体经济组织内部的成员等多重身份，才具入社的资格或条件。其次，特定社员必须基于自愿发起或申请入社，才可以社员资格或身份享有社员权。自然入社是社员权取得的实质条件。相对而言，合伙权、股权的取得之对价条件，就是出资，无社员权这样严格的身份或资格限制

[73]　参见郑景元：《论我国农村信用社社员权之有效行使》，载《法商研究》2011 年第 3 期。

条件。

2. 资本权与互助权的互补

社员权实质是资本权与劳动权、互助权的妥协、互补,它集中表现在前述受益、红利、分配方式上,把按资分配、按劳分配、照顾分配等不同分配方式,作充分结合和彼此互补。典型的如1922年美国曾明确规定,按股分红时最大股东分红的比重不得超过合作社股票总面值的8%;合作社每年与非社员的交易额不得超过与社员的交易额。[74] 这些规定就是为了权衡合作社内部不同社员之间的收入平衡和贫富差距。

3. 受益权与成员权的对冲

同前述合伙权、股权一样,社员权也同样存在内部参与权,社员以社员大会当然成员的身份和地位,参与合作社企业的内部决策和经营事务。但社员权中的参与权,与合伙人的共同参与、共同决定不同,它是通过社员大会或社员代表大会的合议制与多数决来决定;而社员大会或社员代表大会中的多数决与股权参与中的资本多数决也不同,它是通过社员多数决来决策或决定合作社事务,即社员通过社员大会或社员代表大会开会,以投票或表决的方式进行决策、决议或决定,决定或表决方式则采用一人一票、多数决定的原则。[75] 其中社员大会或社员代表大会对增加或减少注册资本、合并、解散或者变更联社形式以及修改联社章程作出决议,必须经2/3以上社员或社员代表通过。这种建立在一人一票表决制基础上的社员参与权,显然区别于合伙权的共同决定制、股权的资本多数决制。如我国《农民专业合作社法》第22条之规定。

4. 自益权与共益权的模糊

社员权也存在自益权与共益权之分,但与前述合伙权、股权中自益权或共益权两者比较分明相比,社员权中自益权与共益权之间的界限是比较模糊的。这是因为,合作社分配具有鲜明的互助、照顾、救济目的性,合作社效益的最大虽总体可增进每一成员的利益,但合作社效益并非按资、按劳等贡献原则来进行分配,它通常是在大体遵循按资、按劳分配原则的基础上,适度对弱势社员进行照顾、救助,使每一社员所得份额大致达到平衡。

5. 个体权与集体权的统一

合作社企业既存在个体利益,更存在集体利益。[76] 对每一社员来说,合作社的利益就是他们的集体利益;特别是对弱势社员而言,维护合作社的整体利益实质就是维护其自身利益。故在合作社企业内部,社员的个体权利与合作社企业的集体利益是高度统一的。

---

〔74〕 参见《美国合作社法》,张德峰译注,法律出版社2019年版,第448页。

〔75〕 参见刘观来:《合作社治理结构法律制度研究》,中国政法大学出版社2018年版,第173~175页。

〔76〕 参见张德峰:《合作社社员权论》,法律出版社2016年版,第78~108页。

(三)社员权的内容

1. 社员权的类型化分析

关于社员权的内容和类型,有学理分类与实务分类之别。

在学理上,有学者认为社员权是由社员会议参加权、决议权、表决权、选举权与被选举权、社员大会决议撤销诉权、社员大会决议无效诉权、理事会决议无效或撤销诉权、社员大会召集请求权、股息分配请求权、剩余财产分配请求权等诸多子权利构成的一种"整合构造"。〔77〕有学者把社员权划分为个体社员权与集体社员权,其中个体社员权包括成员利益权、自我利益权;集体社员权包括互助合作自治权、获外部帮助权等。〔78〕有学者认为社员权除实体权利外,还应该包括社员诉权、社员直接诉讼权和社员代表诉讼权等。〔79〕

在实务中,社员权又存在法定和章定之别。法定分类,即立法分类,如我国《农民专业合作社法》第21条规定,农民专业合作社成员享有下列权利:(1)参加成员大会,并享有表决权、选举权和被选举权,按照章程规定对本社实行民主管理;(2)利用本社提供的服务和生产经营设施;(3)按照章程规定或者成员大会决议分享盈余;(4)查阅本社的章程、成员名册、成员大会或者成员代表大会记录、理事会会议决议、监事会会议决议、财务会计报告、会计账簿和财务审计报告;(5)章程规定的其他权利。章定分类,即示范或具体合作社章程对社员权所作的列举或分类。如《中华全国供销合作总社章程》(2020年修订)第13条规定,成员社享有下列权利:(1)选举或者推荐全国供销合作社代表大会代表;(2)参加总社组织的国内、国际活动;(3)请求总社帮助协调解决有关问题;(4)享受总社提供的服务;(5)以总社成员社名义开展活动;(7)监督总社成员社股金的使用;(8)申请使用和监督总社合作发展基金;(9)对总社的工作提出意见和建议。

笔者认为,按照社员权具体内容所负载的实际功能,可把其分为社员收益权、社员参与权、社员救济权三大类型。以下分述之。

2. 社员权的具体内容

(1)社员收益权,即合作社社员依法或按章从合作社企业享有受益、分配、救助等一系列权利之概称。其内容主要包括入社权、利用本社提供的服务和生产经营设施权、盈余或红利分享权、物质受助权、分配照顾权、困难帮助权、出资转让出让权、退社权、剩余财产分配权、法律或章程规定的其他受益权利。如我国《农民专业合作社法》

---

〔77〕 参见郑景元:《论我国农村信用社社员权之有效行使》,载《法商研究》2011年第3期。

〔78〕 参见张德峰:《合作社社员权论》,法律出版社2016年版,第78~108页。

〔79〕 参见刘观来:《我国农民专业合作社社员权的诉权保护——以社员代表诉讼的制度构建为中心》,载《农业经济问题》2016年第12期。

第21条所规定的一系列收益权和第25条所规定的退社权等。

(2)社员参与权,即合作社社员基于社员资格、身份和地位依法或按章享有参与合作社企业内部决策、经营、管理、监督等一系列权利之概称。其内容主要包括参加或出席社员大会权、表决权、选举权和被选举权、提案权、知情权、查阅文件或账簿权、质询权和监督权、法律或章程规定的其他参与权利等。

(3)社员救济权,即合作社社员在其收益权或参与权遭受不当限制或非法侵害时依法或按章享有提起请求或诉讼等一系列权利之概称。它主要包括社员自益诉权与合作社共益诉权、社员直接诉讼权和社员代表诉讼权等。

在我国,还有一种由传统合作社企业与公司企业结合的新型企业形式,如股份合作企业,虽大体也属于合作社企业的范畴,但因股份合作企业的收益分配更侧重于出资人的按股分红,故出资者在受益方面的权利更接近于前述股权;而在涉及股东、社员、职工内部参与权时,又糅合了资本多数决和一人一票多数决两种表决机制。故股份合作企业的出资人——社员股东或职工股东之权利,为股权与社员权的结合。具体内容、形式、类型,在此不再细说。

六、成员权

(一)成员权的界定

"成员权"一词,在私法语境使用有两种情形,一为集体经济组织内部成员之权,这是学界、业界的通识,也是绝大多数情形下的含义;[80]二为物权法上建筑物区分所有权中共同业主之权利。[81] 本文所论成员权,系指集体经济组织之成员权,即集体经济组织中的内部成员依照法律或内部章程所享有的收益、参与、分配、救助等一系列权利之概称。

在我国,集体经济组织是一个比较泛化的概念,根据《宪法》、《民法典》、《乡村集体所有制企业条例》(1990年、2011年修订)、《城镇集体所有制企业条例》(1991年、2011年修订、2016年修订)等有关规定,集体经济组织泛指财产或利益归属某一集体的经济类组织,它可分为城镇集体经济组织和乡村集体经济组织。而依是否登记为企业,集体经济组织又可分为企业类集体经济组织(乡村集体所有制企业、城镇集体所有制企业)和非企业类集体经济组织(如各种村社农场、养殖场等集体经济组织),其中企业类集体经济组织又可分为法人类集体企业和非法人类集体企业等。不同地域、形式、类型的集体经济组织,其内部成员的身份、资格、地位、关系存在较大差异,如在城镇集体经济组织中,成员主要为城镇居民或集体企业职工;而在乡村集体经济组织中,

---

〔80〕 参见管洪彦:《农民集体成员权研究》,中国政法大学出版社2013年版,第10~37页。

〔81〕 参见王珉:《建筑物区分所有权中的成员权行使研究》,法律出版社2016年版,第20~47页。

成员则主要为农村居民或土地承包农户。正因如此,成员及成员权存在如下几层含义:(1)不同行政地域或社区管辖之特定居民成员及由此衍生的一系列身份权利;(2)同一行政地域或社区管辖下不同类型集体经济组织内部成员及由此衍生的一系列身份权利;(3)同一行政或社区集体经济组织内部不同类型集体企业内部职工成员及由此衍生的一系列身份权利。

虽然如此,随着我国城镇集体经济组织的公司化改革,真正属于集体经济成分的比例已大幅度下降,而集体经济占主导地位的经济组织主要分布在乡村地区;而且,成员权作为学术和法律词汇,也主要是从家庭承包制、农村产权改革的基础上提出来的,故集体经济组织成员权也几乎成为学界、业界、政界的共识。[82] 基于此,下文讨论的成员权更多是以乡村集体经济组织成员权为例展开。

(二)成员权的特征

与前述业主权、合伙权、股权、社员权等资本类权利相比,成员权只是具有准资本权的某些属性,而更多是一种基于特定行政地域、社区管辖、集体经济组织内部的居民、成员、职工等固定身份而形成、产生、衍生、创新的一系列权利,具有典型的身份权属性。主要特征表现如下:

1. 成员权以户籍资格为基本前提

在我国既有户籍制度的安排下,特定集体经济组织内部成员权往往与特定行政地域和社区管辖的户籍紧密地联系在一起,带有明显的地域性和社区性,它与合伙权、股权等超越地域、血缘关系的开放性不同,具有一定的地域、社区固化特征。典型的是集体经济组织成员资格的认定,户籍为最一般的原则,其次才可结合成员与集体组织的经济生活联系,以及成员是否与集体组织有特殊约定等其他因素。[83]

2. 成员权以社区身份为基础条件

在某种意义上讲,成员权是一种历史性权利,特别是农村集体经济组织及成员权,往往与农村社区组织的世代居住和历史渊源具等同意义。故在我国乡村地区,集体经济组织成员权与乡村社区组织成员权尽管在历史渊源、权利内容、变迁趋势等方面存在区别,但实质基本一致。[84]

3. 成员权与承包经营的高度契合

在我国,乡村集体经济组织内部成员权往往与农村土地承包经营户高度契合在一起,这是因为我国农村地区的土地承包,一般是建立在集体经济组织内部成员或农户

---

〔82〕 参见余梦秋、陈家泽:《固化农村集体经济组织成员权的理论思考》,载《财经科学》2011 年第 11 期。

〔83〕 参见吴兴国:《集体组织成员资格及成员权研究》,载《法学杂志》2006 年第 2 期。

〔84〕 参见张志强、高丹桂:《农村集体经济组织及其成员权和农村社区组织及其成员权混同的法经济学分析》,载《农业经济问题》2008 年第 10 期。

之间按人或按户均分土地的基础上,土地承包经营户与农村集体经济组织内部成员的资格、身份、主体存在高度的重合。尽管在村内分配土地或征地补偿过程中也存在集体成员权和土地承包收益权的冲突与协调问题,[85]但在多数情形下,乡村集体经济成员权与农村土地承包经营权存在一致性。

4. 成员权与企业职工的权利融合

在城镇或乡村集体经济组织内部,具特定户籍、居民、成员身份的自然人,还有可能是城镇或乡村集体企业的内部出资人或职工。企业出资人或内部职工的权利,与具身份特征的成员权虽有明显不同,但在多数情形下,集体经济组织成员又是城镇或乡村集体企业的内部出资人或职工,这就必然发生成员权与企业职工权利的混同或融合问题。

(三)成员权的内容

关于集体经济组织成员权的内容或类型,学理并无统一的说法。如有学者从农民成员权、村社成员权或农户成员权的角度,认为成员权系指兼具乡村地区居民和农村集体经济组织成员身份的农户在集体经济组织中所享有的各种权利之概称。农民成员权中的农民或农户,一般有村社居民、职业农民、集体成员三重身份。其中,农民成员权具有三个层次方面的内容:(1)农村村社集体的成员权。其权利包括自治权,管理参与权,公共设施使用权等。(2)农村集体经济组织成员权。其权利内容包括财产的抽象持份权,集体财产共同占有、使用、收益权,管理参与权,经济监督权,分出权,剩余财产索取权,补偿权,优先购买权等。(3)村社自治共同体成员权。主要内容包括权力源主体,选举权与被选举权,监督权,罢免权,自诉权或派生诉权等。[86] 笔者认为,在上述三层次农民成员权中,只有作为农村集体经济组织的农民或农户成员权具有一定意义的资本权利属性。但因我国长期缺乏以投资、资本观念来看待农民、农户在村社集体经济组织中的角色、身份、地位和关系,立法上也将其分散规定在不同法律、行政法规或部门规章之中,农民、农户在村社集体经济组织中未被以出资人或持份者的角色或身份对待,导致其应有的资本权利被漠视,甚至遭到不应有的剥夺。基于此,成员权作为一种准资本权,同其他类型的资本权一样,也包括收益权、参与权、救济权三大内容或类型。

1. 成员收益权

成员收益权,即集体经济组织内部成员所享有的从集体经济组织内部获取受益、分配、红利或救助的一系列权利。综合《宪法》《民法典》《农村土地承包法》《农民专业

---

〔85〕 参见李菁、颜丹丽:《集体成员权和土地承包收益权的冲突与协调:稳定地权与不稳定地权的对比——以西水村第八村民小组两次征地补偿分配为例》,载《中国农村观察》2011 年第 2 期。

〔86〕 参见童列春:《身份权研究》,法律出版社 2018 年版,第 258 ~263 页。

合作社法》《乡村集体所有制企业条例》《城镇集体所有制企业条例》等宪法、法律、行政法规的规定，成员收益权的主要内容包括：(1)土地承包经营权方面的权利。(2)合作社入社收益及互助方面的权利。(3)集体企业中收益或救助方面的权利。如工资、奖金、红利分配等方面的权利，乡村集体所有制企业职工有返回其所属的农民集体经济组织从事农业生产的权利。(4)从集体经济组织分配红利、福利或接受救助的权利。(5)其他从集体经济组织中获得各种利益的权利。

2. 成员参与权

成员参与权，即集体经济组织内部成员所享有的参与社区组织、集体经济组织、集体企业内部治理、管理、经营、监督等方面的一系列权利。综合《宪法》《民法典》《城市居民委员会组织法》《村民委员会组织法》《农村土地承包法》《农民专业合作社法》《乡村集体所有制企业条例》《城镇集体所有制企业条例》等宪法、法律、行政法规的规定，成员参与权的主要内容包括：(1)社区自治参与权。包括参加或出席村民会议和村民代表会议权，村民委员会、居民委员会的选举权或被选举权，表决权，社区公共事务决定权，知情权，监督权等。(2)集体经济组织内部参与权，包括参加或出席集体经济组织内部会议权，集体经济组织内部组织机构成员的选举权或被选举权，表决权，集体经济组织内部事务决定权，知情权，监督权等。(3)集体企业内部参与权，包括参加或出席集体企业内部会议权，集体企业内部组织机构成员的选举权或被选举权，表决权，集体企业内部事务决定权，知情权，监督权等。(4)其他集体经济组织内部参与权等。

3. 成员救济权

成员救济权，即集体经济组织内部成员在其收益权或参与权遭受不当限制或非法侵害时依法或按章享有的提起请求或诉讼等一系列权利之概称。它主要包括成员自益诉权与集体经济组织共益诉权、成员直接诉讼权和成员代表诉讼权等。

(四)成员权的转型

关于成员权，特别是农村集体经济组织成员权的改革发展与未来转型，学界与业界提出了许多富有见地的看法或方案，代表性方案如成员权商事化[87]、成员权股份化[88]、土地证券化[89]、成员权法定化等。[90]

---

[87] 参见叶兴庆：《农村集体产权权利分割问题研究》，中国金融出版社2016年版，第42~43页。

[88] 参见哈斯、李桂君：《农民股东：赋予农民更多财产权利》，中国人民大学出版社2016年版，第143~155页。

[89] 参见《重庆农村土地交易所管理暂行办法》(渝府发〔2008〕127号)第18条；《重庆市地票管理办法》(2015年)第2条；向勇：《中国宅基地权利发展研究》，中国社会科学出版社2016年版，第68~81、170~186页。

[90] 参见王瑞雪：《关于农村社区成员权退出若干理论问题的探讨》，载《生产力研究》2007年第10期；刘小红等：《基于成员权的农地产权改革路径》，载《江汉论坛》2011年第7期。

笔者认为,随着农村城镇化、农业现代化、农民成员化、经营企业化,以村社为基本地理单元,具乡村居民、集体经济组织成员、企业出资人、现代农场职工等多重身份的农民,其作为集体经济组织成员和企业出资人的资本权重将越来越明显,在基于自愿和市场机制的作用下,转型为具成员身份的农民股东或土地入股人将是一个极具战略意义的发展趋势,也是我国农村、农业、农民未来发展的必由之路。

第三节　债权式投资人权利

一、债权式投资人权利的一般分析

(一)债权式投资人权利的界定

1. 债权式投资人

债权式投资人,又称纯粹投资人,即基于特定投资契约,以购买特定投资产品或出让特定财产(尤其是货币财产)使用权于经营主体而追求纯粹投资利润的自然人、法人或非法人组织。在债权式投资法律关系中,投资主体与投资相对人(一般为资本、证券或财产的经营者或营运者)之间是基于特定投资契约而形成的投资债权债务关系,投资主体为债权人,投资相对人为债务人,他们彼此之间依照法律规定或特定投资契约的约定,取得相应权利和获得应得收益,并承担对价的义务、责任或风险。

在债权式投资法律关系中,投资主体是以纯粹投资人的角色、身份、地位、功能出现。按照投资对象不同,债权式投资可分为黄金、房地、期货、证券(债券、基金和其他衍生证券等)、外汇、信托产品、理财产品、票据、借贷、存储、租赁、保险等多种类别。

国外学者一般按照资产类别或金融工具的运用,把投资分为实物资产投资和金融资产投资,其中金融资产又包括货币市场、债券市场、权益证券、股票市场指数与债券市场指数、衍生工具市场等不同类型,其中除股票市场外,其他均应为债权式投资。[91]

笔者认为,根据投资主体投资方式及法律关系不同,债权式投资又分为买卖型投资和借贷型投资。基于投资对象、方式或类型的不同,相应地,就有不同类型的债权式投资人,其中最主要为买卖型债权式投资人和借贷型债权式投资人。

2. 债权式投资人权利

债权式投资人权利,又称纯粹投资人的权利,为在债权式投资法律关系中,不同类型的投资主体基于不同的投资对象、方式、类型以及由此形成的投资契约而享有的投资收益、分配、红利和由此衍生、派生的一系列资本性权益之概称。债权式投资人权利

〔91〕　参见[美]滋维·博迪等:《投资学》,汪昌云等译,机械工业出版社2017年版,第2~45页。

涉及的范围比较广泛,目前学界、业界所关注的主要为公开市场上的债权式投资者权利,而对其他市场或类型的债权式投资人权利则缺乏必要的重视。而立法或司法上,受传统思维的影响,诸如银行存储、民间借贷、黄金买卖等,大多不把其视为营业性投资行为,进而选择简单判断或粗暴否认的方式将其作保守化处理。典型的如民间商业借贷始终难以得到立法确认和司法支持。因此,从营业投资的角度,研究债权式投资人权利的正当性、合法性和有效性问题,意义无疑重大。

(二)债权式投资人权利的特征

债权式投资与前述股权式投资,是营业性投资最典型的两类形式,其对应的债权式投资人权利与前述股权式投资人权利相比较,具有目的的营利性、关系的债权性、行为的纯粹性、营运的分离性、投资的回复性、收益的有限性、风险的可控性、形式的多样性等明显特征。

1. 目的的营利性

债权式投资人权利是一种典型的追逐财产增值利息和资本营运利润的营利性投资行为,属营利性投资,它与一般社会生活中诸如教育、情感、就业、关系等泛义的投资不同,具有鲜明的营利目的性。如房屋买卖型、储蓄借贷型投资就具有明显的逐利性。

2. 关系的债权性

债权式投资人权利的基础法律关系为基于投资契约而产生的债权债务关系,它与股权式投资人权利的基础关系为出资人与企业的关系不同,债权式投资人为外部债权人,不属于投资相对人的内部人,它不具参与投资相对人或义务人内部自治、经营、管理、监督之权。基础关系的债权性,决定债权式投资人只享有外部请求权而不拥有内部参与权。如投资者分别在公开市场购买上市公司的股票或债券,虽同属资本证券范畴,但两者的基础法律关系完全不同,购买或持有股票的投资者为股票所在公司的出资人即股东;而购买或持有债券的投资者本质上仅为发行债券所在公司的借款人,虽以投资者称之,但其购买行为不是为了一般性持有或消费,而是为了追求该债券的增值。基础关系的不同,决定其享有的权利性质、范围和方式具有质的差别。如持有公司股票的投资者,就享有公司内部参与权:参加股东(大)会、行使表决权、提案权、营业监督权、知情权以及由此产生的一系列诉权,但公司债券持有人却不能拥有这些权利。

3. 行为的纯粹性

债权式投资人的投资行为是以追求纯粹投资产品的增值或出借财产的租金、利息为营利目标,一般不参与具体的生产、经营活动,投资行为的动机比较纯粹。它与股权式投资人尚需参与企业的经营管理不同。尽管在公开市场上,股票的购买者或持有人也经常性地不太关心公司的具体经营管理活动,但总归尚有这项权利,只是股东把此项权利放弃而已。但对债权式投资人而言,不仅其投资行为具有纯粹性,而且其投资衍生的权利也具有纯粹性,投资主体所获取的权利均围绕直接增值、租金或利息而展开,它与具体治理、经营、管理、营运无关。

4. 营运的分离性

股权式投资人是复合型、综合型投资者,他们既要投入资本,又要从事经营,投资与经营经常是合一、重叠或融合的。相对而言,债权式投资人并不负责甚至不关心投入财产的营运问题。在债权式投资法律关系中,投资主体与经营主体呈现出明显的分离、分立状态,债权式投资人只负责投资和享成,不直接参与具体财产或资本的营运,具体投资财产或资本的营运是由企业、信托机构、银行等经营主体或金融机构负责。在债权式投资法律关系中,投资主体的权利与经营主体的权利是完全分离和独立的。

5. 投资的回复性

股权式投资是一种投资不具返还性、回复性的投资,企业出资人一旦完成对特定企业的出资,该出资就不能任意或变相返还或回复至企业出资人,除非企业解散经清算尚有剩余财产,否则在企业存续期间,企业出资人不可任意取回其原有的出资财产或把企业财产的一部分划归其所有或占有。相对而言,债权式投资人的投资则具有返还性、回复性,即可基于特定投资契约取得相当于投入财产的对等价值替代物(如买卖型投资中的投资产品),或者按期收回已投入的财产(如借贷型投资中的收回租赁物、本金和利息等)。投资财产的可回复性,是纯粹的债权式投资人最主要的权利,也是其区别于股权式投资人权利最显著之处。

6. 收益的有限性

与股权式投资人分配的后位性和收益的最大化相比,债权式投资人所得收益或利润属于作为经营主体的投资相对人之法定义务或约定债务,债务属于财产、资产、收入的减少或支出,在现代企业财务或会计上,应属记载入成本、债务类下的事项,其在企业内部分配程序中,应属于税前成本对冲或列支的款项,为企业偿还债务、弥补亏损的范畴,应予以优先分配。当然,这种优先分配,其比例或金额或者是固定利率,或者是有限比例,其分配的绝对份额或相对比例自然也可能不如处最后位序的股权式投资人分配那样丰厚。

7. 风险的可控性

通常而言,股权式投资的风险既包括投入本金的不可返还性或回复性,同时,除承担有限责任的企业出资人(如有限合伙人、公司股东)外,其他股权式投资人还要承担因经营不善或交易失败而引发的无限或连带债务风险。故股权式投资人在可获得最大化收益或利润的同时,可能还需承受无限或连带的债务或市场风险。相对来说,与收益权利对应,债权式投资人在投资过程中除投入的财产可对价取得投资产品的所有权或持有权外,借贷型投资还可按期收回投入的本金,故其收益权具有一定的保底性。不仅如此,债权式投资法律关系中投资与营运的相互分离和独立,阻断了债权式投资人与经营、营运所生的债务责任和市场风险,债权式投资人无须承担投入财产在经营中所造成的任何风险。可见债权式投资人的风险总体是可控和可预测的。

8. 形式的多样性

股权式投资类型的典型性(如独资、合伙、合资、合作等)决定股权式投资人权利的典型性和规范性,且股权式投资人更多权利形式、类型和内容因比较成熟、确定,有法律比较明确的规定。相对而言,债权式投资则主要基于投资契约约定,且法律明确规定只适用于公共、公开市场,大量债权式投资方式均取决于特定投资契约,而债权式投资的方式、品种、类型,又远远要比股权式投资复杂、多样,故债权式投资人权利的复杂性、多样性,要远高于股权式投资人权利。

(三)债权式投资人权利的类型

由于债权式投资根据投资对象与品种不同,可分为黄金、房地、期货、证券(债券、基金和其他衍生证券等)、外汇、信托产品、理财产品、票据、借贷、存储、租赁、保险等类别,其中不同投资对象或品种的投资人自然对应不同的投资权利。又根据投资方式与法律关系不同,债权式投资人又可分为买卖型债权式投资人和借贷型债权式投资人,其投资权利也可分为买卖型投资人权利和借贷型投资人权利。

二、买卖型投资人权利

(一)买卖型投资的典型类型

买卖型投资,又称投资产品买卖型投资,即以买卖具有未来增值潜能、空间的物品、商品或投资产品,通过赚取价差,以期实现最大化利润的投资方式。购买黄金、房地、期货、证券(债券、基金和其他衍生证券等)、外汇、信托产品、理财产品、票据等均属此类。买卖型投资的主要特征为:(1)以物品、商品或投资产品买卖为表征;(2)以买卖标的物低进高出的价差为主要盈利方式;(3)以持续买卖或交易为实现盈利的基本手段,一般而言,买卖型投资需进行两次或两次以上的买卖或交易,才能实现投资财产或资金的回笼。

买卖型投资的对象、品质、类型比较复杂、多样,根据物品、商品或投资产品的固有属性,可分为如下几种类型:

1. 实物类买卖型投资,即以具体、有形、具增值可能性的特定物品或商品之买卖为投资对象的投资类型。典型如土地、房屋、黄金、文物、艺术品、收藏品(如邮票、火纸等)、玩石等一切具有增值可见或可能的物品或商品。

2. 有价证券(除股票之外)类买卖型投资。除股票之外所有有价证券包括物品证券、除股票外的资本证券、货币证券(票据)和其他金融衍生证券等。其中最主要的是债券(国债和公司债券)、各种投资基金、各种公募或私募的股权基金和其他资本衍生证券等。而且不同证券持有模式或结构对证券投资人权利的对应影响比较明显。[92]

3. 期货类买卖型投资,主要包括以金融期货、大宗商品期货、各种期货合约、期货指数等为买卖或交易对象的投资类型。

4. 信托或理财产品类买卖型投资,主要包括以各种形式的银行理财产品、信托产品、保险代理产品等为买卖或交易对象的投资类型。

5. 货币或外汇类买卖型投资,主要包括以各种货币、汇兑、外汇、利率、汇率、利率指数、外汇指数等为买卖或交易对象的投资类型。

买卖型投资的对象、方式或类型的不同,相应地,就有不同类型的买卖型债权式投资人,也对应着不同类型的买卖型投资人权利。

(二)买卖型投资人权利的显著特征

买卖型投资人权利,即投资人基于投资产品买卖契约而享有的一系列债权性资本权益之概称。买卖型投资人权利具有交易性、对价性、投机性、不可预期性等明显特征。

1. 交易性

买卖型投资人权利以购买具未来增值潜能、空间的物品、商品或投资产品为基本表征形式,买卖、交易既是基本形式,也是基本手段。买卖型投资人权利既是通过买卖、交易行为进行投资,更是通过买卖、交易行为实现投资的收益或回笼财产、资金。因此,买卖型投资人的权利往往是通过至少两次甚至多次买卖、交易行为,或者在物品、商品或不同投资产品中不断转换,才能实现投资利润的最大化。

2. 对价性

买卖型投资通过流动资金或现金货币的投入,购买不同物品、商品或投资产品,获得代表一定价值的替代物品、商品或投资产品,这种归其所有、占有、控制或持有的物品、商品或投资产品,即为投资对价物。买卖型投资人就是通过取得这种投资对价物,寻找投资对价物的增值空间或时机,进而通过后续的出售或多次转让、交易,以获取投资收益。

3. 投机性

买卖型投资人权利的投资手段和获利方式就是买进卖出或持续交易,它不以追求所购买物品、商品或投资产品的所有、占有或使用为目的,而是通过不同物品、商品或投资产品买卖或交易中的价差达到盈利之预期,具有典型的投机性。

4. 不可预期性

买卖型投资人权利以纯粹价差为实现盈利的方式或手段,而市场价格虽有一定的

---

〔92〕 参见楼建波、刘燕:《证券持有结构对投资人证券权利法律定性的影响——一个新的分析框架》,载王保树主编:《商事法论集》第16卷,法律出版社2009年版,第11~21页。

规律性或可预期性，但毕竟具有不确定性，故无论是未来收益的盈亏，还是风险的大小，均具有不确定性和不可控性。

（三）买卖型投资人权利的主要内容

关于买卖型投资人权利的内容，学界、业界大多只涉及证券类投资者权利的分析，如国外学者比较通俗地把证券买卖投资人的权利分为选择券商、选择投资品种、更换经纪商、独立决策权、知情权、救济权等内容。[93] 国内有学者从证券投资者的适当规则角度，认为买卖型投资人权利核心内容集中表现在投资者的知情权、自主选择权、公平交易权等方面。[94] 有学者从资产证券化比较法角度，认为资产证券化持有人权利应包括公示催告权、信托监察人选举权、特定种类受益人会议决议权、请求监察人行使权利权、特殊目的信托契约变更权、新任受托机构权、特殊目的信托契约终止权、受益人购买请求权、资产处置方式决定权、争端解决方式决定权等内容。[95] 有学者从我国现行法规定的角度，把资产证券化中投资者权利分为解任受托机构权、更换贷款服务机构权、更换资金保管机构权、更换特定目的信托受托机构权、信托利益分享权、参与清算后剩余信托财产分配权、特有资产支持证券依法转让权、召开资产支持证券持有人大会请求权、对资产支持证券持有人大会审议事项行使表决权、知情及查阅或复制权、其他信托合同和发行说明书约定的其他权利等。[96] 也有学者把私募股权基金投资者权利分为优先分红权、优先购买权、优先认股权、保护性条款、反稀释、清算优先权、领售权、参售权、知情权和检查权等一系列权利。[97]

笔者认为，不同买卖型投资人的权利虽存在较大差异，但基于买卖性这一共同特质，此类投资人的主要权利应为认购权、交易权、兑现权、红利分配权、现金收益权、知情权、监督权和衍生的一系列特殊权利。这些权利按其属性和功能，可分为如下几类：(1)交易性权利。如认购权、交易权、兑现权等。(2)收益性权利。如红利分配权、现金收益权等。(3)保障性权利。如知情权、监督权等。(4)救济性权利。如前述交易性、收益性、保障性权利遭受不当限制或不法侵害时，提出请求或诉讼的权利。以私募股权基金投资者为例，除享有一般证券投资者所享有的资本权利外，还享有优先权（包括优先认购权、优先购买权、优先跟投权、优先分红权、优先清算权等）、一票否决权、营业

---

〔93〕 参见[美]亚瑟·莱维特：《投资者的权利与责任》，李为、水东流译，载《证券市场导报》2001年第6期。

〔94〕 参见刘志伟：《权利视角下证券投资者适当规则的拓展适用》，载《财经法学》2019年第6期。

〔95〕 参见张泽平：《资产证券化法律制度的比较与借鉴》，法律出版社2008年版，第24页。

〔96〕 参见许赛君：《我国资产证券化中的投资者权益保护研究——以投资者权利救济为视角》，载《特区经济》2014年第2期。

〔97〕 参见侯利宏：《私募股权投资中投资人几个特殊权利在中国法下的运用》，载《西南政法大学学报》2013年第2期。

知情权、业绩对赌权、特殊交易权(如共售权、拖售权、回购权等)等一系列特殊资本权利。[98]

三、借贷型投资人权利

(一)借贷型投资的典型类型

借贷型投资,又称财产使用权让渡型投资,为投资主体以出让财产(特别是货币财产)使用权于他人,并按期收回本息,通过赚取法定或约定利息或租金以实现营利最大化的投资方式,信贷、存储、租赁、保险等即为此类。借贷型投资的主要特征为:(1)以出让财产特别是货币财产、金融资产或特定财产的占有权或使用权为表征;(2)以出让标的物使用权的利息或租金为主要盈利方式;(3)以收回出让财产或本金、利息或租金为实现盈利的基本手段。借贷型投资是比较古老的营业性投资方式,因出让财产属性和方式存在差异,可分为如下几种类型:

1. 信贷类借贷型投资,即转让货币资金的使用权、按期收回本金并获得一定比例或数额的利息之投资方式。如商业银行放贷、民间借贷、企业拆借、小额贷款公司放贷、其他金融机构的融资行为等。

2. 存储类借贷型投资,即转让货币资金的占有权或控制权交给专业金融机构并由其存储、按期取回本金并获得法定或约定利息的投资方式。典型为一般投资者向商业银行或其他金融机构的存款或储蓄行为。如我国《商业银行法》规定,商业银行办理个人储蓄存款业务,应当保证存款本金和利息的支付,不得拖延、拒绝支付存款本金和利息。在传统商法理论与立法框架里,民间存储一般不认为是营利性的商事行为,未从商事权利的角度来审视存储投资者的正当、合法权利。笔者认为,存储具有微利性,民间存储带有明显的获利目的性,是一种典型的投资型商事行为。

3. 租赁类借贷型投资,即出租特定财产(含动产或不动产)或物品供他人使用,按期收回财产或物品并获取一定比例或数额租金的投资方式。如土地、房屋、设备等租赁性投资。

4. 保险类借贷型投资,即以兼具保险、存储、投资等功能的保险为投资对象,按期收回本金并获取利息或回报的投资方式。保险类借贷型投资兼具买卖型和借贷型投资的双重特点,但就其本金可回收这一点上,更接近存储类借贷型投资。

基于不同借贷型投资出让财产的类型或属性以及使用权、占有权方式存在的差异,也相应地对应不同类型或属性借贷型投资人的不同权利。

---

〔98〕 参见赵艳春、陈宥攸编著:《透视:从司法实践看私募股权投资股东特殊权利》,知识产权出版社 2019 年版,第 1 页以下。

（二）借贷型投资人权利的显著特征

借贷型投资人权利为基于特定财产使用权让渡性投资契约而对价取得的按期收回财产或本金并获取利息或租金等一系列权利之概称。与前述买卖型投资人权利比较，借贷型投资人权利具有如下显著特征：

1. 让渡性

借贷型投资人权利以让渡其财产或货币资金的使用权或占有权为基本条件或代价，但这种让渡仅仅只是使用权或占有权的暂时出让，而并非所有权的出让。与前述买卖型投资人以纯粹买卖行为获取对价投资产品的所有权或持有权，是完全不同的投资方式。

2. 回复性

前述股权式投资人权利就无此特征，而买卖型债权式投资人所取得的只是对价购买投资产品的所有权或支配权，并非原有财产或货币资金，买卖系转移物之所有权的物权处分行为，具有所有权的不可返回性和回复性。相对而言，借贷型投资人权利仅仅只是让渡财产或货币资金的使用权或占有权，并未丧失具体财产或一定数额货币资金的所有权，故其享有按期依法遵约收回原有财产或本金的特殊权利。

3. 利率性

股权式投资人的收益取决于税后利润的多少，而买卖型债权式投资人的收益则取决于所购买投资产品的市场价格波动。相对而言，借贷型投资人收益水平和获利多少，一般取决于法定或约定的利率、利息或租息的高低，利率、利息或租息的高低就决定该投资者盈利水平的高低。

4. 确定性

由于股权式投资人的收益决定于企业的经营状况，而买卖型债权式投资人的获利多少又取决于其所购买投资产品的市场价格，他们均具有不确定性和不可预期性。相对而言，借贷型投资人的获利或盈利多少，取决于法定或约定的利率、利息或租息的高低，而利率、利息或租息又是相对固定的，故借贷型投资人权利具有确定性和可预期性。

（三）借贷型投资人权利的主要内容

关于借贷型投资人权利的内容，既有研究文献大多仅从传统物权或债权的角度，把其作为一般物的出租人或出借人来看待。如关于融资租赁投资人权利，既有研究多从融资租赁出租人的角度论及其固有的民事权利，有学者认为该权利本质上属于租赁物权、担保物权以及由此产生的竞存权利；[99] 有学者认为融资租赁投资人的主要权利

---

〔99〕 参见高圣平：《中国融资租赁法制：权利再造与制度重塑——以〈开普敦公约〉及相关议定书为参考》，载《中国人民大学学报》2014年第1期。

为融资租赁物的取回权和租金收取权;[100]有学者则认为其主要为物权回复权、担保取回权和收益权等。[101] 又如存储类借贷型投资人权利,既有研究也多从存款人利益保护的角度;[102]鲜有从投资方式或投资人的角度,对存储型投资人的资本权益予以论述。再如,民间借贷型投资人权利,既有立法和学理研究也多从利率控制的角度,把民间贷款人作为一般借款人对待,[103]或者选择制度性压制或最高利率重点控制模式,[104]很少从尊重当事人意思自治的角度,去考量民间借贷型投资人的正当资本权益与合法利益。

笔者认为,不同借贷型投资人的权利虽存在比较大的差异,但基于特定财产使用权或占有权让渡性这一共同特质,此类投资人的主要权利为出让权、获得担保权、原有财产取回权、本金收回权、利息或租金收取权、现金收益权、知情权和衍生的一系列特殊权利。这些权利按照其属性和功能,可分为如下几类:(1)出让性权利。如出让财产使用权、出让财产占有权等。(2)回复性权利。如原有财产取回权、本金收回权等。(3)收益性权利。如利息或租金收取权等。(4)保障性权利。如知情权、获得担保权等。(5)救济性权利。如因前述出让性、收益性、保障性权利遭受不当限制或不法侵害时,提出请求或诉讼的权利。

---

[100] 参见程华儿、史燕平:《融资租赁出租人权利保护的法律问题研究》,载《社会科学家》2016年第9期。

[101] 参见王瑜、陈惟梁:《论融资租赁出租人权利的民法保护》,载《西南民族大学学报(人文社会科学版)》2016年第10期。

[102] 参见李永真:《经济转型期存款风险与存款人利益保护机制重构必要性》,载《金融研究》1998年第7期;郭玉军:《美国保护存款人和稳定金融的法律制度》,载《法学评论》1999年第3期;齐巍巍等:《存款人的利益保护:俄联邦银行存款保险制度及对中国的启示》,载《金融研究》2005年第2期。

[103] 参见廖振中、高晋康:《我国民间借贷利率管制法治进路的检讨与选择》,载《现代法学》2012年第2期;姚辉:《关于民间借贷若干法律问题的思考》,载《政治与法律》2013年第12期;高圣平、申晨:《民间借贷中利率上限规定的司法适用》,载《政治与法律》2013年第12期。

[104] 参见张书清:《民间借贷的制度性压制及其解决途径》,载《法学》2008年第9期;岳彩申:《民间借贷规制的重点及立法建议》,载《中国法学》2011年第5期。

第七章　经营性权利:营业财产权

民事主体通过前述投资行为实质进入营业领域后,该投入财产需与劳力、技术、管理等生产要素结合,进而转入管理、营运等经营形态、阶段或环节,此即营业"形于经营"。在经营形态、阶段或环节,除投资主体自行经营外,在绝大多数情形下,管理、营运营业财产的经营主体、行为,是与投资主体、行为相分离或独立的,这就必然衍生出经营主体或经营性权利。又因经营主体或经营性权利的核心是以营业财产的占有、处分为中心展开的,故经营性权利又称营业财产权。

第一节　营业财产权的一般分析

一、营业财产权的意义厘定

(一)营业财产

营业财产,又称营业资产或经营性财产,系指民事主体通过投资行为直接投入企业、购买投资产品或出让给其他经营者,进而处于管理或营运等经营状态中的财产或财产权利。易言之,营业财产系指进入营业领域处于经营状态之财产或权利的动态存在形式。营业财产,在大陆法系国家或地区,如法国称为"商业营业资产",为"用于从事商业活动的全部动产财产",包括租约权、零售商人的资产、工业企业的资产等;[1]在德国,虽无营业财产之概念,但存在"商业营业"或"商人企业"转让之概念,转让标的就包括商号、附属财产及相关营业资质等,实为营业财产之内容;[2]在日本,营业财产总体属于"客观意义上的营业"范畴,此外,在主观意义上营业组织的营业转让中,营业财产特指"组织性营业财产"。[3] 在英美法系国家或地区,营业财产又称"经营资产",一般系指合伙或公司经营中的财产,主要类型包括"有形资产和无形资产",还包括"保

---

〔1〕 参见[法]伊夫·居荣:《法国商法》(第1卷),罗结珍、赵海峰译,法律出版社2004年版,第703~755页。

〔2〕 参见[德]C. W. 卡纳里斯:《德国商法》,杨继译,法律出版社2006年版,第157~278页。

〔3〕 [日]近藤光男:《日本商法总则·商行为法》,梁爽译,法律出版社2016年版,第74~84页。

险单、债权以及所有种类的知识产权,即著作权、专利权和商标权”等,其主要功能在于“保障企业经营活动的进行和增加企业贷款能力”;[4]在美国,根据示范公司法规定,除非章程另有规定,公司具有永存性以及名称继承性,公司与自然人一样具有实施商事行为、签订合同、从事营业活动所必需的权利,包括明示权利和默示权利;[5]其中公司成立后所具有的“购买、接受、租用,或者以其他方式获得、拥有、持有、改善、使用或者以其他方式处置不动产或者动产,或者财产中任何法定或者衡平的利益”,以及“销售、转让、抵押、质押、租赁、交换以及处置全部或者部分财产的其他方式”等财产上之权利,即为明示权利。[6]

国内学界涉及营业财产的讨论,是晚近以来的事情,之前学界一般称经营性财产或经营性资产,[7]甚至把商事关系界定为经营性财产关系;[8]受域外学理和立法影响,学者对营业财产的称谓和界定,也存在比较大的差异,代表性观点如:(1)商事营业资产说。该说明显受法国学理和立法影响,把营业财产表述为商事营业资产,认为商事营业资产为“商人或者非商人所有的、用来从事商事经营活动的集合财产”,包括有形式财产和无形财产;[9]或者称营业资产,把其界定为“商人进行经营活动所依赖的,能够实现商主体营利目的的各项财产或者事实关系的集合”,包括有形的积极财产、消极财产和无形的积极财产;[10]或者把其表述为“商事主体拥有的、用来营业的活动之需的有组织的一切财产及在营业活动中形成的各种有价值的事实关系的总体”。[11](2)客观意义上的营业。此说明显受日本学者和立法的影响,认为营业财产即客观意义的营业。如有学者认为客观意义的营业是“为了一定的营利目的而运用全部有组织的财产”,是一种“为实现一定的营业目的而组织化了的、被作为有机体的机能性财产”;[12]或表述为“供进行营业活动之用的有组织的一切财产以及在营业活动中形成的各种有价值的事实关系的总体”,包括积极财产(资产)和消极财产(负债);[13]或者

---

〔4〕[美]斯蒂芬·加奇:《商法》,屈广清、陈小云译,中国政法大学出版社2004年版,第315~316页。

〔5〕参见张胜利、戴新毅编著:《美国商事法概论》,中国政法大学出版社2012年版,第116页。

〔6〕参见沈四宝编译:《最新美国标准公司法》,法律出版社2006年版,第30~32页。

〔7〕参见程民选:《制度创新:还经营性国有资产的资金本性》,载《财经科学》1993年第2期;郭东风:《经营性国有资产管理与经营模式设计》,载《管理世界》1996年第3期。

〔8〕参见施天涛:《商法学》,法律出版社2006年版,第4页。

〔9〕参见张民安:《商法总则制度研究》,法律出版社2007年版,第319页。

〔10〕参见叶林、黎建飞主编:《商法学原理与案例教程》,中国人民大学出版社2006年版,第115页;叶林:《营业资产法律制度研究》,载《甘肃政法学院学报》2007年第1期。

〔11〕徐强胜:《商法导论》,法律出版社2013年版,第275页。

〔12〕王保树主编:《中国商事法》,人民法院出版社1996年版,第54~59页;王保树:《商法总论》,清华大学出版社2007年版,第183~185页。

〔13〕参见谢怀栻:《外国民商法精要》,法律出版社2002年版,第236~237页。

从营业转让标的的角度，把客观意义的营业定位为营业财产；[14]或者认为营业财产作为一种特殊财产形态，具有机整体性、价值浮动性和复合性等特征；[15]或称营业资产为"商人为实现一定的营利目的而运用全部财产的组织体"；[16]或者直接把营业解释为营业财产，即"经营活动中所使用的各种财产以及固定下来的具有财产价值的各种事实关系共同构成的有机性整体"；[17]等等。(3)独立财产说。该说认为营业财产是围绕特定营业目的、具有独立经营机能的财产整体，为独立的债权行为之标的。[18] 有学者认为营业财产具有机整体性、变动性和不动产性等鲜明特性，在商法上有独立的法律地位；[19]但在解释营业财产时，又把营业财产与客观意义上的营业等同。很显然，在目前所涉营业财产的各种解释或界定中，绝大多数学者把营业财产与营业，特别是与所谓客观意义的营业相混淆，[20]个别学者虽认识到营业财产的独立性，但实际上仅在解释客观意义的营业之基础上，强调营业财产作为一种独立的财产形式，仍然没有脱离营业财产与营业混同甚至等同的情况。

实际上，营业与营业财产是完全不同的两个问题，营业系指营业活动、营业行为或营业状态，是最基础的上位概念，在营业之下才产生营业要素、营业主体、营业财产、营业权利、营业风险、营业义务、营业责任等问题。其中营业财产乃进入营业领域且处于经营或交易状态的财产特殊存在形式，是营业得以进行、开展的财产基础与前提条件。

营业财产作为进入营业领域处于经营状态之财产，具体内涵包括：(1)从财产的存在领域来看，它已由一般民事领域转移至营业领域。(2)从财产的权利主体来看，它已由投资主体所有、占有、支配、管领或控制，转移之经营主体所有、占有、支配、管领或控制。(3)从财产的存续时间来看，它系指投入营业领域之后、直至退出营业领域之时，所有原有财产及新增财产之概称。(4)从财产的存在形态来看，它既包括有形财产，也包括无形财产等。(5)从财产的内容范围来看，它既包括原有财产，或称出资财产或公司资本等，也包括在营业中衍生(如商号、商誉、信用、商业秘密等人格性财产利益)、创新(商业标记、创新技术或方法)、派生(请求利益或诉讼利益)的一系列财产或权利等。

营业财产是一般私法意义上的财产在营业领域或营业状态中的一种特定概称，它

---

〔14〕 参见郭娅丽：《营业转让法律制度研究》，法律出版社2012年版，第21～26页；刘小勇：《营业转让制度研究——以日本法为中心展开》，中国人民大学出版社2014年版，第21页；林泰松：《商事营业转让法律制度研究》，法律出版社2018年版，第15～33页。

〔15〕 参见张学文、任璐：《营业财产论纲》，载《福建论坛(人文社会科学版)》2009年第12期。

〔16〕 王建文：《中国商法的理论重构与立法构想》，中国人民大学出版社2018年版，第272～272页。

〔17〕 赵旭东等：《中国商事法律制度》，法律出版社2019年版，第302页。

〔18〕 参见李凡、陈国奇：《营业财产独立性辨析》，载《政治与法律》2008年第3期。

〔19〕 参见李飞：《营业财产理论评析——构成要素、性质及其在商法上的地位》，载《法律科学(西北政法大学学报)》2008年第2期。

〔20〕 参见邹海林、张辉：《商法基础理论研究的新发展》，中国社会科学出版社2013年版，第179～182页。

既具有一般财产的固有属性,如经济价值性、人身分离性、使用效应性、存在独立性等;但因负载有投资主体的逐利目的和经营或交易主体的效益目标,与一般财产相比较,又具有集合性、经营性、变动性、分离性、多样性等新特征。(1)集合性。营业财产是投入营业之中并在营业中衍生、创新、派生的一系列财产之集合概念。(2)经营性。营业财产始终处在经营或交易的状态之中。(3)变动性。无论是财产存在领域、权利主体、存续时间,还是财产形式、内容范围等;无论是物质形式,还是法律形式,均处在不断的变动之中。(4)分离性。营业财产大多存在所有与控制、投资与经营等分离现象,其中财产的权利主体与财产的实际控制主体之间的分离已成为一种普遍现象。(5)多样性。营业财产的存在形态、表现形式、具体内容具有与传统一般财产权完全不同的衍生性、创新性、派生性特征,因而更具复杂性、丰富性、多样性,除包括投入营业领域的原始财产外,还包括经营或交易中的衍生财产、创新财产,更包括因财产或利益受损而产生的派生财产或利益。它既包括传统的有形财产,也包括新型的无形财产,如人格性财产、商业标记、工业产权、货币财产、信息财产等。

(二)营业财产权

营业财产权,即经营性财产权,或称经营权,系指在营业进入经营状态、阶段或环节中,直接针对营业财产所享有的所有、占有、支配、管领或控制等权利之概称。营业财产权是基于营业财产而产生的权利,它具有如下内涵:(1)营业财产权为直接基于营业财产而产生的权利,它与前述资本权基于投入财产转换、衍生、创新的资本权益形成的权利不同,资本权并不针对具体的营业财产,甚至也不包括投入财产本身,只是针对营业财产之原始部分的投入财产转换而来的价值化抽象资本;而营业财产权却是直接针对营业财产本身所形成或产生的权利,且投入的原始财产(资本)又是营业财产的重要部分。(2)营业财产权主要是营业财产在营运、管理中所产生的权利,即财产在经营或交易状态、阶段、环节所产生的权利,是一种典型的经营性财产权。(3)营业财产权是基于对营业财产的所有、占有、支配、管领或控制而形成或产生的一系列权利。

二、营业财产权的基本特征

营业财产权是基于营业财产而产生的权利,自然营业财产之集合性、经营性、变动性、分离性、多样性等特征,制约着营业财产权之权利特征。

(一)集合性

营业财产权是一项典型的集合性权利,是基于营业财产而形成、产生、衍生、创新、派生的一系列权利之概称。其集合性主要表现在:

1. 权利对象的集合性。营业财产权的权利对象——营业财产,为处于经营或交易状态中各种不同形态或形式财产或财产权利的集合。

2. 权利主体的集合性。营业财产的权利主体一般是某一经营主体或交易主体，特别是集中行使权利的经营主体。如企业就是最具代表性的营业财产权利主体。

3. 权利内容的集合性。营业财产权是一项综合性的财产权利，既包括所有权，也包括债权、知识产权，还包括由所有权派生的各种财产权利；既包括原始财产方面的权利，更包括经营中衍生、创新、派生的各种财产权利。

（二）经营性

营业财产权是处于经营状态、阶段或环节中的财产权利，带有如下明显的经营性特点：

1. 权利状态的经营性。营业财产权虽发生在营业领域，但主要体现在营业中的经营状态、阶段、环节，涉及营业财产的占有、使用、支配、管领、控制、处分等一系列财产权能的实际行使和财产管理、营运的实态运行。因经营需要，它既体现营业财产权利在法律上的各种具体形态或形式，更表现为财产权利的实际行使，包括按财产的实际使用价值或应有功能对财产加以占有、利用、流转、出让、处分以取得实际收益等。

2. 权利主体的经营性。营业财产只有通过经营主体的具体营运、管理，才能实现效益最大化的目标。在一定意义上讲，营业财产系指经营主体所有、占有、支配、使用、管领、控制、处分下的财产，特别是如后述的企业财产，最能集中体现营业财产这一本质属性和核心特征。

3. 权利内容的经营性。营业财产权虽发生在整个营业领域或营业环节，但因价值的创造或增加主要发生在经营状态、阶段、环节，也就是说只有通过对营业财产的实际使用、加工、利用、营运，在此基础上凝结成有形产品或无形服务，方可使营业财产本身增值。故营业财产权的内容具有明显的经营性特征，它不仅涉及财产本身在法律权利上的处分和实际上的利用，而且围绕营业财产权利上的法律处分和实际利用，还须建立诸如财产处分或利用的治理、决策、管理、代理制度框架和组织机制，并设置一系列对应流程或程序。因之，营业财产权已不仅是财产权本身的权利问题，而是涉及与营业财产相关的一系列经营主体内部的治理、决策、管理、代理等自治权、治理权、决策权、经营权、管理权、代理权等自由或自主行使问题。

（三）变动性

与一般财产权中只有债权具有一定的变动性不同，营业财产权中无论是物权，还是债权，抑或是其他财产权利，均始终处在变动之中。

1. 权利对象的变动性。如前所述，营业财产本身就是一个不确定的抽象或概括性范畴，无论是具体形态或形式，还是实际范围和内容，均处在不断的变动之中。

2. 权利主体的变动性。营业财产权的核心是对财产的利用和处分，只有通过不断地改变财产的效用功能、地理位置或权利主体，财产才有可能在属性、功能、位置、主体之间发生变化或流转,其使用价值或市场价值因变化才存在增值的可能性。自然营业财产权的权利主体并不是稳定或恒定的,而是时常变化的,即使在经营环节的终端,财产在经加工、利用或处分凝结成特定产品或商业服务后,还需通过推销把产品的所有权或服务的使用权让渡于交易相对人或消费者,才能实现效益或价值的最大化。

3. 权利内容的变动性。营业财产权的内容包括但绝对不限于所有权,传统理论或立法把营业财产权等同所有权的观念是不全面的,这是因为营业财产权在实际行使过程中,绝大多数情形下,是以对营业财产的占有、利用、处分等形式对财产进行功能加工、地理移动或主体转移。特别是对财产的功能改造或加工,其往往要改变财产本身的属性、形态、形式、功能,进而不仅要改变原有财产权的内容或形式,还有可能在原有财产权的内容或形式基础上,衍生或创新一系列新的权利。如投资主体以货币资金投入企业,该货币资金为企业占有后,就可能转换为购买科研设备的动产和聘用技术人员的薪金、开发费用等人力支出,货币资金之动产的占有权或支配权,不仅由原投资主体转移至企业,而且形式也由货币资金变化为有形的设备或人力支出。在经技术开发、创新形成新技术之后,该企业再以该技术作为出资方式,与其他投资主体设立一家全新的科技型企业,并选择在另地建厂加工生产。如此一来,不仅财产的属性、形态、形式已发生变化,就连财产的权利对象、权利形式、权利主体、权利内容也发生变化,原投入的货币资金早已不复存在,而是经营运、创新转换为专利技术、企业股权以及其他形式的财产或财产性权利。可见,营业财产权的内容始终处在持续的变动之中。

(四)分离性

营业财产权与一般财产权最显著的不同之一就是权利主体与营业财产本身的分离,它集中表现为:

1. 原始性营业财产的投资与经营相分离。原始性营业财产的投资主体在完成投资后,就不再直接占有、支配、管领、控制或处分该财产,该财产的名义或实际占有、支配、管领、控制或处分主体,或转移至集合体名义的企业,或转移至掌握企业或实际经营权的经营者、经理人或代理人手中。这种财产的投资与经营相分离几乎存在于营业财产权利行使的一切过程或环节。

2. 经营中财产的所有与控制相分离。营业财产进入经营状态后,还存在该营业财产的所有与控制的分离,最典型的就是企业财产的所有与控制的分离。如在英国,相对于“由第一代企业家或家庭所主导的公司”传统安排,基于“股权分散”情形,在现代公司法“管理控制权和表决控制权的分配”制度框架下,就普遍出现公司财产“所有权与控制权”的分离现象。[21] 在美国,企业所有权结构中也普遍存在“管理权与控制权

---

〔21〕 参见[加]布莱恩·R. 柴芬斯:《所有权与控制权:英国公司演变史》,林少伟、李磊译,法律出版社 2019 年版,第 31～47 页。

相分离”和“企业的控制权和剩余索取权相分离”的现象,而学者存在更为极端的看法,资本、劳力、技术、管理等营业或生产要素所有者,居然被统统赋予企业要素所有者地位,并从债权人与债务人的角度,描述要素提供者与企业之间的关系,甚至把企业出资人界定为企业“资本的出借方”,认为“一般的商事公司实际上是一种债权人合作社”,进而形成诸如“投资者所有的企业”“雇员所有的企业”“顾客所有的企业”等不同企业所有权与控制权、控制权与剩余索取分配权的分离结构。[22]

3. 企业财产中的名义权利与实际营运相分离。以企业财产为例,该财产名义上虽属企业占有、支配、管领、控制或处分;但归属企业的财产,企业也仅仅只是名义上的权利主体。基于企业的组织性、团体性和本身的非自然性、无意识性,企业本身不能自行、独立作出意思表示,为营业行为,进而径直行使财产权;而最终实质地行使企业财产权的主体是通过企业内部治理机制、管理机构、代理契约等制度框架而派生的企业法定代表人、经理人、代理人。企业财产权这种名义权利与实际营运的分离乃营业财产权最具特色之处。

(五)多样性

营业财产权既包括权利对象的多样性,也包括权利主体的多元性,更包括权利内容的复杂性。从以下分类可知,营业财产权既包括按照传统财产权分类的原始财产权,也包括在经营中衍生、创新、派生的一系列新型财产权。

三、营业财产权的主要类型

营业财产权的分类,可从传统民法与营业事实两个不同角度,作适度划分。

(一)传统私法体系的学理与立法分类

囿于民商二元领域、主体、行为理论与立法框架,既有私法对营业财产权的分类,仍然停留于如下传统财产权的体系架构:

1. 营业财产权的基础类型。主要包括物权、债权、知识产权和其他财产权等。

2. 营业财产权的属性分类。如根据营业财产的属性,在财产权基础分类之下,把营业财产权分为积极财产权与消极财产权、有形财产权与无形财产权等。

由于既有文献对此有比较多的讨论,在此不再赘述。

(二)营业事实逻辑的递次与演进分类

笔者认为,营业财产权与一般财产权最大区别,在于其经营性与变动性,且其变动性又依经营展开的时序或位序,呈现出明显的“原生性财产权→经营性财产权→衍生

---

〔22〕 参见[美]亨利·汉斯曼:《企业所有权论》,于静译,中国政法大学出版社2001年版,第13~20页。

性财产权→创新性财产权→派生性财产权”之递次结构和演进规律。因之,如从营业本身的事实逻辑关系和权利形成或产生的内在必然性出发,营业财产权可分为原生型财产权、经营型财产权、衍生型财产权、创新型财产权、派生型财产权5大类型。

1. 原生型财产权

原生型财产权,又称原始财产权或原财产权,即基于投资主体投入原始财产之集合财产而形成或产生的一系列原生属性的财产权。根据集合的原始财产之属性或客体不同,原生型财产权又包括:(1)物权,即针对实物、土地使用权、货币资金出资形成的原生物权。(2)债权,即针对具价值性、可转让性的债权出资或基于前述实物、土地使用权、货币资金不到位形成的原生请求权。(3)知识产权,即基于知识产权或其他智力成果出资而形成的原生知识产权。(4)其他财产权,主要为其他无形财产权。如基于股权出资形成的资本权等。原生型财产权是营业财产权的基础,也是之后其他营业财产权产生的基本前提。

2. 经营型财产权

经营型财产权,即基于原始投资财产和后续增进财产而形成、产生的对营业财产进行独立营运、管理、处分之经营性权利的概称。经营型财产权主要包括两大方面:(1)财产经营权。即对营业财产(包括原始投资财产和后续增进财产)的营运、管理、处分之权,表现为对财产的使用、加工、出让、消费等直接利用或处分。(2)内部治理权。为营运、管理、处分营业财产需要或与其配套形成、产生、设置的经营性事务自治、治理、决策、管理、代理之权,即所谓的经营自主权。

3. 衍生型财产权

衍生型财产权,即基于营业财产的营运和经营活动展开,而伴随或衍生的一系列与经营主体本身不能分离的财产性权利,最具有典型的是企业财产权和人格性财产权。(1)企业财产权。企业作为投资主体基于投资契合、结社而衍生的新型主体,本身因契合而成立,因登记而具有对世效力,该主体如同自然人一样,对投资主体投入的财产和所有存续期间增进的财产享有独立的权利。(2)人格性财产权。随着营业财产的营运和经营活动的开展,围绕经营主体姓名或名称、声誉、信任、经营秘密等所衍生的具明显财产增值或扩张效应的财产权利。它本身不是主体刻意追求的结果,而是在经营中必然产生,且因与经营主体的人格要素或人格利益不可分离的衍生性财产权利,又称人格性财产权,是人格利益财产化的结晶,如商号权、商誉权、信用权、商业秘密权等。

4. 创新型财产权

创新型财产权,即随着营业财产营运和经营活动开展的深入,为创造价值和增进效益,由经营主体运用各种手段、要素、技能、方法或途径创新的一系列新型财产权利。它主要包括:(1)商业标记权。为在产品或服务外观上,通过刻意的创新设计以达到产生积极市场效果之商业标记而形成的一系列受法律保护的财产权利,如商业标识权、产品包装权、产品装潢权、原产地权、服务标识权等。[23] (2)工业产权。基于技术、方法、外观、产品标记等方面技术或智力创新而形成的一系列在工业或商业垄断性生产制造或服务方面的权利,如专利权、商标权、厂名权等。(3)货币财产权。基于货币流通中所产生的一系列权利,包括原生货币财产权、存款货币财产权、电子货币财产权、货币票据财产权等。[24] (4)信息财产权。基于经营中的特殊营业信息而形成的财产性权利,包括信息资源权、信息产品权、信息商品权、信息资产权等。[25] 特别在互联网、云计算、大数据、区块链、移动通信、人工智能时代,信息财产权按制度功能与权利内容,更多表现为域名权[26]、网络平台接入权、网络信息共享权、虚拟财产权[27]、数据财产权[28]、其他新型信息类财产权等。

5. 派生型财产权

派生型财产权,即经营主体基于前述营业财产权受到不当限制或遭到非法侵害时所享有的救济性权利,包括履约请求权和诉讼提起权等。

在基于上述营业事实逻辑递次演进而呈现的各种营业财产权中,尤以经营型财产权、衍生型财产权和创新型财产权最具典型性,最能彰显商事权利的独特属性与品格。其中,企业财产权为综合原生型财产权、经营型财产权、衍生型财产权、创新型财产权、派生型财产权的集大成者;人格性财产权最具营业财产权的经营特质;而创新型财产权更为营业财产权所独有。鉴于工业产权(知识产权)、货币财产权、信息财产权等特别商事权利学界已有深入研讨,在此不作专论;以下选择企业财产权、人格性财产权、商业标记权分论之。

第二节　企业财产权

在上述营业财产权的分类中,虽然企业组织与主体的衍生性决定了企业财产权的

〔23〕 参见张术麟:《商业标记权的法律保护》,知识产权出版社 2008 年版,第 6 ~ 14 页。

〔24〕 参见刘少军、王一轲:《货币财产(权)论》,中国政法大学出版社 2009 年版,第 98 ~ 102 页。

〔25〕 参见李晓辉:《信息权利研究》,知识产权出版社 2006 年版,第 19 页;陆小华:《信息财产权——民法视角中的新财富保护模式》,法律出版社 2009 年版,第 76 ~ 81 页;高富平:《信息财产——数字内容产业的法律基础》,法律出版社 2009 年版,第 28 ~ 29 页。

〔26〕 参见蒋剑鸣:《互联网域名与商标冲突研究》,中国人民公安大学出版社 2011 年版,第 106 ~ 107 页;丁春燕:《中国顶级域名管理法律制度变迁研究——基于网络治理与网络主权的视角》,中国政法大学出版社 2019 年版,第 1 页。

〔27〕 参见林旭霞:《虚拟财产权研究》,法律出版社 2018 年版,第 129 ~ 132 页。

〔28〕 参见文禹衡:《数据产权的私法构造》,中国社会科学出版社 2020 年版,第 156 ~ 172 页。

衍生性,但是,企业作为特殊经营主体,不仅享有由投资主体投入原始财产组成之集合财产的原生型财产权,而且还享有经营主体所拥有的经营型财产权、衍生型财产权、创新型财产权、派生型财产权。可以说,企业财产权是各种营业财产权的集大成者,通过企业财产权的解读和分析,能更清晰地揭示营业财产权的特殊性、重要性和独立性。

一、企业财产的法律界定

(一)企业财产的概念与特征

企业财产,是指企业在成立至终止之存续期间以其名义取得归其所有、占有、支配、管理、控制与营运的财产之概称,即企业在经营中所管领的财产之总和。在界定企业财产时,应注意如下内涵。(1)从财产主体来看,企业财产的权利主体为企业,即以企业之名义所取得归其所有、占有、支配、管理、控制与营运的财产。(2)从财产归属企业的时间来看,企业财产是特指企业存续期间所管领的所有财产的总和,时间跨度为企业成立之日起至企业注销之日止所有由企业支配、控制和管领的财产。(3)从企业财产的形态来看,企业营业财产既包括有形财产,如厂房、机器设备、产品成品等;也包括无形财产,如商号与商号权、商品化权、商标、专利、商业秘密等。(4)从企业财产的内容来看,企业营业财产既包括企业的物权、债权、知识产权等财产原权利,也包括企业存续期间因经营而取得、衍生、创新的一系列新型财产权利,更包括对侵害上述财产权利而派生的请求或诉讼权利。(5)从企业与财产之间的关系来看,企业财产既包括企业对自有财产和利益的所有权、专有使用权和支配权,也包括对他人财产的占有权、管理权与经营权。与自然人财产和非营业财产相比较,企业财产具有如下特征。

1. 财产形式的集合性

企业财产是以企业名义所取得、支配、管理、营运的全部财产之概称,它是各种表现形式和具不同权利形态的财产所构成的一个集合性财产概念,而不是指一两种具体的财产或某一类财产的具体形态。具体表现为:(1)企业财产具体形式的多样性。企业的生产资料(厂房、机器、原材料等)、办公设备、产品成品、商号权等均为企业财产。(2)企业财产法律形态的复杂性。企业财产既包括企业的有形财产,也包括各种形式的无形财产。(3)企业财产范围的动态性。企业财产的范围为企业存续期间所取得的一切财产,既包括由全体出资人认缴或交付的、在企业设立登记时所确定的注册资本或开业财产,也包括企业在后续经营过程中所取得和增值的财产,且财产状况与价值总是随企业的营业状况而处在不断变动之中。(4)企业财产形式的变动性。由于营业的需要,企业财产总是不断地变换具体形式和法律形态,如把具初始价值的原材料设计加工为有一定附加值的半成品或制成品,即为财产之物理形态或化学形态的变化;又如企业通过专利技术的转让合同,把企业财产以有形货币形式转换为无形专利权形式。

2. 存在形态的营业性

企业财产关系与民法所调整的一般财产关系相比较，虽同属于私人财产关系，但仅指作为经营主体的企业在营业中变动或营运的那部分特殊财产关系，这种营业性财产关系，或者说经营性财产关系，具有如下明显特点：(1)体现着鲜明的营利目的性。企业从事营业活动具有明确的营利目的，即以追求交易效益最大、财富增长为目的，企业所进行的任何一次投资、经营或交易活动都有鲜明的营利目的性。(2)存在于动态的营运之中。企业财产关系是一种动态财产关系，所关注的已不是具体财产的所有或归属，而是财产在流转、变动、交换中的增值，即财产营运中的最大化增值和财富的不断积累才是作为经营主体之企业努力追求的目标和奋斗的原动力。

3. 价值单元的资本化

企业财产价值单元的资本化，集中表现如下：(1)企业原始财产形式的资本化。由出资人出资构成的企业注册资本是企业初始财产的存在形式和法定内容。(2)企业财产价值形式的资本化。企业财产无论表现形式或存在形态如何，均可通过一定货币为计量单位，折算为特定的资本。在企业所主导的交易中，“预期的价格归属为现时的价值，并因而成为资产，也就是一商业者在商品市场上对于未来交易所抱的各种期望”，而更大的演变是“一个人对于另一个人的单纯承诺转变为可以在货币和证券市场上进行买卖的商品”。〔29〕为促进市场交易、提高交易效率，企业通过财产与权利的资本化，即把财产、价值、权利抽象化为一定价值单元的资本，使企业财产最终表现为价值化、抽象化的资本形式。(3)企业财产计量单位的资本化。通过诸如出资比例、股权、股份等资本单位对企业财产进行计量或析分，出资比例、资本份额也成为计量、衡量和判断企业财产最重要的计量单位，而合伙份额、股权或股份的市值更成为企业财产价值的会计依据。(4)企业财产流转方式的资本化。特别是资本及通过股票、债券、基金等资本证券形式，使资本由抽象的价值单元变为与货币一样具有流通、贮藏、支付等功能的具体价值替代物——证券，进而加速了企业财产的变动与流转；而“股权或债权凭证的出售，该股权或债权凭证代表了一种独立的、有收入流的财产或财产集合中的所有权利益或由其所担保，这种交易被架构为减少或重新分配在拥有或出借这些基本财产时的风险，以及确保这些财产更加市场化，从而比仅仅拥有这些基本财产的所有权利益或债权有更多的流动性。”〔30〕

(二)企业财产的构成

企业财产的构成，是指组成企业财产的有机部分及其相互关系。就企业财产的一

---

〔29〕［美］约翰·R. 康芒斯：《资本主义的法律基础》，寿勉成译，商务印书馆 2003 年版，第 313 页。

〔30〕Shenker & Colletta, *Asset Securitization: Evolution, Current Issues and New Frontiers*, 69 Tex. L. Rev, p. 1369, 1374 – 1375 (1991). 转引自彭冰：《资产证券化的法律解释》，北京大学出版社 2001 年版，第 14 页。

般构成而言,它包括企业的原始注册资本和企业的后续增值财产两大部分。

1. 企业的原始注册资本

企业的原始注册资本是指由企业的出资人在企业设立过程中认缴或交付的,在企业注册登记时所确认的全部财产之概称。它具有原始性、基础性、法定性、确定性、公示性等特点。

根据我国《个人独资企业法》、《合伙企业法》、《公司法》、《农民专业合作社法》和其他企业法以及《市场主体登记管理条例》和《企业名称登记管理规定》的有关规定,企业原始注册资本的具体形式有以下几种:(1)实物。如房屋、机器设备、原材料等。(2)货币。可为人民币或外币,但在会计核算时应换算为人民币。(3)土地使用权。包括集体土地使用权与国有土地使用权。(4)无形财产。包括专利技术、非专利技术、商标、商号等。(5)劳务与人力出资。包括体力性劳务出资(如合伙企业)与智力性人力出资(如管理、经验等)。(6)其他具价值性或流转性的财产权利。如应收账款等债权,又如可转让的股权等。

2. 企业的后续增值财产

企业的后续增值财产是指在企业注册成立之后至企业注销登记止这一存续期内企业经营所得和所有以企业名义取得、继受、管领、衍生、创新、派生的财产之概称,其范围包括前述营业财产中的增值财产、受领财产、衍生财产、创新财产、派生财产等。与原始注册资本相比较,企业的后续增值财产具有派生性、增值性、变动性、价值性等特点。

(三)企业财产的法律形态

1. 有形财产与无形财产

从财产的具体载体来分析,企业财产可分为有形财产与无形财产两大类型。其中有形财产,民法上又称为有体财产,是以具体的有体物(自然物或物质产品)为载体或存在形式的财产。有形财产具有空间上的物理性、存在上的有体性、价值上的确定性、使用功能的特定性。从有形财产产生途径来看,企业的有形财产又包括两大类型:(1)自然物;(2)物质产品。

无形财产,在民法上又称为无体物,是以知识产品或其他不以特定物理空间为载体形式而存在的财产形式。与有形财产相比较,无形财产具有空间上的无体性、主体上的专有性、价值上的不确定性、使用功能上的多样性等特点。从无形财产产生的途径来看,企业的无形财产可划分为以下几类:(1)人格性要素。如商号、商誉、信用、商业秘密等。(2)创造性智力成果。包括作品及传播媒介、工业技术(如专利技术与非专利技术等)、生产或经营经验等。(3)经营性标记。即在生产、经营中能标示不同产品或经营者的区别性符号与印记。如商标、标识原产地标记、地名标记、特定产品标记

(如绿色产品、真皮产品、纯奶制品、纯毛服饰)、外观、包装、装潢等。(4)经营性资信。即企业在经营过程中所具有的特定经营资格、经营优势以及基于资本基础、履约能力而在社会上获得的良好商业信誉,它包括特许专营资格、特许交易资格、特定资质、信用与商誉等。[31] (5)信息或虚拟财产。即在大数据、网络交易中以数字、虚拟状态存在的财产形式。如各种域名、网址、账号、网络游戏、网络交易的积分或累积起来的财产,在网络或智能时代,信息或虚拟财产所占企业财产的份额越来越大且地位越来越重要。

2. 经营性财产与非经营性财产

从财产的使用功能来分析,企业财产可分为经营性财产与非经营性财产。其中经营性财产是指直接进入企业的营业环节、用以创造企业新增价值和促进企业利润最大化的财产部分。一般而言,企业财产大多属经营性财产,如生产车间、运输用车、生产用原材料等。

非经营性财产,是指来源于企业的投资但非直接进入企业的营业环节,而是用以改善营业处所的生活环境、职工生活福利或社会公共服务的财产,如职工食堂、工会活动室、职工生活用房、文体与公共设施、附属医院与学校等。非经营性财产虽不直接创造企业的利润,但对企业的持续发展和营业效益最大化目标的实现仍有实质意义。

3. 自有财产与管领财产

从企业与支配财产的关系来分析,企业财产可分为自有财产与管领财产。其中自有财产为所有权、专有权或处分权属于该企业,企业对其享有独立、排他性使用、处分权利的财产,如企业自有房屋等不动产与机器、银行存款等动产。对于企业的自有财产,企业享有自主的支配权,企业经营者可用之清偿债务,在企业解散或破产清算时应当列入企业清算或破产财产的范围。

管领财产为所有权、专有权或处分权属企业以外的第三人(包括企业出资人与企业内部机构成员在内),但由企业占有、管理、控制或支配的财产。一般来讲,企业的管领财产包括以下几种:(1)企业的租赁物;(2)企业在加工承揽、运输、保管、仓储等营业性活动中暂时管领的财产;(3)以债的方式暂时取得使用、管领、控制之权的其他财产或财产性权利;(4)因不当得利或无因管理而取得属他人所有的财产;(5)以非法或不正当手段获取的财产。对于企业的管领财产,企业在经营中不得任意处分,在企业解散或破产清算时,该财产的所有人或权利人可依法行使取回权。

4. 积极财产与消极财产

从财产权利与实际负担来分析,企业财产可分为积极财产与消极财产。其中企业的积极财产为能实质地增进企业的利益和利润的财产,如企业的实有资本、企业的债

---

〔31〕 参见吴汉东、胡开忠:《无形财产权制度研究》,法律出版社 2001 年版,第 72 ~75 页。

权等。通常情况下,企业财产表现为企业的积极财产。

企业的消极财产为不能实质地增进企业的利益和利润而只能给企业带来负担与负利益的财产,如企业的债务、质量不合格产品引起的侵权等。毫无疑问,当企业的消极财产大于积极财产,企业的营业则难以继续,企业只能解散或破产进行清算,进而退出营业。

(四)企业财产的法律意义

企业财产作为企业存在的基本要素,在企业营业资格的取得与营业活动的开展等方面具有不可或缺的作用。(1)企业财产是企业取得营业主体资格的法定条件;(2)企业财产是企业开展营业的物质基础;(3)企业财产是出资人享有权利和承担义务的主要依据;(4)企业财产是对交易相对人、企业债权人提供的基础信用担保。

二、企业财产权的属性特征

(一)企业财产权的法律属性

企业财产权,即企业对其所有、占有、支配、管领、控制或营运财产所享有的一系列权利之概称。企业财产权属营业财产权的范畴,其法律内涵包括:(1)企业财产权的权利主体为企业,而非企业的出资人,故企业财产权与前述投资人的资本权是两种主体完全不同的财产权利。(2)企业财产权是企业存续期间所享有的财产方面的权利,在企业成立之前的企业设立期间和企业注销之后,企业在尚未存在或不复存在的情况下,就不存在企业的财产权问题。(3)企业财产权的标的,其范围包括以企业名义占有、使用、营运和管领的所有财产。(4)企业财产权是指企业在财产方面所享有的一切权利,包括但不限于企业的财产所有权。对企业财产权之法律定性,学界、业界曾围绕公司法人财产权的定性,有过看法各异、观点大相径庭的论争。[32]

笔者认为,以出资人投资集合、后续经营增值形成的企业财产,其性质如何断定,有赖于对该财产权利之内容及特征的全面认识。以公司法人财产权为例,企业财产权具有权利界限的独立性(独立于股东等出资人)、权利基础的稳定性(企业财产确定与公司资本维持)、权利范围的广泛性与综合性(物权、债权、无形财产权和其他新型财产权等)、权利构成的整体性与概括性(企业财产是一整体或集合概念)、权利行使方式的法人性(权利主体为企业法人)等显著特征。不难发现,公司法人财产权不是经营权,经营权回避了公司法人财产权利本身的独立性与法人性等特点,而且"所有权发展的历史表明所有权不能复制出一个与己身完全一致的经营权,并以此作为对抗己身的力

---

〔32〕 参见肖海军:《国有股权代表人制度研究》,中国检察出版社2015年版,第53~65页。

量”,[33]公司财产权也不是股东共有权,因为共有论只看到公司财产构成集合的一面,而无视公司财产行使的法人性,漠视了公司法人财产权是合伙共有发展的产物,有悖现代市场经济对公司独立人格的要求。公司法人财产权更不是双重所有权,因为双重所有权说不仅违背传统民法“一物一权”的基本原则,而且由于忽视公司财产权利本身的综合性、整体性与独立性,因而在实践操作中必然带来股东所有权与公司所有权的冲突。至于把公司法人财产权解释为公司法人所有权,表面上看似乎揭示了公司法人财产权的核心与本质,但如果把视角深入公司财产的构成,则发现这一学说犯了以偏概全的错误;因为所有权是传统民法对物,具体来讲即对某一有体物依法予以独立支配的权利,但公司法人的财产权不仅包括有形物权,而且还及于债权,更涉及知识产权、商誉等无形财产权,故传统民法的所有权概念已不能完全包容法人财产权;如再从所有权是所有人对某一有形物独立支配的属性来考虑,用所有权理论解释公司对股东集合财产的所有,也难以自圆其说。

总之,从公司财产某单一属性或从股东财产某一属性去推导公司法人财产权的性质或概念,都只能曲解公司法人财产权,错误地对其进行定性。首先,公司作为近代商事活动的产物,法律赋予其独立主体和人格,目的在于让公司像自然人一样以独立主体身份参与市场交易,可以简化交易环节、节省交易成本。尽管对法人的属性,民商法理论界有拟制说、否定说与实在说等不同观点,[34]但法人作为相对于自然人的独立民事主体,已成为近现代市场经济社会的普遍现象。无论作为市场经济活动中实体法上的主体,还是诉讼、仲裁中程序法上的主体,公司这一现代企业法人的独立主体资格与团体人格身份已获得绝大多数市场发达国家立法的认可。如《美国标准公司法》第3.02节规定:“除非公司章程另有规定,所有公司以其公司名义永久存续,并有权像自然人一样进行所有必要和便于执行其业务和事务的事宜。”[35]《德国股份公司法》第1条规定:“股份公司是具有独立法人资格的公司”;《德国有限责任公司法》第13条第1项规定:“有限责任公司本身独立具有权利和义务,客观存在可以取得所有权和不动产的其他物权,可以在法院起诉和被起诉。”[36]《法国商法典》第210-6条规定:“商事公司自其在《商事及公司注册登记薄》上注册登记之日起享有法人资格。”[37]2005年《日

[33] 陈慧谷:《两权分离的困境与政企分管的重构》,载《政法论坛》1992年第5期。

[34] 参见梁慧星:《民法总论》,法律出版社1996年版,第118~119页。

[35] 沈四宝编译:《最新美国标准公司法》,法律出版社2006年版,第30~31页。

[36] [德]托马斯·莱塞尔、[德]吕迪格.法伊尔:《德国资合公司法》,高旭军等译,法律出版社2005年版,第14页。

[37] 《法国商法典》(上),罗结珍译,北京大学出版社2015年版,第204页。

本公司法》第3条也规定“公司为法人”。[38] 作为具有独立民商事主体资格的公司法人,依法享有参与民商事法律活动资格,享有民商事权利,并以其经营财产作担保,独立承担民商事责任,乃现代民商事法理应有之义。在公司的民商事权利范围里,如同自然人主体一样,财产权是其主要也是最为重要的权利范畴。公司法人财产权从民商事法律制度的设置而言,是近现代民商事法律制度赋予公司以独立主体资格、法人人格的结果,它是公司民商事权利能力内容的一个重要组成部分,[39]“法人的权利能力是法人行为和责任的前提”,[40] 这一点也适用于公司法人。就市场交易的需要而言,公司拥有法人财产权是独立主体、法律人格、营业资格与权利能力所决定的,是其从事民商事活动,承担民商事责任的权利前提与物质基础,是保证市场交易安全、高效率而不可缺少的基本条件。

由此推论,不难看出:包括公司法人财产权在内的企业财产权,就如同自然人的财产权一样,无需作特别定义或定性,更不可把其归属于某一财产权利的类别。它本身不是财产权中某一具体的权利形态,而是以具独立主体或法律人格的企业或企业法人为前提条件,在财产方面享有权利的一种法律资格,是企业或企业法人依法可以对其经营的(所有或使用)财产享有独立的排他性支配权利,而这一支配性权利又因具体财产标的属性的不同,可具体化为各种不同性质或类型的财产权利。以公司法人财产权为例,从其权利能力范围来讲,既包括财产所有权,又包括债权、知识产权,还包括其他财产权。[41]

至于非公司的其他企业,既包括非公司类法人企业,也包括非法人型企业,其财产权同样无须作特别定义或定性,也只是作为独立民商事主体的企业所享有的一项最基本的权能而已。

(二)企业财产权的法律特征

与前面所述出资人的资本权相比较,企业财产权具有以下特点:

1. 权利主体的概括性

企业是一衍生、拟制的私法主体,其制度功能在于集中交易主体,减少交易环节。企业财产与一般自然人财产的不同之处,在于企业财产是由不同形式财产所有者、不同生产要素所有者以契约方式(投资协议、企业发起协议与企业章程等)契合的结果,企业在存续期间作为行使财产权利的概括性主体。与自然人营业主体相比较,企业财

---

[38] 《最新日本公司法》,于敏、杨东译,法律出版社2006年版,第58页;吴建斌编译:《日本公司法》,法律出版社2017年版,第5页。

[39] 参见葛云松:《股权、公司财产权性质问题研究》,载梁慧星主编:《民商法论丛》第11卷,法律出版社1999年版,第52~53页。

[40] 江平主编:《法人制度论》,中国政法大学出版社1994年版,第24页。

[41] 参见肖海军:《国有股权代表人制度研究》,中国检察出版社2015年版,第53~65页。

产权利主体的这一概括性特征具体表现在以下几个方面:(1)权利主体属性的拟制性。企业是以社会组织、团体形式存在的营业主体。从企业产生和发展的历史来看,企业作为集中交易和主持营业的概括性代表,是由不同形式的财产所有者、不同生产要素所有者在长期的交易中契合、认同的产物,具有资本、交易、营业当事人共同意定和拟制的特征;再从法律层面来看,企业之所以能享有财产权利并以其名义取得、支配、管理、营运、处分由不同出资人交付的或后续增值的财产,只是因为法律承认、赋予或确认了企业具有独立的营业主体资格。故企业作为营业财产的概括性主体,是企业当事人和法律共同契合、抽象与拟制的结果。(2)权利主体意思的集体性。除个人独资企业之外,作为营业财产主体的企业,其对财产支配、管理、营运、处分之意思表示,由其内部权力机关或决策机关依法律规定或章程所确定的程序以决议的形式形成,而非表现为某一具体的出资人、财产所有人或生产要素所有者的个人意思或决定。故企业行使财产权利而作出的意思表示是一种典型的集体或团体意思,此种意思是在企业内部表决权分配与行使机制的作用下,对企业不同出资人、财产所有人或生产要素所有者之个人意思或决定的反映、集中、概括和总结。(3)权利主体行为的代理性。企业对财产权利具体是通过法定代表人制度和代理制度,由企业的法定代表人或不同形式的代理人来行使的。故在企业营业活动的开展中,企业代理就不可或缺,并具有主导性和经常性特征。(4)权利主体责任的概括性。企业在营业中用于债务清偿的财产范围只限于所取得、支配、管理、营运的现有全部财产,对超过企业现有全部财产部分的企业债务,则按企业的法律责任形式予以转移(个人独资与合伙企业等非法人企业)或免除(有限责任公司或法人企业)。

2. 权能行使的分离性

民法调整的财产关系追求的是权利体系的完整性和权能内在的统一性,如物权法定原则和一物一权原则,锁定了特定权利人的财产权利行使空间;而作为商法内容之一的企业财产关系因处于营业状态,对企业来说,追求财产权利本身的完整已无实质意义,关键要看财产权利的行使方式能否带来最大效益。因此,财产权能的分化、财产所有与财产营运的分离、财产权的委托代理行使就成为企业财产权行使的一种常态。

3. 权利内容的复合性

如前所述,企业财产权之标的——财产所具有的集合、概括等特征,决定企业财产权内容的多样性和复杂性。因企业财产权之标的的性质不同,企业财产权的性质和内容也就不同。如对企业建设和租赁的厂房,所表现出来的财产权性质就完全不同,前者为自物权属性的企业财产所有权;而后者则为他物权、债权属性的企业租赁物使用权。又如对企业的无形财产,财产权属性则更为复杂,它既包括商号权、商标权、专利权、著作权与邻接权、商品化权、原产地标记权等知识产权,也包括除知识产权之外的其他财产权,如商誉权、特许经营权、虚拟财产权等。

4. 风险责任的多元性

在民事财产关系中,公平原则与权利义务的对应性、统一性,决定财产所有者、占有者、使用者、受益者应对财产权利行使的后果承担法律责任。无论是物权关系,还是合同义务,抑或侵权责任,根据权利来配置义务,要求违反义务的行为人承担完全责任,如合同中的违约责任和损害赔偿责任、侵权法中的实际赔偿责任、准合同中的不当利益返还原则等,是民事财产关系归责的一般规则。作为商法内容之一的企业财产关系,是以出资人的商业投资、财产营运为原点来展开的。为鼓励投资,减轻投资人的市场风险,现代商事责任形成以有限责任为原则,以第三人责任为保障,以无限、连带责任为补充的新型归责原则,有效地规避或减轻投资者的营业风险。特别是现代公司的独立人格,有效地锁定了投资者的风险范围,公司人格就如隔在出资人与债权人之间的一道法律屏障和制度面纱,使出资人免于被公司债权人直索,出资人的市场风险被大大降低。此外,现代商业保险如意外事故险、责任保险等,使出资人和经营者的部分责任向第三人,进而向社会转嫁,这种责任的转移也极大地化解了投资者、经营者的风险。

三、企业财产权的具体内容

企业财产权的内容,既包括传统财产权的一般内容,也集前述原始财产权、经营自主性、衍生财产权、创新财产权、派生财产权等不同类型营业财产权之大成。除此之外,企业作为独立的经营主体,还享有与财产有关的一系列受领、治理、经营性的权利。基于此,笔者把企业财产权分为财产原权利、财产受领权、内部治理权、自主经营权等四大主要内容。

(一)财产原权利

财产原权利,又称财产本权利,即作为独立私法主体的企业对自己所有、占有、支配、控制、管领或营运的不同类型的财产,按其财产法律属性或表现形式所直接享有的一系列权利。在私法上,企业首先是作为一般民事主体的身份出现,自然就应如一般主体一样对其统一所有或管领、营运的不同类型财产,享有由该具体财产属性或形式决定的一系列权利。财产本权利的财产范围,既包括由企业出资人投入的原始财产或注册资本,也包括企业存续期间新增进的后续财产;既包括有形财产,也包括各种无形财产;既包括伴随主体本身或经营活动而衍生的各种人格性财产,也包括企业在经营活动中创新的工业产权、商业标记、货币财产、信息财产等。

套用民法和其他法律对财产权的分类,基于前文对企业财产所具集合特征的论述,企业财产原权利因财产标的的属性或形式不同,具有如下内容或形式:(1)物权。依企业与物的关系又可分为自物权和他物权;依标的物的性质不同又可分为不动产物权和动产物权;依物权的功能又可分为用益物权和担保物权等。(2)债权。企业基于合同、准合同或他人侵权而产生请求他人给付财产内容之权。(3)无形财产权。它包括企业经营中衍生的人格性财产权,如商号权、商誉权、信用权、商业秘密权等;企业在经营活动中创新的工业产权、商业标记、货币财产、信息财产等,如专利权、商标权、著作权、商品化权、原产地标记权、标识权、包装权、装潢权等。

(二)财产受领权

财产受领权,即企业作为一般民事主体有权接受、管领由其他民事主体交付、捐赠、转让、继受的各种形式的财产,并可对其占有、支配和排除他人非法干涉的权利。财产受领权是企业取得积极财产所应当享有的一系列权利,其内容包括:(1)出资人财产受领权,即企业接受出资人转移、交付或缴付出资财产或权利的一系列权利。出资人财产受领权是企业最原始的财产权利,是企业一切财产权的起点与基础。(2)合同标的物受领权,即接受他人依合同或准合同交付标的物之权。如履约成果受领权、拾得遗失物管理权、遗失物受领权等。(3)捐助或无主财产受领权,即接受无主或他人捐助财产之权。如捐赠物受领权、无主财产受领权、无财产继承人或遗赠受领人之出资份额的受领权等。(4)财产继受取得权。如企业变更后的财产受领权等。(5)国家奖励或救助受领权。即接受国家奖励或救助财产之权。如国家物质奖励受领权、国家特别补助受领权、国家技术开发资助受领权、行政补偿受领权、社会救济款物受领权等。

(三)内部治理权

内部治理权,又称内部管理权,系作为组织体或团体的企业对内部事务选择适当的治理、决策模式或机制并进行独立管理的权利。企业不同于自然人或家庭经营体,乃出资人契合或结社衍生的社会组织或社会团体,但经登记注册公示,则为一独立的商事主体。企业作为组织体不能自行为营业行为或行使财产权利,为实现对其名下之财产的管领与营运,就必须建立一整套内部治理、决策、管理、代理等系列机构或机制,通过治理机制、管理流程和代理权限的适度划分,把具体行使企业财产之权分解或落实到具体的自然人,由此就必然要派生内部治理、决策、管理、代理之团体性权利。企业内部治理权是从企业财产权中派生的一种独特的权利类型,它主要包括:(1)企业治理模式选择权。如企业根据其独资、合伙、合资、合作、联营、联合等不同出资或组织形式,通过企业章程或合伙协议等规范形式,选择不同内部治理模式。(2)企业决策机制选择权。如企业可选择管理委员会、经理人会议、合伙人会议、股东(大)会或董事会、社员大会或理事会等作为企业内部决策机构,选择适当的决策机制或程序流程等。(3)企业管理机构设置权。如企业可独立决定设置内部的管理或事务机构,建立企业内部的生产、经营协作分工体系,对企业内部人、财、物或产、供、销等进行自主管理。(4)企业代理授权方式选择权。如建立严格的对外委托、授权、代理机制与流程,选择董事长、总经理或特别代理人,代表或代理企业对外交易等。

(四)自主经营权

自主经营权,又称独立经营权,即企业可独立而不受他人、国家不当干预或非法限制,对其经营事务进行自主管理的权利。企业经营本质就是对企业财产的支配、管理与处分。其中,最能体现企业自主经营权的主要表现为:(1)营业财产处分权。企业作为营业主体对其占有、管领的财产有按经营目的和经营性质加以占有、支配、使用、营运、处分的权利,如采购权、原材料加工权、租赁物使用权、担保权、固定资产投资权等。对企业所管领的财产进行营业处分是企业最为重要、同时也最能体现企业营业特征的权利,它是企业营业财产权的核心部分。(2)营业性转投资权。企业有权作为投资主体,把其占有、管领、营运的财产以独资、合伙、合资、合作、联营、联合等不同出资方式或投资形式,进行法律不禁止的转移性投资,以获取最大的营利性效益。营业性转投资权是企业财产经营或处分的重要方式,其内容包括独资企业设立权、入伙权、合股参股权、股票或债券认购权、联营权、联合经营权、加入集团企业权、连锁经营权、其他方式的投资权等。(3)经营方式选择权。如企业可选择自行经营、委托经营、承包经营、租赁经营、代工经营、信托经营、托管经营等不同方式,实现企业财产经营效益的最大化。

四、企业财产权的主要类型

企业财产权除总体应包括上述具体权利内容外,还受企业法律形式和企业人格的影响。一般而言,企业人格越独立,企业财产权与出资人资本权之间的法律界限就越清晰,独立性也就愈强。以下以一般企业为例,对不同出资方式、法律责任或组织形式的企业财产权予以说明。

(一)个人独资企业财产权

个人独资企业,又称单一业主制企业,是所有企业中人格特征最不明显的企业类型,由于出资人的唯一性及企业业主与企业人格、财产、行为意思的彼此混同,在一般情况下,个人独资企业的财产权被企业业主的财产权所吸收,即独资企业财产权与出资人资本权的重叠与混同。但在下列情形下,个人独资企业的财产权具有相对的独立性:(1)在个人独资企业存续期间,如同时存在企业债务和企业主个人债务,为维护企业的稳定经营和保护企业债权人的及时清偿,本着企业维持与营业维持之原则,应把企业财产视为相对于企业主个人财产的独立财产形式,适用双重优先清偿原则,避免企业因清偿企业主个人债务不能或被强制执行,或被迫歇业,或被解散。(2)个人独资企业以委托、信托、承包、托管等形式授权他人进行经营的,在相关经营合同的有效期限内,该个人独资企业有相对独立的财产权,原企业主不得对受托人、信托人、承包人、托管人经营的企业之财产进行任意处分和干涉。(3)在个人独资企业营业转让的情况下,由于该营业转让既包括营业资格的转让,也包括营业财产的转让,故该被转让的个人独资企业有相对独立的财产权,原企业主不再享有对该个人独资企业的资本权利。

(二)合伙企业财产权

1. 合伙企业财产的基本范围

就人格和财产而言,合伙企业在存续期间有相对的独立性,故与个人独资企业相比较,合伙企业的财产权与合伙人的合伙权法律界限相对比较清晰。合伙企业财产,是指在合伙企业存续期间,由合伙人的出资和所有以合伙企业名义取得的财产、收益形成的归属合伙企业占有、使用、经营、管理的财产。《合伙企业法》第20条规定,合伙人的出资、以合伙企业名义取得的收益和依法取得的其他财产,均为合伙企业的财产。足见,合伙企业财产包括以下几大部分:(1)全体合伙人出资形成的原始财产。(2)合伙企业在经营过程中占有、使用的除出资部分的添置财产。(3)合伙企业经营过程中以收益形成的企业增值财产,包括以合伙企业名义的转投资及所得等。(4)合伙企业通过各种合法途径受领的财产。(5)合伙企业的债权。

下列财产不属于合伙企业的财产:(1)在合伙企业存续期间以合伙人个人名义取得的财产及收益。(2)合伙企业因合同约定而尚未占有、支配的具体财产。(3)合伙企业成立前属于合伙人个人的财产。(4)其他法律、行政法规规定不属于合伙企业的财产。

2. 合伙企业财产法律属性的学理分歧

关于合伙财产的性质,以1997年为节点分为两个阶段,之前讨论集中于合伙财产的属性,之后则聚焦于合伙企业财产的归属。1986年《民法通则》正式确认自然人合伙和企业法人合伙型联营,针对合伙财产的属性,学界表达了不同看法,代表性观点有全体合伙人共有说〔42〕、合伙组织集体所有说〔43〕、依合伙人约定说〔44〕、出资与积累所有分立说等。〔45〕 1997年《合伙企业法》出台后,争点又集中于合伙企业财产的性质,除从合伙人共有、约定的视角外,开始有学者从合伙企业的组织性、团体性、主体性角度讨论合伙企业财产的独立性,代表性观点有合伙人共有财产说〔46〕、合伙人约定说〔47〕、推

---

〔42〕 参见佟柔主编:《中国民法》,法律出版社1990年版,第145页;杨立新:《论合伙共有财产》,载《政治与法律》1995年第2期。

〔43〕 参见袁建国:《合伙财产的法律性质新探》,载《法学研究》1985年第5期。

〔44〕 参见魏振瀛:《关于合伙理论与实践的几个问题》,载《法学研究》1989年第6期。

〔45〕 参见戴錞隆、丁岩:《论合伙》,载《法学研究》1986年第5期。

〔46〕 参见龙卫球:《民法总论》,中国法制出版社2002年版,第415页;苏号朋:《论合伙企业财产的法律性质》,载《法学》1997年第12期。

〔47〕 参见陈年冰:《论合伙企业的财产》,载《法制与社会发展》1998年第3期。

定共有或准共有说[48]、契约与团体区分所有说[49]、相对独立说等。[50]

3. 合伙企业财产的相对独立性

笔者认为,要弄清合伙企业财产的属性,应全面、充分考量和注意如下要点:[51]

(1)合伙企业财产的权利主体应是作为组织类主体的合伙企业,而非合伙人。首先,合伙企业是组织体。契约型合伙的财产虽可适用合伙人之间的约定,以依约按份共有为原则,以无约推定共同共有为例外;但组织性合伙的财产则应依据法律规定的原则予以认定。其次,合伙企业是独立的商事主体。合伙企业具有主体的独立性和人格的相对独立性,它是组织共同体而非财产共同体,是合伙人通过合伙协议共同发起、经登记注册而正式成立的企业,属非法人组织范畴。合伙企业虽不具有独立法人资格,但丝毫不影响作为独立商事主体的身份、资格、地位,受影响的仅仅只是责任的独立性而已。故合伙企业财产应是作为组织体的合伙企业之财产的概称,而不是合伙人之财产的集合体。最后,合伙企业财产的权利主体应是作为组织体、商事主体的企业,而非合伙人。合伙企业财产既非合伙人个人的财产,也非合伙人共同所有的财产,更非合伙人在合伙企业存续期间从经营所得中所获合伙分配红利,它并非以某一、某几个合伙人或全体合伙人的名义占有、经营、支配、管领的财产,而是以具概括性、拟制性、团体性、集合性的合伙企业之名义占有、经营、支配、管领的财产。故合伙企业财产既不属于传统家族共同体和现代夫妻婚姻共同体的财产共同共有,也不同于只存在于契约型合伙中的按份共有,它应属作为独立商事主体,并具相对独立人格的合伙企业之独立财产权范畴。

(2)合伙企业财产权不是一个纯粹的所有权问题。从财产权的性质来看,共有是所有权的下位概念,只有存在所有权这一前提,才会引申出共有问题;而合伙企业财产权,同所有企业财产权一样,也不等同于所有权,其权利属性完全取决于合伙企业财产标的的性质。它既包括物权、债权,还包括商号、商标、专利、商业秘密、经营技巧等无形财产权等。即使是合伙人的出资财产,也不一定属于合伙企业所有,如合伙人的租赁物、许可使用知识产权、劳务等出资财产。

(3)合伙企业存续期间的独立清偿原则明显与共有财产清偿原则相冲突。除非合伙企业丧失清偿能力,或因解散而进入清算阶段,在一般情形下,合伙企业的债务无疑应优先以企业财产进行清偿。如适用共有财产清偿原则,则只要出现合伙债务,任何合伙债权人均得请求任一合伙人清偿其全部债务,显然合伙人将承受毫无边界的债务

[48] 参见丁银莲:《论合伙企业财产的法律独立性》,载《江西社会科学》2003 年第 4 期。

[49] 参见王飞云:《我国现行法人制度下的合伙财产性质之重构》,载《四川理工学院学报(社会科学版)》2012 年第 3 期。

[50] 参见赵秀梅:《合伙企业财产关系的几个问题》,载《法学杂志》1999 年第 2 期。

[51] 参见肖海军:《企业法原论》,湖南大学出版社 2006 年版,第 161 页。

风险。不仅与合伙按份出资存在明显冲突,也与设立合伙企业的目的存在矛盾,进而合伙人是选择个体、独资经营,还是选择设立合伙企业经营,已毫无区别。如此,合伙人创设并经法律确认的合伙企业之多元融资、规模经营、集约管理、分散风险等特有制度功能,就会因合伙企业团体性、主体性的完全丧失而无任何意义。

(4)合伙企业清算中财产的按份分配原则不能成为认定合伙企业财产按份共有的依据。首先,合伙企业清算有法定、强制的目的性和功能性。合伙企业财产清算的基本目的是在合伙企业解散歇业之后,为注销合伙企业所为的特定财产处分行为和强制法定程序,具有明显的目的性、功能性、法定性、强制性,不受制于合伙协议和合伙人之间的其他约定。其次,合伙企业清算有明显的阶段性特征。在清算期间,所有合伙企业的财产即为特定意义的清算财产,该清算财产应优先满足合伙企业债权人的足额清偿要求,只有在清算财产满足合伙债权人的清偿要求,或者说只有清偿全部合伙债务之后,才有可能进入合伙剩余财产的分配阶段。从合伙企业清算期间的债务清偿分配与剩余财产分配的阶段性特征来看,合伙清算财产在没有完成合伙债务清偿前根本不存在合伙人共同所有问题。如合伙企业清算财产不足以清偿合伙债务,则合伙人共有财产将失去财产标的;而如果合伙企业经清算后还有剩余财产,方可进入合伙财产剩余分配阶段,但此时所分配的财产,也是合伙企业的财产,而非合伙人共同所有的财产。最后,即使在剩余财产的清算分配中,依据合伙协议或合伙人的其他约定,实行按份(出资份额)分配原则,所分配的财产也只是合伙企业的剩余财产,而非属合伙人个人所有的共同财产。故合伙企业剩余财产的按份分配与契约型合伙财产的按份共有,是财产主体和性质完全不同的两个问题。

(5)合伙责任的连带性不可反推合伙企业财产的共有性。在既有分歧的主要争点中,合伙责任的连带性常被作为认定合伙企业财产共有性的重要依据。殊不知,合伙企业与合伙人责任的连带性根本不是合伙企业与合伙人的财产共有性所致,而是合伙企业人格独立的相对性所致,是人格的相对独立性进而导致合伙企业与合伙人之间意思、行为的共同性、连带性,才导致合伙企业债务责任的连带性。其中的原理,就如同共同担保、共同侵权可在共同担保人、侵权人与第三人之间产生连带债务责任,但不能由此推导出共同担保人、侵权人之间存在共有关系一样。实际上,在启动合伙连带债务责任之前,合伙企业如有足够的财产用于清偿合伙债务,就根本不存在后续的合伙债务连带清偿责任问题。

综上,合伙企业财产为具组织型商合伙特质、作为独立商事主体并具相对独立团体人格的合伙企业对其占有、经营、支配、管领之财产的概称,具有拟制性、集合性、抽象性、独立性等基本特征,权利应归属于合伙企业;而合伙企业财产权则为合伙企业对其占有、经营、支配、管领之财产所享有的权利之概称,毫无疑问不属于合伙人共有权的范畴,无须再作定义与归类。

4. 合伙企业财产的管理处分原则

基于合伙企业财产拟制性、集合性、抽象性、独立性等特质,合伙企业非法人组织的相对团体人格属性所制约的外在意思、行为的共同性,使合伙企业财产的经营、管理、处分,又集中表现为主体上的相对独立性、管理上的意思共同性和责任上的无限连带性等鲜明特点。因之,在合伙企业财产的经营与管理过程中应遵循以下基本原则:(1)共同经营管理原则。[52] (2)清算前不分割原则。(3)合伙人有限制转让其合伙份额原则。(4)合伙人优先购买、受让转让合伙份额原则。(5)合伙企业财产不任意出质原则。

(三)法人企业财产权

从理论上讲,由于法人企业不仅是独立的经营主体,而且还具有独立的团体人格,故在法人企业存续期内,其享有独立的财产权当属无疑;[53] 而且法人财产权与出资人资本权应当是完全明晰的。但由于我国法人企业尚存在公司企业与非公司企业之别,特别对于非公司型的国有企业和集体企业之财产权,理论、立法和实务界的观点,可谓大相径庭。关于法人财产权的独立性及主要内容,前文已有具体分析,在此不再赘述。

第三节 人格性财产权

一、人格性财产权的一般分析

(一)人格性财产权的意义厘定

1. 从一般人格利益到人格利益财产化

民事主体进入营业领域之后,随即出现一个与一般民事领域完全不同的现象,就是商事主体人格要素或人格利益的财产化。之所以如此,一方面原于营业的需要,如自然人、企业在营业时,就需要使用特定的姓名或名称等具有识别意义的身份符号,他们有些是与商事主体的姓名或名称是一致的,有些则不一致,特别是使用与特定自然人姓名或企业名称不一致的字号等身份符号,就明显具有彰显营业、招揽顾客的营利目的性;另一方面,这也是营业进行中合乎逻辑的自然发展结果。如商事主体在营业中,因制造产品或提供服务的社会声誉,或者营业中的财产、资信、履约、守信能力,或者在营业中长期积累的技艺、方法、经验、秘方、诀窍等内部营业信息等,这些在一般民事领域本属名誉或声誉、信誉、隐私的人格要素或人格利益,因系营业或财产营运的结

〔52〕 参见李新:《论合伙企业财产的处分》,载《经济论坛》2006 年第 8 期。

〔53〕 参见张力:《法人独立财产制研究:从历史考察到功能解析》,法律出版社 2008 年版,第 172 ~ 182 页。

果或产物，也相应地具有财产的价值、内容或功能。基于以上主观逐利和客观营业两个方面的因素作用，负载于商事主体本身之上的姓名或名称、名誉或声誉、信赖或信誉、个人隐私或内部信息，就具有特定的财产价值、商品内涵和营业功能，进而具有一般民事主体人格要素所不具有的财产价值，且其称谓也有如商号、商誉、信用、商业秘密等对应变化。营业中这一商事主体之人格要素从"姓名或名称→商号、名誉或声誉→商誉、信赖或信誉→信用、个人隐私或内部信息→商业秘密"的变化或转换过程，即为人格要素或人格利益的价值化或财产化过程。

2. 从人格性财产到人格性财产权

与一般私法领域中自然人人格标志上经济利益或人格标志财产权之个别、偶然现象不同，〔54〕商事主体人格要素或人格利益的财产化则为营业中最为普遍的现象，且这一现象在营业中的经营形态、阶段或环节中表现尤为明显和突出。商事主体人格要素或人格利益的财产化，直接导致商号、商誉、信用、商业秘密等这一新型财产形式的形成、确认和法律化，进而成为一种完全独立的人格性财产。人格性财产的衍生、出现也就必然对应促进人格性财产权的衍生、出现。所谓人格性财产权，在传统学理或立法上一般称人格权或商事人格权，〔55〕或称人格利益的财产化或商品化，〔56〕即特定商事主体特别是处于经营形态、阶段或环节中的经营主体基于营业中衍生的商号、商誉、信用、商业秘密等人格性财产或利益而产生的一系列特别商事权利之概称。

（二）人格性财产权的制度功能

人格性财产权是最主要的商事权利，也是最具特色的商事权利，更是构成经营主体最显著识别性或最具核心竞争力的财产权利。它具有如下独特的制度功能：

1. 身份识别。商号、商誉、信用、商业秘密等人格要素与特定主体的人格、身份不可分离，表明不同商事主体尤其是经营主体的不同主体身份或市场声誉，特别是商号，不同商号就意味着不同主体及制造的产品或提供的服务。在一定意义上讲，商号等人格性要素，已成为营业身份或市场名片的表征符号。

2. 营业彰显。商事主体的人格要素不同于一般民事主体的人格要素，主要为彰显营业所必要和必需，本身在于对世宣示并彰显特定商事主体特别是经营主体的独特价值与经营特色。

3. 效益促进。具积极意义的人格性财产作为商事主体开展经营和拓展市场的支

---

〔54〕参见陈龙江：《人格标志上经济利益的民法保护》，法律出版社2011年版，第223页以下。

〔55〕参见程合红：《商事人格权论——人格权的经济利益内涵及其实现与保护》，中国人民大学出版社2002年版，第12～13页；范健、王建文：《商法论》，高等教育出版社2003年版，第440～542页；傅穹、张建东：《商事人格权的法律位置》，载《社会科学战线》2019年第12期。

〔56〕参见谢晓尧：《商品化权：人格符号的利益扩张与衡平》，载《法商研究》2005年第3期；姜福晓：《人格权财产化和财产权人格化理论困境的剖析与破解》，载《法学家》2016年第2期。

撑要素,对营业效益有明显促进意义,特别是具识别性的商号、良好的商誉、值得信赖的信用、独特的商业秘密,能有效地吸引顾客、招揽业务进而显著地提高自身的竞争力。

4. 财富累积。商号、商誉、信用、商业秘密本身就是一种无形财产,具可评估、可确定、可转让的财富累计和交换属性,并随经营规模的扩大和市场影响力的拓展而越发增值。

(三)人格性财产权的基本特征

人格性财产权作为一种独特的商事权利,特别是对经营主体来说,具有基础性、支撑性、贯通性等重要意义,其显著特征表现为:

1. 人格性。人格性财产权总体属于商事主体人格权的范畴,它以商事主体特别是经营主体的人格要素以及因人格要素衍生的人格利益为基础,且始终与特定商事主体的人格不可分离,带有鲜明的人格权特征。

2. 衍生性。人格性财产权是一种衍生的财产权利,它不属于营业财产中原始、初始、基础财产的范畴,在民事主体进入营业领域之前并不存在。人格性财产权的形成或存在,一则基于民事主体转换为商事主体这一身份的变化,为营业识别的需要而不得不采取的必要之举,如自然人经营中取字号,企业登记注册时须使用有独特的名称等;二则原于经营中人格要素、人格利益、人格声誉的市场累计所形成的人格性财富效应,是交易相对人、消费者、竞争对手、社会、国家对商事主体特别是经营主体良好市场形象的一种价值回应。它属于在营业中衍生的一种新型财产权。

3. 无形性。人格性财产权的权利客体,为已财产化的特定商事主体的人格利益,而此人格利益是一种具财产价值或财产内容的人格要素,本身是无形、无体的财产价值形式,它不属于传统物或物权的范畴,也与一般债权的财产给付不同。特别需要说明的是,人格性财产是一种在营业中衍生、演进而形成的新型财产权,总体属于无形财产的范畴,与近年来学界所讨论的人格物不同。[57] 人格物本身属于有体物的范畴,它有些属于传统物权客体的范畴,如具有记忆或纪念意义的珍藏照片或传家信物;有些不能成为传统物权的客体,只可成为人格权的客体,如自然人的血液、基因、精子、卵子、受精胚胎等。人格性财产显然不属于人格物的范畴。

4. 潜在性。人格性财产权是一种具市场潜在价值与财富效应的财产权,它虽具增值性,但本身有不确定性,且不同商事主体的人格性财产价值差异性极大。不仅如此,同一商事主体不同时期或不同领域的人格性财产价值也存在显著的差异性。故人格性财产权的实际价值或财富效应,完全视特定商事主体的自身禀赋与所处时期、领域

---

〔57〕 参见冷传莉:《论民法中的人格物》,法律出版社 2011 年版,第 10 页以下。

而定,它既有积极性的一面,也有消极性的一面,不可一概而论。

(四)人格性财产权的主要类型

人格性财产权的权利客体为已价值化、财产化、商品化的特定商事主体之人格利益,而人格性财产又是基于商号、商誉、信用、商业秘密等特定、具体人格利益而形成,故人格性财产权可对应析分为商号权、商誉权、信用权、商业秘密权等具体形式。

二、商号权

商号系指商事主体在营业中使用,以具独特性和识别性的字号为核心构成要素,以整体性的商人名称、店铺名称、厂商名称、企业名称等商业名称为具体形式的营业标记之概称。商号具有人格性、标志性、营业性、财产性等明显特征,且一经登记、注册、确认并公示,就具专有性、排他性的法律效力和营业效应。商号权即经营主体围绕商号所产生的人格性财产权利。

(一)商号权的属性与特征

1. 商号权的本质属性

商号权,为特定商事主体对经登记或继受取得的商号所享有的专有使用并排除他人非法、不当使用的权利。关于商号权的法律属性,理论与立法因分析角度和考量因素不同,尚存有明显分歧。代表性学说有人身权说、财产权说和复合权说。

(1)人身权说。该论认为,商号权为商事主体人身权中人格权的范畴。主要理由为商号是商事主体在营业中表彰自己的名称,同商事主体本身紧密相连,在实质上与姓名权、名称权无异。民法学者大多持此观点,且一般是从人格权、名称权的角度来讨论商号权。[58]

(2)财产权说。此论认为,商号在登记之后由商事主体取得专有使用权,商号可转让、继承,并可给商号权人带来财产上的收益;而作为人格权的姓名权或名称权则不能作为转让或继承标的,故商号权应是财产权而非人格权。但商号权究竟属于财产权中的哪类财产权利,则又存分歧,代表性观点如知识产权说[59]、无形财产权说[60]、商业标记权论等。[61]

---

〔58〕 参见杨立新:《人身权法论》,人民法院出版社2002年版,第514~515页;王泽鉴:《人格权法》,北京大学出版社2013年版,第119页;王利明:《人格权法研究》,中国人民大学出版社2018年版,第390~407页。

〔59〕 参见姚新华:《论商号权》,载《政法论坛》1994年第1期;王占明:《企业名称权的法律再定位——兼论企业名称权与商标权的冲突解决》,载《法学》2003年第2期;李志强:《商号法律制度研究》,中国经济出版社2013年版,第46~52页。

〔60〕 参见乔新生:《企业名称专用权的取得、变更和许可》,载《政治与法律》1991年第2期。

〔61〕 参见叶若思:《商业外观权研究》,法律出版社2010年版,第21~27、37页。

(3)混合权说。混合权说又称折中说,该论认为商号权兼具人身权与财产权的特性,一方面有姓名权或名称权的排他效力;另一方面又可作为财产权进行转让和继承。该论又分为双重属性权利说〔62〕、复合权利说〔63〕、分离权利说等不同观点。〔64〕

笔者认为,商号权的属性应从商号的本质与功能进行考量、权衡,才可准确定位。一方面,从本质属性来看,商号属于商事主体的主体要素和人格要素不可缺少的部分,就如同自然人没有确定的姓名、法人或非法人组织没有特定的名称难以被他人所识别和认知一样,商事主体没有确定的特定商号,交易相对人和社会公众也是难以识别和认知的。故人格要素应是商号第一位的本质属性。另一方面,从制度功能来看,商号虽具表征彰显商事主体的识别功能,但与一般姓名或名称的纯粹表征、识别功能不同,它所表征的商事主体乃以追求营利最大化为第一要务,商号不仅具有追求并聚集财产、放大财富的累计效应和催化功能,而且随着商事主体业务拓展、市场扩大,商号本身也具有独立的财产价值和交易属性。可见,商号、字号、商业名称既属商事人格权的客体,又是一种无形财产,更是一种营业信息或商誉载体。〔65〕仅仅把商号权归属于人身权无疑是不全面的。域外立法和《巴黎公约》等国际公约,之所以把厂名等商号列为工业产权,就在于商号确实具有财产权的特性和功能。不难看出,把商号权归属混合权利更具解释力和妥当性。故基于商号权本质属性的人格性和制度功能的财产性,把其定位于人格性财产权,更切合营业实际和权利逻辑。

2. 商号权的核心内容

关于商号权的内容,有学者从公司名称权角度,认为包括名称设定权、专用权、变更权和转让权等四项权能;〔66〕也有学者认为,商号权的内容包括商号专有权、使用权、变更权、转让权、许可使用权、简化使用权六项内容。〔67〕其实,商号权最核心的权利是商事主体对登记或注册的商号享有排他性的专有使用权利,其他权利均为此一权利派生的权利。

商号权的核心为商主体依法享有的对商号的专有权。专有权具有排除他人使用相同或近似商号的效应,即未经商号权人同意,他人不得使用与商号权人相同或类似的商号。否则,商号权人有权请求停止使用及损害赔偿。专有权派生的使用权具有防止他人妨碍商号权主体使用其商号的功效,并且商号权人因使用其商号而产生的利

〔62〕参见张术麟:《商业标记权的法律保护》,知识产权出版社2008年版,第100页。

〔63〕参见梁上上、李国毫:《商号法律制度研究》,法律出版社2014年版,第86~89页。

〔64〕参见聂卫东:《商业名称的法律保护》,载《法律科学(西北政法学院学报)》1999年第3期。

〔65〕参见程合红:《商事人格权论——人格权的经济利益内涵及其实现与保护》,中国人民大学出版社2002年版,第73~75页。

〔66〕参见陈书高、刘巾挥:《公司名称权法律问题研究》,载《当代法学》2001年第5期。

〔67〕参见梁上上、李国毫:《商号法律制度研究》,法律出版社2014年版,第67~74页。

益,应归于商号权人,他人不得掠夺。其他如变更权、转让权、许可使用权、简化使用权等权利,均源于商号权人对商号的专有权。

对商号专有权取得方式,尚存在使用优先和登记优先之法例或制例的差异。多数国家或地区以登记为商号专有权取得的法定要件,商号非经依法登记无专有使用权,不可排除他人使用,不受法律保护。但也有少数国家或地区的法律规定,在未履行登记之前,商主体使用了某一商号即可获得该商号权,履行登记旨在加强对这种权利的强制性、排他性保护。我国对商号专有权的取得和保护,奉行严格的登记优先主义。

3. 商号权的主要特征

商号权作为一种特殊的商事权利和人格性财产权利,具有以下明显特征:

(1)人格性。商号权是一种具人格要素和主体表征的商事权利,它与特定商事主体的主体身份和人格要素不能分离,其财产价值不完全取决于商号本身的文字或组合,而更多取决于特定商事主体的营业效益和市场信用。故商号权属商事主体人格性财产权的范畴。

(2)财产性。如前所述,商号权虽以人格表征符号的文字及组合为构成要素,但与一般民事主体姓名权、名称权仅具纯粹表征主体独立、人格自由、身份特定之识别功能不同,商号具有明显的营业功能、交易价值和市场效应,它集中表现为商事人格要素的价值化、财产化、资本化和资产化,是一种具有鲜明营业特征的财产权利。

(3)地域性。各国法律普遍规定,商号的专有使用权受一定区域范围限制。就我国而言,除全国性大企业的商号可在全国范围内享有专有使用权外,其他商主体的商号只能在登记注册地的某一地区,如省、自治区、直辖市、市、县等范围内享有专有使用权。

(4)公开性。商号必须通过登记或使用而予以公开,才能被交易相对人和社会公众所知晓和识别。无疑,公开应是商号权最基本的特征,且多数国家和地区的商法规定,登记为公开之必经程序,商号的确认、变更、废止、转让、继承等都必须通过登记程序进行公开,未经登记注册,不得对抗善意第三人,不发生对外效力。

(5)可转让性。由于商号权具有财产权属性,各国商法理论和立法普遍承认商号权的可转让性。商号权的可转让性,是区别作为营业财产权形式的商号权与仅作为一般人格权的姓名权、名称权之最具显著的特征之一。

(二)商号的登记与注销

1. 商号的登记

(1)商号登记的制例。商号登记是商号原始取得的方式之一,系指商主体对其所选定的商号,按照法定要求和程序在商事登记机构办理登记注册手续,经审查后获得专有使用权,并实现公示的过程。商号是否必须登记注册,各国尚有任意主义与强制主义之别。第一,任意主义。持该制例的一些国家对非公司的商号并不要求必须登记,且商号既可作为商号登记,也可作为商标登记。第二,强制主义。多数国家采强制登记制度,商号登记是使商号获得法律保护的必要条件。我国商号登记采强制主义,即商号登记是商事登记的法定事项,是商主体成立的必要条件。

(2)商号登记的情形。根据我国《民法典》、《企业名称登记管理规定》和商事主体相关法律以及其他商事登记规范性文件规定,按照商号登记的适用情形和登记程序,商号登记主要分为如下两种情形:第一,开业或设立登记,即商号登记与商主体之开业或设立登记同时办理,我国绝大多数商事主体,特别是内资企业一般适用这一登记程序。第二,商号预先登记,即商号可在商主体正式的开业或设立登记之前办理预先登记。如《企业名称登记管理规定》第 18 条规定,企业登记机关对通过企业名称申报系统提交完成的企业名称予以保留,保留期为 2 个月;设立企业依法应当报经批准或者企业经营范围中有在登记前须经批准的项目的,保留期为 1 年;申请人应当在保留期届满前办理企业登记。

(3)商号登记的类型。商号的登记,按登记原因和目的不同,还可以分为确认、变更、转让、废止、注销、撤销、继承登记几种类型。[68]

(4)商号登记的效力。商号一经登记,就获得专有使用权,并在法律上产生排他与对抗双重效力。第一,商号登记的排他效力。所谓排他效力,即商号一经登记,则发生排斥他人登记或使用相同或类似商号的效力。如《企业名称登记管理规定》第 17 条规定,在同一企业登记机关,申请人拟定的企业名称中的字号不得与同行业或者不使用行业、经营特点表述的企业名称中的字号相同。第二,商号登记的对抗效力,又称救济效力,是指商号一经登记就取得专有使用权,可由此对抗任何第三人。如他人在同一营业中非法使用相同或类似商号时,则构成对该商号专有使用权的侵犯,受害人可以依法以商号经登记注册为依据,请求侵权者停止侵权,并可以主张损害赔偿。许多国家的法律均对商号登记的救济效力作出了规定,如现行《日本商法典》第 12 条规定,任何人均不得以不正当目的使用可能使人误认为是其他商人的名称或商号,因他人不正当使用名称或商号而受到侵害或者存在侵害可能时,商人可以请求停止或防止侵害,并提出损害赔偿请求。[69] 我国《民法典》第 1014 条和《企业名称登记管理规定》第 21 条、第 22 条也有类似规定。

2. 商号的废止

商号的废止,实质为商号的失效,是指商号因不再被使用,而通过一定的法定程序使其在法律上失去效力的事实状态。一般认为商号的废止包括如下情形:(1)商号预

---

〔68〕 参见范健主编:《商法》,高等教育出版社、北京大学出版社 2007 年版,第 79 页。

〔69〕 参见刘成杰译注:《日本最新商法典译注》,中国政法大学出版社 2012 年版,第 31 页。

先登记失效。经预先登记的商号，在预先登记之后的法定期限内没有完成开业或设立登记，或不使用该商号，该商号在法定保留期届满后自行废止。(2)商主体变更登记。因商主体发生变更，商号同时变更，原有商号自动废止。(3)商号变更登记。商主体未发生变更，但商号发生变更，在办理商号变更登记后，原有商号亦自行废止。如商主体发生继受经营，继受人使用新商号，原有商号则废止。(4)商号注销登记。商事主体或商号经注销登记后，该商号当然废止。

商号的废止是与商号的继承有着密切联系的法律问题，大陆法系国家的商法典对其都有比较明确的规定，如《德国商法典》第31条就商号的废止问题作有专门规定，包括自愿废止、强制废止等程序。[70] 我国《市场主体登记管理条例》《企业名称登记管理规定》等对商号的废止均无明确规定，只有《企业名称登记管理规定》中对预先登记商号的失效有较为原则性的规定。

三、商誉权

商誉又称商业信誉与商人声誉，系指基于交易相对人、消费者、公众对销售产品、提供服务积极性评价而建立起来的关于特定商事主体的良好社会声誉，是他人基于商事主体所生产的产品或提供的服务之质量、态度、履约率、信用度等主客观要素，对其所给出的一种综合性、积极性社会评价。商誉具有人格性、财产性、无形性、主观性等多重特征，是一种具人格要素和人格利益的无体财产或无形资产。商誉权即经营主体围绕商誉所产生的人格性财产权利。

（一）商誉权的属性

商誉权是商事主体维护其在营业活动中所创造的良好商誉及享有其带来的最大营利、并不受他人非法侵害的权利。同前述商号权的性质一样，学界和立法对商誉权的法律属性也有分歧，代表性观点有人格权说、财产权说和混合权说等。

1. 人格权说

该论认为，商誉权应归类于人格权，从而区别于具有经济内容的财产权，民法学界大多持此论，认为商誉权系名誉权派生，属人格权范畴；[71] 或认为商誉属于名誉权中企业名誉权的范畴；[72] 或认为人格权是商誉权的本质属性，也是商誉权作为权利存在的

---

〔70〕 参见《德国商法典》，杜景林、卢谌译，法律出版社2010年版，第21页。

〔71〕 参见王泽鉴：《人格权法》，北京大学出版社2013年版，第153页。

〔72〕 参见杨立新：《人身权法论》，人民法院出版社2002年版，第590～592页。

根本。[73] 该论又存在单一人格权说(法人名誉权说)[74]、特别人格权论等不同观点。[75]

2. 财产权说

该论认为,商誉权与商号权一样,属于财产权的范畴。商法、经济法学界大多持此论。该说又因分析视角的差异,存在独立财产说[76]、无形财产说[77]、知识产权说[78]、资本权说等不同观点。[79]

3. 混合权说

该说认为商誉权具有人格权与财产权的双重内容,但对商誉权的归类仍有不同意见,主要观点有知识产权兼人格权说[80]、兼具人格权的知识产权说[81]、人格权为基础的财产权等。[82]

如前所述,商誉的本质属性首先在于其人格性,且不因其所表征的主体具有商人角色、身份或地位,而与一般民事主体存在实质性差异。商誉有人格权的某些本质特征,固然不可否认,但与一般民事主体的人格要素名誉不同,商誉又具有明显的财产功能、财产价值和财产效应,是一种以抽象、无体的积极性社会评价为表现形式和权利标的的新型无形资产。无疑,由商誉产生的权利,当然也具财产权的特质。商誉这种既具人格属性,又具财产属性的双重权利属性,不仅是一种客观存在的事实,而且也已达成共识,并已为相关文件或规范文本所肯定。差异只是人格权说认为商誉的人格属性属于商誉的本质属性,而财产权说认为商誉的财产属性属于商誉的本质属性而已。由于人格权说忽视、淡化甚至否认商誉权的财产性,存在理论上的不自洽性和营业实践中的矛盾尴尬。相对而言,混合权说承认商誉权具有财产权与人格权的双重内容,比较符合商誉权的事实逻辑,且与既有人格权、财产权理论并不矛盾。足见,商誉权应属人格性财产权范畴。

---

[73] 参见许中缘:《论商誉权的人格权法保护模式——以我国人格权法的制定为视角》,载《现代法学》2013年第4期。

[74] 参见张新宝:《名誉权的法律保护》,中国政法大学出版社1997年版,第35页;张红:《人格权各论》,高等教育出版社2015年版,第389~390页。

[75] 参见王利明:《人格权法研究》,中国人民大学出版社2018年版,第475~477页。

[76] 参见税兵:《商誉权探微》,载《甘肃政法学院学报》2004年第6期。

[77] 参见吴汉东:《论商誉权》,载《中国法学》2001年第3期。

[78] 参见朱姝、张少峰:《论商誉权的法律保护》,载《现代法学》1996年第1期;冯心明、丘云卿:《商誉权法律属性的反思与重述》,载《华南师范大学学报(社会科学版)》2009年第5期。

[79] 参见胡震远:《论商誉权的资本能力》,载《电子知识产权》2012年第8期。

[80] 参见关今华:《精神损害的认定与赔偿》,人民法院出版社1996年版,第172、177页。

[81] 参见梁上上:《论商誉和商誉权》,载《法学研究》1993年第5期。

[82] 参见程合红:《商事人格权论——人格权的经济利益内涵及其实现与保护》,中国人民大学出版社2002年版,第82~84页。

(二)商誉权的特征

商誉权虽属人格性无形财产权范畴,但与商标权、专利权等传统知识产权的独立性、独占性、地域性、可转让性等显著特征相比,[83]该项权利更具自身的显著特点:[84]

1. 非定型的专有性。商誉权是一种没有恒定保护范围的无形资产权。商誉与企业等特定经营主体相伴而生,在经营中始终处于不断的优劣变化循环中,它既不像物质产品那样具有最终形态性,也不像技术产品那样因申请保护加以固定化。故商誉权与著作权、专利权、商标权不同,保护范围无法基于客体的表现形式(作品)、技术特征(专利)、标记构成(商标)来加以确定。

2. 非确定的地域性。商誉权属于主观的社会评价,基于法律规定而取得,不必通过严格的申请登记、授予等法定程序,其效力并不具有严格的领土性。商誉权虽不具有地域性特征,但其效力范围可从两方面来确定:一是企业等特定经营主体在有效登记地域范围内享有独占利益;二是在权利发生影响并受到侵犯的地域范围内具有排他效力,即权利主体在任何地方合法进行生产经营活动并建立起来的商誉,如遭受诋毁时都可行使请求权和禁止权。

3. 非法定的时间性。商誉权不具有一般知识产权的时间性特征,一般而言,商誉权与企业等特定经营主体紧密联系,只要该经营主体存在,商誉权就继续存在。

(三)商誉权的构成

1. 排他性使用权

商誉权主体对其商誉产生的利益有权进行利用,他人不得非法干预与侵犯。商誉权主体可以利用自己良好的商誉开展营业活动,与他人进行营业往来,获得经济效益和社会效益。但与商标权、专利权等传统知识产权不同,商誉权的使用只归属于其权利主体,不得许可他人使用,也即禁止不同主体利用同一商誉。

2. 附条件转让权

商誉是基于对特定主体的社会评价而形成的,商誉权与作为整体的企业等特定经营主体相关联,所以商誉权的转让必须附有条件,即商誉权只能连同经营主体一并转让而不可单独转让。

3. 请求救济权

商誉权主体有权要求社会尊重其商业信誉,维护其商誉的客观性与公正性。在遇到非法侵害时,权利主体可寻求司法救济,请求司法机关追究侵权行为人的法律责任。

---

〔83〕 参见郑新建:《商誉权的法律保护》,中国人民公安大学出版社 2010 年版,第 49 ~ 53 页。

〔84〕 参见吴汉东:《论商誉权》,载《中国法学》2001 年第 3 期。

四、信用权

信用在法律上系指基于特定私法主体财产状况、履约能力和守信行为所产生的一种积极社会评价和信赖关系。[85] 对特定商事主体尤其是经营主体而言,信用则特指交相对易人、消费者、社会和国家基于其财产或资信状况、履约能力和守约行为而形成的一种具正面肯定或积极意义的综合评价。信用是营业领域的入场券与市场交易的通行证,正如耶林所言,“与名誉之于军官,所有权之于农民相当,信用之于商人甚为要紧。维护信用对商人是生死攸关的问题”。[86] 这是因为“任何商事交易都不过是无数的其他商人之间交易链上的一环。这个交易链上任何环节出现了一个障碍,都会接着使整个交易链发生连续的震荡”,故“法律交往的安全就成为商业上生死攸关的需求”,“法律也保护商人对外在事实要件给予信赖的权利”。[87] 良好的信用状况,意味着特定商事主体有较好的财产或资信基础,有履约能力和守约行为,就是一个值得信赖的交易对象和合作伙伴;相反,没有信用或信用度很差的商事主体,因得不到交易相对人、消费者、社会和国家的信任或信赖,必将在营业领域寸步难行、无法生存。作为一种表征特定商事主体财产、资信、履约、守信等财产和能力状况的积极性社会评价,法律上的“信用”,在客观表征上,为特定商事主体财产、资信、履约、守信等财产和能力状况的具体形式或方式;在主观评价上,则指交易相对人、消费者、社会和国家对特定商事主体财产、资信、履约、守信等财产和能力状况的总体印象与具体评价。信用权即经营主体围绕信用所产生的人格性财产权利。

(一)信用权的属性与特征

与信用相对应的信用权,为基于信用而形成或产生的权利,即特定商事主体在进入营业领域后对其所具有的偿债、履约或守信能力获得社会相应信赖与客观评价并进而享有利用、保有和维护之系列权利的概称。

1. 信用权的属性

关于信用权的属性,目前学界、业界尚有人格权说、财产权说、商事人格权说或混合权利说、商誉权说、商事信用权说等不同观点或看法。(1)人格权说。该说认为信用权属于人格权范畴,此说又分独立人格权[88]、纳入名誉权说两种代表性观点。[89]

---

〔85〕 参见吴汉东:《无形财产权基本问题研究》,中国人民大学出版社2013年版,第471页。

〔86〕 [德]耶林:《为权利而斗争》,郑永流译,商务印书馆2018年版,第22页。

〔87〕 [德]拉德布鲁赫:《法学导论》,米健译,法律出版社2012年版,第87页。

〔88〕 参见李新天、朱琼娟:《论“个人信用权”——兼谈我国个人信用法制的构建》,载《中国法学》2003年第5期;李红玲:《论信用权的若干问题》,载《政治与法律》2006年第4期;王利明:《人格权法研究》,中国人民大学出版社2018年版,第534页。

〔89〕 参见王泽鉴:《人格权法》,北京大学出版社2013年版,第165页。

(2)财产权说。该说认为信用权具有财产功能,应属于财产权。[90] (3)混合权利说。该说从商事人格权的角度,认为信用权是一种基于积极的法律和社会评价,表明主体具有特定价值的商业资格、身份、地位之人格权、财产权和信息权。[91] (4)商誉权说。该说认为信用权、商誉权、名誉权应归入广义上的"商誉权"范畴。[92] (5)商事信用权说。该论主要从商事信用的角度,认为信用一般系指商事信用,应属于商事信用权的范畴。[93]

笔者认为,我国《民法典》人格权编第1024条第2款虽明确规定"名誉是对民事主体的品德、声望、才能、信用等的社会评价"(此处信用就被名誉所吸纳),但这仅指一般民事领域的信用。在营业领域,信用与商号、商誉等其他人格要素一样,已具有鲜明的价值内涵和财产属性,其对商事主体特别是经营主体的融资、签约、交易具有重要的基础支撑功能和效益财富放大效应,故其已演化为一种基于商事主体信用这一特殊人格利益而衍生形成的人格性财产权,是一种新型的财产权形式,总体属于无形财产权范畴。

2. 信用权的特征

关于信用权的特征,有学者认为信用的人格性、财产性、信息性,决定信用权具有人格权、财产权、信息权等几方面特征;[94]或者表现为非恒定的独占能力、相对的排他效力、无期限的存续能力等几个方面;[95]或者表述为主体的多元多样、客体的信用利益、内容的双重属性、形式的独立支配等几个方面。[96] 诚然,信用权具有人格权与财产权的复合特征和双重属性应是学界、业界的通说,除此之外,主体的差异性、属性的复合性、内容的双重性、形式的信息性,应是信用权不同其他一般人格性财产权的主要特征。

(1)主体的差异性。信用权的权利主体既可是自然人,也可是法人或非法人组织。不仅如此,对进入营业领域的不同私法主体而言,因其信用状况而表现出现的信用权

---

[90] 参见吴汉东:《论信用权》,载《法学》2001年第1期;胡大武:《侵害信用权民事责任研究》,法律出版社2008年版,第36页;吕来明:《商事权利论》,法律出版社2016年版,第122页。

[91] 参见程合红:《商事人格权论——人格权的经济利益内涵及其实现与保护》,中国人民大学出版社2002年版,第87~101页。

[92] 参见范健、王建文:《商法基础理论专题研究》,高等教育出版社2005年版,第283~289页。

[93] 参见冯果:《由封闭走向公开——关于商事信用的若干理论思考》,载《吉林大学社会科学学报》2003年第1期;雷兴虎、蔡晔:《论我国的商事信用调节机制》,载《法商研究》2003年第5期;王坤:《私法中的契约制度与商事信用扩展的关系》,载《政法论坛》2010年第3期。

[94] 参见程合红:《商事人格权论——人格权的经济利益内涵及其实现与保护》,中国人民大学出版社2002年版,第87~101页。

[95] 参见吴汉东:《无形财产权基本问题研究》,中国人民大学出版社2013年版,第476~477页。

[96] 参见王利明:《人格权法研究》,中国人民大学出版社2018年版,第524~526页。

形式也有比较明显的差异性。对自然人商人而言,信用权主要表现为社会对其履约能力与守信品行的主观评价;但对法人企业或非法人企业等商事组织,特别如公司,其信用则集中体现为资本或资产的客观状况及相关信用评级等。〔97〕

(2)属性的复合性。信用权与特定商事主体的身份不可分离,具典型的人格性特征,无疑属于传统人格权的范畴;但信用在营业领域的制度功能与法律效应又带有鲜明的营利目的性、价值增进性和财富放大性,具有显著的财产性,这决定信用权又是一种基于商事主体经营中财产、资信、履约、守信而衍生的新型财产权,乃兼具或兼融人格权与财产权的复合性商事权利。

(3)内容的双重性。信用源于主体的财产、资信客观状况,表于社会对特定主体履约、守信行为的主观评价,既有主观性,也具客观性。特别是商事信用不只是一种对商事主体履约或清偿能力的主观评价,同时也是一种对财产状况或履约能力的客观反映;〔98〕或者说,信用权既包括主观的精神利益或社会评价,又包括客观财产与经济价值。〔99〕 可见,信用权是一种兼具主、客观双重特点的商事权利。

(4)形式的信息性。信用源于信息,且表于信息。主体信用的有无或好坏,一般是通过各种信用信息集中反映出来。如公司的注册资本、各种资产负债表、财务状况变动表、损益表和基于前述信用信息而作出的各种会计、审计、评估、评级报告等。落实到信用权的形式或实现上,就集中表现为表征特定商事主体信用状况的各种文书所载信息,如信用证明、征信报告、信用评级、司法或仲裁文书以及其他各种能证明或反映特定主体信用状况的言辞、文书等。故信用权也是一种以特定信用信息为载体或表现形式的商事权利。

(二)信用权的类型与内容

1. 信用权的类型

信用权的差异性,决定不同属性、类型的私法主体具有很大的差异性。总体而言,信用权可按如下不同标准作概括性的分类:(1)按主体的自然属性不同,可分自然人信用权、法人信用权与非法人组织信用权。(2)按信用适用的私法领域不同,可分一般民事信用权与商事信用权。(3)按商事主体功能的不同,可分投资主体信用权、经营主体信用权和交易主体信用权。其中,又以商事信用和商事信用中经营主体的信用权最为显著和重要。

2. 信用权的内容

信用权为特定主体取得社会适当客观的信用评价进而保有、利用、维护之权。作

---

〔97〕 参见赵旭东:《从资本信用到资产信用》,载《法学研究》2003 年第 5 期。

〔98〕 参见赵旭东:《商事信用的界定与制度构成》,载《浙江工商大学学报》2019 年第 5 期。

〔99〕 参见王利明:《人格权法研究》,中国人民大学出版社 2018 年版,第 525 页。

为一种独立的权利类型或形态，主要内容包括：(1)信用取得权。商事主体依照法律或约定，有权取得交易相对人、消费者、社会或国家信任或信赖的权利。(2)信用评价权。商事主体有权依照法律或约定获得交易相对人、消费者、社会或国家对其财产、资信、履约、守信等信用状况作出客观评价、公正评判或适当评级的权利。(3)信用保有权。商事主体有权依照法律或约定选择适当方式、采取必要措施保证或维持其信用状况良好或完整的权利，包括请求或申请告知、查询、补正、更正、删除信用信息之权等，如国务院《企业信息公示暂行条例》(2014 年)第 12 条、中国人民银行《个人信用信息基础数据库管理暂行办法》(〔2005〕第 3 号)第 16 条第 1 款、商务部《商务领域信用信息管理办法》(2007 年)第 19 条、民政部《社会组织信用信息管理办法》(2018 年)第 20 条之规定等。(4)信用使用权。商事主体有权对其信用状况、信用证明、征信报告、信用评级、司法或仲裁文书以及其他各种能证明信用状况的文书进行支配、利用的权利。信用使用权既包括权利人自己利用，如利用自己的良好信用取得银行信贷的权利等；也包括权利人许可他人利用，如企业许可社会评估或评级机构利用自己的信用信息等。(5)信用维护权。商事主体在交易相对人、消费者、社会或国家对其信用作出不客观、不公正评价或损害其信用声誉的行为，有权依照法律或约定提起请求或诉讼，以维护自己的信用形象。如国务院《企业信息公示暂行条例》(2014 年)第 16 条、第 21 条之规定。

五、商业秘密权

商业秘密本质上是一种不公开的营业信息，我国《反不正当竞争法》(2019 年修正)第 9 条第 4 款把其定义为“不为公众所知悉、具有商业价值并经权利人采取相应保密措施的技术信息、经营信息等商业信息”;《民法典》第 123 条第 2 款第 5 项把“商业秘密”列入知识产权的客体予以保护。商业秘密基于营业而产生，并随营业而增值，它关乎商事主体的核心竞争力，能显著地增进权利人的经营效益和市场竞争力；相反，没有它则会明显置权利人于极为不利地位，进而丧失核心竞争力。故商业秘密对商事主体特别是对经营主体至关重要，具有效益、财富的促进与支撑功能，甚至直接影响到经营者的生存，具有明显的商业价值和财产属性，总体上属无形财产范畴。商业秘密与专利、商标、著作等知识类无形财产比较，具有人格性、非公开性、财产性、秘密性、非排他性、无期限性等主要特点。商业秘密的实质构成与具体分类，虽无学理上和立法上的统一标准，但一般包括技术秘密、经营秘密、管理秘密和其他秘密等。商业秘密权即经营主体围绕商业秘密所产生的人格性财产权利。

(一)商业秘密权的法律属性与主要特征

1. 商业秘密权的意义内涵

商业秘密权为主体基于商业秘密而形成或产生的权利，系指商事主体特别是经营主体对其在营业中所探索、创新、积累的技术、经营、管理和其他类型的商业秘密所享有的专有并排除义务人泄露或他人侵害的商事权利。商业秘密权是一种特殊的商事权利,其权利内涵包括:(1)商业秘密权为商事主体特别是经营主体所享有的一项专有权利。(2)商业秘密权的权利客体为前述在经营中形成的各种技术、经营、管理和其他类型的商业秘密。(3)商业秘密权的内容是经营主体对商业秘密的专有权和排除义务人泄露或他人侵害的权利。

2. 商业秘密权的法律属性

商业秘密权是一种特殊的商事权利,但对此权利的法律属性,学界、业界和立法上则有较大的分歧,除基础关系有财产关系说、契约关系说、信任关系说等不同解读外,〔100〕尚存在如下不同代表性观点:(1)人格权说。该说认为商业秘密属于人格权范畴,又分特别人格说和企业人格权说。特别人格权论者认为商业秘密权属于特别人格权范畴;〔101〕企业人格权论者认为商业秘密是专属企业的特殊权利,属企业人格权的范畴。〔102〕(2)财产权说。该说总体认为商业秘密属于一特殊形式的财产,因而商业秘密权属于财产权;〔103〕但究竟商业秘密权属于哪一种财产权,则又存在债权说〔104〕、知识产权说〔105〕、无形式财产权说〔106〕、独立财产说等不同观点。〔107〕(3)法益说。该论基于权利与法益的区分,认为知识产权的客体全部都是权利,而反不正当竞争法所保护的客体则为未上升为权利的法益,故应将商业秘密定性为未上升为权利的法益。〔108〕(4)混合权利说。该论认为商业秘密具有财产性与人格性并存的属性,商业秘密权应为基于商事人格权而产生的财产权;〔109〕或为具一般意义的知识产权、商业秘密属性的商事人

---

〔100〕 参见孔祥俊:《商业秘密保护法原理》,中国法制出版社 1999 年版,第 152 ~ 155 页。

〔101〕 参见杨立新:《人身权新论》,中国检察出版社 1995 年版,第 708 页;关今华:《精神损害的认定与赔偿》,人民法院出版社 1996 年版,第 170 页;陈卫佐译注:《德国民法典》,法律出版社 2015 年版,第 317 页。

〔102〕 参见孔祥俊:《反不正当竞争法的适用与完善》,法律出版社 1998 年版,第 425 页。

〔103〕 参见张玉瑞:《商业秘密的法律保护》,专利文献出版社 1993 年版,第 15 页。

〔104〕 参见[美]查尔斯·R. 麦克马尼斯:《不公平贸易行为概论》,陈宗胜等译,中国社会科学出版社 1997 年版,第 177 ~ 181 页;孔祥俊:《商业秘密保护法原理》,中国法制出版社 1999 年版,第 2 页。

〔105〕 参见徐朝贤:《商业秘密权初探》,载《现代法学》2000 年第 6 期;郭世栈:《试论商业秘密权及其法律特征》,载《知识产权》2001 年第 3 期;刘春田、郑璇玉:《商业秘密的法理分析》,载《法学家》2004 年第 3 期。

〔106〕 参见吴汉东:《无形财产权基本问题研究》,中国人民大学出版社 2013 年版,第 330 页。

〔107〕 参见胡滨斌:《质疑"商业秘密法益论"——兼论商业秘密权的具体内容》,载《上海交通大学学报(哲学社会科学版)》2010 年第 5 期。

〔108〕 参见孙山:《反思中前进:商业秘密保护理论基础的剖解与展望》,载《知识产权》2011 年第 8 期。

〔109〕 参见程合红:《商事人格权论——人格权的经济利益内涵及其实现与保护》,中国人民大学出版社 2002 年版,第 108 ~ 115 页。

格权、经营信息范围内的财产权之混合性权利;[110]或属于知识产权与信息财产权的耦合。[111]

笔者认为,商业秘密与特定经营主体的人格、身份不可分离,具有明显的人格属性;但更重要的是,商业秘密已完全不同于自然人的个人隐私,也不同于一般的主体秘密,是一种本身具有商业价值并构成或支撑经营主体核心竞争力的营业信息,具有显著的价值内涵和财产属性,以之所形成或衍生的权利,无疑更多地具有财产权的性质。故商业秘密应属财产权,且为传统物权、债权、知识产权难以有效保护的一种新型衍生型财产权利,并因其与特定经营主体不可分离,而具典型的人格性特征,故应归入人格性财产权范畴。

3. 商业秘密权的主要特征

商业秘密权与物权、债权、知识产权等传统财产权比较,具有如下显著特征:

(1)主体的特定性。商业秘密权主要为商事主体,特别是经营主体的专有权利,一般民事主体只有隐私权或个人信息权,但一般不具有商业秘密权,除非该民事主体进入营业领域、从事了经营活动。而物权、债权、知识产权则非商事主体同样享有。

(2)客体的秘密性。商业秘密权的权利客体为商业秘密,它具有不公开性且权利主体采取了有效的保密措施,使权利人之外的主体在一般情形下难以知晓,秘密性是其最显著的特征。商业秘密无论在什么情况下,都不能公开。这是因为一旦公开,商业秘密就丧失其独特商业价值。而物权、债权、知识产权的权利客体必须是公开的,且公开又是取得权利的前提性条件,如专利等只在涉及国家或国防秘密时才不公开。

(3)内容的复合性。商业秘密权的权利内容比较独特,一方面,它不为他人或社会知晓,只能由权利人独享,其权利具有专有权、排他性,故采取一切措施防止他人或竞争对手窃取、刺探或非法获得,是权利行使的方式之一;另一方面,随着营业活动的开展和市场规模的扩大,拥有商业秘密的经营主体必然要通过聘用、雇佣、委托、授权等方式,使自己的高管、雇员、代理人、合作伙伴、交易相对人在一定程度上接触、知晓或使用商业秘密,在此情形下,为避免商业秘密的泄露或公开,权利人之外的相关义务人就有保守商业秘密的法定或约定的义务,自然排除相关义务人不当利用或泄露、披露、买卖商业秘密,进而对违信者追究损害赔偿责任。

(4)期限的无限性。商业秘密因其秘密性、保密性以及内容的不确定性,且因其不公开而无法给出权利的有效期限,除法律规定或合同约定相关义务人有保守或不利用

[110] 参见吕来明:《商事权利论》,法律出版社 2016 年版,第 227 ~ 230 页。

[111] 参见董慧娟、李雅光:《商业秘密权中知识产权与信息财产权的耦合》,载《江西社会科学》2015 年第 11 期。

商业秘密的期限外，商业秘密权本身并无固定或有效期限。

足见，尽管我国《民法典》第123条第2款第5项把“商业秘密”纳入知识产权的权利客体范畴，但商业秘密与一般知识产权有很明显的区别，在具体适用法律上，应根据保护商业秘密的特别法来决定商业秘密的保护模式或具体内容。

（二）商业秘密权的主要内容

商业秘密权虽具专有性，但并非有独占权，它集中表现为完全绝对的排他性，是一种既具专有性，又具共享性的权利形态，[112]其权利内容主要包括：

1. 表征权。商业秘密权因其与特定商事主体特别是经营主体的人格、身份、地位不可分离，权利主体只属于某特定商事主体，如某自然人商人或公司，而非内部成员或职员。故在各种有关聘用、雇佣、委托、授权或交易关系中，商业秘密的权利人有权表征自己的权利主体身份与地位，同时要求相关义务人承担保守商业秘密的义务。

2. 保有权。特定商事主体特别是经营主体依法或依约享有特定商业秘密的专有权，并进而有排除或制止他人或竞争对手窃取、刺探等非法获得或使用商业秘密的权利。

3. 保密权。商业秘密权人有权采取一切适当的措施、方式、手段，防止他人或竞争对手窃取、刺探等非法获得商业秘密；有权在聘用、雇佣、委托、授权或交易关系中，要求接触、知晓或使用商业秘密的相关义务人承担保密的义务；有权要求侵害其商业秘密的他人或竞争者承担损害赔偿责任等。

4. 使用权。商业秘密权人有权自己使用其保有、保密的商业秘密，也有权通过聘用、雇佣、委托、授权或交易等方式，有限制地借助他人使用商业秘密，还可通过转让、许可等方式，让其他经营主体或合作伙伴使用或分享商业秘密。

5. 收益权。商业秘密权人有权取得通过使用商业秘密而增进的收益或累计的财富；有权独享因使用商业秘密带来的超额利润或垄断利益；有权利用商业秘密优势扩大市场和提高竞争力。

6. 处分权。商业秘密权人有权通过许可、授权、加盟、连锁等方式，让他人或合作伙伴使用商业秘密；有权通过转让的方式，把商业秘密出让与他人或竞争对手；有权以无偿或公开等方式，让全社会共享商业秘密等。

---

〔112〕 参见姜振颖：《论商业秘密权的内容及其权利限制》，载《中州学刊》1997年第3期。

第四节 商业标记权

一、商业标记权的一般分析

(一)商业标记的界定及类型

1. 商业标记的界定

商业标记,又称营业标记或经营标记,还有学者称为商业标识、商业标志、商业外观等,系指商事主体特别是经营主体为表征其在经营、产品、服务或产地方面的显著特色,以特定文字、图形、颜色或色彩为基本元素独立或有机组合构成的外观标记或标识。

商业标记的基本内涵集中表现在内在要素与外在形式两个方面:(1)内在构成要素。商业标记是由特定的文字、图形、颜色或色彩为基本元素独立或有机组合构成的一种特定艺术形式或外观形状。如企业的厂标,既可以特定文字,也可以特定图形,并配以特定的颜色、色彩、色调等,以一定的艺术形式或外观形状呈现出来。(2)外在表现形式。商业标记系特定的文字、图形、颜色或色彩为基本元素的独立或有机组合,以特定的企业名称、工厂徽标、场地装潢、产品标记、服务标记、产地标记等具体形式表现出来。

2. 商业标记的类型

关于商业标记的法律属性,学界、业界尚有商业标记〔113〕、商业标识〔114〕、商业标志〔115〕、商业外观等不同表述,〔116〕从商业标记的营业识别、质量担保、广告推销、特色宣示等不同功能来看,凡具有表征不同商事主体、产品或服务、地理来源的显著外观标记,均应纳入商业标记的范畴,故商业标记应作广义解释,才符合其本义。商业标记可

---

〔113〕 参见张今、姜凯志:《商业标记的法律保护》,载《知识产权》1994 年第 3 期;张术麟:《商业标记权的法律保护》,知识产权出版社 2008 年版,第 6 ~ 14 页。

〔114〕 参见王莲峰:《论我国商业标识立法的体系化》,载《法学》2007 年第 3 期;田晓玲:《我国商业标识法律保护制度的协调与完善》,载《现代法学》2020 年第 4 期。

〔115〕 参见张耕等:《商业标志法》,厦门大学出版社 2006 年版,第 1 页;林燕平:《关于"商业标志"的法律保护——"欧洲书店"与"欧洲专业书店"》,载《法学》1996 年第 10 期;衣庆云:《论商业标志权》,载《电子知识产权》2006 年第 8 期。

〔116〕 参见林曦:《商业外观的法律保护初探》,载《当代法学》2004 年第 6 期;钱光文、孙巾淋:《我国商业外观的法律保护问题探讨——以〈反不正当竞争法〉的适用为中心》,载《知识产权》2009 年第 1 期;叶若思:《商业外观权研究》,法律出版社 2010 年版,第 21 ~ 27 页;罗传伟:《商业外观保护的法律制度研究》,知识产权出版社 2011 年版,第 1 ~ 10 页。

作如下具体分类:(1)按商业标记的表征对象,可分为商事主体类标记、商品或服务类标记、产源或产地标记三大类。其中商事主体类标记包括商号(字号、厂商名称、企业名称)、域名、企业徽标、资质标记、企业认证标记、企业形象、企业装潢等;商品或服务类标记则包括商标、商品名称与知名商品特有名称、产品包装或装潢、商务广告语、质量标记、认证标记等;产源或产地标记主要包括地理标志、产地标记等。(2)按商业标记的保护方式,可分为知识产权法保护的商业标记和其他特别法保护的商业标记。(3)按商业标记的保护范围,可分为商标类商业标记与非商标类商业标记。鉴于知识产权本身源自商事权利,且其保护的领域、方式和范围也主要以营业领域、商业使用和生产经营所得利益为主,故所谓的知识产权只不过是一种特殊的商事权利而已。鉴于知识产权法的保护有别于一般商事权利的保护,知识产权制度的设计及保护的方式有其特殊性,且学者对其有深入、系统的论述和研究,故本书所论虽为广义上的商业标记,既包括已纳入知识产权法保护的商业标记,也包括其他特别法保护的商业标记;既包括商标类商业标记,也包括非商标类商业标记,但拟作集中讨论的则为未纳入知识产权法予以保护的非商标类商业标记。

(二)商业标记权的属性与特征

1. 商业标记权的属性

商业标记权为主体基于商业标记而形成或衍生的权利,即商事主体特别是经营主体基于依法取得的特定商业标记而形成或衍生的,在经营服务场所、产品或服务中标明特定标记并排除他人干涉、混同、侵害的一系列权利。

商业标记权是一种在营业中衍生、形成或创造的商事权利,此权利具有明显的财产属性,总体属于财产权范畴,虽有个别学者注意到商业标记权中商事主体人格性标记的存在,[117]但明确将商业标记权列入人格权的学者几乎没有。但商业标记权究竟属于财产权中的哪一种,学界、业界则存有分歧,代表性观点有知识产权说[118]、无形财产权说[119]、独立权利说等。[120]

笔者认为,很难将商业标记权完全归属于某一类具体权利。首先,商业标记权所涉及的范围极为广泛。从标记的对象、载体和功能来看,既可表征不同经营主体的特殊性,也可区别不同产品或服务,还可注明某一产品或服务的不同产地或地理来源。其次,从商业标记权涉及的权利客体来看,很难把其归属于知识产权或非知识产权,它

---

〔117〕 参见张术麟:《商业标记权的法律保护》,知识产权出版社 2008 年版,第 13 页。

〔118〕 参见徐升权:《论"商业标识权"》,载《知识产权》2012 年第 9 期。

〔119〕 参见吴汉东:《无形财产权基本问题研究》,中国人民大学出版社 2013 年版,第 380、444 页。

〔120〕 参见罗传伟:《商业外观保护的法律制度研究》,知识产权出版社 2011 年版,第 6 ~ 10 页;叶若思:《商业外观权研究》,法律出版社 2010 年版,第 21 ~ 27、37 页。

既有被传统知识产权保护的部分,如外观设计、商标、服务标记、厂商名称、货源标记或原产地名称、地理标记等;也有部分属于传统知识产权难以覆盖或保护的领域,如各种资质标记、产品的包装或装潢、各种认证标记、质量标记(如3C认证即中国强制性产品认证等)、特定商品标记(如绿色产品标记)、商务广告语、消费者指引等。最后,无论属于哪一种权利范畴,它们均属于商事权利或由商事权利衍生或演化而来。从权源上讲,近代工业产权和现代知识产权均属传统民事权利中所没有的权利,它们最早发生于营业领域和商业应用,是一种典型的商事权利,如专利实质属于商业的垄断权,商标实质属于产品或服务的专有识别权,两者均为商事主体特别是经营主体在经营中形成或产生的权利。只是因为近代工业产权或现代知识产权的保护方式,如公开性、专有性、地域性、期限性等特征,与传统商事权利的保护方式存在明显差异,知识产权法才逐渐从传统商法体系中分离出来走向相对独立,故严格意义上,知识产权法属于特别商法,知识产权仍属特殊的商事权利。在传统知识产权法对部分商业标记权不能保护的时候,无疑应适用一般商法规则或商事权利侵权救济的保护方式。可见,商业标记权作为具表征、识别、彰显功能的概括性、集合性商事权利,不可简单或绝对地归属于知识产权,或独立于知识产权之外,而应从权利客体的无形性、无体性、智力性等特性,把其定性为无形财产权。

2. 商业标记权的特征

商业标记权作为一项特别性、经营性的财产性,具有如下显著特征:

(1)客体的智力性。商业标记权的权利客体为商业标记,是由特定的文字、图形、颜色、色彩、色调等独立或有机组合所构成,是一种智力创造成果,具有明显的知识性、文化性、创造性等智力特征,具有特定的知识、文化、精神、价值内涵。

(2)表现的公开性。商业标记权是一种公开的权利,所有的权利要素必须是公开的,不存在不公开的商业标记或商业标记权。不公开的所谓商业标记,既不可能存在,也无所谓权利可言。相对而言,部分传统知识产权如涉及国家安全或国防秘密的专利,就可不公开;又前述的商业秘密权恰恰是以不公开为基本前提或条件。只有商业标记权,无论权利要素,还是权利行使或实现,均须全要素、全过程、全领域公开。

(3)功能的识别性。商业标记权的意义在于表征、区分、彰显不同经营主体、不同产品或服务、不同地理或产源的一种标记,而识别性又是其中最核心的制度功能。因其识别性,所以此类权利的保护重点,就是防止他人或同业竞争者的混同、混淆或淡化使用,故商业标记权的保护方式,除通过注册或登记取得专有性权外,最有效的方式就是追究商业标记权混同、混淆或淡化的侵权责任,以保障商业标记权人的正当、合法权益。

(4)存在的外观性。商业标记权具外观性特征,能为交易相对人、消费者、社会所显著看见或识别,且为凸显商业标记的特殊性,经营者往往在经营场所、产品或服务的显著位置着意表达,正原于此,故部分学者把其称为商业外观或商业外观权。

(5)形式的无形性。商业标记权虽以外观形式显现,但它并非独立存在的有形物,而须负载于特定的有体物之上,或通过有形的载体表达出来,但负载或表达该特定商业标记的载体或有形物,本身并非商业标记的全部,商业标记只是其中的标记或标识部分,而该标记或标识部分本身并不能脱离载体或有形物而独立存在,也无独立的价值。也就是说,标记或标识部分的文字、图形或颜色的样式或组合,必须与特定的经营主体、产品或服务、产源或产地结合起来,才具有实在的价值。商业标记的这种附属性或无形性决定商业标记权的附属性、衍生性和无形性。

(6)内容的多样性。商业标记权是一种基于不同类型、功能、形式之商业标记而产生的集合性权利,具有明显的多样性特征。首先,产生的多源性。既可基于历史的继承,如地理标记、原产地标记、民间文化符号等,即基于传统文化和历史原因而形成;[121]也可基于创新而产生;还可基于积累而形成;更可基于通用、专有、权威或质量认证等方式取得。其次,表现的多样性。它既可表征、区分、彰显不同经营主体,如厂标或厂徽等;也可表征、区分、彰显不同产品或服务,如产品包装设计等;还可表征、区分、彰显不同产源或产地,如原产地标记等。最后,法律调整的多渊源性。它既需要知识产权法予以垄断性专有保护,也需要反不正当竞争法的特殊保护,还应通过民事侵权救济作兜底性保护。

(7)价值的让与性。商业标记权是一种财产权,具有可转让、可交易、可资本等特质,可以通过出让、许可进行处分,把权利让渡于他人;还可通过资本化的方式,以出资、出质、信托和证券化等途径实现其资本价值。[122]

(三)商业标记权的类型与内容

1. 商业标记权的基本类型

基于前述商业标记的分类,笔者认为商业标记权可作如下分类:(1)按商业标记权的权利客体与表征对象的不同,可分为商事主体经营标记权、产品(商品)或服务标记权、产源或产地标记权。(2)按商业标记权的保护方式,可分为知识产权类商业标记权和非知识产权类的商业标记权。(3)按商业标记权的保护范围,可分商标类商业标记权与非商标类商业标记权。

2. 商业标记权的主要内容

商业标记权的核心是专有权以及衍生、派生的排除他人使用、侵犯的权利,包括如下权能:

---

[121] 参见苏喆:《文化符号商业标识功能的商标法规制——滥用民间文化符号注册商标的非正当性分析》,载《知识产权》2011 年第 1 期。

[122] 参见尚清锋:《商业外观权资本化的法律探讨》,载《法学杂志》2011 年第 10 期。

(1)专有权。专有权又称专有申请取得权,商业标记权人得通过申请、注册或登记,取得特定商业标记专有权。如申请外观专利,注册产品、服务或集体商标,厂名、厂标、厂徽注册为商标等。

(2)保有权。商业标记权人得有权选择任何途径、采取任何手段、制定任何措施保护或维持商业标记之归属权与专有权,包括反淡化使用措施、市场调查、违法举报、关联保护等。

(3)表征权。商业标记权人有权在经营场所、产品或服务的任何地点、载体的显著位置,标明或标记已取得专有权的各种注册商业标记和其他没有取得专有权的非注册商业标记。如经营者有权在产品外包装或显著位置上,标明或标记商标、厂标、代码、质量认证、原产地等标识。

(4)使用权。商业标记权人既有权在经营场所、产品或服务上使用或标记其经营标记权、产品或服务标记权、产源或产地标记权;也可通过许可方式,许可他人、合作伙伴或同业竞争者在其经营场所、产品或服务上使用或标记各种标记或标识。如商业标记权人通过认证或合同方式,可自己使用或许可他人使用"知名商品"、产品"包装、装潢"、特定产品标记,以达到扩大产品"显著性"与"知名性"的市场效应。[123]

(5)转让权。商业标记权人有权通过出让、交易等方式,把其专有的商业标记转让与他人。商业标记权的转让或变动与一般权利转让一样,也存在意思主义、登记对抗主义和登记生效主义三种模式;但基于商业标记权的无形财产权属性和绝对权性质,从交易安全和效率价值的平衡角度,转让变动采登记生效要件主义、许可使用变动采登记对抗主义为宜。[124]

(6)救济权。商业标记权人在专有商业标记被他人混同、混淆和淡化使用,或存在有其他侵犯非专有商业标记的情形下,有权选择法律或合同约定的方式,提起调解、仲裁或诉讼,以维护其正当、合法的商业标记权益。

二、经营标记权

(一)经营标记权的界定与功能

1. 经营标记权的界定

经营标记权,因其主要系表征、区分、彰显不同经营主体之用,又称经营者或企业标记权,即商事主体特别是作为经营主体的企业或其他经营者,基于商号(字号、厂商名称、企业名称)、域名、企业徽标、资质标记、企业认证标记、企业形象、企业装潢等商事主体类标记或标识而产生的专有权利。经营标记权是商业标记权中最主要的类型。

---

〔123〕 参见李春芳、伦佩明:《试论我国商业外观保护之"知名性"的重构》,载《知识产权》2013 年第 7 期。

〔124〕 参见尚清锋:《试论商业标志权的变动模式》,载《知识产权》2011 年第 7 期。

经营标记权的基本内涵为:(1)经营标记权的权利主体为特定商事主体,特别是作为经营主体的企业或个体经营者。(2)经营标记权的客体是有关表征、识别不同商事主体特色或扩大其市场影响、社会知名度的商事主体类标记或标识。(3)经营标记权的内容为特定商事主体尤其是企业对商号等商事主体类标记或标识的专有权以及由此产生的排除他人不当或非法使用之权利。

2. 经营标记权的功能

经营标记权是经营主体最重要的外观性商事权利,对具体经营者的营业具有重要的基础或支撑功能:(1)表征不同经营者的身份。(2)彰显不同经营者的经营特色。(3)反映不同经营者的信用或声誉。(4)扩大经营者的市场形象和社会影响力。

(二)经营标记权的类型与内容

经营标记权为基于经营主体类标记或标识而产生的专有权利,而根据专有权利的类型与功能不同,又可分为以下几种类型。

1. 经营主体标识标记权

经营者有权在自己的办公、经营场所或其他显著位置,标明其特定的商号(字号、厂商名称、企业名称)、住址、电话号码、联系方式,或者在各种专业网络或电商环境上标明域名、网址、账号、二维码等,以表征其独特的主体身份或合法地位。

2. 经营主体徽标标记权

经营主体徽标标记权,又称 LOGO 设置或标记权,徽标既可是注册商标,也可是特定文字或图形组合的非商标,本身具有识别性、特异性、内涵性、结构性、色彩性、形象性等特征,有明显的识别和广告效应,因而被绝大多数企业等经营者所选用。如企业徽(标)记可以把企业的地域位置、经营特点、技术设备、管理素质、发展方向、未来目标等都包容或浓缩在徽(标)记这方寸大地之中,是宣传企业形象、树立企业声誉所不可缺少的商业标记。[125] 经营主体有权在一定、适合的场地或场合使用徽标标记,并有权排除他人不当或非法使用。

3. 经营主体资质标记权

资质系指从事某种营业活动所具备的条件、资格、能力,它一般通过各种许可、批文、证书表现出来。经营者拥有某种资质,就意味着可从事该资质所在领域的营业,进而以之作为自己的主业,展拓其业务。资质涉及不同领域、行业、部门或事项,如金融、银行、证券、保险、保荐、会计、审计、评估、建筑、食品、制药等,均须具有一定的资质,方可在该领域、行业、部门从事相关营业事项。故经营主体如拥有某一资质,无疑就享有经营主体资质标记权,即在所有认为适当的场地或场合,以显著方式标记其特定资质

---

[125] 参见陈连升:《试论商业企业徽(标)记及其作用》,载《商业经济研究》1993 年第 2 期。

的权利。

4. 经营主体认证标记权

认证，是一种信用或标准保证形式，按照国际标准化组织（ISO）和国际电工委员会（IEC）的定义，认证系由国际或国家认可的认证机构证明一个组织的产品、服务、管理体系符合相关标准、技术规范（TS）或其强制性要求的合格评定活动。取得一定认证，代表某一企业或经营者达到一定的规模标准、技术水平、质量要求或必要规范，如星级酒店认证、SA8000 社会责任标准认证、ISO9001 质量体系认证等。企业等经营者如取得某项认证，就意味着具有某种特殊信用或标准保证，就有在其认为任何适当的场地或场合，以显著方式标记其特定认证的权利。

5. 经营主体广告语标记权

特定的商务广告用语，在提高经营者知名度的同时，亦可表征或彰显其经营或质量的特殊性。如农夫山泉那句“我们不生产水，我们只是大自然的搬运工”，就渗透着该企业取水源的天然品质和绿色环保理念，无疑有显著的识别性。当企业等经营者创新某一商务广告语，且具有显著识别性时，该企业就取得特定广告语标记权，进而有在其认为任何适当的场地或场合，以显著方式标记其特定具原创性和显著识别性的商务广告语，并排除他人使用或模仿使用的权利。

6. 经营主体场地标记权

企业等经营者的办公地点、经营场地、营业处所，是最能体现经营者形象、实力、理念、技术、管理水平的地方，通过一定的设计、装修、装潢，配以适当的标徽、字号、商务广告语、条幅、金句，更能彰显特定企业的独特性和显著识别性。基于此，企业等经营者有在办公地点、经营场地、营业处所以任何不违反法律、行政法规禁止性规定的方式，标记所有能表征其显著特征的各种要素，并排除他人模仿的权利，以及由此衍生的样式设计标记权、场所装修标记权或装潢标记权等。

7. 经营主体形象标记权

经营主体形象标记权系指经营者在经营中，为在交易相对人、消费者、社会中塑造自己的整体印象或良好形象而作出显著标记的权利。经营主体形象标记权属于商业标记权的范畴，它与一般意义的形象权不同。关于形象权，既有理论大多系指对自然人肖像或姓名的商业化利用。在日本，在某些商品上使用著名人物的形象或姓名、虚构人物或动物的形象或名称，为自然人形象的“商品化”；[126] 在美国，形象权是由隐私权演化而成的一项财产权，本质上是个人对其人格属性的商业价值享有的支配权；[127]

---

[126] 参见[日]萩萩原·有里：《日本法律对商业形象权的保护》，载《知识产权》2003 年第 5 期。

[127] 参见朱广新：《形象权在美国的发展状况及对我国立法的启示》，载《暨南学报（哲学社会科学版）》2012 年第 3 期。

在我国,形象权有人格权说[128]、财产权说[129]、独立权说等不同观点。[130] 经营主体形象标记权中的形象,系使用特定标记而塑造或树立的整体形象,其范围可包括前述所有的表征商事主体的各种标记。

三、产品或服务标记权

产品或服务标记权为基于商标、商品名称与知名商品特有名称、产品包装或装潢、商务广告语、质量标记、认证标记等商品或服务类标记而产生或形成的专有权利,它可分为产品标记权和服务标记权两大类型。

(一)产品标记权

1. 产品标记权的界定与内涵

产品标记权为基于商标、商品名称与知名商品特有名称、产品包装或装潢、商务广告语、质量标记、认证标记等产品类标记而产生或形成的专有权利。产品标记权具有如下特定内涵:(1)权利主体为特定产品的制造商或生产者。(2)权利客体为表征、区分、彰显不同产品制造者或生产者特色、功能或质量,并以商标、商品名称与知名商品特有名称、产品包装或装潢、商务广告语、质量标记、认证标记等具体形式表现出来的产品类标记。(3)权利内容为制造商或生产商在产品上作出各种显著性标记,并排除他人模仿或混同的权利。

2. 产品标记权的类型与内容

产品标记权为基于产品标记而创新、形成或衍生的特殊商事权利,主要类型及内容包括:

(1)制造商或生产商标记权。经营者在产品或包装上的显著位置,标明或标记特定制造商或生产商的姓名或名称,并排除他人的模仿、混同或冒用的权利,系产品标记权中的基础内容。

(2)商标标记权。经营者在其制造或生产的产品及包装的显著位置上标明或标记其注册或未注册的商标,并排除他人的模仿、混同或冒用的权利。商标之基本功能在识别、区分、彰显产品的不同制造者或生产者,商标标记权是产品标记权最重要、核心的内容。

(3)专利产品标记权。经营者在其制造或生产的产品及包装的显著位置上标明或

---

[128] 参见杨立新、林旭霞:《论形象权的独立地位及其基本内容》,载《吉林大学社会科学学报》2006 年第 2 期。

[129] 参见董炳和:《论形象权》,载《法律科学(西北政法学院学报)》1998 年第 4 期。

[130] 参见吴汉东:《形象的商品化与商品化的形象权》,载《法学》2004 年第 10 期;阮开欣:《电子游戏的形象权问题研究:以美国的司法实践为视角》,载《电子知识产权》2014 年第 3 期。

标记该产品为专利产品及专利号，以彰显该产品的创新性，并排除他人的模仿、混同或冒用的权利。在产品或包装上标记专利产品，有利于该产品走向市场。[131]

（4）特殊产品标记权，经营者在产品或包装上标明或标记为特殊产品的权利，如各种展览会、赛会、大会、组织的专用产品、赞助商产品、指定产品等标记。关于特殊产品标记、标识或标志的具体内涵，如国务院《特殊标志管理条例》（1996 年）第 2 条之规定。

（5）专用产品标记权，经营者在不同类型的专用产品或包装上标明该专用产品的特殊质量或认证标记之权利。关于专用产品标记，我国主要由部门规章予以调整，产品中如标明某专用产品标识，应符合相关规定。

（6）质量认证标记权，经营者在产品或包装上标明或标记某特定质量认证标记之权。如国务院 2020 年修订的《认证认可条例》第 2 条第 1 款规定，认证系指“由认证机构证明产品、服务、管理体系符合相关技术规范、相关技术规范的强制性要求或者标准的合格评定活动”，包括产品认证、服务认证、管理体系认证三大类型。产品质量认证是最主要的认证类型，又可分为产品质量认证和质量体系认证，其中产品质量认证又包括合格认证和安全认证两种。如我国 CCC 国家强制性认证、输美产品的 UL 认证、输欧产品的 CE 认证均为产品质量安全认证。凡在产品或包装上标明或标记某特定质量认证标记，均须具有真实性、合法性和有效性。

（7）环保或绿色认证标记权。经营者在产品或包装上标明或标记某特定环保或绿色认证标记或标识之权。关于环保或绿色产品认证标记或标识，我国目前有绿色食品认证、环保认证、中国环境标志认证、环境保护产品认证、无公害农产品认证、中国有机产品认证、有机食品认证、农产品地理标志认证等多种认证体系或标准。相关规范如国务院《关于建立统一的绿色产品标准、认证、标识体系的意见》（国办发〔2016〕86 号）和国家市场监督管理总局《绿色产品评价标准清单及认证目录（2018 年，第一批）》《绿色产品标识使用管理办法》（2019 年）等。

（8）证明标记权。经营者在产品或包装上标明或标记某特定证明标记或标识之权。产品证明标记是用来证明产品的产地、原料、制造方式、质量、精确度或其他特点的标志或标记，如名优产品获奖标记、产品质量保险标记等。[132]

（9）原产地标记权。经营者在产品或包装上标明或标记该产品的原产地标记之权。

（10）其他产品标记权。

---

〔131〕 参见文希凯：《从带有专利标记的产品谈起》，载《工业产权》1987 年第 1 期。

〔132〕 参见符国群：《浅论产品证明标记的法律保护》，载《法学评论》1989 年第 6 期。

(二)服务标记权

1. 服务标记权的界定与内涵

服务标记权为商业服务提供商基于在其服务处所或服务载体标明或标记特定服务类标记而产生或形成的专有权利。服务标记权因学界、业界把服务标记与服务商标混同,[133]常与服务商标权混淆。严格来说,服务标记与服务商标是一个既有重叠,又有差异的标记范畴。[134] 总体而言,服务标记比服务商标范围要广,它可分为商标类服务标记(服务商标)和非商标类服务标记。

服务标记是重要的工业或商业标记,为工业产权的保护领域。[135] 如服务标记就属于《巴黎公约》第1条第2款的保护范围;又如尼斯联盟《商标注册用商品和服务国际分类》(第10版)表中的第35-45类共11个类别商标,均为服务类商标或标识,主要包括广告经营、会展,房地产,金融,电信、网络服务,餐饮、住宿、旅游,文教、娱乐,交通、仓储、运输,医疗卫生、保健,中介、代理,商业销售、贸易等10个领域。服务标记权无疑也涵盖上述10个领域。

服务标记权的基本内涵为:(1)权利主体为商业服务提供商。(2)权利客体为各种服务类标记,既包括商标类服务标记,也包括非商标类服务标记;既包括商业服务提供商的标记,也包括特定服务领域的认证、证明、质量标记等。(3)权利内容为在服务商经营场所、服务工具、服务手册、广告用语、宣传资料和各种其他场合、文件中,标明或标记特定服务类标记,并排除他人模仿、冒用、混同或混淆使用的权利。

2. 服务标记权的类型与内容

由于服务标记权的具体行使不是以具体产品或包装直接体现出来,其标记载体主要为服务商经营场所、服务工具、服务手册、广告用语、宣传资料和其他各种场合或文件。它与前述经营标记权或企业标记权具有一定的同质性,不同的是,服务标记权除涉及具体服务商的主体性标记外,还包括具体服务领域或行业的特定服务标记或质量、管理认证标记。基于此,服务标记权的类型与内容,可作如下划分:

(1)商标类服务标记权与非商标类服务标记权。商标类服务标记权为基于商标类服务标记而产生的权利,包括注册商标类服务标记专有权和非注册商标类服务标记权,我国《商标法》第3条明确规定,服务商标可经核准注册为注册商标,商标注册人享有商标专用权。非商标类服务标记权为经营者基于非商标类服务标记而产生的一系列权利,非商标类服务标记包括涉及特定服务领域、行业、部门或事项的认证、证明或其他具表征、区分、识别、彰显功能的服务类标记或标识。在符合规定并不与其他主体

---

〔133〕 参见邓辉辉:《论服务标记的取得、表现形式和法律保护》,载《知识产权》1998年第1期。

〔134〕 参见方江宁:《关于服务标记的几个问题》,载《法律学习与研究》1992年第2期。

〔135〕 参见张军文:《论服务标记及其法律保护》,载《烟台大学学报(哲学社会科学版)》1992年第4期。

权益发生冲突的情况下,经营者可使用、标记各种非商标类服务标记。

(2)商业服务商主体标记权与特定服务领域或行业标记权。商业服务商主体标记权即基于标明或标记任何表征、区分、识别、彰显特定服务商主体显著性、独特性或差异性的标记或标识所产生的一系列权利,商业服务商主体标记权与前述经营标记权或企业标记权属同一范畴。特定服务领域或行业标记权系基于表征、区分、识别、彰显不同或特定服务领域或行业功能的服务类标记或标识所产生的一系列权利。这些特定服务领域或行业标记,一般包括特定服务或行业的各种认证、证明、质量管理体系、社会责任体系等标记或标识,它们既可是商标类,如我国《商标法》第3条所规定的集体商标、证明商标等,也可是非商标类。

四、地理标记权

(一)地理标记的界定与功能

1. 地理标记的界定

地理标记(geographical indication, GI),又称地理标志或地理标识,为表征、区分、识别、彰显某特定商品或产品的产地或产源的一种显著性标记。如我国《商标法》第16条第2款规定,"地理标志,是指标示某商品来源于某地区,该商品的特定质量、信誉或者其他特征,主要由该地区的自然因素或者人文因素所决定的标志"。又如世界贸易组织在《与贸易有关的知识产权协定》中,对地理标志定义为鉴别原产于一成员国领土或该领土的一个地区或一地点的产品的标志,该标志产品的质量、声誉或其他确定的特性应主要决定于其原产地。可见,地理标志主要用于鉴别某一产品的产地,即该产品的产地标志。地理标志也是一种特殊的知识产权。

2. 地理标记的功能

地理标记具有产品性、真实性、地理性、识别性、证明性等主要特征,与前述经营标记、产品或服务标记相比,它具地理识别性、产品识别性、品质识别性等独特识别功能,[136] 故其使用有严格的条件限制:(1)地理标记所载地理必须客观真实存在,不可臆造、伪造或虚构;(2)地理标记必须能反映特定地域、地区、地方的产品之内在特质、独立工艺、独有风味、特殊品质,在自然条件、原材料、制作工艺、人文环境等方面具有独特性;(3)地理标记须具有驰名性,能为特定地域、地区、地方之外的公众所熟知、传颂或肯定;(4)权利人或使用人必须是该特定地域、地区、地方严格利用该地自然条件、原材料、采用相同的传统配方或工艺的生产者或经营者。

---

〔136〕 参见曹新明:《我国地理标志保护制度之完善——以促进我国农业经济发展为视角》,载《知识产权》2007年第1期。

(二)地理标记权的特征与内容

1. 地理标记权的特征

地理标记权,又称产源或产地标记权,为基于产源或产地等地理标志而产生的专有权利。关于地理标记权的特征,有学者认为,地理标志权属于工业产权范畴,具有特殊共有性、法定"分散性"、使用人范围"限制性"、时间性和可转让性;[137] 有学者认为地理标志权具有非个体性、无期限性、不可转让性等特点。[138]

地理标记权为基于地理标记所产生的一系列经营性标记权利之概称,受制于地理标记的特殊性和限制性,与其他商业标记权比较,它具有如下显著特征:(1)集体性。地理标记权并非个体性权利,而是一种集体性权利,只要符合地理标记使用的严格条件,经一定申请、审查或监督程序,就可使用或标明某一特定地理标记。(2)无期限性。不同于其他工业产权类商业标识,地理标志具有典型的传统知识属性,价值的多元性决定对地理标志的保护不能仅局限于对标识的保护上。[139] 地理标记权是一种综合地理、历史、传统、人文的习惯性、通用性、公共性权利,具有公开性和非独占性等特征,只要符合严格条件并有一定的程序监督机制,就可长期享有。(3)不可转让性。地理标记权是一种有严格地理、历史、传统、人文条件限制的地方性权利,它只能由特定地域、地区、地方的特定生产者或经营者使用,权利人或使用人无权以许可或转让的方式,使该特定地域、地区、地方之外的生产者或经营者享有此权利;即使权利人或使用人自己如不符合使用条件,也要被禁止使用。故地理标记权属于集体、共同享有,不具有可转让性或任意处分性。如我国《地理标志产品保护规定》(2005 年)第 21 条规定。

2. 地理标记权的内容

从泛义上讲,地理标记权包括产源标记权和产地标记权,前者基于"货源标记"衍生的商业标记权为产源标记权或货源标记权,而基于"原产地名称"而形成的商业标记权则为产地标记权或原产地标记权。但就狭义的地理标记权而言,地理标记权只包括基于"原产地名称"而形成的产地标记权或原产地标记权。

地理标记权的具体内容与前述商业标记权基本相同,其中最重要的权利为在产品或包装以及任何场合或文本中标明、标记某特定地理标记或原产地标记的权利;但基于前述地理标记权的特征,地理标记权的内容因其集体性、无期限性和不可转让性,不享有如下特殊权利:(1)专有权。地理标记权不具独占性、排他性,权利人或使用人不可排除符合条件或程序的本地其他生产者或经营者使用某特定地理标记。(2)转让

---

[137] 参见熊英:《论地理标志权的特性和法律保护》,载《北京工商大学学报(社会科学版)》2002 年第 5 期。

[138] 参见吴汉东:《无形财产权基本问题研究》,中国人民大学出版社 2013 年版,第 381 ~ 382 页。

[139] 参见李祖明:《传统知识视野下的地理标志保护研究》,载《知识产权》2009 年第 1 期。

权。权利人或使用人不可通过许可、合作、转让等方式,由本地之外的其他生产者或经营者拥有或使用该特殊地理标记。(3)处分权。地理标记权为集体性权利,如注册为商标,也只能注册为集体商标或证明商标,非因法定事由或经法定程序,权利人或使用人不可任意处分该地理标记及附着的一切权利。

第八章　交易性权利:商事债权

交易在营业中具有经常性和贯通性,一方面,无论古代还是近现代,商事交易都是营业中最典型且最常见的形式之一;另一方面,居于营业中心地位的经营形态、阶段、环节,在经过治理决策、组织生产、营运管理并形成以产品或服务为代表的经营成果之后,也须通过交易才能变现为货币资金或对价给付,实现效益或利润的最大化经营目标,此即营业中的“成于交易”。特别是企业各种经营活动的正常进行,几乎就是以企业与一系列相对主体的交易为必要形式而展开的。当营业进入交易形态、阶段、环节,也必然、顺势产生各种基于商事合同和其他交易形成的债权,因而商事债权就成为营业交易形态、阶段、环节的主要权利形态。

第一节　商事债权的一般分析

一、商事债权的学理阐释

(一)商事债权的基本内涵

1. 商事债权的界定

商事债权系指在交易形态的营业中或营业进入交易形态、阶段、环节中所产生的债权。所谓交易形态的营业,系传统以商品买卖、货物运输、商业服务、国际贸易为核心内容的一般、普通类买卖、运输、服务、贸易性营业,此类营业系传统贸易商行为的范畴,本质上是以商品交换和对价交易为基本形式,属典型意义的买卖之债或买卖之债的衍生形式。而营业进入交易形态、阶段、环节,所针对的是近代以来的营业中,因出现投资、经营、交易的适度分离或相对独立现象,营业按时序和递次发展规律,沿着“投资→经营→交易”这一先后顺序和“始于投资,形于经营,成于交易”之递次演进的逻辑运行着;当营业形成以产品或服务的经营成果之后,就必然要进入营业交易形态、阶段、环节,而以交易为中心任务和主要特质的营业状态中,商事主体的权利形态就很自然地主要表现为交易主体之商事债权。本章所论商事债权,虽总体上既包括交易形态的营业中所生债权,也包括营业进入交易形态、阶段、环节中所生债权,但主要着眼于营业进入交易形态、阶段、环节中所生债权。

商事债权是大陆法系国家或地区一个比较常见的概念或范畴。如在法国,基于营业资产转让、质押、租赁,基于一体化经营合同,实际上均涉及商事债权问题。[1] 在德国,商事债权行为作为特殊形式的债权行为,其特殊之处主要涉及商事契约缔结过程中的要约与承诺、对意思表示之缄默、缄默之错误等方面;[2]除《德国商法典》第355~357条之外,其还包含一系列其他条款,依照法律教义学也应属于一般债权规定。[3]《日本商法典》第515条有关于"为担保商行为债权而设定的质权"之规定;[4]同样,受日本影响,《韩国商法典》第59条也有"为了担保因商行为所发生的债权而设定的质权"之规定。[5] 在英美法系,虽无民商之分,但债权是一个被普遍接受并广泛适用于商法领域的概念或范畴,在英国,债权一般被分为合同之债与侵权之债;[6]在美国,无论公司行为,还是商事合同,或者商事交易,均适用有关债权规则处理。[7]

我国学理与立法上并无民事债权与商事债权的明确析分,虽有学者较早地从一般商行为角度提出商法上的债权行为;[8]也有学者把商事债权定义为"商行为所涉及的债权,或者是指商事交易合同中存在的债权";[9]或者认为商事债权乃基于商事合同设定的权利。[10] 但商事债权之概念与范畴并未被广泛接受,作为民事债权的一种类型或特殊形式,自1986年《民法通则》出台以来,特别是1999年具有实质商事化特征的《合同法》通过以来,除商事留置权[11]、金融租赁债权等少数债权,[12]尚在个别情形下冠之以商事债权之外,几乎已被淹没在一般民事债权的大海之中。

2. 商事债权的特征

应当承认,商事债权乃基于营业或商事交易所生之债权,从债权的本质特征与权

---

〔1〕 参见[法]伊夫·居荣:《法国商法》,罗结珍、赵海峰译,法律出版社2004年版,第755~777、883~908页。

〔2〕 参见范健:《德国商法:传统框架与新规则》,法律出版2003年版,第321页。

〔3〕 参见[德]C. W. 卡纳里斯:《德国商法》,杨继译,法律出版社2006年版,第630页。

〔4〕 参见《日本商法典》,王书江、殷建平译,中国法制出版社2000年版,第155页;刘成杰译注:《日本最新商法典译注》,中国政法大学出版社2012年版,第108页。

〔5〕 参见《韩国商法》,吴日焕译,中国政法大学出版社1999年版,第15页。

〔6〕 参见[美]斯蒂芬·加奇:《商法》,屈广清、陈小云译,中国政法大学出版社2004年版,第69页以下。

〔7〕 参见张胜利、戴新毅编著:《美国商事法概论》,中国政法大学出版社2012年版,第92页以下。

〔8〕 参见范健主编:《商法》,高等教育出版社、北京大学出版社2007年版,第56页。

〔9〕 参见曾大鹏:《商事物权与商事债权制度研究:兼议商法通则立法》,中国法制出版社2012年版,第1页。

〔10〕 参见吕来明:《商事权利论》,法律出版社2016年版,第232页。

〔11〕 参见曾大鹏:《商事留置权的法律构造》,载《法学》2010年第2期;熊丙万:《论商事留置权》,载《法学家》2011年第4期;曹兴权、胡永龙:《民法典编纂背景下商事留置权牵连关系的重构》,载《西南政法大学学报》2018年第3期。

〔12〕 参见虞政平、陈辛迪:《商事债权融资对债权让与通知制度的冲击》,载《政法论丛》2019年第3期。

利构成上,与一般债权并无实质不同,故学理、立法对一般债权与商事债权不加区分,总体上并无不妥。但如考虑到营业的特殊性,就会发现商事债权仍与一般债权有许多特殊之处,而这些特殊之处仅仅适用一般债权规则,显然是远远不够的。商事债权与一般债权的不同之处,集中表现在营利性、交易性、文义性、无因性、外观性、精算性等多个方面。

基于以上分析,更兼营业交易在现代营业中的独立地位,重提商事债权,恰恰不是为了标新立异的体系化需要,而是对营业交易所生债权特性的应有尊重。

(二)商事债权的产生依据

商事债权除如一般债权一样,可基于合同而产生,也可基于侵权行为等非合同事由产生。但就营业交易而言,基于前述事实逻辑,可分为如下两大路径:

1. 基于纯粹交易形态营业而产生的商事债权

此类商事债权的产生依据是基于前述商品买卖、货物运输、商业服务、国际贸易等传统商业类营业。由于在传统商业类营业中,投资、经营、交易并无明显的分工、分离或分立现象,投资主体、经营主体、交易主体在买卖、交换等营业活动中,主体与身份是完全重合的,故所生债权基本属于传统买卖、交换型债权结构,债权双方当事人之间权利对等、信息对称、条件对价,权利义务相对比较简单明了。对基于纯粹交易形态营业而产生的商事债权,只需适用传统债法规则认定和保护即可。

2. 基于复杂交易阶段营业而产生的商事债权

此类商事债权的产生依据是基于作为复杂、分工型营业中具有独立功能或地位的特定交易形态、阶段、环节。它包括:(1)基于纯粹投资合同而产生的商事债权,如前述债权式投资合同所生债权。(2)基于经营活动本身需要而产生的债权。(3)基于产品或服务等经营成果变现需要而产生的交易类债权。(4)基于经营、产品或服务等营业侵权而产生的商事侵权之债。

二、商事债权的主要类型

商事债权除按前述产生依据进行分类外,还可按一定的标准作其他分类。

(一)合同类商事债权与非合同类商事债权

商事债权毕竟属于债权,而债权又分为合同之债与非合同之债。例如基于各种商事合同形成的债权,为商事合同之债;而基于非合同产生的商事债权,则为非合同之债,非合同类商事债权,又可分为无因管理、不当得利、先前行为、单方允诺、侵权行为等所生之债权。合同之债与非合同之债为私法常识,在此不再赘述。

(二)投资类商事债权、经营类商事债权与交易类商事债权

根据商事债权所发生的营业形态、阶段、环节的不同,可分为投资类债权、经营类

债权与交易类债权。

1. 投资类债权

基于纯粹债权式投资而产生的债权，例如，前述债权式投资所产生的各种投资性、资本性权利，本质上属于投资类债权的范畴。

2. 经营类债权

基于营业财产的治理决策、经营管理、组织营运而产生各种债权。例如，企业出资人基于出资、企业发起设立所产生的债权；企业与其他经营者成立、登记或开业后基于劳动力需要与劳动者所签劳动合同而产生的劳动债权；企业与其他经营者基于技术引进或出让的需要所产生的知识产权类债权；企业或其他经营者基于职业经理人、管理人员聘用需要而产生的委托代理债权；企业与其他经营者基于融资与结算需要与银行、资本市场产生的各种银行或金融债权；企业与其他经营者基于特许经营和经营权出让而产生的各种经营权债权，包括特许经营债权、承包债权、租赁债权、信托债权、托管债权、代工债权等；企业与其他经营者基于采购或推销而产生的各种交易债权；企业与其他经营者因经营所需或因经营所致的各种其他债权等。

3. 交易类债权

在营业交易形态、阶段或环节，作为职业型交易主体的批发商、零售商、经销商、代理商、行纪商等，纯粹基于推销、经销、代理产品或服务等各种经营成果需要而产生的各种债权，如批发权、零售权、经销权、分销权、代理权、行纪权等。

（三）一般商事债权与特别商事债权

按照商事债权的复杂程度与适用法律的不同，可分为一般商事债权与特别商事债权。

1. 一般商事债权

又称普通商事债权，即由前述传统买卖、运送、贸易等纯粹交换或服务型营业形态中，形成以一般债权为基本制度框架或权利结构的简单型商事债权。一般商事债权受民法与商法的共同调整，且主要适用《民法典》合同编或侵权责任编的有关规则。

2. 特别商事债权

特别商事债权系基于复杂、专业商事交易而形成、由商事特别法予以调整的商事债权。特别商事债权因其复杂性、专业性，已超出一般债权的调整效能，不能适用民商共治，而只能由专门的商事特别法予以调整。如基于证券、期货、基金、银行、票据、保险、运输（海事、航空、铁运）、信托、托管、承包、租赁、代工、特许经营、清算、破产等所生债权为典型的特别商事债权。

(四)传统实体型商事债权与网络虚拟型商事债权

1. 传统实体型商事债权

在农耕社会、工业经济背景下,基于实物、实体、实在之交易标的或其价值化、资本化、证券化形式所产生的商事债权,如传统商品或货物买卖债权、商业服务类债权、知识产权债权、资本类债权、金融类债权、特许经营权、经销权等。

2. 网络虚拟型商事债权

在信息社会、网络时代环境下,基于电子、网络、数字等虚拟交易标的或形式所产生的数字拟制债权。如各种电子商务、网络交易、移动支付、人工智能营商环境下所形成的各种电子合同、网络合同、移动结算、智能交易之债,就具有典型的虚拟债权特征,尽管这种虚拟的债权仍然对应着一定的价值。网络虚拟型商事债权尽管现在仍借助于传统债权的制度模式与法律框架予以调整,但因其数字性、无形性、虚拟性、可复制性、保密性等新特征,已给既有的一般商事债权和特别商事债权构成巨大挑战。

三、商事债权的典型形式

(一)特殊商品交易债权

基于商品、货物交易所生债权,与一般债权本无特别之处,但在营业交易形态、阶段、环节中,有部分特殊类商品的买卖与一般商品买卖存在特殊之处,如房地产、成套设备、大宗商品、期货、公用事业类产品、基础设施类产品等,就存在与传统一般产品或商品的特殊之处,这里主要讨论基于成套设备、大宗商品买卖所生之债。

1. 基于成套设备买卖所生债权

成套设备系指为生产某些产品或完成一定任务及功能所必需的整套设备或一系列装置,典型的如各种生产线。成套设备具有多样性、综合性、专业性、技术性、系统性、集成性、复杂性、功能性等多方面的特点。

成套设备买卖合同与一般商品或产品买卖合同虽无形式上的不同,但因成套设备本身的特殊性与不可替代性,其所生债权也就与一般商品买卖债权存在如下重大差异:(1)成套设备买卖的标的已不仅指向商品的数量或质量,而是成套设备经系统集成后所要达到的特定功能和生产效能,即特定功能和生产效能才是认定或评判成套设备这一特定标的物交付是否到位、符合合同要求的关键或核心指标。(2)成套设备买卖所生之债,不仅是成套设备各项或各类产品、装置、装备、机器等硬件及功能、功效等硬件指标,还包括各种设计原理、参数、程序、工艺、运行、方法等软件指标;只有"硬件"和"软件"、"技术设备"与"技术知识"的彻底结合和完全融合,[13]债务人才算完全履行

---

〔13〕 参见王卫国:《引进成套技术设备的法律问题》,载《政法论坛》1988年第2期。

合同义务,购进成套设备的债权人才可谓完全享有债权。(3)成套设备买卖还涉及后续的运行、维修、保养、故障排除等系列问题,其风险并未如传统商品买卖随所有权转移而转移,作为成套设备出售方的债务人,仍应承担相应义务。(4)成套设备在后续的运行、使用过程中,会因完善、改造、革新等创新衍生出技术、智力成果的归属问题,这些也应是此类债权必须考虑的问题。(5)成套设备往往涉及国际或国家质量标准、国家安全、公共秩序、公平或正当竞争等债权之外的其他问题,不同国家或地区往往对成套设备的质量、安全、许可、审查有专门的法律进行调整,甚至存在诸如限制或禁止出口等政策风险,而这些法律作为成套设备买卖合同的附添,也是债权中的重要内容。总之,基于成套设备买卖所生债权的特殊性与专业性,它必须适用特别商法予以调整、规范、保护和救济。

2. 基于大宗商品买卖所生债权

大宗商品是指"可进入流通领域,但非零售环节,具有商品属性用于工农业生产与消费使用的大批量买卖的物质商品"。〔14〕 在金融投资市场,大宗商品又指同质化、可交易、被广泛作为工业基础原材料的商品,如原油、有色金属、钢铁、农产品、铁矿石、煤炭等。大宗商品包括能源商品、基础原材料和大宗农副产品三大类别。与一般零售或批发商品相比较,大宗商品具有原产地或原材料属性、供需或交易量大、价格波动大、国际定价机制与国家统一限价交互影响、易于分级和标准化、易于储存或运输、影响世界市场与国计民生等特征。

基于大宗商品买卖所生债权,也因大宗商品及交易的特殊性,而具有标的的批量性、价格的波动性〔15〕、交易的集中性、定价的竞争性〔16〕、效应的金融性〔17〕、权利的证券性等重要特征,〔18〕对此,传统买卖合同的相关规则已无法胜任,它更需要商事特别法规则予以专门调整。

(二)特殊商业服务债权

人类进入工业社会以来,商业服务类营业的业态也由传统直接为商品或货物交

---

〔14〕《中华人民共和国国家标准大宗商品电子交易规范(GB/T18769—2003)》第2.1条第1款。

〔15〕参见李敬辉、范志勇:《利率调整和通货膨胀预期对大宗商品价格波动的影响——基于中国市场粮价和通货膨胀关系的经验研究》,载《经济研究》2005年第6期;谭小芬等:《国际大宗商品价格波动:中国因素有多重要——基于1997-2012年季度数据和VECM模型的实证研究》,载《国际金融研究》2014年第10期。

〔16〕参见韩立岩、尹力博:《投机行为还是实际需求?——国际大宗商品价格影响因素的广义视角分析》,载《经济研究》2012年第12期。

〔17〕参见罗贤东:《汇率与大宗商品、黄金和石油价格的关系研究——以进口铁石个石金融属性强化作为案例分析》,载《财政研究》2011年第1期。

〔18〕参见汪五一等:《中国大宗商品金融属性的强化及价格指数研究》,载《学术研究》2014年第3期;杨胜刚、成博:《股票市场与大宗商品市场互动特征比较研究》,载《当代财经》2014年第6期。

换、交易、贸易配套服务的运输、仓储、保管、中介、代理、行纪等单一、简单、普通型，走向综合、复杂、专业型，涌现出一系列新型的商业服务形式，进而产生一系列新型商业服务类商事债权。比较典型的如旅游服务、现代物流、物业管理、金融服务、公共产品类服务、电子商务、网络服务等，基于此类特殊商业服务所生之债权，即为特殊商业服务债权。特殊商业服务债权，与传统商业服务债权相比，具有综合性、复杂性、专业性等多重特征。

（1）综合性。特殊商业服务债权大多具有服务内容或形式的综合性特征，一份合同中往往包括多项传统类服务合同的内容，但又不是传统类服务合同的简单组合或集合。例如，旅游服务合同，就糅合或包括传统交通运输、住宿餐饮、参观门票、导游服务、保安服务、保管服务和其他特别服务于一体的综合类服务合同，且不同类型旅游合同，如包价类与代办类，就有显著差异。[19]

（2）复杂性。特殊商业服务债权因内容的综合，故权利内容也异常复杂，往往一项概括性的服务合同，包含着多个复合合同的内容。例如，物业管理合同就是由多个有名合同和无名合同有机构成的合同集合。它以物业管理与服务为中心，以委托合同为外在形式，包括物业管理或服务委托合同，供用电、水、气、热、通信、电视等公用事业服务代办合同，物业保管或仓储合同，日常生活委托服务合同和其他委托性物业管理或服务合同等多领域、多层次、多种类合同之集合。[20]

（3）专业性。特殊商业服务债权具有明显的专业性特征，往往由一定的行业或技术标准进行规范，如《电子签名法》《电子商务法》对电子商务合同的专门调整等。[21]又如快递服务合同表面上看似乎只有运送合同，实际上内含有托运、运输、代理、仓储、配送、保管、代收、代付等多个或多项现代服务合同内容，[22]已完全颠覆传统一般运输合同的内容和形式。

（三）资本金融债权

在以资本营运、金融交易为顶层交易的资本商法、金融商法时代，以资本、金融为交易对象或标的而产生的债权，在所有商事债权中居于突出地位。由于现代资本、金融所涉及的领域十分广泛，且因资本、金融的全领域、全过程、全环节渗透与贯通，使资本类、金融类债权已成为当代商事债权的主导形式。

资本金融债权的具体形式包括股票、证券、基金、银行、票据、保险、信托、期货、外

---

〔19〕 参见刘劲柳：《旅游合同》，法律出版社2004年版，第16～30页。

〔20〕 参见肖海军：《物业管理与业主权利》，中国民主法制出版社2006年版，第70页。

〔21〕 参见高富平：《从电子商务法到网络商务法——关于我国电子商务立法定位的思考》，载《法学》2014年第10期。

〔22〕 参见郑佳宁：《快递服务合同典型化的立法表达与实现路径》，载《法学家》2019年第1期。

汇等在交易过程中所形成的各种债权。鉴于此类债权已融于公司法、证券法、证券投资基金法、商业银行法、票据法、保险法、信托法、期货法、外汇法等相关商事特别法之中,且部分属于前述资本权的范畴,在此不再细述。

(四)知识产权债权

在以技术创新为核心竞争力的现代市场社会,以专利技术、商标、计算机软件、著作权和其他智力创新成果为交易标的而形成的债权,在知识经济、信息社会占有十分重要的地位。特别是技术的交易,从技术开发到技术转让、技术许可,再到技术咨询、技术服务,涉及很多技术、专业问题,传统一般合同或侵权规则已难以适用技术与知识产权交易的需要,故此类债权往往也是通过专门法、特别法予以调整。我国从 1987 年的《技术合同法》,到 1999 年《合同法》第 18 章技术合同,再到 2020 年《民法典》合同编第 20 章技术合同,技术合同一直作为有名合同单列,说明技术交易类债权的极其重要性。不仅如此,《专利法》《商标法》《著作权法》《计算机软件保护条例》《植物新品种保护条例》《信息网络传播权保护条例》等专门法律、行政法规也对涉及知识产权交易所生债权进行调整。

(五)特许经营权

特许经营权是基于营业要素、营业模式或营业事项许可使用或营运而产生的特别商事债权。特许经营权又因特许人的属性不同,可分为一般商事特许经营权和公用事业特许经营权。

1. 一般商事特许经营权

一般商事特许经营,又称商业特许经营(franchise),即知识产权、商业秘密、特殊产品、名牌企业的专有权人或权利人以授权人的名义通过特许经营合同的形式,授权他人在支付一定特许费用的前提下,使用某一知识产权、商业秘密、商号、品牌、经营模式,以销售产品或提供服务的经营模式。商业特许经营不是一种企业组织形式,而是一种基于授权的特殊经营形式,通过特许经营合同,被许可的经营者获得使用某一知识产权、商业秘密、商号、品牌、经营模式或以特许权人之名义销售产品或提供服务的特定权利,此权利即为特许经营权。在英美法系国家或地区,特许经营自麦当劳创始人雷·克劳柯创设后,已广泛盛行于零售、快餐、加油、旅馆、汽车旅社、房地产中介、连锁经营等具有网络、管道销售型的绝大多数生产或服务行业,并进而扩展到知识产权、商业秘密、商号、品牌等众多领域。[23]

特许经营具有形式上的契约性、权利上的附条件让渡性、经营网络上的同一性、合

---

〔23〕 参见张胜利、戴新毅编著:《美国商事法概论》,中国政法大学出版社 2012 年版,第 103～107 页。

作形式上的相对垂直性、取得方式上的对价性等一般性特征,[24]所依据的特许经营合同具有持续性合同、主体之间不平等性、内容和形式受法律强制等法律特征。[25] 特许经营按特许标的可分为商品商号特许经营与经营模式特许经营;按特许经营的授予方式可分为单元式特许经营、分区式特许经营、复合式特许经营、开发式特许经营等;按特许经营加盟关系可分为制造商 + 零售商特许经营、制造商 + 批发商特许经营、批发商 + 零售商特许经营、制造商 + 服务商特许经营等;按照特许经营区域可分为国内特许经营和国际特许经营等。[26]

特许经营权为特许经营者基于特许经营合同所产生的一种特别商事债权,虽有学者把其归类于无形财产权,[27]但从特许经营权的产生依据、特许人与受许人关系的相对性、特许人对特许标的或特许经营组织的"持续控制"来看,[28]特许经营权应归入特别商事债权为宜。

我国商业特许经营早在宋代就已出现,近代又引入西式特许经营模式,但作为一种经营模式和商事债权形式,则始于 20 世纪 90 年代外资连锁店、专卖店、快餐店、假日酒店等引入。[29] 商业特许经营合同虽为特殊类专门合同,[30]但因存有争议,并未纳入《民法典》合同编中作为有名合同予以调整;目前的主要规范文本为 2007 年国务院《商业特许经营管理条例》。

2. 公用事业特许经营权

公用事业特许经营权为基于公用事业特许经营合同而产生的特殊债权。公用事业特许经营,又称政府特许经营,系指政府作为特许方通过公开招标等竞争式缔约方式,选定或授权具备资格或条件的特定经营者从事公用事业领域经营或基础设施建设开发的一种特许经营类型,被选定或授权的特定经营者,为特许经营者。例如,根据《市政公用事业特许经营管理办法》(2015 年修正)第 2 条和《基础设施和公用事业特许经营管理办法》(2015 年)第 2—3 条规定,政府特许经营主要适用我国境内的能源、交通运输、水利、环境保护、市政工程等基础设施和公用事业领域。

与一般商事特许经营权比较,公用事业特许经营权"本质上就是政府授予特许经

---

〔24〕 参见余冬爱:《特许经营商事法律制度研究》,法律出版社 2010 年版,第 25 ~ 28 页。

〔25〕 参见周悦丽:《特许经营合同规制研究》,人民出版社 2019 年版,第 48 ~ 51 页。

〔26〕 参见何易:《特许经营法律问题研究》,中国方正出版社 2004 年版,第 3 ~ 11 页。

〔27〕 参见杨明、曹明星:《特许经营权:一项独立的财产权》,载《华中科技大学学报(社会科学版)》2003 年第 5 期。

〔28〕 参见柏勇:《从特许经营的特征看受许人的法律保护》,载《政治与法律》2007 年第 2 期。

〔29〕 参见李小伟:《论特许经营中的法律问题》,载《现代法学》1994 年第 2 期。

〔30〕 参见冯建生:《民法典编纂视角下商业特许经营合同的有名化》,载《法商研究》2019 年第 4 期。

营者的一种权利”;〔31〕具有行政性〔32〕、准公共性〔33〕、公益性〔34〕、公私融合性等特点。〔35〕

公用事业特许经营权的前述特性使之不能完全适用于传统商法的专属调整,而必须选择商法并结合行政法、经济法等公私合治的调整方式或制度模式。〔36〕目前,《市政公用事业特许经营管理办法》(2015年修订)和《基础设施和公用事业特许经营管理办法》(2015年),是我国调整公用事业特许经营的主要规范文本。

(六)经销权

1. 经销权的界定

经销权又称特许经销权,系指商品生产商或产品制造商授予特定销售者于特定期限、在特定地区销售由其生产或制造的商品或产品之特别权限。一般而言,取得经销他人商品或产品之销售权的销售者,即为经销商。经销商是典型意义的专职交易主体,其核心主业即负责把商品或产品从生产商、制造商处推销至具体的二级、三级批发商、零售商或终端消费者手中,居市场中间商的地位,承担着商品或产品的促销、推销、广销职能。经销权属于经销商的专有权利,没有取得生产商或制造商的授权,就无此专有权。被授权销售的商品或产品一般为具有相当盈利空间的特殊产品,而非一般类商品或产品,未经授权擅自销售此类商品或产品,将构成侵权。

经销权往往与特定品牌的商品或产品有关,是一种具有一定无形资产价值的特殊债权。〔37〕在汽车、电器、电子等大类产品销售中,经销是比较流行的推销模式。经销权具有授权性、许可性、专有性、期限性、地域性、特定性等特征,内容包括销售权、推销权、广告权、定价权、收益权等。

2. 经销权与代理权、行纪权

在我国理论与立法语境中,并无明确的经销权概念,只有代理权、行纪权范畴。一般而言,经销权与代理权虽均有销售、推销、促销商品或产品之职能,但经销权是基于经销商与授权的生产商或制造商之间的授权关系或买卖关系所形成的销售某一商品或产品的独立权限,经销商可以自己的名义,也可以生产商或制造商之名义,销售某一

〔31〕参见邢鸿飞等:《公用事业特许经营法律问题研究》,法律出版社2018年版,第141页。

〔32〕参见邢鸿飞:《政府特许经营协议的行政性》,载《中国法学》2004年第6期。

〔33〕参见肖泽晟:《公共资源特许利益的限制与保护——以燃气公用事业特许经营权为例》,载《行政法学研究》2018年第2期。

〔34〕参见章志远、李明超:《公用事业特许经营中的临时接管制度研究——从“前例政府临时接管特许经营权案”切入》,载《行政法学研究》2010年第1期。

〔35〕参见章志远:《公用事业特许经营及其政府规制——兼论公私合作背景下行政法学研究之转变》,载《法商研究》2007年第2期;于安:《论政府特许经营协议》,载《行政法学研究》2017年第6期。

〔36〕参见肖海军:《公用事业垄断经营法律规制研究》,社会科学文献出版社2020年版,第181~192页。

〔37〕参见陈育新:《经销权的价值》,载《光彩》2006年第8期。

商品或产品,并独立承担风险和责任。

相对而言,代理权则是基于代理商与委托的生产商或制造商之间的代理关系所产生的销售某一商品或产品的相对独立权限,代理商是以生产商或制造商之名义销售某一商品或产品,并与生产商或制造商共同承担风险和责任。

行纪权是行纪商基于与委托人形成的委托关系而产生的销售某一商品或产品之权利,行纪商以自己的名义为委托人销售商品或产品,或从事贸易活动,由委托人支付约定的报酬,行纪商并不承担销售商品或产品中的风险或责任。

从经销权的界定来看,它与《国际货物销售代理公约》的概念内涵基本相同,属广义上的商事代理范畴;由于我国立法上尚无经销权之概念,它大致与我国《民法典》合同编第23章所规定的委托合同所生债权比较接近。但经销权仅限于销售商品或产品,一般不包括推销商业服务,商业服务适用直接代理。

3. 经销权的主要类型,具体如下。

经销权可按照一定标准作适当分类,具体如下。

(1)独占经销权与一般经销权。独占经销权为经销商基于生产商或制造商的专有性、排他性授权而享有于特定期限或地区独家销售由授权商生产或制造的商品或产品之特别权限,其他任何第三方均不享有在此期限和地区销售该商品或产品的权利;独占经销权具有专有性、独占性、排他性等垄断性特征,可分为专销、专营和多品牌经销等三种类型。相对而言,一般经销权则具有竞争性特征,并不排除他人在此期限或地区销售同一商品或产品之权利。[38]

(2)总经销权和分销权。总经销权为经销商基于生产商或制造商的概括性、专有性、排他性授权而享有在特定期限独家包揽销售由授权商生产或制造的某一商品或产品之概括性特别权限,其他任何第三方包括生产商或制造商在内,不再享有在此期限或特定地区销售该商品或产品的权利。总经销权与独占经销权相比,在范围上具有概括性、包揽性、全面性;在地域上,它不再限于某一地区;在对象上,它既排除任何第三方的销售权,也排除生产商或制造商的销售权。总经销权按经销权所及地区,又分为包销式总经销权和地区总经销权两类。相对而言,分销权是建立在总经销权基础上,由总经销权人通过授权或委托所产生的次级经销权;取得分销权的经销商,享有特定商品或产品的批发或零售之权,或者辅助分销和服务之权,包括存货管理、整批拆零、包装送货、商品促销以及店内广告、促销、营销和广告、安装及包括维修和培训服务在内的售后服务等。分销权又可分一级批发经销商、二级批发经销商、次级批发经销商或零售经销商等。

以上所举要的特别商事债权,均只发生于营业的某特定领域、行业或阶段、环节。

---

〔38〕　参见梅明平:《经销商管理》,电子工业出版社2015年版,第6~13页。

在营业中,有部分商事债权具有必要性、经常性、贯通性,如任何交易的决策均基于一定营业信息的占有与判断为前提性条件,这样营业知情权就显得尤其重要;又如营业达到一定规模,就需要劳力的辅助与支撑,就必须有雇佣或聘用,就必然要基于劳动合同关系而产生劳动债权。以下将重点探讨这两种在整个营业中具有贯通性的商事债权。

第二节　营业知情权

一、营业知情权的实证基础

第一,信息充分是社会交往、市场交易的支撑条件。

在人类社会的日常交往和经济活动中,每一个体的交易决策表面上看是一种纯粹的行为,但其实起决定、约束、关键作用的是各个主体占有、掌握信息的多少,这是因为任何法律行为均是基于一定意识(对行为性质与法律后果的充分认识,即所谓认识到或没有认识到)、意志(基于相对行为性质与法律后果的认识而作出是否实施某一行为的决定,即选择为或不为)而转化为外在的意思表示、具体行动,其中对行为性质与法律后果的认识或意识又至为关键。而要有正确的认识或正确的意识,就必须基于对行为、结果的相关信息有充分占有、全面掌握和深入了解后,才可作出理性、合理进而根据法律的指引选择合法的判断。科斯在《社会成本问题》一文中就提到,“为了进行市场交易,有必要发现谁希望进行交易,有必要告诉人们交易的愿望和方式,以及通过讨价还价的谈判缔结契约,督促契约条款的严格履行,等等”。[39] 由此可见,占有、掌握、了解特定信息是人们作出各种理性、合理、合法交往、交易决策的前提性条件,在一定意义上讲,社会成员之间的日常交往、民事主体之间达成的各种交易,实质就是信息的交流、交换、交往和交易,如果没有特定的信息作基础,人们的交往、主体的交易,既难以发生,也不能进行,更无完成的可能。基于此,古典经济学、微观经济学在讨论市场调节时,其在完全市场(完全竞争和市场出清)、完全理性(任何人均为理性的经济人)和完全信息的三个假设中,[40] 其中就有完全信息的前提性条件,即任何市场参与者(作为社会产品、服务供给者厂商与消费者居民)可在任何时间、任何地点无代价地获得充分的、全面的、真实的、及时的市场供求信息,也就是说,作为市场供给者厂商能知道什么消费群体在什么地方、什么时候以什么样的价格需要其生产的产品或提供的服

〔39〕［美］罗纳德·H.科斯:《企业、市场与法律》,盛洪、陈郁译,格致出版社2014年版,第91~92页。

〔40〕参见张延:《对西方经济学基本前提假设的研究》,载《北京大学学报(哲学社会科学版)》1998年第5期;孙鳌、陈雪梅:《新古典经济学的假设与演变》,载《江苏社会科学》2005年第5期。

务;而作为消费者居民也知道有什么厂商在什么地方、什么时候以什么样的价格为其提供所需要的产品或服务。换言之,在完全信息的状态下,社会与市场参与者所获得的信息是免费的、零成本的、充分的、无障碍的,且不同主体之间是对称的、无差异的。然而,这种近乎极端的假设,在社会现实生活和真实交易环境中是根本不存在的。这是因为,对特定个体而言,其获得的任何信息特别是与交易有关的营业信息,都是有代价、有成本须支出费用的;而对不同主体而言,他们之间因为天然禀赋、条件、手段等方面因素的制约,其获得、占有、掌握的信息更存在个性差异。因而"现实中市场参与者之间的信息一般是不对称的,比如说,卖者对产品质量的了解通常比买者多",也就是说,社会交往和市场交易中的非对称信息,即"某些参与人拥有但另一些参与人不拥有的信息"的情形才是一种比较客观真实的社会存在和普遍常见的市场现象,〔41〕而所谓的信息完全或信息对称则恰恰是一种例外。

正因如此,在博弈论与信息经济学看来,在非对称信息条件所发生的交易,信息优势方与信息劣势方相比,信息优势方具有更为有利的谈判地位和定价能力,在这一情形下所发生的交易,就有可能是一项损害一方预期、应有效益的交易,从而注定是一次很不公平(信息优势方获得的利益多,而信息劣势方获得的利益少),同时也很不安全的交易(信息劣势方因获得的利益少,就会事后违约或启动交易撤销的法律程序,这样的交易之效率和效果就具有不确定性)。

第二,信息对称在交易安全与营业效益中的基础意义,具体表现在:

其一,信息对称是建立市场信用的基础条件。

营业活动和市场交易是一种主体之间高度信任和相互依赖的网络关系,这种网络关系实质就是一种信用关系。"信任是行动者之间发生的一种关系,发生信任关系的行动者不是脱离具体情境和社会关系网络的行动者,它依存于社会网络之中";〔42〕而这种高度信任的依存关系之基础,就是相互之间各自对相对方信息的占有、了解、认识、判断。

这是因为,市场信用源于信任与信赖,而信任与信赖又依于信息。就个人之间的关系而言,因为相互了解,才有信任或信赖;就社会交往而言,因为基于过去信息的认识或现状的判断,才有对未来的信任或信赖,进而产生社会信用。"无论是基于法律的或基于信誉的信任,都离不开信息","因为我们相信,过去的信息包含着未来,是未来行动选择的一个良好预期";可见,"信用一定依赖于信息,所以怎么提供这个信息就变得非常重要"。〔43〕在传统熟人社会里,人们基于相互了解,信息均储藏于每个人的记

〔41〕 参见张维迎:《博弈论与信息经济学》,上海三联书店、上海人民出版社 2004 年版,第 2、235 页。

〔42〕 张缨:《信任、契约及其规制》,经济管理出版社 2004 年版,第 101 页。

〔43〕 张维迎:《信息、信任与法律》,三联书店 2003 年版,第 255 ~ 256 页。

忆中;但在绝大多数情形下与陌生人交往或交易的现代营业环境中,信息特别是营业信息的获得,就有赖于强制的法律机制(如强制信息披露)、信息的专业化生产(如商事登记、各种征信或信用评估机构)和必要的法律权利(如质询权、知情权等)。

其二,信息完全是营业理性决策的预设前提。

信息在营业中具有极为重要的作用,这是因为营业信息对称与交易效益或安全具有关联性、对应性,进而有着基础意义。在市场交易中,营业决策的作出和营业行为的选择,须依赖主体所掌握的有限信息,“信息与决策是不可分的,只要存在决策就需要信息”。[44]

从营业决策和交易过程来看,建立在完全信息基础上的理性市场在现实经济生活中并不存在,具有不完全信息的交易环境才是普遍现象。一般而言,每一个个别行为者所掌握的与某一交易行为和交易结果有关的信息都可分为两个部分:一部分是所有行为者或当事人双方都了解的信息,即公共信息;另一部分则是只有某个行为者自己知道,其他行为者或对方当事人所不了解的信息,即私人信息。例如,商品交易中买方知道自己的消费偏好、支付能力和意愿给定的价格等,但不了解商品的质量、性能和成本,而卖方则恰好相反。这种当事人各自拥有自己私人信息的不一致、不充分状况,即为信息不对称;其中,持有较多私人信息的一方具有信息优势,在交易中处于比较有利的地位,而相对方则居于信息劣势,自然处于不利的地位。

其三,信息真实是交易安全效益的基本保障。

在市场交易中,信息不仅是营业决策的主要依据,而且也是“个人行为受到监督的基础”。[45] 因为,既然任何人均基于所占有、掌握的信息作出各种决策,自然也就必须对自己所提供、披露、公开的各种信息之真实性负责。如此,信息的真实性就成为信息对称中的主要形式和核心内容。然而,在实际营业中,各种交易往往是在营业信息占有、掌握不充分、不完全、不全面、不真实、不及时的不对称环境或情形下进行的,作为一种普遍现象,特别是在投资、经营、交易之不同营业形态、阶段、环节发生必要分离和相对独立的情形下,营业信息在交易当事人之间的不对称状况更为突出。

信息不对称的普遍存在,特别是营业信息的不真实,对决定交易或正在交易的当事人双方或多方,可能产生如下实质影响:(1)影响交易的达成。在一个信息不对称的交易环境中,交易的达成显然要比在信息对称条件下困难得多,甚至可能最终导致交易的取消;因为信息劣势方试图使交易更加“公平”的努力变得十分困难。(2)即使在交易达成的情况下,也可能对当事人的后续行为(如履约与诉争)产生重大影响。在现实经济活动中,信息不对称分布的发生概率要比理想状态高得多,以至于信息不对称

---

〔44〕 应飞虎:《信息、权利与交易安全:消费者保护研究》,北京大学出版社2008年版,第7页。
〔45〕 张维迎:《产权、政府与信誉》,三联书店2001年版,第6页。

的存在可能使好的产品被挤出市场，并摧毁消费者对市场的信任，导致市场的萎缩，从而最终降低整个社会的福利水平。

可见，在营业信息不对称的条件下，交易常常受阻，交易成果也屡屡被怀疑甚至被否定，交易安全尚不能保障，营业所追求的交易效益自然也难以实现。因此，在营业交易中，要求拥有相对信息优势的企业等经营者（以下统称企业等信息优势方）充分披露必要的、相关的营业信息，同时赋予相对交易人以知悉营业信息的权利，是确保交易安全、促进营业效益所必需的前提。

营业知情权之产生，正是源于营业交易中的信息不对称，在通常情形下，企业等经营者是营业信息的主要来源和提供者；在特殊情形下，还有处于信息优势地位的一般交易者。特别是在企业与交易第三人之间，企业作为信息优势方和第三人作为信息劣势方要确保谈判、缔约的公平和安全，就必须保证信息劣势方的第三人在谈判、缔约之前占有、掌握相对而言比较完全、充分、全面、真实、及时的营业信息，借以缩小信息优势方企业和信息劣势方第三人之间在占有、掌握交易、营业信息方面的显著差距，以平衡缔约双方的权利与义务。在此情形下，赋予信息劣势方第三人以营业知情权就显得十分必要。

二、营业知情权的意义厘定

（一）营业知情权的属性与特征

1. 营业知情权的界定

营业知情权系指营业过程中，作为交易相对人所应当享有的从企业等信息优势方获取与交易相关并对其作出交易决策产生实质影响的、必要的、真实的营业信息的权利。营业知情权的基本内涵包括：(1)权利主体一般情况下为企业等信息优势方的交易相对人，义务主体通常情况下为具有相对营业信息优势的企业等信息优势方。(2)权利客体或标的为对当事人选择交易对象、作出交易决策具有实质影响力的营业信息，且该营业信息不属于国家机密或商业秘密的范畴，可被公开或在一定的范围内披露。(3)权利内容是企业等信息优势方的交易相对人，在与特定企业等信息优势方进行交易前、履约中及违约后，有权从企业等信息优势方获取与交易相关并对其选择交易对象、作出交易决策产生实质影响的、必要的、真实的营业信息；同时作为具相对营业信息优势的企业等经营者有义务积极地、主动地披露与交易相关的营业信息，并做到该披露的营业信息真实、全面、充分、及时、有效。

2. 营业知情权的属性

营业知情权是知情权在商事领域的发展和细化，它是一种具有债权性质的私权。这是因为：(1)营业知情权存在于企业等信息优势方与交易相对人这一特定的当事人之间，权利与义务均具有特定性，符合债权之特定化特征。(2)营业知情权的主要内容为企业等信息优势方之交易相对人的请求权，即有权请求企业等信息优势方披露与交易相关的、必要的、真实的营业信息，而请求权为债权最为重要的特征。（3）营业知情权既可以由企业等信息优势方的交易相对人以主动获取和积极地请求等方式予以实现，也可通过企业等信息优势方履行营业信息的必要公示、披露、告知、通知、说明、提示、提醒等义务得到保障，符合债权与债务相对应的基本原理。（4）营业知情权的救济方式为典型的债权保护方式，即可以责令企业等信息优势方作出一定行为、赔偿损失、解除合同或交易关系、宣布某一营业行为无效等给付行为，符合债权救济的给付特征。

3. 营业知情权的特征

营业知情权作为一种特殊债权，与前述其他商事债权比较，具有如下显著特征：（1）当事人的特殊性。营业知情权只存在于企业等信息优势方与交易相对人之间。（2）权利环境的特殊性。营业知情权只存在于营业领域、企业经营过程中，具有鲜明的营业特征。（3）权利标的的特殊性。营业知情权的标的为对当事人选择交易对象、作出交易决策具实质影响的营业信息，如有关商事登记、财务与资产信息、企业信息公示、证券信息披露、金融征信记录、信用评级等，就属于具实质影响的营业信息。（4）权利位序的基础性。营业知情权是商事债权中最为基础的权利，是当事人享有其他债权的门槛性权利。例如，入伙人在决定入伙前，就有权知晓合伙企业经营、资产、财务、营销、债务状况，如果入伙人该权利得不到必要保障，其后续入伙就存在极大的连带债务风险；再如，投保人投保前，就有必要知晓各种保险免责或不计入保险范围的条件或信息，如果保险人未履行如实说明或提示义务，就有可能导致投保人保险目的难以实现，进而导致保险理赔不能或保险合同无效、可撤销等法律后果。（5）权利功能的贯通性。营业知情权几乎存在于营业中的任何领域、行业、状态、阶段、环节和时间，只要存在营业交易，就存在营业信息不对称情形，信息劣势方就享有该权利；相应地，企业等信息优势方就负有公示、披露必要营业信息的义务和责任。（6）权利实现方式的特殊性。营业知情权既可由交易相对人以积极的方式获得，也可通过企业等信息优势方公示、披露的方式实现，与一般债权仅靠债务人单方面履约的被动实现方式相比较，营业知情权的实现途径更具灵活性。

（二）营业知情权的理论价值

知情权原为公法意义上的一项基本人权。作为学理概念，它最早由美国律师兼大学教授哈罗德·克罗斯于1953年在所著《人民的知情权》一书中提出，作为立法术语则源于20世纪60年代的美国《信息自由权》（草案），其内涵包括法律应赋予公众知晓政府行为信息之权和政府有公开其拥有信息的基本义务；[46]随后才被相继引入消费

〔46〕 参见［美］迈克尔·舒德森：《知情权的兴起》，郑一卉译，北京大学出版社2018年版，第20～26页。

者、公共环境、公众公司等领域,并有消费者知情权、环境知情权、股东知情权等概念和相关制度安排。

我国理论界引入知情权概念始于 20 世纪 80 年代末至 90 年代初,[47] 最初也局限于公民知情权、人民知情权等公法内涵;之后,知情权被渐次引入不同部门法领域,诸如消费者知情权、病者或受医者知情权、被告人或诉讼当事人法定知情权、公众知情权、职工知情权、考生与受教育者知情权、劳动者或求职者知情权、公众环境知情权等,竞相被学界和业界所关注。随着问题研究的深入,对知情权的认识也更加全面、系统,涉及知情权基础理论、公民知情权、行政知情权、环境知情权、消费者知情权等领域的论著也不时面世。

把知情权引至私法领域,特别是商法领域,则为 2000 年以后的事情,如有学者从公司债权人保护、股东权利角度提出债权人知情权、股东知情权等概念,[48] 其中股东知情权最受关注,也是商法领域讨论比较深入的一个话题,相关代表性论著也相继付梓。[49]

尽管如此,知情权在整个商法中的基础性、门槛性、制约性地位尚未获得学界、业者的共识和重视。2006 年笔者在《企业法原论》一书中,比较系统地对营业知情权的定义、依据、属性、特征、类型、保护作了初步的界定和论述。[50]

(三)营业知情权的法律意义

由于营业"知情权的实现结果主要表现在权利主体获得某些信息",虽然"并不能直接为权利主体产生利益",但对权利主体人身权、财产权、经济社会文化权等一系列权利的实现均具基础性意义。[51] 故满足交易第三人营业知情权,是商事制度设计过程中的应有之义,举凡商事登记、企业信息公示、上市公司或金融机构强制信息披露、公司财务与会计审计、各种征信与信用评估、见证或公证、卖方的权利或质量瑕疵披露或提醒义务、投保人的如实告知或及时通知义务、保险人的如实说明义务等一系列商事制度的设置,在一定程度上就是为了满足、实现交易第三人营业知情权的需要。这是因为营业知情权的实现一则有赖于交易第三人的被动请求;二则取决于企业等信息优势方的主动公示或披露。商事制度从表象来看,似乎体现的是国家(政府)对相关义务人或营业当事人的强制,初看起来是投资者、经营者、交易者等对国家(政府)所尽的公

---

〔47〕 参见杜钢建:《知情权制度比较研究——当代国外权利立法的新动向》,载《中国法学》1993 年第 3 期。

〔48〕 参见徐胜强:《论股份有限公司债权人知情权》,载《法学》2002 年第 9 期;蒋大兴:《超越股东知情权诉讼的司法困境》,载《法学》2005 年第 2 期。

〔49〕 参见蓝寿荣:《上市公司股东知情权研究》,中国检察出版社 2006 年版;丁俊峰:《股东知情权理论与制度研究》,北京大学出版社 2012 年版;李建伟:《股东知情权研究:理论体系与裁判经验》,法律出版社 2018 年版。

〔50〕 参见肖海军:《企业法原论》,湖南大学出版社 2006 年版,第 162 ~ 166 页。

〔51〕 参见刘杰:《知情权与信息公开法》,清华大学出版社 2005 年版,第 61 ~ 78 页。

法义务，但实质却是企业等信息优势方为满足、实现交易第三人营业知情权行权需要，而须履行特定营业信息公示或披露之私法义务。

营业知情权是针对营业中普遍存在营业信息不对称这一现实状况所提出的权利解决方案，它跳出既有理论与法律，只从企业等信息优势方的信息公示、披露等义务本位思维的局限性，更多是从营业信息劣势方的权利视角，来考量涉及营业信息的商事制度设计与立法安排的正当性、合理性、妥当性和有效性，对推进我国商事制度的改革具有重要的理论价值。

营业知情权是经济学中信息不对称理论在法学上的转换、升华和发展。引入营业知情权的概念，可从法律上理顺企业等信息优势方与相对人之间的交易关系，使它们之间在涉及营业信息方面的权利与义务法律化、规范化，对完善债权的相关理论，使企业等信息优势方的营业信息披露义务制度化，其对促进社会信息公开化建设，保障交易安全、营业效益和合同公正，维护交易的有效性，均具有重要的立法与裁判指导意义。

三、营业知情权的主要类型

营业知情权作为一项必要性、基础性、贯通性商事债权，存在于营业全领域与全过程，它可按不同的标准或视角作适当分类。

（一）营业知情权所涉领域类型

以营业知情权所涉的营业领域或营业形态为标准，可把营业知情权划分为合伙事务知情权、公司营业知情权、证券交易知情权、期货交易知情权、商业银行业务知情权、信托营业知情权、保险合同知情权、票据流通知情权、房地产交易知情权、电讯营业知情权、物流运输营业知情权、电子商务知情权、网络交易知情权、公用事业经营知情权、劳动合同知情权、破产清算知情权等。

（二）营业知情权所涉对象类型

以营业知情权的具体对象与内容为标准，可把营业知情权划分为：

1. 商事合同知情权。商事主体之间、企业等信息优势方与交易相对人之间在缔结商事合同过程中，双方或多方当事人应享有的知悉对方或从对方获取与交易相关并对其选择交易对象、作出交易决策产生实质影响的营业信息的权利。

2. 营业事务执行知情权。企业出资人所享有的知悉或获取企业营业事务执行、管理情况等相关营业信息的权利，如不执行合伙事务的合伙人知情权、股东知情权、社员知情权、集体经济组织成员知情权等。

3. 资本或金融营运知情权。资本或金融证券持有人所享有的知悉或获取企业资本、金融机构营运情况等相关营业信息的权利。

4. 财务状况知情权。企业的出资人、债权人对企业营业财产、资本、负债等财务状况所享有的知悉或获取之权利。

5. 债务清偿知情权。企业等信息优势方的债权人对企业等信息优势方可用于清偿债务的财产范围、价值、方式及债务比例等债务清偿信息所享有的知悉或获取之权利。

(三)营业知情权所涉主体类型

以营业知情权所涉主体为标准,即以享有营业知情权的主体不同,可把营业知情权划分为:

1. 商事主体营业知情权。如企业合并知情权、保险人知情权、保险代理人知情权、商业银行知情权、电讯营运商知情权等。

2. 合同当事人营业知情权。如投资合同当事人知情权、企业发起协议当事人知情权、劳动合同当事人知情权、保险合同当事人知情权、房地产买卖合同当事人知情权、物业管理合同当事人知情权、商业银行贷款合同当事人知情权等。

3. 商事组织内部成员营业知情权。如合伙人知情权、股东知情权、社员知情权、监事知情权、董事知情权、经理人知情权、代办人知情权等。

4. 社会公众投资者营业知情权。主要包括股票、债券、基金、票据、期货、各种金融证券及衍生证券持有人的知情权等。

5. 企业债权人营业知情权。如劳动者知情权、消费者知情权、存款人知情权、企业合并或分立债权人知情权、企业清算或破产债权人知情权等。

第三节　劳 动 债 权

一、劳动债权在营业中的支撑地位

(一)劳动在营业中的地位

要使营业得以开展、进行和持续就离不开劳动。一方面,在投资者自行经营的传统个体营业、家庭营业的小规模营业形态或时代中,集投资者、经营者、交易者于一身的商事主体,本身就是劳动者;另一方面,随着市场范围的拓展、营业规模的扩大、生产制造的复杂、经营形式的多样,仅靠商事主体自行经营或亲自交易,既无必要,也不可能。在此情形下,通过雇佣、聘用其他劳动者或经理人从事生产、管理与经营,则成为规模营业必须选择的路径,特别在近代企业成型并作为主导营业形式之后,专业劳动者的雇佣和职业经理人的聘用就成为伴随企业经营始终的必要性、经常性、支撑性条件。劳动之所以在营业中不可或缺,是劳动本身的属性以及在人类财富创造、营业生产、经济增长中的基础性地位和支撑性功能所决定的。

1. 劳动是人类财富的创造源泉

古典经济学总结出三大经济铁律,一是人类所有的财富均源于土地;二是人类所有的财富创造都来自劳动;三是人类一切财富的实现须借助于商业。自古典经济学特别是英国经济学家配第提出劳动价值论,并经亚当·斯密、大卫·李嘉图作进一步阐释后,财富由劳动所创造几乎成为经济学的共识。劳动价值论更是马克思政治经济学中的核心理论,马克思在《哥达纲领批判》中就明确指出,"因为劳动是一切财富的源泉,所以社会中的任何人不占有劳动产品就不能占有财富。因此,如果他自己不劳动,他就是靠别人的劳动生活,而且也是靠别人的劳动获得自己的文化"。[52] 马克思将国民财富即社会财富同天然财富相区分,以剩余价值理论揭示了劳动在社会财富或国民财富中的创造功能;[53] 用新的劳动财富观进一步厘清了劳动与财富之间的关系。[54] 在马克思看来,"劳动只有作为社会的劳动",或者换个说法,"只有在社会中和通过社会","才能成为财富和文化的源泉"。[55] 劳动作为社会财富或国民财富创造的主要手段或唯一途径,说明劳动在人类物质生活资料的生产中居于基础地位。

2. 劳动是营业生产的核心要素

无论从人类社会一般物质生活资料的生产,还是从以营利为目的的营业活动,劳动始终是不可缺席的基本要素。在西方古典经济学看来,"生产要素通常分为土地、劳动和资本三类";[56] 劳动又是主要且具能动性的生产要素,特别是有组织的劳动,如近代以来通过企业形式组织的劳动,能通过劳动者主观能动性、生产主动性、创造积极性的发挥,迸发出无穷的生产力与创造力。可以想象,就如仅有劳动,没有土地或资本为劳动提供劳动对象和劳动资料,不可能产生任何效益或财富一样;没有劳动这一能动要素,而仅有土地或资本要素,也不可能产生效益或创造财富。

3. 劳动是经济增长的重要因素

自20世纪60年代以来,以美国舒尔茨、贝克尔为代表的经济学家,就认识到以劳动者劳动、技艺、教育为构成因素的人力资本的重要性,如舒尔茨在研究经济动态增长就注意到,"一经把人力投资因素考虑进去,我们的动态增长经济所面临的许多疑难问题就能迎刃而解",进而认为"人力资源的质量改进是经济增长的主要根源之一";[57] 贝克尔也通过对积累"大量详尽的证据"分析,"证实了人力资本,特别是教育在经济上

〔52〕《马克思恩格斯选集》(第3卷),中共中央编译局译,人民出版社2012年版,第358页。

〔53〕参见千丛:《社会财富与劳动的政治经济学的研究对象》,载《经济研究》1982年第3期。

〔54〕参见袁晓江:《论劳动财富观》,载《经济社会体制比较》2003年第4期。

〔55〕《马克思恩格斯选集》(第3卷),中共中央编译局译,人民出版社2012年版,第359页。

〔56〕[英]马歇尔:《经济学原理》,朱志泰、陈良璧译,商务印书馆2019年版,第181页。

〔57〕[美]西奥多·W.舒尔茨:《人力资本投资》,蒋斌、张蘅译,商务印书馆1990年版,第23~25页。

的重要性”。[58] 人力资本、劳力成本、产业工人、人口红利等内含劳动、劳力、劳动者因素的营业、生产或市场要素,已成为解释经济增长和社会发展的主要理论支柱。劳动是构成近代以来经济增长之重要源泉,且已成学界、业界的共识。

(二)基于劳动合同形成的劳动债权

正是基于劳动不唯在整个人类发展进程和社会财富创造中的基础地位、支撑功能,而且在营业中也居于不可或缺的基础地位和支撑营业得以开展、进行、持续的核心功能,才使得营业中的雇佣、聘用成为必要、普遍和经常,进而具有全局性、贯通性。由此,基于劳动合同、聘用协议而产生的劳动债权,虽不直接具有商事债权的属性,但与商事债权具有不可分离的关联性。

二、劳动债权的属性特征

(一)劳动债权的基本含义

劳动债权是指与企业等商事主体存在聘用、雇用等劳动合同关系的企业员工对企业等商事主体所享有的一系列权利之概称。易言之,劳动债权为基于劳动合同而形成的特定债权。劳动债权虽不是典型意义的商事债权,之所以把其归类商事债权加以阐述,原于它因营业而生,且相对义务人或责任主体均为企业等商事主体,是一种与营业存在须臾不可分离的准商事债权。

劳动债权的基本内涵可作如下理解:(1)权利人为与企业等商事主体存在聘用、雇用等劳动合同关系的企业员工,而非广义或泛义上的劳动者。(2)请求对象为聘用、雇用某劳动者为企业员工的特定企业或其他经营主体,而非泛义上的国家、政府或社会。(3)基本内容是企业员工依照法律和劳动合同的规定,有权就其承担的工作、负责的岗位、完成的劳务之性质和质量,要求企业支付相应报酬、给予一定待遇、提供必要保障。

劳动债权是营业中最普遍、最常见的一种债权,在所有营业债权中居于优先地位。这是因为:(1)以企业员工为基本元素的劳动力,是企业、营业不可或缺的生产要素。(2)企业员工为企业、营业中的能动因素,是创造营业新价值、实现企业原始资本增值的支撑与主观条件。(3)企业员工的劳动债权与就业权、劳动权密切相关,并涉及劳动者的生存权、发展权和社会保障等经济人权,具有营业中其他债权无法比拟的重要性。

(二)劳动债权与劳动权、就业权、劳动力权的比较

与劳动债权相关的权利,还有广泛存在于各种文献中的劳动权、就业权、劳动力权,在以往的相关著述中,学界、业界未能对几者之间予以严格区分,诚为缺憾。

---

〔58〕 参见[美]加里·S.贝克尔:《人力资本》,梁小民译,北京大学出版社1987年版,第1~2页。

1. 劳动债权与劳动权

关于劳动权,有学者认为"劳动权是指人们享有从事劳动及劳动保障,以获得生存和发展的权利"。[59] 通论认为,劳动权亦称工作权,即法律赋予劳动者与劳动相关联的一束权利,亦即由法律保障的劳动者能够获得劳动机会并通过劳动获得相关利益的权利。[60] 笔者认为,劳动权为劳动者所应当享有的公平就业并获得必要报酬、待遇和社会保障的权利。其内容包括公平就业权、劳动培训权、就业帮助权、工资与奖金获得权、劳动安全权、劳动权利保障权、劳动休息权、劳动福利权等。从劳动权的概念与内容来分析,其与劳动债权的区别是十分明显的。(1)权利性质不同。劳动权是从宪法语境意义下对基本人权在就业、劳动领域的概括和抽象,属宪法规定的基本人权范畴,具有基础性、抽象性和普遍性;而劳动债权则为私法债法(合同法)语境下对企业之交易相对人——企业员工所享有的对企业等商事主体的请求权之具体化,属私法规定的债权范畴,具有派生性、具体性和特定性。(2)权利主体法律地位不同。劳动权的权利主体为抽象意义上的有劳动能力的公民,所反映的是该公民与特定国家的法律关系和该公民在该国家中的劳动法律地位;而劳动债权的权利主体则为私法意义上有行为能力的自然人,即与企业存在聘用、雇用等劳动合同关系的特定企业员工,所反映的是该特定企业员工与特定企业之间特定债权债务关系。(3)权利核心内容不同。劳动权内容中最重要的为就业机会权和劳动保障权;而劳动债权的重心则为劳动报酬权、奖金受领权、违约请求权。(4)对应义务范畴不同。劳动权在宪法意义上为基本人权,对应的是公民的基本劳动义务;而劳动债权则为特定企业员工所享有的请求权利,对应的是特定企业员工对企业所应承担或履行的特定劳动义务。(5)相对义务主体不同。保障劳动权实现的义务主体则为抽象意义上的国家、政府、社会和泛义上的社会组织,具有不特定性;而劳动债权的义务主体则为特定的企业等商事主体,具有特定性。(6)权利实现方式不同。劳动权的实现方式为发展经济、扩大就业、完善劳动者权益保护措施等,主要依赖于国家的经济政策或就业政策;而劳动债权的实现方式则为企业依法、依合同严格履行相应义务,最终的实现主要取决于企业的财产状况和履约能力。(7)权利救济方式不同。劳动权的救济方式为国家通过立法或出台新的劳动政策,以解决劳动者就业和劳动者权益保障问题;而劳动债权的救济方式则为劳动仲裁与民事诉讼。基于此,不难得出如下结论:劳动权为宪法意义上的抽象人权范畴,为绝对权;而劳动债权则为民商法意义上的具体民事权利范畴,为相对权,两者既不可混淆,亦不可替代。

---

〔59〕 李炳安:《劳动权论》,人民法院出版社2006年版,第13页。

〔60〕 参见李步云主编:《人权法学》,高等教育出版社2005年版,第214页。

2. 劳动债权与就业权

关于就业权,学界、业界虽存有分歧,但共同点是把就业权定位为就业选择自由权[61]、平等就业权和职业选择权[62]、就业机会权[63]、工作机会权等,[64]即就业权实际上属于劳动权的一项重要的子权利,其核心内容是就业选择权和就业机会权,它总体上属于宪法、抽象、概括意义上的劳动权之范畴,并作为劳动权最主要的部分或最核心的内容,集中体现劳动权的基本人权属性。故总体而言,就业权属于抽象意义上的基本人权,属于联合国《经社文公约》第6—7条所列工作权的范畴,与劳动权一样具有基础性、抽象性和普遍性。而劳动债权则为基于劳动合同关系而形成的私法权利,属于具体意义的特定人权,具有普通性、具体性、特定性。劳动债权与就业权的关系适用于前述劳动债权与劳动权的关系。

3. 劳动债权与劳动力权

关于劳动力权,学界、业界的解释与定义不一,代表性观点有劳力资本说[65]、人力资本说[66]、劳动者权说[67]、劳动力支配权说[68]、劳动产权说等。[69]各种说法虽有差异,但共同点是把劳动力权看作是以劳动力作为类似出资方式,从企业或经营者处分享营业治理、组织管理、剩余利润、经营监督之权,它总体上属于前述出资人权利或资本权的范畴,前述资本权中的合伙权,合伙人就可以劳务的形式出资,享有劳力出资人地位,与以实物出资的其他出资人享有同样的资本权利。

按多数学者的观点,把劳动力权定位为劳力资本权或人力资本权,以企业的对应视角来分析,虽劳动力权与劳动债权均以企业为权利实现的请求对象,然而两种权利的区别也是十分明显的。(1)权利产生前提不同。劳动力权产生的前提为劳动力的财产化和资本化,劳动力是作为企业的一种出资形式,是企业原始资本的一部分;而劳动债权产生的前提为劳动员工与特定企业存在聘用、雇用等劳动合同关系。(2)权利性质不同。劳动力权为劳动者以所拥有的劳动能力投入营业领域所享有的资本权利,应

---

[61] 参见李运华:《就业权研究》,中国社会科学出版社2009年版,第36~37页;王晓杰:《基于生存照顾的就业权保障研究》,中国法制出版社2013年版,第15页。

[62] 参见关怀主编:《劳动法》,中国人民大学出版社2001年版,第60~61页

[63] 参见李步云主编:《人权法学》,高等教育出版社2005年版,第272页。

[64] 参见李雄:《平等就业权法律保障制度研究》,法律出版社2016年版,第110页;黄越钦:《劳动法新论》,中国政法大学出版社2003年版,第57页。

[65] 参见王显勇:《论劳动力权——兼评职工持股制度》,载《法学论坛》2004年第3期。

[66] 参见李友根:《人力资本出资问题研究》,中国人民大学出版社2004年版,第211~225页。

[67] 参见卢克建:《论劳动力权是职工参与权的权利来源》,载《中国劳动关系学院学报》2012年第1期。

[68] 参见陈乃新:《论劳动力权是经济法的基本权利范畴——兼论研究经济法权利应突破三大理论障碍》,载《上海财经大学学报》2008年第4期。

[69] 参见景春兰、徐志强:《论劳动力权的法权意义及理论启迪》,载《河北法学》2013年第6期。

属出资人之资本权利范畴;而劳动债权则属债权范畴。(3)权利主体法律地位不同。劳动力权的权利主体为企业的出资人兼企业的债权人,与企业存在出资和劳动合同双重法律关系;而劳动债权的权利人之身份为企业员工,居于债权人地位,与企业只存在债权债务关系。(4)权利内容不同。劳动力权的主要内容为企业参与权和劳动力资本份额(合伙份额或股权份额)分配请求权,权利性质具有资本性、内部性、程序性;而劳动债权的主要内容则为劳动报酬权、奖金受领权、违约请求权,权利性质具有债权性、外部性、契约性。(5)权利实现条件不同。劳动力权的实现条件主要取决于企业的经营状况,只有企业经营状况良好,劳动力权中的劳动力资本份额分配请求权才有实现的可能;而劳动债权的实现条件,则总体上取决于企业的财产状况和履约能力,且与企业经营风险无直接关系。(6)权利主体参与企业内部治理依据不同。对于劳动力权的权利主体,其参与企业内部治理的依据为劳动力出资份额及企业法、企业章程的相关规定,参与企业内部治理为当然权利,在理论上,劳动者可进入企业内部的所有治理机关;而劳动债权的权利主体,作为债权人一般不能参与企业的内部治理,只有基于企业经营与劳动者有着特殊的利害关系,才由法律对劳动者参与企业内部治理作出规定,且除国有企业外,劳动者所进入的机关一般为企业内部监督机关。

三、劳动债权的基本内容

(一)劳动债权的商法定位

劳动债权虽是一种营业中具有基础性、必要性、支撑性、贯通性权利,但出于对劳动债权的偏见或争议,如在发达市场经济国家,契约自由观念已深入人心,劳动债权作为一般私权与其他债权并无不同,它被纳入一般合同的调整框架,在大陆法系被民法典所吸收;在英美法系则适用一般合同规则处理。而在以苏联为代表的多数社会主义国家里,劳动法或劳动合同法一直被认为特例于私法,劳动债权也作为一种特别权利,长期游离于私法权利体系之外。尽管在立法形式上对劳动法、劳动合同法实行单独立法,显示其独立价值和特别地位,但实际上无论是劳动法、劳动合同法,还是劳动债权的普遍性、基础性、必要性、支撑性、贯通性地位并未受到重视。就劳动债权而言,长期以来并未作为在营业中具支撑性和贯通性权利来看待,理论研究和立法文本均只局限在企业清算、破产阶段才涉及劳动债权的解释或规定。在既有文献中,绝大部分学者只限于破产法内的劳动债权;[70]在既有立法文本中,也只有在企业清算、破产程序中,才出现关于劳动债权的专门条款,而其他如企业治理、企业履约等经营过程或交易环节,除《公司法》等极个别法律有所涉及外,其他相关法律几乎集体缺席。

---

〔70〕 参见王利明:《关于劳动债权与担保物权的关系》,载《法学家》2005年第2期;杨富琛:《劳动债权与金融债权》,载《政法论坛》2006年第3期。

笔者认为,劳动在营业中的不可或缺性决定劳动债权在商法中的重要地位,它应视为商事中具支撑性和贯通性的一种债权,赋予其准商权的属性和地位。[71]

(二)劳动债权的具体内容

关于劳动债权的具体内容,多数学者是从解散清算、破产清算的角度,认为劳动债权为职工债权、工资债权、职工请求权等,系指劳动者基于劳动关系对用人单位享有的各种请求权的总和,具体包括工资、社会保险费用、经济补偿金、集资款、生活费等项目;[72]或者包括破产企业所欠职工的工资、劳动保险费用和解除劳动合同的补偿费用等。[73] 也有学者把其分为工资性劳动债权、社会保险性劳动债权、补偿性劳动债权三大类型,包括工资性劳动待遇、社会保险性劳动待遇、补偿性劳动待遇等几个方面。[74]

笔者认为,劳动债权为基于劳动合同所确认的聘用、雇佣关系所生之债权,从债权的特定性、相对性、请求性之特点出发,以企业为例,劳动债权的主要内容应包括如下几个方面:

1. 公平缔约权。劳动者或企业员工有权在平等、自愿、彼此协商一致的基础上,与企业签订各种形式的劳动合同。其内容包括公平应聘权、缔约知情权、缔约选择权、承诺权等。

2. 劳动安全卫生权。劳动者或企业员工有权在劳动、工作和提供劳动服务的过程中获得企业所提供必要的安全、卫生条件和保障。

3. 劳动报酬与奖金受领权。劳动者或企业员工有权受领或请求企业支付与其所做工作、提供劳务相适应的劳动报酬与奖金。

4. 劳动保险福利权。劳动者或企业员工有权无差异地享受国家法律、政策和企业内部规定的各种劳动保险、劳动福利、劳动待遇等。

5. 劳动技能与业务培训权。劳动者或企业员工有权参加国家法律、政策和企业内部规定或举办的各种形式的劳动技能与业务培训,提高其劳动技能与业务水平,获取必要的从业资格证书和安全执业证书。

6. 企业参与与营业监督权。劳动者或企业员工有权依据国家法律和企业内部规章制度,亲自或推选代表参加各种形式的民主管理会,选举或被选举为职工代表进入企业内部权力机关(国有企业董事会或管委会等)或监督机关(如公司监事会等),以行使对企业内部决策参与或对经营者监督的权利。

7. 劳动合同变更、解除权。劳动者或企业员工有权在法律、政策或劳动合同规定

---

〔71〕 参见肖海军:《企业法原论》,湖南大学出版社 2006 年版,第 166 ~ 170 页。

〔72〕 参见黄祥、胡永康:《劳动债权的范围及执行限制》,载《人民司法》2012 年第 24 期。

〔73〕 参见仇家明:《论破产程序中劳动债权的清偿顺序及范围》,载《政法学刊》2005 年第 5 期。

〔74〕 参见邓峰:《劳动债权研究》,湖南大学 2016 年博士学位论文,第 67 ~ 92 页。

的情况下，或者基于正当理由，变更、解除与企业所签订的劳动合同。

8. 违约请求权。劳动者或企业员工有权在企业违约的情况下，通过劳动保护部门或其他劳动权益保护组织居间调解，或委托劳动仲裁机构进行劳动仲裁，或向法院提起诉讼，以保护自己的合法权益不受侵犯。

9. 优先受偿权。劳动者或企业员工有权在企业解散清算或破产清算时，优先于其他国家债权、一般清算或破产债权，就清算或破产财产优先受偿。

10. 其他法律、行政法规所规定或劳动合同约定的特别权利。劳动债权的前述特征和具体内容决定对其保护和救济，应选择民法典的一般保护、劳动法或劳动合同法专门保护、企业（公司）法补充或特殊保护的立法体系和综合保护模式。

下编　运行论

→商事权利的行使与转让

→商事权利的契合与集中

→商事权利的控制与扩张

→商事权利的保护与救济

第九章 商事权利的行使与转让

商事权利(又称商权)的运行,系指以营业中某一初始形态的商权为原点,本着内在的逻辑,沿着特定的轨迹,遵循一定的规律,周而复始地发生的运动、变化、转换、落实、兑现等一系列过程。商权运行的逻辑、轨迹、规律能更清楚地反映商权的独特属性。商权的运行是从商权的行使开始的,其中,商权的转让又是商权行使最主要的方式和最重要的形式。

第一节 商权的行使

权利的核心因子是利益,权利必须具体行使才可彰显或变现为利益,尤其是商事权利。一方面,主体所追求或期待的最大化利益尚处于潜在状态;另一方面,商事权利本身就是一种在变动或流转中才可实现的权利,而这一切均有赖于权利主体的主动、积极行使。

一、商事权利行使的一般分析

商事权利如何行使,行使的事实逻辑如何,有什么样的理论框架可以解释之,其具体制度机制是如何设定和展开的,既有文献与立法文本几乎尚处于空白状态。笔者认为,这些问题对解读商事权利行使的特征与规律具有基础意义。

(一)商事权利行使的事实逻辑关系

商事权利的行使,无论处于什么领域,表现为何种类型,或者转换为某种形式,均表现为以下具时序性、位阶性、递进性的事实逻辑。

1. 以原始财产权行使为逻辑起点

商事权利本质上属于财产性权利,是一种财产上或财产化的权利,任何商事权利的取得与行使均须以一般民事领域的财产权为权利原点和逻辑起点,没有一般民事领域的财产或财产权作基础,商事权利既不可能产生,也无行使对象。如果没有民事主体对自有或支配财产或财产权的处分,把其投入营业领域,作为营业的原始财产或注册资本，就无后续的一系列商事权利。

2. 以资本权行使为权利基点与制度本位

尽管商事权利表面上看起来多元多种、纷繁复杂，但所有商事权利均基于“始于投资”形成的资本权而产生、衍生、创新或派生，以投资形成的资本权或资本权益，不仅是所有商事权利的权利基点，而且还是构建整个商事权利的立法本位与制度轴心。(1)就营业组织形式而言，在传统自然人个体或家庭型营业形式中，最早投入原始本金的业主、东家、老板始终在营业中居于权利源和权力中心的位置，所有以掌柜、执事、账房、分店或分号、代销等执事权、代办权、经理权、代理权、行纪权，均源于原始投资者或受让业主的信任、委托、授权。在近现代以企业为主导形式的组织型营业中，资本权更是企业特别是公司企业一切权利(力)的源泉，企业治理中的意思机关、权力机关、决策机关、管理机关、事务机关、监督机关之权利或权力，不仅均源于企业出资人或持股人的权利，而且借以资本权为基点和本位建立起来。(2)就营业形态的具体表现而言，无论是集投资、经营、交易为一体的个体型、自营型、综合型、简单型营业，还是投资、经营、交易存在适度分工、分离、分立的企业型、委托型、专业型、复杂型营业，基于投资而产生的资本权均具有全领域、全过程、全阶段、全环节的基础、渗透、贯通功能，无论营业以何种形态、阶段、环节出现，均有挥之不去的投资人影子，打上资本权的烙印。(3)就营业开展归宿而言，所有商事权利的形成、产生、衍生、创新、派生，均以实现投资人营利最大化为基本手段或终极目标，所有权利(力)的行使皆围绕实现资本权的最大化为基本功能和最终使命。资本权在整个商事权利中的原点性、基础性、本位性、中心性、终极性之地位、功能、目标，是商事权利行使中不同于一般民事权利最显著的事实特征。

3. 呈现出明显的递次演进结构

如果细加考察商事权利的具体行使轨迹就会发现，无论是作为个体的自然人商人，还是作为组织类的企业商人，其权利行使呈现出明显的递次演进之结构性特征。(1)就个体、独立、单一的自然人商主体而言，其商事权利一般是沿着“一般财产权→占有或支配权→投资处分权→投资形成的资本权→自行经营或交易→委托或授权经营或交易→经营或交易的代理权→代理权的行使或扩张→经营成果或交易完成后收益权或其他委托、授权的回归”这一权利的行使路径，在分阶段、步骤、环节作递次展开和不断演进，直至完成经营或达成交易，实现投资初衷和预期效益。(2)就多个、组合、复合的企业商事主体而言，其商事权利则大致本着“多个投资主体权利的契合→资本权与结社权的结合→企业主体、人格、财产、权利的集中→企业意思、机构、治理、行为的集成→企业决策、组织、管理权的分工与分解→内部权力的集中与外部代表或代理权的形成→企业自主经营权的行使进而形成产品或商业服务等经营成果→企业代理人或专业经销商之交易完成→实现企业效益最大化→企业内部与企业出资人分配权的行使→企业出资人投资最大化收益的实现”这一复杂运行轨迹，一步步作渐次发展和持续推进，最终达到企业经营效益和出资人投资回报的最大化。商事权利行使过程中的这种递次展开、分级演进的结构性路径和程序性轨迹，说明营业中的商事权利与一般领域的民事权利相比，要具更多复杂、专业的特殊性。

4. 表现为显著的扇形扩张特征

商事权利行使不仅表现出同一商事主体权利行使的单向度递次演进结构，而且还表现为同一商事主体权利行使在营业中的多向度扇形扩张特征。无论是个体型的自然人商主体，还是组织型的企业商主体，要开展营业就得从事经营、实施交易，就必然围绕经营或交易的各种事务、业务，衍生、创新或派生出一系列契约或非契约性的新型商事权利，而这些新型商事权利大多又是呈扇形特征作逐渐扩张的趋势。(1)商主体在经营或交易时必然要使用商号，并在经营或交易中形成商誉、信用、商业秘密，进而衍生或行使前述商号权、商誉权、信用权、商业秘密权等人格性财产权。(2)商主体要扩大经营或完成交易必然要有雇佣和交易，进而产生基于劳动合同或各种交易形成的劳动债权和其他交易性债权。(3)自然人或企业基于内部治理、决策、管理，进而行使各种内部治理权、决策权、管理权等自主经营权。(4)商主体基于外部交易需要形成或行使各种基于委托或授权而产生的代表权、代理权、经销权或营业监督权等。(5)商主体因识别或创新的需要，基于使用经营、产品或服务、地理专利等各种商业标记或创新专利、商标、软件、作品等智力成果而形成或行使的商业标记权或工业产权等。(6)因他人违约或侵权而派生的各种请求权和救济权的行使等。(7)其他商主体在经营或交易中形成并行使的各种转换、衍生、创新、派生的商事权利。

5. 权利在不断转换、变型、结合或流转中变现

商事权利是一种处在不断和持续变动或转换中的权利，而且正是在这种权利的不断变动或转换式的行使中，商事权利才最终可达到多元化的变现。它集中表现为：(1)权利行使中的转换。投资主体之原财产权在投入企业之后，转换为合伙权、股权等资本权。(2)权利行使中的变型。在企业中，出资人权利经契合或集中变型为企业权力机关的权力，这里就存在出资人内部参与权行使后，由私权利向企业内部私权力的变型或转型，无论是权利主体还是权利的属性，均发生质的变化。(3)权利行使中的结合。出资人通过出资协议或发起协议，由出资人之资本权与结社权行使的结合，形成企业这一衍生主体，进而产生以出资人与企业为对应权利主体的一系列新型的权利；又如资本权、劳动权、技术开发权、经理权等结合，形成企业的一系列新权利等。(4)权利行使中的流转。流转是商事权利变现的主要方式，如合伙权、股权等资本权就直接可通过转让获得最大化的变现；又如经营权的行使就可通过委托、承包、租赁、信托、托管、特许经营、代工等多种流转方式得到体现或直接变现。

上述商权之内在必然性和事实逻辑关系，无疑是研究商权行使的客观前提和实证

基础。

(二)商事权利行使的解释框架

基于上述事实逻辑,无论是从传统请求权、支配权和形成权角度,[1]还是从霍菲尔德权利分析理论框架中的要求权(对应请求权)、自主权(对应支配权)、能力权(对应形成权)、免除权角度,商事权利行使均在于解释权利行使的内在逻辑关系。[2] 在商事权利的具体行使中,本着权利的本体、原点到权利的派生、衍生、创新,再到不同类型权利的转换、变型、组合、流转等,可把其纳入如下理论框架予以解释或定位。

1. 从本体权利到派生权利

从权利本源来看,商事权利是由一般民事权利中财产权利的行使派生而来,一般民事领域的财产权利特别是物权与债权,是本体性权利。民事主体通过行使其本体性的财产权利,再通过处分物权或债权,基于营业自由把之投入营业领域,进而才派生出诸如资本权、营业财产权、商事债权等一系列商事权利;然后再选择不同的途径或方式行使各项商事权利,使之得以落实或变现。故商事权利的行使,首先体现着从一般民事领域之财产本体权利向特殊营业领域之商事派生权利的权利转换构架。

2. 从原生权利到衍生权利

从营业事实逻辑层面来看,被民事主体处分并投入营业领域的原始财产,既是资本权的原始依据,出资人以之为基础转换为资本权;更是营业财产的初级形式(注册资本),个体经营体或企业经营体以之作为经营本钱,在此基础上,进而形成、衍生、创新出各种经营性、交易性商事权利。总体而言,商事权利的行使就是一个从原生财产权转换为资本权、衍生或创新如营业财产权、派生出商事债权的过程。

3. 从个体权利到组织权利

从营业原生状态或初级形态来看,最早的营业为个体或家庭交易或经营,自然人或家庭营业是最古老、最初级、最简单的形式,此时商事权利的行使集中表现为个体财产权与财产买卖或交易的高度合一;但自近代企业特别是公司型企业出现后,在大机器生产和工业革命的推动下,大工厂、大企业、大公司、大金融、大集团等社会化、团体化、集团化组织型经营或交易,已成为营业的主导形式,个体权利的行使更多局限或停留于投资领域、阶段或环节,经营性、交易性权利则更多集中于企业类商主体。这种从个体权利向组织权利的明显转换、转型、转移、契合、集中,也是商事权利行使的显著特征之一。

---

〔1〕 参见[德]卡尔·拉伦茨:《德国民法通论》(上册),王晓晔等译,法律出版社2003年版,第325~327页。

〔2〕 参见王涌:《私权的分析与建构:民法的分析法学基础》,北京大学出版社2020年版,第76页。

4. 从单一权利到复合权利

从权利内容来看，商事权利行使总是由单一权利向复合权利不断转型、演化。如从投资主体单一财产权转型为资本权，资本权就属复合型权利，它是以公司参与权为基本手段、请求权为基本形式、收益权为终极目的、其他监督性和救济性权利为保障的综合性权利。至于以企业为中心的商事权利行使，更是一个由单一权利不断契合、集成、转型、分解为复合权利的过程。

5. 从商事权利到商事权力

从权利属性来看，商事权利的行使过程就是一个私权利不断或持续转换、变型为私权力的动态过程，其中最具典型的是通过企业等组织机制，把来自单一、个体的商事权利契合、集中为企业内部的最高权力，如合伙人会议、股东（大）会、社员大会、成员大会、基金持有人大会等，再从最高权力分解为企业或公司内部的决策权力、执行权力、监督权力，再通过委托或授权，转换为对外的代表权或代理权等。

6. 从资本权益到控制权力

从权利重心来考察，在营业进入阶段，需要重点、集中解决融资问题，故此阶段立法与制度的重心是解决资本权行使与对应的利益分享问题；由此资本权益就成为此阶段商事权利行使的重心。但在营业进入实质经营、交易阶段后，争夺对经营、管理、交易的控制权则成为各方利益主体的关注焦点，因为谁控制了经营权或交易权，谁就实质性地掌握了最终的利益或利润分配权，此时商事权利行使的中心问题，就是解决经营或交易的控制权分配或机制问题；立法与制度也很自然地把之列为重点。以公司为例，在公司成立之前，中心议题是融资与出资问题；在公司成立之后，重心便转移至公司内部治理的控制权之争。

在后续的商事权利之行使与转让、契合与集中、控制与扩张、保护与救济中，上述商事权利具体行使的理论解释框架，将能得到更具体、直接、集中的体现。

（三）商事权利行使的传导机制

与民事权利行使的亲力亲为不同，商事权利行使的类型、范围、方式、边界具有无限性和不确定性，除传统个体、小规模、交易型营业等极少数情形外，商事权利的行使已完全突破民事权利亲力亲为的极限或可能，其权利行使有比一般民事权利行使更为复杂、专业、多元的利益传导机制。笔者经考察发现，在商事权利的具体行使中，最具代表性的利益传导机制有自行、代理、组织、集中等几种机制。

1. 自行传导机制

在商事权利具体行使过程中，作为投资主体并兼具经营、交易主体的特定商主体，自始至终作为各种权利转换、转型、衍生、创新、派生的权利人或行为人，商事权利主体既是权利主体，也是行为主体，更是利益或责任的直接归属主体。它集中表现为集各种商事权利于一身、以商事主体的自身行为践行各项营业活动、大包大揽各种利益与责任、直接面对各种经营或交易风险，商主体始终居于营业全过程的中心位置。商事权利行使的利益自行传导机制，是一般民事权利的亲力亲为行使方式或机制在营业领域的直接反映，它只存在或适用于传统个体、小规模、交易型营业等极少数情形。

2. 代理传导机制

在商事权利具体行使过程中，表现为投资主体、经营主体、交易主体的特定商事主体，通过委托、授权等方式，把权利的部分权能或某些行为交由权利主体之外的经理人、管理者、经营者、代理人、代办人、行纪人、经销商等具体行使的行权方式或传导机制。在营业活动开展或商事权利行使中，多数情形下是通过代理行为得以实施的，故代理具有必要性、经常性、基础性等特征，由此利益的代理传导与分解机制，也是商事权利具体行使中最常见的途径和方式。

3. 组织传导机制

对进入营业领域转换为不同类型商事主体的民事主体而言，特别是经营、交易形态的营业，须达到一定规模或覆盖一定市场，才有明显的最大化效益。而只要营业得到一定经营规模或市场边界，就需要更多的资本投入或人力参与，就得有组织化的管理架构和具体分工，因而组织型营业就成为营业最基本、最常态的存在形式。无论是古代自然人商主体时代的商业店铺、家庭作坊、手工工厂、矿厂行社，还是近现代企业商主体时代的大企业、大公司、大工厂、大集团等，商主体总是以自组织、类组织、他组织等明显团体形式出现。在各种企业或非企业的营业组织内部，通过一定的机构设置、职能定位、权责配置、管理分工，权利可通过组织内部的治理机构、决策机制、管理部门和事务执行得以行使或实现。

4. 集中传导机制

传统民事权利特别是基于交易、交往型民事债权，其行使的主要方式是面对面地直接缔约、即时给付或分别履行，利益传导具有直接性、即时性、个别性、分散性等特征，但商事权利大多涉及量大、复杂、专业、持续的经营或交易，经营或交易更多是以间接、延时、普遍、集中的方式进行，出于经营或交易的需要，就产生了各种市场（一般专业交易市场与集中交易市场）、平台（各种集中经营的平台）、网络（各种实体或虚拟的网络），经营或交易更多是通过集中的市场、平台、网络等形式进行或完成。如证券类投资权利，就主要通过集中的证券市场交易机制来实现权利的转换、流转或变现。

5. 其他传导机制

例如基于表决权代理征集、承包、租赁、信托、托管、代工、特许经营等方式，把部分商事权利分解给特定主体来行使或实施等。

二、营业权的行使

（一）营业权行使的前提条件

营业权虽为所有民事主体的应然权利，但营业权的机会性决定民事主体对该权利的行使或把握也需要一定的条件，这些条件既有主观方面的，也有客观方面的。

1. 营业意愿

营业权虽属应然的机会权范畴，但并非如生命、健康、肖像等人身权一样，具有绝对、对世、不可放弃、不可抛弃等特性，它属于财产权的范畴，需要通过主观、积极、主动的方式取得。又由于营业权属于追求更多财富、更高生活、更多幸福之权，而追求也有赖于主体主观的意愿。故营业权作为一种应然的机会性权利，首先需要特定民事主体有追求营利或财富最大化，进而进入营业领域的主观愿望，这一主观愿望即为营业意愿。如果某一具体民事主体本身没有营业意愿，权利就缺乏自由意志的支撑，自然就不会存在后续通过处分财产进入营业领域的实际投资行为和一系列后续的营业行为，也不会有营业权利的实际行使与享有问题。

2. 必要财产

营业权属于追求营利最大化或财富更大化的财产目的行为，具有固有的财产性，属财产权范畴；而财产权的行使之基础是有特定、既有财产的先前存在，即无财产则无财产权。特别是营业权，从民事主体的应然权、机会权，变现为可具体行使并实际享有的实然权、实在权，更需要有一定、必要的财产为先决条件。从营业“始于投资”的商权基点来看，没有民事主体之原有、原始财产作基础，就没有所谓的投资、投资行为和基于投资形成的资本权益。故必要的财产是营业权行使的实质条件，尽管这一必要财产既可是自有、支配的，也可通过借贷、融资等方式从其他主体处获得，但终归需要一定的财产；否则，营业权就成为无源之水、无本之木。

3. 国策政制

营业权属私权，私权的行使又与公权的限禁存在关联性，且取决于特定国家的经济政策和对民间营业所持态度。当执政者或主导下的经济政策、国家立法对民间营业、私人投资、民营企业采取限制甚至禁止态度，或在意识形态上存在偏见，或在政策上予以否认，或在立法上设定限制条件或禁止情形，营业本身的正当性、合法性都将存在问题，其作为权利也就不具备实在法的条件。中国古代、苏联时期、我国 1956 年至 20 世纪 80 年代初等特殊时代，民间营业就不具有国策上的正当性和政制上的合法性，营业尽管仍是民事主体的应然权利，但在此国策政制条件下，自然难以成为可现实行使或实际享有的实在权利。因此，营业权不可能存在于限禁、封闭型管制经济体制，只有在具自由、开放的国策政制条件下，才有可能转换为现实且可行使的实际权利。[3]

4. 营商环境

营业权虽属私权，但更是一种需公开并社会化的私权，其实现还需依存于一定的社会条件，这一社会条件就是自由、宽松、公平、竞争、有序的营商环境，其中最重要的一个条件是同业领域不存在独占或垄断现象，如市场存在某些领域、行业、产业的垄断，或具有市场支配优势的既有营业者利用其优势阻挠营业进入者，则对意欲进入营业领域的民事主体而言，营业自由权同样也难以实际行使或实现。故具"统一开放、竞争有序的现代市场体系"、各类生产要素可"自由流动"、各类市场主体可"公平参与市场竞争"的营商环境，[4]是营业权行使的社会条件。

(二) 营业权行使的具体方式

关于营业权的具体行使方式，可从传统与现代、方式与形态等不同营业视角作一般考察。

1. 传统商业方式与近现代多元营业方式

从传统视角看，近代以前的营业主要表现为以商品买卖、货物贸易、商业服务为主要内容或形式的商业，其他如手工业、农业主要为营生需要，而不具有典型的营利目的和营业属性；故近代以前营业尚不是一项具平等、普遍意义的权利，它属商业特权范畴，特权的享受或行使是通过直接从事商业活动得以表现出来。近代以来，不仅营业为民事主体所普遍享有的应然权利，而且随着制造业、大工业的兴起，传统手工业大多转型为营利之业，农业等传统不具营利目的性的领域、行业、产业也被改造成营利之业；不仅如此，营业的形式也由传统单一的商业交易，开始逐渐走向投资、经营、交易的分工、分离、分立，民事主体选择营业的方式或途径不一定要直接参与营利性经营或交易活动，通过直接或间接的投资也可达到营利的目的。因此，在近现代营业权的行使方式就有实施投资、从事经营、进行交易等多种方式。

2. 营业的具体途径或实施方式

从营业"原于自由，始于投资，形于经营，成于交易"的时序递进关系考察，基于营业中投资、经营、交易的适度分工、分离、分立等实然状况，对一般普通民事主体而言，其营业权的具体行使方式有：(1) 纯粹投资。只通过实施投资行为以行使营业权，如债券持有人、信托或理财产品购买者等；或受法律规定营业只限于投资阶段，如国家公务员只可购买上市公司的股票或成为不直接参与经营的股份公司股东等。(2) 复合营业。又称直接经营或交易，即民事主体进入营业领域后，不仅投入资本，而且直接参与经营、交易活动。如自然人选择独资、合伙、合资、合作等形式，从事个体经营、家庭经

[3] 参见肖海军：《营业准入制度研究》，法律出版社 2008 年版，第 174～175 页。

[4] 参见国务院《优化营商环境条例》(2019 年) 第 5 条。

营、个人独资企业经营、合伙企业经营、有限责任公司经营等；又如企业商主体，本身就是融投资、经营、交易于一体的组织型营业形式。

三、资本权的行使

（一）资本权行使的权利依据

资本权的行使依据是民事主体以投资主体的身份向企业出资或实施投资行为，它包括：(1)投资者作为出资人取得企业出资人资格，且该出资人资格经商事登记或企业内部章程或协议确认。例如，有限责任公司登记注册事项中载明股东姓名或名称；股份有限公司的股东名册；公司章程或合伙协议中确认的股东或合伙人等。(2)投资者通过购买资本金融证券或投资产品，持有有价证券或具增值潜质的特定商品，如持有债券、基金、黄金、期货或期货认证及指数等。

资本权特别是股权，表现为对传统财产权的革命和社员权的改造。[5] 财产权的革命又集中表现在财产所有、占有、收益、处分权能的分离行使和合理分配；社员权的改造则又显著表现为对传统一人一票规则的颠覆，代之以一股一权、一股一票的表决规则与同股同权、同股同利的分配规则。传统社员权中以人为计量单位的表决、分配规则，被以资本为单位的表决、分配规则所取代，资本多数决首次成为人类社会进行组织建构、事务决策、治理机制、利益分配的基本规则，并逐渐在营业领域占居主导地位。

（二）资本权行使的具体方式

资本权的行使方式受前述投资主体的类型制约，由于资本权可分为股权式投资人权利与债权式投资人权利两大类型，故权利行使方式存在较大的差异性。

1. 股权式投资人权利的行使方式

股权式投资人除个体或家庭经营外，在绝大多数情形下是以企业出资人的角色或地位出现，其权利行使带有自行性（自行行使）、直接性（直接行使）、参与性（通过参与企业经营或交易活动来实现）、复合性（具体权能内容多元、丰富、复杂）等特征，如业主的直接经营、合伙人的共同经营等。而在所有企业出资人中，又以股权最具典型性。故以股权为例，股权式投资人资本权的行使方式包括：(1)债权式行使，即纯粹通过股权请求权来行使或实现股权利益，如上市公司股票持有人，主要就是通过请求查阅、查账等方式，行使股东知情权等。(2)参与式行使，即通过参与股东（大）会、董事会、监事会等各种企业内部机构、会议，或直接参与公司经营管理活动以行使或实现股权，股东人数少、大股东或控制股东一般多选择或采用此方式。(3)分配式行使，即通过请求公司红利分配、剩余财产分配等，以达到股权变现。(4)转让式行使，即通过出卖或转让

---

〔5〕 参见肖海军：《国有股权代表人制度研究》，中国检察出版社2015年版，第69～79页。

部分或全部权股,以实现股权利益。(5)退出式行使,即通过股权的全部转让、异议回购[6]、申请解散公司等方式,以达到退出公司、变现股权的目的。(6)监督式行使,即在公司及公司高管损害公司、股东利益情形下,通过提起仲裁或诉讼等形式,维护股权利益。

需要特别说明的是,在资本权的所有权能中,最核心和最实质的权能是分配权。与李嘉图和马克思的纯粹劳动价值论不同,新古典主义经济学者萨伊所提资本、劳动、自然等生产"三要素论"认为,商品价值、营业效益是由资本、劳动、土地等三种基本要素共同创造的结果,故投资者、劳动者、土地所有者等每一生产要素的所有者都应获得相应的分配收入,即利润、工资、地租。[7] 不仅如此,由于每一生产要素的价格实际上就是其在营业分配所得的收入及份额比例大小,即要素投入者获得的收入份额等于要素投入者购买要素的成本与投资利润之和,使"每种生产要素所获得的报酬足以抵偿它的生产费用、损耗等等"。[8] 足见,出资人之资本权利或实际获得取决于在营业或企业经营所得中的实际分配。因而红利或股利的实际分配就成为决定股权等资本权益行使或实现的外在特征和判断标准。

2. 债权式投资人权利的行使方式

债权式投资人实质属于纯粹投资人,它与具体经营管理、营运资本、实施交易的企业等商主体是一种纯粹的债权债务关系,其权利行使方式实质属于债权行使方式范畴。主要包括:(1)权利请求,即通过请求权的行使,要求企业等相对债务主体履行返还本金并支付法定或约定投资利润,如债券、基金、理财产品等持有人或购买者,请求债券发行人、基金管理人、银行、信托公司履行还本付息义务等。(2)权利转让,即通过权利的处分或转让,变现其投资标的价值。例如,房地产、黄金以及前述债券、基金、理财产品等持有人或购买者,可通过出卖或转让持有的资本金融证券或购买的各种投资产品,实现权利变现与资金回笼。(3)权利救济,即上述权利请求不能实现,或权利转让存在障碍或引发纠纷,投资者可通过申请仲裁或提起诉讼,获得法律救济。

四、经营权的行使

如前所述,经营主体的营业财产权本质上属经营主体的自主经营权。经营权的行使主要表现为经营主体对所有、占有、支配、控制、管领之财产或权利的独立处分。

(一)经营权行使的主体

与前述营业权、资本权的行使主体不同,经营权的行使主体有其复杂性,它不仅表

---

[6] 参见叶林:《反对股东股权收购请求权的行使与保障——〈公司法〉第75条评述》,载《社会科学》2012年第9期。

[7] 参见许明:《权利配置视角下的中国企业要素收入分配研究》,经济管理出版社2018年版,第34页。

[8] 参见[英]马歇尔:《经济学原理》,朱志泰、陈良璧译,商务印书馆2019年版,第585、663页。

现在主体类型上,而且表现在主体功能上。

1. 自然人经营体、家庭经营体、企业经营体和国家经营体

按组织化程度与形式不同,经营权行使主体可分为自然人经营体、家庭经营体、企业经营体、国家经营体等。在近代以前,自然人个体、家庭是最主要的经营主体;近代以来,企业则为处于主导地位或结构的组织类经营主体;国家只是在公用事业、基础设施、特定专卖行业等少数特殊情形下,才被法律确定为特殊经营主体。

2. 法律拟制经营体与实际行权经营者

按具体行权的属性与功能,经营权行使主体可分为法律拟制经营体、实际行权经营者等。其中企业为法律拟制经营体,法定代表人、经理人、管理者、各种形式的负责人或委托、授权代理人等为实际行权经营主体。

(二)经营权行使的内容

经营权的行使,即由经营主体及实际行权经营者对所有、占有、支配、控制、管领的财产或权利进行独立管理、营运、处分。具体内容表现为:(1)就实质层面而言,包括对人、财、物等不同生产要素的管理、调度、组织、分工等;(2)就经营环节而言,包括原材料供给、生产制造、产品或服务销售等;(3)就经营属性而言,包括治理、决策、执行、管理等不同层面。其中,治理主要解决内部的组织架构、机构设置、权责配置、职能分工问题;决策主要解决具体经营计划、方针、战略、规划、目标等重大或重要问题的决定或制定;执行则主要解决经决策确定的经营计划、方针、战略、规划、目标之落实和实施;管理则重在对人、财、物等各种生产要素和产、供、销等不同营业环节之具体事务的日常组织与具体实施。虽然如此,经营权行使的实质与核心仍是对营业财产的处分,它既包括使用价值的处分,如加工、提炼、分解、组合等物理化学功能或地理位置移动的实际处分;也包括法律权利的处分,如出卖、互易、置换、抵消、抵押、转让等。

(三)经营权行使的方式

经营权主体类型和内容的复杂性,决定经营权行使方式的多样性,总体而言,经营权可通过自行、代理、出让等多种方式来行使。

1. 经营权自行行使

由经营主体自己亲力亲为行使经营权的各项权能之经营权行使方式。一般而言,前述个体经营、家庭经营主要采用此一方式。但即使是个体、家庭经营,其自行行使经营权也仅仅只是其中的某一项权能、部分或环节;经营事务的复杂性和多样性,决定所有经营权能由同一经营主体兼而行之,只发生于小规模生产、零售或自产自销等少数情形。

2. 经营权代理行使

代理是经营权具体行使的主导形式或主要方式,特别是企业、国家等作为法律拟

制经营主体的情形下，企业的自主经营权或国家的垄断经营权，一般是通过企业或国家的内设机构之组织、职务代表或代理机制，以及基于委托或授权所产生的代理机制这两种机制得以落实或实施的。如合伙企业的共同经营，实质属于合伙人的共同代理经营行为；又如公司内部的委托、授权经营，实质就是基于公司组织机制和内部委托授权的公司代表或代理经营。

3. 经营权出让行使

通过经营权的出让，由其他经营主体或专业经营者来具体行使经营权中的某一具体或全部经营权能，是经营权行使中最具特色和创新的行使方式。经营权的出让行使主要有承包、租赁、连锁、分销、信托、托管、特许、代工、整体性营业转让等多种方式。[9]

五、商事债权的行使

（一）商事债权行使的特征

与一般债权相比，商事债权虽有特殊性，但本质上仍属债权，核心内容仍为请求权。所不同的只是商事债权的给付标的更具抽象性、概括性、价值性；行使方式更具文义性、程序性、形式性；行使内容更具多样性、复杂性、综合性。

（二）商事债权行使的方式

商事债权的具体行使与一般债权也无差异，有权利请求、权利转让、权利救济等典型方式。鉴于债权的行使，民法对此有比较系统、深入的讨论，此处不作细述。

第二节　商权的转让

权利转让既是权利行使的主要方式，更是权利变现的重要途径；商事权利尤其如此，特别是资本权、部分债权等，只有通过权利转让等方式，才能彰显权利的价值，实现营利最大化目的。

一、商事权利转让的一般分析

（一）商事权利转让的界定

商事权利转让系指享有特定商权主体，基于特定条件、程序或方式，把其享有、专有或支配的特定商事权利之部分或全部出让给相对第三人的营业行为或由此形成的特定法律关系。(1)商事权利转让为发生于商权出让人与受让人之间的交易行为，系

[9] 参见肖海军：《企业法原论》，湖南大学出版社2006年版，第180～198页。

典型的营业交易行为。(2)商事权利转让的标的为具某一特质属性的商事权利,包括前述资本权益、营业财产权、商事债权等。(3)商事权利转让须基于特定条件并依法定或约定程序或方式进行。如股权转让,须符合公司法或公司章程的有关规定;又如经营权的转让,也须符合有关法律的规定。

商事权利转让不仅是商权行使的主要方式,也是商权变现的重要途径。如股权等资本权,转让本身就是其固有的权能之一,通过转让不仅可达到股权具体行使的制度功能,而且通过转让,取得对价可变现股权的价值,回收投入股本的资金,实现营利或收益的最大化。

(二)商事权利转让的特征

作为私权转让,商事权利转让除具私权性、平等性、自主性、对价性等一般民事权利转让的共同特征外,还显示出其固有的营业特征。

1. 标的特殊性

在多数情形下,商权转让的标的不是指向具体的财产或生产要素,而是表现为抽象的资本、经营的权限、概括的营业等。例如资本权的转让,其转让的标的为出资的份额即资本,证券的转让主要为财产、资本价值化和证券化形式的证券或证券指数等;又如经营权的转让,虽也涉及营业要素或营业财产,但多数情形下系整体经营权的转让;再如营业的转让,则集财产、商号、资格、信用等所有营业要素于一体的概括性转让,更具概括性。

2. 条件限定性

商权作为一种特殊私权,具有一定的身份性、专有性、独占性或保密性,其转让或须具备一定限制性条件,如合伙权、有限责任公司股权的转让,就须经其他出资人全体或多数同意;或须附加特殊限制性条件,如商号、专利、商业秘密、连锁、加盟的特许经营等,特别是商业秘密的特许使用,一般都订有严格的保密和责任条款。

3. 程序法定性

商权转让有严格的程序约束,大多在法律、章程、协议或示范性文本中有明确规定,受法律确认和保护,出让人与受让人须严格遵守法定或约定的程序规则。如股权转让,除须严格履行告之、同意、优先购买权等前置条件外,还须经内部确认、变更登记等公示程序。

4. 行为要式性

商权转让有严格的外在形式要求,除须通过格式、规范的书面形式外,还须履行特定要式程序。例如资本权转让,一般要履行企业变更或营业变更确认或登记程序;经营权转让,也须进行登记确认或公示;至于营业转让,则更为复杂,往往也须办理各种变更或注销登记。除此之外,在英美法系国家或地区,有关权利转让所涉各种文书的制作或签署，还须办理各种见证、鉴证或公证程序等。

5. 信息公开性

商权行使大多与社会、公共、国家利益有一定影响，或存在一定关联，尤其对相对交易第三人利益影响或关联极大，而权利转让又属营业中的重大变更情形和权利变动事由，系足以对相对交易第三人决策或利益产生实质影响的重要营业信息。原于此，各国均规定商权转让除应公开进行外，还应及时公开或披露相关信息。

（三）商事权利转让的类型

1. 商事权利转让的一般类型

商权转让可按不同标准，作如下分类：(1)按转让内容不同，商权转让可分为部分转让、全部转让与整体转让。如股权既可全部转让，也可部分转让；而营业转让则为整体转让。(2)按转让方式不同，商权转让可分为基于合意的转让和基于强制的转让。如通过合同所发生的股权转让、特许经营为合意转让；基于法院强制执行、企业内部除名决定而发生的转让或退出，如股权被强制执行、合伙人因违法被除名，所发生的转让则为强制转让。(3)按转让属性不同，商权转让可分为普通转让与独占转让。普通转让为一般转让、非独占或非排他性转让，即发生转让的商权并不具有独占性或排他性，如连锁、加盟经营等商业特许经营，作为经营权的一种特殊转让方式，就不具有独占性或排他性；而股权、营业转让就具有独占性或排他性，转让履约行为完成后，出让人或第三人均不可享有该权利或权利之部分。(4)按照转让依据不同，商权转让可分为约定转让和法定转让。约定转让为基于当事人通过合同、协议或公开市场买卖所发生的权利转让，如特许经营、托管经营即为经营权的约定转让；法定转让则基于法律规定的事由或情形而发生的权利转让，如股权的继承等。商权转让在多数情形下是基于约定而发生的转让。

2. 商事权利转让的特殊类型

商权转让还可按营业“原于自由，始于投资，形于经营，成于交易”的时序、递进作形态分类，虽然“原于自由”的营业自由权属应然权、机会权范畴，具有抽象性和不可转让性，它只有通过特定民事主体的具体行使才可实际享有，本身不能转让。但在民事主体投入财产进入营业领域后，进而基于投资而形成资本权、衍生出经营性营业财产权、基于交易所生商事债权，这些实体性商权，则是可以转让的。故按前述实体性商权的时序、递进形态，商权转让可分为资本权转让、经营权转让、商事债权转让和作为各种实体权利集合之营业转让。

鉴于营业自由权的不可转让性，又因商事债权中，除前述经销权、特许经营权、营业知情权、劳动债权有其特殊性之外，其他商事债权与普通债权的转让并无显著特别之处。况且，在特殊类商事债权中，经销权除独占性经销权外，经销权人是无权转让的;特许经营权在一般情形下,非经特许人许可,也不可转让;营业知情权属于从属性债权,依托于主权利,不可单独转让;劳动债权为具劳动者人身依附与从属关系属性的特殊债权,也不可转让。故最能彰显商权转让特别、特殊、特色之处的,主要为资本权转让、经营权转让、营业转让。

二、资本权的转让

资本权转让系投资主体把基于投资所形成的资本权益,以特定方式转让于受让人之法律行为及由此形成的对应法律关系。资本权转让既包括股权式投资人权利转让,也包括债权式投资人权利转让。但因债权式投资人之投资性权利转让主要系对投资产品的买卖和租借资产的回笼,适用商品买卖、证券交易、租赁借贷等一般规则。相对而言,股权式投资人权利因涉及出资人与企业、不同出资人之间的特定身份关系,权利转让有诸多组织法特征或团体法限禁情形,完全不同于一般财产权的转让;又因社员权、成员权具鲜明的身份属性,其转让受限太多,多数情形下是不可转让的。故可自由转让的主要为股权式投资人权利中的业主权、合伙权、股权。

(一)业主权的转让

1. 业主权转让的属性特征

业主权转让主要发生于个体工商户、家庭经营户、个人独资企业自然人投资人与受让第三人之间,就个体业主之相关出资权利转让所形成的法律关系或事实状态。业主权转让在理论上存在全部转让或部分转让两种可能性;但除家庭经营户外,个体工商户、个人独资企业的法律属性已锁定个体自然人作为唯一投资人,也决定业主权转让一般只能采用或适用全部转让的方式。这是因为,如个体工商户、个人独资企业的自然人投资者只出让部分投资份额或权益,就意味着要根本改变个体工商户、个人独资企业的投资者唯一性这一限制条件,其结果只能导致个体工商户、个人独资企业须变更为具二人以上投资主体的合伙经营体或合伙企业,这涉及个体工商户、个人独资企业营业形态或组织形式的根本变化。足见,在通常情形下,业主权不适用部分转让。

个体工商户、个人独资企业之出资业主的唯一性和家庭经营户的人合性决定业主权转让,属具概括意义的营业转让范畴。它具有如下显著特征:(1)范围上的整体性。业主权转让不只及于投资性权益,而是及于投资所形成或产生的各种经营性或交易性等整体性权益。(2)本质上属营业转让。因业主权是集投资、经营、交易于一体的综合性、复合性权利,转让的整体性决定其本质上具概括意义的营业转让属性,属典型意义的营业转让范畴。(3)内容上的财产性。由于业主权包括投资、经营、交易中的全部财产或权益,故业主权的转让不限于纯粹资本权的转让,而是该业主在特定营业中所有财产或权益的概括性转让。(4)程序上的要式性。由于业主权转让实质为营业转让,涉及个体工商户、个人独资企业主要营业事项的变更，须依法办理变更登记，才可产生权利转让的对抗效力。

2. 业主权转让的主要情形

业主权转让除理论上的部分转让或全部转让外，还可发生于个体工商户、家庭经营户、个人独资企业等不同营业形态或经营形式。故业主权转让的情形主要包括：(1)个体工商户业主权的转让；(2)家庭经营户业主权的转让；(3)个人独资企业业主权的转让。这几类业主权转让的法律效果虽基本相同，但因我国商事登记尚处于分类登记状态，故在办理登记时所适用的法律尚有差异。

3. 业主权转让的要式程序

业主权转让因涉及个体工商户、家庭经营户、个人独资企业等重大事项变更，故须依法定程序办理变更登记。(1)因业主权转让，直接导致投资人姓名、个体工商户经营者姓名发生变更的，应依法直接把受让人登记为投资人或经营者。(2)个体工商户以家庭形式经营的，因业主权转让，应根据是否为个人经营或家庭经营等组成形式办理变更登记；如家庭经营的，参加经营的家庭成员姓名发生变化，也应同时办理备案登记。(3)因业主权的部分转让，导致个体工商户、个人独资企业必须变更为合伙经营或合伙企业的，应办理企业组织形式的变更登记。

(二)合伙权的转让

1. 合伙权转让的属性特征

合伙权转让系作为企业出资人身份的合伙人，在符合法定或约定条件下、依照一定程序把其合伙份额的部分或全部转让给其他合伙人或合伙人之外第三人之法律行为。合伙权转让虽是一种资本权的转让，但因该权利特有的身份属性或人合特征，在内容上具有明显的综合性和复合性，它包括：(1)合伙人资格的转让。合伙权系基于合伙人出资及资格而产生的权利，合伙权转让首先是合伙人资格的转让，受让人因之获得合伙人的资格，包括特定普通合伙人或有限合伙人资格。(2)资本权益的转让。合伙权是一种出资份额权，依据出资的多少或合伙协议的约定，受让人可基于受让合伙份额的比例享有从合伙经营所得中分配、分红的权利。(3)共同参与权的转让。合伙人有权共同参与合伙企业的经营或管理，故合伙权的转让也必然包括共同参与权转让。(4)合伙债务责任的转让。合伙人特别是普通合伙人须对合伙债务承担连带责任，是合伙权的对价义务；普通合伙权的转让，无疑也意味着合伙连带债务责任的转让。

合伙权的转让实质上属于原合伙人的退伙与受让人作为新合伙人的入伙之复合行为。除前述综合性和复合性特性外，[10] 合伙权转让还具有身份性、限制性、程序性等

---

〔10〕 参见袁碧华：《新〈合伙企业法〉退伙制度的若干立法盲点与克服》，载《法学杂志》2007 年第 7 期。

显著特征。(1)身份性。合伙关系具有鲜明的人合性,合伙权为基于特定合伙人之间信任关系而形成的身份权,故合伙权的转让也意味着特定合伙人身份的转让。(2)限制性。合伙权的人合性和身份性决定合伙权转让的受限性,特别是普通合伙份额转让,法律和合伙协议均有严格的限制性规定。(3)程序性。合伙权转让不仅关涉合伙份额出让人与受让人之间的权利义务,也涉及原合伙人之间的权利义务,更关乎合伙企业债权人债权的实现,属合伙企业重要变更事项,须履行严格的法定程序。

2. 合伙权转让的主要情形

根据属性不同,合伙权转让可分为普通合伙份额转让和有限合伙份额转让两种典型情形。(1)普通合伙份额的转让。基于合伙组织的人合性,在合伙企业存续期间普通合伙人一般不能任意转让合伙份额。但在符合以下条件的情形下,普通合伙人可转让其合伙份额:经其他合伙人一致同意,普通合伙人可对外转让其合伙份额,如《合伙企业法》第22条第1款规定;普通合伙人之间的转让应通知其他合伙人,如《合伙企业法》第22条第2款规定。(2)有限合伙份额的转让。相对而言,有限合伙份额的转让比普通合伙份额的转让所受限制要少,只需履行必要的通知程序即可。如《合伙企业法》第73条规定,有限合伙人可向合伙人以外的人转让其在有限合伙企业中的财产份额,但应当提前30日通知其他合伙人。

3. 合伙权转让的要式程序

合伙权转让因涉及合伙人之间、合伙人与合伙企业之间、合伙人与第三人之间等多方权利义务、债权债务关系的处理,故法律设置有严格的程序约束与控制机制,如我国《合伙企业法》就明确规定,合伙权的转让应严格履行通知、同意、优先购买权、修改合伙协议、办理合伙登记等系列程序。(1)及时通知。无论是普通合伙份额的转让,还是有限合伙份额的转让,拟出让其合伙份额的合伙人,均应履行及时通知义务。其中,普通合伙份额的转让,由合伙协议约定,如无约定则适用合理的期间;有限合伙份额的转让,则应提前30日通知。(2)其他合伙人同意。普通合伙份额的转让,应取得其他合伙人的一致同意,方可向合伙人之外的第三人转让。(3)满足其他合伙人的优先购买权。如《合伙企业法》第23条之规定。(4)修改合伙协议。合伙权转让属于原合伙人的变相退伙,也意味着合伙份额受让人作为新合伙人的入伙,是退伙与入伙行为的复合。基于合伙关系的人合性,只要原合伙人发生变更,就意味着原合伙体的解散,在新合伙人加入之后,须重新订立新合伙协议,以确定原合伙人与新合伙人之间的关系。[11] 如《合伙企业法》第24条之规定。(5)办理合伙变更登记。合伙人属于合伙企业登记的法定事项,合伙权转让因涉及合伙人的变动,故须办理变更登记;如未及时办

〔11〕 参见王威:《对合伙企业入伙问题的几点思考——以有限合伙为例》,载《经济研究导刊》2008年第5期。

理变更登记,合伙权转让之效力不可对抗第三人。

4. 合伙权转让的法律后果

总体而言,合伙权转让后,也必然导致合伙人之间相应权利义务、债权债务关系的变化。(1)就一般情形而言,合伙权转让应及时进行合伙结算,出让人与受让人共同对转让结算前的合伙债务承担连带清偿责任;受让人作为新合伙人,应共同对转让结算之后的合伙债务承担连带清偿责任。(2)出让合伙份额的原合伙人丧失或部分丧失其合伙份额权,并应对其出让合伙份额生效之前的合伙债务承担连带责任。[12] (3)受让合伙份额的新合伙人取得合伙人的身份或地位,并应依照新订合伙协议享有权利和承担义务。(4)未经合伙变更登记,合伙权转让不产生对抗第三人的效力,原合伙人仍应依原合伙登记和原合伙协议所载内容对外承担连带债务责任。[13]

(三)股权的转让

1. 股权转让的属性特征

股权转让系指作为公司出资人的股东,在具备法定或约定条件下,依照特定程序把其所持有的出资份额或股票出让或交付给其他股东或股东之外的第三人之法律行为。股权是出资人以其投入公司的财产之资本化的新型财产权利形式,是按一定货币计量单位折算出来的股东出资与公司资本(注册资本)之财产比例、份额的外在价值形式。[14] 股权的资本权利属性使其抽象于股东原始出资财产、权利的实态性形式,从而为股权的自由、便利转让提供了可能。故股权的可流转性以及股东可自由处分股权就成为股权的本质特征和基本属性。股权转让为典型的资本权转让,其内涵为:(1)股权转让的标的为股权,在有限责任公司或闭锁公司中,一般表现为出资比例、出资证书、持股比例等;在股份有限公司或公开、上市公司中,一般表现为股份或股票。故股权转让可分为出资份额的转让或股份、股票的转让。(2)股权转让既可在原公司股东之间进行,也可在出让股东与股东之外的第三人之间发生。(3)股权转让的方式有多种,典型的有非公开市场的协议或约定转让、公开资本市场上的集中竞价交易、特殊情形下的质押等。(4)股权转让涉及股东之间、股东与公司、第三人与公司、股东与第三人等多重主体之间的权利义务、债权债务的分配,故股权转让须满足一定条件,并依法定或约定程序进行。

股权转让也具有身份性、限制性、程序性等特征。(1)身份性。股权虽属资本权范畴,但因股东与公司、股东之间的利益具有一定的人合性或关联性,特别是一人公司、股东人数极少的有限责任公司、控制股股东控制的股份公司或上市公司等特定股东之

---

〔12〕 参见胡启忠:《退伙人与合伙债务责任的承担》,载《现代法学》1994 年第 5 期。

〔13〕 参见夏秀渊:《国外退伙人对合伙债务的承担制度》,载《山西财经大学学报》2012 年第 S5 期。

〔14〕 参见肖海军:《国有股权代表人制度研究》,中国检察出版社 2015 年版,第 65 ~ 79 页。

股权的转让,对公司以及其他股东之利益影响或关联极大。故股权表面上为资本权的转让,实则内含股东身份的转让。(2)限制性。流转性虽是股权的基本特性,但股权因有一定的身份、成员属性,其转让有一定的条件约束和程序限制,这并非限制股权本身的流通,而是为了防止因股权的不当或非法流动损害公司、其他股东、公众投资者或第三人利益。如公司高管的股权、国有股权、有限责任公司股权、证券市场中短线交易的股权、上市公司大股东5%以上股权的转让等,均有严格的比例限制或程序控制;又如公司章程还可设定股权转让的其他限制性条件或程序等。(3)程序性。股权属典型意义的资本权,而资本权的综合性和复合性决定对相关利益主体影响的多样性和复杂性;且股权转让对内会改变股权、股东、治理结构,对外也会影响公司的履约或信用,属公司重要的营业事项和营业信息。因此,各国对股权转让均有严格的程序性要求,如有限责任公司股权转让的通知、其他股东多数同意、其他股东优先购买权的行使、公司内部确认与章程修改、公司变更登记程序等;又如上市公司股权的报价与交割程序,5%以上股份转让的通知、报告、审核、信息披露程序等;上市公司收购程序等,均有法律、章程或交易所的严格规定。

2. 股权转让的主要情形

因不同股东或公司之股权存在明显的差异性,故股权转让的情形及类型也有较大的不同,归纳起来,主要可从以下几个方面作情形划分或类型化分析。(1)按股权所在公司的类型,可分为有限责任公司的股权、出资比例转让和股份有限公司的股份、股票转让。相对而言,有限责任公司股权、出资比例的转让所受法律或章程限制较多;而股份有限公司股份、股票的转让则相对更自由一些。(2)按股权背后的股东身份不同,可分为一般股权转让和特别股权转让。如公司发起人、公司高管、持有上市公司5%以上股份的股东、证券交易内幕信息的知情人等股东所持股份,其转让就受《公司法》、《证券法》及证券交易所规则的特别限制。(3)按股权是否记名,可分为记名股权转让与非记名股权转让。其中如有限责任公司的股权、公司发起人所持股份、定向发行持股人所持股份等,均为记名股权。记名股权转让要比非记名股权转让在法律上严格得多,须具备法定条件、情形并严格依照法定程序转让,才生效力;而非记名股权转让,除证券市场有特别限制外,一般以交付或交割为转让要件。(4)按股权转让方式的不同,可分为协议转让与上市交易。协议转让为基于股权出让方与受让方的协商、合意而发生的股权转让,如非上市公司的股权或股份转让均为此一情形;而上市交易,又称集中交易或场内交易,即股权是在集中竞价的证券交易系统或资本证券市场完成交易、交割的股权转让方式。其中,上市交易又分一般交易与上市收购两种情形,上市收购导致上市公司控制权的转移。(5)按股权转让的启动方式,可分为任意转让和强制转让。其中任意转让系基于出让股东的合意所发生的股权转让,股权转让一般均为任意转让;而强制转让则为基于法律的强制而发生的股权转让,如《公司法》所规定的股权强制执行、公司股权或股份回购等,即为强制转让。

3. 股权转让的限制条件

股权转让的限制性条件,因不同类型、属性、背景的公司以及特定股东身份而有所差异,其中有限责任公司的股权与股份有限公司的股份、非上市公司的股权与上市公司的股份、特定类型股东股权转让的限制性条件,存在显著的不同。(1)有限责任公司股权转让的限制性条件。主要表现为股权的对外转让限制,如必要的通知;须经其他股东过半数同意;满足其他股东行使优先购买权的请求;股权回购或继承的限制性规定;公司章程的特别限制性规定等。(2)股份有限公司特定股东股份转让的限制性规定。如公司发起人所持股份转让的期间限制;公司高管在任职期间所持股份转让期间、比例的限制等。(3)上市公司股份转让的特别限制。如持有上市公司5%以上股份的股东、董事、监事、高管所持股份转让及短线交易的限制;受让上市公司5%以上股份的股东、证券交易内幕信息的知情人、上市收购等股份转让中的特别期间、条件或信息披露限制等。

4. 股权转让的程序控制

程序控制是股权转让的显著性特征,但因股权转让方式可分协议转让与上市交易两大情形或类型,其程序控制也存在明显的差异。

关于股权协议转让的程序控制,以有限责任公司股权转让为例,其程序控制大致包括如下必要环节:(1)出让股东的通知义务和及时通知;(2)其他股东的过半数同意程序;(3)其他股东提出行使优先购买的请求;(4)公司内部确权与章程涉股权变更内容的修改;(5)办理公司股权变更登记;(6)法律或章程规定的其他程序。

关于股权上市交易的程序控制,我国《证券法》对此有具体、明确规定:(1)特定主体所持股份的转让、证券交易内幕信息的知情人所持股份、短线交易的申报、期限与信息披露等,有严格的程序性要求;(2)上市公司股东大会期间参会股东的申报、登记及交易冻结制度与程序;(3)上市收购的信息披露与相关程序等;(4)其他资本证券交易程序的控制性规定等。

5. 股权转让的效力认定

在股权转让效力的认定上,学界、业界尚存在两大误区。一方面,常常把股权转让与物权转让相混淆;另一方面,以简单的合同法思路来处理股权转让的实际履行或权利转让问题。

笔者认为,在涉及股权转让效力认定上,应构建起合同成立即生效、意思真实的文义判断规则、权利认定的外观主义、合同履行的最大诚信、股权转让合同效力与股权实际变动效力分离等一般性商法规则,使之成为认定股权转让合同效力及其他权益、责任归属的约束性准则,达到同类股权转让类案件以相同的商法规则进行认定和处理。依据效力认定的文义主义和权利认定的外观主义规则,在涉及股权转让协议的诉争案中,可按如下基本思路作出裁判:(1)股权转让协议一经签订则产生法律效力;(2)是否完成股权或股东名册变更登记,并不影响股权转让协议的有效性;(3)商事审判应遵循文义主义与外观主义判断规则,只应审查股权转让协议形式的有效性,而无须审查其内在意思表示的真实性,且一般不得任意对股权转让协议裁定无效或撤销;(4)股权转让协议签订后,当事人应严格履行合同;(5)出让人如违反限制性规定签订股权转让合同,应承担违约与损害赔偿的双重民事责任;(6)股权转让合同受让人的权益应予充分保护。

三、经营权的转让

(一)经营权转让的一般分析

1. 经营权转让的属性特征

在商事权利的语境中,经营主体的权利集中表现为前述营业财产权,而营业财产权的核心,其实就是对经营主体所有、占有、支配、管领或控制之财产的使用、营运、管理或处分,即通常意义上的经营,故对经营主体而言,其权利转让最核心的部分,其实就是经营权之转让,而非泛义上的营业财产权转让之原由。所谓经营权转让即特定经营主体把所属营业财产的经营、管理、处分权能以一定的机制或形式出让给其他经营主体行使之特定法律行为或制度安排。

经营权的转让并非一般意义的财产转让,而是对特定概括财产之营运管理、资格资质、市场声誉、营销网络等概括性经营权能的分享或让渡,其显著特征表现为:(1)转让标的具有概括性、抽象性。经营权转让的标的不是具体意义上的某一项或某一类财产,而是具有概括、抽象意义的经营权能,特别如企业经营权的整体转让,其中既包括有概括意义上的财产,更包括具有抽象、综合意义的经营权限、资格资质、营销网络等。(2)转让内容具有综合性、复合性。经营权转让涉及的权利内容很多,它可以是具体的几项权利或权能,但更多情形是带有综合性、复合性、整体性的经营权利或经营权能,如承包、信托、托管式经营权的转让,就带有明显的综合性、复合性特征。(3)转让方式具有共享性、非排他性。经营权转让不如一般财产或权利转让具有独占性或排他性,它甚至在某种意义上具有权利共享、分工、合作的特性,如特许经营式转让,特许人和特许权人就可共享商号、商标、商誉、专利、商业秘密、经营标记、营运模式、进货渠道、营销网络等;又如代工式转让,并不排斥特许人与特许权人共同享有产品的制造权或加工权等。这种权利让渡之后,出让人与受让人之间可并行、兼容、共享某一经营权能的权利转让模式,正体现了商人自由、开放、包容、创新的理念和精神,其目的是追求经营更加专业化和效益最大化。

2. 经营权转让的机制形式

经营权转让可按不同标准进行分类,但最主要的分类是基于转让制度机制与外在形式,一种是基于营业组织的内在组织机制而形成的经营权转移;另一种为基于经营主体与他主体的外在合同机制而产生的经营权转让。故根据制度机制不同,可把经营权转让分为如下两种典型形式:

第一,基于企业内部治理机制而发生的经营权转让。典型的为企业内部的委托经营,即依据法律规定和企业章程约定,通过组织规则和程序流程而产生企业决策机构或经理机构,由其专职负责企业经营决策和具体营业事务管理的一种经营权转让模式。内部委托经营具有以下基本特征:其一,经营管理机构的法定化。法律和企业章程一般对企业内部经营管理机构的产生、职能、职权、职责、法律地位以及与其他企业内部治理机构的关系有较为具体的规定。内部委托经营通常是由法律和企业章程所确定的特定企业决策或经理机构负责。其二,企业经营者的内部性。企业经营者为企业内部某特定治理机构的成员,与企业的关系为内部个体与整体的关系,企业经营者本身为企业的内部利害关系人。其三,企业经营者选择过程的程序化。企业经营者是依据法律规定和企业章程约定的企业组织规则和程序流程,以选举、会议表决等方式产生,其过程应符合程序规范的基本要求。其四,经营管理的职业化。企业经营者一般对企业经营中的技术性、业务性事务进行决策和管理,带有显著的职业特征。

内部委托经营迎合了现代企业资本所有和资本营运相分离的基本趋势,有利于企业经营的专门化和管理的科学化,因而,此一经营范式可普遍适用于现代企业的不同形式。以企业法人为例,按经营者产生的方式不同,内部委托经营可划分为推选型和聘用型两大类型。其一,推选型委托经营。由企业内治理机关依据特定组织规则和程序流程以选举、推举或会议表决等方式产生企业的经营决策机构或经营管理者的委托经营方式。例如公司股东(大)会选举产生董事会,再由董事会推举产生董事长或副董事长、[15]国有或集体企业的职工代表大会选举产生企业的厂长或经理等,均为此一类型。在推选型委托经营中,企业特定治理机关与企业经营者之间存在授权与行权、委托与代表(代理)、监督与被监督的法律关系。其二,聘用型委托经营。基于企业内部的特定治理机关(一般为企业的代表机关或代理机关)的聘用、委托等方式,选择具体企业经营者的委托经营方式。如公司董事会或董事长聘请经理人组建公司经理机构并授权其经营,即为此类。在聘用型委托经营中,企业、企业特定治理机关与企业经营者之间则存在聘用和受聘、监督与被监督、委托与代理的聘用合同法律关系,企业经营者与该企业之间又存在一种特殊形式的劳动债权债务关系。因此,在聘用型委托经营中的职业经理人,既可是企业的出资人,也可是企业出资人以外的其他自然人。此外,营业受限型的非企业类商法人也可选择前述经营方式,通过推举或聘任具体负责人,专司投资营运、管理事务。

---

〔15〕 参见梅慎实:《现代股份公司经营监督模式比较与评析》,载《中国法学》1996年第3期。

第二,基于合同机制而发生的经营权转让。基于经营主体与其他主体的特定经营权转让合同而产生的经营权转让形式。典型如承包经营合同、租赁经营合同、信托经营合同、托管经营合同、特许经营合同(连锁经营、分销经营)、代工经营合同等产生的经营权转让。

(二)经营权转让的具体形式

1. 经营权的承包式转让

经营权的承包式转让,又称承包经营,系指企业出资人、企业权力机关或特殊情况下的企业上级主管部门作为发包人,以回报或获取固定基准或一定比例的利润为基本条件,将企业之经营权在一定期限内整体让与特定经营者或经营机构(以下简称承包经营者)的经营权转让模式。如我国《全民所有制工业企业承包经营责任制暂行条例》(2011 年修订)第 2 条之规定。与其他经营权转让模式相比较,经营权承包式转让具有如下特点:其一,以承包合同的形式招标产生企业经营者;其二,企业经营者身份独立;其三,企业经营者范围广泛;其四,企业经营权的整体出让;其五,企业发包人的权利恒定。目前,我国法律明确规定企业承包经营的为原全民所有制企业,但在企业实际经营中,公司企业等一般类企业和集体所有制企业、股份合作企业、外商投资企业等特殊类企业均存在承包经营的问题;〔16〕其他营业受限型的经营主体,甚至个体、家庭经营中,也存在承包经营问题。故承包经营可视为普遍适用于经营主体的一种经营权转让形式。

经营权承包式转让的当事人包括发包人、承包经营者。其中发包人为企业的出资人、权力机关或特殊情况下的企业上级主管部门。经营承包人,即承包经营者,既可以为个人,也可以为企业或集团。经营权承包式转让的确定和经营中当事人的权利义务均由承包经营合同予以明确。承包经营合同是一种特殊的委任经营合同,〔17〕是具体落实企业承包经营权、保障企业承包经营责任制实施的基本法律途径和法律形式。〔18〕

2. 经营权的租赁式转让

经营权的租赁式转让,又称租赁经营,是指企业出资人、权力机关或特殊情况下的企业上级主管部门作为出租人,以回报或获取固定租金为基本条件,将企业之经营权在一定期限内整体让与特定承租人——特定经营者或经营机构(以下简称承租经营者)的经营权转让模式,如我国《全民所有制小型工业企业租赁经营暂行条例》(1990

---

〔16〕 参见朱志明:《合资企业承包经营面临的法律问题》,载《法学》1990 年第 7 期;高子才:《中外合营企业承包经营的法律问题》,载《法学》1992 年第 2 期。

〔17〕 参见董开军:《企业承包经营合同的法律性质新探》,载《中国法学》1988 年第 1 期。

〔18〕 参见吴卫国:《企业承包经营合同研究》,载《现代法学》1992 年第 1 期。

年修订)第3条规定。[19] 经营权租赁式转让具有如下特点:(1)以租赁经营合同的形式招租产生企业经营者;(2)承租经营者主体资格独立;(3)承租经营者范围广泛;(4)企业经营权的整体出让;(5)企业出租人的权利恒定。目前,我国立法上明确规定企业经营权租赁式转让的为原全民所有制小型企业,如1988年《全民所有制小型工业企业租赁经营暂行条例》(1990年修订),但在企业实际经营中,公司企业等一般类企业和集体所有制企业、股份合作企业、外商投资企业等特殊类企业均存在租赁经营的问题。[20] 此外,其他营业受限型的经营主体,甚至个体、家庭经营中,也存在租赁经营问题。可见,租赁经营可视为普遍适用于经营主体的一种经营权转让形式。

企业租赁经营不同于传统物的租赁和物品使用权的出让,租赁的标的物为企业的经营权。[21] 经营权租赁式转让的当事人包括企业出租方、承租经营者。其中企业出租人是指企业出资人、权力机关或特殊情况下上级主管部门。企业承租方即承租经营者,既可是自然人个人,也可是合伙企业,还可是公司企业等。经营权租赁式转让及当事人的权利义务由租赁经营合同予以确定。[22]

3. 经营权的信托式转让

经营权的信托式转让,又称信托经营,为企业出资人、权力机关或特殊情况下的国家行政机关作为委托人,基于对受托人的信任,将企业财产、资产或其他权益委托给受托人(一般为专业性的投资公司或信托经营机构,以下简称信托经营者),由信托经营者按委托人的意愿以自己的名义,为受益人的利益或者特定目的进行经营、管理或者处分的经营权转让模式。信托经营是信托的一种特殊形式,它属商事信托的范畴。作为企业经营权转让的一种特殊形式,经营权信托式转让具有以下特点:(1)一般存在多方当事人。在经营权信托式转让法律关系中,一般存在委托人、受托人和受益人等三方当事人。(2)信托经营须以受托人的名义进行。(3)信托经营的经营权限更为广泛。(4)信托经营所得的归属不同。信托经营所得则归属于信托经营合同中所规定的受益人,既可以是委托人企业、出资人,也可以为委托人、受托人以外的第三人。

经营权信托式转让的当事人包括经营委托人、经营受托人(信托人)、经营收益人三方。经营权信托式转让的主要形式有:(1)纯粹意义的企业财产信托[23];(2)股权

---

〔19〕 参见祁晓东:《企业租赁经营是两权分离的特殊形式》,载《法律科学(西北政法学院学报)》1989年第6期。

〔20〕 参见廖延豹:《三资企业租赁经营和承包经营法律性质初探》,载《中国法学》1989年第6期。

〔21〕 参见李淳:《论企业租赁经营法律关系》,载《当代法学》1987年第3期。

〔22〕 参见邓自力:《论租赁经营的诉讼主体资格》,载《现代法学(西北政法学院学报)》1994年第6期。

〔23〕 参见周小明:《信托:国有资产经营机制的另一种选择》,载《金融研究》1997年第8期;倪受彬:《国有资本信托经营的法律问题研究》,载《社会科学》2005年第6期。

信托[24];(3)表决权信托[25];(4)营业信托[26]。目前,在我国信托经营还只停留于企业财产(更多地表现为企业金融资产)信托的阶段;2020年《信托公司股权管理暂行办法》标志股权信托在我国进入规范运行阶段。基于以上信托类型与属性,相应地财产权人即为经营委托人。信托经营中的受托人为具有信托从业资格的专业投资公司或信托经营机构,常见的为信托公司。信托公司或信托经营机构为依照我国《公司法》《信托法》《中国人民银行法》《银行业监督管理法》和有关管理信托投资公司方面的行政法规设立的主要经营信托业务的金融机构或营业机构。

4. 经营权的托管式转让

经营权的托管式转让,又称托管经营,是指企业的出资人、权力机关或特殊情况下的国家行政机关作为委托人,依据法律规定和特定托管经营合同约定,将原企业在特定期限内以一定的条件委托给具有较强经营管理能力或较高市场信誉并能承担经营风险的另一企业或经营者有偿经营的经营权转让模式。其中,原企业一般称为委托或被托管企业,受托经营管理者为受托企业。

托管经营在国外是一种较为常见且富有效率的经营方式,如德国托管局对前东德国有企业的托管经营,效果就十分明显。[27] 1996年时国家经济贸易委员会《关于放开搞活国有小型企业的意见》第4条第8项规定,"可将管理混乱、经营不善的小企业委托给实力较强的优势企业经营管理"。此外,自1995年以后,政府类规范文件中相继出现过"股权托管"[28]"破产企业托管""银行接管中的托管"[29]"金融不良资产的托

[24] 参见汪其昌:《股份表决权信托:解决家族企业控制权转移的一种方式》,载《上海经济研究》2010年第6期。

[25] 参见郇志茹:《表决权信托之理论正当性证明》,载《法学》2007年第10期;覃有土、陈雪萍:《表决权信托:控制权优化配置机制》,载《法商研究》2005年第4期;雷晓冰:《我国股东表决权信托制度面临的问题及对策》,载《法学》2007年第1期;梁上上:《论表决权信托》,载《法律科学(西北政法学院学报)》2005年第1期;胡智强:《论表决权信托——以小股东利益保护为背景展开的研究》,载《现代法学》2006年第4期。

[26] 参见雷凌:《论受托人营业化与商事信托》,载《中国社会科学院研究生院学报》2009年第2期。

[27] 参见沈莹:《国外企业托管模式:比较与启示》,载《国际贸易》1997年第7期;沈莹:《德国托管局对前东德国有企业托管案例》,载《国有资产管理》1997年第5期。

[28] 参见中国证监会《关于未上市股份有限公司股权托管问题的意见》(证监市场字〔2001〕5号)第1—3条。

[29] 参见《商业银行法》(2015年修订)第64、65条。

管"等概念;[30]有学者主张在国有资产[31]、国有企业[32]、中小企业经营中引入托管。[33] 2019年中国银行保险监督管理委员会《商业银行股权托管办法》第3条更明确"股权托管"的具体业务规则。足见,金融托管业务在我国已比较普遍。在实态经营中,尤以旅游、酒店、餐饮业的托管经营最具代表性。非企业类经营主体也可选择此一经营权转让模式。[34]

5. 经营权的特许式转让

相对于前述特许经营权属于特许经营权人的特殊商事债权,对特许人而言,特许经营恰恰就是其通过特许方式,转让其部分或全部经营要素或权能的重要途径或手段。特许经营式转让主要适用于可大规模经营、标准化生产、网络式销售、具可复制性特征的领域、产业或部门。[35] 特许经营式转让是一种典型的经营权转让,但对特许经营的含义学术界、业界并无准确、统一的说法,既有文献与相关规范仍存广狭之别。广义或泛义的特许经营则涵盖一切内容或形式的经营标记、经营要素、经营资源、经营模式、经营权能的许可使用或许可转让;狭义的特许经营则仅指以经营资源为载体的经营模式转让,如我国《商业特许经营管理条例》(2007年)第3条第1款所称的商业特许经营,《市政公用事业特许经营管理办法》(2015年修正)第2条、《基础设施和公用事业特许经营管理办法》(2015年)所称市政公用事业特许经营、基础设施和公用事业特许经营等。经营权转让意义上的特许经营一般是从广义上而言的。

特许经营式转让涉及范围十分广泛,类型及内容也多样、复杂。类型上既包括一般商业特许经营式转让,也包括公用事业特许经营式转让;内容上既包括一般情形下经营要素或经营资源的转让,也包括特殊情形下经营模式或经营权能的转让。[36] 虽然如此,就转让标的或内容不同,特许经营式转让主要包括如下类型:(1)商业标记类特许,又称产品或服务品牌、产品或服务分销特许,此类特许经营式转让主要涉及前述经营、产品或服务、地理等商业标记权的许可使用或特许转让。(2)智力资源类特许,又称知识产权经营资源特许,此类特许经营式转让主要涉及具商业使用或推广价值的智

[30] 参见国务院《金融资产管理公司条例》(2000年)第2条。

[31] 参见张炳雷:《大型国有集团公司国有股份拆分托管经营模式初探》,载《经济纵横》2009年第1期。

[32] 参见肖阳、杨大楷:《试论国有企业托管经营的定位》,载《财经论丛(浙江财经学院学报)》1997年第5期;陈尊厚、刘瑞波:《托管经营:国有企业走出困境的一种有效选择》,载《现代财经(天津财经学院学报)》1999年第7期。

[33] 参见吕宏志:《托管经营——小企业改革的适宜方式》,载《经济经纬》1999年第5期。

[34] 参见冯维胜、曹可强:《我国公共体育资产托管经营探索》,载《天津体育学院学报》2014年第2期。

[35] 参见余冬爱:《特许经营商事法律制度研究》,法律出版社2010年版,第28~30页。

[36] 参见李华等:《商业特许经营法律指南》,法律出版社2020年版,第15~18页。

力、技术、创新、经验等经营资源。[37] (3)经营模式类特许,又称加盟或连锁经营模式特许,为特定经营模式原创的特许总店许可他人以支付一定特许费或加盟费,使用特许人或总店统一的标记标识、装潢风格、配送流程、质量标准、经营理念、营销方式等经营模式进行经营的经营权转让形式。(4)经营权限类特许,指特许人以特许方式把某一行业或事项的整体经营权出让于特许经营者的经营权转让方式。

6. 经营权的代工式转让

代工,即代为生产,又称代工制造、代工经营、定牌加工或 OEM 生产,系经产品开发商或设计商委托、授权或许可,由初始设备制造商或加工商(OEM)负责生产或制造,进而以产品开发商或设计商名义,或者产品开发商或设计商指定的价格或网络对外销售的经营模式和经营权转让方式。代工是产品在生产、制造、经营环节的再次分工,它把产品的生产制造细分为开发、设计、加工、生产、制造、总装、销售等众多环节,其中拥有强大智力储备和技术开发能力的发包商或授权商,为产品的开发商或设计商,负责产品的开发与设计;而产品的具体加工、生产、制造、总装等环节,则由居发包商或授权商地位的开发商或设计商,授权、委托或交由利用自己场地、厂房、设备与技术并居承包商地位的专业生产商、加工商、制造商或总装商负责。[38] 代工集中体现营业经营环节中开发、设计、销售与加工、生产、制造、总装的适度分工、分离、分立现象,更体现居发包商或授权商地位的产品开发商或设计商与居承包商地位的专业生产商、加工商、制造商或总装商之间的精细分工合作关系。如从经营权能来考察或分析,作为拥有强大智力储备和技术开发能力的产品开发商或设计商,本来有能力负责或保留产品的生产或制造,但出于成本的最小化和效益的最大化需要,它们作为发包商或授权商,把该产品之生产或制造的权限或能力委托或授权给其他生产商或制造商行使或负责,此种经济领域中的分工合作关系在法律上实则为经营中生产或制造权能的出让或转移。故代工本质上属于生产性经营权能的整体转让。

代工是目前国际上比较流行的经营模式与生产制造权能的转让形式,从技术层面上讲,代工最常见的模式有制造代工(OEM)、设计代工(ODM)两种典型模式;[39] 晚近以来,新产品导入(NPI)模式渐成主流。[40] 随着经营环节的日益专业化和分工精细

---

〔37〕 参见郑新建、王茜:《商业特许经营的知识产权法分析——商业特许经营之知识产权价值功能发现》,载《知识产权》2010 年第 1 期。

〔38〕 参见陶锋:《代工模式的分工位置、组织特征与技术追赶——基于全球价值链的视角》,载《国际经贸探索》2011 年第 5 期。

〔39〕 参见杨桂菊、刘善海:《从 OEM 到 OBM:战略创业视角的代工企业转型升级——基于比亚迪的探索性案例研究》,载《科学学研究》2013 年第 2 期。

〔40〕 参见许学国、娄雯雯:《NPI 模式下委托 - 代工企业知识共享研究》,载《科技管理研究》2014 年第 13 期。

化，产品的品牌商、设计商与受托生产商、制造商、销售商之间有了明显的分工、分离、分立。掌握产品品牌、开发技术控制权的品牌商、设计商把产品品牌、设计上端与销售尾端控制在自己手里，而把具体的生产、加工、组装、制造委托给具体的受托生产商、制造商，从而催生只负责制造产品，却无独立品牌、设计、销售权限的代工企业及兴盛。因而，代工也成为经营权部分权能转让的一种全新形式。

四、营业的转让

（一）营业转让的本质属性

1. 营业转让的界定

营业转让，系指权利人把尚处于动态、进行、持续中的营业作为一个整体出让给相对人的一种特殊商事权利转让形式。营业转让是一种“理论上模糊，实践中有用”的巧妙制度设计，[41] 是完全不同于传统民事财产转让制度的一种新型商权转让制度。但对营业转让的界定与解读，学界、业界则并无定论，仅营业转让标的，域外境内就存在营业财产说、营业组织说、营业有机体说、经营行为说、经营者地位说等不同学说；[42] 至于对营业转让本身的定义，看法更是大相径庭，代表性观点如营业财产转让说[43]、营业组织转让说[44]、组织与财产转让说[45]、有机整体转让说[46]、组织化机能性财产转让说[47]、经营性资产转让说等。[48]

上述诸论，虽各有其立论与解释力之处，但由于混淆了动态意义上的营业与静态

〔41〕 参见［法］克洛德·商波：《商法》，刘庆余译，商务印书馆1998年版，第70页。

〔42〕 参见俞俊峰：《营业转让标的要义》，载《甘肃社会科学》2013年第5期。

〔43〕 参见［日］大隅健一郎：《商法总则》，有斐阁1978年版，第290～292页；［法］伊夫·居荣：《法国商法》（第1卷），罗结珍、赵海峰译，法律出版社2004年版，第703～755页；叶林、黎建飞主编：《商法学原理与案例教程》，中国人民大学出版社2006年版，第111～115页；张民安：《商法总则制度研究》，法律出版社2007年版，第344～346页；刘连煜：《公司分立与营业让与》，载《台湾本土法学》2004年第1期；王志诚：《营业让与的法制构造》，载《国立中正大学法学集刊》2005年卷（总第19期）；张如海：《试论我国营业转让法律制度之构建》，载《法学杂志》2010年第10期；林泰松：《商事营业转让法律制度研究》，法律出版社2018年版，第34页。

〔44〕 参见［日］松本蒸治：《公司的营业转让》，载日本《法学协会杂志》1914年第1号；王保树主编：《中国商事法》，人民法院出版社2001年版，第62页；王保树：《商法总论》，清华大学出版社2007年版，第185页；秦康美、王奇：《个人独资企业营业转让法律问题探析》，载《福建论坛（人文社会科学版）》2009年第3期。

〔45〕 参见任尔昕、张完连：《论营业转让与商号转让》，载《甘肃社会科学》2007年第2期。

〔46〕 参见周洪政：《我国商法设立营业转让规则的必要》，载《商业研究》2010年第9期；郭娅丽：《营业转让法律制度研究》，法律出版社2012年版，第27～28页；刘小勇：《营业转让制度研究》，中国人民大学出版社2014年版，第2页。

〔47〕 参见王文胜：《论营业转让的界定与规制》，载《法学家》2012年第4期。

〔48〕 参见俞俊峰：《营业转让标的要义》，载《甘肃社会科学》2013年第5期。

意义上的营业财产(资产)、营业组织、经营性财产之间的功能属性,故无论把营业转让界定为营业财产(资产)转让,还是定义为经营性财产、组织化机能性财产转让,均存在以静取动、以偏概全之憾。至于把营业转让看成是营业组织或企业组织的转让,或者取折中、综合观点认为营业转让为组织与财产的转让,把属主体范畴的营业组织或企业组织作为转让的标的或对象,明显有悖权利转让之法理。至于有机整体转让说,相对而言虽有一定解释力;但该说也只从表面看到营业转让中的整体性财产转让,却没有揭示营业尚在动态、持续进行的内在特质。

2. 营业转让的属性

笔者认为,营业转让系指的对象既非一般意义的营业财产或资产,更非主体意义上的营业组织或企业,而是具动态、概括、整体、综合意义或特质且尚处在进行中的营业。首先,从营业转让的对象来看,被转让的营业应为尚处于动态、进行、持续中的营业。之所以是营业而非一般财产转让,是因营业转让可使原有营业状态得以继续并持续,包括营业外观和营业实质的转让,这是营业转让不同于一般财产或权利转让的最大特质之处。其次,从营业转让的表象与实质来看,既有具有机体性的财产之整体转让,也有作为整体性财产之载体的营业组织或企业公司之支配权或控制权的转移,故表面上为整体性财产权利的让渡,而实质上却是营业组织或企业公司之控制权的转移。最后,从营业转让的内容来看,营业转让既包括有形、硬性方面的财产或权利转让,又包括无形、软性方面的各种信誉、信用、人员、资格、资质、经验、关系、网络的继承,特别是如某种特定的信誉、信用、人员、资格、资质、经验、关系、网络,在既有理论、立法、制度框架内是不具有转让的可能性,如各种行政许可证照、各种职业或从业类资质、各种土地使用权等,因具特定人身属性和身份特征,法律禁止转让或出让,如按照一般财产、权利或组织转让理论、立法、制度,就无法解释其转让的正当性、合法性,进而难以成就有效性;但如作为一种动态营业的转让,则可得到比较正当、妥当、合理的解释。

可见,营业转让表象上为财产、组织权利的转让,但实质只是财产或组织背后控制权的转让,而导致控制权转让的根本原因是催生或衍生该营业或企业组织之投资主体资本权的转让。故笔者认为,营业的转让既非简单、具体的营业财产转让;也非具抽象意义的营业权转让,更非属主体范畴的营业组织或企业公司本身的转让,而是支配具有机性、整体性之营业财产及载体营业组织或准营业组织属性这一概括性财产经营体之资本控制权的转让,本质上就是一种整体性营业财产或营业组织之全资控制权的转让。

(二)营业转让的显著特征

鉴于前述营业转让属性的特殊性,故与一般性营业财产、营业资产、股权等财产或权利转让不同,营业转让具有明显的动态性、概括性、整体性、综合性特征。[49]

营业转让的上述特征说明营业转让并非一般意义上的营业财产、特许经营、重大资产、股权转让,而是包含上述各种财产、权利、身份及由此附属的一系列财产、权利、身份的动态、概括、整体、综合转让。足见,唯有符合或具备前述本质属性或显著特征的转让,才可称为营业转让。由此观之,既有文献或讨论中,许多关系营业转让的情形,应属个别的营业财产、特许经营、重大资产、股权转让,而非具动态、概括、整体、综合意义或功能的营业转让。

(三)营业转让的主要类型

根据前述营业转让的属性与特征,就营业转让本身而言,在既有各种有关的商事权利转让类型或形态中,能真正称得上营业转让的只有个体营业的转让和企业营业的转让两大类。

1. 个体营业的转让

作为个体营业形式的自然人营业,作为一个有机的整体转让给受让人之营业转让类型。比较常见的实务形态,如个体经营的店铺、工厂、门面、网站、账户等,以整体方式转让(民间称"打给")给他人。个体营业的转让实际上包含如下转让:(1)依附于该自然人营业中的一系列财产或权利,一并转移给受让人。(2)依附于该自然人营业中所取得的一系列除专属该自然人资格或资质之外的权利或身份,也一并整体转移给受让人,如字号、商标、商誉、信用、经营主业或事项、各种行政许可证照、各种资质、各种土地使用权等,但诸如法律职业、注册会计师、审计师、建筑师、职业医师等专属特定自然人资格或资质的身份权益除外。(3)各种自然人营业中缔结的合同、雇佣或聘用的人员、社会关系、营销网络等,均可一并由受让人继受取得。(4)该个体营业中所获得的其他财产、权利或身份的整体性转移。

2. 企业营业的转让

相对于个体营业转让而言,企业营业的转让则更带有企业控制权转移的特征。故企业营业转让就是以企业整体性财产或权利转让为表象、以企业出资人让渡全部资本权利为实质、以企业控制权或经营权的概括性变更为法律要件的营业转让形式。从企业营业的转让中,更能清楚地看出营业转让的动态性、概括性、整体性、综合性特征。关于企业营业的转让,后文中有关商权的控制还要论及,在此不作详述。

[49] 参见朱慈蕴:《营业转让的法律规则需求》,载《扬州大学学报(人文社会科学版)》2011 年第 2 期。

第十章　商事权利的契合与集中

在商权的具体行使、运行与实现中，特别在以企业为主导的商权形成、配置、运行、演化过程中，存在着显著的组织化、科层化、代理化倾向与特征，并明显表现为商权的契合与集中。

第一节　商权的契合

营业“原于自由，始于投资，形于经营，成于交易”之时序递进逻辑，决定着商权发轫、演进的内在规律性与外在结构性，而这一规律性和结构性又明显表现为商权的契合。

一、商权契合的理论证成

（一）商权契合的意义厘定与显著特征

1. 商权契合的意义厘定

商权的契合，即在商权的缘起、形成、产生、展拓、行使、实现等运行过程中，存在不同属性或类型商权之间基于权利人合意或契约关系而形成的特定权利集合与转换现象。商权契合现象本质上是不同属性或类型商权之间的契约或类契约关系，它广泛存在于商权运行的全过程。

2. 商权契合的显著特征

商权契合实质是商权主体就特定权利要素与权利内容形成基于合意或推定合意的稳定关系或利序结构，与基于纯粹契约而形成，具独立性、个体性、单一性、自益性、确定性、相对性等特征的一般契约关系不同，其具鲜明的组织性、集体性、复合性、共益性、推定性、普遍性等特质。

（二）现代契约理论视角下的商权契合现象

契约以及基于契约形成的契合关系与契合结构，是私法行为、社会交往、营业活动中的一种普遍现象，契约或合同理论也因之成为解释营业、商法、企业、公司等现象的一种代表性学理依据和论证思路。[1] 如以契约或合同理论来观察，就会发现商权运行中，也广泛存在着各种形式或形态的契合现象。

1. 契合形式是表达权利的主要形式。基于交易的契合是社会的常态，是缔结社会关系的基本手段，更是权利形成、识别与表达的主要形式。在常态化的人类交往和社会生活中，不仅在营业、企业中存在着关系性契约现象，在一般个人生活和社会交往中也存在从个体到群体再到集体的权利、权力交换与契合现象，即“一个群体的形成包含着整合纽带的发展，这种纽带将个体们团结在一个集体单位中”，成为社会整合和社会吸引的纽带；[2] 在某种意义上讲，“现代技术世界是一个典型的以契约为基础的世界”。[3] 故基于契约形成的契约关系和契合结构，普遍存在于人类日常生活和所有社会交往之中。

2. 营业的实质就是各种商事交易的契合。营业起于交易且终于交易，没有交易就无实质意义的营业，这是因为“任何商事交易都不过是无数的其他商人之间交易链上的一环”。[4] 而只要有营业交易的发生，就必然基于交易而产生各种合意、合同、协议，就存在基于契约的各种契合关系。故如从实质营业与动态营业的过程来看，营业本质上就是一种不断地基于市场交易而形成的利益关系与契合结构。

3. 商权只有在营业交易中通过契合才能体现。同所有权利的存在形式一样，商权也只有在营业交易所形成的契合关系或利益结构中，才能得到集中的反映。这是因为商权的核心内容是商机自由与最大化利益，其中最大化利益只存在于具相对性的利序结构中，即基于营业交易或市场交易形成的契约关系和契合结构。

4. 以企业为主导的商权存在明显的契合现象。企业是现代商主体的主导形式，以企业为轴心的商权集群，实质就是基于各种与企业有关的交易或契约形成的复杂契合关系与契合结构。在国内学界中，契约或合同理论也经常被用作诠释企业与公司等组织现象与内部关系的理论工具，尽管“将公司视为合约联结点的公司合同理论，无法对公司中的合同自由提供圆满的解说”，但学者仍然认为，如果“将所有的市场交易（无论是长期的还是短期的、显性的还是隐性的），都看作是一种契约关系”，则公司无疑可“视为一系列契约的联结”。[5] 而根据企业与公司的合同理论，有学者进一步认为，公司内部利益相关者之间及其与公司之间的关系是由合同联结的，构成公司的关系之网就是经由公司内部利益相关者之间错综复杂的合同编织而成的，公司关系之网就表现

〔1〕 参见罗培新：《公司法的合同解释》，北京大学出版社 2004 年版，第 20～65 页。

〔2〕 参见［美］彼得·M. 布劳：《社会生活中的交换与权力》，李国武译，商务印书馆 2012 年版，第 77 页。

〔3〕 参见［美］Lan R. 麦克尼尔：《新社会契约论》，雷喜宁、潘勤译，中国政法大学出版社 2004 年版，第 65 页。

〔4〕 参见［德］拉德布鲁赫：《法学导论》，米健译，法律出版社 2012 年版，第 87 页。

〔5〕 罗培新：《公司法的合同解释》，北京大学出版社 2004 年版，第 66、74 页。

为合同之网,故作为关系之网的公司就是一系列交织在一起的明示和隐含合同,其本质就体现为“合同网络”。[6]

(三)商权契合是解读、阐释商权运行内在逻辑的钥匙

尽管以契约理论来解释商法或商权,并不一定能圆满地论证或回答营业、企业、商法、商权中广泛存在的非合同现象,但商权运行中的许多现象与特定关系,如以契约视角观之,仍可得到某种合理、妥当的解释。

1. 商权源于权利个体处分与相对交易的契合。自从康芒斯把交易作为基本范畴和根本单位引入经济学、法学以来,交易作为解决人类经济活动中利益“冲突、依存和秩序”的基本单位,是“个人与个人之间对物质的东西的未来所有权的让与和取得”。[7] 由于营业起于交易并终于、成于交易,没有交易也就没有营业,无疑也就没有基于营业而生的商权。在绝大多数情形下,交易又表现为基于契约而形成的契合关系或契合结构。故在经济活动、市场交易和企业组织中,均存在交易和契约结构,“特别是其企业、市场以及与之相关的签定合同问题”,[8] 几乎是所有经济学、法学均无法回避的常态问题,商法及商权也如此。

2. 资本权的契合是所有商权形成或产生的逻辑起点。营业“始于投资”,决定基于投资形成的资本权在整个商权体系和结构中的初级、基础、起点地位,不仅营业是基于投资主体营利最大化目的而产生,整个商权也是基于投资主体资本权之契合而渐次形成、产生或转换。其中,由投资主体之原始财产权转型为资本权,由投资主体之原始财产权为原始、初级基础而形成的经营主体之营业财产权,再由营业财产权基于交易而形成的各种商事债权,原本内含以资本权为基础或中心的契约关系和契合逻辑;又如企业的产生、公司的设立、合伙体与合作社的运行等,均是基于资本权主体之契合关系和结社行为的衍生产物,没有资本权人的缔约、结社、设立行为,就无企业、公司、合伙、合作社等衍生型、组织类商主体的产生或出现;再如企业成立后,如无资本权的参与与契合,没有诸如股东(大)会、合伙人会议、社员大会等资本权人通过契合组成的企业内设机构,作为组织或团体属性的企业,也不可能直接为营业行为。总体而言,如欲揭示商权运行的内在必然性,解构商权演化的事实逻辑,就应从资本权的契合开始,才有接近事实真相的答案。

3. 企业商权本身就是契约关系或契合结构的集中体现。首先,企业在一定意义上只是投资主体基于出资契约、发起协议的衍生型主体,是企业出资人商事结社行为的

---

〔6〕 蔡立东:《公司本质论纲——公司法理论体系逻辑起点解读》,载《法制与社会发展》2004 年第 1 期。

〔7〕 [美]康芒斯:《制度经济学》,于树生译,商务印书馆 1962 年版,第 73 ~ 74 页。

〔8〕 [美]奥利弗·E. 威廉姆森:《资本主义经济制度——论企业签约与市场签约》,段毅才、王伟译,商务印书馆 2002 年版,第 28 页。

组织载体,本身就是资本权契合的结果。尽管科斯揭示出“企业的显著特征就是作为价格机制的替代物”,即企业通过内部的管理机制,替代了单个生产要素之间交易机制,但科斯仍然把企业与生产要素之间的关系,看成是企业“为某种物品或劳务的供给签订长期的契约”,并认为“如果签订一个较长期的契约以替代若干个较短期的契约,那么,签订每一个契约的部分费用就将被节省下来。或者,由于人们注重避免风险,他们可能宁愿签订长期契约而不是短期契约”。〔9〕 其次,企业本身就是一系列契约行为的联结点。麦克尼尔更认为企业就是由一系列“关系性契约”构成的组织体,以代理人与管理者的身份关系为例,他们在企业或公司中,“自身处在一个契约关系的代理人而非委托人的代理人的世界,这种关系在科层组织和官僚体系的结构中组织起来。科层组织并不听命于雄踞其上的单一的选民,而是听命于渗透到各级科层组织和官僚机构之中的众多选民”。〔10〕 再次,企业权利与成员权利一直存在一种近似于契约的关系结构与作用机制。在商事组织中,成员合同与组织规则虽有区分,但却不可截然分割;成员协议尤其是全体成员一致达成的协议,可视为对章程的补充与修改,或是成员就有关事项作出的特别决议,其组织规则的效力应予承认;组织规则的本质在于为主体资格的确认提供制度框架,为组织的决策与管理提供协商机制,为组织财产的独立进而为与组织相关的第三人提供保障。〔11〕 最后,企业权利在运行过程中,更是通过一系列基于契约的外部契合关系得以实现。

4. 商权运行过程就是各种商权不断契合的过程。首先,交易不仅渗透于营业的一切领域和商权的所有要素,也是构成所有组织机制的基本单位或有机成分。商权的行使就是在基于各种交易形成的契合关系和利益分配中完成的。在康芒斯看来,各种“买卖的”、“管理的”和“限制的”交易型,它们“在职能上相互依存,并且共同构成我们比做‘运行中的机构’的整个组织”,故作为“有机体”之“运行中的机构”和整个组织,“它的组织成分不是活的细胞、不是电子、不是原子——而是‘交易’”。〔12〕 其次,与民事权利的单一、独立的契合关系或权利架构不同,商权通过一系列契约或契约群所构成的集体性、关系性、网络性、系统性契合关系或权利架构得以集中体现出来。有学者甚至提出“以企业为中心的契约群”和“现代交易生活中的契约链”等理论,认为“企业契约群”是指“特定企业因集中资本、购买原料、销售产品等活动而形成的以自身为中心的契约群体”。所谓“契约链”则为“某一物品或权利(全部或部分)经过连续交易而

---

〔9〕［美］罗纳德·H.科斯:《企业、市场与法律》,盛洪、陈郁译,格致出版社2014年版,第30~32页。

〔10〕［美］Lan R.麦克尼尔:《新社会契约论》,雷喜宁、潘勤译,中国政法大学出版社2004年版,第73页。

〔11〕参见许德风:《组织规则的本质与界限——以成员合同与商事组织的关系为重点》,载《法学研究》2011年第3期。

〔12〕［美］康芒斯:《制度经济学》,于树生译,商务印书馆1962年版,第73~74页。

形成的在价格、信息、风险、违约责任等方面密切相关的契约链条(整体)”。[13] 最后，商权的实现是在不同权利之间的转换或交易中完成的，而不同权利之间的转换与交易则须借助于契约形式，进而形成特定的契合关系与利序格局。

总之，权利契合现象不仅广泛存在于商权的运行之中，而且因契合深入到商权行使的每一环节，更是商权实现的基本手段和表达形式，故以契合视角考察商权的运行就成为揭示商权运行规律的重要路径。

二、商权契合的权利要素

商权契合虽从表象看是商权主体之间的契合，但从实质层面深究，则为商权所涉营业要素与权利类型的契合。

(一)商权契合的营业要素

商权契合首先离不开与商权相关的营业要素，因为商权在本质上属基于营业要素而形成或产生的权利，失去营业要素的商权，既无权利基础或内容，也无契合标的或对象。如前所述，营业中投资的进入、经营的开展、交易的完成，均离不开资本、劳力、技术、管理四大要素，而商权的契合首先就是基于各种生产要素契合而形成的要素契合关系与利序结构。它具体又包括：

1. 资本要素的契合

资本要素是启动营业的原发性要素，正是因为有资本要素的启动，才有后续营业活动的开展和系列商权的产生。资本要素的契合主要发生在除个体、家庭、个人独资经营的营业投资形态、阶段、环节，集中表现在企业发起、筹备、设立的各种融资活动或筹资行为中。如合伙企业设立中合伙人之间签订的出资或合伙协议；公司发起设立中全体出资人签订的出资或发起协议；募集设立中公司发起人的筹备发起行为；合作社企业发起设立过程中的入社动员等，就属于企业发起设立阶段，均普遍性地存在资本要素的契合。

2. 资本要素与劳力、技术、管理要素的契合

与资本要素契合只存在于企业类商主体经营的情形不同，资本要素与劳力、技术、管理要素的契合存在于一切营业的经营或交易形态、阶段、环节中，无论是个体、家庭、个人独资经营，还是企业或国家形式的经营，均存在资本要素与劳力、技术、管理要素的契合。在营业的经营或交易形态、阶段、环节中，资本要素只有与劳力、技术、管理等其他营业或生产要素通过契合形式结合起来，才可创造价值、增进效益。因此，在营业经营与交易形态、阶段、环节，资本要素与劳力、技术、管理要素的契合，不仅是必然的，

---

〔13〕 参见陈醇：《权利结构理论：以商法为例》，法律出版社2013年版，第133、175页。

也是必要的。它又包括资本与劳力、资本与技术、资本与管理之不同契合形式。

(二)商权契合的权利类型

商权不仅因契合营业要素而启动,更因契合不同权利而走向纵深。如果说营业要素的契合只是商权初级契合的话,那么不同类型商权、商权与其他权利之间的契合,则为商权体系化、递进化、结构化并进而步入实质运行直至实现的必由之路。商权契合的权利类型包括如下两大类型:

1. 不同类型的商权之间的契合

不同类型的商权之间的契合是商权契合的常态,它主要包括如下几种情形:

(1)不同投资主体资本权的契合。不同投资主体资本权的契合,不仅衍生企业这一新型组织类商主体,进而催生企业财产权或经营权;而且不同投资主体资本权的契合还集合形成企业的注册资本或原始财产,进而形成初级形式的营业财产权。不仅如此,多元投资主体资本权之间的契合,还派生出诸如合伙人会议、股东(大)会、社员大会等企业权力机关,进而使个体、分散的商权利聚合形成并质变为组织、团体内部的商权力。

(2)资本权与经营权、交易权的契合。资本权与经营权的契合或结合会产生一系列营业财产权;资本权与交易权的契合或结合,进而产生或派生各种具资本属性的商事债权。

(3)经营权与交易权的契合。首先,经营权与交易权经契合并形成经营交易联合体,会产生各种形式的职务代理以及基于职务代理产生各种形式的商事债权;其次,经营权与交易权通过契合而形成适度分工、分离、分立的权责配置与利序结构,则又会演化为特许经营权、经销权、代理权等特别商事债权和独立交易权。

2. 商权与准商权、非商权的契合

在营业中,不仅有不同类型商权之间的契合,还存在不同类型商权与准商权、非商权之间的契合,主要类型或形式包括:

(1)资本权、企业商权与劳动者就业权的契合。劳动者就业权本为纯粹的非商权,但资本权、企业商权与劳动者就业权之间经契合后,其直接派生的劳动债权就具有准商权的属性。如个体商人、家庭经营、独资商人的业主与劳动者所订雇佣契约;作为组织商人的企业与劳动者所订劳动合同,就产生劳动债权。

(2)资本权、企业商权与技术发明者智力成果权的契合。技术发明或创造的智力成果权,本为发明者、创造者所专有,但如技术发明者或创造者为资本权人、企业控制下职务发明或创造,或者基于资本或企业控制下的技术转让合同,则该技术发明或创造所产生的工业产权也必然归属于资本权人或企业。

(3)资本权、企业商权与职业经营者、管理者权利的契合。资本权、企业商权与职业经营者、管理者权利契合，这些职业经营者、管理者则以企业高管的地位进入经营或交易，成为职业经理人，进而产生营业中的职务代表权或职务代理权。

(4)资本权、企业商权与其他非商权的契合。

三、商权契合的主要权源

(一)商权契合权源的界定与类型化分析

1. 权源系被契合之商权的初始出处与逻辑起点

在讨论商权契合时，必须首先认清商权契合的权源，因为权源是解读商权契合、权利集合、权利转换、权利转型并质变为权力、企业治理权力结构和组织关系的钥匙。而所谓商权契合权源即被契合之商权的原始形态、初始出处与逻辑起点，其基本内涵可作如下解释：(1)商权契合权源的核心问题是被契合的商权利或商权力、企业内部治理权力的来源问题，其实质是弄清商权缘起及运行中的原权利或原权力主体。(2)分析商权契合权源的目的是界定不同商权利之间、商权利与商权力之间、出资人与企业之间、企业内部组织之间、企业内部权力机构与企业原权力主体之间的关系。对商权契合权源进行研究，所要重点解决的是对某一商权利或商权力特别是企业商主体的权利或权力，从原权利主体转换或转移至新权利主体、从企业出资人权利集合到企业权利、从资本权利转型至企业权力、从企业原权利主体转移至企业派生机构权力主体再到企业权力的实际行使主体的规则、流程、制约因素进行分析。对商权契合权源进行透视，有利于全面了解商权缘起与运行，特别是企业内部治理中权利与权力的转换与运行规律。

2. 商权契合权源的原点是支撑营业或构成企业的各种财产或要素主体的权利

无论是营业的开展，还是企业的组成，均是由人、财、物等多种生产要素的必要契合。在支撑营业或构成企业的各种生产要素中，资本、劳力、技术、管理最为重要，其中资本要素为营业开展和企业经营的物质基础，属静态的生产要素；劳动力为营业开展和企业经营创造价值的能动性生产要素；技术是渗透到所有营业环节和企业组织的生产要素之中，能产生超额价值或垄断效益的生产要素；管理则是把营业或企业所有生产要素结合起来，实现经营目标，使交易达到效益最大化的生产要素。常识告诉我们，支撑营业或构成企业的各种生产要素之所以能契合起来，开展一系列营业活动，或组成一个能集中代表各种生产要素进行交易的营业单位，是因为支撑营业或组成企业的各种生产要素背后均有一个所有者或支配者，即资本所有者、劳动者、智力成果支配者、管理者，这些生产要素的所有者或支配者，在法律上即为体现这些生产要素相关利益的权利者，故营业或企业与其说是各种生产要素契合的结晶或产物，还不如说是体现资本、劳力、技术、管理等生产要素相关利益的权利主体——资本所有者、劳动者、智力成果支配者、管理者相互之间所缔结的各种营业性契约的法律成果。营业或企业所有权力的逻辑起点也均源于各种营业性契约缔结之时，各种生产要素相关利益的权利主体——资本所有者、劳动者、智力成果支配者、管理者所享有的权利，被契合的商权利或商权力、企业内部治理权力也由此而生。[14]

商权契合的权源按权利或权力在契合中的时序或位序之先后或重要性，可分为基础要素权源和其他要素权源。

（二）商权契合的基础要素权源

商权契合的基础要素权源为投资主体由一般财产权转换而来的资本权。由财产权转换的资本权之所以是商权契合的基础权源，在于资本权利的原态形式财产权，不仅是营业的物质基础，而且也是营业启动的原发动力，还是衍生企业权利或权力、构建现代企业内部治理的初始权源。

1. 资本权利的原态形式财产权是营业的物质基础。营业的实质和企业的经营就是对财产的营运、管理与处分，营业的开展和企业的设立均需一定的财产为基础。没有财产，就无投资，也就无营业，更无企业的形成与设立。故基于投入营业领域的财产形成的原始财产权，才是一切商权的权利原点或权力基点。

2. 投资主体投入营业领域的财产转换为资本所生资本权是商权得以实质产生的逻辑起点。这是因为，泛义上的财产权虽是商权的原点或基点，但如该财产不被投资主体投入营业领域或企业作为营业的经营本钱或企业的注册资本，则该财产权也永远只是一般性财产权，而不可能转换为资本权和资本权催生的其他商权。故由投资主体追求投入财产最大化为原始动机，才是营业启动的原发动力，是所有商权得以产生的逻辑起点，更是商权契合的初始、基础权源。

3. 资本权是商权契合的原发性权源。以投入财产形成或转换而来的资本权，不仅是营业得以开展、商权得以产生的逻辑起点，[15]更是商权契合的原发性权源。这是因为：(1)商权的契合首先是资本权之间的契合，并因资本权的契合形成除个体、独资之外的合伙、合资、合作等有多元投资主体参与的融资与经营模式。(2)营业的开展、市场的扩张、企业的组建等均是资本权与其他要素权利进一步契合的延续和产物，其中资本权是第一原动力和能动性权利，这种契合均是以资本权为主动、主导、主控方式或形式进行。(3)商权无论为什么契合、如何契合，还是契合之终极目的，均是为资本权服务，即实现资本权所追求的价值增进、效益最大或财富累积。

4. 资本权是衍生企业权利或权力的原生权源。(1)企业本身是资本权契合的衍生主体。如没有投资主体之间的发起协议和设立行为，就无企业之组织类商主体的出

---

〔14〕 参见肖海军：《企业法原论》，湖南大学出版社2006年版，第171～172页。

〔15〕 参见胡平仁、肖飞云：《资本法益：商法学的逻辑起点》，载《湘潭大学学报（哲学社会科学版）》2014年第2期。

现。(2)资本权是企业内部最为重要的权源,且该权源处于原生性地位。(3)资本权是衍生、催生、派生企业内部其他权利或权力,特别是机构权力的主导性权源。

5. 资本权是构建现代企业内部治理权利或权力的第一权源。典型例证即为以资本权利本位所构建起来的企业内部治理结构原型。企业设立的初始目的是企业出资人为追求投资效益的最大化,通过经营以实现资本的增值是投资者即企业的资本所有者设立企业的原始动机,可以说,没有投资者对企业的发起、创设行为,就不可能有企业的成立,更不可能有企业营业的开展。因此,企业首先应是企业出资人之间契合的结果,企业的内部权力因之也主要源于出资人的权利。此种以企业出资人的资本权利为原点的企业权力本位观,即为资本权利本位。早期的企业内部权力均源起于出资人的资本权利,其内部治理机构的建立也印有明显的"投资人中心主义"或"出资人中心主义"痕迹,典型的如企业主、合伙人会议、公司股东会等作为企业内部的权力中心或权力机关,拥有对企业的绝对支配权力。

(三)商权契合的支撑要素权源

资本权在商权契合过程中虽具有基础性、原发性、原生性、主导性、第一位序等特殊属性,但投入营业领域的资本要素,除极小规模的个体、独资经营等自营模式外,是不能自动增值的。它须与其他营业、生产或企业要素契合或结合起来,才可创造价值、产生效益。这些要素就包括前述的劳力、智力、管理等,故其他不同生产要素所有者或支配者的权利,以及形成的不同类型权利本位,也是商权契合的重要权源。

1. 劳动者权利的契合、参与营业或企业决定及对资本权利的挑战

劳动者作为劳力要素的支配者,不仅是营业或企业劳力要素的权利承载者,更是商权契合不可或缺的对象,作为一种能动性要素和权利,它几乎贯穿于营业的全部过程和企业的存续始终,自然也是商权契合的重要权源。不仅如此,劳动者权利的契合或参与还对传统资本本位与资本主导的商权契合模式构成重大挑战,特别是对企业商权契合和企业内部治理更为明显。

自20世纪30年代末哈罗德—多马模型提出企业效益、经济增长主要依赖于资本积累的理论模型以来,至20世纪50年代,资本的投入与密集对于企业效益、经济增长的重要性一直为学者们深信不疑。[16] 然而,营业与企业不仅仅为资本的集合,劳动力要素作为一种能动的生产要素,具有资本不可替代的价值功能。在资本权利极端化时代,由于漠视劳动者权利的正当性和合法性,导致劳资关系的紧张甚至敌视,19世纪中叶风起云涌的工人运动和随后一波重于一波的经济危机,宣告资本权利绝对和神圣的破产,劳动者的权利开始受到重视。首先是劳动债权得到明显改善,随之而起的劳动

---

〔16〕 参见曹曼丽:《哈罗德—多马的经济增长模型与马克思关于扩大再生产实现条件的比较》,载《财经研究》1984年第6期。

者参与企业内部事务之权被国际共产主义运动者所倡导,[17]并最终获得执政者和立法者的认可。20 世纪 30 年代,职工被确认为公司的重要利害关系人,赋予较为广泛的利益分享权和公司决策的参与权。以德国为代表,其《德国参与决定法》、《德国矿冶参与决定法》(1951 年)、《德国参与决定补充法》(1956 年)、《德国企业组织法》(1972 年修订)和《德国股份法施行法》等法律,实现职工参与企业的制度化和法律化;又如 1965 年《德国股份法》第 96 条规定,适用《德国参与决定法》、《德国矿冶参与决定法》、《德国参与决定补充法》和 1965 年《德国企业组织法》的股份公司之监事会,应当由股东和劳方成员组成;再如 1976 年《德国参与决定法股份法》第 1 条第 1 款第 2 项更明确规定,通常雇用 2000 名以上雇员的企业中,雇员依法享有参与决定权。[18] 职工参与制度作为现代企业一项最基本的制度,对企业内部治理权力结构变化可谓影响重大。特别是 20 世纪 60 年代以舒尔茨、贝克尔为代表的人力资本理论的提出与兴盛,[19]劳动力的资本和财产属性被人们所认识,使企业员工持股的制度设计有了直接的理论依据。在员工持股制度的安排下,企业员工和劳动者作为企业的股东可参与企业内部的任何治理机关,企业员工和劳动者获得了与一般出资人同样的身份、资格和权利,企业内部治理的权力结构和组织构架也在悄悄发生嬗变,企业治理的"资本权利本位"架构也逐渐被"资本与劳动权利本位"架构所取代。

2. 知识或智力支配者权利的契合、引进与企业内部治理结构的革新

技术、知识、智力作为重要的营业或生产要素,不仅能显著增进效益,而且作为一种要素权利也是商权契合的对象与权源。这种权源的契合不仅表现在前述工业产权等创新型营业财产权中,还集中表现在具技术、知识、智力背景的权利参与营业或企业中,并产生权利结构和治理模式的革新,尤其是企业的内部治理。

随着计算机和高新技术的发展,20 世纪 50 年代开始,技术创新与技术进步在企业营业中的贡献越来越突出,技术等智力新生产要素开始备受人们关注。20 世纪 60 年代,在经济学领域,更多的研究者,如索洛、斯旺、米德、丹尼森等,认为技术创新和技术进步是国民收入的增长和经济效益"余值"产生的主要因素。[20] 特别是在知识经济时代,以技术发明、创新为主要形式的知识产品在经济结构中的比重越来越高,智力成果

---

〔17〕 参见郭庆仕:《第一国际后恩格斯关于国际工人运动实践经验的基本总结》,载《马克思主义研究》1985 年第 1 期;黄俊:《第一国际在处理工人运动中不同流派之间关系的历史经验浅论》,载《社会科学》1985 年第 4 期。

〔18〕 参见《德国股份法、德国有限责任公司法、德国公司改组法、德国参与决定法》,杜景林、卢谌译,中国政法大学出版社 2000 年版,第 44 ~45、329 页。

〔19〕 参见陈应鹤:《人力投资与经济增长——舒尔茨的"人力资本"理论述评》,载《社会科学》1991 年第 6 期。

〔20〕 参见常红军:《技术创新:经济增长方式转变的内在动力》,载《开发研究》1996 年第 6 期。

在企业经营的重要性也与日俱增。与劳动力人力资本的法律化、制度化尚存在争议相比较，以技术发明、创新为集中代表的智力成果的资本化，则为各国法律普遍承认。技术发明人、创新者等智力资本所有者或知识资本支配者，在决定企业经营的技术方案和技术战略方面，具有比一般资本所有者、劳动者、经营管理者更多的话语权。智力资本所有者或知识资本支配者在企业内部地位的法律化和权力的不断强化，使企业内部治理的权力结构再次发生变化。

3. 经营管理者权利的契合及由权利（力）末端演变为权利（力）中心

管理是使营业或企业其他生产要素能有机地组合在一起的契合性生产要素，它不仅是营业或企业中的重要要素，更是营业开展和企业经营的实质内容，在一定意义上，经营与交易就是在有序、有效的管理中实现的。故管理不仅是一种要素、资源，更是一种重要的权利形态。作为商权契合的对象与权源，它一方面表现在资本权与管理权契合所派生的各种职务代表权、经理权、代理权等新型商权利或商权力；另一方面，管理权的独立、经理权的重要，直接催生现代企业内部治理的经理人革命和内部人控制。

20 世纪初，美国管理之父泰勒在生产管理中总结并提出了著名的科学管理四原则，特别是其于 1911 年出版的《科学管理原理》一书，以事实和理论证明管理是创造和实现营业最大化效益的重要条件，[21] 从而引发自产业革命以来最为重要的管理革命。[22] 特别是由于企业经营专业化、管理技术化和竞争精细化的需要，催生出一个独立于企业出资人、企业劳动者而位居企业决策、管理核心层，掌管企业经营管理大权的职业经理人阶层，使拥有管理资源的职业经理人成为最为稀缺的市场要素，管理者因之备受青睐，其地位随之攀升。因此，以管理这一生产要素为背景的职业经理人的法律地位和话语权在企业经营中变得越来越重要。企业权力的重心也在不知不觉地从企业资本所有者控制的股东会、董事会向企业的实际经营者——管理者控制的企业经理机构转移。特别是为激励企业经营者所设计的经理人股票期权制度，以及晚近兴起的管理层收购，企业管理者大有取代企业资本所有者地位的趋势。资本权利本位和资本权利神圣受到自劳动者权利勃兴以来的又一次严重挑战。[23]

四、商权契合的递进位序

商权契合与商权的特性一样，带有明显的时序、位序、次序的递进性特征，它集中表现在如下三次契合上。

---

〔21〕 参见［美］弗雷德里克·泰勒：《科学管理原理》，马风才译，机械工业出版社 2007 年版，第 27 页。

〔22〕 参见［美］斯蒂芬·P. 罗宾逊：《管理学》，黄卫伟等译，中国人民大学出版社 1997 年版，第 26 ~ 28 页。

〔23〕 参见肖海军：《企业法原论》，湖南大学出版社 2006 年版，第 172 ~ 174 页。

(一)商权的初次契合:从出资协议到企业章程之资本权的契合

1. 资本权契合的内容与形式

商权的契合是以资本权为起点开始的,并首先表现为不同投资主体之间资本权的初级契合,它广泛存在于多元投资主体和企业等组织类商主体的各种营业形态之中,是近代营业区别于古代营业的标志性特征之一。

资本权契合的整个过程体现为从出资协议到企业章程的一系列协议、合同、章程、约定等,具体契合形式包括出资协议、发起协议、设立契约、合伙协议、公司章程、合作社章程以及其他一系列内含出资人之间资本权契合意向或内容的协议或约定。

2. 资本权契合的功能与效应

资本权契合的主要功能是解决营业融资与营业形式的选择问题。一方面,凡存在资本或资本权契合的情形,往往是该营业所需资金或资本难以由个体或家庭承受或筹集,而通过多元投资主体之间的契合,就能比较迅速或圆满地解决此一营业的基础问题。另一方面,通过不同类型或属性投资主体之资本权的不同契合模式,可解决类似于独资、合伙、合股、合作等营业方式或营业组织的选择问题。

商权经初次资本权的契合后,衍生出一系列新型权利或主体,产生如下法律效应:(1)投资主体的单一财产聚合为具集体、概括性质的营业财产;(2)催生企业这一新型衍生主体,进而使营业财产转变为企业财产;(3)形成作为投资主体的企业出资人与作为经营主体的企业之商主体二重结构;(4)企业出资人之原始财产因企业正式成立而转换为资本权利;(5)依据发起协议、设立章程、合伙协议、公司或合作社章程,在企业成立后派生、产生或设立一系列企业内部治理机构或常设机关,如合伙人会议、股东(大)会、社员大会等。

(二)商权的二次契合:从企业治理到经营管理之资本权与经营权的契合

1. 资本权与经营权契合的内容与形式

商权的二次契合,除企业类商主体尚需延续资本权契合的纵深建构外,在几乎所有营业领域或形态中,均存在着资本权与经营性要素权利的契合,这一契合过程,就个体或家庭经营形式而言,主要表现为资本要素、权利与劳力、技术、管理等其他经营要素、权利的契合;于企业类营业形式或商主体而言,则集中表现为从企业治理到经营管理全过程中的一系列资本要素、权利与经营要素、权利的各种契合形式。商权的二次契合本质上属于资本权利主体与其他营业要素权利主体之间的契合,通过此次契合,实现资本、劳力、技术、管理等营业要素从个别、简单、零散、无序的集合,到法律化、制度化、常态化、科层化的有序组合,进而形成有效的组织机构系统和科层管理结构,达到人、财、物的定职定位与产、供、销的分工协作。资本权与经营权契合的位序与内容十分纷繁复杂,仅以营业或企业内部治理和经营管理的权利与权力之间的转换、转型、配置为例,就能看到资本要素、权利之间,资本要素、权利与劳力、技术、管理要素、权利之间的契合,呈现出明显的时序、位序、次序特征,这一特征集中表现为营业或企业的内部治理、经营管理,是如何从权利原点集合并变异为治理权力,并从权利(力)原点到企业权力中心再至企业权力末端之权利或权力分配、授予、派生、行使、监督等不同权利与权力形态转换的具体环节和运行过程。

在商权的二次契合中,其契合形式主要包括:(1)不同资本要素与权利的纵深契合。如在合伙人会议、股东(大)会、社员大会的基础上,再派生出企业的决策、管理、执行机构等。(2)资本要素、权利与劳力要素、权利的契合。主要表现为以各种劳动合同或劳动债权等。(3)资本要素、权利与技术要素、权利的契合。如各种职务技术发明或创新形成的工业产权、技术股权设置与分配等。(4)资本要素、权利与管理要素、权利的契合。集中表现为职业经理人、管理者、经营者的委托、聘用、授权等,由此派生出各种形式的法定代表人代表、经理代理、委托代理、特别授权代理等职务代理权。

2. 资本权与经营权契合的功能与效应

商权二次契合中资本权与经营权契合的功能是解决企业内部治理与组织构架问题。一方面,在营业开始后,特别是企业成立后,营业决策与事务执行需要有一种组织架构作出适当的制度性安排,以解决营业或企业中的意思表示、决策机制、执行程序、内部分工等营业或企业的治理问题,这就需要资本权人作后续、深度的契合;另一方面,在资本要素、权利与劳力、技术、管理要素、权利的契合后,如何解决营业或企业中人、财、物的定职定位或产、供、销之间的分工协作,就需要通过特定管理机构、协调机制去执行或落实营业或企业中的各种营业决策或方案。

商权经资本权与经营权的二次契合后,产生如下效应:(1)资本权经集合、聚合进而质变为治理权力。典型的如作为出资人集合的合伙人会议、股东(大)会、社员大会等企业权力或合议机构的出现,使资本权利转型、质变为企业内部的治理权力。(2)形成营业或企业的内部治理机制或治理机构。如意思机构、权力机构、决策机构、执行机构、管理机构、监督机构等。(3)形成具科层制的营业或企业之内部事务机构与管理体制。如各种负责设计、生产、开发、研创、市场、公关、销售、安全等具体经营或管理部门等。(4)形成从高管到一般职员并有特定职能定位、分工的内部管理、协作、监督关系。

(三)商权的再次契合:从内部经营到外部代理之经营权与交易权的契合

1. 经营权与交易权契合的内容与形式

在营业日益专业化和分工精细化背景下,因有经营形态与交易形态的适度分工,导致它们之间处于相对独立的分离或分立状态,因之就有商业或贸易等传统营业形态模式下不曾有的经营权与交易权的契合。经营权与交易权的契合系指具有生产、制造、创新功能的经营要素、权利与具有流通、推销、中介功能的交易要素、权利之间基于各种契约或协议所形成的分工合作关系。

经营权与交易权契合的主要形式有:(1)内含式契合。通过特定经营主体输出经营形态、阶段、环节中的某一要素或权利,以达到契合或整合其他经营主体或交易主体之营业要素或权利的目的,在此基础上所形成的经营合作关系。如前述的特许经营权的授予或取得即为此类。(2)外延式契合。通过特定经营主体与其他经营或交易主体基于整体经营权、经销权的转让或授权而形成的分工合作关系。典型的为前述各种形式的承包、租赁、信托、托管、代工等经营权转让形式;又如对特定职业或专业类交易主体产品或服务经销权、行纪权、代理权的授权等。

2. 经营权与交易权契合的功能与效应

经营权与交易权契合的核心功能是解决营业或企业中经营模式的选择或经营成果的交易问题。其中,经营模式的选择问题重点关注的是经营的市场扩张和效益最优,即通过契合方式以选择能创造营业或企业经营效益最优的形式或模式。而经营成果的选择问题,更多是产品或服务的推销和经营成果的变现问题,通过经营主体与交易主体的契合,能以更具职业化的专业、技术、网络迅速变现经营成果,实现营利最大化。

经营权与交易权契合的效应主要包括:(1)产生各种形式的经营权转让与经营模式;(2)衍生出各种独立的职业类交易主体和各种专业类经销权、行纪权、代理权等。

五、商权契合的功能效应

不同类型商权经前述具时序、位序、次序的契合后,使商权无论在内容,还是形式,抑或属性上,均发生各种突破原有商权属性、内容或结构的全新变化,进而形成或产生各种商权本身、商权与商权之间、商权与准商权或非商权之间的权利集合、集中、转换甚至转型、变异、转移等权利或权力运行的实际效果。概言之,商权经契合后,它具体发生由单一属性的财产权发展到复合属性的营业财产权、由个体权利集合为团体权利、由商权利内化为商权力、由团体权力分解为机构职权、由机构职权转换为代理权力等几个方面的明显变化。

(一)由单一属性的财产权发展到复合属性的营业财产权

1. 商权契合前具单一属性的财产权

商权的本源为单一财产权,无论是个体、家庭形式的营业,还是企业、国家形式的营业,其投入的财产之权利形态,原本均是单一的,即或基于实物或土地使用权形成的物权,或以应收账款形成的可转换债权,或可变现或增值的股权,或为可应用于商业、生产、制造并具价值创造功能的知识产权等,这些权利均为属性确定、类型纯粹、内容单一的一般财产权利。

2. 经商权契合后具复合属性的营业财产权

前述这些具属性确定、类型纯粹、内容单一的一般性财产权利，在经主体处分进入营业领域或投入企业作有效契合后，无论就个体、家庭经营形态而言，还是就企业、国家经营形式而言，它本身已转换为资本要素或资本权利，并与劳力、技术、管理等各种非资本要素、权利集合，形成具特定准组织或类组织属性的经营体，或基于资本的契合衍生出企业这一新的组织型经营主体，进而拥有内含前述原始财产权利、企业财产权、人格性财产权、商业标记权、创新性工业产权、具网络虚拟属性的信息财产权等复合内容的新型营业财产权。这种由一般财产权发展到营业财产权的过程，表明商权的契合是一个财产权由单一到复合、由简单到复杂、由功能单一到功能多元的过程。

（二）由个体权利集合为团体权利

1. 企业本身就是资本要素、权利契合的衍生主体。交易和契合存在于一切社会领域和经济生活，作为一种“从互不相关的市场交换到集权式的等级组织，以及介入这二者之间的、不可胜数的混合形式或中间形式”，[24] 也渗透于营业全过程之中。商权的契合最显著的功效是在资本要素、权利契合基础上形成企业这一衍生主体。在一定意义上，企业是投资主体基于营业自由中的商事结社自由共同结社契合的组织结晶和衍生主体，是契约自由与商事结社自由在财产资本化契合过程中，由资本权与结社权共同酵化的产物。

2. 投资主体的契约自由与商事结社自由是企业等商事组织产生的权利基石。商事结社自由权是指投入财产、进入营业领域转换为投资主体的民事主体，可自主地按自己的利益最大化目标以决定是否与其他投资主体合伙、合资或合作，共同创建企业或其他商事社团，并以之作为营业或促进营业的一种组织形式之权利和资格。商事结社自由权是宪法意义上的一般结社自由在经济和商事领域的具体反映，是商事主体为实现其营业所需要的基础性权利，没有这一权利，所谓企业设立等法律行为就没有合法的依据和存在的正当性。投资主体的契约自由和商事结社自由对企业的产生具有原始意义。企业本身是投资主体通过自由结社行为而契合的产物，在这里，投资主体的契约自由与商事结社自由就成为企业得以产生的权利源头。这是因为：(1)没有投资主体之契约自由与商事结社自由，企业的成立就不具有正当性。(2)没有投资主体之实质的契约行为与商事结社行为，就没有企业等商事组织的发起、筹备、组建和设立，也就没有企业等商事组织的成立，企业等商事组织事实上也就无产生之可能性。(3)没有投资主体之实质意义上的缔约与商事结社，就没有真正意义上的企业等商事组织。(4)投资主体之契约与商事结社意思的真实性影响着企业等商事组织成立的效

---

〔24〕 参见［美］奥利弗·E. 威廉姆森：《资本主义经济制度——论企业签约与市场签约》，段毅才、王伟译，商务印书馆 2002 年版，第 28 页。

力、内部权利关系的均衡和内部治理的正义。正如合同的缔结一样，在企业发起缔约或设立过程中，缔约当事人和企业出资人的意思表示不真实，就有可能导致发起合同与企业设立无效或由此产生一系列纠纷。商事结社自由权所包括的“社”主要有两类，一为企业类的营业组织；二为商会等非营业组织。[25] 商事主体之所以要通过共同的结社行为成立如企业等商事组织，其目的还是要通过组织形式的筹资、融资、经营、交易，以解决个体、家庭或独资出资或经营难以解决的筹资融资、规模经营、职业管理、交易代理、商业风险等难题，进而有效而实质地推动营业。

3. 投资主体之财产权、资本权契合的结果是产生企业团体性营业财产权。正因投资主体之间财产、权利特别是财产转换之资本权的契合，才产生企业等商事组织，进而由投资主体之出资财产聚合形成企业之原始财产，并以企业之组织体名义，相继产生前述人格性财产权、商业标记权、工业产权、货币财产权、信息财产权以及其他一系列新生、创新的财产权，形成以企业之名义所有、占有、支配、管领、控制之概括财产和财产权利集群，此团体性财产权利集群，即为企业之营业财产权。很显然，经投资主体之财产权、资本权契合后，所形成的具概括、集合、复合、集中属性的企业营业财产权，与契合之前投资主体具体、个体、单一、分散意义的一般财产或财产权，已完全不是同一概念、内容或形式，它体现了个体权利向团体权利的升华与飞跃。

（三）由商权利内化质变为商权力

商权契合带有典型的权利内化，以及由权利内化伴生或派生的质变特质和异化现象，它集中表现在商权利内化、质变为商权力；[26] 也有学者把其称之为“由一般权利质变为权力化权利”，或者说“财产权经过集中和整合，可能质变为权力化权利”现象。[27] 如前文所述，在所有商权的形成与契合中，投资主体的财产权及转换而形成的资本权、结社权、自营权、参与权、管理权、控制权是一切商事权利或商事权力的基础和逻辑起点，所有商权的契合或内化均是从这一逻辑起点开始的。而商权经契合所产生的商权利内化为商权力现象，几乎普遍存在于一切营业形式或营业形态之中。如在个体、家庭、独资形式的投资经营中，经自然人投资人之财产权与劳力、技术、管理等其他营业、生产要素或权利的契合，就产生对自行经营或交易过程的绝对决定权或控制权，它实质已内化或质变为一种带有支配属性的商权力。至于在企业、国家经营形式或形态中，这种商权利内化为商权力现象就更为显著。以企业为例，商权利与商权力的内化和质变，是通过如下三次契合和转换而完成的。[28]

---

〔25〕 参见肖海军：《商会法律制度研究》，中国人民大学出版社2010年版，第144～146页。

〔26〕 参见肖海军：《企业法原论》，湖南大学出版社2006年版，第174页。

〔27〕 参见陈醇：《商法原理重述》，法律出版社2010年版，第48～50页。

〔28〕 参见肖海军：《企业法原论》，湖南大学出版社2006年版，第174～176页。

1. 由个体权利集合为团体权力

企业等商事组织本身就是作为投资主体自由结社契合的组织结晶，就企业等商事组织的内部权利与权力构建而言，企业内部的一切权利和权力均来自出资人的资本权、结社权、参与权等。由于企业本身属于组织类商主体，其营业行为必须有赖于内设的组织或机构并分解或落实到具体的自然人才可实际进行。因之，设立企业内设组织或机构，就成为企业开展营业的必要之举。其中由全体出资人为基本成员集合形成的各种企业出资人机构，如合伙人会议、股东（大）会、社员大会等，就是企业成立或产生后最先产生或设立的组织或机构，且该机构作为企业的权力机关、意思机关、最高机关，决定企业的重大问题或重要事项。此为出资人权利向企业内部权力的第一次契合和转换，通过此次内在和内部的契合，企业出资人商权利则聚合、质变为企业的商权力。

2. 由最高权力派生出决策权力

在合伙人会议、股东（大）会、社员大会等企业权力机关的基础上，居出资人地位的合伙人、股东、社员，通过自由、平等的选举权与被选举权、决定权、表决权的行使，在一人一票共同一致决定（合伙人会议）、一股一权资本多数决（股东会）、一人一票社员多数决（社员大会）等选举或表决机制的作用下，从出资人代表中产生委员、董事或理事，以组成企业的最高决策机构——管理委员会、董事会或理事会；或者产生监事以组建专门监督机构——监事会，各司其职分别集中行使企业重大问题的决策与管理，抑或对管理成员进行监督，此为企业权力的第二次契合和转换。此次契合和转换的已不是权利，而是由企业权力机关派生或授予的决策权力，即由企业最高权力机关派生或授权产生的决策机关——董事会或理事会，或者专门监督机构——监事会。

3. 由决策权力授予给执行权力

以董事会或理事会为代表的企业决策机关产生后，基于内部分工需要，通过董事会或理事会内部的选举、表决或推举产生如合伙事务执行人、董事长或理事长之职位的法定代表人，由其主持管理委员会、董事会或理事会会议并对外代表企业；或者基于事务执行的需要，由管理委员会、董事会或理事会授权，抑或由法定代表人授权委托职业经理人组建经理机构，由其对内负责企业的事务性日常管理工作，对外代理企业处理有关营业事务，法律后果概由企业承担责任，此为企业权力的第三次契合和转换。

可见，通过商权在企业内部的三次契合和转换，从出资人个体权利集合为企业团体权力、继而由企业最高权力派生出企业决策权力、再由决策权力授予给执行权力的转换过程，集中体现商权契合具有使商权利质变或异化为商权力之特殊功效。

（四）由团体权力分解为机构职权

商权契合不仅具有使商权利质变或异化为商权力之特殊功效，而且还具有使团体权利(力)分解为机构职权的独特功能。商权契合中这种由团体权利(力)分解为机构职权的特殊效能,具体又是通过如下具明显时序、位序、次序特征的四次契合过程完成的。

1. 第一位序:从企业抽象权力到企业权力母体

即从抽象企业权力到企业权力机关职权,它由原权利主体之权利契合而形成享有企业创制权力的企业权力母体,并形成与产生企业的权力机关。如合伙企业合伙人权利集中形成的合伙人会议;公司股东权契合而形成股东(大)会;合作社企业社员权契合所形成的社员大会,即为此类。通过本次契合,出资人的个体权利就聚合为企业团体性的组织权力,形成诸如合伙人会议、股东(大)会、社员大会等企业权力机关,它们分别根据一人一票共同一致决定(合伙人会议)、一股一权资本多数决(股东会)、一人一票社员多数决(社员大会),以决定企业的重大问题和重要事项。

2. 第二位序:从企业权力母体到企业权力派生体

即从企业权力机关职权到企业决策机关职权,它基于企业权力母体的选举或授权而产生行使企业决策权的企业权力受托主体,进而形成与产生企业的内部决策机关。如合伙人会议选举或推选产生合伙事务执行机关或执行人;公司股东(大)会选举产生董事会和监事会;合作社企业社员大会选举或推举组成的理事会或监督机构等,企业决策机关主要就企业重要的投资、经营、管理等重大问题或重要事项,作出各种决策或形成待决议案。

3. 第三位序:从企业权力派生体到企业行权主体

即从企业决策机关职权到事务执行机构职权,系指营业或企业权力受托主体或决策机关以委托、任命、授权、聘用等方式或形式,派生出全面负责营业或企业管理的代表机关或代理机关,以具体行使经营或管理方面事务的执行权。如依据法律或章程规定并经登记确定的法定代表人;又如公司董事会任命或下设的经理机构等。

4. 第四位序:从企业行权主体到企业代理主体

即从事务执行机构职权到具体的自然人代表权或代理权,它由营业或企业法定代表人或代理机关委托、授权、聘用执行具体营业事务的次级自然人代理人,以最终代表或代理开展各种营业活动或对外代理交易行为。如由企业法定代表人或经理机关委托的各种企业采购员、承办人、代办人、办事员、推销员等。

可见,在商权利向商权力的内化、质变过程中,由企业团体权力分解为企业内部机构职权,一般要经过投资主体原权利集合为企业权力母体、企业权力母体产生权力派生体、权力派生体授权给行权主体、行权主体落实到企业的实际行使主体或最终代理主体等四次契合和转换;而每一次商权利与商权力的契合和转换,均使权利或权力部分集中或适度分解,从而完成"投资主体权利的分散享有→集合或聚合为企业抽象或概括的内部治理权力→企业代表权或代理权的集中行使→企业行权主体的分工行使"这一组织流程与制度安排。

（五）由机构职权转换为代理权力

在商权契合特别是企业商权的内部契合过程中，为把具抽象、概括、拟制意义的组织权利（力），分解、落实到具体的职能机构，并最终由居末端地位或实际行权主体地位的具体自然人来执行或行使，就需要商权的再次契合。而商权的此次契合，所要解决的问题和完成的任务，是把营业或企业中的机构职权转换为具体行权者的代理权力。

机构职权经契合转换为代理权力，一般要经历"治理结构中权力配置的初级分权→代理或行权机构授权中的二级分权→代表权或代理权中的三级分权→临时代办或代理中的再次分权"等多次契合、分解、分权过程。关于机构职权转换、分解为代理权力的具体形式或过程，后文再述。

（六）商权由内化质变转向对外延伸

在营业中，商事主体作为独立的法律主体，在开展或参与各项投资、经营或交易活动，就必然要与不同属性或类型的主体（自然人、社会组织和国家机关）发生各种不同的事实关系和法律关系。它们在多数情形下又是以契合形式出现，在契合作用下，商权利及内化质变为商权力，均以一定的形式或方式走向对外延伸，并因相对人属性或类型的不同，导致对外延伸的商权存在巨大差异。商权经契合后的对外延伸，包括商权与国家公权的契合、商权与同业竞争者权利的契合、商权与交易相对人权利的契合、商权与其他利害关系人权利的契合等多种不同情形。

六、商权契合的制度模型

不同属性或类型的商权在经不同营业形态、阶段、环节契合后，还会形成不同的制度模型。

（一）不同资本要素、权利契合模式下的投资模型

在营业投资形态、阶段或环节，因不同属性、类型的资本要素、权利之间契合差异，会形成各种迥然不同的投资制度模型。其中，最典型的有股权式投资契合模型和债权式投资契合模型。

1. 股权式投资契合模型

投资主体通过直接投资方式，自营或设立企业进行经营的投资契合制度模型。依照参与契合的投资主体及契合关系的不同，又可形成包括个体、独资、合伙、合资（股）、合作、混合等不同类型的股权式投资契合模型。其中，独资、合伙、合资（股）、合作、混合型投资契合模型，为典型的企业出资人契合模型。

2. 债权式投资契合模型

投资主体通过纯粹、间接投资方式，与专业营运商基于债权式投资契约而形成的

投资契合模型,它包括买卖型投资契合模型和租赁型投资契合模型两大类。

(二)不同经营要素、权利契合模式下的经营模型

在营业进入经营形态、阶段或环节,资本要素、权利与其他营业、生产、经营要素、权利契合,则相应形成或产生各种不同的经营契合模型。其中,按契合内容或形式是否以原有经营体为中心展开,可分为内部经营契合模型与外部经营契合模型。

1. 内部经营契合模型

经营体或企业内部的资本要素、权利与其他营业、生产、经营要素、权利之间的契合所形成或展开的一种经营契合模型,主要包括业主或出资人自营、共同经营、委托等不同经营契合制度模型。

2. 外部经营契合模型

资本要素、权利与其他营业、生产、经营要素、权利之间的契合,是在经营体或企业外部所形成或展开的一种经营契合模型,主要包括外部承包、租赁、信托、托管、特许、代工等不同经营契合制度模型。

(三)不同交易要素、权利契合模式的交易模型

在营业进入交易形态、阶段或环节,资本要素、权利与其他营业、交易要素、权利契合,所对应形成或产生的不同交易契合模型。其中,按照交易是否与投资、经营独立或分离,可分为营销一体的交易契合模型和营销分离的交易契合模型。

1. 营销一体的交易契合模型

经营与交易形态、阶段、环节的各种要素或权利融为一体的交易契合模型。典型的为传统的自营自销、自产自销,具体形式为生产商、制造商或经营商设立专门的销售、市场、营销等部门、分支机构或独立子公司。

2. 营销分离的交易契合模型

经营与交易形态、阶段、环节的各种要素或权利经契合各自独立、分离运行的交易契合模型,它可分代理交易、集中交易、平台交易等多种交易契合模型。其中:(1)代理交易契合模型。系生产商或制造商与具相对独立属性的专业经销、行纪、代销、分销等代理商之要素、权利,以直接契合方式所建立起来的特定交易契合模型。典型的为独立的经销商。(2)集中交易契合模型。为具多元、不特定属性的生产商、制造商与交易商之要素、权利,通过集中市场或交易系统等契合形式所建立起来的开放式交易契合模型。典型的为证券市场、大宗商品交易市场、期货市场等。(3)平台交易契合模型。又称电子商务或网络交易平台,是指参与电子或网上交易的生产商、制造商、交易商与网络平台服务商(电子商务平台经营者)之要素、权利,基于网络服务或交易平台等契合形式所建立起来的开放式交易契合模型。比较常见的有各种形式网络商务平台或专业购物网站等。

鉴于商权契合的制度模型，前述商权结构论中相关章节已有涉及，在此不再详述。

第二节　商权的集中

商权契合，在某种意义上讲，又是以各种商权之构成要素的集合和集中为表征呈现出来；商权的集中不仅是商权契合的直接结果，也是商权契合的典型形式，更是商权运行的一种常态。“在美国的每一个城镇和市区，都有一个凌驾于中产阶级、工薪阶层和底层大众之上的上流家族。这些上流家族所拥有的一切超过当地任何人，他们掌握当地决策的关键。”[29]这是就商权集中的表现。

一、商权集中的法律蕴涵

（一）商权集中的意义厘定

商权集中即商权在权利契合和实际运行中所呈现出来的权利要素、主体、内容、形式的集合、聚合或整合现象。商权的集中既包括不同商权要素、主体、内容、形式之间的集中，具体表现为单一财产集合为整体性营业财产、多元要素主体契合为组织拟制主体、不同类型主体或要素的分散权利聚合质变为集中的内部商权力、交易形式的整合形成各种集中的交易系统或平台等；也包括商权与其他非商权要素、主体、内容、形式之间的集中，如资本要素、权利与劳力、技术、管理等要素、权利的集中等。

商权集中与前述商权契合存在内在联系，一方面，商权契合是商权集中的前提条件，因为有商权的契合，才有商权的集中；另一方面，商权集中又是商权契合的重要形式，也是商权契合合理的发展结果，从一定意义上讲，商权集中是商权契合的高级阶段或主要形式。自然，讨论商权的集中必然要涉及前述商权的契合。

商权集中是商权运行中的独特现象，它广泛存在于一切营业领域和投资、经营、交易形式中，并因商权集中，增进商权的量变，促进商权的质变，进而衍生、派生、创新出一系列新型商事权利。研究商权的集中现象与内在规律，有助于从更深层次上认识商权的独特性。

（二）商权集中的显著特征

与前述商权契合现象一样，商权集中作为营业中广泛存在的一种独特现象，具有必要性、必然性、普遍性、复杂性等显著特征。

---

〔29〕［美］C. 赖特·米尔斯：《权力精英》，李子雯译，北京时代华文书局2019年版，第31页。

1. 商权集中的必要性

商权集中是营业得以开展、进行的基本前提和基础条件，可以说，没有商权的集中，就无营业的启动和发展。这是因为营业活动的启动、经营管理的开展、市场交易的进行，需要一定的人、财、物，更确切地讲需要一定的资本、劳力、技术、管理等营业、生产或经营要素，除个体自营式营业等极端个例外，这些不同的营业、生产或经营要素往往分别由不同主体所掌握、支配或控制，而把它们组合起来并加以整合，就必须要求不同要素权利主体之间基于契合关系，进而集中起来。可见，营业、生产或经营要素的契合与集中是支撑营业得以开展的必要条件。正如列宁指出的那样，集中是资本主义生产方式得以进行的初始条件，"资本主义最典型的特点之一，就是工业蓬勃发展，生产集中于愈来愈大的企业的过程进行得非常迅速"。[30] 故商权的集中，对营业而言，具有必要性。

2. 商权集中的必然性

商权集中不仅具必要性，更具必然性。一方面，仅就围绕同一经营体所需要的各种商权以及不同营业、生产或经营要素，在经前述商权契合后，必然发生商权集中的结果；另一方面，就整个营业领域而言，通过自由竞争和市场交易，也必然产生生产、经营、交易的集中现象，即"自由竞争产生生产集中，而生产集中发展到一定阶段就导致垄断"。[31] 故商权集中具有不可避免性，是营业活动和商权运行中的必然现象。

3. 商权集中的普遍性

商权集中普遍存在于所有营业领域和一切营业环节，是商权运行中的一种常态，有学者甚至把其称之为商事权利中的"集权"现象，[32] 并用权利"变压器"理论解释之，认为商法就是权利的"变压器"，"能通过权利的合成、分解和单纯结构变动来改变权利的流量、结构和流动性"，并广泛存在于企业法、金融法、合同法中。[33] 无论是个体、家庭、独资形式的营业，还是企业、国家形式的营业，均存在商权的集中现象，而且，越是营业走向纵深、扩大规模、开拓市场，商权集中的程度就越发明显。

4. 商权集中的复杂性

商权的集中是一种表象，但内容极为复杂。首先，它表现为权利集中的综合性。商权集中既包括权利主体的集中，也包括权利要素的集中；既包括商权要素与权利的集中，还包括商权与非商权要素、权利的集中。其次，它表现在权利集中的复合性。既包括资本权的集中，也涉及非资本权的集中；既有权利集中后的整合，也有权利集中后的转换，更有权利集中后的衍生、派生、创新等。最后，它表现在权利集中的多样性。

---

〔30〕《列宁选集》(第2卷)，中共中央编译局译，人民出版社2012年版，第584页。

〔31〕《列宁选集》(第2卷)，中共中央编译局译，人民出版社2012年版，第588页。

〔32〕参见陈醇：《商法原理重述》，法律出版社2010年版，第29~61页。

〔33〕参见陈醇：《权利结构理论：以商法为例》，法律出版社2013年版，第267页。

这种多样性又集中表现为一般意义上权利或要素集中所发生的量的变化，如单一财产集中为企业财产，此乃财产之量的变化；还导致权利或要素集中后所发生的质的变化，如出资人作为成员集中形成的企业权力机构，则使出资人参与权质变为企业内部最高权力，此乃商权利质变为商权力之质的变化；更有权利的伴生或催生，如公司股东出资财产的集中，进而催生出股东股权和公司法人财产权这一二重财产权利结构等。足见，商权集中是一种极其复杂的商权运行现象。

（三）商权集中的制度功能

商权集中之所以必要、必然、普遍、复杂，在于商权集中具有如下独特的制度功能。

1. 以财产集中实现资本筹集

如前所述，商权的契合首先是不同财产权、资本权之间的契合，同样，商权的集中首先表现为财产的集中，除个体、家庭、独资经营外，在多元投资主体的组织型营业中，不同投资主体之不同属性、类型、数量财产的集中、聚集，就使分散的个体、单一财产集合为整体性的营业财产，它可实现由个体或单一财产或资本难以筹措的巨大资本，通过融通不同投资主体的财产与资本要素，达到举办个体或单一财产或资本难以承担的更大规模营业事项，从而使营业在更大规模、更广范围、更高程度得以迅速展开。

2. 以主体集中衍生、拟制新型商事组织

投资主体之间财产、资本及权利之间的契合，不仅直接导致财产与资本的集中，更为重要的是不同投资主体资本权、结社权、参与权之间的契合，还催生了企业等衍生型商事组织。基于投资主体结社权集中行为而衍生的企业，属于主体的集中或人格的拟制。主体、人格的集中及组织类商主体的衍生，首先，可显著减少各种要素主体之间不必要的交易，从而显著降低成本，科斯以交易成本对企业性质的阐述，说明企业具有把分散的要素主体之间的交易，集中为以企业为总代表的概括或代理交易，企业因之具有“替代”单一要素交易和“市场价格机制”的功能。[34] 其次，属组织类主体的企业，无论从多元主体与途径的筹资、融资力，还是从集体、集约的生产力，均显示出个体、家庭、独资所无法比拟的财产与经营优势，进而显著提高市场竞争力。最后，企业特别是公司人格的独立，通过组织类主体的人格屏障能有效地锁定出资人的市场或债务风险，更有利于实现投资主体的营利最大化。

3. 以权利集中成就管理集约化、专业化

商权集中最重要的内容是权利的集中，并因权利的集中而转换、衍生、派生、创新一系列新型商事权利，而且还因集合不同投资主体个体、单一、分散的权利，进而整合为企业组织的治理权力。这种由不同投资主体聚合而形成的企业权力，不仅有利于集

---

〔34〕 参见［美］罗纳德·H. 科斯：《企业、市场与法律》，盛洪、陈郁译，格致出版社 2014 年版，第30～32页。

中营业管理权限,提高营业规模化、集约化程度,而且通过企业内部治理的组织建构和程序机制,为授权与行权的架构推举职业经理人,创造权力与组织条件,实现营业的专业化管理。特别是如“公司制度不仅仅是演化成了经营企业的常规形态”,更重要的是,“在公司制度中存在着一种向心引力,将财富吸入规模不断扩大的集合体,与此同时,将控制权归入越来越少的人的手中”。[35]

4. 以经营、交易集中而显著降低成本

商权集中带来经营、交易以及经营权、交易权的集中,使传统单一、分散的经营或交易整合为复合、集中的经营或交易,从而大大减少了经营或交易的环节,显著降低经营或交易成本,确保营业效益最大化的实现。

二、商权集中的表现形式

商权的集中表现在多个方面,既有基础性的财产集中,也有衍生属性的主体或人格的集中,更有各种要素、权利的集中,还有权利质变为权力如经营权、信息、交易的集中等。

(一)第一层级:财产与资本的集中

商权集中首先表现为财产、资金、资本和其他财产要素或权利的集中,具体表现如下:

1. 从出资人的分散财产到企业的集合财产

在企业发起、设立、登记、注册直至成立之后,企业出资人通过出资,以交付或认缴等方式,把属出资人所有或支配的财产或财产权利转移至企业,形成企业的原始营业财产,这一出资人财产或财产权利之间因企业发起、设立之契合过程,完成了由企业出资人单一、分散的财产或权利,集中聚合为企业最初的原始财产之财产集合过程。如合伙人出资财产集合为合伙财产,股东出资财产集中为公司财产,社员财产聚集为合作社财产等,均属此类。

2. 以商业银行为中心的社会零散资金的集中

现代商业银行发挥聚集、融通资金的中枢地位和核心作用,社会资金犹如大海与星辰,但在商业银行存贷款制度、货币或信用再造、银行理财、存款准备金与同业拆借等多重契合下,集中到商业银行账下。首先,从分散存款到集中放款。一方面,通过公众存款制度,各种不同主体、属性、背景的社会零散、闲置资金被广泛吸纳并聚集至商业银行;另一方面,商业银行通过把聚集到的巨大社会资金,通过集中发放贷款的方式,借贷给需要流动资金的企业等商主体。其次,商业银行货币与信用再造中的放大

---

〔35〕［美］阿道夫·A. 伯利、［美］加德纳·C. 米恩斯:《现代公司与私有财产》,甘华鸣等译,商务印书馆2005年版,第21页。

集中。商业银行通过贷款的回存和再贷款的回存之货币再造和信用创造功能,[36]更进一步地放大社会零散、闲置资金的集中效应。再次,银行理财中的集中。商业银行通过各种委托理财、信托理财产品的出售或代售,同样达到把大量社会零散、闲置资金聚合至商业银行账户,进而以整体的方式转付或发放特定营运商或经营者。最后,中央银行通过存款准备金、不同商业银行通过同业拆借,部分银行的资金集中到中央银行和特定银行。

3. 资本、证券市场中社会资本的集中

资本、证券市场实质扮演着筹集营业资本和集中社会资本的主要职能。在以股票、债券、基金为交易对象的资本、证券市场,通过企业或其他发行人发行各种形式的股票、债券、基金券和其他各种衍生证券,在证券发行人(主要为上市公司或政府)、证券承销商、受托银行、公众投资者的多重契合下,社会资本被聚集到需要巨额资本的证券发行人户下。

4. 其他各种金融手段下的财产、财富、资金、资本集中

信托、票据、保险等金融制度、工具和手段,也具有明显的财产、财富契合功能和资金、资本集中效应。如保险就既具有集众力而纾一难的分散风险、控制损害的商业救济功能;同时,保险商通过推销各种保险产品或险种,可从分散的投保人处聚集到海量资金,这笔集中的资金又可作为投资本金,由机构投资者投向营利最大的领域。

(二)第二层级:主体与人格的集中

商权经契合后的集中,最显著的表现是衍生出企业等商事组织,进而通过法律制度的拟制,使公司等企业具有与自然人一样的独立主体资格、团体法律人格,并使某些财产集合、自然人经营体,具有类组织或准组织的属性。

1. 从单一、分散要素主体的发轫向衍生、集中组织类主体企业的产生

如前所述,在不同多元投资主体之财产权、资本权与商事结社权、营业参与权的结合、契合、集合下,作为组织类商主体的企业得以衍生。但企业的产生,不仅仅是多元投资主体财产权、资本权与商事结社权、营业参与权契合进而集中的形式,更是一个以财产、资本为基础、主导要素,与劳力、技术、管理等其他营业、生产、经营要素或权利的契合进而集中的过程或形式,它是由资本、劳力、技术、管理等营业、生产、经营要素集中以及要素集中之后主体、权利集中的复合体,基于出资协议、发起协议、合伙协议、公司章程等契合文本的契合、结社、设立行为而衍生的企业,完成商权之营业要素的分散主体到企业之集中主体的转型与质变。足见,企业作为市场的重要主体既是市场经济的内在要求,更是商权及各要素契合、集中的必然结果。[37]

---

〔36〕 参见杨力:《试论商业银行适应性的货币创造》,载《上海财经大学学报》2006年第4期。

〔37〕 参见杨晓峰:《关于市场经济中的企业人格定位》,载《河北学刊》2002年第5期。

2. 从成员独立人格到公司团体人格

在所有衍生的组织类企业主体中，尤以公司等法人类企业最具典型性，由于名称、财产、机构、意思的完全独立，使其与各契合成员、要素的主体身份、财产、要素、意思严格区分开来，在长期的营业交易中，公司区分于成员及要素的独立性、自主性不仅得到相对交易人的认同，而且也普遍性地为社会世俗所认识，并最终为法律所确认。在世俗认同与法律塑造的共同助推和作用下，作为组织类商主体之公司的团体人格和人格独立也就成为一种客观、现实的存在。[38] 不难看出，与其说公司人格是法律拟制的结果，还不如说公司人格独立是作为公司出资人股东之出资与结社契合进而集中的产物。

3. 财产集合的类组织化

各种纯粹以投资目的形成的财产集中与组合形式，以投资基金或各种形式的投资组合基金最为典型。投资基金是以公开发售或定向募集的方式发行基金份额以募集资本，然后投资于证券或其他营利项目的财产组合形式。从其发售或募集的方式与对象看，投资基金可分为公募（在证券市场公开向社会公众投资者发售）和私募（定向对特定、适格投资者募集）两种典型形式，以及从投资基金衍生的各种组合型投资基金等。但是，无论是公募型基金，还是私募型基金；也无论该类投资基金是选择开放式或封闭式，公司型或契约型；[39] 投资基金所具有的资金、资本集合与集中功能是毫无疑问的。即使是契约型投资基金，作为一种营利性投资的集中与组合形式，也是商权集中最典型的形式，它由不同投资者的分散认购，过渡并达到集中聚合为具财团属性的整体性投资基金，其本身就具有财团的类组织属性。具集合、集中、聚合、组合属性的各种投资基金，通过基金营运管理商（信托投资商）和基金托管商（商业银行）的分工合作和集中营运，[40] 选择适当的投资基金法律结构、信托类型和监管机制，[41] 可实现单一、分散投资所不具有的规模和集成效应。

4. 自然人、家庭经营体因营业要素的集中而准组织化

自然人个体、家庭共同体经营是人类最初级的营业方式和经营形式，虽投入的营业要素以及由此产生的权利，与多元投资主体所投入的要素或产生的权利相比，没有明显的初级财产与资本主体之间的契合过程或特征，但无论是个体形式，还是家庭经营，在达到一定规模效应后，必然要与个体、家庭之外的劳力、技术、管理等其他营业、生产、经营要素形成某种形式的契合，而只要有契合，就必然存在要素与权利的集中。

---

〔38〕 参见吴越：《公司人格本质与社会责任的三种维度》，载《政法论坛》2007 年第 6 期。

〔39〕 参见徐桂华、王普：《证券投资基金的另一种形式：公司型基金与契约型基金的比较研究》，载《社会科学》2003 年第 2 期；李佳音：《私募股权投资基金组织形式的比较》，载《投资研究》2010 年第 7 期。

〔40〕 参见寻格辉：《创业投资基金组织模式的一种经济学解释》，载《经济体制改革》2003 年第 1 期。

〔41〕 参见姜涛、尹亮：《证券投资基金信托：模式选择与立法建构》，载《财经科学》2005 年第 3 期。

这种广泛存在于个体工商户、家庭经营体中的不同营业、生产、经营要素及权利的契合与集中现象,使个体工商户、家庭经营体在一定意义上具有准营业组织的集中属性。不仅如此,土地承包经营权流转后集中或集合而形成的农地股份制公司、农地股份合作组织、土地银行、农地受托人及农地承租人等多种类型的继受主体;[42]个体工商户、家庭经营体在维系原有经营格局的前提下不因财产继承而走向分离或分立等,均具有主体集中与拟制的特性。

(三)第三层级:权利与权力的集中

商权利与商权力的集中是商权集中的核心内容,它集中表现为商权利的集中、商权利质变为商权力进而产生商权力的集中、商权力集中下的经营权与管理权集中等多个方面。

1. 商权利的集中

商权利集中是商权集中的初级形式,系指不同主体、属性、类型的商权利的集合和集中。它包括:(1)财产权的集中。如非组织类合伙经营,就属基于合伙契合产生的共同经营,其中最核心的内容就是个体、单一的财产权集合与集中为共同财产权。(2)资本权的集中。它既包括财产权资本化后因不同资本权的契合而形成的集中,也包括诸如合伙权、股权转让所形成的资本权集中或相对集中于某一投资主体。(3)参与权的集中。如企业成立后,企业出资人之个体、单一、分散的营业参与权或管理权,就集中为诸如合伙人会议、股东(大)会、社员大会等出资人会议机构的集中行使。(4)表决权的集中行使。如公司选举董事或监事所适用的股东累计投票,上市公司股东大会召开前公众投资者表决权投票的公开征集,表决权代理或信托中的集体委托等,均直接产生股东分散表决权的集中行使效应。(5)权利救济与诉权的集中。如不同股东基于联合或共同行为,行使股东查阅权、损害赔偿请求权、公司代表诉权和各种自益诉权等。

2. 商权利质变为商权力进而产生商权力的集中

商权利的集合与集中进而质变为商权力,既是商权契合的权利转换与权利异化现象,更是商权集中的典型形式,而由出资人权利集合或集中形成的出资人会议之企业权力机构为代表的商权力集中,更是商权集中最具显著特征之处。在企业成立之后所产生的合伙人会议、股东(大)会、社员大会等企业权力机构,不仅是出资人集中行使营业参与权、管理权的机构场所和制度平台,作为企业最高权力机构,更是对企业内部治理权力的初级集中。从理论上讲,以合伙人会议、股东(大)会、社员大会等为代表形式的企业权力机构,几乎集中了企业内部的所有治理权力,原则上可对企业内部的所有问题和一切事项作出具最高且最终法律效力的决议或决定。

---

〔42〕 参见彭虹:《论农地融资的主体资格——以承包经营权流转集中的继受主体为视角》,载《农村经济》2013年第8期。

3. 商权力集中下经营权与管理权的集中

在企业最高治理权力集中于企业权力机构之后，在现代企业内部治理机制和权力配置下，又产生企业经营权与管理权的集中，即通过法律及合伙协议、公司或合作社章程，把契合的决策权集中于管理委员会、董事会、理事会。在此基础上，再通过法律及合伙协议、公司或合作社章程、公司的权力机构或决策机关的授权，把企业的日常事务和经营事务的管理权，集中授予合伙事务执行人或经理机构，最终形成"企业是私有财产体制的组织中心，首席执行官是这个体制的组织者"这样的商权利与商权力集中格局。[43]

商权集中下的投资主体权利集中化与企业权力集中化几乎是一种普遍现象，特别是在生产经营全球化背景下，价值链上的权力集中与战略资源基础上的不对称话语权，更使全球企业的权力集中于具垂直分离和重新整合的跨国公司控制权之下；[44]尤其在家族式控股上市公司里，情况更为突出；[45]而在知识技术等新型权力要素和网络创新治理模式的助推下，极少数核心企业集中了全球性基础要素、顶端技术和战略资源。[46]

（四）第四层级：商权信息与数据的集中

在构成商权利或商权力的各种元素中，信息以及基于信息而产生的数据占有、控制和掌握具有至关重要的意义，因为任何权利或权力的行使或运行，都离不开信息判断和数据分析，信息或数据几乎成为商权运行中不可须臾分离的基础元素。而在商权的契合中，信息的集中不仅是一种直接的结果，更是商权集中的主要形式。它集中表现为：

1. 商事登记信息的集中

商事登记信息一般包括法定登记事项或任意登记事项。其中，法定或强制商事登记事项涉及对营业交易安全与公共秩序产生重要、直接影响的主要营业事项；选择或任意登记事项为对营业交易安全与公共秩序将产生一定或间接影响的登记事项。[47]

商事登记虽为行政确认行为，但因商事登记信息系商权契合之结果，且商事登记的公共性、权威性、公开性，又使商事登记成为天然的商权信息集合机制和集中公示平

〔43〕 参见［美］C. 赖特·米尔斯：《权力精英》，李子雯译，北京时代华文书局2019年版，第136页。

〔44〕 参见梅丽霞、王缉慈：《权力集中化、生产片断化与全球价值链下本土产业的升级》，载《人文地理》2009年第4期。

〔45〕 参见周海霞、汤小华：《家族控股上市公司实际控制人权力集中度对公司价值的影响》，载《浙江社会科学》2014年第9期。

〔46〕 参见谢永平等：《知识权力集中度、核心企业治理与网络稳定》，载《科学学与科学技术管理》2014年第9期。

〔47〕 参见肖海军：《论商事登记事项的立法确定》，载《法学论坛》2021年第4期。

台,它本身就具有营业信息集中的功能,是营业信息集中的初级形式,自然也是商权信息集中的主要方式。

2. 企业公示信息的集中

企业本身既是商权集合体,更是商权信息的集中载体,借助于企业信息公示系统和平台公开企业有关的基本营业信息,无疑也是商权信息集中的典型形式。根据我国《企业信息公示暂行条例》(2014 年)的有关规定,应当公示的企业信息为经登记注册的企业在"从事生产经营活动过程中形成的信息,以及政府部门在履行职责过程中产生的能够反映企业状况的信息",它包括:(1)市场监管或商事登记部门履行职责过程中产生的企业信息;(2)其他政府部门在履行职责过程中产生的企业信息;(3)企业年度报告;(4)企业要素、经营与变动信息。[48] 上述企业信息的归档整理、录入系统和网上公示过程,实质就是一个企业营业信息和企业商权信息的集中过程。

3. 社会征信信息的集中

征信作为一种信用评价工具或方式,通过对自然人、法人、非法人组织的历史信用记录,以及资质、品质构成各要素、状态、行为等综合信息进行测算、分析、研究,借以判断特定主体当前信用状态,判断其是否具有守信、履约、担责能力所进行的评价估算活动。征信的主要依据为既有信息,征信的过程实质就是信用信息的收集、整理、集中和分析、判断过程。在所有信用信息中,营业及企业的信用信息又是最基础、最核心的部分,也是我国《征信业管理条例》(2013 年)调整的主要对象。关于信用信息,目前有关规范文本有企业信用信息、社会信用信息、公共信用信息等不同称谓,其所指向的范围和内容也有侧重方面的差异,如《吉林省企业信用信息公开条例》(2021 年修改)第 10 条所列为的企业信用信息;又如《湖北省社会信用信息管理条例》(2017 年)第 3、10 条以及《广东省社会信用条例》(2021 年)第 3 条所规定的社会信用信息范围,则包括公共信用信息和市场信用信息;再如《浙江省公共信用信息管理条例》(2017 年)第 2、9、10 条所规定的公共信用信息。

从举例的征信及信用信息规范文本所罗列的信用信息主要内容来看,它与前述商事登记信息、企业公示信息存在不少重叠的部分,但其侧重点在于集中展示特定主体是否具有守信、履约、担责能力方面的信息。这些信用信息的征集和公示过程,如涉及商事主体,本身就是一个营业信息与商权信息的集中过程。

4. 各种营业数据信息的集中

各种能够支撑、承载信息公开或公示的系统、媒体、网络、平台等,如涉及商事主体相关信息的征集或公示,本质上就是一种营业信息与商权信息的集中。

---

〔48〕 参见国务院《企业信息公示暂行条例》(2014)第 2、6 ~ 10 条。

（五）第五层级：商权交易或交割的集中

商权还集中体现在交易或交割的集中，它既是商权集中的主要形式，更是商权集中的变现手段和途径。虽然交易或交割集中在整个商权集中居于末端位序或环节，但却是决定商权集中效益、效应、效果实现的重要形式。商权交易或交割集中又表现在交易集中和交割集中两个方面。

1. 商权交易的集中

商权交易的契合过程，实质就是由传统单一、个别、分散交易走向复合、集体、集中交易的过程。其表现包括：(1)商权交易市场的集中。除传统的初级集市贸易市场外，诸如大型卖场、超级市场、专业细分市场、资本市场、证券市场、货币市场、期货市场、大宗商品交易中心、网络交易等，商权交易市场无不以集中的形式进行。(2)商权交易系统的集中。如各种交易信息系统、报价系统、支付系统等。(3)商权交易平台的集中。如各种公开的交易所、招标、拍卖、电商、网络等交易平台等。

2. 商权交割的集中

商权经集中交易的交割，也具明显的集中特性。它表现为：(1)商权结算的集中。如各种交互结算系统、银行的集中即时结算、证券或期货交易的自动结算、电商或网络交易的低延时结算等。(2)商权支付的集中。如商业银行集中即时支付、网络支付、移动支付等，均体现支付的集中性。(3)商权交割的集中。典型的如资本、证券、货币、期货、外汇等，通过证券市场、商业银行、期货市场的结算中心，进行集中支付。

三、商权集中的制度架构

基于营业的需要，特别是为满足投资主体营利最大化和资本权益的制度需求，商权经多次契合与集中后，会渐次形成具如下立法或制度支撑，且以一定组织机构为平台和表征的权利或权力构架。[49]

（一）基础商权利中集合与集中的聚合构架

1. 商权契合的过程就是一个财产或主体的聚合过程。在商权的初次契合和转换过程中，所契合和转换的权利为商权中的基础权利，即投资主体的资本权、结社权和参与权，权利的原始性、基础性和广泛性决定初次契合和转换而成的初始营业财产的集合性、企业权力机构的集中性。特别是在企业财产组成与机构设置中，无论是企业注册资本或原始财产，还是企业成立之后的权力机关或权力母体，本质上不过就是投资主体之出资财产的集合或投资主体本身作为当然成员的集中而形成的共同体。

2. 商权的初级契合实质就是投资主体及财产之间的聚合。这种财产或成员共同

[49] 参见肖海军：《商会法律制度研究》，中国人民大学出版社 2010 年版，第 144～146 页。

体,无论是作为组织体的财产,还是组织体的机关,均具有明显的要素、成员、权利等聚合属性,为典型的聚合型架构。但正是因为有了财产、成员、权利的集合或集中形成的聚合效应,才衍生出个体、家庭、企业等经营体,特别是衍生出企业这一新型组织类商主体,进而形成企业财产和企业权力机关,使投资主体的资本权、结社权、参与权,内化、质变为企业营业财产权或企业内部治理权力。不仅如此,投资主体的个体权利除转换为资本权外,部分则因聚合架构的支撑与持续,升华、转换、质变为企业组织权利或治理权力。

(二)内化商权力中授权与行权的递次构架

1.商权契合的主要目的是要解决营业或企业中的授权与行权问题。社会组织体与自然人主体的最大不同之处,是其意思表示和行为实施必须也只能借助于代表或代理机制来完成。营业特别是经营、交易形态的营业,均具有一定的组织体属性,特别是企业本身就是组织类主体。营业或企业内部权利与权力契合、转换之真正目的不是玩权利与权力互换的游戏,而在于通过不同主体、形式、阶段、内容的授权而产生一个既有能力和效率,又有责任感并值得信任的权力代表或代理机构,由他们富有效率地、正当地、勤勉地、负责任地为所有投资人的共同利益决策、管理、服务和负责,故授权的目的是希望受托人能理性行权,以履行充分注意、谨慎决策、勤勉工作的善良管理义务。因此,营业或企业内部多次权利与权力契合和转换的最终目的与任务,就是要建立一个权利与权力配置合理、权利与权力契合和转换程序比较清晰、权利与权力内容与幅度基本对称的授权与行权结构。

2.内化商权中的授权与行权构架是在多重契合中递次完成的。在商权的初次内部权利与权力契合、转换、质变完成后,就产生了一个概括性的授权母体,授权由原始意义的分散走向集中,在此过程中,各种营业执行或企业权力机关,或以业主直接委托或授权(个体、家庭或独资经营),或以一人一票共同一致决定(合伙人会议),或以一股一权资本多数决(股东会),或以一人一票社员多数决(社员大会)等选举、决定和表决规则,为营业或企业进一步授权创造条件。由此,在第二次权利与权力契合和转换完成后,就产生人数和权力更加集中的集权性派生授权主体——合伙管委会、公司董事会或合作社理事会等;在第三次权利与权力契合和转换完成后,具集权性的派生授权主体——合伙管委会、公司董事会或合作社理事会,通过再次授权则产生权力授予给某特定自然人这一具体的行权主体。如此,从以分散、个体的出资人为单元的资本参与权的自由、平等行使发轫,到末端代表人或代理人这一特定自然人行权主体的产生,营业或企业通过内部权利与权力的几次契合和转换,就完成由授权到行权的转化,并建立起一套授权与行权的组织结构与制度机制。

(三)异化商权利或商权力中行权与控权的平衡构架

从组织的治理角度来看,控制权对组织效率的影响一般取决于被选择的代理人、控制人的利益偏好和治理结构设定的监督激励方式、委托代理成本等方面的状况。正如亚里士多德所言,"一个治理者,如果被认为是公正的,就并没有得到多少好处。所以,对治理者必须以荣誉和尊严来回报"。[50] 这一点对营业或企业内部权利与权力的契合、转换也基本适用。营业或企业通过内部权利与权力的多次契合和转换,其目的虽是实现或完成授权到行权的转化,产生一个既有能力和效率,又有责任感并值得信任的营业或企业权力代表或代理机构,但基于权利和权力具有内在习惯性的扩张特性,任何权利或权力均具有滥用的风险或异化的可能,为保证通过授权到行权的转化而在末端产生的代表人或者代理人这一具体的行权机构之权力不至于被无限扩张或任意滥用,就有必要通过对应的组织建构和适当的制度机制加以约束。由此,在营业或企业内部权利与权力的多次契合和转换过程中,既有授权与行权的构架,也有行权与控权的平衡。这种平衡的组织建构与制度约束是通过一次次有限的授权和有效的监督控制得以完成的。

第一,在不同级次授权中,授权主体(无论是单一业主,还是企业权力机关或权力母体,或者是权力派生体董事会或理事会)总保留部分重要的权利或者权力,这一部分权利与权力的保留足以防止行(受)权主体的独立。如公司股东(大)会在授权给董事会时,就保留对重大问题的决定权和复决权这一重要的权力。

第二,在不同级次授权中,授权主体总是保留必要时对行(受)权主体的监督权或撤销权,如合伙人会议、股东(大)会、社员大会保留对合伙执行人、董事(理事)会成员的罢免权,董事(理事)会保留对董事长或理事长的变更权,董事(理事)会保留对经理人或代理人的撤销权等。

第三,在不同级次授权中,授权主体对行(受)权主体的授权内容和范围总是不完整的,这种不完整的授权就是为了防止行(受)权主体的独立自大和权力滥用。

第四,权力机构或建立专门的监督机构对行(受)权主体进行经常性监督。如业主对委托或授权人的随时监督;不执行事务合伙人对合伙事务执行人的监督;股东(大)会、监事会对董事会或经理机构及成员的监督;社员大会、监事会对合作社理事会或经理机构及成员的监督等。

第五,通过述职和问责制度,授权主体总是保持对行(受)权主体的信息对称和适当控制。如合伙人、股东的知情权、查阅权、质询权的设置或行使等。

可见,通过以上权利与权力的多次契合和转换、授权与行权的制衡对称及行权与控权的多种制约,营业或企业内部的组织构架和制度约束,就是试图建立一种既有高效行权效率,又有足够控权制衡的治理结构。

应当看到,尽管营业或企业以基础权利的契合与集中为起点,通过权利与权力的

---

〔50〕 [古希腊]亚里士多德:《尼各马可伦理学》,廖申白译,商务印书馆 2003 年版,第 148 页。

多次契合和转换,建立起授权与行权、行权与控权的组织构架与制度机制,在实现行权效率的同时,也创造性地解决授权之后的控权问题。但由于各种因素的影响和作用,以董事会或理事会、董事长、经理人或代理人为代表的营业或企业决策机构和权力实际行使主体,无不存在权力扩张和滥用的惯性,而这一权力扩张和滥用的惯性反过来又不同程度地侵蚀、抵消营业或企业在组织与制度方面的控权设计。而与此同时,作为权利原体的投资主体,却基于实际营业需要和权利意识增强,企图在营业或企业中享有更大、更具体、更自由的权利,而这些又恰恰是掌握实际控制权的董事会或理事会、董事长、经理人或代理人为代表的营业或企业决策机构和权力实际行使主体所不愿意看到的,于是在营业或企业内部就产生权利复原与权力扩张的矛盾。而且,随着营业规模的越来越大,出资人数越来越多,企业控制层和管理层的贵族化倾向也就越发明显,权利复原与权力扩张之内在矛盾也就更显突出。

四、商权集中的分解行使

权力集中和分散是当代权力流变的总体趋势,〔51〕它同样广泛存在于一切企业的内部治理、经营、管理之中。〔52〕 商权的分解并非商事权利中的分离现象,而是经契合并集中、进而转型或变异为具组织或团体属性的商权力,是如何通过法律架构和制度机制,分解到具体的职能机构与终端行权的自然人。国内有学者把商权集中的分解行使称之为"分权"现象,并认为公司权利的"三权分立"、企业经营性财产权和储备性财产权的分离、金融衍生债权的分离,是三种最为重要的分权模式。〔53〕 该论虽在一定意义上触及商权集中后行权分解的实质,但因未严格区分商权中的商权利与商权力,把两种不同属性的权利与权力视为同一范畴加以讨论,就难免出现解释力困境。笔者认为,商权中的"分权"在多数情形下,实质涉及集中后的商权之分解行使问题。商权经契合走向集中后,更需要一种立法构架和制度机制把其分解到具体的机构或自然人,才可具体行使或落实。商权集中的分解行使,不仅是商权集中的主要内容,也是商权集中的重要形式。

(一)商权集中视野下的商权利与商权力

总体而言,对私权利与私权力议题,学界较少涉及;至于商权利与商权力之间的关系,既有文献虽有论及,但对两者认识仍属模糊。尽管有学者认识到公司法中存在权利与权力的二元配置现象,并呈现出"公司权利横向配置"与"公司权力纵向配置"等特

〔51〕 参见陈玉刚、俞正梁:《21 世纪权力的流变:集中与分散》,载《学习与探索》1998 年第 6 期。

〔52〕 参见秦远建:《授权经营企业集团权力的集中与分散研究》,载《工业技术经济》1996 年第 6 期。

〔53〕 参见陈醇:《商法原理重述》,法律出版社 2010 年版,第 2、62 ~ 91 页。

征,[54]但对公司权利与权力的界定、划分并不清晰,把诸如表决权这样属股东权利的内容,归于公司权力配置范畴,无疑值得商榷。也有学者把公司权力定义为“公司以自己的名义享有权利和承担义务的身份或资格”,把公司权利能力解释为公司权力;[55]另有学者从国家出资企业或国有企业的视角,认为企业权力系指企业设立或运行中的国家权力,[56]就明显有违常识。还有学者虽论及公司权力在股东会、董事会之间的分配与责任,涉及“股东会、董事会的权力分配模式”;[57]但对公司权力并无准确定义和明确界定。

笔者认为,商权利总体而言是涉及作为独立商主体在营业活动中享有的可自由支配的利益;而商权力则系商权利在契合并出现集中情形下质变为特定主体可单方面影响他主体权利或义务的支配力,它一般发生于企业等商事组织内部,是一种组织性内部治理权力。以公司为例,凡涉及股东、公司自身可自由支配的利益,则为股东权利或公司权利,如股权参与公司、表决、选举、请求分红、起诉公司高管等,均为股东的权利;又如公司对营业财产、独立经营、平等竞争、公平缔约、对外请求等方面所享有的可自由支配的利益,则为作为主体或法人的公司之权利。而由股东之资本权、结社权经契合并集中形成的股东(大)会对公司内部事务之最高决定权或决议权,则已质变为内部治理性权力,它具有单方面的支配力与影响力。概言之,私权利或商权利是就平等相对主体之间的外部关系而言,私权力或商权力更倾向于是组织体内具不对称地位的内部关系主体之间而言。

私权利或商权利契合、转换、质变为私权力或商权力,有着内在的必然性和一定的规律性。在一般社会交往、商品交换和组织交流中,权利与权力转换、权威的建立与权力的集中,大致遵循着“能力→威信→威望→权威→权力”这一事实逻辑和内在规律的轨迹运行。[58] 但在以资本为原点和本位的商权系统中,权利与权力转换、能力与威信的出现、威望和权威的建立、权力的集中到权力的控制,除受此一般事实逻辑和内在规律的影响外,还受资本支配力、决定力、主导力的制约。商权集中后支配力的形成与行使同样也遵循着这一规律。

鉴于商权的集中存在商权利的集中与商权力的集中两种不同类型,因此,商权集中的分解行使,就存在商权利集中的分解行使与商权力集中的分解行使两种情形。

---

[54] 参见郭富青:《公司权利与权力二元配置论》,法律出版社 2010 年版,第 115 ~ 167 页。

[55] 参见张瑞萍:《公司权力论——公司的本质与行为边界》,社会科学文献出版社 2006 年版,第 1 页。

[56] 参见张俊:《国家企业权力规制论》,法律出版社 2018 年版,第 82 页。

[57] 参见邓峰:《代议制的公司:中国公司治理中的权力和责任》,北京大学出版社 2015 年版,第 42 页。

[58] 参见[美]彼得·M. 布劳:《社会生活中的交换与权力》,李国武译,商务印书馆 2012 年版,第 201 ~ 209 页。

(二)商权利集中的分解行使

1. 商权利集中分解行使的制度机制

商权利集中分解行使所适用的制度机制为代表、代理或信托机制。以下以股东股权与公司商权利为例,阐释之。

(1)股权集中行使的代理与信托机制。非企业类商主体对商权集中后的行使,它适用集中或共同代理或信托机制,通过分别推举、集中推举或共同推举代理或委托信托营运商的形式,把集中后的商权利交由代理人、专业代理商或信托营运商行使。如股东累计投票权、上市公司公众股东表决权的征集、公司股东代表诉讼、股东自益诉讼,均系股权集中的行使,均可通过代理或信托制度予以实现。

(2)公司商权利行使的代表与代理机制。对于企业商主体的商权利而言,则适用法定代表人或授权代理人制度,由其代表或代理企业集中行使企业商权利。如公司本为具集中、拟制属性的商主体,所享商权利是由公司法定代表人(董事长、执行董事、总经理或经理)或公司委托、授权的代理人(各种代办人、代理人、经理人)等,代表该公司行使商权利或为营业行为。

2. 商权利集中分解行使的具体配置

虽然商权利总体而言适用代表、代理或信托机制来解决权利集中后的分解行使问题,但是对企业或非企业商权利集中分解行使的具体配置方式、层级、路径而言,基于主体属性的不同,仍存在明显差异。以下以股东股权与公司商权利为例,分别析之。

就非企业类商主体权利集中后的分解行使而言,其具体行权配置的方式和路径主要为:(1)分别委托。如股东表决权征集就属于分别委托。(2)协商一致或一致行动。如股东累计投票权的集中行使,就属于中小股东经协商所采取的一致行动。(3)共同委托。如公司代表诉讼或自益诉讼中的诉讼代表人之推举。(4)共同或集体信托。如股东表决权信托,投资基金持有人大会决定更换基金管理人、基金托管人等。

企业商权利本属集中性商权利,其分解行使的具体层级配置,主要包括如下内容:(1)由法律或企业章程把概括性代表权配置给法定代表人。如公司法定代表人可以是董事长、执行董事、总经理或经理,先由公司章程规定、记载,经公司登记后发生法律效力,该法定代表人就取得对外代表公司行使公司权利、为营业行为的资格和权限。企业法定代表人概括性授权属于一级授权与分权配置。(2)经理代理。为公司章程规定、记载,或经董事会授权,可全面或概括地代理公司行使权利或为营业行为的权限。经理代理包括概括性代理与特别代理两种情形,在多数情形下,经理代理具有概括代理的权限,其地位仅次于法定代表人之对外代表行为,属于公司二级授权与分权配置。(3)委托代理。由企业法定代表人或经理基于特别或专项委托而产生的职业代理,包括各种形式或类型的代办人、代购人、代销人等职业代理人。委托代理属于公司三级授权与分权配置,为企业商权利分解行使的末端环节,也是企业商权利的实际行使人。通过前述三层或多层的法定、经理、委托等代表或代理分解授权,具集合或集中属性的企业商权利,最终被层层分解到具体的机构或自然人,并由处终端或末端环节的特定自然人予以实施或落实。

(三)商权力集中的分解行使

1.商权力集中分解行使的制度机制

相对于前述商权利的集中而言,商权力的集中只是资本权、结社权的契合、集中进而衍生出组织类商主体的特有现象,它只存在于企业等商事组织体内,并以企业内部之治理权力的形式出现。故商权力的集中不存在于自然人个体,而只存在于企业等商事组织内部的治理以及基于治理而形成经营、管理职权。以下以企业为例分析之。

鉴于企业行权的制度逻辑,皆以企业出资人之资本权为基础得以建构,而出资人的属性、地位、关系,对企业内部治理、经营、管理权力的制度建构,具有基础意义。总体而言,依企业的出资形式与出资人地位的不同,企业内部治理、经营、管理权力的制度构架与权力传导机制,可分为如下两大类:

(1)独任机制。由于单一的出资人掌握或控制企业内部的一切治理、经营、管理权力,并由此产生基于该出资人委托或授权而产生的派生性经营或管理权力。个人独资企业、自然人投资的一人公司,由于该类企业只有一个自然人出资人,在未设立专门内部治理机构的情形下,一般为独任机制。

(2)决议机制。在多元投资主体契合设立的企业内部,一般存在有由企业全体出资人组成的权力机关,另有常设的决策机构或监督机构等,其内部治理、经营、管理权力的制度构架与权力传导机制,则为不同企业内部治理机构的决议机制。我国《民法典》第134条第2款,也明确把决议机制和决议行为列为法人、非法人组织的意思表示机制和形式,它同样也是企业商权力集中分解行使的制度机制。

虽然如此,由于企业出资方式、出资人之间、出资人与企业之间关系的不同,决议机制在不同企业内部治理、经营、管理权力的制度构架与权力传导机制的具体运行尚存在较大差异。它包括集中委托或概括授权、共同决议机制、委托授权机制三种不同形式。第一,集中委托或概括授权。典型的如法定代表人制度。法定代表人不仅对外可代表企业,其对内可取得总体、集中、概括性法律授权,具有企业内部治理、经营、管理权力总负责人的地位,拥有比较广泛的管理性支配权限。第二,共同决议机制。企业内部治理、经营、管理权力,须由全体出资人基于企业内部权力机构以共同一致的集体决议方可行使。如合伙企业中的合伙人会议机制,即为此类。第三,委托授权机制。企业内部治理、经营、管理权力,由出资人基于企业内部权力机构以资本多数决或社员多数决所形成的有效决议,或基于企业权力机构选举产生的机构或授权的具体自然人,予以行使。如公司股东(大)会、合作社社员大会决议机制;基于股东(大)会、社员大会选举而产生的董事会、理事会、监事会;基于董事会、理事会授权而产生的经理机构或经理人等。

2. 商权力集中分解行使的具体配置

无论对商权力、企业权力或公司权力作何解释,学者都注意到,经契合、集中形成的商权力,通过企业内部权力的适当配置,[59]最终是"由若干管理者代表公司行使的"。[60]从商权力集中到分解行使,就是通过企业等商事组织内部不同层级的具体配置得以实现的。

权力行使的逻辑与权利行使具有显著的差异性,对权利而言,只需要权利主体自觉、自为即可,但权力的行使,因涉及行权者本身的权威、地位、影响、能力,其是否产生对相对方的支配力与影响力,尚受诸多因素的制约。其中权力的合法性与权力行使的效力,是制约权力的核心问题,即"权力的公平行使可以在下级中引起社会赞同,权力合法化的根源就在社会赞同之中"。关于权力的合法化问题,首先,权力使组织集体努力成为可能,而"稳定的组织权力要求合法化",合法的权威依靠对下级群体的规范约束。也就是说,"具备合法性的权力即是权威"。其次,稳定的领导取决于权力以及下级对它合法化的认同或赞同,即"稳定的领导地位依赖于对其他人的权力和他们对那一权力的合法化赞同"。再次,制度化权威使管理部门制裁权力的合法化。将管理权力转化为合法权威,这种权威为服从上级的命令是通过下级集体或它的主要亚群体来实施的。最后,为组织人员所作的不确定投入通过领导产生的利益而获得报酬;一个组织的巨大力量能使它的领导把成员们当成雇员一样来对待。[61]恩格斯在《论权威》中就提到,"权威与自治是相对的东西";在大多数情况下"问题是靠权威来解决的"。[62]韦伯也认为,权威"是某种最低限度的自愿服从"。[63]故一个组织的管理部门与其成员们订立的就业合同是一种法律制度,这一制度迫使组织的成员提供特定的服务并遵从管理人员的指示,以此换取薪水和工资。[64]对商权力集中、分解的合法性以及权力分解行使的效力问题,一般是通过企业内部的三级权力配置与授权流程,得

---

〔59〕 参见陈醇:《商法原理重述》,法律出版社 2010 年版,第 69 ~ 74 页;郭富青:《公司权利与权力二元配置论》,法律出版社 2010 年版,第 115 ~ 167 页;邓峰:《代议制的公司:中国公司治理中的权力和责任》,北京大学出版社 2015 年版,第 1 ~ 8 页。

〔60〕 参见张瑞萍:《公司权力论——公司的本质与行为边界》,社会科学文献出版社 2006 年版,第 1、182 页。

〔61〕 参见[美]彼得 · M. 布劳:《社会生活中的交换与权力》,李国武译,商务印书馆 2012 年版,第 297 ~ 328 页。

〔62〕 《马克思恩格斯选集》(第 3 卷),中共中央编译局译,人民出版社 2012 年版,第 274 ~ 277 页。

〔63〕 See Max Weber, *The Theory of Social and Economic Organization*, Oxford University Press, 1947, p. 324.

〔64〕 参见[美]约翰 · R. 康芒斯:《资本主义的法律基础》,寿勉成译,商务印书馆 2003 年版,第 359 ~ 365 页。

以解决和落实的。

(1)治理结构的权力配置与初级分权。主要体现为企业内部最初形成以全体出资人组成的权力机构为基础,通过选举、表决或推举机制,产生企业的常设或专门决策机构、监督机构,并对不同治理机构的职能、职权作初级分配。如重大决定权归属合伙人会议、股东(大)会、社员大会等出资人权力机构;决策权配置给管理委员会、董事会、理事会等决策机构;监督权配置给非执行事务合伙人、监事会、监事等;业务执行权与事务性管理权配置给合伙事务执行人、经理机构等。

(2)法定授权中的二级分权。如通过章程确认、董事会授权,产生具体执掌企业内部治理、经营、管理权力的特定自然人,由其具体行使公司的概括或部分权限。典型的如经登记确认的法定代表人、公司章程规定的公司经理等,就取得法定授权,可代表或代理公司行使公司概括或部分治理、经营或管理权力。

(3)代理中的第三级分权。通过法定代表人、经理机构的再授权,确定或产生特定自然人,由其具体负责公司某一特定或专项治理、经营或管理权力。

通过以上三级权力配置与多重授权流程,具集合或集中属性的企业内部治理、经营或管理权力,就可比较有序地分解到有具体职能定位的治理、经营或管理机构,并落实到具特定职责或权限的自然人来行使。

第十一章　商事权利的控制与扩张

商权经契合走向集中后，对集中后的商权利或商权力之控制及控制权的争夺，则成为商权运行的重心；在控制权的支撑下，商权也随经营规模和市场拓展而呈不断扩张趋势。

第一节　商权的控制

商权控制虽广泛存在于商权运行全过程，但商权经契合并步入集中阶段或形态之后，除个体、家庭、独资营业存在自然人投资主体绝对控制或委托职业经理人相对控制等极端情形外，在多数情形下是以组织类商主体之权利或权力，即具集合、集约、集中属性的企业商权利或商权力形态出现的。而在企业商权利与商权力的关系及构架中，商权利更多表现为企业整体或外部的权利，其运行具有整体性、外部性、代理（表）性等特征；而商权力则明显表现为内部治理方面的支配力或控制力，其运行具有分解性、内部性、控制性等特质。不难看出，商权控制主要就发生于具集合、集约、集中属性的企业内部治理权力的具体运行中；而且，在企业商权利与商权力的运行关系中，企业商权利总体是受企业商权力支配或影响，在一定程度上，控制企业内部治理权力，也就相应地控制、支配、影响着企业的商权利。故商权控制在通常情形下，系指特定主体以适当方式或途径，借助一定的制度机制、组织架构和有效程序，控制企业内部治理权力或机构运作的一种关系状态。

一、商权控制的属性功能

（一）商权控制的本质属性

1. 商权控制的界定

"控制"一词，本意为特定主体可掌握某种局势或局面并使其他人、财、物或社会生活、生产活动处于该主体的影响或支配之下；[1]控制行为、关系、状态是自然世界、人类

[1] 参见中国社会科学院语言研究所词典编辑室编：《现代汉语词典》，商务印书馆2012年版，第744页。

社会、虚拟空间中的普遍现象，它广泛存在于生命机体、人类社会和管理系统之中。特别是作为人类社会秩序支撑的管理行为和管理关系，几乎就是一种控制与被控制关系；在一定意义上说，管理的过程就是控制的过程，故控制既是管理的一项重要职能，又贯穿于管理的全过程。商权运行是以投资、经营、交易等内含管理的具体形态为外在表征形式的，自然也离不开控制，并以控制为主要形态表现出来。

商权控制是指特定主体（控权主体或控制主体）基于一定的法定条件或事实关系，借助一定的手段、途径、程序，对已处于集合、集约、集中状态或属性的经营管理事务或企业内部治理权力施加实质影响力的过程和行为。商权控制既非对民事权利经集中和整合质变为强大的权力性权利，因其滥用或异化而对之施以分权控权、社会控权、程序控权、弱权整合等一般性法律控制，〔2〕也非私权在自主配置权利、私人自治和合意原则之后产生实质性不对等时，对之作必要的公法控制与平衡，〔3〕更非法律调整之行为模式的控制，〔4〕而是系指经契合步入集中阶段或状态并具集合、集约属性的商权之支配权、管理权、控制权的执掌、争夺与转移现象。

关于商权控制，既有立法文本多从企业、公司控制或控制权角度对其界定。如1940年《美国投资公司法》第2条(a)(9)把“控制”界定为对一家公司的管理或政策施加控制性影响的权力，除非这种权力是在此等公司中任职的结果；任何直接或通过一个或多个下属公司拥有另一家公司超过25%的有表决权的股份，该两公司则被推定具有控制关系。〔5〕又如《德国股份公司法》第17条第1款规定，若支配企业能够直接或间接地对从属企业施加支配性影响，则它们之间构成从属性或控制关系。〔6〕这说明，控制系指一主体对另一主体可施加的实质性影响力或支配力。〔7〕

2. 商权控制的内涵

权力控制，是一种对权力运行中的实质性支配力与全局性掌控力，它与一般意义的权力配置、“决策权分配”不同，更多是一种“现实中的影响力，不论发挥影响力的人是否掌握着决策权力”；〔8〕同任何社会控制与管理控制一样，商权控制的本质属性就

---

〔2〕参见陈醇：《集中性民事权利的滥用及其控制——兼论公法控权理论之引入》，载《法商研究》2008年第6期。

〔3〕参见吴祖祥：《论民事权利控制》，载《东岳论丛》2012年第1期。

〔4〕参见冯果、薛亦飒：《从“权利规范模式”走向“行为控制模式”的数据信托——数据主体权利保护机制构建的另一种思路》，载《法学评论》2020年第3期。

〔5〕参见《美国〈1940年投资公司法〉及相关证券交易委员会规则与规章》，中国证券监督管理委员会编译，法律出版社2015年版，第9页。

〔6〕参见《德国商事公司法》，胡晓静、杨代雄译，法律出版社2014年版，第70页。

〔7〕参见习龙生：《控制股东的义务和责任研究》，法律出版社2006年版，第31～50页；白慧林：《控股公司控制权法律问题研究》，北京大学出版社2010年版，第26～32页。

〔8〕参见汪丁丁：《企业的权力结构》，世界图书出版公司2004年版，第83页。

是特定控制主体基于合法权威力、实质影响力、有效领导力等综合形成的，对营业或企业内部治理权力所产生的实质性支配力。(1)商权控制的核心是合法权威力。如前所述，商权控制者须有合法、充分、足够的权威，这是控制得以实现并得到被控制者认同或服从的基本前提，没有合法性权威，则此种控制要么为非法控制，要么为不当控制，该控制行为就不具有正当性或合法性，因而也不具有效性，不会产生预期的合法效果。合法权威力，来自法律确定与事实关系，如法律或章程对企业内部治理权力所作的配置与安排，赋予股东(大)会资本多数决、合伙事务执行人或法定代表人以代表权限等，即为法律确定的权威力；又如实际出资人、一致行动人、核心技术、特许经营等所产生的权威力，则是基于事实关系。(2)商权控制的内容是实质影响力。权力主要内容为实质影响力，此实质影响力非一般影响力，而是对相对的人、财、物等营业中的资本、经营、交易等要素，能起到决定性、支配性、效力性作用的一种影响，该实质影响具有单方面性、相对性、不对称性。它集中表现在商权控制主体对被控制的其他商权主体及多数营业要素之间的一种管理与被管理、领导与服从、支配与被支配的不对称关系。如控制股东与被控制的中小股东之间，董事长、总经理、总裁对公司日常经营事务之间，就是一种非对称的控制关系。(3)商权控制的效应是有效领导力。控制必须是能产生控制主体所预期的控制目标或利序格局。一方面，它受制于控制主体的主观控制能力，即领导力，此能力除受法律或章程授权外，更受制于一定的人际关系、个人能力、人格力量等因素；另一方面，此种领导力能带来被广泛认同或接受的积极控制效果，须基于行为效果而得到被控制主体或营业要素主体的认同或服从。如商权控制主体没有足够的控制领导力，或者说这种控制领导力已产生严重的负面或消极效应，则该商权控制会遭到相对主体的抵制或逃离。足见，商权控制是由特定控制主体基于合法权威力、实质影响力、有效领导力等综合形成的，对企业内部治理权力、相对主体或营业要素主体所产生的实质性决定力、支配力与控制力。

(二)商权控制的内在逻辑

商权为什么会存在控制现象，如前所述，这是由商权内在的经营管理属性所决定的，因为商权须通过投资、经营、交易等动态运行才可实现，无论是商权的行使或转让，还是如商权的契合或集中，其中心问题都离不开管理，而管理就意味着需要控制或与控制相随。虽然如此，商权控制除存在必要性外，尚内含一定的事实逻辑关系。之所以与其他类型的权力控制不同，在于商权控制的内在事实逻辑关系具有独特性。

1. 以资本要素或权利控制为基础、主导手段

商权控制本质上是一种资本权的控制。在所有商权控制的属性、类型或模式中，对资本要素及资本权的控制，既是商权控制的原点，也是商权控制的终点。基于资本权的控制既是最基础的控制，也是最常见的主要手段和基本途径。只有资本的控制，

才是最稳定、最牢固、最持久、最可靠的控制。如控制股东对公司的控制,就是所有公司控制中最典型的控制,持股51%以上的绝对控股,就意味着占控股地位的大股东,已取得所在公司的绝对控制权,这是所有法系、国家或地区的学界或业界公认的共同控制标准。

2. 以对营业或企业经营权控制为表征形式

在企业商权体系中,内部治理权力的核心又集中表现为经营管理权,这是因为谁掌控该企业的经营管理权,谁就有权调动、支配、处分该企业所有营业要素,进而可代表或代理该企业对外为任何营业行为,故商权控制的表征形式,也集中表现为对营业或企业经营权的控制上。自然,是否实质地掌握着营业或企业的经营权、管理权,是认定或评判商权控制的主要标准。

3. 以人事控制为切入要点

任何控制最终要由具体自然人去执行,商权控制的实施,也是通过具体自然人去落实的。但商权控制的人事控制,不是一般意义的人员控制,而是聚焦特定身份、职务、专业、职业背景的人的控制,如董事、董事长、总经理、执行总裁、总会计师、技术负责人、店长等,往往通过对个别、特定人事的切入,就可达到控制整个营业、企业或经营管理的目标。因此,对资本、经营权的控制,往往又是通过对人事的切入或控制更直接、集中地呈现出来。

4. 以营业要素控制为具体补充形式

对资本、经营权、人事的控制,是最绝对或直接的控制方式或形式,在达不到绝对或直接控制的情形下,对部分营业要素的控制,就成为商权控制的常用手段或途径。典型的如对技术、市场、特许经营、经销权等方面的控制,也可达到商权控制的主要或部分目的。

5. 以营业利益分配控制为核心内容

商权控制的主旨是对营业利益的控制,而营业利益最终又体现在通过投资、经营、交易而形成的可分配的最大化增进利益或创造价值上。在商权运行中,特别是在企业公司经营过程中,"随着公司财富所有权的日趋分散化,对这些财富的所有权和控制权就掌握在越来越少的人手中",即"在公司制度下,产业财富(industrial wealth)能够并且正在为最少量的所有权权益(ownership interest)所控制"。[9] 对此种可分配之营业利益的控制,才是商权控制的核心内容。故商权控制实质就是争夺对营业利益的分配权或支配权,商权控制后的分配问题,才是商权控制者最在乎的核心问题。

---

〔9〕 参见[美]阿道夫·A.伯利、[美]加德纳·C.米恩斯:《现代公司与私有财产》,甘华鸣等译,商务印书馆2005年版,第79页。

（三）商权控制的制度功能

商权控制作为商权运行中的常态现象，显示出如下独特的制度功能。

1. 统一管理功能

商权控制的对象为已进入集合、集约、集中状态或阶段的营业或企业内部之治理权力，对此权力的运用和行使，必赖于具专业、职业背景并有责任心的自然人去忠实、勤勉、谨慎地执行或落实，才可产生预期效力。而该治理权力如被特定主体控制或集中于少数控制主体，就意味着经营、管理的职权也控制、集中于该主体，该控制主体就可获得足够的权威力、影响力，把处营业状态或企业管领下的所有经营、管理事务统一起来，从而为营业或企业的统一经营或管理创造必要条件。可见，商权控制既是营业或企业统一经营或管理的必要之举，也是营业或企业统一经营或管理的开始。

2. 整合要素功能

控制是一种实质性支配与管辖，商权控制完成后，一定营业要素、治理权力、对外关系、供销或产业链条，就归属特定控制主体的支配与管辖之下，可克服权力多元、分散行使状态下的零散、混乱现象，从而达到集中整合各营业要素与经营资源的目的。

3. 协调利益功能

控制的过程，是不同商权主体之间关系的调整与利益的平衡过程，商权控制主体要获得被管理、被服从、被支配等被控制主体或要素权利主体的肯定或认同，就需要协调好与他们之间的利益关系，因此，商权控制的过程，就是一个控制主体与受控制影响的相关利益主体之间重建利益关系或利序格局的过程，具有协调不同商权主体利益归属的功能。

4. 增进营业效益

商权控制之目的，在于增进控权主体的营业利益，商权控制主体在获得对特定营业或企业的经营、管理控制权后，除非例外、非常情形，否则均会尽一切手段，使自己从商权控制中获得最大化利益。故商权控制权适度出让或转移，会在一定程度上改变既有营业或企业的经营、管理效益。

二、商权控制的权源基础

凡权利或权力的控制，须有控制该权利或权力之权源，究竟是一种什么样的权利或权力以及主体，具有特定的合法权威力、实质影响力、有效领导力，进而具备控制商权的足够资格、条件或能力，应是解购商权控制的逻辑起点。笔者认为，根据商权控制权源形成与产生的基础或依据不同，可把其分为法定权源与事实权源两种形态或类型。

（一）商权控制的法定权源

商权控制的法定权源即由法律或章程直接规定或确定的企业内部治理结构所形

成或配置的控制权源形式。从企业内部治理结构与权力配置角度来分析,能对企业内部治理权力形成控制态势的,为以资本权控制企业权力机构、以法定代表人之代表权控制企业决策机构、以经理人的经理权控制企业日常事务性机构,它们通过对企业内部某一机构治理权力的控制,进而达到控制企业内部治理权力或企业整体权利的目的。

1. 以资本权控制决定权

企业出资人基于出资形成的资本权,是企业内部所有治理权力的源泉,资本权通过契合与集中形成企业内部权力机构,如合伙人会议、股东(大)会、社员大会等,其中尤其以公司股东(大)会最具典型性和代表性。出资人基于资本权中的参与权、表决权,通过影响甚至掌控企业权力机构,从而按某特定出资人的意思、意志、意愿作出各种决定或决议,把该特定出资人的个体意思以企业权力机构之决议机制的形式与程序,转换并上升为权力机构进而企业整体的意思,则完成了该出资人对企业内部治理权力及企业商权的控制。如公司发起人、大股东、控制股东、股东间联合、上市收购一致行动人、双层股份结构中的创始人等特定出资人,利用股东(大)会资本多数决之表决机制或决议程序,控制股东(大)会进而影响或掌握董事会、经理机构,就属此类。

2. 以代表权影响决策权

企业法定代表人制度具有概括授权、总体代表的权限属性与特殊功能,除极少数国家或地区外,绝大多数国家或地区殊少有把概括性、总体性代表企业之权力或权利授予董事长等某一特定自然人(董事)的法例或制例,[10]无论英美法系,还是大陆法系,一般董事对外均只存在一般性代表权限,这说明以企业决策机关、意思机关所派生的代表公司之内部决策权和对外代表权,各国法例与制例并无太大的差异。我国《民法典》总则编第61条和商事主体法等均规定有企业法定代表人制度,并赋予其比较广泛的对内总负责、对外总代表之权限。鉴于在通常情形下,企业法定代表人一般是企业决策机关的核心成员,特别如法定代表人的董事长、总经理或总裁(CEO)作为公司董事会的当然成员,就可形成对董事会等企业决策机关决策的实质影响力。以公司为例,尽管在董事会等决策机关的会议、表决、决议机制中,企业法定代表人并无例外特权或额外权力,所享有的一人一票表决权与其他决策机关成员,并无不同,但如董事长等法定代表人、法律或章程对他可提议召集会议、设置会议议题、决定议程、代表董事会进而代表公司签字、负责董事会之决定或决议的落实及执行、对公司等经营决策性事务的签署权、对外的概括性代表权与签字权等特殊程序性权力的附添,将使其享有比一般董事更为广泛的实质性权力。正是基于此法定或章定的实质性、程序性权力,才使企业法定代表人具有可影响或掌控企业决策机关的合法权威力、实质影响力、有

---

〔10〕 参见肖海军、陈光星:《国有独资公司董事长的权源结构与运行》,载《现代法学》2004年第1期。

效领导力。因此,在争夺企业控制权的过程中,角逐企业法定代表人职位又是争夺公司控制权的重心。

3. 以经理权执掌管理权

任何企业的内部治理、经营、管理性权力,最终均要借助企业的经营性事务机关或日常管理机关付诸执行或落实,由此,从一定意义上讲,谁掌握或控制企业的经理机关,该特定主体也就达到实质控制该企业内部治理权力或企业商权的目的。而以合伙事务执行人、总经理、总裁等表征形式的职业经理人,或者基于法律或章程的概括授权,或者基于如董事会等决策机关的特别授权,获得对内总负责企业内部日常性经营事务的管理权、调度权,对外代理企业为营业行为的概括性代理权,且因其处于企业内部治理权力的行权末端或终端,对企业商权的实质影响力与控制力,相比于资本权、代表权的控制,要更为直接、更为实在、更为有效。正因如此,在当今绝大部分大公司、跨国公司、企业集团中,由于股权的分散和董事会地位的式微,以总经理、总裁等职业经理人之经理权控制公司等企业商权,也就成为商权控制的常态。

(二)商权控制的事实权源

商权控制的事实权源,又称实际权源,是指非由法律或章程直接规定或确定的企业内部治理结构所形成或配置,而是基于实际营业事实关系或其他因素中所形成的控制权源形式。在营业中,基于营业事实关系和其他国情因素,某些并非法律配置的内部治理性权力源,却对企业商权的控制有着更直接的实质主导力和支配力。这些因素包括:

1. 实际出资人的实质影响力

尽管从严格的法律属性与行为效力角度,名义出资人与实际出资人之间存在基于委托或代持合同的资本代理关系;而名义出资人与企业之间才存在法律上的出资法律关系,无论名义出资人与实际出资人之间有何约定,均不影响企业登记公示之出资人的法律效力和相对第三人的信赖利益。但在商权的实际运行层面,往往就产生实际出资人对企业的实际控制权。这种实际控制权主要基于人事安排的控制而实现,即实际出资人通过推举其信赖的名义代表出任合伙事务执行人、法定代表人、总经理或总裁,达到控制企业内部治理权力或整个企业商权的目的。

2. 实际控制人的直接支配力

在一般情形下,实际出资人也就是企业的实际控制人,但企业的实际控制人,则不一定是企业的实际出资人,甚至可以是对企业没有任何出资或与企业没有关联的任何第三人。在我国,基于法定代表人须履行各种法定义务,承担一系列法律责任,为规避法律义务或职务责任,在企业登记注册中,就存在有些企业登记记载的法定代表人与企业实际控制人不一致的现象,尤其是基于婚姻血亲、家族、家族内成员、利益相关人、关联企业等特殊关系形成的出资、控股、控制企业,企业由某实际控制人控制的情形就比较典型。

3. 国有企业中执政党组织或政府的公权力

在我国,具国家出资、政府投资背景的企业,其内部治理权力的来源则比较复杂,其中有相当部分权力是基于国家出资或入股形成的国家股权或国有股权、来自居国家股东或政府出资人地位的政府或政府履行出资人职能的机构。国家股权或国有股权虽本质上属具一定私权属性的资本权,但国家或政府委任、派出、推荐国家股或国有股董事代表、董事长或总经理候选人时,因国家或政府这一公权主体身份的特殊性,毕竟难以明晰或区分股权委托范畴的私权和具公权性质的授权。此外,执政党的政治领导权和对国有企业内部治理的参与权,虽有宪法和企业法的原则性法源依据,但在法律并无明确、具体规定的情形下,此种来自国家、政府或执政党的公权力,就成为事实上决定或支配国有企业内部治理权力和企业商权的重要权源。[11]

4. 核心营业要素的掌控力

以核心技术、特许经营等为表征的技术、经营要素控制权,作为一种新型的商权控制权源和形式,越来越被技术优势方、特许方所使用或倚重。典型的如我国中外合资企业内部治理权力的配置,因并非典型的资本本位型公司治理权力配置,企业内部机构设置和权力配置往往是通过《中外合资企业协议》或《中外合资企业章程》作协议配置,作为技术优势方、特许方的外方,虽占股均等或出资并无优势,但凭借其享有的技术决定权、技术选择权、供货商选择决定权、产品定型决定权、品牌使用权、产品销售权等方面的绝对控制权,无一例外地垄断了企业最核心的经营权和管理权,外方出资人不是基于法定的资本权多数,而是凭借对核心技术与品牌的控制,达到绝对支配或掌控中外合资企业的目的。[12]

三、商权控制的制度配置

商权控制不是一种无序的丛林规则,而是基于资本本位的事实逻辑,遵循营业运行的自身规律,在一定制度规则配置下有序进行的。关于商权控制的配置方式,有学者基于各国公司控制权配置的制度模式,把其划分为关系型(以德、日为代表)与市场型(以英、美为代表)两大类;[13] 也有学者从公司实际控制权的角度,把其分为事实形成与立法配置两种形式。[14] 笔者认为,如按商权控制配置所依据的文本属性与效力范

---

〔11〕 参见肖海军:《国有股权代表人制度研究》,中国检察出版社2015年版,第390~393页。

〔12〕 参见侯伟等:《论外商对中外合资企业的非组织控制机制》,载《外国经济与管理》1988年第3期;李秀芳:《外商对中外合资企业的控制策略》,载《国际经贸研究》1993年第2期。

〔13〕 参见朱羿锟:《公司控制权配置论:制度与效率分析》,经济管理出版社2001年版,第33~39页。

〔14〕 参见郭富青:《公司权利与权力二元配置论》,法律出版社2010年版,第180~183页。

围,则可分为法定配置与约定配置两大类型。

(一)商权控制的法定配置

商权控制的法定配置是依照资本本位的理念与法则,由法律通过预设一定的制度规则对商权之控制权源、必要条件、运行程序作明确规定或安排的控制权配置方式或类型。它属商权控制的内部配置,其目标更多是营业或企业中的人事安排与职位控制。[15] 在商权控制的法定配置情形下,无论是个体、家庭营业形式,还是企业、国家营业形式,均遵循着如下基本规则。

1. 资本本位与投资者终极控制规则

由于营业始于投资,商权的主要权源来自投资主体的资本权,故商权控制的权利与权力配置也总体遵循资本本位这一基本原则,本着投资主体初始控制和终极控制的商权利与商权力运行脉络,来设计商权控制的立法与制度架构。如在个体、家庭营业形式下,个体、家庭营业决策与经营实际控制权当然属于个体投资者和家庭成员投资者;在企业组织型营业形式下,掌控企业内部治理、决策、经营、管理之控制权,也当然地配置给企业的出资人(独资企业主、合伙人、股东、社员等),企业控制权的争夺也大多在企业出资人之间展开;在国家营业形式下,国家出资企业的最终控制权或决定权也掌握在国家或政府特定机关手中。商权控制的法定配置,就是按资本本位和投资者终极控制这一基本原则,来进行立法设计和制度安排。

2. 内部治理职能定位与分权规则

根据资本本位与投资者终极控制的权利、权力配置原则,法律又把企业内部治理权力的控制作了如下职能配置和分权分工,即把企业内部的重大事项决定权配置给企业的权力机构,把经营权配置给企业的决策机构,把经营事务的执行权配置给企业的日常管理机构。在法律对企业内部治理机构作职能定位和权力分配的前提下,谁控制企业的权力机构、决策机构、日常管理机构,也就相应地控制着企业重大事项的决定权、经营权、管理权。

3. 商权控制者的信义义务与禁止滥用规则

在法律对商权控制作初级原则性配置的同时,为防止控权者权利或权力的滥用,法律还对获得或谋取商权控制者地位的主体科以信义义务,[16] 禁止商权控制者滥用控制者地位,损害企业、其他出资人或企业债权人合法、正当权益,并确定商权控制者滥用控制者地位的损害赔偿规则。

---

〔15〕 参见张涵:《国有控股公司控制权配置研究》,经济科学出版社 2008 年版,第 61 ~ 64 页。

〔16〕 参见刘凯:《控制股东的信义义务及违信责任》,载《政法论坛》2009 年第 2 期;王建文:《论我国构建控制股东信义义务的依据与路径》,载《比较法研究》2020 年第 1 期。

(二)商权控制的约定配置

商权控制的约定配置是基于控制者与被控制者之间的约定而形成或产生的商权控制权分配或运行状态。这种约定既可是出资协议、企业章程,也可为企业与特定控权者之间所订特别契约。以公司为例,依控权者的角色、地位与契合形式不同,商权控制约定配置又可析分为以下情形:

1. 公司创始人的双层股权设计

公司创始人为防止公司在增资扩股、上市发行中因股权比例稀释而致控制权旁落他人,通过章程或其他特别契合形式,提高公司创始人所持股权的表决权重或限制一般股权的表决权,通过类别股的设计以确保公司创始人或掌握公司经营权的少数经理层控制公司。此种双层或类别股权的制度性设计,就是典型意义的商权控制之约定性配置。

2. 实际出资人、控制人的控制性契约

在商法意思文义与权利外观的规则下,未登记为公司股东的实际出资人或实际控制人,并非公司法上的出资人或合法股东,实际出资人或实际控制人不可依照资本本位规则,以公司股东之名义行使参与权进而直接控制公司内部治理权力。但公司实际出资人、实际控制人可通过与名义出资人、名义控制人之间所订股权代持、委托、控制协议,借助名义出资人、名义控制人等代理人,间接控制公司内部的治理、决策、经营、管理。

3. 股东之间的共同、联合行动

在公司出资或股权分散,任何单一股东均不足以控制公司内部治理、决策、经营、管理的情形下,股东之间通过临时或长期契约等形式,采取一致行动,以实现共同或联合控制公司之目的,虽总体仍遵循资本本位下的资本多数决规则,但控制权配置与实现却是通过约定方式完成的。

4. 各种经营权控制契约

前述各种委托、承包、租赁、信托、托管、代工等特别经营性契约,均带有整体或部分经营权让渡的属性。由于经营权控制在商权控制中居于核心地位,受托、承包、租赁、信托、托管、代工经营者通过特别经营性契约所获得的整体或部分经营权,也就意味着获得了特定营业或企业的整体或部分控制权。

5. 各种营业要素控制性契约

基于技术、品牌、供应链、特许经营要素等在营业中的重要性,掌握或控制技术、品牌、供应链、特许经营等要素优势的企业,利用许可协议并附加各种限制性条件,形成对受许人经营的实际控制权,是商权控制通过各种营业要素控制契约作约定配置的主要形式。

四、商权控制的主要类型

商权控制可按不同的控制主体、要素、方式、途径、目标作不同分类。以下分述之。

(一)法定控制与事实控制

法定控制与事实控制是基于控制权的基础与依据的不同,而对商权控制所作的类型区分。有学者把公司控制权分为基于事实权力形成的动态实际控制权(少数股东或经营者控制、控制股东控制、实际控制人控制)和基于立法配置形成的静态法定控制权。[17]

1. 商权的法定控制

又称商权的契合控制,即基于法律配置权力情形下所发生的商权控制状态,基于法定权源所形成或产生的商权控制类型均属此类。

2. 商权的事实控制

又称商权的非契合控制,此系基于营业事实关系中的实际权力而形成的商权控制状态。基于事实权源而形成或产生的商权控制类型即为此类。

(二)资本控制与非资本控制

资本控制与非资本控制是基于控制手段与途径的不同,而对商权控制所作的区分。

1. 商权的资本控制

资本控制是纯粹基于资本为纽带或手段,利用资本多数决之权利配置或表决机制以控制企业内部治理机构,进而达到或实现控制企业内部治理权力或企业商权目的之商权控制类型。传统商权控制大多属于资本控制,如合伙人对合伙企业的控制,公司发起人、大股东、控制股东、母公司、关联公司对公司、子公司、从属公司的控制等,均属资本控制。谁控制资本,或者说谁控制资本的多数,谁就控制企业的内部治理权力机构,进而控制该企业及企业之商权。但资本控制还可衍生出以下不同控制类型或形态:(1)按照控制方式不同,资本控制又可分为单独控制、共同控制和联合控制。其中,单独控制为单一出资人控制某企业的商权控制类型;共同控制是两个或两个以上的出资人基于共同合约而对某企业实施控制的商权控制形态;联合控制则为不同的多元出资主体虽未基于合约但基于共同一致的行为,实施对某企业控制的商权控制类型,典型的如上市公司的一致行动收购与控制。(2)根据控制程度不同,资本控制又可分为绝对控制与相对控制。其中,绝对控制,又称资本绝对多数控制,为出资人的资本份额超过51%,可通过资本多数决控制企业权力机构,进而可控制公司其他决策和管理机

---

〔17〕 参见郭富青:《公司权利与权力二元配置论》,法律出版社2010年版,第171~226页。

构的控制状态。一般而言，母公司对全资子公司、一人股东对一人公司的控制，以及控制股东对公司的控制即为绝对控制；相对控制，又称资本相对多数控制，系在出资人多元、股份比较分散情形下，处相对多数优势的股东利用其他股东所持股份比例较低、相对分散且部分不参与股东（大）会的特定条件下，取得对股东（大）会的相对控制权的商权控制类型，一般的大股东、关联公司、上市公司的控制，大多属于此类控制。

2. 商权的非资本控制

非资本控制是基于资本之外的营业要素、权利或权力以控制企业内部治理机构特别是经营、管理机构，进而达到或实现控制企业内部治理权力或企业商权之目的的商权控制类型。根据非资本控制要素的不同，又可分为如下几类：(1)人事控制。通过授权、任命、派出、委任企业负责人或核心职员的手段，以达到控制另一企业内部治理权力或商权的目的。如委派董事长、总经理、店长、总会计师或财务负责人等，实际出资人、实际控制人、其他企业、其他主体就可达到控制某一企业或商权的目的。(2)技术控制。通过对营业或企业某项或系统核心技术及技术人员的控制，实现对营业或企业之生产经营环节控制的商权控制类型。(3)特许经营控制。通过特许他企业使用其商号、商标、专利技术、经营模式、商业秘密等方式，把其他企业纳入控制方的经营、管理体系的一种特殊的商权控制方式。(4)其他营业要素控制。

（三）权力机构控制、决策机构控制与管理机构控制

权力机构控制、决策机构控制与管理机构控制为基于控制企业内部不同治理机构的差异，对商权控制所作的区分。有学者认为，在不同股权结构的公司中，控制权表现出大股东控制、董事会控制以及 CEO 控制等形态各异的存在和行使模式；[18] 也有学者按公司实际权力，把公司控制总结为董事会、董事长、经理人等不同模式的控制等。[19]

1. 商权的权力机构控制

权力机构控制是通过控制企业内部权力机构的运行以达到控制企业内部治理权力或商权的商权控制类型。由于企业内部权力机构在企业制度创设、组织建构、权利或权力配置、人事安排、利益分配、重要或重大投资及经营事项决定等方面具有基础地位，通过控制企业内部权力机构，就可达到控制上述诸重要或重大事项的决定权，故控制合伙人会议、股东（大）会、社员大会等企业内部权力机构，就可实现控制该企业内部治理权力或企业整体商权的目标。通常情形下，对权力机构的控制，须借助资本控制的方式或手段，因此，资本控制、绝对控制、控制股东控制、大股东控制、母子公司控制，皆可通过此方式得以实现。

---

〔18〕　参见甘培忠：《公司控制权的正当行使》，法律出版社 2006 年版，第 42 ~ 60 页。

〔19〕　参见李朝曙：《公司权力》，中国档案出版社 2005 年版，第 2 ~ 22 页。

2. 商权的决策机构控制

以合伙企业管理委员会、公司董事会、合作社理事会为代表的企业内部决策机构，是企业治理、经营、管理诸权力的中枢，掌握着企业的决策权、核心人事权、营业财产营运权、对外概括性代表权和各种管理性授权等，故通过控制企业决策机构达到控制企业内部治理权力或企业整体商权，也成为商权控制的主要形式。对企业决策机构的控制，既可基于对企业权力机构的控制，也可基于纯粹的人事控制，其中人事控制是核心。这是因为，以公司控制为例，相对股东（大）会的资本多数决，董事会之决议机制则又恢复传统的社团一人一票表决制，故尽量维持董事会人数的多数，或虽不能达到多数但能有足够的权威、影响或领导资源，使董事会表决时形成对控制方有利的表决多数，是控制方控制董事会必须做到的关键环节。特别是董事长或公司法定代表人，其对启动董事会决议议程、设置会议议题、影响董事意愿、控制会议进度有重要而实质的影响力。不仅如此，董事长或法定代表人在董事会闭会期间所享有的广泛代表性表征权力和签署性形式权力，尽管仅具程序、象征意义，但该广泛的程序性权力恰恰可达到实质影响董事会运行的客观效果。故通过控制决策机构以控制企业，在多数情形下是通过人事参与或控制予以实现的。

3. 商权的管理机构控制

以经理机构为代表的企业经营性、事务性、日常性管理机构，是企业所有日常治理、经营和管理事务落实的机构或部门，它虽属企业的权力末端，但该环节所行使的权力却是企业最具体、最实在、最确定并可产生直接实效的权力。特别在现代大公司和上市公司中，由于股权分散导致股东（大）会权力的泛化和董事会权力的程式化，经理机构的地位则尤显重要和突出，其权力呈明显强化与实化趋势。自然，控制企业经理机构，就足以达到控制企业及商权的目的。鉴于企业经理、管理机构在多数情形下是基于董事会、董事长或控制方任命而产生，与企业权力机构、决策机构设置或成员产生的严格法定性和程序性相比，经理机构的组建与人员的任命带有鲜明的人治性和任意性特征，因此，通过控制经理或管理机构以控制企业或商权，在多数情形下也是通过人事任命这一控制方式予以实现的。

（四）直接控制与间接控制

直接控制与间接控制是基于控制方之具体控制方式对商权控制所作的区分。有学者把公司控制权分为最终控制权（控制股东会以影响决定权）、直接控制权（控制经理机构以掌控经营权、管理权）、间接控制权（控制董事会以左右决策权）三大类型。[20]笔者认为，直接控制与间接控制是相对的，一般而言，直接参与企业内部治理、经营、管

〔20〕　参见周军：《公司控制权研究》，人民出版社2016年版，第99～159页。

理所形成的控制，为直接控制；而不直接参与企业内部治理、经营、管理，但能形成对该企业的事实控制关系或状态之控制，则为间接控制。

1. 商权的直接控制

商权的直接控制即基于特定控制主体直接参与企业内部治理、经营、管理所形成的对企业的控制。其中资本控制、内部治理机构控制、人事控制等，均为商权的直接控制，且在多数情形下通过少数优势资本控制实现的，因为"许多事例表明，对某一公司的直接控制往往是另一公司凭借其拥有的占优势地位的少数所有权来实施的。当处于控制地位的公司自身为经营者控制时，对被其控制的公司在直接意义上被归类为少数所有权控制，但最终控制权则为经营者所掌握"。特别是"在大多数大型公司中，控制者已不再是那些拥有主要股权的个人。更确切地说，应该是居于统治地位的所有者已不复存在，控制权的维持在很大程度上已与所有权相分离。"[21]可见，资本的控制，是一种典型意义的直接控制。

2. 商权的间接控制

间接控制系指特定控制主体不直接参与企业内部治理、经营、管理，而是基于对某种营业或生产要素、媒介、手段的控制，达到影响企业内部治理权力或整体商权的控制类型。基于技术要素、特许经营合同等契约形式的控制，为典型的商权间接控制。

（五）内部控制与外部控制

内部控制与外部控制是基于控制主体与被控制商权利或商权力之关系和范围，是否局限于特定经营主体或企业内部还是延伸之外部，对商权控制所作的区分。

1. 商权的内部控制

商权的内部控制系指股东等控制主体借助企业内部治理权力机构或机制，从企业内部实施对企业的控制。在商权的内部控制关系中，控制主体与被控制的企业及内部机构，是一种参与与被参与、控制与被控制的内部关系。传统商权控制，绝大部分属于内部控制，如以公司内部权力控制为例，前述控制股东对股东（大）会的控制、董事长或董事对董事会的控制、经理层或行政总裁（CEO）对经理机构的控制等，均属于商权的内部控制。

2. 商权的外部控制

商权的外部控制则为股东之外的其他控制主体，从企业外部实施特定行为而对其他主体的营业或企业形成的控制。在商权的外部控制关系中，控制主体与被控制的营业或企业之间是一种外部关系。商权的外部控制是随着营业扩张所衍生的新型商权控制类型，诸如实际控制人的控制、基于合同关系形式的控制、基于要素（人事、技术、

---

〔21〕 参见［美］阿道夫·A. 伯利、［美］加德纳·C. 米恩斯：《现代公司与私有财产》，甘华鸣等译，商务印书馆2005年版，第126～129页。

产业链、供应链、市场等)形成的控制、基于特许经营关系形成的控制等,均属此控制类型。

五、商权控制的基本手段

有学者从控股公司控制权的角度,把控制权实现的法律途径分为合同约定、参股取得、代表权竞争、人事锁链、债权控制5种形式。[22] 实际上,在商权控制的各种方式、手段和途径中,不外乎传统以资本为切入的方式与现代非资本控制方式两大类。以下分述之。

(一)通过资本的控制

以较少资本控制更多资本,进而控制以资本为原点、中心、本位建立起来的整个营业与企业,是具逐利性的资本之天然属性与本质特征;而通过资本达到控制商权自然也是传统商权控制最典型的方式、手段和形式。以公司为例,由于资本表决权作为公司所有与公司经营的连接点,不但维系和控制着公司所有者与经营者的关系,还是不同股东之间争夺公司控制权的工具,更是控制股东对中小股东进行控制的工具。[23] 基于此,传统商权特别是如公司之组织建构、权利或权力配置、利益或利润分配等,资本要素、资本权利、资本权主体在整个商权的确立与运行中,始终处于基础、核心位置。通过资本的基础、全面控制,借助资本绝对决或多数决的营业或企业内部治理机制,进而次第控制营业或企业的内部权力机构、决策机构或管理机构,就可达到或实现控制商权或企业的目的或效力。因之,通过资本的控制既是一种基础、原始、初级的控制,同时也是一种终极、彻底的控制,更是传统商权控制最主要的方式。有学者以公司控制权为例,认为公司的控制本质上就是一小群股东,实际上有权通过如下方式选择或影响董事会的组成或决策:(1)通过近乎全部所有权实施的控制,即普通股东的完全所有权的控制;(2)通过多数所有权的控制,即多数控股权;(3)不具备多数所有权,但通过合法手段实施的控制,即通过法律手段进行的控制;(4)少数所有权控制,即少数控股权;(5)经营者的控制。[24]

笔者认为,资本控制的实质是基于资本多数决的表决权控制,而根据资本控制状态下表决权所占比例的绝对或相对程度,资本控制可分为绝对控制与相对控制两种典型形式。(1)资本绝对控制,即为控制主体基于占绝对表决权的出资或股权比例,可达到控制营业或企业内部权力机构,进而实现对营业或企业全面、彻底控制的商权控制

[22] 参见白慧林:《控股公司控制权法律问题研究》,北京大学出版社2010年版,第32~33页。

[23] 参见梁上上:《股东表决权:公司所有与公司控制的连接点》,载《中国法学》2005年第3期。

[24] 参见[美]阿道夫·A.伯利、[美]加德纳·C.米恩斯:《现代公司与私有财产》,甘华鸣等译,商务印书馆2005年版,第80页。

方式或状态。资本绝对控制是传统商权控制的主导形式,也是商权控制最主要的方式之一。资本绝对控制包括单一控制股股东的绝对控制、母公司对子公司的全资或绝对控制、系内家族企业的绝对控制等典型形式。(2)资本相对控制,系为在出资或股权分散情形下,以单一或联合出资人利用具相对表决权优势以获得控制营业或企业权力机构的控制权之控制情形或状态。资本相对控制是现代特别是在出资主体多元或股权分散情形下商权控制的主导形式。资本相对控制又分为单一资本的相对控制和多元资本的相对控制,其中多元资本的相对控制,又包括多元资本的共同控制和多元资本的联合控制等情形。但在实际商权控制,特别是在现代公司控制的权力架构中,完全的资本绝对控制与相对控制并不典型,更多是资本绝对控制与相对控制的交叉出现和相互融合,而这种交叉或融合现象,决定了出资比例与股权结构的基础性和重要性,故股权结构是公司控制权安排与争夺的重要手段,也是公司顶层设计中的核心内容。[25]以公司股权控制为例,根据单一资本地位、出资比例、股权结构、表决权安排等各种因素的影响与制约,把资本绝对控制与相对控制再细分为如下具体情形。

1. 单一控制股东控制

单一控制股东控制公司决议、决策、经营,是商权或公司控制最典型的形式。一般而言,控制股东是指对公司事务可行使事实上控制权的单一自然人、法人或国家股东。在学理上,有学者认为只有对公司行使实际控制权的大股东、控股股东、多数股东或支配股东,才可称为控制股东。[26] 但更多学者倾向于只要股东在股权比例上居于绝对或相对多数,构成控制地位,就应判断其为控制股东;[27]或者认为判断某个股东或某些股东是否对公司具有控制权,是否成为公司控制股东,并非完全以其所持股份是否达到某一比例为绝对标准,而事实上取决于单个股东或联合股东是否具有对公司实质上的持续性影响力与决定力。[28]

在法律上,通常情形下,占绝对控股比例51%以上且实际控制着公司决策或经营的大股东、控股股东、多数股东或支配股东是同义的。但在出资或股权比例分散情形下,持股达到一定比例的相对大股东,如1935年《美国控股公司法》和1940年《美国投资公司法》分别规定达到10%和25%;《德国股份法》第16条和第17条所规定的多数表决权;[29]其他国家或地区规定能对公司决策或经营具有实质影响力的股东,即为控制股东,此时控制股东与大股东、控股股东、多数股东或支配股东并非同义。[30] 又如我

〔25〕 参见马永斌:《公司控制权安排与争夺》,清华大学出版社2019年版,第12页。

〔26〕 参见何美欢:《公众公司及其股权证券》(中册),北京大学出版社1999年版,第823页。

〔27〕 参见王保树、杨继:《论股份公司控制股东的义务与责任》,载《法学》2002年第2期。

〔28〕 参见朱慈蕴:《资本多数决原则与控制股东的诚信义务》,载《法学研究》2004年第4期。

〔29〕 参见《德国商事公司法》,胡晓静、杨代雄译,法律出版社2014年版,第69~70页。

〔30〕 参见刁龙生:《控制股东的义务和责任研究》,法律出版社2006年版,第31~50页。

国《公司法》(2018 年修正)第 216 条第 1 款第 2 项、《上市公司收购管理办法》(2020 年修正)第 84 条之规定。

控制股东控制公司是公司控制最基本的情形,在一定程度上,对公司控制权的争夺就在控制股东与非控制股东之间进行,自然控制股东地位的变化,或者公司控制股东股权的转让或转移,必然导致公司控制权的变化,典型的如四砂股份控制案等。[31] 由于控制股东控制公司而衍生出控制股东滥用控制权,进而损害公司及其他股东利益,故控制股东的诚信义务与违信责任,也就成为现代公司法关注的焦点问题。[32]

2. 系内家族企业控制

系内家族企业(以下简称系族企业)控制是通过某特定自然人或几个自然人联合搭建一个投资平台或控股公司,进行一系列连带收购与投机性持股以达到控制更多公司的商权控制情形。其运作模式一般是创设一个追求具有持股、控制功能的投资或控股公司,然后以协议方式购买股份有限公司中的国有股或法人股,借助包装上市或借壳上市等形式,通过增股发行或提供担保等途径,控制并推动股价上涨,最后以转让股票或其他资本与金融运作等方式,获取上市公司控制权和高利润回报的控制方式。系族企业控制是 2006 年前后,在我国证券市场和国有股、法人股尚未实现全流通情形下,由自然人控制下的投资公司或投资平台通过一系列协议收购和公开市场操作,连环控制上市公司的典型控制模式,其中自 20 世纪 90 年代中期至 2006 年先后出现的德隆系[33]、鸿仪系[34]、朝华系[35]、涌金系[36]、格林柯尔系等系列公司收购与控制案[37]最具代表性。系族企业控制的共同点与企业集团密不可分,某种企业集团的形式不仅加强控股股东对所属上市公司的控制,隐匿控制人身份;而且为控股股东实施地下"掏空"行为提供较好的便利条件。[38] 在系族企业结构形成之后,实际控制人利用系族企

[31] 参见孙光焰编著:《公司控制权:专题案例与实训》(第 1 辑),法律出版社 2015 年版,第 1 ~ 7 页。

[32] 参见汤欣等:《控股股东法律规制比较研究》,法律出版社 2006 年版,第 2 ~ 15 页;王继远:《控制股东对公司和股东的信义义务》,法律出版社 2010 年版,第 20 ~ 83 页。

[33] 参见王林:《德隆系崩溃的企业预警分析》,载《生产力研究》2006 年第 8 期;李钢、万伟、曾勇:《破产程序的效率特征、重整条件与德隆系企业的破产》,载《管理世界》2010 年第 6 期。

[34] 参见邵军、刘志远:《"系族企业"内部资本市场有效率吗? ——基于鸿仪系的案例研究》,载《管理世界》2007 年第 6 期;黎来芳:《商业伦理、诚信义务与不道德控制——鸿仪系"掏空"上市公司的案例研究》,载《会计研究》2005 年第 11 期。

[35] 参见程华:《朝华系"金字塔"的坍塌带给我们的思考》,载《财会通讯》2005 年第 11 期。

[36] 参见李雪峰:《拆解涌金系千亿帝国:切割实业 归核 PE》,载《证券时报》2015 年 6 月 12 日,第 A07 版。

[37] 参见侯雪莲:《"格林柯尔系"帝国沉降录》,载《中国经营报》2012 年 9 月 24 日,第 C02 版。

[38] 参见韩忠雪、周婷婷:《控股股东为何偏爱企业集团——以鸿仪系为例》,载《现代管理科学》2009 年第 1 期。

业股权结构和控制地位,凭借其在多元化集团内部资本市场中资源配置的分配决策能力,[39] 以动用系族企业资金或转移系族企业资产、利润、股权为基本手段,不同程度地进行递次收购或圈钱变现,实施对中小股东的资本掠夺;[40] 最后都因无限扩张、资金链条中断而引发系族企业集体性经营与证券市场危机,其中投机性控制为始作俑者,不具全流通性的国有股、法人股协议转让为重要条件,加上立法的空缺与监管的失效,才导致危机的发生。

3. 母子公司控制

母子公司控制是现代商权与公司控制的常见形态,母公司基于转投资,形成对新设、控股、持股的转投资公司(子公司)的控制。母子公司控制按照母公司控制子公司的程度、方式、手段不同,又可衍生出多种不同控制形式或类型,母公司往往根据不同控制目标或营业需要,而设计或选择不同的控制程度、方式、手段。(1)根据母公司对子公司的控制程度,可把母子公司控制分为全资控制、绝对控制、相对控制;(2)根据母公司对子公司的控制方式,可把母子公司控制分为平行控制、垂直控制和平行垂直复合控制;(3)根据母公司对子公司的控制手段,可把母子公司控制分为资本控制、人事控制、财务控制。

4. 关联企业、企业集团控制

关联企业为“企业之间为达到特定经济目的通过特定手段而形成的企业之间的联合”,其中的“特定经济目的”无非就是“企业之间为了追求更大的规模效益而形成的控制关系或统一安排关系”。[41] 我国《公司法》和其他企业法并无关联企业或关联公司之概念,只有《公司法》第 21 条和第 216 条第 1 款第 4 项涉及“关联关系”,并把其界定为存在“直接或者间接控制的企业之间的关系,以及可能导致公司利益转移的其他关系”。不难看出,我国《公司法》上的关联关系也是从公司之间的控制与被控制关系来界定的,它与存在出资、持股、参与、合同等控制关系的关联企业存在一定的相通性。

相对而言,无论是英美公司法上的控制关系,还是德法公司法上的支配性影响关系,企业集团或集团企业、集团公司均系两个以上法律上独立的企业组成,企业不一定是法人企业;各企业之间存在出资持股、缔结控制协议、交叉董事等某种形式的联系;一企业须对另一企业形成控制或具有支配性影响,其中最核心的在于一企业对另一企业经营决策具有实质性影响力,凡企业之间具备上述关系特征,则可称为企业集团或集团企业、集团公司。[42] 关于企业集团,时国家工商行政管理局《企业集团登记管理

---

〔39〕 参见王蓉等:《中国“系族企业”分部经理影响力活动、内部资本市场及其配置效率》,载《上海金融》2012 年第 9 期。

〔40〕 参见宁向东、陈宁:《系族企业的特征:一个初步描述》,载《财经问题研究》2005 年第 4 期。

〔41〕 参见施天涛:《关联企业法律问题研究》,法律出版社 1998 年版,第 6 页。

〔42〕 参见王长斌:《企业集团法律比较研究》,北京大学出版社 2004 年版,第 10 ~ 22 页。

暂行规定》(企指字〔1998〕5号)第3条把其定义为“以资本为主要连接纽带的母子公司为主体,以集团章程为共同行为规范的母公司、子公司、参股公司及其他成员企业或机构共同组成的具有一定规模的企业法人联合体”,并指出“企业集团不具有企业法人资格”。

关联企业与企业集团等之间虽存在一定差异,在不同场合内涵也有明显不同,但关联企业、企业集团或集团企业、集团公司中不同企业之间所存在的控制与被控制、参与与被参与、协调与被协调、统一与被统一、管理与被管理关系则是共同的,且这种内在的控制关系恰恰又是企业、公司控制的重要形式,也是商权控制最典型的形态。在美国、德国等发达市场经济国家,股份公司总数的3/4和90%的资本以及约1/2的有限公司都与股东“实质性影响”结合在一起,公司的管理普遍受控于外部关联或集团公司的影响。[43]

尽管关联企业、企业集团或集团企业、集团公司内部不同企业之间控制关系可能千差万别,但根据控制的方式与关系来看,他们仍然存在一定的规律性。在学理和法律上,关联企业或企业集团的控制一般被划分为股份控制与合同控制两种形式,其中股份控制就属典型的资本控制,它基于出资、资本要素而形成的参与型控制;而合同控制则系非资本控制,为基于合同、协作关系而形成的企业之间的联合与控制关系。如我国《企业集团登记管理暂行规定》第4条之规定。

5. 一致行动控制

一致行动控制,是通过作为一致行动人的两个或两个以上投资者之共同协议或合约,以谋求或实现对特定公司实施控制的商权控制形式;其中,共同参与实施控制行动的投资者为一致行动人,共同实施控制的行动为一致行动,被控制的公司为目标公司。在学理上,一般认为一致行动是指在公司收购过程中,两个或者两个以上的投资者相互合作以获得或巩固对目标公司控制权的行为;[44]或者特指在上市公司收购中,两个或两个以上的主体,基于关联关系或合意,而共同协作收购目标公司,以取得目标公司控制权的行动。[45] 一致行动人则系指投资者通过协议、其他安排,与其他投资者共同扩大其所能够支配的一个上市公司股份表决权数量的行为或者事实的人。一致行动控制包括谋求目标公司收购控制与影响公司内部治理决策控制两种情形。

第一,谋求目标公司收购的一致行动控制。谋求目标公司收购的一致行动控制是在目标公司股票上市、股权相对分散、单一股东尚未形成控制公司治理或决策的情形下,通过股东及投资者之间的共同、联合、一致行动,谋求或实现对目标公司控制的一

〔43〕 参见吴越:《企业集团法理研究》,法律出版社2003年版,第3~4页。

〔44〕 参见吴高臣:《论上市公司收购中一致行动的法律规制》,载《法律科学(西北政法学院学报)》2001年第4期。

〔45〕 参见王劲松:《论上市公司收购中的一致行动问题》,载《当代法学》2003年第4期。

种常见形式或情形,也是各国公司控制、证券交易中规制的重点。[46] 我国《证券法》(2019 年修订)在第 4 章“上市公司的收购”有关“投资者持有或者通过协议、其他安排与他人共同持有一个上市公司已发行的有表决权股份”达到 5% 时的相关规定中,就与一致行动控制有关;证监会《上市公司收购管理办法》(2020 年修正)第 83 条对一致行动及一致行动人有明确的界定和列举。

第二,影响目标公司内部治理决策的一致行动控制。在公司实态运行中,一致行动控制还发生在不追求对上市目标公司的收购,但可实质影响目标公司的治理决策控制权的实际行动中,它大多发生于多元投资主体或股权结构分散类公司的日常治理、决策、经营、管理活动之中,包括多元资本的共同控制和多元资本的联合控制两大情形。其一,多元资本的共同控制,即在投资主体或股权结构分散情形下,不具关联性的投资主体或股东通过临时的共同行为,以控制或影响公司治理、决策、经营、管理的控制行为。典型为公司选举董事、监事时,中小股东在选择累积投票时采取的共同行动;再如上市公司股东大会召开时表决权的征集投票或集中代理等。其二,多元资本的联合控制。具关联性的投资主体或股东通过协议、合作、关联方关系等形式,约定采取联合行动进而对特定目标公司内部治理、决策、经营、管理施加实质影响的一致性控制行为。多元资本的联合控制大多存在于具关联性的投资主体或股东之间。

6. 双层股权控制

双层股权控制又称公司创始人控制模式。双层股权控制的核心在于类别股或双层股权的分设。所谓类别股,又称双层、双重股权或 AB 股权制度,有广、狭两义之分。广义的类别股,又称种类股,系指“在接受盈余分配、接受剩余财产分配、购买和处理股份及表决等方面的权利上有不同表现的股票”,即“具有不同获利权和公司控制权的股份”;[47] 狭义上的类别股仅指基于控制权分配需要而设置的具有表决权差异的股份。基于表决权或控制权分配差异而设置的类别股,又集中表现在所谓的双层或双重股权制度上。

双层或双重股权,作为一种特殊的股权架构,它不同于传统“一股一权”原则下的制度构架,即在所发行的 AB 两种不同的类别股份中,遵循“异股异权”或“一股多权”的类别股权表决权差异而建立起来的新型公司内部组织机构和控制权机制,其中持有 B 股的公司创始人或管理层,享有比其他普通股更多的表决权或一票否决权。双层股权结构及治理机制的产生源于创始人对家族企业上市后因控制权的需要而创设的超越传统公司治理的制度构架,既能通过上市以解决融资问题;又可通过内部控制权条款的预先设计,避免公司控制权因股权稀释而发生转移或易主的情况,它实质属于一

---

〔46〕 参见谈萧:《一致行动人的比较法考察》,载《证券市场导报》2006 年第 6 期。

〔47〕 参见王东光:《类别股份制度研究》,法律出版社 2015 年版,第 1 ~ 10 页。

种“控制权加强机制”。根据彭博资讯的统计数据，在1998年至2014年5月，中国赴美上市的企业中，31%的公司选择此双层股权架构，占全部中概股市值高达70%，其中90%的企业上市时间为2010年至2014年。[48] 如著名的阿里、腾讯、百度、京东等企业，均是选择此种公司创始人、小股东控制公司的双层股权控制模式。[49]

（二）非资本控制

非资本控制，即非借助投资主体的直接参与和基于资本多数决实施对营业或企业的直接控制，而是基于资本之外的其他营业或经营要素而形成的对营业或企业之控制情形或形态。非资本控制包括技术、特许经营、供应链等营业要素控制等多种情形。

1. 基于核心技术的控制

在现代企业的经营中，特别是在股权处于平衡的现代公司，拥有技术优势方的出资者，常常凭借其技术优势，控制着技术型公司的决策、经营、管理之权。在某些特别类型的企业里，如我国的中外合资经营企业、中外合作经营企业里，外方凭借技术优势，通过《中外合资经营企业章程》《中外合作经营企业章程》和其他特别管理协议，牢牢地掌握着企业的技术控制权；即使在中方股权占绝对控股的情形下，也因外方控制着企业的技术方案、产品路径和采购渠道而控制着企业实际经营权。中外合资企业、中外合作企业这种通过章程或契约形成的协商型治理结构，完全违反甚至颠覆近代企业资本多数决的制度逻辑，在股权设计出现先天性平衡僵局的情形下，拥有技术优势的外方实质性控制公司的决策权、经营权、交易权。典型如上海大众、一汽大众，外方利用自己的技术优势地位成为实际控制股东，获取法律、制度之外的特权和公司正常分配之外的利润，[50] 这种核心技术控制权的滥用，已严重约束甚至阻碍中方尝试的产业、技术、产品的转型或升级，这方面的教训当然是极其沉重的。

2. 基于特许经营的控制

特许经营作为一种商权的契合或集中模式，也是商权的一种控制方式。对特许方而言，通过许可受许人使用自己的商号、商标、专利、商业秘密，或者采用自己的品牌、营运风格、产品系列等特定经营模式，可达到更好地控制其他经营主体或交易主体的经营权、管理权及交易权，实现对他主体商权控制之目的。故特许人对受许人，特别是对连锁店、加盟店经营活动的严格控制，是特许经营管理与控制的核心内容。[51]

---

〔48〕 参见曾斌、林蔚然等：《资本治理的逻辑》，中国法制出版社2020年版，第2页。

〔49〕 参见卢庆华：《公司控制权：用小股权控制公司的九种模式》，机械工业出版社2021年版，第42～83页。

〔50〕 参见李丹：《中外合营有限责任公司控制股东地位之形成及非控制股东权利之保护》，载《当代法学》2004年第6期。

〔51〕 参见陈慧敏：《特许经营　控制为“王”》，载《经营者》2005年第1期。

3. 基于供应链的控制

在产品制造信息化、高技术化、分工全球化，终端或整装产品的供应链涉及全球范围的不同国家或地区的情形下，居于产品或技术供应链上层或顶端的跨国公司或少数发达国家，通过控制全球具高技术含量的供应链，已成为控制居产品或技术供应链中下游的生产商、制造商、加工商或多数发展中国家最主要的手段和方式。特别是在少数发达国家逆全球化趋势和新贸易保护主义的助推下，恶意利用高技术产品供应链以达到控制其他企业或他国经济的目的，已使供应链安全上升为经营安全、企业安全、经济安全、国家安全的新高度。〔52〕 在此情形下，供应链控制已不只是商权控制的基本手段，更成为国家产业竞争力的重要制约因素，直接影响整个国民经济的平稳运行。〔53〕故充分认识到供应链，特别是核心技术产品供应链的基础性和重要性，制定相应的供应链企业、产业与国家战略，以提升企业、产业和国家的核心竞争力，维护企业经营、产业运行和国家经济安全，不仅是企业应对商权控制之举，更应成为国家应对产业、经济安全之策。

六、商权控制的运行轨迹

商权控制一般遵循着由内向外递次演进的发展规律，即大致沿着先由内部控制、后由外部控制的运行轨迹。

（一）商权控制的内部运行轨迹

对营业或企业本身的控制，属于商权内部控制的范畴。商权内部控制是一种直接、完全、根本意义的控制，它一般通过人事控制来完成和实现。这是因为，所有的商权控制最终均要通过具体的自然人来执行或落实，故内部控制的核心或实质就是人事控制，对营业或企业内部控制权之争，也具体表现为人事权之争。而在人事控制上，又大体沿着“资本权的初级控制→经营权的核心控制→经理权的终端控制”这一轨迹运行。

1. 资本权的初级控制

资本及资本权的参与性控制，既是商权控制的起点，也是营业与企业内部的初级控制，这种控制通常围绕营业或企业内部的权力机构进行，这是因为“在所有这些领域里，唯一不变的大趋势便是资本的聚集。无论是通过业务的拓展、收购或者合并，这种

〔52〕 参见马民虎、马宁：《IT 供应链安全：国家安全审查的范围和中国应对》，载《苏州大学学报（哲学社会科学版）》2014 年第 1 期。

〔53〕 参见林梦等：《实施供应链安全国家战略：发达经济体样本解析》，载《国际经济合作》2020 年第 4 期。

资本的聚集推动着企业集权达到了一个崭新的高度”。[54] 特别如公司企业，围绕股东(大)会的人事机构选举与重大事项决定职能，通过股东表决权和资本多数决选举或决定股东董事。由于股东董事是组成公司决策机构董事会(由股东董事与非股东董事构成)的前提性条件，是否被提名或选举为董事及董事会成员，决定特定股东在未来董事会中的实际地位和决策话语权。因而，基于资本权参与和资本多数决规则形成的股东董事人选，就为后续控制公司决策、代理奠定初级人事框架。万科公司多次控制权之争，就是因为华润、宝能、深铁递次入局万科，通过获得第一大股东地位，利用股东大会的选举和决议机制，以期改组万科董事会，进而达到控制万科核心人事权的目的。[55] 足见，谋求第一大股东地位，通过资本权在股东(大)会的参与，形成对公司董事会组成人员的基础控制，是绝大部分公司控制权争夺的初始形式和初级阶段。

2. 经营权的核心控制

经营权的控制是核心层面的控制，而其最关键的控制，也是人事的控制。这是因为，所有经营层面的控制最终也是通过具体的自然人来执行或实施的，只有人事的控制，才是最具体和有实效的控制。故经营权的控制，在一定意义上讲就是对掌握经营权的人事的控制。正因如此，在商权控制特别是在现代公司控制权的争夺上，人事权的争夺又是经营权争夺的重心。而在所有人事权控制的争夺中，又以对董事长、总经理或行政总裁等人事职位的争夺最具象征性和代表性。如 2010 年前后国美电器控制案，就属于公司控制权争夺中聚焦人事权特别是董事长、总经理人事职位争夺的典型。[56] 国美电器人事权争夺案说明，大股东与经营管理层之间的控制权之争主要是通过控制董事会来控制经营管理层；但在相对控股的情形下，大股东通过董事会控制经理层的经营权、管理权并不具有稳定性和有效性，它面临其他资本与股东联合抵制或抗衡的巨大风险。与此同时，掌握经营权的管理层也试图通过利用法律适用、引入外部投资者、内部人控制董事会等途径和方式来摆脱大股东的控制。[57]

3. 经理权的终端控制

营业的开展与企业的治理、决策、经营，最终需要通过负责日常经营性、管理性、具体性事务的经理部门和经理人员来执行或落实，故对营业管理机构或企业经理部门核心、关键人事岗位的安排与争夺，是对营业或企业控制最具实质意义的层面。自然，对

---

〔54〕 参见[美]查尔斯·德伯：《公司帝国：公司对政府和个人权利的威胁》，闫正茂译，中信出版社 2004 年版，第 70 页。

〔55〕 参见孙光焰编著：《公司控制权：专题案例与实训》(第 2 辑)，法律出版社 2016 年版，第 101 ~ 109 页；马光远：《万科控制权争夺的“纸牌屋迷局”》，载《中外管理》2016 年第 7 期。

〔56〕 参见孙光焰编著：《公司控制权：专题案例与实训》(第 3 辑)，法律出版社 2019 年版，第 32 ~ 58 页。

〔57〕 参见祝继高、王春飞：《大股东能有效控制管理层吗？——基于国美控制权争夺的案例研究》，载《管理世界》2012 年第 4 期。

经理权的控制就是一种商权的终端控制。而由于经理权中总经理、行政总裁、总会计师、财务负责人等人事岗位，又是决定经理权、营业与企业控制权最具体、最末端的环节，故在商权控制的争夺中，对营业管理机构或企业经理部门核心、关键人事岗位的争夺，又成为经理权争夺中的重心。特别是在企业出资或股权处于平等、对称、均衡比例，任何单一股东均难以有效控制股东（大）会或董事会的情形下，不同投资者或股东之间对营业管理机构或企业经理部门核心、关键人事岗位的争夺就愈为激烈，如在社会上闹得沸沸扬扬的真功夫、[58]当当网控制权纠纷案，[59]就为典型的经理权终端控制之争。真功夫与当当网控制权之争，进一步说明，平等、对称、均衡的不合理股权结构，表面上虽是维持不同出资人或股东之间资本权利或治理权力的平衡，但却因经营权或经理权控制的不确定性和不稳定性，给营业或企业控制与经营的稳定、持续带来极大的隐患。[60]

（二）商权控制的外部运行轨迹

商权的外部控制，属于非资本控制的范畴，它是指在不涉及营业或企业内部参与和人事安排的前提下，仅凭特定经营性、要素性、交易性契约，由处营业或企业外部的特定商主体或与商主体有关的其他主体，对营业或企业商权实施控制的情形。商权的外部控制具有非资本性、非参与性、非人事性等外部性、间接性特征，它大致是沿着"经营环节主导性控制→营业要素的辅助性控制→产业链、供应链、市场约束性控制"这一运行轨迹进行的。其中经营环节主导性控制在多数情形下是通过诸如委托、承包、租赁、信托、托管、代工等经营权让渡或取得实现的；营业要素的辅助性控制主要是通过诸如技术、品牌、经营模式、商业秘密等特许经营权契约模式落实的；而产业链、供应链、市场约束性控制则更多是通过不同交易环节的控制来达到的。关于商权外部控制的运行轨迹及具体内容，前文已多有涉及，在此不再赘述。

需要特别说明的是，商权控制本为商权主体特别是居私法地位的投资主体与经营主体为取得或争夺营业或企业控制权的私法行为，但在当今，随着新贸易保护主义和逆全球化国家利益优先论的兴起，某些具技术、品牌、经营模式、产业链、供应链、市场优势的发达国家，通过绑定本国龙头企业或跨国公司，利用上述诸方面优势条件，对处劣势的域外企业或国家之商权进行外部控制，已成为既定国际营业利益垄断者或发达国家打击、遏制、阻挠新兴营业进入者、竞争者和市场经济体的惯用手段。可见，商权的外部控制也正在由纯粹的民间私法行为转型、升级为国家之间特别是大国之间的经

---

〔58〕 参见赵玲：《公司控制权的争夺：不可逾越的经验法则》，人民法院出版社 2019 年版，第 77 ~ 88 页；胡晓玲：《真功夫股东的"功夫大战"》，载《中国市场》2009 年第 42 期。

〔59〕 参见郑指梁：《合伙人制度：以控制权为核心的顶层股权设计》，清华大学出版社 2020 年版，第 7 ~ 9 页。

〔60〕 参见原金、宋江云：《民企产权乱象》，载《中国企业报》2011 年 5 月 27 日，第 2 版。

济竞争与贸易对抗行为。

第二节　商权的扩张

营业的最大化逐利属性，决定商权发展的无限性和对外的扩张性。商权的控制不仅是商权本身扩张的一种手段或形式，而且，从目的意义上讲，商权控制实质就是追求商权最大化扩张的某种结果。从本体意义上讲，扩张性是商权的基本特性，只有揭示商权的扩张性，才可更全面地反映商权的本质属性。

一、商权扩张的属性功能

（一）扩张性是商权的基本属性

商权扩张即基于法定或约定所生之商权，本着法定的原则、选择一定的方式、依赖既定的路径、沿着确定的轨迹、朝着特定的发展趋势，呈现出无限、对外扩张的客观存在状态。同任何权利与权力一样，商权具有天然的扩张性。扩张性是商权的基本属性，更是商权的核心特质。

商权的扩张性是由支撑商权的资本投入、营业利益与市场领域之属性所决定的。首先，商权的基点是资本的投入，而自由逐利和无限扩张又是资本的本性。追求自由和逐利是资本的天性，资本自由属性又集中表现在资本的扩张性上。马克思在《关于自由贸易问题的演说》中认为所谓"自由贸易"，本质上不过是"资本的自由"而已，即"排除一些仍然阻碍着资本自由发展的民族障碍，只不过是让资本能充分地自由活动罢了"。〔61〕其次，商权的扩张是由私益、私权、私利的扩张性决定的。由于利益是构成权利或权力的基本要素和核心因子，而利益本身就具有扩张性；基于利益的扩张性，决定以利益为基本构成因子的权利或权力，也就必然具有扩张性。如行政权力的扩张不仅是公权力的本然属性，更是社会管理的必然要求；〔62〕又如基于自然权利理论的正当逻辑或功利主义权利理论的内在逻辑，〔63〕普通人格符号权利扩张为具财产内容的商品化权，〔64〕发明人的技术成果转换并扩张至商业或生产领域的专有垄断生产经营权（专利权）等，〔65〕均为私权利扩张的表现。商权以营利最大化为表现形式，以营业利益为

---

〔61〕《马克思恩格斯选集》（第 1 卷），中共中央编译局译，人民出版社 2012 年版，第 373 页。

〔62〕参见席良民：《行政权力的扩张与监督》，载《理论探索》2004 年第 2 期。

〔63〕参见和育东：《从权利到功利：知识产权扩张的逻辑转换》，载《知识产权》2014 年第 5 期。

〔64〕参见谢晓尧：《商品化权：人格符号的利益扩张与衡平》，载《法商研究》2005 年第 3 期。

〔65〕参见张艳梅：《私权扩张的限制与公共利益的重构——兼评药品知识产权困境及其出路》，载《求索》2011 年第 7 期。

核心构成内容,利益的最大化属性决定商权的扩张性。最后,商权须依赖市场交易才能实现,而市场本身就具有扩张性和无限性。不仅如此,由于资本的自由竞争与扩张,除带来国内市场出现"一些工业部门支配所有其他部门"的垄断外,"都会在世界市场上以更大的规模再现出来","并且保证那些主要从事这些行业的民族统治世界市场"。[66] 扩张性作为商权的基本属性,集中表现在扩张的常态性、外部性、无限性、多样性等多个方面。

(二)扩张性集中表征商权的制度功能

商权扩张不仅由营利、资本、市场所决定,更是营业、效益、利润的本质反映,集中表征着商权所承载的最大化营利、效益、利润、市场的制度功能。

1. 扩张性直接反映了商权中最大化营利的原始动机。对最大化营利的追求,是民事主体把财产投入营业领域的最初动机,也是市场经济主体的普遍追求,[67] 更是商事主体营业的原始初衷。而最大化本身就具有无限的发展性和变动性,且又是直接通过资本投入、生产经营、市场交易等具体的扩张性活动来实现的。足见,商权的扩张,本质上虽是资本的逐利性与扩张性使然,但源头上只是最大化营利的无限扩大与拓展在商权上的直接反映。

2. 扩张性集中浓缩了商权中最大化效益的经营目标。营利最大化不是凭空产生的,它必须经历生产或经营阶段;而在生产或经营中,最大化效益也是通过生产或经营规模的扩大或拓展落实的,没有生产或经营阶段的扩张,商权中的最大化效益也就难以实现。故与其说扩张是商权的本质属性,还不如说扩张是生产或经营的效益最大化目标使然;正是营业中生产或经营方式、品种、规模、范围的无限扩大或拓展,或者说各种生产要素投入在经营阶段或环节实现了最佳组合,实现生产成本最低和效益最高,[68] 才使商权的扩张成为一种权利存在常态。

3. 扩张性完整表达了商权中最大化利润的追求愿景。营利最大化最终体现在投资回报的最大化,即所谓的投资收益、收入或资本利润、利益的最大化上,而收益与利润的最大化,一方面表现为效益、效率的最大化;另一方面体现为成本、支出的最小化,两者相权才可成就最大化收益或利润之追求愿景,即经济学上的利润最大化和帕累托最优,[69] 或者说实现资本所有者的最大利益。[70] 而无论是效益、效率的最大化,还是成本、支出的最小化,均是一个无止境、无限制的过程或状态,而这种具无限发展、变动

---

〔66〕《马克思恩格斯选集》(第1卷),中共中央编译局译,人民出版社2012年版,第374页。

〔67〕参见邹世允:《利益最大化实现的法律思考》,载《财经问题研究》2001年第6期。

〔68〕参见王梦庆、王振河:《论生产要素投入的效益最大化》,载《生产力研究》1998年第3期。

〔69〕参见赵晓雷:《利润最大化、帕累托最优及现代公司产权范式——兼析"赫姆斯特姆不可能性定理"》,载《财经研究》1999年第6期。

〔70〕参见沈尤佳:《利润最大化是资本主义社会无法超越的利益边界》,载《经济纵横》2010年第11期。

的最大化或最小化潜能，唯有通过不断扩张才可释放出来。

4. 扩张性全面体现了商权中最大化市场的活动范围。无论是资本投入，还是生产经营，或者是效益或利润的实现，均须通过外部交易和市场交换才能兑现。也就是说，市场增加值率最大化、企业市场增加价值最大化目标不仅是商人投资与企业经营的最优选择模式，〔71〕也是现代资本结构决定下的实现公司价值和经营目标的重要手段，〔72〕更是贯穿于交易过程始终行为最大化的行动指南。〔73〕 市场作为交易的场所，同时也是效益与利润转换、实现的场所，而市场本身就具有无时空限制的扩张性，“市场体制的实质就是经济扩张，向世界上每一个角落渗透”。〔74〕 商权的扩张性与市场的无限性具有高度的关联性、对应性和契合性，它比较全面、完整、充分、及时反映最大化市场的本质特征和运行规律。

二、商权扩张的主要方式

商权扩张方式有许多，如按商权扩张的范围，可分内涵式扩张与外延式扩张；按商权扩张的形式，可分为直接扩张与间接扩张；按商权扩张的载体，可分为营业财产的扩张与营业组织的扩张；按商权扩张的形态，可分为基于投资的扩张、基于经营的扩张、基于交易的扩张。但由于资本在营业和商权中具有基础性，因而商权扩张最基本的方式可划分为资本的扩张与非资本的扩张两大类型，其中资本的扩张方式具原生性、基础性，而非资本的扩张方式则具派生性、末端性。

（一）基于资本方式的扩张

商权的起点是投资，权利基础是资本，在商权的各种扩张方式中，资本及资本权的扩张自然也是一切商权扩张的起点和基础，更是商权扩张的基本方式。而基于资本的商权扩张，不仅是资本扩张的基本属性和应然逻辑，更是资本追逐最大化利润的直接体现。

1. 资本的扩张属性与基本逻辑

就如同逐利、控制是资本的本性与特质一样，资本的扩张性也是其最基本的属性和特质。追求资本和股东价值的最大化，是营业的初衷；〔75〕资本扩张是由资本的最大化逐利属性所决定的，逐利的最大化和无止境使资本具有天然的无限膨胀性和对外扩

---

〔71〕 参见陈赟等：《论现代企业财务管理目标——市场增加值率最大化》，载《财政研究》2002 年第 1 期。

〔72〕 参见桑自国：《资产交易、资本结构与公司价值最大化》，载《南开经济研究》2003 年第 1 期。

〔73〕 参见何大安：《交易过程中的行为最大化——对行为理性特征一种新的理论解说》，载《中国社会科学》2009 年第 5 期。

〔74〕 参见王加丰：《扩张体制与世界市场的开辟：地理大发现新论》，北京大学出版社 1999 年版，第 3 页。

〔75〕 参见朱武祥、杜丽虹：《股东价值取向差异与股东利益最大化实践问题——佛山照明案例分析》，载《管理世界》2004 年第 6 期。

张性。马克思、恩格斯在《共产党宣言》中对资本的扩张，给予了一针见血、淋漓尽致的揭示，即“不断扩大产品销路的需要，驱使资产阶级奔走于全球各地。它必须到处落户，到处开发，到处建立联系”。“资产阶级，由于开拓了世界市场，使一切国家的生产和消费都成为世界性的了”，资本把“人的尊严变成了交换价值，用一种没有良心的贸易自由代替了无数特许的和自力挣得的自由”。[76] 正是资本的这种无限制和无止境的逐利性，才驱使资本的不断投入、追加和累积，扩张也就成为资本的本质属性，更成为资本的存在和发展方式。在一定意义上讲，近现代的贸易国际化、市场跨国化、生产世界化、经济全球化，实质就是以资本为本位、以资本扩张为主线的商权运行结果，其内在逻辑就是一种由资本逻辑主导的经济扩张新形式。[77]

2. 资本扩张的主要方式

学理上有把资本扩张分为有形资本的扩张（兼并、收购、参股等）和无形资本（商标、品牌、销售渠道、管理经验、技术专利等）的扩张两大方式；还有分为货币资本的扩张、生产资本的扩张、产品资本的扩张三种方式，并细分为企业内部的资本扩张、股份制改造、企业兼并、上市收购、银企合作、企业集团、跨国公司等不同路径。[78] 而从资本的运行轨迹与扩张方式来看，资本扩张又集中表现为直接扩张与间接扩张两种典型形式。

（1）资本的直接扩张，即通过追加资本以直接实现自身经营或交易规模的扩大，借以占有更大的市场、获取更多的客户以实现营利或商权扩张的方式。传统意义上通过货币资本、生产资本、产品资本的追加以扩大经营和交易规模，即属此类。

（2）资本的间接扩张，即通过资本的投入或收购间接地实现对其他经营或交易主体的控制而达到营利或商权扩张的方式。现代意义的企业设立、企业转投资、企业兼并、股权或上市收购、股权置换、资产收购、跨国并购、平台收购等，均属此类。在一定意义上讲，现代企业发展、市场竞争与产业集中就是“资本驱动”和“资本扩张”的结果。[79] 可以说，在当代每一件影响产业、行业、部门甚至国家、世界经济格局的大型、跨国企业或公司收购案中，总能看到背后大资本、跨国资本、产业或金融巨鳄的身影。众所周知，ADM、邦吉、嘉吉和路易达孚等国际四大粮商，通过资本的渗透，综合使用新设企业、企业参股、合资联营、兼并收购、资产收购、价格操纵、供应控制等手段，在世界范围内搭建起一个集农业生产、储运、贸易、加工、销售为一体的产业链和跨国企业集

---

〔76〕《马克思恩格斯选集》（第1卷），中共中央编译局译，人民出版社2012年版，第403～404页。

〔77〕参见朱晓庆：《伍德与哈维争论：资本逻辑与帝国的空间扩张》，载《宁夏大学学报（人文社会科学版）》2014年第5期。

〔78〕参见郭元晞：《资本扩张》，西南财经大学出版社1998年版，第7～13页。

〔79〕参见吴良：《资本扩张与公司治理》，四川大学出版社2017年版，第29～50页。

团;[80]又如黑岩、先锋、道富、富达、资本集体等全球五大资产管理公司,对全球商品市场和众多产业具有明显的控制力,它们通常以参与、联合、共同或一致行动等方式获得某一行业四家最大企业的10%以上股权,以达到控制该行业最大、最有影响力的公司进而控制或扩张其权利的目的;根据权威数据显示,截至2019年年底,上述五大资产公司控制着或渗透到全球餐饮业(19.5%)、媒体(18%)、航空业(17.1%)、科技业(16.8%)、化学(14.9%)、消费品(14.4%)、物流业(13.5%)、零售(12%)等众多高利行业或产业中。[81]

(二)基于非资本方式的扩张

商权的基础与起点虽是资本与投资,但资本追逐价值或利润的最大化实现,则需通过具体的经营或实质的交易,商权的非资本扩张,就是基于直接资本追加或间接资本参与之外的其他经营或交易要素的扩张而实现商权扩张的方式。非资本扩张是商权新型扩张的主导方式,相对于传统的资本扩张,它更多地运用特许经营、租赁、许可证以及管理服务合同等经营性、交易性的制度安排,以创造竞争优势;特别是跨国公司的非股权扩张模式,几乎成为晚近商权扩张的代表性形式。[82]非资本扩张具体又包括产品及品牌、特许经营、连锁店或加盟店、经营模式输出、专有技术、市场领域、网络平台等多种经营或交易要素的扩张。

1.基于产品及品牌的扩张。对生产商、制造商而言,产品是其经营的直接、有形成果,产品的生产或制造绝对量及附属产品的品牌影响力,直接决定该生产商、制造商的效益最大化及背后投资者的利润、收益最大化,自然直接扩大产品的产量和品牌的市场影响力,可产生明显的商权扩张效应。而在产品的扩张方式中,品牌的扩张又具有更明显的持久、稳定和放大效应;特别是在当代,品牌的扩张(如百事可乐等)已成为产品扩张的主导模式。跨国公司和知名品牌就是通过直接输出或移植、“借鸡生蛋”(借助他人品牌推销自己的品牌)、“过河拆桥”(利用他人品牌扩大自己的影响力进而冻结他人品牌)、当地化、联合、特许经营、虚拟经营、网络化等多种手段或模式,推动其产品或企业品牌在全球的扩张。[83]

2.基于特许经营的扩张。特许经营因既存在产品、商号、品牌的有偿使用,也包含专利技术、经营方法、商业秘密的许可使用,还涉及经营模式或管理方式的输出或复制,所以它不仅是商权控制的主要方式,更是商权扩张的重要途径。通过特许经营与

---

〔80〕 参见张秀青:《国际四大粮商运作模式研究》,载《国际经济合作》2014年第9期。

〔81〕 参见[德]汉斯·尤根·雅各布斯:《谁拥有世界:全球新资本主义的权力结构》,吕巧平译,中信出版社2020年版,第63页。

〔82〕 参见郑琴琴、李志强:《基于东道国资源利用的服务业跨国公司非股权扩张模式研究》,载《上海管理科学》2006年第2期。

〔83〕 参见任荣、邓荣霖:《跨国公司对华品牌扩张模式》,载《改革》2005年第10期。

管理合同实现其经营或交易在市场或全球的快速扩张,已成为营业、商权扩张的重要战略选择方式之一。[84] 特许经营既涉及制造业,也涉及商业、贸易业,但主要在餐饮、旅店、休闲旅游、汽车用品及服务、商业服务、印刷及招牌服务、人力资源开发与猎头、家政服务、住宅装修、便利商店、洗衣、教育用品及服务、汽车租赁、机器设备租赁、零售业、健身与美容、房地产中介、各种新兴服务业等行业特别流行,这些产业或行业也成为特许经营扩张的领域。[85]

3. 基于连锁店或加盟店的扩张。连锁店或加盟店的实质是在店名、商号、品牌、产品、形象、流程、质量具市场影响力和实质控制力的总店或母企业,实现快速扩张的主要方式。具金字塔体系的连锁店或加盟店虽也可基于资本纽带的方式建立,但其主导方式却是通过连锁或加盟合同的非资本运营方式,属于典型意义的连锁企业规模扩张。[86] 连锁或加盟经营是把现代化工业大生产的原理应用于生产或商业流通领域,通过统一店名、品牌、装饰、产品、形象、流程、质量等,实现采购、配送、销售、经营决策等职能上的统一化和专业化,达到店名、店貌、商品、服务方面的标准化以及商流、物流、信息流的集中化,把经营或交易中每个环节、每个岗位上的商业活动变得像工业生产流水线那样尽可能简单,进而获取尽量大的营业规模效应。[87] 特别是在标准化生产或经营领域,商业连锁或加盟经营具有明显的规模效应,它被实践证明是当代实现营业和商权扩张的有效方式。[88]

4. 基于经营模式输出的扩张。经营模式的输出,典型是通过托管、代工等经营方式,复制经营、管理模式以形成经营型企业集团的扩张模式。如现代的餐饮、饭店、酒店集团等,就是以经营模式、特定品牌、管理方式的输出与复制,所建立起来的具经营、管理、品牌、采购、销售上的关联性、集中性与统一性的扩张方式,它更多是一种脱离资本直接扩张的商权扩张方式;[89] 又如代工生产或制造,就是一种典型的复制产品设计者或品牌占有者标准化、同质化、批量化产品的一种经营模式或规模扩张的新模式。

5. 基于专有技术的扩张。专有技术具有独占性、排他性与垄断性,通过专有技术许可中的无偿渗透或有偿使用,借以扩大专有技术权利人对其他商权主体的技术影响力、产品或服务的路径依赖和市场控制力,可有效地实现技术型商权的快速、无限扩张。典型的如微软的计算机操作系统、360 的免费杀毒软件、谷歌的手机安卓操作系及

---

〔84〕 参见贺小荣、罗文斌:《特许经营或管理合同:酒店国际化扩张的战略选择》,载《旅游学刊》2012 年第 12 期。

〔85〕 参见余映丽主编:《最赚钱的商业模式》,经济管理出版社 2000 年版,第 24 ~ 26 页。

〔86〕 参见郭冬乐、李越:《论资本运营与连锁企业规模扩张》,载《商业经济与管理》1998 年第 2 期。

〔87〕 参见聂聆:《连锁经营中的盲目扩张问题及对策》,载《商业经济与管理》1999 年第 2 期。

〔88〕 参见刘大莹、王丽娜:《商业连锁经营规模扩张的有效性问题探析》,载《社会科学家》2005 年第 S2 期。

〔89〕 参见王子为:《饭店集团的非资本扩张》,旅游教育出版社 2010 年版,第 107 ~ 119 页。

开源代码、美国顶级芯片对信息类产品的契入等，其技术渗透中就隐含着技术标准、技术生态、技术路径的扩张，最终形成“放水养鱼、借水诱鱼、以水控鱼”的商权控制与扩张模式。

6. 基于市场领域的扩张。任何商权利益的兑现，最终均是通过市场交易环节落实的，故市场的扩张就成为商权扩张最具直接效应的方式。市场扩张不仅表现在市场领域与地理空间上的扩张，更明显表现为时间上市场持久影响力的扩张。

7. 基于网络平台的扩张。在信息、网络、智能时代，营业的电子化、网络化、移动化、即时化和智能化使无形、无纸、无店的虚拟网络成为经营或交易的重要通道，通过创设、建立、架构各种具中介、中枢纽带意义的网络平台，可显著、迅速甚至即时扩大经营者或交易者的营业效益和市场影响力。

8. 基于其他经营或交易要素的扩张。如跨国零售企业的综合扩张等。[90]

三、商权扩张的依赖路径

（一）商权扩张的一般依赖路径

由于营业可表现为投资、经营、交易等不同方式、形态、形式，营业中所生商权的扩张，无疑也随着营业在不同形式、形态或阶段、环节而存在不同的依赖路径。具体而言可表述如下：

1. 投资与资本的扩张

商权扩张的基础在于投资和资本，基于投资规模扩大的资本扩张是商权扩张最传统、最初级、最基础的依赖路径。首先，投资的追加与资本的扩张，是商权扩张的起点，任何商权的扩张均是从投资与资本的扩大开始的，无论是传统的个体、家庭营业，还是近代以来的企业营业，其商权的扩张均是以投资的扩大和资本的累积为基础形式。其次，投资的追加与资本的扩张，直接助推近代工业革命和世界市场的形成。正如马克思、恩格斯在《共产党宣言》中所言，因为有投资的不断追加和资本的无限扩张，从而使“大工业建立了由美洲的发现所准备好的世界市场”。[91] 再次，投资的追加与资本的扩张，直接促成了近现代跨国公司的形成，并使之成为世界性和全球性的企业王国。不仅早期的企业扩张是基于海外投资与资本输出，现当代发达国家或发展中国家跨国公司的全球性扩张，也无不以域外投资与资本输出为主导形式。如“二战”后，美国借助马歇尔计划，通过迅速增加对西欧等国的巨额资本输出，有效地实现美国跨国公司对西欧的扩张；[92] 与此同时，发达国家的跨国公司，自 20 世纪 50 年代以后，也相继通

---

〔90〕 参见王磊：《跨国零售企业在中国扩张的经营分析》，载《生产力研究》2009 年第 14 期。

〔91〕 《马克思恩格斯选集》（第 1 卷），中共中央编译局译，人民出版社 2012 年版，第 401 页。

〔92〕 参见张君一：《美国跨国公司对西欧的扩张》，载《世界经济》1979 年第 9 期。

过投资增长和资本输出，完成对拉美、[93]其他发展中国家的经济扩张，[94]其中，尤以美国跨国公司对外扩张、发展最快，至20世纪80年代初，美国跨国公司的子公司约有1/4以上分布在发展中国家。[95] 借助雄厚、强大的资本实力，在投资与资本扩张的助推下，自20世纪70年代开始，跨国公司的海外扩张，特别是向发展中国家的扩张，出现直接投资增长、直接投资集中化、制造业和劳务部门比重明显上升、资本积聚现象更为明显、资本的"非股权安排"形式日益增加、强化技术资本输出或渗透等新的特点。[96] 最后，投资的追加与资本的扩张，仍然是当今营业、商权和经济扩张的主导形式。借助投资自由化政策，利用资本的优势，通过投资参与实现对他国的扩张，已成为主要发达国家的基本国策，并已被部分国际、区域经济组织吸纳为基本规则。如美洲自由贸易区有关投资规则草案，就集中了资本权利的扩张要求。[97] 尽管当代跨国公司的海外扩张模式包括垂直国际直接投资（FDI）和生产外包等两种典型模式，[98]但基于直接投资和资本输出的扩张仍具基础地位。

2. 生产与经营的扩张

通过提高生产或经营效益扩大产品或服务的供给规模，无疑是商权在经营形式、形态或阶段、环节最直接的扩张路径。生产与经营的具体扩张路径包括：(1)直接提高产能，扩大经营规模。如日本汽车工业的扩张路径，就属典型的生产经营规模扩张。[99] (2)改进组织和管理方式，直接提高生产效益。(3)通过制度性的改革，释放人的积极性或创造性。如对传统计划经济体制下国有企业的体制改革与权利调整后所产生的权利扩张积极效应，就属此类。[100] (4)直接的规模扩张或多元化经营。[101] (5)改进或创新技术以显著提高效益。(6)其他生产或经营的扩张路径。

3. 交易或市场的扩张

交易与市场虽为营业的末端阶段或环节，却是商权扩张最重要的路径和领域。"在经济活动中，'市场领土'重于'地域领土'，市场是人类最重要的、第一位的生存空

[93] 参见陈舜英：《跨国公司在拉丁美洲的扩张》，载《拉丁美洲丛刊》1982年第1期。

[94] 参见谢志洪：《跨国公司对发展中国家扩张的基本战略及其实质》，载《世界经济》1981年第7期。

[95] 参见沈文龙：《战后美国跨国公司对发展中国家的扩张及其影响》，载《思想战线》1982年第4期。

[96] 参见李卫国：《跨国公司向发展中国家经济扩张的特点和作用》，载《国际问题研究》1984年第2期。

[97] 参见陈彬等：《投资资本权利扩张与管制的辩证法——FTAA投资规则的规范分析》，载《国际经贸探索》2006年第3期。

[98] 参见顾磊：《产品内贸易、市场结构与福利效应：跨国公司海外扩张模式的解读》，载《国际贸易问题》2013年第3期。

[99] 参见春春：《以控制股权为前提的日本车企海外扩张之路》，载《中国汽车界》2009年第10期。

[100] 参见张正军：《国有企业权利扩张中持续亏损的机会主义原因》，载《社会科学战线》1997年第6期；代彬、彭程：《高管控制权、资本扩张与企业财务风险——来自国有上市公司的经验证据》，载《经济与管理研究》2012年第5期。

[101] 参见傅贤治：《多元化经营与企业扩张方式的选择》，载《中国工业经济》2001年第8期。

间和发展空间”，故“对于一个现代国家来说，培育市场领土比守住地域领土更重要，失去市场领土比失去地域领土的后果可能更严重”。[102] 在市场即机会、市场即利润、市场即财富、市场即空间、市场即领土的视角下，传统商事权利、经济主权与财富形式也发生深刻的变化，特别是作为国家经济主权的领土，更多由传统的地理领土、实际领土、主权领土向现代的市场领土、信息领土、网络领土转变，领土的地域、主权概念，已经逐渐向市场领域，且正在向信息或网络领域转化或拓展。因此，通过交易阶段或环节，实现营业在市场领域的扩张，无疑是商权扩张最现实的路径，特别是在传统商业、现代服务业、零售业等领域，交易与市场规模的扩张对其具有更为直接、显著的效应。[103] 在国内借助银行与企业的相互持股获得资金来源，在海外依靠产品、品牌的影响力进行市场扩张，是索尼、本田、松下等日本跨国企业进行扩张的基本路径。[104]

尽管商权扩张可表现为投资与资本、生产与经营、交易与市场扩张等不同的依赖路径，但对个体、家庭、企业等不同形式的营业而言，商权扩张的依赖路径仍存在较大差异。

（二）传统个体、家庭营业形式下商权的扩张路径

在传统个体、家庭营业形式下，商权的扩张受制于自然人或家庭成员资力、能力、精力和由此产生的实际控制力，其扩张的依赖路径总体上呈现出显著的人合性特征，主要包括如下情形：

1. 内涵式规模扩张模式

此种扩张模式是传统个体、家庭营业条件下商权扩张的主导形式，它是通过绝对地追加投资和提高生产效益的方式，以达到通过更大规模的生产、经营或交易来实现营业或商权的扩张。具体形式包括追加投资、绝对延长或调整生产时间、聘请或雇佣更多的员工、改善生产或经营管理、创新技术或方法等。

2. 外延式分店扩张模式

此种扩张模式即选择总店、总号之外，通过平行设立分店、分号等形式，扩大经营规模、品种、地域的营业或商权扩张模式。如我国明清时期的山西票号，就是通过在主要商业城市设立分号等途径，达到扩大营业和商权的目的。外延式分店扩张模式虽具有比内涵式规模扩张模式更为显著的扩张效应，但因受个体、家庭成员人力、能力、精力的制约，其对分店或分号的控制力完全取决于值得信赖的代理人，代理中的道德风险较大，故外延式分店扩张模式的规模与边界受到一定限制。

---

〔102〕 廖进中：《市场领土论：经济全球化视野下的中国经济改革与贸易发展研究》，湖南大学出版社2003年版，第4页。

〔103〕 参见赵凯：《零售企业规模扩张侵占供应商利益实证研究》，载《经济与管理研究》2009年第4期。

〔104〕 参见陈润：《商权天下：日本商业500年》，中华工商联合出版社2017年版，第146～162页。

(三)现代企业营业形式下商权的扩张路径

1. 现代企业营业形式下商权扩张依赖路径的主要特征

相对于传统个体、家庭营业形式下的商权扩张依赖路径所具有的鲜明人合性特征而言,现代企业营业形式下商权扩张的依赖路径具有显著的资合性、组织性、集聚性、间接性和跳跃性等特征。(1)资合性。企业商权的扩张本质是资本的扩张,企业扩张的路径从根本上体现着资本的权利和要求,企业与资本是天然地联系在一起的,资本是企业存在的前提和基础,企业的运动和扩大实质就是一种资本的运动和扩大,即"企业扩张是企业的一种运动形式,企业规模的扩大表征了企业资本规模的扩大",故可以说"企业扩张本质上就是资本的扩张"。[105] (2)组织性。企业商权的扩张在形式上集中表现为具组织营业体属性的企业组织的扩张,以跨国公司的扩张为例,跨国公司组织扩张路径就存在内部一体化扩张和外部一体化扩张两种选择,其中的外部一体化扩张又可分上下主从型组织扩张与相对平等型组织扩张两种类型,且成为现代企业组织扩张的主导形式。[106] (3)集聚性。企业作为资本、劳力、技术、管理等营业或生产要素的集合体,集中不同商权主体的不同利益追求目标,是一种综合性、集合性商权利益关联体。企业商权的扩张,也反映并集聚着投资者、经营者、交易者、劳动者、技术发明者、管理者、相对竞争者及其他利益关系人权利与利益的扩张。(4)间接性。企业商权的扩张以基于转投资的间接扩张路径为主导形式,它集中表现为新建企业和并购企业两种典型形式,"如果一家企业可以合法地购买另一家企业或与之合并,那么到底是通过建立新企业的方式来进行扩张还是通过并购另一家企业的方式来进行扩张,在任何情况下都取决于哪一种方式看起来更为有利可图"。[107] (5)跳跃性。相对于传统主要依靠现有的资源和管理能力,以本企业现有的资本积累获得增量资源,更多地通过产品、客户或产业链的扩大生产等关联型扩张方式,现代企业营业形式下的商权扩张通过新设企业或购买其他相对独立同时对本企业完善产业链或提高盈利水平有利的经营体,以资本化方式实现扩张已成为现代企业扩张的主导方式,它更具跳跃型扩张或跨越式扩张的特质。[108]

2. 现代企业营业形式下商权扩张的一般依赖路径

从商权扩张的一般情形来看,现代企业营业形式下商权扩张的依赖路径,可概括为如下模式:

(1)直接扩张与间接扩张。按照企业商权扩张依赖的载体与平台是否属于自身,

---

[105] 参见孟宪昌:《企业扩张论》,西南财经大学出版社 2001 年版,第 71 ~ 76 页。

[106] 参见胡义:《跨国公司组织扩张机理与路径选择》,载《世界经济研究》2006 年第 8 期。

[107] [英]伊迪丝·彭罗斯:《企业成长理论》,赵晓译,上海人民出版社 2007 年版,第 182 页。

[108] 参见毛振华:《企业扩张与融资》,中国人民大学出版社 2017 年版,第 44 ~ 50、56 ~ 81 页。

可分为直接扩张与间接扩张。其中直接扩张是企业依赖自身组织体所实施的投资、经营、交易扩张行为以及形成的扩张状态，典型的如把企业生产与经营规模做大、做强；而间接扩张则是企业不是凭借自身组织体的扩张，而是借助其他可控制或施加影响的企业或经营者，以达到商权扩张的目标。间接扩张包括资本参与和合同控制两大类型，其中，资本参与型是通过转投资形式，如新设子企业或参股、兼并、收购等形式，建立以资本为纽带的母子公司、关联企业或企业集团；而合同控制型则为通过特许经营、连锁或加盟、技术或产业链控制、销售或代理授权等特别合同，建立起以核心或骨干企业为中心的企业联合体和利益共同体，达到核心或骨干企业商权扩张的目的。在现当代企业商权的扩张依赖路径中，间接扩张路径已成为企业商权扩张的主流或主导形式。

（2）原投资的内涵式扩张与转投资的外延式扩张。按照商权扩张的范围，企业商权扩张可分为原投资的内涵式扩张与转投资的外延式扩张两种路径或模式。其中，原投资的内涵式扩张，系指在原有企业投资规模和组织内部，选择直接追加资本投资或扩大生产经营，是一种依托原有企业本身的内涵式扩张方式；而转投资的外延式扩张，则是通过企业再新设、参股、兼并、收购其他企业等转投资方式，通过在原企业组织外部之子企业或关联企业的发展、扩张而实现企业商权的扩张路径或模式。企业转投资的外延式扩张属于间接扩张的范畴，且这种间接扩张的转投资形式，又成为企业商权扩张的主要形式。自19世纪末，世界进入以跨国公司为主导的名牌公司扩张时期，并先后经历了1898～1903年、1920～1929年、20世纪50～60年代、1975～1989年、2000年以来等几大企业兼并与收购高潮，这些世界名牌公司的扩张史充分证明，兼并、控股、强有力的融资、海外扩张、利用政治与政策、品牌输出、各种创新、延纳人才等，是企业实现扩张的重要方略，[109]其中转投资的外延式扩张更是跨国公司在本国和海外扩张的主要路径。

（3）横向扩张与纵向扩张。由于企业商权的扩张更直接、集中地表现为企业组织的扩张，而依企业组织扩张的路径不同，又可分为企业组织的横向扩张与纵向扩张。其中，企业组织的横向扩张是企业通过直接新设、参股、兼并、收购其他企业，以形成与子企业或他企业的平行、直接控制关系，它类似于个体、家庭营业中的分店扩张模式，企业组织的横向扩张具有直接性、平行性、横向性等鲜明特征；企业组织的纵向扩张则为企业通过自己直接新设、参股、兼并、收购的子企业或他企业，再行转投资新设、参股、兼并、收购孙企业及下属企业或他企业，进而形成母企业、子企业、孙企业及下属企业、其他关联企业的垂直、间接控制关系，企业组织的纵向扩张具有传统个体、家庭营业中商权扩张不曾出现的间接性、垂直性、纵向性等显著特征。企业组织通过横向、纵

---

〔109〕　参见王琪延、黄江明主编：《世界名牌公司扩张史Ⅰ》，台海出版社1998年版，第13～40页。

向两种路径的扩张，分别形成扇形、平行、横向式与垂直、系内、纵向式的母子公司、企业集团或关联企业系统，进而实现商权的横向与纵向扩张。

(4)投资与资本扩张、生产与经营扩张、交易与市场扩张。企业也可在投资、经营、交易等不同形态或状态下，基于投资与资本、生产与经营、交易与市场的扩张而实现商权的扩张。

3. 现代企业营业形式下商权扩张的具体依赖路径

(1)直接扩大投资。企业扩大投资，是企业商权最具传统和直接效果的扩张路径，主要有自行投资和外部扩张等选择路径，其中，自行投资又是传统企业商权的主要扩张方式。[110] 我国企业在过去相当长的时期内，也主要选择自行投资的内部扩张方式。[111] 在直接扩大投资的各种路径选择中，直接增资、增发或配置股份等股权融资因具有解决公司的资本扩张和完善公司治理等制度功能，[112]已成为企业扩大投资的优选方案，也成为我国企业未来实现产融结合、产融双驱式增长、转型、扩张的主要依赖路径。[113]

(2)扩大经营规模。典型的如通过企业的多元化经营走企业规模扩张道路等，[114]近代以来的企业或企业集团，通过资金筹措、扩大生产、市场营销、管理与技术更新等方面形成竞争优势，[115]以规模经营发展来实现商权的最大化扩张，即为此路径。

(3)企业转投资。企业的发展历史和实证运行已充分说明，无论是欧美日等国的跨国公司在全球扩张主义与经济霸权的建立，[116]还是发展中国家通过新兴企业的后发扩张，[117]通过企业转投资方式，大量输出资本是所有企业对外扩张的主要路径和重要手段。在企业转投资扩张路径中，间接并购已成为晚近以来企业实现扩张的选择捷径。间接并购因通过少量资本控制其他企业的重资产或产业链，[118]可迅速促进企业生产或经营的扩容或转型升级，[119]已成为跨国公司和发展中国家新兴企业对外扩张的主

---

[110] 参见姜付秀等：《并购还是自行投资：中国上市公司扩张方式选择研究》，载《世界经济》2008 年第 8 期。

[111] 参见姜付秀等：《管理者过度自信、企业扩张与财务困境》，载《经济研究》2009 年第 1 期。

[112] 参见汪炜、张欢：《上市公司资本扩张行为与管理主义动机》，载《商业经济与管理》2003 年第 7 期。

[113] 参见孟庆轩：《从产融结合到产融双驱：企业的资本化扩张模式》，载《国际经贸探索》2011 年第 1 期。

[114] 参见傅贤治：《多元化经营与企业扩张方式的选择》，载《中国工业经济》2001 年第 8 期。

[115] 参见李福英：《规模扩张与近代企业集团的兴衰》，载《贵州社会科学》2007 年第 11 期。

[116] 参见[美]阿·阿斯塔波维奇：《美国国际公司扩张的主要手段》，李琮译，载《国际经济评论》1979 年第 12 期。

[117] 参见陶瑞：《基于能力的企业外部扩张方式比较研究》，载《贵州社会科学》2013 年第 11 期。

[118] 参见李克穆：《兼并——企业重组与扩张》，载《管理世界》1995 年第 4 期。

[119] 参见范恒森：《企业资本扩张中的并购策略》，载《中国工业经济》1998 年第 1 期。

要选择路径,[120]这无疑对我国企业发展壮大和境外拓展具有借鉴意义。[121]

(4)企业组织扩张。法国学者就把企业控制与扩张划分为单细胞增长结构、多细胞增长结构、经济协作结构、多细胞增长的合同式结构等几种控制模式。[122] 从大公司的扩张演变规律来看,无论是接触性扩张,还是等级性扩张,或者是通道性扩张,均须基于企业对投资区位、空间优势的理性选择,[123]而通过新设立企业、参股、兼并、收购等企业转投资行为,实现企业由单细胞组织向多细胞组织的企业联合体或企业集团发展,就是一种典型意义的企业组织扩张路径。

(5)技术创新。技术进步和技术创新是企业发展的关键和基础,[124]技术的创新,可增强企业的核心竞争力,进而显著有效地提高、改善企业的盈利能力;企业价值链的扩张,使企业沿价值链向研发环节与营销环节扩张,[125]从而可实现并维持企业商权更为持久的扩张。

(6)市场拓展。市场作为把资本、货币和商品等营业、生产要素联系起来的交易场所和主要机制,在企业商权扩张上起着关键性作用,企业投资或经营扩张所形成的产品或服务,必须通过市场的拓展和交易的达成才可转化为资本的最大化利润。无论是传统的国际资本、跨国企业、金融财团所高度依赖和相互依存的世界大市场,[126]还是如沃尔玛、家乐福等新式的国际商业零售业巨头的海外扩张战略,它们无不采用或选择“滚雪球”或“采蘑菇”的市场拓展方式,把企业的营业、商权扩张至全球一切可能存在利润的国度或市场领域。[127] 因此,市场拓展不仅是企业商权扩张的重要路径,更是企业商权扩张实现的终端环节。

四、商权扩张的内在轨迹

商权扩张的方式与路径虽表现多样,但仍有其内在的基本逻辑和运行轨迹,它受制于营业“始于投资、形于经营、成于交易”之本然事实,并大抵沿着“投资的初级扩

---

[120] 参见赵昌文、毛道维:《跨国工业公司的对外扩张战略与中国大型工业企业的国际化经营》,载《管理世界》2000年第2期。

[121] 参见黄缘缘等:《企业国际化扩张的驱动力:国有股权和市场竞争的双重角色》,载《管理工程学报》2017年第2期。

[122] 参见[法]克洛德·商波:《商法》,刘庆余译,商务印书馆1998年版,第94~104页。

[123] 参见李小健、王惠:《大公司投资区位的扩张演变规律》,载《地域研究与开发》2000年第1期。

[124] 参见甄朝党:《企业扩张的技术解释》,载《数量经济技术经济研究》2002年第6期。

[125] 参见王文涛等:《企业创新、价值链扩张与制造业盈利能力——以中国医药制造企业为例》,载《中国工业经济》2012年第4期。

[126] 参见[美]罗伯特·吉尔平:《公司的扩张主义与美国的霸权》,张蕴岭译,载《国际经济评论》1979年第12期。

[127] 参见周煊、许梦露:《商业企业全球扩张战略问题研究——基于沃尔玛、家乐福的比较分析》,载《北京工商大学学报(社会科学版)》2011年第2期。

张→经营的集成扩张→交易的终极扩张”这一内在轨迹运行。易言之,商权扩张总是以投资的扩张为基础,以经营的扩张为手段,以交易的扩张为目标。

(一)投资的初级扩张

由于投资是营业的起点,资本是商权的基础,这决定任何商权的扩张首先是从资本追加、扩大的投资扩张开始起步的。自然,投资的扩张不仅成为商权扩张的逻辑起点,也成为任何商权扩张的初级形式。首先,就营业的组织形式而言,无论是个体、家庭形式的营业,还是企业组织形式的营业,其营业与商权的扩张均须建立在投资追加、资本累积的基础上,没有投资的初级扩张,就无后续经营规模的扩大或交易市场的拓展。其次,就营业的市场边界而言,无论基于经济资本化、资本积累、技术选择、资源存量快速变现的国内经济和效益增长,[128]还是国际资本、跨国企业的资本输出和全球扩张,[129]均是从投资、资本权利扩张开始的。足见,投资的扩张是商权扩张的原始起点和初级形式。

根据投资属性、方式、形式、范围的不同,投资扩张又具体表现为直接投资与间接投资、企业出资人原投资与企业转投资、股权投资与债权投资、境内投资与域外投资等不同扩张方式。

(二)经营的集成扩张

投资的初级扩张,只是解决商权扩张的资本要素问题,但仅有资本的扩张而无其他营业或生产要素的结合,并不能自然生成营业成果,进而达到商权扩张的目标。故只有通过具体的经营环节,把资本与其他营业或生产要素结合起来,经过治理、组织、管理,使人、财、物等要素在供、产、销等环节中凝结成更多的产品或服务,才可实现商权扩张的预期目的。可见,在投资初级扩张的基础上,须有经营的集成扩张,商权扩张才有实质的内容。

经营的集成扩张具有重要意义,一方面,单纯、盲目的投资扩张并不能当然产生商权扩张的必然结果,投资的扩张应围绕并满足经营的客观、实际、实在需要,须为具现实性、可行性、效益性的经营服务,才有正当性、合理性、有效性;否则,过度、非理性、脱实向虚的投资扩张,只会导致资本或生产的过剩危机,进而出现资本扩张悖论现象。[130]另一方面,经营的集成扩张,具有要素的综合性、存在的动态性、行为的主观性、影响的多元性、成果的差异性、风险的不确定性等特征,其取决于资本、劳力、技术、管理等多个要素的合力。因此,经营的集成扩张,是商权扩张中最具实质内容、最重要、最核心

---

〔128〕 参见张平等:《资本化扩张与赶超型经济的技术进步》,载《经济研究》2010 年第 5 期。

〔129〕 参见陈彬等:《投资资本权利扩张与管制的辩证法》,载《国际经贸探索》2006 年第 3 期。

〔130〕 参见张卓:《资本扩张悖论》,载《江汉论坛》2010 年第 5 期。

的阶段与环节。

（三）交易的终极扩张

无论是投资还是经营的扩张，其追求的终极目标是最大化利益，而这种最大化利益虽受制于资本支撑的规模效应和经营集成的管理效益，但最终还须借助交易环节和市场空间予以兑现，投资扩张产生的规模效应和经营集成所产生的最大化成果才可转化为可获得、占有、支配的交换利益。因此，由投资、经营形成的规模扩张走向交易环节、地理空间的扩张，是商权扩张必要的、不可或缺的阶段，更是决定商权扩张各种成果、利益变现的末端、终极环节。

交易的终极扩张，本质上是一种市场空间的扩张，在有市场就有利润的交易潜在规则指引下，基于交易形成的地理空间和全球市场，是诱发早期资本主义海外、殖民扩张的重要动力。[131] 至于在信息化、网络化、智能化的经济全球化新时代，以自然、地理、经济、网络、虚拟空间为表现形式的市场空间，[132] 其重要性要远超以往任何时代、时期，故不断地寻找、深耕、开拓市场，就成为商权扩张的必要和必然之举。

五、商权扩张的基本趋势

（一）资本扩张仍呈强化态势但形态在不断出新

近代以来，在资本持续输出推动下形成的世界市场，使以资本为基础的商权扩张成为一种惯性。从19世纪中叶之前世界市场形成阶段的自由竞争资本主义时代资本扩张，到19世纪中叶至20世纪中叶的国际垄断同盟划分世界市场和势力范围背景下的私人垄断资本主义时代资本扩张，到20世纪中叶至20世纪80年代国家垄断资本主义时代资本的全球扩张，再到20世纪80年代以来国际垄断资本主义时代的跨国公司资本全球扩张的进一步加速，[133] 均在说明资本扩张仍呈持续强化的态势，资本的扩张在商权扩张过程中仍然扮演着初始、基础的角色，[134] 并表现为资本生产的虚拟化、消费需求的制造化、各种生产要素的资本化、资本形式的多样化、资本产业形态的更新化、资本统治的国家化和全球化等特点。[135] 足见，以资本输出理论、世界市场理论为主要内容的马克思主义资本扩张理论，在揭示资本扩张在商权扩张中的基础地位上仍具指

[131] 参见段进军、胡火金：《资本的空间新型扩张及其批判》，载《哲学动态》2010年第6期。

[132] 参见鲍伶俐：《资本逻辑与经济空间生成与扩张》，载《上海交通大学学报（哲学社会科学版）》2010年第4期。

[133] 参见杨国亮：《论资本扩张的历史演变及其在当代的发展》，载《当代经济研究》2006年第11期。

[134] 参见王华：《试论近代殖民扩张中的资本因素——基于国际关系研究视野的再认识》，载《中国青年政治学院学报》2009年第6期。

[135] 参见刘希刚、徐民华：《金融危机视角下资本生产的扩张本性与文明限度》，载《江海学刊》2009年第2期。

导意义。“当企业在全球范围整合生产和分销，收购外国公司，吸引世界智囊时，不可避免地需要许多国家的新资金来源，而且需要资金迅速到位”，在此情形下，“各国竞相‘解放’资本市场，让各种投资能够跨越国界，自由流动”。如此，“形成了不断上涨的资本的海洋”，故“在这种权力重新分配发生的同时，整个财富系统开始演变成超级信息符号经济。所有财富和暴力一样，既发生转移也被改变”。[136] 尽管如此，随着营业、市场、社会、国家形态的演变，主导商权的资本形态也在发展变化，从近代之前的商业资本，到近代的工业资本，再到现代的金融资本、信息资本，以及正在兴起的数字资本、虚拟资本，不同资本形式主导下的商权内容与扩张方式、路径、轨迹，也存在明显的差异性和时代性。

1. 从商业资本扩张到工业资本扩张

近代最初的世界性扩张是在殖民贸易、市场体制与商人逐利的联合推动下进行的，其中，“商人、资产阶级（或市民、工商业者）在经济活动、在经济发展趋势上起主导作用”。[137] 很显然，近代之前和近代之初，商权的扩张是从商业资本的扩张，并从商业资本扩张的带动下开始的。但随着工业革命的兴起，工业资本大规模扩张取代商业资本的地位，且工业资本的持续扩张直接催生工业资本的垄断。马克思在《哲学的贫困》中指出“竞争就是追逐利润的竞赛”，“竞争不是工业竞赛而是商业竞赛。在我们这个时代，工业竞赛只是为了商业而存在”。几乎“所有的人都患了一种不从事生产而专谋利润的狂热病”。如此，“垄断产生着竞争，竞争产生着垄断。垄断者彼此竞争着，竞争者变成了垄断者”。[138]

2. 从工业资本扩张到金融资本扩张

19 世纪中叶，在工业资本扩张并进入垄断阶段的同时，金融资本也开始登场，成为资本的主角和新宠，逐渐跃升为商权扩张的主导力量，并进而居于资本的顶端地位。列宁早在《帝国主义是资本主义的最高阶段》中就明确指出“20 世纪是从旧资本主义到新资本主义，从一般资本统治到金融资本统治的转折点”，这一转折点集中表现为“资本的占有同资本在生产中的运用相分离，货币资本同工业资本或者说生产资本相分离，全靠货币资本的收入为生的食利者同企业家以及一切直接参与运用资本的人相分离”，其结果是“金融资本对其他一切形式的资本的优势，意味着食利者和金融寡头占统治地位，意味着少数拥有金融‘实力’的国家处于和其余一切国家不同的特殊地位”。[139] 由于金融资本涉及银行、证券、期货、基金、信托、保险、货币、外汇等多个领域，渗透到营业的各个领域和不同环节，自 20 世纪中叶以来，其扩张趋势更为明显，并

---

〔136〕 参见[美]阿尔文·托夫勒：《权力的转移》，黄锦桂译，中信出版社 2018 年版，第 459 ~ 460 页。

〔137〕 参见王加丰：《扩张体制与世界市场的开辟：地理大发现新论》，北京大学出版社 1999 年版，第 4 页。

〔138〕 《马克思恩格斯选集》（第 1 卷），中共中央编译局译，人民出版社 2012 年版，第 251、256 页。

〔139〕 《列宁选集》（第 2 卷），中共中央编译局译，人民出版社 2012 年版，第 612、624 页。

且呈现出全球化、电子化、网络化的发展趋势，甚至在一定程度影响着国际力量对比、国际经济格局、国际体系转型以及世界发展方向，[140] 在此情形下，金融资本的全球流动性扩张，无疑也成为当代商权扩张的关注焦点和调控重点。[141]

3. 从金融资本扩张到智慧资本扩张

20 世纪中叶，伴随金融资本的扩张，以人力、技术为核心的智慧资本、知识资本兴起，人力、技术等营业或生产要素在企业生产和商权扩张中占有越来越明显的权重，并逐步构成营业与企业的核心竞争力。[142] 自主创新能力作为现代企业追求的核心目标之一，进一步促进人力资本、知识资本、技术资本的扩张和溢出效应。[143] 特别是 20 世纪 70 年代崛起的美国“硅谷”，其以新诞生的高科技公司、信息技术、IT 产品、世界品牌为依托，成为集科学（science）、技术（technology）、工程（engineering）、数学（mathematics）于一体的新产业、技术、产品、品牌中心（STEM 中心），聚集着全世界最多、最优的资本、技术、人才、管理、企业组织和品牌。截至 2018 年年底，《财富》刊登的全球最大的前 1000 名企业中就有 53 家位于旧金山至奥克兰的“硅谷”地带，以苹果、谷歌、英特尔、高通、IBM、Facebook、惠普、思科、英伟达、甲骨文、特斯拉等最具代表性的“硅谷”超级高科技企业，掌握着全球最先进的制造技术和经营理念，在最优质的天使资本和最具经营才能的职业经理人的支撑下，其技术、产品与市场已经“超越了过时的区域知识产权制度”，“更加牢固地占据主导地位”，控制着全球的技术迭代、供应顶端、产业生态和利润链条。[144]

4. 从智慧资本扩张到信息资本扩张

在人力、知识、技术等智慧资本的基础上，创新的知识、技术与新型的信息技术结合，产生以新型信息为价值载体和符号的信息资本。信息资本的最大特点是集知识性、信息性、创新性和无形性于一体，作为第三次资本扩张的主力军，其在对外扩张中具有超前性、渐进性、辐射性、逆向选择性、偏单向性等特点。[145] 由于发达国家在信息资本占有和提供上处于明显、绝对优势，无形、信息资本从发达国家向发展中国家的扩张，也就成为当今信息资本扩张的基本态势。

---

[140] 参见唐永胜：《金融资本扩张逻辑的极限》，载《现代国际关系》2009 年第 4 期。

[141] 参见李洁、张天顶：《全球流动性扩张及其对资本市场的影响》，载《金融研究》2010 年第 10 期。

[142] 参见王哲：《知识资本扩张与区域知识创新网络构建研究——兼以安徽省会经济圈为例》，载《未来与发展》2009 年第 4 期。

[143] 参见张广科：《知识扩张、交易成本与企业能力异质性》，载《中南财经政法大学学报》2008 年第 4 期。

[144] 参见［美］露西·格林：《硅谷帝国：商业巨头如何掌控经济与社会》，李瑞芳译，中信出版社 2019 年版，第 3～26、328 页。

[145] 参见马传兵：《论无形资本的扩张性与第三次资本扩张》，载《中央财经大学学报》2006 年第 7 期。

5. 从实体资本扩张到虚拟资本扩张

随着计算机技术、电子商务、网络交易、移动通信、人工智能等新型营业业态的出现,财产、资本、货币的虚拟化导致资本的存在、运行、价值、增值的独立化与无因化,虚拟资本、金融的运行与实体财产、经营的营运完全脱离。一方面,资本虚拟、金融创新总是不断地创造出远离个别生产过程从而远离个别风险的各种资本形式、金融产品或货币工具;另一方面,投资者为分享高增长行业、地区或国家的经济增长利益而尽量减少个别风险,在世界范围内寻求证券投资的多样化。〔146〕 两者叠加,更加速资本、金融、货币摆脱个别生产、实体经营、具体风险的进程,进而推动虚拟资本的全球性扩张,传统实体资本扩张大有转型为虚拟资本扩张的态势。

(二)商权扩张的主体从传统自然人个体到现代企业再到国家经济体

商权扩张实质是商权背后权利人利益追求欲念的不断膨胀和逐利行为的外在扩展,本质上属于商权主体的行为扩张,不同商权扩张背后总有特定主体在主导。从商权扩张的历史进程来看,商权扩张的主导主体,大致是沿着"近代之前的自然人个体→近代以来的企业→当代的国家经济体"这一发展或变迁轨迹在不断演化着。

1. 近代以前商权扩张的主体为自然人个体及依附的家庭。在近代以前,严格来说是15世纪以前,人类生产、营业的主导主体是自然人个体及附属的家庭,家庭既是最基本的社会细胞,更是生产、营业的基本单元。营业最基本的形式是个体、家庭,营业的内容主要为从事商品买卖的商业和部分用以交换的手工业,无论是营业形式,还是营业规模,或者营业范围,加之受畜力(马或马车)、船舶等交通、运载工具的制约,营业均处于人力、手工所能达到、控制或覆盖的极限。在此情形下,以自然人个体或家庭成员共同参与的家庭经营体,就成为农业经济、商品经济时代商权扩张的主角,也正因自然人个体、家庭经营体融资的局限,加上社会整体生产力尚处于依赖手工、畜力、自然力的较低水平,此时商权扩张无论从产业、规模,还是从空间、地域,均十分有限。

2. 近代以来商权扩张的主体是以跨国公司为代表的企业。产生于15世纪、定型于17世纪的企业公司制度,是西方世界创新的"一个有效率的经济组织",它使人类的生产、营业从此由自然人商人时代跨越并飞跃到企业商人时代,其"在西欧的发展正是西方兴起的原因所在"。〔147〕 正是企业的产生,才使珍妮发明的纺织机、瓦特发明的蒸汽机、斯蒂芬森发明的火车,在巨额资本的支撑下由科研样品变为可批量生产的产品,最终转换为可应用到不同生产、营业领域的商品,从而直接助推后来的工业革命。反过

---

〔146〕 参见刘骏民:《从虚拟资本到虚拟经济》,知识产权出版社2020年版,第53~76页。

〔147〕 参见[美]道格拉斯·诺斯、[美]罗伯斯·托马斯:《西方世界的兴起》,厉以平、蔡磊译,华夏出版社2014年版,第3、22页。

来,又因工业革命的产生,以公司为代表的企业之融资力、生产力、经营力、创新力、竞争力得到更进一步的释放,进而带来企业商权的空前扩张。

企业制度的产生、公司组织的定型,使企业商主体成为工业经济、市场经济时代商权扩张的主角,而且作为商权扩张新的主导力量,注定从此开始,商权扩张就有了国际性、世界性、全球性。17~18世纪,早期西欧诸国具商业资本背景的海外公司、殖民公司在海外、殖民扩张和国际、世界市场的开拓中,充当着急先锋;19~20世纪中叶,西方列强具工业资本底色的跨国公司和巨型财阀在瓜分全球市场、蚕食地球资源、掠夺人类财富中,扮演着主力军角色;20世纪中叶以来,部分发达国家的金融资本财团、先进制造商、高新科技企业、物流或零售巨头、信息网络新贵等,凭借其雄厚的资本、先进的技术、独占的先机、厘定的标准、驰名的品牌、创新的理念、设定的构架、全产业链的覆盖等,把国际公司、跨国集团商权的扩张触角深入全球生产的每一角落或营业的所有环节,几乎垄断了国际绝大部分营业利益,主宰着世界的经济命脉。

总体而言,在过去半个世纪中,世界"经济和政治领域存在着显著的持续性利益","世界的延续与企业富豪的延续是一致的。因为现在这一阶层牢牢掌握了巨额财富的根本权力,无论他们是基于合法的所有权,还是合法的管理控制"。"他们之所以是企业富豪,是因为他们直接或间接地利用了大型企业圈,获取金钱、特权、债券、优势以及权力。"〔148〕

3. 经济全球化背景下国家资本甚至国家本身也参与或助推商权的扩张。从西方政府权力从受限制到扩张,再到适度收缩后又步入扩张的历史进程,〔149〕表明国家在商权的扩张中始终充当着重要角色。从另一角度看,"公司更像国家","而在过去的一百多年来,公司所扮演的类似国家的角色有了发展和改变,随着跨国公司本身规模的壮大而变得更加普遍而复杂",且"随着巨头公司的发展和利益的扩大,这种势头似乎有加速的趋势"。〔150〕

20世纪中叶,随着"二战"的结束和联合国的创立,绝对弱肉强食的"经济丛林规则"在联合国国际贸易法委员会、关税与贸易总协定及后来的世界贸易组织、国际商会、欧盟、亚太经合组织以及其他国际性、区域性经济组织的推动下,得到一定程度的抑制和修正。以贸易、投资、准入、开业自由化理念为主导建立起来的国与国之间平等参与、公平分享的国际经济贸易新秩序,使人类社会营业进入全球化的新时代。在此情形下,经济主权国家或具独立关税区地位的地区,无形间就成为一个独立的经济或市场竞争主体,国与国之间的竞争由传统的军事竞争和相互攻伐,转型为集中国家资

---

〔148〕 参见[美]C. 赖特·米尔斯:《权力精英》,李子雯译,北京时代华文书局2019年版,第169~170页。

〔149〕 参见王枫云、陆稻稻:《西方国家政府权力扩张与控制的经济学基础》,载《江汉论坛》2004年第11期。

〔150〕 参见[美]戴维·罗特科普夫:《权力组织:大公司与政府间历史悠久的博弈及前景思考》,梁卿译,商务印书馆2014年版,第318~319页。

源、力量所进行的投资、贸易、金融、科技方面的经济竞争，以企业为单位的竞争或扩张，被以国家或地区为单位的竞争或扩张所取代。典型的表现为国家资本直接参与竞争或扩张，或者利用国家权力主导或控制企业的竞争或扩张。自20世纪80年代以来，以外国直接投资（FDI）为代表的经济全球化呈现出快速发展的态势。[151] 与此同时，政府权力主导或控制下的营利性公共投资或准公共投资，呈现出明显增长的趋势。[152]

（三）商权扩张更具垄断性、国际性与全球性

商权扩张的结果必然是加剧竞争，进而走向垄断，且这种扩张性、竞争性和垄断性又因市场的无限性，必然溢出具体的国界和地区，具有国际性和全球性扩张的特征。

1. 商权的扩张直接推动国际性、全球性垄断资本的形成。商权扩张具有外部性，其实现或满足的直接手段和途径是争夺更大市场，自然商权扩张必然带来生产、营业和市场的激烈竞争，并导致垄断。诚如列宁所言，"对自由竞争占完全统治地位的旧资本主义来说，典型的是商品输出。对垄断占统治地位的最新资本主义来说，典型的是资本输出"。资本的跨国输出，必然带来全球扩张与国际垄断，即"第一，所有发达的资本主义国家都有了资本家的垄断同盟；第二，少数积累了巨额资本的最富的国家处于垄断地位"。[153] 这一情形在一百多年后的今天，仍然适用。

2. 跨国公司始终是商权扩张垄断化、国际化与全球化的主角。在商权扩张的垄断化、国际化与全球化进程中，以发达国家的先进制造商、金融巨鳄、大型零售企业、高新科技企业、文化传媒集团、军工联合体等为代表的跨国公司，始终扮演着主导者的角色。首先，跨国公司通过对外大规模投资、贸易、技术转移等活动，引导并主导着超国界的营业活动和经济领域。[154] 其次，跨国公司通过产业链、供应链的全球配置或转移，把其影响力、扩张力投向全球的每一个角落，跨国公司的投资、经营、交易已实质性地国际化和全球化。[155] 再次，跨国公司在向全球扩张的同时，进一步强化了对发展中国家经济和市场的渗透或控制，在拉美、亚太等发展中国家或新兴工业区，[156] 跨国公司通过设立子公司、合资联营、兼并收购、技术输出与许可、供应链控制等手段，把多数国家或地区的生产、营业、经济纳入其企业帝国的势力范围。最后，发达国家利用投资贸易自由化、经济全球化进程，借助跨国公司并以其作为先期楔入的棋子，通过全球治理、

---

〔151〕 参见黄文平：《全球化、跨国公司的权力扩张与发展中国家的新发展》，载《上海经济研究》2007年第1期。

〔152〕 参见苗文龙：《政府权力、营利性扩张与通货膨胀》，载《经济理论与经济管理》2012年第10期。

〔153〕 《列宁选集》（第2卷），中共中央编译局译，人民出版社2012年版，第626页。

〔154〕 参见金芳：《跨国公司权力的扩张和国家对跨国公司政策的变化》，载《世界经济》1993年第6期。

〔155〕 参见陈友良：《对西方跨国公司全球扩张的几点思考》，载《世界经济与政治》2001年第5期。

〔156〕 参见赵雪梅：《浅析跨国公司在拉美经济中的扩张趋势》，载《拉丁美洲研究》2003年第2期。

文化渗透等手段达到或实现其国家权力扩张的目的。[157]

3. 商权的扩张使投资、贸易、市场垄断化、国际化与全球化进一步加剧。

商权扩张的结果必然产生“马太效应”，这是因为支撑商权扩张基础的资本扩张是遵循以不平等为特征的“中心—边缘式”运行逻辑，在既有世界体系和既得利益格局下展开的。属竞争优势者或既得利益者的发达国家及其属下的跨国公司、大型企业、金融资本、先进制造商等，处于商权扩张的中心，为实现对边缘区的控制与剥夺，不仅要动用一切手段摧毁外围边缘地区工商业，使其成为中心地区产品的销售市场和原材料基地；而且还会限制高新技术向边缘区的流动，控制其创新能力以防止其产业升级。[158]在此情形下，投资、贸易、市场自由化进程并未有效地解决发达国家与发展中国家、富国与穷国、强国与弱国以及跨国企业与一般企业、核心骨干企业与附属联营企业、大型企业与中小企业、金融企业与制造企业、网络企业与传统企业、优势企业与劣势企业的平等竞争态势问题，反而在跨国公司帝国、国际垄断集团的不断扩张、垄断或控制下，使投资、贸易、市场的垄断化、国际化与全球化趋势进一步加剧。

（四）商权扩张内容从有形到无形、形式从实体到虚拟

在金融、技术、信息、网络、智能主导的后工业社会，商权扩张从内容到形式，遇到前所未有的挑战，并呈现出从有形到无形、从实体到虚拟的演进态势。

1. 商权扩张内容从有形转为无形

在后工业社会中，以金融、技术、信息、网络、智能为代表的无形资本，已成为商权扩张的急先锋和中坚力量。[159] 不仅如此，与欧洲主导的地理大发现、“二战”后美国主导的经济贸易全球化等前两次全球化不同，肇起于21世纪初、正在进行的第三次全球化进程中，无形资本已成为资本扩张、新型全球化中的主导力量。[160] 故未来在金融、技术、信息、网络、智能等无形资本领域占有优势或赢得先机，必然在更趋激烈的商权扩张或全球化浪潮中，成为营业领域的胜者。

2. 商权扩张形式从实体变为虚拟

在信息经济时代和网络智能社会里，以数字符号为构成要件或元素的信息、数据，不仅是一种主要的资源、财富，而已成为或将成为一种可谋取更大、更多资源、财富的资本。资本的虚拟化也导致营业业态和其他要素、权利的虚拟化，数字化资本及衍生的权利成为商权的新形式，更成为商权扩张的新起点。在虚拟资本的推动下，不仅存

---

〔157〕 参见沈惠平：《全球化中的权力扩张》，载《现代国际关系》2002年第4期。

〔158〕 参见蔡敏、周端明：《资本的扩张与世界经济的不平衡发展——兼评“中等收入陷阱”》，载《当代经济研究》2013年第5期。

〔159〕 参见马传兵：《经济全球化与无形资本的扩张》，载《理论前沿》2003年第2期。

〔160〕 参见马传兵：《无形资本扩张与发展中国家的对策》，载《国家行政学院学报》2005年第1期。

在基于网络经营资源的虚拟经营扩张,[161]更存在基于信息技术、网络交易的虚拟交易扩张。[162] 在此情形下,如何面对网络效应条件下的虚拟商权扩张问题,无疑是电子商法、网络商法、智能商法所不能回避的新课题。

---

[161] 参见李兴旺:《虚拟经营:21 世纪企业经营扩张战略》载《经济问题》2000 年第 12 期。

[162] 参见董佺:《网络效应条件下的扩张战略与对内开放——以服务业跨国公司为例》,载《国际经贸探索》2006 年第 5 期。

第十二章　商事权利的保护与救济

商权运行的终极目的是实现商权所承载的最大化利益，这种特殊的营业利益基于正当性、合法性、有效性，无疑应得到法律切实的保护。不仅如此，当商权遭遇政策、立法或制度性障碍，或被公权力作不当限禁、阻挠，或被公权或私权主体非法剥夺或不当侵害，相关权利主体营业利益受损时，法律当提供有效的救济。

第一节　商权的保护

商权只有获得政策认可、法律确认、行政维护和司法保障，其所内含的自由与利益对特定商事主体来说，才有实质意义。商权的保护不仅是商权属性的应然之义，也是商权运行的必要之举。

一、商权保护的理念原则

（一）商权为什么需要保护

商权需要保护并应当予以保护，这是商权本身的属性所决定的。它不仅决定商权保护的应然性，而且决定商权保护的必要性。

1. 商权的正当性

商权虽为私权，但因原于营生之需和谋生之术，属于个体、团体追求更多财产或财富以改善或增进自己生活条件、经济状况、社会地位，进而获取更高、更多、更大幸福之权利，完全可称其为国民、公民、平民、市民、居民、人民等民众追求更美好生活或幸福之权，权利的动机、目的与内容具有正当性。

2. 商权的民生性

民生领域由营业领域与非营业领域构成，商权就发生在营业领域，是民生领域的重要组成部分。营业与就业因涉及国家经济增长和个体劳动收入，可以说是当代民生最重要的两大主题。而营业问题在整个民生领域又具基础性，这是因为营业的普及与发达不仅决定着国家的经济增长、产业结构、地区布局，而且制约着特定国家或地区的充分就业，没有普及、发达的营业，自然也就没有充分、有效的就业。商权的实质就是营业中产生的特殊民事权利，事关民生改善和国民幸福，属民生之权、民间之权、民众之权。

3. 商权的积极性

商权的取得与实现，需通过特定民事主体主动地参与营业活动，实施积极的投资、经营、交易行为，它需要转换为投资主体、经营主体、交易主体等特定商事主体形式的民事主体，做必要的财产或资本投入，进行实在的生产或经营，并通过具体的交换或交易才可获得预期的最大化效益。商权的取得与实现，始终伴随着捕捉商机、面对风险、致力经营、拓展市场等，是一种积极开拓、不断进取的自利行为或社会活动，充分彰显人类发展进步和积极向上的主导价值和行为方向，是一种应当受到肯定、鼓励、张扬的正义、积极之举。

4. 商权的和平性

与犯罪、战争等非正当性、非正义性获取财产或财富方式有显著区别的是，商权是通过投资、经营、交易等营业行为而获取或实现的，它是建立在自愿、平等、协商的基础上，并在等价交换或对价给付的条件下实现主体所追求的最大化利益。利益的追求或获得，具有明显的非强力或非暴力等和平性，是一种建立在当事人之间自愿、平等、协商、等价基础上的和平获取财产或财富的方式，符合人类的伦理、道义要求。

5. 商权的建设性

虽然商权的起始动机和终极目的为自利，但商权却必须通过或借助于他利行为才能获取或实现，商权是一种典型的具自利性与他利性双重属性的私权利。正因如此，在商权的追求、获取或实现过程中，它首先必须通过投资、经营，创造或增进价值、财富；其次，必须通过交换或交易，使相对人、消费者获得特定需求的满足；再次，商权推动下的营业，使整个社会财富得以同步增进，从而可整体提高社会公众的福利水平；最后，商权的实现和利润的增进，可明显增加国家财政税收，进而提高国家财力和经济竞争力。总之，无论是商权的获取，还是商权的实现，均须以创造价值或财富，满足他人需求，增进社会福利，提高国家竞争力为基本条件或客观结果。足见，商权是一种具显著建设性的权利。

6. 商权的合法性

商权是基于合法、正当营业活动或行为而产生的权利，其权利的获得与利益的衍生，或者符合当时法律之规定，或者在法无明文规定情形下至少不违反社会公序良俗，具有足够的合法性基础或依据。

7. 商权的实效性

商权是一种具典型社会实效的权利，商权的获取或实现，不仅关乎商权主体自身的利益，而且涉及权利相对人、利益关系人、社会、国家等多方主体的权利与义务。一种商权一旦形成或确立，就会产生一系列复杂、多元的权利义务关系，特别是在市场经济关系中,就会结成一定的利益结构或秩序格局。不难看出,商权是一种确认民间、经济、市场、社会、国家有效秩序的特殊权利。

(二)商权保护的核心理念

既然商权的正当性、民生性、积极性、和平性、建设性、合法性、实效性决定了商权保护的应然性和必要性,那么确认商权保护的基本理念就应成为商权保护的首要议题。其中,应树立国家(公权)负有确认、保护商权基本义务和主要职责的核心理念。

1. 商权的私权性决定只有国家(公权)才能对其提供最切实、充分、有效的保护。商权是一种典型意义的私权利,而私权的实现一则有赖权利主体积极、主动地主张或行使,二则有赖相对义务主体的配合、履行或给付。凯尔森就认为“一个人以一定方式行为的权利便是另一个人对这个人以一定方式行为的义务”。[1] 而当义务方不配合、履行、给付时,就必然影响到特定主体权利的获得或实现,此时最公平、有效的方案,无疑是位居社会超然、中立、服务地位的国家或公权提供更为切实、充分的保护。这是因为政府和公权力的“主要作用必须是保护我们的自由以免受到来自大门外的敌人以及来自我们同胞们的侵犯;保护法律和秩序,保证私人契约的履行,扶植竞争市场”。[2] 在营业领域,个体或企业的“法律权利是资产的索取权,它是由国家以特定个体或机构的财产来进行界定的”,对个体与企业在资产上的这种法律权利,作为“合约权力”的受托者和“专职保护者”的国家,负有强制保护的法定义务。[3] 由此可见,商权涉及私权主体的财产权利、受益权能和经济人权,从宪法基本权利的尊重、保护、实现来看,国家当然负有权利保护的基本义务。[4]

2. 保护商权是国家(公权)应承担的基本义务和主要职责。无论是古典经济学中“政府的角色应该是守夜人”,还是马克思、恩格斯所认为的国家是“各种公共事务的执行”的“公共权力机关”[5],或“国家是整个社会的正式代表”[6],或者新古典经济学自由派学者主张政府最好的角色是“作为规则制定者和裁判员”[7],均在揭示国家或政府作为公权力的机关或社会利益的总代表,负有保护社会个体成员及所享权利的基本义务。故“按照自然自由的制度”,君主或国家“只有三个应尽的义务”,即“第一,保护

---

〔1〕［奥］凯尔森:《法与国家的一般理论》,沈宗灵译,中国大百科全书出版社1996年版,第84~100页。

〔2〕［美］米尔顿·弗里德曼:《资本主义与自由》,张瑞玉译,商务印书馆2004年版,第5页。

〔3〕参见［美］约拉姆·巴泽尔:《国家理论——经济权利、法律权利与国家范围》,钱勇、曾咏梅译,上海财经大学出版社2006年版,第215~249页。

〔4〕参见郑磊:《民生问题的宪法权利之维》,载柳华文主编:《经济社会和文化权利可诉性研究》,中国社会科学出版社2008年版,第226~236页。

〔5〕［德］卡尔·马克思:《资本论》(第2卷),中共中央编译局译,人民出版社2004年版,第431~432页。

〔6〕《马克思恩格斯选集》(第3卷),中共中央编译局译,人民出版社2012年版,第668页。

〔7〕［美］米尔顿·弗里德曼:《资本主义与自由》,张瑞玉译,商务印书馆2004年版,第30页。

社会，使不受其他独立社会的侵犯”；“第二，尽可能保护社会上的各个人，使不受社会上任何其他人的侵害或压迫，这就是说，要设立严正的司法机关”；“第三，建设并维持某些公共事业及某些公共设施”。[8] 其中，“在政府政策的范围内，第一个和最迫切需要的是消除那些直接支持不论是企业还是劳工垄断的措施，并且对企业和工会以同样的态度执行法律。两者均应从属于反托拉斯法，两者在关于破坏财产和干涉私人活动方面应该在法律上同样对待”。[9] 足见，商权作为一种特殊受益性权利，决定国家具有对应的保护、给付和救济义务。[10]

3. 国家(公权)承担保护商权义务乃市场经济中的一种基本共识。营业中所形成或产生的商权，涉及参与竞争、交易中的各方主体利益，是构建市场经济秩序和社会和谐关系的基石。在一定意义上讲，国家或政府维护、保护商权实质就是维护市场经济秩序和保护社会关系和谐。如挪威学者艾德认为，对经济与社会权利的保护，国家负有尊重、保护、实现等三个层面的义务。[11] 又如在德国，国家的任务是保障不同私人经济主体在经济上的自由和法律上的平等。[12] 美国学者亨利·舒更从宪法权利的“义务层次论”角度，提出国家应负有对自然人或公民基本权利“避免受国家剥夺的义务”“保护个人不受他人剥夺的义务”“帮助或促进权利主体实现权利的义务”三类主要义务。[13] 不难看出，国家要确认或维护市场经济体制，就必须承担保护商权的基本义务和法定职责，这几乎已成学界、业界、政界的一种基本共识。

4. 国家(公权)保护商权之基本义务已成为一项基本的国际法规则。商权属于经济社会发展权，是一种基本人权，其权利范围和内容已载入联合国《世界人权宣言》《民权公约》《经社文公约》《社会进步和发展宣言》《发展权利宣言》等国际人权公约文本，成为各国遵守的基本指导准则。其中，保护本国国民无差异地享有或行使社会发展权利作为国家的基本义务，在取得国际广泛共识的基础上，已成为一项最基本的国际法

---

〔8〕［英］亚当·斯密：《国民财富的性质和原因的研究》(下卷)，郭大力、王亚南译，商务印书馆1974年版，第253页。

〔9〕［美］米尔顿·弗里德曼：《资本主义与自由》，张瑞玉译，商务印书馆2004年版，第40、143～144页。

〔10〕参见张翔：《基本权利的受益权功能与国家的给付义务——从基本权利分析框架的革新开始》，载《中国法学》2006年第1期。

〔11〕参见［挪］A. 艾德等：《经济、社会和文化的权利》，黄列译，中国社会科学出版社2003年版，第22～23页。

〔12〕参见［德］罗尔夫·施托贝尔：《经济宪法与经济行政法》，谢立斌译，商务印书馆2008年版，第73页。

〔13〕See Henry Shue, *Rasic Righte: Subsisternce, Affluence and U. S. Foreign Policy*, Princeton University Press, 1996, p. 53. 转引自黄金荣：《司法保障人权的限度——经济和社会权利可诉性问题研究》，社会科学文献出版社2009年版。

规则。[14]

（三）商权保护的基本原则

商权保护作为国家的基本义务，应遵循如下基本原则：

1. 一体、平等保护原则

首先，它要求国家或政府在确认营业自由、分配营业机会时，应秉持一体同仁、公平对待的原则，把境内所有营业机会无差异地、公开地、平等地分配给所有国民或民事主体，让每一个有营业意愿的民事主体均有机会进入营业领域；国家或政府不可通过差别政策、法律、制度或举措，对某些或某类主体给予例外照顾或许可，而对某些或某类主体实行特别限制或禁止。其次，它要求国家或政府应给予所有进入营业领域的商事主体以政策、法律、制度或举措方面的一体、平等权利或待遇，并提供平等而无差异的公共服务。再次，它要求国家或政府应通过无差异的一体化政策、法律、制度或举措，为所有进入营业领域的商事主体所拥有、衍生、创造的商权提供平等确认或保护。最后，它要求国家或政府在商权遭受各种公权或私权侵害时，应在一体化政策、法律、制度或举措的基础上，提供无差异的平等救济。

2. 全面、充分保护原则

首先，国家或政府对商权的保护必须是全面的，既应保护各种机会性商权，也应保护各种实体性商权，还应保护各种程序性商权，对所有商事主体商权保护的内容或形式，必须是全面的。其次，国家或政府对商权的保护必须是充分的，即必须在政策、法律、制度或举措的全领域、全过程、全阶段、全环节作充分保护。再次，国家或政府对商权的保护必须是切实的，即国家或政府对商权的保护应是实质的，而非形式的，对商权的具体确认、行使、实现应提供具实质内容的保护，并通过保护使商权主体获得实在、可得的利益。最后，国家或政府对商权的保护必须是有效的，即这种保护必须是有权威力、公信力、救济力作保证或支撑的保护，当商权遭遇各种公权或私权主体侵害时，国家或政府所设定的法律、制度、机制，应能提供具法律实效的救济。

3. 整体、动态保护原则

首先，它要求国家或政府应把商权视为一项整体性权利进行保护。《发展权利宣言》（1986 年）第 9 条第 1 款就明确规定“本宣言规定的发展权利的所有各方面都是不可分割和相互依存的，各方面均应从整体上加以解释”。[15] 商权属于一项典型的个体

---

〔14〕 参见联合国人权事务高级专员办事处：《人权国际文件汇编》（第 1 卷），联合国出版物 2002 年版，第 4、22、416、432～433 页；［奥］曼弗雷德·诺瓦克：《民权公约评注》（上册），毕小青、孙世彦译，生活·读书·新知三联书店 2003 年版，第 192～195 页。

〔15〕 联合国人权事务高级专员办事处：《人权国际文件汇编》（第 1 卷），联合国出版物 2002 年版，第 434 页。

或团体的发展权利，内容包括机会性权利、投资性权利、经营性权利、交易性权利、竞争性权利、财产性权利等；其既有实体性权利，也有程序性权利；不仅有抽象意义上的机会、权能或资格，而且有具体意义上的财产、收入或利益，这些都应给予整体性保护。其次，它要求国家或政府对商权应提供动态的保护。既要保护处于营业确认状态下的各种商权，也应保护处于营业变动状态中的商权，包括营业转让、营业租赁、特许经营、营业信托、企业重组、企业托管等营业变更状态中的商权，以及企业解散、企业清算、企业接管、企业重整、企业破产等营业退出状态中的商权；应保护具有形财产载体的各种传统商权，更应保护以无形机会、资本、金融、技术、秘密、信息、数据等表现出来的多元新型商权。最后，它要求国家或政府对商权应提供持续的保护。也就是说，既要对进入营业领域之前的选择自由与进入机会进行平等、有效的确认，也要对进入营业领域之后所有商事主体的现实权利或实际利益提供切实、有效的保护，还应对在营业过程中所衍生、创新、派生的各种权利或利益进行切实、有效的保护，更要对各种商权遭侵害所生权利或利益提供切实、有效的保护。

4. 系统、综合保护原则

首先，它要求国家或政府应为各类商权主体提供良好的营商环境。营商环境实质上就是营业环境，营业行为的实施与营利目标的实现，需要初始、基础、支撑性的营商环境。国家或政府在促进营业、调整营业、规范营业、保护营业具有义务和法定责任，应通过政策、法律、制度、规则等不同层面的规范或机制，创设一个自由、宽松、公平、竞争、稳定、持续、有序的营商环境，为保护各类商权提供基础性的支撑政策体系、法律体系、制度体系、规则体系。其次，它要求国家或政府对商权应提供政策、立法、行政、司法各领域和多机制的系统保护。如《发展权利宣言》(1986 年)第 10 条第 1 款规定，缔约国“应采取步骤以确保充分行使和逐步增进发展权利，包括制订、通过和实施国家一级和国际一级的政策、立法、行政及其他措施”。[16] 商权的系统保护不仅有基本经济政策的选择与制定，也有立法上的宣示或确认，还有行政上的保障和落实，更有司法上的认定与裁判。不仅如此，国家或政府还应创设或提供一整套制度机制或体系规则，使商权的保护走上法律化、制度化、体系化的常态化轨道。最后，它要求国家或政府在法律上，应综合利用公法与私法、宪法与普通法、国内法与国际法，对商权提供全方位的保护。例如通过对不同所有制、经济成分或营业形式的平等保护，以机会性商权的入宪宣示等形式，在宪法这一国家根本法层面对商权提供最高的政策宣示、制度安排和法律定位；通过反垄断法或反不正当竞争法，对投资性商权、竞争性商权的公平分配提供公权保障；通过民商法，对财产性商权的立法确认、经营性商权的私法自治、交易

---

〔16〕 联合国人权事务高级专员办事处:《人权国际文件汇编》(第 1 卷)，联合国出版物 2002 年版，第 434 页。

性商权的合同规则、变动性商权的动态维持，提供私法具体保护；通过刑法、诉讼法、仲裁法等，为商权的实体与程序救济提供国家公力的强制救济。此外，国家或政府还应通过有效选择适用国际公约、多边协定、国际组织规则、国际惯例等国际规则，为国内企业等商权主体在跨国营业与全球竞争中保驾护航。

二、商权保护的主要内容

（一）商权保护的一般内容

从商权作为一种潜在、增值、发展性权利来考察，商权保护的一般内容应包括以自由、机会、信息为核心元素，以财产、权益、效力、状态等为外在表征形式的一系列资格和权能。其中，国家或政府应予重点保护的，应包括如下几个方面：

1. 宣示营业自由

营业自由是一种重要的商事权利，更是一种主体求得发展、实现幸福追求的基本人权。自然在政策或法律层面，宣示营业自由为所有国民或民事主体一项应然的基本权利，就成为商权保护的逻辑基点。〔17〕

2. 提供平等机会

机会是各种权利、利益获取与实现的起点，机会占有或分配上的不平等，必然导致权利、收入或利益的不平等，它不仅存在于一国境内，而且是一种全球的普遍现象，在“经济趋同和库兹涅茨波浪”这两股力量不断影响并冲击全球不平等的境况下，作为主权国家，为普通人创造机会平等，或者通过禀赋平等化干预政策，能在一定程度上有效抑制收入与财富分配不平等的扩大化趋势。〔18〕 人类不平等的发展史已证明，经济不平等主要指向“资源在不同群体间或不同个体间的分配”，它隐含着“收入和财富的差距须受到某种价值观判断的限制”，其中就包括初始机会的不平等分配。但是，如绝对追求经济分配结果平等，则“会通过各种各样的激励机制损害经济增长”；相反，如国家赋予每一个人以“平等的机会”，在市场经济中通过平等竞争和个人努力，即使分配结果不平等，也只是反映“每个人对社会的贡献”或“人们的真实能力”之间的差异，这样也比纯粹、绝对追求结果平等或分配平等要更为公平、公正，而“并非是不公平的”。〔19〕具营业机会内容或意义的商权，需要国家或政府提供如下特别保护：（1）平等进入机会；（2）平等投资机会；（3）平等经营机会；（4）平等交易机会；等等。

---

〔17〕 参见肖海军：《论营业自由——商法价值的展开》，载范健主编：《商事法律报告》，中信出版社 2004 年版，第 39～69 页。

〔18〕 参见［塞尔］布兰科·米兰诺维奇：《全球不平等》，熊金武、刘宣佑译，中信出版社 2019 年版，第 177～200 页。

〔19〕 参见［美］米凯莱·阿拉塞维奇、［美］安娜·索奇：《不平等简史》，罗海蓉、智艳等译，上海社会科学院出版社 2018 年版，第 33、139～144 页。

3. 促进民间创业

商权是民生之权，更是民间、民资、民企创业求富之权，保护商权实质就是保护民间创业，就必须首先调动民间、民资、民企创业的积极性和创造性。泰西各国的近代嬗变、中国经济新近崛起之成功经验证明，民间资本参与创业投资乃通向民富国强的必由之路和必然选择。可见，要切实保护商权，就必须促进民间创业、鼓励民间投资，特别是应引导民间资本参与创业投资，促进民资、民企进入战略性新兴产业的发展，[20] 并为之提供必要的政策支持和稳定的法律环境。

4. 确认营业财产

营业财产是围绕特定营业目的、具有独立经营机能的财产整体，[21] 是从事经营和交易的物质基础；营业财产在商法上具有基础、独立、支撑性的重要法律地位；[22] 营业财产是商权的重要客体，理应成为商权保护的核心内容和重要对象。特别对企业经营体而言，对企业商权的保护，第一位就是尊重企业的主体地位并对其所属营业财产进行切实的保护。

5. 公开营业信息

营业信息本身具有价值性，其投入生产、经营、交易会明显增进或放大营利效益，特别如营业标记、技术发明、商业秘密、网络数据等特殊营业信息，因可给特定主体带来巨大的营利效应并成为新型财产及权利的形式或载体，因而受到不同国家或地区前所未有的重视和珍惜。故依法公开并有效保护各种形式的营业信息，也就成为当代商权保护的核心主题和重要内容。

6. 维持企业存续

营业是一个必须经历投资、经营或交易活动的运行过程，包括生产、制造、加工、服务等各种经营或交易形态，需要不断地对人、财、物进行组织、管理，需要持续地对供、产、销等不同营运环节进行协调和配置，需要处理各种内部管理与外部代理关系，没有稳定、持续的过程，仅有资本、劳力、技术、管理的投入或参与，并不能当然凝结成以具体产品或特定服务为表征的营业成果，自然也不能实现价值创造、利益增进和效益最大。商权保护就必须维持营业的稳定、持续状态，没有经营稳定和营业持续，商权的保护与实现只能归于空谈。故营业持续和企业存续，不仅是现代商事营业维持原则的基本要义，[23] 更是商法，特别是企业公司法的基本准则。[24]

---

〔20〕 参见赵振宇、王斐俊：《解决民间资本参与创业投资瓶颈的对策》，载《经济纵横》2013 年第 12 期。

〔21〕 参见李凡、陈国奇：《营业财产独立性辨析》，载《政治与法律》2008 年第 3 期。

〔22〕 参见李飞：《营业财产理论评析——构成要素、性质及其在商法上的地位》，载《法律科学（西北政法大学学报）》2008 年第 2 期。

〔23〕 参见韩秀义：《商事营业维持原则》，载《现代法学》2001 年第 2 期。

〔24〕 参见王瑞、丛奔：《企业维持原则在解散公司之诉中的体现》，载《法学杂志》2012 年第 2 期。

7. 认定交易效力

交易不仅是营业完成和商权实现的末端环节，更是对营业参与者或相关利益者权利义务的一种现实利益或期待利益归属的锁定和固化。故交易一旦缔结或完成，特定合同、契约、协议、章程等交易文本所确定的交易关系，实质就是一种经交易分配而形成的新利益格局。这种新的利益格局或利序关系，既是营业当事人基于自由意志、自愿选择、自主决策、自治管理的结果，也是所有营业参与人、关系人平等、充分协商后形成的合意，更是遵循法律规定或市场规律的运行成果。自然，保护商权就应尊重并认定交易本身的效力和结果，更应维护经自愿、合法、正当交易而形成的利益归属或利序格局。

8. 保护所得利益

商权的核心利益与最终权益是投资、经营、交易所生或所得利益，即所谓营业所得，它既是商权的核心要素，也是营业经多次分配的直接结果，更是营业、生产、市场再循环、持续与扩大的新起点。营业所得得不到有效保护，所有之前的投资、经营、交易活动就无实质价值或意义，营业之目的必然落空，反过来也无继续营业的本钱，社会就无再生产或扩大再生产的可能，人类必然归于停止静寂状态，故保护商权就必须对营业所得的各种利益提供切实有效的保护。

9. 救济营业损害

商权本质属于营业中所生各种利益，这种利益既有现实利益，也有潜在利益；既有实际利益，也有期待利益；既有已得利益，也有可得利益。但从商权的潜在性与发展性而言，商权所含核心利益更多是一种潜在、期待、可得利益，它具有无限放大的可能性。一旦商权遭到各种公权或私权主体的侵害，这种具潜在、期待、可得和无限放大可能性的最大化利益，就有落空的可能。在此情形下，商权保护无疑应包括此种受损的特殊最大化利益。

有关其他商事权益的保护，在此不再一一列举赘述。

(二)商权保护的具体内容

就特定、具体层面而言，商权保护的主要内容具体又包括如下两大部分：

1. 不同商权主体的实体性商权

这包括不同商权主体在不同营业形态、阶段、环节所享有或取得的商权，如前述民事主体原生性、机会性、门槛性的营业自由权，投资主体的资本权，经营主体的营业财产权，交易主体的商事债权，以及各类商权所衍生的一系列子权利等。

2. 不同商权主体的程序性商权

它包括如下主要内容：(1)不同商权主体在享有、取得、主张、行使、实现商权时应当享有的各种程序性权利；(2)不同商权主体在权利遭受各种公权或私权侵害时所丧失的各种可预期权利或利益；(3)不同商权主体在权利遭受各种公权或私权侵害时，通过提起违宪审查、行政复议、行政诉讼、国家赔偿、民事诉讼、商事仲裁、强制执行等各种救济程序所享有的各种程序性权利或派生的各种补偿性、赔偿性利益。

三、商权保护的总体架构

商权保护涉及方方面面，既有体制、制度、规范、规则方面的整体性安排，又有不同部门法上的具体分工。

(一)商权保护的整体机制

商权保护首先有赖于国家、执政者和政府确认或建立的一套整体性体制或制度机制，为商权提供多层次和全方位的保护，这一具整体性的体制或机制又集中表现在经济政策、市场立法、营业行政、商事司法等几个方面。

1. 经济政策宣示

任何政策，与公民权利的发展都存在极大的关联性，[25]且各种政策理念和政策自身又在某种程度上拓展或限制了公民权利的实现。[26] 经济政策的定位对商权保护有顶层性、全局性指导意义，在一定历史时期与发展阶段，对特定国家或地区之立法、行政、司法在商权总体定位与协调保护方面，具有约束性功能。经济政策对商权的保护性宣示，主要集中表现为不同所有制经济形态或经济成分的定位，公有经济或私有等非公有经济的功能与地位，国有经济或民营经济的平等或差别准入待遇，市场经济或计划经济制度或宏观调控方式的选择，国家、国民财产与财富的所有及分配形式，国家对待民间、民资、民企创业所持的尊重、鼓励、支持、保护或否认、限制、禁止、剥夺之不同态度等，对商权的定位、确认与保护均具有至关重要的意义。改革开放以来，我国在坚持公有制为主体、多种所有制经济共同发展，毫不动摇巩固和发展公有制经济，毫不动摇鼓励、支持、引导非公有制经济发展；对内搞活、对外开放的经济改革；社会主义市场经济；承认、尊重并保护公民私有财产；国家鼓励大众创业、万众创新；鼓励、提倡国民营业与公平竞争；支持、引导中国公民与企业开拓海外市场等一系列基本经济制度和经济政策上的确立或调整，对我国新时期商权的定位、确认和保护，发挥着明显的积极推动和促进功能。实践证明，国家、执政者和政府在经济政策方面的宣示，对商权保护具有基础意义。

2. 市场立法确认

商权的领域在营业、市场，有赖于国家的经济、营业、市场立法，同任何权利均由应

---

〔25〕 参见杨伟民：《社会政策与公民权利》，载《江苏社会科学》2002 年第 3 期。

〔26〕 参见李清伟：《论社会政策与公民权利的实现——以〈新公司法司法解释二〉为视角》，载《政治与法律》2008 年第 3 期。

然权利到法定权利到实有(在)权利的运行轨迹一样,[27]具正当、应然属性的商权只有载于立法文本被确认或固化,才可转化为法律、制度、规则上可保护的权利。即使属于应然权利,在法律缺位的情形下也必然会造成基本权利的虚置状态,[28]故要使商权获得切实的保护,就应当通过各种形式的立法,把经济、营业、市场中各种应然、正当意义上的基本商权,确认、记载、固化、宣示为法定商权。经济、营业、市场立法对商权的确认,又包括法效(宪法与普通法)、法源(国家制定法与商人自治法)、法域(国内法与国际法)三个层面。

3. 营业行政服务

商权在公法上属公民基本权利,在私法上为民事特别权利,其自由维度、利益范围与行政权管控的范围、强度是一种相向的对应关系。在公民权利、民事权利的保护方面,行政权的配置、选择、运用、管理本为公共、公益、公序目的而设,只有时刻将权利本位、权利至上、权力是为保护权利而设的观念置于首位,[29]公民权利、民事权利才不至于在行政权力或行政行为的扩张或变异中走样、落空。经济、营业、市场是一个公权与私权、国家经济管理权与民事主体营业自由权、行政权力与商事权利交叉、交织、交汇的领域,政策宣示和立法确认的商权能否在现实的经济、营业和市场活动中,变现为实有、实在、实然的权利或利益,行政权力的定位与运行关系极大。行政及行政权的运行对商权保护产生的至关重要影响,主要表现为如下几个方面:(1)从行政影响的功能或效果上而言,包括积极保护与消极限禁;[30](2)从行政作用商权的方式而言,主要包括行政立法与行政决定;(3)从行政制约商权的范围看,可分实体性商权与程序性商权。[31]

由于行政权力及行政行为对商权之行使与实现影响更为直接,基于行政的公权管制惯性,在行政权力与行政行为定位模糊或权力边界不清晰的情形下,容易因行政权的扩张或滥用而限制或剥夺、侵犯或损害商权。故为达到行政保护商权之职责,政府应当履行下列义务:(1)应改变行政权力的管治思维与行政行为的管制本位;[32](2)应基于平衡与分权原则,[33]对行政权与行政相对人权利进行公平、合理的配置;[34]

---

〔27〕 参见李步云:《论人权的三种存在形态》,载《法学研究》1991 年第 4 期。

〔28〕 参见刘志刚:《立法缺位状态下的基本权利》,载《法学评论》2011 年第 6 期。

〔29〕 参见孙丽岩:《行政权下的公民权利之辩》,载《政法论坛》2013 年第 2 期。

〔30〕 参见罗文燕:《权利限制与权利保障——对行政许可制度的再认识》,载《行政法学研究》2003 年第 3 期。

〔31〕 参见蔡立东:《行政审批与权利转让合同的效力》,载《中国法学》2013 年第 1 期。

〔32〕 参见赫然:《行政相对方权利本位探析——现代行政法学视角的转换及其意义》,载《社会科学战线》2005 年第 1 期。

〔33〕 参见[美]米尔顿·弗里德曼:《资本主义与自由》,张瑞玉译,商务印书馆 2004 年版,第 5 ~ 10 页。

〔34〕 参见罗豪才、崔卓兰:《论行政权、行政相对方权利及相互关系》,载《中国法学》1998 年第 3 期。

(3)在各种行政程序运行中要重视并落实对商权的保护。[35]

4. 商事司法救济

司法对权利实现与保护具有终极意义,无论是宪法性权利,[36]还是公民的基本权利及民事权利,[37]或者社会权利,[38]只有成为可诉性权利并通过司法救济,才能是实在并可实现的权利。司法救济不仅是权利保护的最有效途径,经司法判决或裁定所确认的权利或利益,具有强制执行的直接约束力,且司法救济还是所有权利保护方式的最终途径,如权利不能通过司法给予维护或得不到司法救济,此项权利就只是一项法律上宣示的虚置权利,而不是一项可实现的实在、实有、实然权利。司法不仅具有维护和救济法定权利的功能,而且作为既具被动性、又具能动性的中立司法,其常处在社会实践先于社会共识、立法文本落后于法律实践的社会变迁或社会变革时代,或者能及时反映转型社会下不同利益的重组关系或新生权利,[39]或者能超越既有、现行成文法局限,作出符合法律理念、社会正义、事实逻辑的各种判决,进而确认某些新型权利,[40]使司法能回应社会进步和经济发展的新变化或新需求。[41]

司法在商权保护所发挥的角色和功能,主要表现为如下三个方面:(1)确认商权归属;(2)保护商权利益;(3)救济商权损害。在所有司法类型中,以民事诉讼和商事仲裁为基本内容的商事司法,因具有明显的维护商权主体之救济功能,而居于基础地位且具有终端意义。[42] 故要切实并有效地保护商权,就须重视民事诉讼与商事仲裁的基础功能与终端地位,通过建立有效的商事司法裁判体系,强化各种侵犯或损害商权的民事责任。

(二)商权保护的法域分工

商权最确定、可靠、持续的保护是法律保护,而由不同部门法有机构成的国内法体系,又是商权保护的主要法源。它们之间既有明确的功能定位、具体分工,又必须有密切的相互配合、动态协调。

---

〔35〕 参见王锡锌:《行政过程中相对人程序性权利研究》,载《中国法学》2001 年第 4 期。

〔36〕 参见黄建水、栗丽:《论宪法性基本权利的司法保障》,载《政法论坛》2002 年第 4 期。

〔37〕 参见邓世豹:《论公民基本权利的司法适用性》,载《法学评论》2003 年第 1 期;刘淑君:《公民基本权利的司法救济探析》,载《法制与社会发展》2003 年第 2 期。

〔38〕 参见郑贤君:《社会权利的司法救济》,载《法制与社会发展》2003 年第 2 期。

〔39〕 参见李雨峰:《权利是如何实现的——纠纷解决过程中的行动策略、传媒与司法》,载《中国法学》2007 年第 5 期。

〔40〕 参见曾尔恕、陈强:《社会变革之中权利的司法保护:自决隐私权》,载《比较法研究》2011 年第 3 期。

〔41〕 参见[美]阿兰·艾德斯、[美]克里斯托弗·N. 梅:《美国宪法:个人权利》,项焱译,商务印书馆 2014 年版,第 10~15、69~87 页。

〔42〕 参见顾培东:《论我国民事权利司法保护的疏失》,载《法学研究》2002 年第 6 期。

1. 宪法对基本商权的确认与宣示

宪法作为国家基本法,在商权保护上具有顶层设计、制度支撑和基础指引等功能。其中宪法在确认一国基本经济制度、对国家权力与民间权利作初级分配、规定国民基本权利义务等方面,对一国商权的定位、属性、类型、范围、内容,具有基础决定力、影响力和约束力。就我国而言,1982 年《宪法》及之后的历次修正,其对商权具实质影响力总体表现在如下几个方面:(1)基本经济制度的规定。如第 6 ~ 11 条、第 15 条等。(2)基本法律原则。如第 5、12、13、16 ~ 18 条等。(3)基本权利列举。[43] 如第 11、33、35 条等。

2. 民商法对具体商权的规定与细化

民商法在商权保护中扮演着核心、骨干角色,起着主导、支撑功能,它不仅对各种一般或特别商权有明确、具体、细化的规定或列举,而且对各种商权的内容有比较清晰的界定或描述,更对各种商权的保护措施和侵权责任有具体的分工。民商法在具体规定或细化商权上,主要包括如下两个层面:(1)《民法典》基本民事权利的列举。《民法典》总则编第 5 章"民事权利"对一般民事权利和《民法典》物权编、合同编、人格权编等具体民事权利的规定、列举,其中就有相当部分属于典型意义的商权,如第 125 条关于股权等投资性权利的规定,合同编中绝大部分合同债权,就属于商权的范畴。不仅如此,《民法典》侵权责任编中各种民事侵权责任实质也为商权的保护与救济提供了一般性规则。(2)商事特别法对特别商权作更为具体的规定或列举。如《公司法》对股权的规定等。

3. 经济法创造商权行使的准入环境

经济法作为国家管制经济、监督营业、调整市场之法,对商权的行使与运行有直接的影响,表现集中于如下几个方面:(1)自由、平等营业、市场准入环境的维护。如《反垄断法》。(2)限制商权的不当行使或过度膨胀。如《反不正当竞争法》等。(3)界定国资与国企进入市场的边界。如《企业国有资产法》、国有企业投资与经营范围的厘定等。

4. 行政法为商权提供服务与监管平台

行政法作为调整国家行政机关公共管理与公共服务之法,在经济、营业、市场领域,具有通过维护公共、公益、公序属性的关系或秩序达到服务或维护商权之功效。行政法涉及行政主体及国家公务员方方面面的权利与义务,与商权有关的规范、制度或规则,包括如下几个方面:(1)营业中的公私分离与行政回避。如我国《公务员法》(2018 年修订)第 59 条第 10、16 项规定;又如《优化营商环境条例》(2019 年)第 3、4、6

---

〔43〕 参见胡正昌、李云霖:《公民图像:基本权利立法保障的返视、反思与展望——纪念我国 1982 年宪法颁布 30 年》,载《政治与法律》2012 年第 12 期。

条,第2章,第4章等规定。(2)商权的行政确认。如各种不动产登记、矿权登记、营业财产登记、商事主体登记等行政登记。(3)营业准入与商权行使的无害性审查。如各种营业行政许可、行政审批制度的设置。[44] (4)对违法、不当营业和各种商权滥用行为作为必要的限制或处罚。如我国《行政处罚法》(2021年修订)第9条规定;又如我国《行政强制法》(2011年)第2条所规定等。(5)对损害商权的各种行政侵权设定行政救济路径。如我国《行政复议法》《行政诉讼法》《国家赔偿法》等主要行政法律,分别设定了行政复议、行政诉讼、国家赔偿等不同救济途径或方式,它们同样适用于商权维护与救济路径。

5. 刑法为严重侵害商权设置红线

刑法作为规定犯罪与刑罚的法律,所针对的是严重危害国家安全或社会秩序、侵害自然人或社会组织人身或财产权的行为,从行为属性上讲,刑法所调整的行为属于法律禁止的行为。就营业与商权而言,刑法主要体现为对各种破坏公平竞争市场环境和合法商权行为的禁止,它大多分散规定在我国《刑法》(2020年修正)第2章"危害公共安全罪"、第3章"破坏社会主义市场经济秩序罪"、第5章"侵犯财产罪"、第6章"妨害社会管理秩序罪"之中。刑法通过严厉打击或制裁各种严重破坏公平竞争市场环境和合法商权行为的犯罪活动,可有效地营造合法、正当、公平、有序的营业竞争环境和良好的市场交易秩序,从而为商事主体取得、行使或实现商权提供稳定、安全的社会条件。

6. 程序法为商权提供救济路径

诉讼、仲裁、调解等为商权保护提供程序性保障和救济性路径,其中诉讼又包括民事、行政、刑事、国家赔偿等多种形式,为商权提供国家司法救济的程序支撑;仲裁为商权提供社会自治司法救济的程序支持;调解为商权提供民间协商性保护的程序支撑。

四、商权保护的具体途径

(一)营业自由权的保护

营业自由权是所有商权的基础和前提,无原生性的营业自由,则没有后续的投资性、经营性和交易性商事权利,故对营业自由权的保护,应成为所有商权保护的基点。就营业自由权保护的立法架构来看,它应包括商事权利入宪,即营业自由应作为基本人权写入宪法;以商事价值观立典,即营业自由应作为民商基本法的主导性价值取向;营业自由理念下的商事特别法之定位,即在营业自由价值观的指导下,国家对营业的

[44] 参见刘东亮:《无害性审查:行政许可性质新说》,载《行政法学研究》2005年第2期。

监管应实现由行政管理本位向当事人自治本位转向等几个方面。[45] 具体而言,可分为如下几个层面:

1. 营业自由权的宪法宣示

营业自由不仅是一种重要的商事权利,更是一种主体追求发展、实现幸福追求的基本人权。“从某种意义上说,宪法的主体设计就是为了保护个人权利。实际上,宪法制定者中的大多数都相信,宪法所创立的政治结构是保护人民权利的基本和首要工具”。[46] 营业自由作为基本人权入宪是资产阶级以政治斗争实现经济利益目标的一种集中体现,且已成大多数国家的一种立法和制度惯例。综观各国宪法,在营业权的表达方式上,有自由权吸收方式、经济与财产自由包含方式、职业选择自由概括方式和营业自由表达方式等不同模式,在具体的立法体例上有宪法序言或总则宣示式、经济政策性原则条款式、公民基本权利条款列举式、总则宣示与公民权利列举相结合的模式等不同范式。[47] 如1868年《美国宪法》第14条修正案第1款就明确规定“无论何州均不得制定或实施任何剥夺合众国公民的特权和豁免权的法律;无论何州,未经正当法律程序均不得剥夺任何人的生命、自由和财产;亦不得拒绝给予在其管辖下的任何人以同等的法律保护”,[48] 就属于自由权吸收方式。为使“营业自由”这种应然性资格和权利能法律化和现实化,并成为商事制度和立法设计的基本价值准则,适时把“营业自由”(“营业权”)或视为公民的基本人权,或视为一项基本国策,或作为一项基本的经济原则载入宪法,无疑是我国商权宪法宣示与法律保护最基础的课题。如此,营业自由作为价值基点和营业权的原生权利地位才能凸显出来。[49]

2. 营业自由价值观深入民商法内核

营业自由权保护的第二序位法是民商基本法。在民商立法中,营业自由权保护包括以下几个层面:(1)应在《民法典》中树立营业自由价值观,把营业自由确立为民法的基本原则;[50] (2)应依据营业自由原则,建立民事主体向商事主体自由转换的制度机制;(3)具体商事制度的设计应真正体现营业自由的价值内涵。

---

〔45〕 参见肖海军:《论营业自由——商法价值的展开》,载范健主编:《商事法律报告》,中信出版社2004年版,第39~69页。

〔46〕 参见[美]阿兰·艾德斯、[美]克里斯托弗·N. 梅:《美国宪法:个人权利》,项焱译,商务印书馆2014年版,第1页。

〔47〕 参见肖海军:《论营业权入宪——比较宪法视野下的营业权》,载《法律科学(西北政法学院学报)》2005年第2期。

〔48〕 参见孙谦、韩大元主编:《世界各国宪法·美洲大洋洲卷》,中国检察出版社2012年版,第619页。

〔49〕 参见肖海军:《论营业权入宪——比较宪法视野下的营业权》,载《法律科学(西北政法学院学报)》2005年第2期。

〔50〕 参见肖海军:《民法典编纂中商事主体立法定位的路径选择》,载《中国法学》2016年第4期。

3. 垄断的禁止与营业平等进入机会的维护

垄断是一种排除或限制竞争的营业集中状态或市场支配行为。营业或市场垄断的存在，必然限制甚至阻挠营业的自由进入，只要存在既定垄断或市场支配，进入者的营业自由就会落空。故要实现营业进入的自由，就必须禁止市场垄断。在立法上，多数国家的反垄断法或限制竞争规制法均是从排除、阻碍、限制、扭曲、损害有效竞争的角度来界定垄断的。[51] 我国《反垄断法》虽对垄断作出明确界定，但从第 2 条关于效力范围的规定来看，有关对中国"境内市场竞争产生排除、限制影响"的行为，即反垄断法上垄断行为的范畴，也是从排除、限制影响市场竞争的角度来界定垄断的。足见，要维持营业选择或进入的自由，就必须不折不扣地落实反垄断法。

4. 营业准入条件或程序的平等

营业准入条件或程序的平等，即通过平等准入的条件与程序确保民事主体之营业自由与营业机会得以落实。从 1776 年亚当·斯密的《国富论》，到 1867 年马克思的《资本论》，再到 1872 年英国亨利二世的司法改革，追求机会平等、主体自由、底线公平一直是营业领域的基本原则。平等而非歧视既是现代人权保护的基本要求，也是具机会权属性的营业自由权保护的内在要求。[52] 对营业自由权而言，法律给予所有民事主体平等准入的条件和程序，使其在营业进入环节能平等、一体、无差异、非歧视地享有公平的机会，乃所有部门法之要义。[53]

5. 国家对营业监管应由行政管制本位走向当事人自治本位

长期以来，在商事制度设计上，国家主义本位成为主导的立法观，反映在商事立法上则是以行政计划、管理、监督、处罚替代当事人的自由、自主、自治、自律，商事特别法因而具有鲜明的行政管理本位痕迹，特别是由行政机关创制的行政法规类商事规范，行政本位色彩更加显著、浓厚。其中，具体又以商事主体登记法、商业账簿法、证券发行与审批、证券市场监管、银行与保险业经营与监督、破产重整等受行政管理、干预最为典型。以行政管理本位创制的商事特别法，严重地压缩商事主体的自由、自主空间，扭曲市场交易关系，由于权力腐败、权力失效引发的商业腐败与诚信危机，不仅侵害商事主体应当享有的营业权益，也危及整个市场的持续、稳健运行，其结果只能是损及交易效益。故树立营业自由的理念，改变国家对营业监管的传统方式，使传统营业监督由行政管制本位转型为当事人自治本位，是确保营业自由权实现的必由之路。

---

〔51〕 参见尚明主编：《主要国家（地区）反垄断法律汇编》，法律出版社 2004 年版，第 91～93、186 页；时建中主编：《三十一国竞争法典》，中国政法大学出版 2009 年版，第 97、155～156、242～249 页。

〔52〕 参见袁楚风：《人权保障与经济发展：规范性与功利性的双重视角》，中国社会科学出版社 2017 年版，第 178～196 页。

〔53〕 参见肖海军：《营业准入制度研究》，法律出版社 2008 年版，第 360～362 页。

（二）资本权利的保护

资本权利的保护是商权保护的核心，商权中的最大化利益均是围绕投资主体的资本权利而展开的。我国法律对资本权利的保护有原则性规定，如《民法典》第125条明确把“股权和其他投资性权利”列为基本民事权利；又如《个人独资企业法》第3章、《合伙企业法》第8条、《公司法》第4条等特别条款，分别对个人独资企业投资人、合伙人、股东等不同企业出资人权利作出了具体的规定或列举；又如《外商投资法》第5条规定“国家依法保护外国投资者在中国境内的投资、收益和其他合法权益”；等等。资本权利的内容涉及多个方面，而最重要和最核心的部分，是投资决策与资本收益两个方面，其中投资决策权是起点，直接关系和影响投资者财产或资本的处分与风险；而资本收益则为投资的终点，决定着投资的成败得失，关乎投资目的的实现与最大化利益的归属。故投资决策自由和资本分配收益，应是资本权利保护的重心。

1. 投资决策自由的保护

投资决策自由是营业进入自由的起点，它一方面取决于国家对经济、营业、市场的自由与开放程度；另一方面决定于特定投资主体的自主自愿。由于任何违反投资主体自主意愿或意志的引诱、欺诈、强力、强迫等非真正行为，均可使特定投资主体陷于无穷或无限的财产或债务风险中，故对资本权利最基础或最初始的保护，应是尊重投资决策自由，在投资方式（个体、独资、合伙、合资、合作、合营等）、投资对象（企业或具体投资产品）、投资形式（直接投资或间接投资）、投资期限（现期或远期）、投资品种（企业、证券、金融、古玩、理财产品等）等选择上，应任由投资主体自由选择和自主决定。

2. 资本分配收益的保护

资本收益是资本权利的核心，也是投资主体权利行使或实现的重点，更是投资主体与相关主体双方或多方关注的焦点。由于股权式投资人与债权式投资人的法律关系、制度结构存在显著差异，自然资本分配收益的方式、形式、内容和实现途径也就不同。相对于股权式投资人而言，债权式投资人之资本分配权益，主要通过变现投资产品（如买卖或交易型债权式投资）或相对资本经营者主动及积极履行投资性契约（如信贷或租赁型债权式投资）予以实现，主要通过物权确认（物权类投资产品）或合同之债的请求等方式进行保护。而股权式投资人，即企业出资人资本分配权益的保护，则取决于企业内部分配与公开资本市场两个方面：(1)企业内部分配。对企业出资人来说，其资本分配收益，一则决定于企业类型；二则取决于企业经营效益的盈利或财务状况；三则受制于企业内部的分配制度、方案、程序、决定、比例、份额等。“普通股公司的管理者，会试图将财富从股东手中转移到自己手中。在所有权分散的情形下，这种转移特别难以防止。"[54]故对公司企业出资人来说,严格的财务会计制度和内部分配程序安排就显得尤为重要。(2)公开资本市场。对公开市场的股票、债券、基金、期货和各种衍生证券等资本证券的投资者来说,其资本分配收益的实现又取决于如下两个方面:一方面,要有效防止公司高管通过内部控制截留或阻挠公司分配,特别要重点防范上市公司各种形式的高派现或不分配现象发生;[55]另一方面,要强化对资本市场的建设与管控。由于资本、证券、大宗商品、期货、货币或外汇等市场的完善构架和有序运行,是决定公开市场的投资者,特别是中小投资者资本分配收益权实现的重点领域,故资本金融市场的建设与管控对公开市场的投资者而言,意义更为重要。

(三)经营权利的保护

经营权利的保护是商权保护的重心,这是因为资本权利的实现有赖于实在意义的生产、组织、管理、营运等经营活动,没有经过经营阶段、环节或过程进而生成特定产品或商业服务,单一、纯粹、静态的投资行为或资本要素,是不能创造或增加财产或权利的新价值的。因此,对经营权利的保护,最终目的虽是保护投资主体的资本权利,但商权利益生成的中心环节,理应成为商权保护的重点。经营权利的保护,实质就是对个体户、家庭、企业等经营主体权利的保护,它又集中体现为对企业这一特殊经营主体权利的保护。我国《个人独资企业法》第5条、《合伙企业法》第8条、《公司法》第5条第2款和《全民所有制工业企业企业法》第14条和第15条等法律,均有关于"国家依法保护个人独资企业的财产和其他合法权益""合伙企业及其合伙人的合法财产及其权益受法律保护""公司的合法权益受法律保护,不受侵犯""国家授予企业经营管理的财产受法律保护,不受侵犯""企业的合法权益受法律保护,不受侵犯"等规定。对企业主体之经营权利的保护,包括企业主体资格认定、营业财产确认、经营能力取得、内部治理自主、决策管理自由、创新成果专有、企业营运维持、经营所得保护等多个方面。

1. 认定企业主体地位

保护企业经营性商权,首要是应认定企业的独立主体资格身份与地位,这是确保企业经营商权的前提条件。企业主体资格身份与地位,包括如下多层或多重含义:(1)企业是独立的民事主体;(2)企业是独立的经营主体;(3)企业是独立的交易主体;(4)企业是独立的投资主体。

2. 确认企业营业财产

企业营业财产的确认与保护,是企业经营性商权保护的基础。企业营业财产的保护包括如下几个方面:(1)应明确以企业为主体的企业财产权;(2)应维护企业存续期

〔54〕 参见[美]约拉姆·巴泽尔:《国家理论——经济权利、法律权利与国家范围》,钱勇、曾咏梅译,上海财经大学出版社2006年版,第207页。

〔55〕 参见吴平:《上市公司高派现与不分配现象研究》,载《经济纵横》2010年第12期。

间财产的独立性;(3)应维护企业存续期间财产的整体性和完整性。

3. 认定企业经营能力

确认并维护企业的经营能力,是企业经营性商权的核心。它主要表现为两个方面:(1)企业一般营业资格或经营能力的确认与维护。它一般通过企业登记和营业执照颁发为表征体现出来。(2)企业特殊营业资格或经营能力的确认与维护。企业特殊营业资格或经营能力的取得,主要是通过特别营业许可实现的,同样各种特别营业许可证的失效或被吊销,也必然使该企业丧失特殊营业资格或经营能力。

4. 尊重企业内部自治

内部自治是企业经营性商权的重要内容之一,尊重企业内部自治,无疑是实质性保护企业经营性商权的主题。它主要表现为尊重企业内部治理自主和维护经营决策管理自由两个方面。

5. 鼓励企业创新发展

技术成果或经营方法的创新,是提高企业核心竞争力的支撑性条件之一,也是企业经营性商权的重要内容。鼓励、确认并保护企业的各种创新成果,无疑是保护企业经营性商权的一个主要方面,其范围既包括因各种专利、商标、著作等形成的工业或知识产权,也包括各种如商号、商誉、信用、商业秘密等形成的人格性财产权,还包括各种营业标记、营业信息形成的新型创新性财产或权利。在具体保护路径上,首先,应通过立法或制度鼓励企业的上述创新;其次,应确认企业对创新成果具有专有权利;最后,应对企业的各种创新成果提供切实有效的保护。

6. 维持企业存续营运

维持企业存续营运不仅是商事营业维持原则的具体表现,[56]更是企业经营商权保护的基础内容。它包括如下几个方面:(1)企业设立登记效力的维持;[57](2)企业持续营业的维持;(3)企业组织存续的维持。[58] 足见,严格而慎重地适用有关公司司法解散和企业破产宣告,是企业组织存续维持的应有之义。

7. 保护企业经营所得

企业经营所得的保护,既包括对诸如特定产品或商业服务等企业经营成果的直接保护,也包括对支撑或变现特定产品或商业服务所形成的交易或盈利的保护。

(四)交易权利的保护

交易是商权转换或变现的末端阶段或终极环节,对交易中所生权利或利益的保

〔56〕 参见韩秀义:《商事营业维持原则》,载《现代法学》2001年第2期。

〔57〕 参见肖海军:《论公司设立登记撤销制度——以〈公司法〉第199条的适用展开》,载《中国法学》2011年第2期。

〔58〕 参见王瑞、丛奔:《企业维持原则在解散公司之诉中的体现——以〈新公司法司法解释二〉为视角》,载《法学杂志》2012年第2期。

护，不仅是市场交易的内在要求，也是商权保护在交易形态、阶段、环节的具体表现。交易权利的保护包括市场准入、交易效力、商事债权、营业所得保护等多个方面，其中最重要的包括交易效力认定和营业所得保护两个方面。

1. 交易效力认定

交易效力的认定是确保交易性商权及营业所得的基础，商事合同的订立或营业交易的缔结，无不体现营业当事人的最大化逐利目的，承载着不同营业参与人的利益诉求。没有交易效力上的认定和确权，参与营业交易的预期目的就要落空，故交易效力的认定对交易类商权的保护具有初始意义。交易效力认定包括合同效力认定、债权关系维护、交易事实确认、交割成果保护等几个层面，其中，合同效力的认定是起点，债权关系的维护是关键，交易事实的确认是核心，交割交易成果的保护是结果。就一般营业交易而言，商事合同及由合同所确定的债权债务关系效力的认定是重心，而对诸如资本、证券、金融、网络等特定交易而言，交易事实的确认和交割成果的保护则尤为重要，如在证券交易中，证券交割、配资及强制平仓之约定和交割结果，就应得到法律的尊重与维护。[59]

2. 营业所得保护

营业所得是投资最终追求的目标，也是激起民事主体进入营业领域的原始动因，更是投资、经营、交易等不同营业形态、阶段、环节、程序成果的总结和集成。它虽居于营业的末端，但在商权保护中却是最重要、最实质的保护环节，也是所有商权保护的原始出发点和最终归宿点。

第二节　商权的救济

权利救济所要解决的中心问题是权利行使遇到障碍、阻挠，或权利遭受侵害、损害时，应受法律及所涉制度、机制、机构的切实维护，使商权主体在资格上能够恢复、行为上实现自由、利益上得到补偿。

一、商权救济的总体架构

商权救济需要解决救济的必要性和可行性，就必要性而言，即为什么商权需要救济才具实质价值或实在意义；就可行性而言，它需要解决商权救济的原由、路径、方式等一系列问题。

---

〔59〕　参见缪因知：《证券交易场外配资合同及其强平约定的效力认定》，载《法学》2017 年第 5 期。

(一)商权救济的界定

商权救济属于权利救济的范畴,系指在商权主体的实体权利遭受阻却或侵害之时,由有关公权机关或特定个人在法律所允许的范围内采取一定的解禁措施或补救手段以消除侵害,使权利人获得一定的补偿或赔偿,以保护其合法权益,进而使商权主体之潜在或期待最大化利益得以实现的所有法律、制度、机制、路径及措施。无论是英美法系中"救济先于权利"、"有损害则必有救济"或"无救济则无权利"理念下的"补救之法",还是大陆法系基于"请求权基础"下的"权利之法",权利只有通过救济,才可变现为实际可享可控的利益。与其他权利救济比较,商权救济具有营业性、事后性、私法性、补偿性等显著特征。

(二)商权救济的意义

同所有其他权利一样,商权中所含最大化利益的可支配性、可选择性、可实现性,在该利益尚未被权利主体实际享有或支配时,仍然只是一种权利或利益上的可能性,而非现实性。权利或权利中所负载的利益,要转化为实际可支配、可选择、可控制的现实资格或实在利益,一方面取决于法律或制度预设的确认或保护机制;另一方面,或者说更为重要的一个方面,在于当某种权利或利益的享有、行使或实现被不当限制或剥夺,或遇到各种障碍或阻挠,或被公力或私力所侵害或损害时,应有足够权威、有效的力量或机制,通过足够、充分的维护或补救,使该种权利资格能如期取得、实质权能得到恢复、核心利益得到补偿,如此,权利对特定主体而言,才有实质价值和实在意义。足见,权利能被救济或者说能获得救济的权利,才是真正的实际权利,故救济权在法律权利中的不可或缺地位,是所有权利的必要支撑和实现前提;[60] 救济不仅属实体性权利,更是一种程序性权利。[61] 救济的重要性、不可或缺性和终极性,决定权利救济的必要性。"无救济则无权利"或"救济先于权利"之所以成为英美法系国家或地区的古老格言或法律谚语,进而成为认定或判断权利真实性或实在性的理论基础和实践前提,就在于没有救济的权利或者说不能被救济的权利,是一种不具实现性的空洞或空白权利,这种权利只具宣示意义,不具实在价值。

商权与一般权利相比,其承载、包括或深藏的利益更巨大,不仅如此,商权所内含的利益,在多数情形下是一种存在于未来营业之中的潜在、期待利益,它带有不确定性,容易受政策、立法、行政、司法等公权因素的影响,更会因市场垄断、不当竞争、违约侵权等私权行为而受损。如法律只停留于前述确权性或宣示性的规定,而无切实、可

---

〔60〕 参见张维:《权利的救济和获得救济的权利——救济权的法理阐释》,载《法律科学(西北政法学院学报)》2008 年第 3 期。

〔61〕 参见王福华:《辩论权利救济论》,载《法学》2020 年第 10 期。

行、充分、有效的事中保护或事后救济，则商权中最大化潜在、期待利益不能转换为权利人可实现的实在可控利益，商权的营利价值与财富意义也就无法显示出来。足见，与一般权利相比，商权救济更具必要性。

（三）商权救济的原由

商权之所以需要救济，在于商权在取得、享有、行使、实现中会因各种公权障碍、阻却因素或私权违约、侵权行为，导致特定商权主体资格丧失、权能被限、利益受损，它们属于经济或私权救济中的请求权基础范畴，[62]即“可供支持一方当事人得向他方当事人有所主张的法律规范”，[63]亦即基于何种法律规范或权源依据，寻求法律特别是私法上的救济，[64]其情形可概括如下：

1. 商权资格被限制或剥夺

自由营业与自由进入是最重要的商权，而且是商权中的原发性、权源性、支撑性、基础性、门槛性权利，自由取得营业资格或自由选择特定营业领域的资格是商权中最基本的权利，也是享有、支撑、行使、实现其他投资性、经营性、交易性商权的权利依据和基础条件。因政策、立法或行政等因素的否认、限制或禁止，如一般民事主体不能享有进入营业领域的资格，或者虽享有或取得进入一般或特定营业领域的资格，但被不当、非法因素或手段所剥夺，从而丧失已合法取得的营业资格。它集中表现为：(1)在营业进入环节，民事主体进入营业领域的资格被限制或禁止；(2)在营业进行环节，商事主体的营业资格或营业能力被不当、非法限制或剥夺；(3)在营业退出环节，商事主体的营业资格或营业能力被不当或非法剥夺。

2. 商权行使遇障碍或阻挠

商权是一种积极性权利，需要特定主体通过积极行为主动行使，方可实现潜在或预期的最大化利益。在商权行使过程中，如权利人遇到各种公权（政策、立法、行政或司法）或私权（违约或侵权、垄断或犯罪等）力量的干扰、阻挠或侵害，商权行使的进程路径或运行轨迹，就会因障碍因素制约而中断或改向，最终必然影响商权设立目标的实现。商权行使遇障或受阻的基本情形可按投资、经营、交易形态、阶段或环节的不同，表现为：(1)投资性权利行使的遇障或受阻；(2)经营性权利行使的遇障或受阻；(3)交易性权利行使的遇障或受阻。

3. 商权利益遭侵害或损害

商权是一种承载最大化增值利益和财富累积效应的私权利，利益是商权的核心，更是商权追求的原始动机与最终归宿，商权所含核心利益遭受他权主体侵害或损害，

---

〔62〕 参见［德］迪特尔·梅迪库斯：《请求权基础》，陈卫佐等译，法律出版社2012年版，第10～12页。

〔63〕 王泽鉴：《民法思维：请求权基础理论体系》，北京大学出版社2009年版，第41页。

〔64〕 参见杨明：《请求权、私权救济与民事权利体系》，载《比较法研究》2007年第4期。

权利主体追求的期待利益必然丧失,营业之财产增值功能与财富累积效应就无法显现,所有投资、经营、交易也将变得毫无意义。故利益遭侵害或损害,是商权救济的重心,其情形包括:(1)资本分配利益遭侵害或损害;(2)营业财产利益遭侵害或损害;(3)交易所得利益遭侵害或损害。

(四)商权救济的路径

权利救济是在权利被侵害后对权利的恢复、修复、补偿、赔偿或对侵权的矫正,它是一项实现权利的权利和争取权利的权利。〔65〕同任何权利救济一样,商权救济存在公力救济、社会救济和私力救济等不同路径选择,各自对商权救济的功能和效应表现出明显的差异性或互补性。

1. 商权的公力救济

商权的公力救济是依靠国家公共权力或利用国家公权机关对受限、受禁、受害、受损的商权实施救济的一种选择路径。公力救济具有公权性、权威性、强制性、有效性等特征,是所有商权救济路径中最具实效的救济。为商权提供公力救济既是国家的基本职责,也是国家的基本义务,如《世界人权宣言》第8条、《经社文公约》第2条第1款对此均有明确规定。〔66〕商权的公力救济按救济方式,可分为法律救济与非法律救济,其中法律救济包括立法、行政、司法等不同层面,而非法律救济如政策调整或放开、经济补偿等;按救济功能与实施机关,又分为政策救济、立法救济、行政救济、司法救济等不同情形。

2. 商权的社会救济

商权的社会救济是依靠社会权力或借助社会自治组织、自治司法对受限、受禁、受害、受损的商权提供救助或救济的一种选择路径。社会救济具有社会性、准公共性、中立性、自治性等特征,并因自治性和中立性而具有较高的公信力。商权的社会救济包括不同社会力量、社会组织、社会权力的监督性、自助性救济,诸如新闻舆论、社团组织、商人自治、社会司法等形式,其中最具显著效应的路径包括:(1)商会自治救济;(2)社会调解救济;(3)商事仲裁救济。

3. 商权的私力救济

商权的私力救济,又称自力救济、当事人或商权主体自救,它是民事权利私力救济的具体化,是在商权所表征或承载的利益因他主体阻挠或侵犯而受限、受禁、受害、受损时,"在没有第三方以中立名义介入纠纷解决的情形下,不通过国家机关和法定程

---

〔65〕参见贺海仁:《自我救济的权利》,载《法学研究》2005年第4期。

〔66〕参见联合国人权事务高级专员办事处:《人权国际文件汇编》(第1卷),联合国出版物2002年版,第3~9页。

序,而依靠自身或私人力量,解决纠纷,实现权利",[67] 以寻求商权有效救济的特别路径。"私力救济"具有私人性、自主性、自助性、非程序性、和平性等特征,它是人类最初始、最古老的权利救济方式,只是人类出于对正义和秩序的不懈追求,权利救济才经由"私力救济"到"公力救济"的转变。[68] 私力救济可分为法定的自力救济(包括正当防卫、紧急避险等自卫行为和自助、自救行为等)和法外的自力救济(不违反法律或行政法规定的自助、自救行为)。就商权主体而言,可使用的私力救济手段或方式,主要包括:(1)商权自卫行为;(2)商权自助行为;(3)商权自救行为。

商权救济虽存在公力救济、社会救济和私力救济等不同路径,其中私力救济和公力救济又是权利救济最具代表性的两种基本历史形态,由于现代救济中的判断权、要求权和执行权被集中收归于国家,公力救济的运行机制得到进一步强化,[69] 故不断突破传统权利救济的私法化界限、实现权利救济的公法化,也就成为现代权利救济的基本趋势。[70]

(五)商权救济的方式

由于阻挠或侵害商权既有来自公权机关或公权行为,也有来自私权主体与私权行为,因之,对应于不同的阻挠、加害、损害权源与行为,商权救济的具体方式,也就表现出很大的差异性。鉴于公力救济乃优先、主要、最有效的救济路径,其主要有如下代表性方式:

1. 政策调整

政策对营业、商权的限制或禁止,是商权被公权普遍侵害的重要形态或方式,在政策对营业、商权普遍持否定或批判态度的情形下,商权救济的最好方式无疑是调整既有政策,通过政策层面的解禁或开放,为商权的取得与享有创造基础条件。

2. 违宪审查

宪法是所有公民、民事主体之基本权利的最高法源,公权机关侵害公民基本权利,无疑属于违宪行为。基本权利是宪法规范体系中最重要的部分,宪法效力的最高性之关键就在于基本权利是否得到充分的保障和贯彻;而要确保基本权利得到充分贯彻就必须设计一个救济制度,使公民在基本权利受到来自国家和社会势力侵害时,都有权获得必要、充分、有效的救济。[71] 除应通过具体的法律救济外,还应建立起有效的违宪

---

[67] 徐昕:《论私力救济》,中国政法大学出版社 2005 年版,第 102~103 页。

[68] 参见狄小华:《从"私力救济"到"公力救济"——刑事诉讼中权力与权利关系》,载《江苏社会科学》2004 年第 2 期。

[69] 参见贺海仁:《从私力救济到公力救济——权利救济的现代性话语》,载《法商研究》2004 年第 1 期。

[70] 参见王蓉:《环境保护中利益补偿法律机制的研究——权利救济公法化的经济学分析》,载《政法论坛》2003 年第 5 期。

[71] 参见徐振东:《对基本权利的侵害与救济》,载《法律科学(西北政法学院学报)》2004 年第 1 期。

审查制度。特别在宪法对商权有规定的情形下,公权机关行为如政策、立法等具普遍效力的公权行为或决定,侵害或损害具基本人权功能的商权,就应有政策或立法的违宪审查制度提供必要的救济。

3. 立法修改

对立法文本限制或禁止商权的损害行为,救济的主要方式应是对立法文本的审查、修改、废止和新订。它包括违宪审查、立法审查、宪法诉讼等手段,但救济程序的展开最终还是要通过对既有立法文本的修改、废止和订正等具体立法行为来完成。

4. 行政救济

行政救济是行政机关通过具体的行政执法、行政决定、行政行为对受损商权提供公力救济。行政救济的适用对象既有行政权侵害或损害商权的情形,也包括其他私权主体侵害或损害商权的情形。行政救济的主要手段或方式有行政撤销、行政复议、行政仲裁、行政处罚、行政强制等。

5. 司法裁判

司法裁判即通过法院的审判或裁决,对营业和商权提供具被动性、事后性、中立性、终局性、裁决性的公力救济。司法的本质就是救济,无论是宪法意义上公民的基本权利,〔72〕还是部门法意义上不同主体之具体权利,均可通过司法途径或手段进行有效救济。司法救济是国际公认最权威的救济,也是法定公力救济的最后手段。在所有司法救济中,通过民事责任的分配与追究,为商权主体提供民事财产、利益的补偿或赔偿,更能彰显司法救济的实在价值和功能效应。无论是纯粹的民事诉讼,还是刑事诉讼、行政诉讼、国家赔偿诉讼中的附带民事诉讼或赔偿诉讼,都实质涉及对被侵害或受损害之商权利益的补偿或赔偿问题。故司法救济具有针对性、有效性和彻底性。

(六)商权救济的目的

商权救济同所有权利救济一样,应遵循有侵害必有救济、及时救济、充分足额救济、正义与经济性协调救济、公力优先救济、司法最终救济等基本原则,对因公权私力阻挠或侵犯而致受限、受禁、受害、受损之商权,提供必要、及时、充分、切实、有效的救济。商权救济本质上系通过一定的制度机制和法定程序使受限禁或被损害的商权得到恢复、修复、矫正、补偿、赔偿等。概言之,通过商权救济,国家预设的制度机制或安排的法定程序要实现或达到使受限禁或被损害的商权主体取得营业资格、恢复营业权利、补偿营业利益等主要目标。质言之,营业资格取得、特定权利恢复、期待利益补偿,就是商权救济的主要目的。

---

〔72〕 参见刘淑君:《公民基本权利的司法救济探析》,载《法制与社会发展》2003 年第 2 期。

二、商权救济的适用情形

商权救济原于商权被限、遭禁、受害、致损，在各种阻挠或侵害商权的因素、权源、行为中，可按阻挠或侵害商权的权属或权源的不同，划分为公权的不当或非法限禁、干扰、阻挠、剥夺和私权的不当或非法侵犯、损害等两大情形。

（一）商权受公权的不当或非法限禁、干扰、阻挠、剥夺及救济路径

权利救济是评判法律体系是否健全的重要标志，我国自改革开放以来，虽在个案情形下的权利救济方面已经制定了相应的法律，但当私权利遭受来自公权力机关具有普遍效力行为的侵害时，则明显缺乏相应的救济制度构建。[73] 商权作为营利、逐利、竞利之私权，它与国家利益、执政者利益、社会利益、公共利益存在一定的交集或冲突，首先受到来自公权机关、公权人员及各种公权行为的阻挠或侵害。这种阻挠或侵害在行为模式上又集中体现各种公权力量或公权行为对商权作不当或非法限禁、干扰、阻挠、剥夺，在不同公权机关及损害形式上则具体表现为政策、立法、行政、司法等不同层面或行为。

1. 商权被政策普遍性否定或批判及救济路径

政策上对营业特别是对民间营业的限制或禁止，是对商权最深层次、最具广泛效应、最具持续效力的一种阻挠或侵害。政策对商权及其所生利益的阻挠与侵害，又集中表现为政策对民间营业的普遍性否定或持续性批判，它带有初始性、全局性、根本性和长期性，自然，矫正对商权的政策性否定或批判，就必须从调整或改革既有政策开始。我国自 1978 年以来的改革开放就是通过不断调整和改革政策开始的。正是一次次政策的调整、新政策的出台、在新政策推动下的持续改革开放，才使民间、民资、民企投资或营业从政策上的默许、肯定，到政策上的鼓励、支持，再到政策上的全面保护与救济。与此同时，商权的正当性、合法性也就有了坚实、可靠的政策依据和政制保障。

2. 商权受法律的不当限制或禁止及救济路径

在立法上受法律、行政法规等规范文本的限制或禁止，是商权遭遇阻挠或侵害又一具普遍性的形式或现象。立法文本中限制或禁止商权主要表现为正向限制或禁止、反向不作为两种形式。(1)正向限制或禁止。它主要表现为对营业或商权作否定性法律后果的立法设置，以达到限制或禁止营业、阻挠或消灭商权的目的，或达到限制或禁止营业或商权的消极法律后果。(2)反向不作为。它则为立法文本对各种限禁、损害营业或商权行为不设定消极的法律后果、法律责任和救济措施。在此情形下，立法虽未对营业或商权持明令限制或禁止的态度，但因立法对各种阻挠、侵犯、损害营业或商

---

〔73〕 参见柳经纬：《从权利救济看我国法律体系的缺陷》，载《比较法研究》2014 年第 5 期。

权的行为没有对应的法律救济路径和切实可行的救济措施，使营业得不到法律的实质保护和有效救济，商权也就成为一系列仅具宣示效应而无实在利益的虚置权利。

商权在立法上受法律、行政法规等规范文本不当限制或禁止，是一种具有普遍、广泛意义的商权阻挠、侵犯、损害行为。更由于立法行为的概括性、抽象性、普遍性特征，以及对行政执法、司法裁判、社会守法所具有的适用性、示范性、指导性等约束意义，其对商权侵犯之深和损害之广也最为明显，所产生的消极、负面效果也更为显著。因此，对商权遭立法不当限制或禁止的矫正与救济，自然也只有通过立法的路径才能解决。其中，在抽象层面上，要树立肯定、鼓励、支持营业和尊重、维护、救济商权的全新立法理念和价值；在具体层面上，则要进行适度的立法修改、废止、订正以及设定立法违宪审查、立法诉讼等程序机制。举其要点，包括：(1)树立营业自由、开放的立法理念与价值观；(2)及时、适度修改、废止、订正立法文本中各种涉商条款或内容；(3)设定不当限制或禁止商权的立法违宪审查、立法诉讼程序机制。

3. 商权遭行政的强制阻挠或剥夺及救济路径

由于商权在享有、行使、实现过程中，在不同形态、阶段、环节都避免不了与行政权力、行政机关和行政行为打交道，加上营业的监管和商权的限制也都离不开行政监督和行政行为，故在商权的公权阻挠或侵害中，又以行政权力、行政机关或行政行为对商权的阻挠、干预、侵害、剥夺最为显著、最为直接、最为常见。商权遭行政侵害主要表现为行政权力、行政机关或行政行为对商权的强制不当阻挠、干预、限制、禁止或剥夺。除此之外，在确认、登记、证明、裁定商权归属时，还表现为行政权力、行政机关或行政行为的明显不作为损害商权归属主体的利益。就行政侵害的行为类型而言，大致可划分为如下两大类型：(1)行政作为型强制阻挠或剥夺；(2)行政不作为型侵犯或损害。

相对于政策、立法对商权的普遍性或抽象性阻挠与侵害，除行政立法外，行政对商权的强制性阻挠或剥夺，更带有个案性、具体性和直接性，对特定商权主体能造成更具可见性和可评估性的损害；又由于行政损害是建立在效力既定而非建立在无效行政行为理论的前提下，[74]特定行政行为一旦作出就发生既定效力，随即产生商权损害的消极法律后果。故针对这种具个案性、具体性和直接性的行政侵害，救济的路径与举措也应具有个案性、具体性和直接性。概括而言，可选择的救济路径或对应举措包括如下：(1)行政撤销；(2)行政复议；(3)行政裁决；(4)行政诉讼；(5)行政赔偿；(6)行政问责；等等。

4. 商权遇司法的不公裁判或侵害及救济路径

司法救济虽是商权救济路径或方式中最有效、最彻底、最确定的救济，且此种救济在所有救济路径或方式中具有终局性，是各国商权救济的最后路径、手段和方式，但同

---

〔74〕 参见张旭勇：《权利保护的法治限度——无效行政行为理论与制度的反思》，载《法学》2010年第9期。

任何公权力存在滥用、渎职或怠职情形一样,司法权力及审理裁判的滥用或不作为,同样也会严重侵犯或损害商权。司法损害虽是一个客观存在并经常发生的现实问题,只是学界、业界所关注的重点是刑事司法中基于冤假错案的错逮、错押、错禁、错判而引发的刑事损害赔偿或刑事损害补偿,[75]讨论的问题集中于刑事司法损害赔偿的归责原则和赔偿范围等议题,[76]关注的重心是人身损害赔偿及附带的民事损害,相关财产类的损害赔偿,并未纳入司法损害赔偿的范围。需要厘正的是,广义上的司法损害赔偿,即司法机关因不作为裁判行为,或者违法、枉法裁判,或者不当、不公裁决行为导致商权等私权受损,究竟应否纳入司法赔偿范围,虽有部分学者给予关注,[77]但学术界、业界并未达成共识。事实上,把包括具审判职能的法院等所有司法机关的违法、不当等侵权行为纳入广义上的司法损害赔偿范围,对切实保障以民事权利为基础、以商权为重心的民生权利和发展人权,既是必要的,也是紧迫的。笔者认为,广义的司法损害救济,应包括所有具有司法职能的机关,它既包括具侦查职能的公安机关、国家安全机关及其他侦查机关,也包括具法律监督或部分侦查职能的国家监察机关、检察机关等机关,更包括具审判职能的法院机关等。其中,就具审判职能的法院等司法机关而言,其对商权的侵犯或损害,又集中表现为积极作为与消极不作为两种典型形式。

与前述行政侵权相比,司法对商权的侵犯与损害,具有相当的隐蔽性。司法本身的保护性和救济性特别是法院裁判的终局性,使司法对商权的侵害一旦形成,其损害的严重性、长期性、消极性就更甚。因此,建立起体系化的司法侵犯或损害商权的救济制度和程序机制,无疑十分必要。以狭义的法院司法侵权救济为例,其主要救济路径或方式有:(1)审判监督;(2)司法检察;(3)司法赔偿。其中,通过司法裁判侵权责任的追究,充分发挥民事侵权责任与国家赔偿责任之独特的制裁、预防、补偿、保护权利等功能,为商权遇司法不公或不当裁判行为侵犯或损害提供更具针对性或保障性的有效救济。

(二)商权受私权的非法或不当侵权、损害及救济路径

商权的私权性特别是商权负载的最大化利益属性,决定商权及衍生的各种利益必然也成为各种违法犯罪的侵害对象或攫取目标,在各种违法犯罪行为中,除前述各种形态或类型的公权主体及公法行为外,更多是来自私权主体或私法行为中的违法犯罪行为。自然,对各种情形下商权受私权主体或私法行为的非法或不当侵权、损害,进行及时、有效、足额、彻底的救济,是商权救济的又一重要领域。具体而言,主要包括如下

---

[75] 参见林莉红:《对冤假错案的赔偿应称司法损害赔偿》,载《法学》1987 年第 9 期。

[76] 参见裴苍龄、魏虹:《刑事司法损害赔偿的归责原则和赔偿范围》,载《政治与法律》2000 年第 5 期。

[77] 参见李群生:《论司法机关及其工作人员职务侵权损害赔偿》,载《现代法学》1992 年第 3 期;楼晓:《关于确立司法机关侵权损害赔偿制度的几个问题》,载《法学评论》1992 年第 4 期。

情形：

1. 营业进入为垄断阻挠及救济路径

就商权的形成与产生而言，民事主体能否按自己的意愿通过投资进入营业领域，是商权形成与产生的起点，而在民间、民资、民企跨入投资门槛的进入环节，所遇到的最大私权障碍则是既有投资者、经营者、交易者的市场垄断。市场垄断作为一种营业的集中状态或独占现象，一般存在自然垄断、经济垄断和行政垄断三种形式。[78] 在一定意义上讲，垄断是自由营业、平等竞争、公平准入的天敌，因为垄断格局一旦产生，就必然形成一道无形的结构性进入壁垒，[79] 把民间、民资、民企阻挡在特定营业领域之外，民间、民资、民企就必然丧失进入特定产业、行业、部门或经营特定事业、事项的机会。故对商权的侵犯与损害，往往是从市场垄断阻挠或排斥营业自由、剥夺民事主体营业进入机会开始的。

对垄断阻挠、排除、剥夺营业自由、平等进入的机会或资格，最有效的救济方式无疑是通过反垄断引入自由、平等的竞争，即“对于专断权力的危险非常敏感的十九世纪，有一个避免这种危险的得意方法，那就是竞争”。[80] 综观绝大多数发达市场经济国家或地区，反垄断被认为是保护和救济营业自由、平等竞争、公平准入最有效的法律措施和制度安排，我国 2007 年制定的《反垄断法》也不例外。反垄断法路径与举措，在救济营业自由、平等竞争、公平准入等自由、机会、资格类商权时，可产生如下明显法律效应：(1)通过对垄断行为的禁止为营业自由、平等竞争、公平准入提供初始公平的营商环境；(2)通过反垄断民事诉讼与垄断损害赔偿责任制度，给予受垄断限制或影响的营业进入者或经营者以机会损失的补偿或赔偿。[81]

2. 经营交易遭不当竞争及救济路径

商权需要在实际经营或交易活动、环节中才可得到具体的行使或实现，而在具体的经营或交易中，其所固有、衍生、创新的各种权利或利益，就有可能遭到来自竞争对手或合作伙伴违法或不当行为的侵害，其中最典型的就是不正当竞争。不正当竞争是与合法、诚实经营和正当、公平交易相对立的市场行为，更是正常、合法、正当经营或交易的破坏、损害力量。不正当竞争不仅使同业竞争者丧失各种交易机会或竞争优势，而且因扰乱合法、诚实经营和正当、公平交易的市场规则，结果必然是恶化营商环境，导致所有参与营业的商权主体难以实现如期的投资、经营、交易最大化目标。故不正当竞争乃商权在经营或交易活动、环节中的大敌，要维护或救济经营或交易活动、环节中的商权利益，就必须制止并惩治各种不正当竞争行为。

---

[78] 参见肖海军：《公用事业垄断经营法律规制研究》，社会科学文献出版社 2020 年版，第 102 ~ 107 页。

[79] 参见杨永忠：《民营经济进入垄断行业的制度性壁垒》，经济管理出版社 2010 年版，第 18 ~ 59 页。

[80] 参见［英］伯特兰 · 罗素：《权力论》，吴友三译，商务印书馆 2012 年版，第 172 ~ 173 页。

[81] 参见李国海：《反垄断法损害赔偿制度比较研究》，载《法商研究》2004 年第 6 期。

就各国而言,制止并惩治不正当竞争行为以维护并救济商权利益,存在分立式、合立式、综合式等不同立法模式。[82] 我国选择反不正当竞争与反垄断分立式法例,根据我国《反不正当竞争法》(2019 年修正)的规定,通过制止并惩罚不正当竞争行为,可在如下两个方面达到救济经营或交易中的商权利益:(1)"制止不正当竞争行为,为公平竞争创造良好的环境和条件"(第 3 条);(2)通过追究不正当竞争损害赔偿责任给予商权受损者以必要补偿(第 17 条)。

3. 企业治理受恶意控制及救济路径

通过企业内部治理与经营管理,是商权特别是企业出资人资本权、企业营业财产权行使、实现的主要路径或方式。现代企业基于出资人与企业的主体独立、投资与经营职能的适度分离、企业财产权与营运控制权的代理运行等制度架构,使企业营业财产的实际支配权、控制权、管理权与营运权往往掌握在企业少数内部人或管理者手中。现代企业的这种由少数人掌握或控制的现象,即学理上所称的企业或公司内部人控制。内部人控制是晚近以来企业尤其是公司类企业治理、经营、管理、营运的基本特点,代表着当今公司控制权的主流发展趋势,[83] 特别在股权分散的上市公司或公众公司,以董事、经理为代表的管理层或内部人对公司控制进而产生"出资人不能有效地对经理人员行为进行最终控制"这一普遍性问题。[84] 不仅如此,在苏联、东欧等转轨国家中,国有企业私有化、股份化或公司化中也广泛存在各种形式的内部人控制现象。[85] 足见,内部控制或内部人控制,几乎已成为现代企业特别是公司企业内部治理与经营管理的主导形式。总体而言,企业的内部控制包括出资人(大股东)控制[86]、决策层(如董事、董事会)控制[87]、管理层(如法定代表人、执行董事、经理)控制[88]、外聘经营者控制等几种代表性类型。[89]

企业治理与经营中的内部控制,如从目的层面分析,可分为正当控制与恶意控制;

---

[82] 参见王学政:《对竞争立法模式的比较研究》,载《中国法学》1997 年第 5 期。

[83] 参见聂德宗:《对内部人控制的治理——美国治理模式及其变迁》,载《法律科学(西北政法学院学报)》1999 年第 5 期。

[84] 参见尹伯成、薛锋:《我国上市公司的股权结构与内部人控制》,载《财经论丛(浙江财经学院学报)》2001 年第 6 期。

[85] 参见[日]青木昌彦:《对内部人控制的控制:转轨经济中公司治理的若干问题》,张春霖译,载《改革》1994 年第 6 期。

[86] 参见陈石:《出资人对现代企业的产权控制》,载《国有资产管理》2001 年第 4 期。

[87] 参见董新凯:《谈对董事会的控制问题——兼谈独立董事制度》,载《法律科学(西北政法学院学报)》2002 年第 1 期。

[88] 参见胡冬梅:《现代公司治理结构中管理层控制问题的研究》,载《生产力研究》2009 年第 16 期;祝继高、王春飞:《大股东能有效控制管理层吗? ——基于国美电器控制权争夺的案例研究》,载《管理世界》2012 年第 4 期。

[89] 参见龙建成:《经营者激励、经营者控制与公司绩效》,载《当代经济科学》2005 年第 3 期。

如从效应层面分析,可分为积极控制与消极控制。

在企业治理与经营被内部人恶意、消极控制时,又主要表现为如下各种方式:(1)转移企业财产;(2)对己输送利益;(3)稀释出资人资本份额;(4)截留出资分配利润;(5)企业财务会计造假;(6)其他损害企业、企业出资人和其他企业关联商权人的利益;等等。各种形式的企业内部恶意、消极控制行为,无疑既直接侵犯企业的合法权益,也明显损害企业出资人的资本利益,故抑制企业恶意、消极控制,防止企业内部控制人各种利益输送中的隧道行为或隐性收益,就必须加大对企业合法权益、投资者资本利益的维护和救济力度,完善相关立法设计与制度安排。[90] 举其要者,包括:(1)立法救济安排中内部控制人义务的强化。特别是为矫正控制权滥用而致控制股东与中小股东的利益失衡,强化控制股东的诚信义务,[91]构建严格的控制股东信义义务与责任制度,[92]更是重中之重。(2)企业治理救济。借助企业内部的治理机制、监督程序及自助手段进行私力救济。(3)司法事后救济。股东可提起对大股东、董事、高管等恶意控制人或公司的损害赔偿之诉、公司决议效力之诉、知情权之诉、公司解散之诉等。

4. 商权变现遇违信违约及救济路径

经营与交易既是商权行使的重要环节,又是商权变现的具体形式。除投资者自行经营或交易等特定情形外,在投资、经营、交易职能分离和主体独立的条件下,商权的变现,于经营环节是通过企业营运及企业管理者的受托经营来完成;于交易环节则是通过具体的各种契约缔结或履行来完成的。其中,经营环节构成委托与受信关系,交易环节则形成合同与守约关系。质言之,商权的变现有赖于受托经营者的守信和相对交易人的履约,一旦遭遇受托经营者的违信和相对交易人的违约,商权的变现目的就要落空。故违信与违约就成为商权变现中的主要障碍,也是对商权变现损害的主要事由。

商权变现遇违信违约的损害,无疑要通过追究违信、违约的民事责任寻求有效救济,故违信责任与违约责任就成为救济处变现状态之商权的主要路径。(1)违信责任。违信责任源于受信义务或信义义务,为基于企业、公司的委托经营或独立委托、代理、信托契约而形成的受托经营者之特定义务。通过违信责任的追究与归责,可对公司,特别是公司股东提供更有效的民事救济。(2)违约责任。通过追究违约方的违约责任,对商权提供私法救济。

---

〔90〕 参见何骏、张祥建:《公司治理前沿研究综述——大股东控制、隧道行为、隐性收益与投资者保护》,载《经济管理》2008 年第 Z3 期。

〔91〕 参见朱慈蕴:《资本多数决原则与控制股东的诚信义务》,载《法学研究》2004 年第 4 期。

〔92〕 参见刘凯:《控制股东的信义义务及违信责任》,载《政法论坛》2009 年第 2 期;王建文:《论我国构建控制股东信义义务的依据与路径》,载《比较法研究》2020 年第 1 期。

5. 财富所得被非法侵害及救济路径

商权的实现最终是以可具体计量、估价的财富或所得表现出来，是否实质地拥有特定形式的财富或以货币为计量单位的所得，是衡量商权变现的主要标准和重要尺度。但在财富或所得尚未实际为权利人占有、支配或控制的实现阶段，或者即使为权利人实际占有、支配或控制，权利人的财富或所得也可能因其他私权主体的侵害而丧失。这种来自其他私权主体的侵害，既包括自然人或社会组织的犯罪行为，也包括自然人、法人或非法人组织的侵权行为或其他违法行为。尽管如此，从私法权益的侵害角度，这种来自其他私权主体的侵害，均属于损害商权的侵权行为，它除需适用刑法、行政法追究行为人、加害人、侵权人的刑事责任、行政责任外，还应适用侵权归责原则，追究行为人、加害人、侵权人的侵权民事责任，通过补偿或赔偿商权人的受损利益，使其应得财富或所得利益获得及时、足额、充分的救济。

三、商权救济的具体路径

（一）营业自由权的救济

1. 侵犯与损害营业自由权的主要情形

侵犯与损害营业自由权集中表现为对营业特别是民间、民资、民企等私权主体营业的限禁或阻挠，主要事由或情形分为如下两个方面：(1) 公权机关或公权行为的政策或立法限禁；(2) 私权主体或私权行为的垄断阻挠。

2. 营业自由权的主要救济路径

限禁或阻挠营业自由权所侵犯或损害的是具普遍抽象、概括意义和初始支撑、基础功能的自由、机会、资格类商权，其本质上属于对民事主体追求财富、幸福、发展之平等机会权的基础限制与初始剥夺。故对其救济也应从承认、恢复进而确认、保护所有民事主体平等而无差异地进入营业领域之初始自由权、机会权或资格权开始；而要实现使每个个人的“机会平等”，“政府就不得不对所有的人置身于其间的整个自然环境和人文环境进行控制，而且还不得不努力为每个人提供至少相等的机遇”。[93] 承认、恢复、确认、保护营业自由权，最为重要的是当民事主体这种自由进入营业领域的机会或资格被限禁、阻挠或剥夺之时，国家应提供对应而有效的救济路径和必要手段，这些救济路径和必要手段主要包括前文所提及的政策开放、立法解禁、违宪审查、反垄断执法等几个方面。

---

〔93〕 参见[英]弗里德利希·冯·哈耶克:《法律、立法与自由》(第2、3卷)，邓正来、张守东、李静冰译，中国大百科全书出版社2000年版，第147～148页。

(二)资本权的救济

1. 侵犯与损害资本权的主要情形

总体而言,侵犯与损害资本权的情形可概括为如下:(1)投资准入权的限制;(2)出资份额权的否认;(3)红利分配权的漠视;(4)所得受领权的丧失;(5)其他资本权益的剥夺;等等。

2. 资本权的主要救济路径

资本权是商权利益最核心的部分,我国现行《民法典》第125条虽把其列为独立的民事权利,从而为投资者权利的保障与救济提供坚实的立法和制度基础,但有效的资本权救济立法与制度体系并未建立起来。鉴于侵犯与损害资本权既有来自公共机关的公权行为,也有来自私权主体的私法行为;故救济路径既有前述政策、立法、行政、司法等公力救济,又有仲裁、调解等社会救济,更有企业内部自治、出资人自助或自力救济等私力救济,在涉外投资中还可借助国际多边投资争端解决机制。[94] 在具体的救济形式中,又以司法裁判与居间仲裁最具代表性,资本权益类的民事诉讼或商事仲裁无疑是对资本权最有效力也最具终局性的救济路径或方式。

在各种资本权益的救济中,资本红利分配权的救济又居中心地位,这是因为对资本权益中红利分配权的救济成效决定资本权的核心价值,如红利分配权得不到及时、有效、足额、充分的救济,其他资本权益的救济也没有任何实质意义,故分配制度与规则是现代公司制度的重要组成部分,也是各国公司法关注的重心。[95] 公司分配必须兼顾公司长远发展、股东投资回报与公司外部债权人利益保障,[96]可以说,股利分配请求权是公司股东的一项最为重要的财产权利,[97]红利分配权的救济是资本权救济的重中之重。

在资本红利分配权的救济路径与方式选择上,就企业或公司内部救济而言,完善企业或公司内部股利分红政策、增加股利政策信息披露和股利支付的频率,应是确保出资人、股东红利分配权的关键;[98]就外部救济而言,诸如企业内部自治、投资者自助或自救[99]、商事仲裁、行政裁决、国际多边投资争端解决机制等虽也发挥着重要作用,但

---

〔94〕 参见张万洪、张玲:《论我国境外投资权利救济路径的选择——基于“密松项目”的个案研究》,载《上海对外经贸大学学报》2016年第3期。

〔95〕 参见王宪森:《公司分配法律制度基本理论研究》,载《法商研究(中南政法学院学报)》1995年第2期。

〔96〕 参见傅穹:《公司利润分配规则的比较分析》,载《法学论坛》2004年第3期。

〔97〕 参见叶阁泽:《公司股东股利分配请求权之解析》,载《福建论坛(人文社会科学版)》2012年第8期。

〔98〕 参见粟立钟、黄同鹤:《股利政策的投资者保护机制》,载《北京工商大学学报(社会科学版)》2014年第1期。

〔99〕 参见贺新宇、魏建:《投资者保护与我国网贷市场发展:自力救济VS平台救济》,载《学习与探索》2020年第3期。

最具实效的救济路径与机制是司法诉讼救济。以公司出资人为例，根据投资人的身份、地位和所处环境的不同，诉讼救济可分为股东红利分配之诉和证券损害赔偿之诉两大类型。

（三）经营权的救济

1.侵犯与损害经营权的主要情形

侵犯与损害经营权的主体或行为，既有来自公权机关的公职行为，也有来自私权主体的私法行为，表现形式或主要情形包括：(1)经营资格的限禁；(2)营业财产的侵占；(3)内部自治的干预；(4)管理自主的控制；(5)经营持续的中止；(6)营商环境的破坏；(7)经营成果的剥夺；等等。

2.经营权的主要救济路径

从前述侵犯或损害经营权的侵害来源与损害形态来看，侵犯或损害经营权的侵害权源与行为属性，可分为公权机关或公职行为的侵犯或损害、私权主体或私法行为的侵犯或损害两大类型。可见，对侵犯或损害经营权的救济，可综合选择适用前述所有的公力救济、社会救济、私力救济等路径或方式。而在所有侵害经营权的救济中，诉讼或仲裁的救济，是最常见、最有效、最彻底的救济方式。其中，以各种诉讼构成的司法救济又是最重要的救济路径或方式。它主要包括侵害经营权的行政诉讼、民事诉讼、反垄断诉讼、国家赔偿诉讼等。

（四）交易权的救济

1.侵犯与损害交易权的主要情形

侵犯与损害营业交易形态、阶段、环节的交易类商权，也存在来自公权机关或公职行为、私权主体或私法行为侵犯或损害的各种可能性，其基本事由和主要情形包括如下几个方面：(1)交易准入的限制；(2)交易资格的剥夺；(3)交易效力的否认；(4)交易所得的侵占；等等。

2.交易权的主要救济路径

鉴于在多数情形下交易与经营是一体和重叠的，故前述有关经营权的救济路径与方式，均适用于交易权的救济。相对而言，交易权救济的重点集中表现在交易效力的确认和交易所得的维护两个方面。(1)交易效力的确认。交易效力的确认，首要是确认合同的效力，特别是在民事裁判或商事仲裁中，法院或仲裁机构一般应依照合同意思的文义主义、合同权利的外观主义、合同效力的无因主义规则，认定合同的效力，除非有足够证据或特定情形，一般不得对合同作无效、撤销、变更、解除、终止认定。(2)交易所得的维护。对交易所得的维护，实质就是对商权最终所得财产的保护和救济。

四、商权救济的损失估算

商权的核心是最大化的资本利益与财富价值，商权救济中诸如公力、社会、私力等不同救济路径和公力救济中的政策、立法、行政、司法等不同方式，虽均可达到救济商权的目的，但唯有以利益补偿或损害赔偿为实质内容的民事救济，才与商权之形成、设定、行使、运行、实现目的相吻合。这是因为任何权源、形式、主体、行为对商权的侵犯或损害，最终必然导致商权所承载的最大化资本利益与财富价值的损害或丧失，而唯有把这种损害或丧失的利益、财富给予及时、足额、充分的弥补，对商权的救济才是有效、彻底、实在的。故所有关于商权救济的路径或方式，一切关于商权救济的手段或举措，最终只有落实到利益的补偿或损失的赔偿，也就是归结到具体的补偿性或赔偿性民事责任上，才有实质、实在、实际意义，这样的救济才符合商权的本义与目的。而无论是利益的补偿或损失的赔偿，还是具体的补偿性或赔偿性民事责任，又是通过商权损害或损失的具体估算来确定或落实的。基于此，损失估算对商权救济而言，就具有终极意义；质言之，商权救济最终必须通过具体营业利益损失的估算以及对之补偿或赔偿而实现。

（一）营业利益损失的界定

1. 商权损害与营业利益损失

所谓营业利益损失，又称营业损害或营业利益损害，或称经营利益损失，系指因公权机关或私权主体侵犯或损害商权，导致承载于商权上的特定财产或财富利益部分减损或根本丧失。营业利益是在营业中产生的具潜在性、增值性、期待性、可实现性的最大化财产或财富利益，与一般民事权益不同，它具有财产性、营业性、潜在性、增值性、期待性、可实现性、最大化可能性等诸多特点。营业利益有广义与狭义之分，广义上营业利益包括营业中所存在的一切财产利益；狭义的营业利益则仅指具潜在、增值及有实现可能性的最大化期待利益。以下所称如无特指，均指广义上的营业利益。

2. 营业利益损失的一般界定

营业利益损失就是因商权遭他主体侵犯或损害，导致依附或承载于商权之上的这种具营业性、潜在性、增值性、期待性、可实现性、最大化可能性的特殊利益显著减损或根本丧失。营业利益损失主要表现营业实际利益损失和营业期待利益丧失两个大的方面。

（二）营业利益损失的解释

虽然营业利益损失在学理上可有多种分类标准或匡算方式，但较具共识的是把营业利益损失划分为营业中的实际财产损失和营业中的可得利益丧失两大部分。关于营业中的实际财产或既有利益损失相当于现行一般私法上的实际财产损失，学者争议不大，只有计算方法或判断标准方面尚存在一些差异，而分歧较大的是对营业可得利益或预期获得利益损失的解释与范围的界定。关于可得利益，在英美合同法或侵权法上有所谓“纯粹经济损失”(pure economical loss)之说,[100] 如美国《侵权法重述》(第2版)第774A节关于“干扰合同或未来合同关系”的赔偿损害范围,就包括“该合同或未来合同关系之收益的金钱损失”、“该干扰构成其法律原因的间接损失”和“可被合理期待由该干扰所导致的精神痛苦或实际损害”等内容,[101] 再如美国《侵权法重述纲要》(第3版)第910节就有关于“未来损害的赔偿”之规定,此种“未来损害”即为“特殊或间接损害”。[102] 大陆法系的“纯粹经济损失”也被广泛适用于合同法或侵权法,被认为是某种违约或侵权而导致的非实际或非直接的其他损失,[103] 一般被界定与“间接经济损失”或“未来经济损失”存在关联性的经济意义上的损失,如在德国就有关于“纯粹财产上损害”(Reine Vermögensschaden)的称谓与判例。[104] 但是,无论是英美法系,还是大陆法系,不同国家、地区以及不同学者之间,对“纯粹经济损失”的表述、定义、界定和理解,并无统一或具共识的观点或说法。[105] 至于营业可得利益,作为营业中具实现可能性或可预期可获得的最大化利益,学界对其解释可以说大相径庭。受域外学理、法例或制例的影响,国内学界对营业可得利益的解读或阐释,无论是视角,还是用语,抑或是内涵,均存在很大分歧。代表性学说有机会利益损失说[106]、纯粹经济损失说[107]、信赖利益损失说[108]、期待利益损失说[109]、可得(可见)利益损失说[110]、预期利益(收

---

[100] 参见[美]小詹姆斯·A. 亨德森等:《美国侵权法:实体与程序》,王竹等译,北京大学出版社2014年版,第819~837页。

[101] 参见《侵权法重述第二版:条文部分》,许传玺等译,法律出版社2012年版,第341页。

[102] 参见[美]爱伦·M. 芭波里克选编:《侵权法重述纲要》,许传玺等译,法律出版社2016年版,第457~458页。

[103] 参见[德]克雷斯蒂安·冯·巴尔:《欧洲比较侵权行为法》(下卷),焦美华译,张新宝校,法律出版社2004年版,第31~62页。

[104] 参见[意]毛罗·布萨尼、[美]弗农·瓦伦丁·帕尔默:《欧洲法中的纯粹经济损失》,张小义、钟洪明译,法律出版社2005年版,第5~13、116~117页。

[105] 参见李昊:《纯经济上损失赔偿制度研究》,北京大学出版社2004年版,第5~8页。

[106] 参见涂咏松:《信赖利益损害之机会损失分析》,载《华东政法大学学报》2009年第4期;刘凯湘、薛启明:《交易获利机会损失的侵权损害赔偿》,载《社会科学》2012年第3期。

[107] 参见葛云松:《纯粹经济损失的赔偿与一般侵权行为条款》,载《中外法学》2009年第5期;于飞:《违背善良风俗故意致人损害与纯粹经济损失保护》,载《法学研究》2012年第4期;张瀚:《纯粹经济损失的法经济学分析》,载《政法论坛》2020年第3期。

[108] 参见吴根发:《缔约中的信赖利益及其损害赔偿》,载《法学》1999年第3期;马新彦:《信赖原则在现代私法体系中的地位》,载《法学研究》2009年第3期。

[109] 参见朱广新:《信赖保护理论及其研究述评》,载《法商研究》2007年第6期;张家勇:《论前合同损害赔偿中的期待利益　基于动态缔约过程观的分析》,载《中外法学》2016年第3期。

[110] 参见闫仁河:《违约可得利益赔偿研究》,对外经济贸易大学出版社2008年版,第1~22页;吴行政:《合同法上可得利益赔偿规则的反思与重构——从〈中华人民共和国合同法〉第113条适用的实证考察出发》,载《法商研究》2012年第2期;田韶华:《论侵权责任法上可得利益损失之赔偿》,载《法商研究》2013年第1期。

益)损失说等。[111]

上述各种解释的营业利益损失的学说或观点,均涉及营业利益损失的某一方面或层面,就商权所承载的营业利益而言,既包括由各种机会、资格、权能支撑的机会利益,也包括基于合同交易、公权公信、既有制度所产生的信赖利益,还包括基于合同履行和营业完成而实现的期待利益、可得利益或预期利益等,更涉及因营业资格或经营权能被限制或剥夺所产生的各种形式的纯粹经济损失,因此,绝对地以前述某一种既有学说或观点定义、解释或锁定具潜在可实现性或可获得性的最大化营业利益,均是不全面的。况且,既有前述诸种理论、观点或学说均是从既有一般私法的角度,更主要是从传统债法,特别是从合同法的角度,以传统交易框架来对一般民事责任或损害赔偿所作的分析或解释,而缺乏对商权所承载最大化营业利益的专门分析和对应处理,故前述各种学说或观点对界定营业利益及营业利益损失的范围,虽有一定的参考或借鉴意义,但却并不能完全以之适用于营业利益损失范围的认定或判断。

(三)营业利益损失的范围

营业利益损失是一种只要商权能如期享有、行使、实现就可获得的利益或支配的财富之减损或丧失。基于前述分析,依据既有对损失范围界定的理论范式和基本路径,笔者认为,营业利益损失的范围应从营业实际损失与营业预期利益两个层面或方面,并区分不同领域、类型或情形,具体情况做具体分析、认定或判断。

1. 营业实际损失

营业实际损失系指因商权损害导致实际营业中发生的所有损失,它包括营业直接损失和营业间接损失两种形态或部分。(1)营业直接损失。即因商权损害而直接导致商权主体财产减损或利益丧失。如因侵权或损害商权导致依附或承载于商权之上的财产或利益的减损、毁灭、全部或部分丧失;又如冒名转移股权、侵占营业财产而导致商权主体财产权的丧失;再如侵犯专利、商标等直接导致企业的工业产权及收益丧失或减少;等等。(2)营业间接损失。又称营业可得利益损失或营业信赖利益损失,系因商权损害而间接导致原本可保全、信赖、实现或获得的财产减损、利益丧失或收益下降等。如因有效成立的合同未实际履行而丧失可通过合同所得到的财产或利益,因商权损害导致营业亏损、中断、停止、歇业、终止而造成的可得利益的减损或丧失,因企业财产被强制措施或强制执行导致企业无法继续营业、在未恢复正常营业前所蒙受的损失;又如经营许可证或营业执照被非法或不当吊销致经营者不能继续营业或企业解散所生损失;再如因他人违约导致企业的生产经营无以为继所造成的损失;

[111] 参见苏冬蔚、麦元勋:《流动性与资产定价:基于我国股市资产换手率与预期收益的实证研究》,载《经济研究》2004年第2期;[芬]安蒂·伊尔曼恩:《预期收益:投资者获利指南》,钱磊译,格致出版社2018年版,第11页。

等等。

2. 营业预期损失

营业预期损失，又称营业纯粹利益损失或营业期待利益损失，系指因商权被限禁、阻挠、剥夺或违信而导致特定商权主体之普遍、一般或特定营业机会、资格、权能的丧失，进而失去期待通过进入营业领域或营业领域某特定行业、事项的投资、经营、交易而造成的机会损失。营业预期损失属于机会利益、应当利益、期待利益、预期利益损失的范畴，此机会不是一般意义的抽象机会，而是具体意义的可取得、可实现和可获得机会，只因公权行为或私法行为的限禁、阻挠、剥夺或失信，才导致本应获得或变现的利益减损或丧失。如因合同不成立、无效、撤销、解除或终止导致的债权人或准债权人基于合同成立或履行的机会利益丧失；又如因行政机关不予以商事登记、行政确认、行政许可、行政审批等导致特定主体无法取得商事主体、特定经营的资格或机会所丧失的机会利益；再如因既有市场垄断、地区封锁、行政阻挠、国家制裁而导致企业难以进入特定营业领域或经营事项而丧失的机会利益；等等。

可见，营业利益损失既包括营业中实际财产的损失，[112]也包括营业中可得利益的丧失；[113]既有营业中直接的财产或利益损失，[114]也有营业中的间接损失，[115]更有期待的机会、资格、权能、利润等应得或可得利益损失。其中在直接的财产或利益损失中，既包括有形财产或已得利益的损失，也包含着无形财产、分配利润的损失；既可表现为现时、当期的财产或利益损失，也包含有未来、远期的可得或获利损失。[116] 营业利益损失既有因营业机会、进入机会、投资机会、经营机会、交易机会、竞争机会等丧失而造成的机会利益损失，也有因基于合同成立或公权信赖而产生的信赖利益损失，更有基于投资期待、经营持续、交易安全而可实现的期待利益。

就违约与营业利益损失的关系而言，依据我国 1999 年《合同法》（已失效）第 113 条和《民法典》第 584 条之规定，因违约而给对方造成损失的，“损失赔偿额应当相当于因违约所造成的损失，包括合同履行后可以获得的利益；但是，不得超过违约一方订立合同时预见到或者应当预见到的因违约可能造成的损失”，这说明违约损害赔偿，是包括营业实际损失和营业期待损失两大部分的。至于侵权所产生的损害赔偿，无论是 2009 年《侵权责任法》（已失效），还是 2020 年《民法典》，除股权之外，由于没有把侵害商权列入侵权责任法的调整法域，故侵权损害赔偿受制于一般民事侵权损害，均只限定于实际损失，且实际损失更多只及于实际直接损失，而侵权所造成的期待利益损失，

---

〔112〕 参见姜战军：《损害赔偿范围确定中的法律政策》，载《法学研究》2009 年第 6 期。

〔113〕 参见关中翔：《可得利益损失的赔偿范围及赔偿方法探讨》，载《法学》1989 年第 10 期。

〔114〕 参见王泽鉴：《民法学说与判例研究》（第 7 册），中国政法大学出版社 1998 年版，第 134 页。

〔115〕 参见王启庭：《违约间接损失赔偿范围的确定》，载《法律科学（西北政法学院学报）》1990 年第 2 期。

〔116〕 参见叶金强：《论侵权损害赔偿范围的确定》，载《中外法学》2012 年第 1 期。

则不被计入侵权损害赔偿的范围。故为适应商权损害赔偿的需要，或通过立法修改，或通过司法解释，适当扩大并完善《民法典》关于商权损害赔偿的适用范围或计算规则是十分必要的。

（四）营业利益损失的计算

1. 营业利益损失计算的考量因素

由于营业利益损失由营业实际损失和营业预期损失两大部分构成，故在具体计算营业利益损失时，应着重从受损方损失和侵害方获利两个方面予以考量。就受损方损失而言，应重点考量如下因素：(1)受损方实际财产的灭失或毁损；(2)受损方实际支出的各种费用；(3)受损方所得利润的减损；(4)营业中断所造成的间接损失；(5)各种机会丧失导致应得或期待财产或利润的损失；(6)其他应得或可得财产或利益的损失；等等。

就侵害方获利而言，重点应予考量的因素应包括：(1)侵害方实际财产的增加或增值；(2)侵害方实际支出各种费用的减少；(3)侵害方所得利润的提高及幅度；(4)各种违约或侵权所带来的间接收益；(5)各种垄断、支配、控制所产生的不当或超额收益或利润；(6)其他依照法律、合同或公序良俗不应得到或不可能得到的财产或利益；等等。

2. 营业利益损失计算的主要方法

关于营业利益损失的计算方法，目前立法并无统一、集中的规定，学界、业界所关注或讨论的重点主要集中于合同违约损害赔偿、一般民事侵权损害、垄断损害赔偿等领域，其计算具体方法则视案型与个案的具体情况而有所差异，如一般民事侵权损害赔偿大致存在如公式法、差额法、类推法、酌定法等多种方法；[117] 又如垄断损害计算方法就有标尺比较法、前后比较法、市场份额法、持续经营法等几种典型算法。[118] 综合目前理论学说的主张和立法文本的规定，营业利益损失的代表性计算方法有如下几类：

(1)实际评估法。以实际损失的统计来计算损害赔偿数额，是一般违约、侵权责任损害赔偿计算的基本方法，目前我国违约、侵权责任中的损害赔偿，均适用实际损失评估法。如我国《民法典》第584条和第1184条、《反不正当竞争法》(2019年修正)第17条第3款、《专利法》(2020年修正)第71条第1款之规定。

(2)非法或不当所得类推法。在根本无法确定或难以准确计算营业受损利益的大致范围或具体数额的情形下，以侵害人的非法所得或不当利益作为营业利益损害类推适用，或者通过追缴侵害人的非法所得，或者责令违法违信者返还非法或不当利益，以

---

[117] 参见田韶华：《论侵权责任法上可得利益损失之赔偿》，载《法商研究》2013年第1期。

[118] 参见黄勇：《反垄断法上的损害赔偿及其计算初论》，载《中国社会科学院研究生院学报》2009年第4期；[美]郝伯特·霍温坎普：《联邦反托拉斯政策：竞争法律及其实践》，许光耀等译，法律出版社2009年版，第748～750页；李俊峰：《反垄断法中交易不成损害的可赔偿性》，载《现代法学》2012年第4期。

此补偿或赔偿商权受损主体的利益。如我国《公司法》(2018 年修正)第 148 条第 2 款、《证券法》(2019 年修订)第 24 条第 1 款与第 44 条、《反不正当竞争法》(2019 年修正)第 17 条第 3 款、《专利法》(2020 年修正)第 71 条之规定等。

(3)参照计算法。通过参考或参照一定的普通基数或通用标准,按照比例折算出商权受损方的营业利益损失额或应予赔偿的数额。如最高人民法院 2003 年《关于审理人身损害赔偿案件适用法律若干问题的解释》(法释〔2003〕20 号、法释〔2020〕17 号修正)第 7 条之规定。至于商权损害导致企业经营收益或营业利润的损失,在既无法确定具体实际损失又难以证明侵害人非法或不当所得的情形下,也可选择参考该企业近 3 年的平均收益或平均利润,以核算确定该企业的营业实际损失或可得利益。

(4)比例计算法。存在多方商权的侵害方或在商权受损时侵害方与受损方均有过错或责任的情形下,营业利益损失的计算及损害赔偿数额的确定,则一般采取比例计算方法或分担规则。如我国《民法典》第 177、178、592、1168 ~ 1186 条之规定。

(5)限额赔偿法。在商权损害中既无法确定受损者实际损失,也难以评估侵害人所得非法或不当利益,又不能通过参照其他标准或数额以确定损害赔偿额时;或者在商权受损者虽已举证证明侵权行为发生或侵害事实存在、却难以举证证明其损害的具体数额的情形下,法律或法院可通过确定一个最低或最高的限额赔偿数额,作为营业利益损失数额。限额赔偿法在国际海运、航空、铁路、邮政损害赔偿中比较普遍、通行,它可比照适用于营业损害赔偿数额举证难的部分案型。如我国《反不正当竞争法》(2019 年修正)第 17 条第 4 款之规定。

(6)倍数确定法。为加大对受损方的民事补偿救济力度,增加惩罚侵害方的法律震慑力,在商权侵害中确定受损方实际损失或丧失利益的基础上,以实际损失或丧失利益为基数乘以一定的倍数,以计算侵害方应当测定损害赔偿的具体数值或金额。倍数有 1 ~5 倍不等,主要适用于垄断、不正当竞争、竞业禁止、侵犯知识产权等侵害商权的情形。如在垄断损害赔偿计算上,就存在典型的倍数赔偿额计算法,[119] 以损害赔偿额与实际损害额的倍数关系为依据,存在绝对 3 倍损害赔偿、酌定 3 倍损害赔偿、单倍损害赔偿三种制型,[120] 其中美国法院就采用"前后方法""标杆方法""市场份额法"以计算反垄断实际损害额,再以实际损害额的 3 倍确定损害赔偿数额。[121] 如我国《民法典》第 1185 条、《反不正当竞争法》(2019 年修正)第 17 条第 3 款、《专利法》(2020 年修正)第 71 条第 1 款之规定。我国 2007 年《反垄断法》第 50 条虽规定"经营者实施垄断行为,给他人造成损失的,依法承担民事责任",但具体损害赔偿如何计算或确定,并未

〔119〕 参见李俊峰:《垄断损害赔偿倍率问题研究——兼论我国反垄断法草案的相关制度选择》,载《比较法研究》2007 年第 4 期。

〔120〕 参见李国海:《反垄断法损害赔偿制度比较研究》,载《法商研究》2004 年第 6 期。

〔121〕 参见郑鹏程:《美国反垄断法三倍损害赔偿制度研究》,载《环球法律评论》2006 年第 2 期。

作明确规定,有赖于未来对《反垄断法》的适时修改予以完善。

(7)预期或可得损失利益的评估或计算。关于预期或可得利益损失的评估与计算,目前我国尚未有正式的法律作出规定,2009 年最高院《关于当前形势下审理民商事合同纠纷案件若干问题的指导意见》(法发〔2009〕40 号)第三部分,对可得利益损失的类型和计算规则作有如下原则性、指导性规定:第一,可得利益损失的类型。该指导意见把可得利益损失主要分为生产利润损失、经营利润损失和转售利润损失等类型;第二,关于可得利益损失的计算和认定规则。该指导意见认为应当综合运用可预见规则、减损规则、损益相抵规则以及过失相抵规则等,从非违约方主张的可得利益赔偿总额中扣除违约方不可预见的损失、非违约方不当扩大的损失、非违约方因违约获得的利益、非违约方亦有过失所造成的损失以及必要的交易成本;但如存在欺诈经营、当事人约定损害赔偿的计算方法以及因违约导致人身伤亡、精神损害等情形的,不宜适用可得利益损失赔偿规则。2009 年北京市高级人民法院《关于商事审判应对金融危机的若干意见》第二部分第(二)项第 1 条,对"可得利益损失或称预期利益损失"的计算与确认,给出更明确的规则。最高人民法院的指导意见与北京市高级人民法院的若干意见,在对商权损害中预期或可得利益损失的评估与计算上,无疑有直接的指导意义。

(五)营业利益损失的弥补

营业利益损失的界定和计算,最终就是为实现对侵犯或损害商权所致营业利益损失进行有效弥补,通过损失的补偿或赔偿,以达到商权救济之终极目的。故只有对营业利益损失作出弥补,商权救济之任务才算完成。

1. 营业利益损失的弥补原则

营业利益损失的弥补应遵循如下原则:

(1)有损害则必有救济原则。只要存在营业利益损失,法律特别是法律设定的公权,就应提供有效的救济。

(2)及时补偿或赔偿原则。对侵犯或损害商权所导致的营业利益损失,应给予及时的补偿或赔偿,使商权利益受损者能尽快恢复财产、权利或营业。

(3)足额补偿或赔偿原则。违法或不当行为的侵害人给予商权受损方的补偿或赔偿,应足以弥补其所遭受的损失或丧失的利益,至少应补偿其实际损失或可得利益。

(4)充分补偿或赔偿原则。给予商权利益受损者的补偿或赔偿,既应有财产或利益方面的给付,更应有机会、资格、权能上的确认或恢复,特别是对企业类商权主体而言,机会、资格、权能上的确认或恢复比实在、有形的财产或金钱补偿,更具价值或意义。

(5)彻底补偿或赔偿原则。一方面应尽力做到让对商权利益受损者的最大化利益得到有效的补偿;另一方面,还要彻底剥夺商权侵害人的非法所得、不当利益或相应权能,要让违法或不当行为的违约或侵权行为不能从侵犯或损害商权中得到任何好处或利益。

(6)现金补偿或赔偿原则。在无法恢复商权利益受损者财产或权利时,应选择足额的现金进行补偿或赔偿。

2. 营业利益损失的弥补位序

在总体遵循以上基本原则的基础上,按照前述实际损失规则、可预见规则、减损规则、过失相抵规则等具体规则,严格按照以下位序,确定商权侵害人对受损者的具体损害补偿或赔偿额:

(1)优先适用当事人约定。在基于合同、交易或合作的损害赔偿案中,如当事人对违法、违约、违信所生损害补偿或赔偿有约定,则应尊重当事人之间的特别约定,严格按照约定的计算方法、数额、比例、规则进行补偿或赔偿。

(2)以实际损失兜底补偿或赔偿。如无当事人之间的约定,则应以商权受损者的实际损失,作为最低损害赔偿额,由商权侵害人对受损者承担兜底补偿或赔偿责任。

(3)商权侵害人非法所得或不当利益返回补偿或赔偿。商权受损者的实际损失难以确定,则应全额剥夺商权违约者或侵害人因违约、违法、违信侵犯或损害商权之非法所得或不当利益,用以补偿或赔偿商权受损者的营业利益损失,如侵犯股权、人格性财产权、知识产权、商业标记权、信息财产权等损害赔偿,又如垄断、不正当竞争的损害赔偿,再如违反证券交易法规损害公众投资者资本权益,在难以确定商权受损者实际损失的情形下,就应全额剥夺或追缴违约者或侵害人的全部非法所得或不当收益,用以补偿或赔偿商权受损者。

(4)预期或可得利益。在考量或计算实际损失范围以及补偿或赔偿额时,不仅要考量商权受损者的直接营业利益损失,也应充分考量和权衡商权受损者的营业预期利益或可得利益,特别是涉及机会、资格、权能限制、阻挠、剥夺的侵犯或损害商权类案,重点应考量和匡算商权受损者的营业预期利益或可得利益。

(5)倍数惩罚性赔偿。对商业欺诈、侵犯知识产权、侵犯商业秘密、垄断、证券违法交易、金融等特定领域或情形的侵犯或损害商权行为,应在已确定损失额的基准上适用倍数惩罚性赔偿,在有效救济商权的同时,提高商权救济制度的权威性和震慑力。总之,负载最大化利益或累积财富效应的商权,需要法律提供体系化的制度构架给予有效保护,而有效保护的落实,即为对侵犯或损害商权提供及时、足额、充分、彻底的救济。

后　记

笔者对商事权利的初识和介入，是从1998年在武汉大学法学院攻读民商法学硕士学位开始的，记得我的学位论文选题为《国有股权法律问题研究》，当时对股权与公司法人财产权的认识相当粗糙和肤浅，但在导师漆多俊教授的悉心指导和余能斌教授、覃有土教授、周叶中教授、温世扬教授、冯果教授、余延满教授、陈本寒教授、卞祥平教授等诸位论文评阅老师、答辩委员的审查斧正下，论文顺利通过答辩，我对股权（国有股权）与公司（国有企业）财产权之间的伴生、依存、制衡关系，有了更全面、深入的了解，该学位论文后以《国有股权法律制度研究》一书于2001年10月出版。2003年我师从李步云教授攻读法学博士学位，开始从普遍人权和部门法理的视角，思考商事权利的人权保障与实现功能、商权与人权的关系等更宏大问题。2004年我发表《论营业自由——商法价值的展开》（载范健主编：《商事法律报告》第1卷，中信出版社2004年版）一文后，对作为机会进入权或自由选择权的营业自由权便有了全新的理解；至2005年发表《论营业权入宪——比较宪法视野下的营业权》（载《法律科学》2005年第2期）一文后，笔者所提有关以营业自由权为核心的营业权理论臻于成型。在随后出版的《企业法原论》（湖南大学出版社2006年版）一书中，我以企业这一特殊商主体为研究对象，提炼出“营业权（民事主体原权利）→资本权（投资主体权利）→营业财产权（经营主体权利）→商事债权（交易主体权利）”这一全新的商事（企业）权利四重结构和理论框架。至于后续出版的《营业权论》（法律出版社2007年版）、《国有股权代表人制度研究》（中国检察出版社2015年版）等著作，笔者对商事权利的认识与理解，则更为深入、更为全面，也更为独到。如此，本着营业“原于自由，始于投资，形于经营，成于交易”这一事实逻辑，执着于探寻商事权利的时序性生成路径、结构性本质特征与递进性运行规律，对商事权利的持续关注与深度研究竟不知不觉走过了二十余年。本书原想定名为“商权论”，以示与坊间已付梓的有关商事权利著作不相雷同；但在正式定稿时，考虑到所论主题仍为商事权利，出于系列著作书名字数的标配与统一，最后调整为《商事权利论》，虽与先期出版的个别学者著本同名，但无论整体立意，还是逻辑构架，或者具体论述，均系原创之作。

本书关于营业自由、营业自由权、营业权利的部分论述和相关成果，已获得学界、业界的关注和肯定，前期成果得到2009年度教育部“新世纪优秀人才支持计划”项目

“营业权利的法律保护研究”(文号:NCET-09-0336)和湖南省2012年度社会科学基金成果立项“营业权研究”(文号:12CGA004)的资助。该书作为前期支撑成果所申报的“优化营商环境视角下营业权利保护研究”,也获2020年度国家社科基金重点项目(文号:20AFX018)的立项资助,故《商事权利论》的完成并出版,无疑为该课题的深入研究和如期完成奠定了坚实基础。为尽量使著者的立论、观点有更充分的文献依据和实证支撑,书中参考、引用了大量学界或业界的既有研究成果,在此谨向各位在商事权利领域作出探索和贡献的探索者、前行者致以崇高敬意和衷心感谢,更要特别感谢中国法学会商法学研究会的各位领导和同仁一直以来对我的提携、支持、鼓励、鞭策!

感谢湖南大学法学院各位领导和同事对我学术事业一贯的支持与资助!感谢夫人朱建云女士对我潜心学术、执着著述的理解和付出!衷心感谢法律出版社的丁小宣先生等诸位领导和编辑老师!感谢党和国家!感谢时代与盛世!

作者:肖海军

构思于2004年11月17日

初稿于2017年12月17日

修改于2019年11月29日

定稿于2021年6月27日